国家哲学社会科学成果文库

NATIONAL ACHIEVEMENTS LIBRARY
OF PHILOSOPHY AND SOCIAL SCIENCES

战争、税收与财政国家建构：近代中国所得税研究

魏文亨　著

中国社会科学出版社

魏文享　华中师范大学中国近代史研究所教授，博士生导师，籍贯湖北安陆。主要从事中国近代社会经济史研究，侧重于商人组织、社会群体及财政税收等领域。入选国家级人才计划、教育部新世纪人才计划、华中师范大学“桂子学者”名师计划。在《历史研究》《近代史研究》《中国经济史研究》等期刊发表学术论文八十余篇，出版《中间组织——近代工商同业公会研究（1918-1949）》、《国民党、农民与农会——近代中国农会组织研究（1924-1949）》等专著及合著、主编著作十余种。研究成果曾多次荣获湖北省、武汉市人文社会科学优秀成果奖。是国家社科基金重大项目“近代中国工商税收研究”首席专家，主持过教育部人文社科基地重大项目、国家清史编纂工程“工商人物传”子项目、国家社科基金项目及教育部社科项目多项。曾至美国、英国等国的多所研究机构访学。学术兼职有中国经济史学会近代史分会理事、中国财政学会财政史专业委员会副主任、中国辛亥革命研究会理事等。

《国家哲学社会科学成果文库》出版说明

为充分发挥哲学社会科学研究优秀成果和优秀人才的示范带动作用，促进我国哲学社会科学繁荣发展，全国哲学社会科学工作领导小组决定自2010年始，设立《国家哲学社会科学成果文库》，每年评审一次。入选成果经过了同行专家严格评审，代表当前相关领域学术研究的前沿水平，体现我国哲学社会科学界的学术创造力，按照“统一标识、统一封面、统一版式、统一标准”的总体要求组织出版。

全国哲学社会科学工作办公室

2021年3月

目 录

CONTENT

导　论

一　寻找所得税

所得税（Income Tax）是现代国家税收体系中的主干税种之一。自18世纪末源起于英国，到19世纪逐步发达于欧美，制度不断传播扩散。后经第一次世界大战和第二次世界大战期间的强化扩张，所得税之财政及民生价值更为各国所重。在第二次世界大战之后，得益于国际政治秩序的相对稳定，贸易自由化、信息技术革命的巨大动能，欧美、日本等国经济在恢复之后步入新的繁荣时期，亚洲、非洲及拉丁美洲各独立国家也成为新兴的经济力量。伴随经济的发展和国民财富的增加，各国政府的财政收入相应不断攀升，所得税即为税收主力之一。所得税在世界范围内成为普遍推行和公众熟知的核心税种，直接影响到政府的财政能力。日本财政学家汐见三郎在《各国所得税制度论》中说："现代文明各国赋税制度之中枢者，所得税是也。藉所得税之研究，即可判断各该国财政制度发达之程度如何。"[①] 此语在20世纪上半叶尚只适用于西方各发达国家，在今日则已成为全球普遍现象。

据世界银行统计，2000年，所得税占财政收入比重世界平均比例是20.83%，堪称财政支柱。其中，大多数西方发达国家所得税占比都较高，澳大利亚是66.72%，美国是57.46%，加拿大是54.44%，英国是38.84%，意大利是34.26%，法国是25.48%，德国是17.15%。在亚洲国家中，日本是50.89%，韩国是26.28%。日本自明治时期开始推行所得税，已经形成深厚的所得税传统。在新兴经济体中，印度是27.01%，巴西是25.15%，

① ［日］汐见三郎：《各国所得税制度论》，宁柏青译，商务印书馆1936年版，第1页。

俄罗斯是 11.52%，中国是 8.08%，所得税在中国财政收入中的占比尚未达到世界平均水平。到 2005 年，所得税的财政占比世界平均水平是 20.36%，欧美及日本等国仍维持高位，澳大利亚为 65.16%，美国为 54.23%，加拿大为 53.11%，意大利为 32.14%，法国为 24.56%，德国为 14.84%，日本为 49.54%，韩国为 28.88%。新兴经济体中，所得税的财政占比大幅提升，印度为 35.93%，巴西为 28.36%，中国财政收入中所得税占比上升为 23.80%。截至 2016 年，所得税在世界各国财政收入中的平均占比为 22.64%，澳大利亚为 64.21%，加拿大为 54.55%，美国为 54.10%，英国为 33.63%，意大利为 31.30%，法国为 25.61%，德国为 17.43%，日本为 46.55%，印度为 41.25%，韩国为 27.21%，巴西为 22.20%，中国为 21.23%。[①] 因财政收入中还包含有公债收入、资本收入、捐赠收入、国有事业营收等非税收收入，如核算所得税在税收收入中的占比，则更为可观。在美国、英国、澳大利亚、加拿大、日本等国，所得税收入已远超关税、消费税（在近代中国主要是厘金和货物税）收入，位居税收榜首位。

中国所得税的财政占比与西方发达国家虽有差距，但因中国财政收入中的非税收入相对较高，所得税在税收收入中的实际地位较上述比值反映的更为重要。[②] 据《中国财政年鉴（2019 年卷）》中的统计，1999 年税收总额为 10682.58 亿元，企业所得税为 811.41 亿元，个人所得税为 413.66 亿元，所得税的税收占比是 11.47%；2001 年，税收总额为 15301.38 亿元，企业所得税为 2630.87 亿元，个人所得税为 995.26 亿元，所得税的税收占比是 23.70%；2005 年，税收总额为 28778.54 亿元，企业所得税为 5343.92 亿元，个人所得税为 2094.91 亿元，所得税的税收占比为 25.85%；2010 年，税收总额为 73210.79 亿元，企业所得税为 12843.54 亿元，个人所得税为 4837.27 亿元，所得税的税收占比为 24.15%；2015 年，税收总额为

---

① 国际统计年鉴编委会：《国际统计年鉴—2019》，中国统计出版社 2019 年版，第 193 页。其数据来源于世界银行统计。

② 在 1950 年颁布的《全国税政实施要则》中，涉及所得税的有工商业税、存款利息所得税、薪给报酬所得税三个税种。除工商业税外，利息所得税数年后停征，薪给报酬所得税并未开征。到 1980 年 9 月，改革开放后的第一部个人所得税法颁布。到 1986 年又出台了针对个体工商户及个人的所得税及收入调节税法规。到 1994 年 1 月，新修订的个人所得税法实施，税额收入开始迅速增加。

124922.20 亿元，企业所得税为 27133.87 亿元，个人所得税为 8617.27 亿元，所得税的税收占比为 28.62%；2018 年，税收总额为 156402.86 亿元，企业所得税为 35323.71 亿元，个人所得税为 13871.97 亿元，所得税的税收占比为 31.45%。伴随经济发展步伐的加快，所得税收入尤其是企业所得税连年快速增长，是政府税收能力扩充的重要来源。按税类而论，1950 年至 1978 年，工商税、关税、农业税居前三位。1978 年，关税收入超过农业税。1985 年开征企业所得税，即成为工商税收之后的第二大税种。1994 年起，个人所得税、个人收入调节税及个体工商业户所得税合并统一征收新的个人所得税。1994 年至 2000 年，国内增值税一直稳居首位，营业税、企业所得税居其次。2001 年，企业所得税数额大幅上升，跃居税收榜第二位，与营业税、国内消费税的距离相应拉大。2016 年，增值税、所得税、营业税、消费税、关税依次分列居前。[①] 2017 年，在全面实施营改增之后，增值税的位置更为显要，而所得税紧随其后，成为中央财政的重要支柱。

所得税在各国财政及税收收入中的占比，足证其地位。在经济全球化时代，各国税收不能单从本国财政需求出发，还需面对国际税收竞争，故目前各国税法，亦渐趋于简化和同构，以构建适于吸引资本和发展经济的税收环境。各国起征点、税率分级、分类来源可能各有差异，但大体都以个人所得税（Personal Income Tax）和企业所得税（Enterprise Income Tax、Business Income Tax 或 Corporation Income Tax）为主，即以自然人及法人为征收对象，以个人收入及企业营收之净所得额为征收标的，分级累进，多得多税。所得税之所以在世界范围内得以普及，且能在经济成长之时同步推动财政能力的提升，关键仍在于其制度设计。关于所得税制度的跨学科研究相当丰富，讨论也极为细化，此处不拟赘述。归纳而言，所得税在制度上被称为“良税”，在于其符合普遍、公平、弹性、丰富原则。税源既广，又与能力相应。在工商经济时代，具有极强的成长性。通过设置起征点、分级累进、减免条款等方式，政府可以获得所得税收入，同时又可由此实施社会财富再分配。

---

① 中国财政年鉴编辑委员会：《中国财政年鉴（2019 年卷）》，中国财政杂志社 2019 年版，第 397—399 页。1985 年开始征收国营企业及集体企业所得税，1985—1993 年，国营企业所得税还包括国营企业调节税，至 1994 年后包括地方金融企业所得税。2001 年起，企业所得税包括各类所有制企业所得税。个体户所得税、个人收入调节税在 1994 年合并征收新的个人所得税。

不过，“良税”之论并不能单纯从税收制度上衡量。所得税符合国家强化公共财政和公众建立公共税收的期待，但同时也强化了国家与纳税人之间的权利与义务关系。在纳税人看来，无论制度“良”“恶”，皆需付出真金白银，其是否接受，固然会受公共利益的影响，但更会基于政府的财政支出及社会治理成效来判断自己付出的税收价值。在所得税的普征制度之下，起征及减免条款会解除部分民众的纳税义务，纳税人和公众并非完全等同，但对税收公共性的要求却存有共同诉求。正因如此，国家、公众和纳税人的利益和价值取向，既会有和同共进的选择，也会有利权不平的纠葛。

所得税在 200 余年的时间里，从制度发明到全球普设，且在今日依然展现出强劲的生命力，其发展历程值得追索。可以说，在人类社会的税收发展史上，所得税与土地税相比虽然为时不长，但与增值税、遗产税等许多现代税种一样，堪称最为重要的制度发明之一。只不过，这一“良税”的发明，初起是因为战争。

通常认为，现代所得税源起于英国 1799 年颁布的所得税法。征收所得税的目的，在于弥补应对拿破仑战争所带来的巨大财政亏空。1792 年，英国与奥地利、普鲁士、西班牙等结成第一次反法同盟，联军在 1797 年被拿破仑击败。1799 年，英国与那不勒斯、奥斯曼帝国、葡萄牙、俄罗斯等国再次结成第二次反法同盟。在所得税颁行前，英国政府的主要税收来源是关税、消费税、地税和印花税等，受战争影响，关税、消费税均大幅下降，政府亟须寻找新增税源。1798 年，英国制定了一种针对富裕阶层征收的三部联合税（Triple Assessment），分三类征收：第一类是对仆役、马车之使用人及所有人课征；第二类是就课税者之家屋、窗户、钟表而课征；第三类是对房屋、土地所有者而课征。在原有税额基础之上，增加税课。初定年征 450 万镑，后实得 185 万镑。[①] 此税旨在向富裕者征收战争费用，所用标准是以财富的外在物质形态而定。虽未达预定目标，已取得明显实绩，政府也由此认识到此税的潜力。次年，英国议会正式通过所得税法，分四类所得征收税额，即土地及房产所得；动产、商业、职业、官位之抚养金、补助金以及雇佣及技能之所得；国外之所得；不属前项之所得。征收范围较前大为扩展，

① ［日］汐见三郎：《各国所得税制度论》，宁柏青译，商务印书馆 1935 年版，第 13 页。

同时规定以申报法报税。纳税人之所得，60 镑以下免税，还可减除必要生活费用。[①] 开设新法后，所得税收入大增，成为战时财政的重要税收来源。不过，因为战时临时而设，在战事暂时停止后，所得税法于 1802 年废止。不意到 1803 年，拿破仑战争又起，议会不得已又重新启用此法，改为五类征收，即地主、房主所得；资本利息所得；薪俸所得；土地利用所得；营业所得。前三类按课源法征收，后两类按申报法征收。后又不断提高税率，增进税额。到 1815 年终战之时，英国全年岁入 7900 余万镑，而所得税竟达 1450 余万镑。[②] 所得税的财政价值巨大，但承担纳税责任的富人特别是商人对此却表示强烈反对。到 1816 年，所得税再次被议会废止。

朱偰根据英国所得税的兴废变化，将其发展历程分为四个阶段。第一阶段是 1798 年至 1815 年，为英国所得税萌芽时期，是战时临时税性质。第二阶段是 1816 年至 1842 年，为所得税废止时期。在此阶段值得注意的是，在请愿运动之中，民间兴起以所得税取代苛捐杂税的呼声，希望以之促进税收公平。第三阶段是 1842 年至 1874 年，为所得税延续扩展时期。1842 年，再次颁行新的所得税法，仍分五类征收所得。原本定三年为期，但到 1854 年克里米亚战争爆发后，政府对所得税的财政依赖已经难以戒除。第四阶段是 1874 年后，所得税制度完全确立。无论是自由党政府还是保守党政府，皆依赖所得税来应对平时财政及战时财政支出。[③] 在此之后，所得税不再存在被废止的危险，转而走上优化完善之路。在 1878 年税务法案中，增加机器折旧的条款。1894 年，免征额提升至 160 英镑。此后，对于财产所得与勤劳所得又加以区别，在限额内之勤劳所得税率较轻。[④] 从英国所得税的发展史可以看出，所得税屡征屡废，但最后得以确立，在此过程之中，所得税的属性已经发生重要变化。

从用途、绩效、税源等角度观察，其变化包括以下方面。其一，所得税最初为筹集对外战争经费临时兴设，但在实行之后，因征收效果良好，已经成为政府财政不可缺少的常设税收，有效增强了政府的财政能力。其二，所

① ［日］汐见三郎：《各国所得税制度论》，宁柏青译，商务印书馆 1935 年版，第 14 页。

② 朱偰：《所得税发达史》，正中书局 1939 年版，第 45 页。

③ 朱偰：《所得税发达史》，正中书局 1939 年版，第 50—56 页。

④ 金国宝：《英国所得税论》，商务印书馆 1924 年版，第 24 页。

得税最初是向少数具有高消费能力、拥有大量财产的富有者征收，扩大为向符合条件的纳税人普遍征收。所得分类涵括了资本所得、财产所得、劳动所得等不同收入类型，不再单纯以财产、消费或等级身份来确定特定征税对象，其普遍、公平特性大为加强。其三，所得税在战时情况下仓促起征，但能够在短时间内弥补政府战争经费的缺额，体现出极强的税收弹性。在征收范围扩大的情况下，所得税的临时收益超过许多正税收益。正因这一特性，使之在战后虽一度被废止，但又在战争来临时被启用。其四，英国所得税征收成效显著，与英国社会经济的发展程度密切相关。资本主义工商业的快速发展，使国民财富及所得大幅增加，扩大了所得税的产业税源。其五，通过设置起征额、设立分级税率、累进征收、完善减免条款等方式，所得税的计税所得渐转为净所得额。这使所得税虽普遍征收，但仍倾向于向承担能力较强的纳税人征税，体现了税收的负担能力原则。其六，英国所得税之兴废，由对外战争税转化为常设税，均经英国议会立法通过实施。所得税的最终确立，反映了国家财政利益、纳税人权利、公共利益的博弈平衡，体现了财政及税收的公共属性。归纳言之，英国所得税的几番废立，实具有制度试验的作用，其良税属性，是逐步完善方才形成。

然所得税的立税之基，尚不在于对谁征税、税额多少，而在于“所得”之发现。英国早期所得税按照分类所得的方式界定范围，主要是一种分类收益税，倾向于对“物”征收。在后续修法过程中，又以“人”为中心，不断调整起征点及累进分级，增补减免税条款，由分类收益趋于综合所得。从分类收益的界定，到综合所得的归总，在税收史上具有重要的革命意义。与原有之人丁税、货物税、消费税、土地税等税类相比，“所得”由此兼具有“人”的主体性和“物”的来源性，从而确立了以“人”（个人和法人）为单位的净所得的征纳标准。结合分级累进的制度设计，能够更好地体现了普遍、能力、公平、直接的现代税收原则。

塞里格曼（Edwin R. A. Seligman）指出，“所得者，即是一人于必需的取得费用之外所得到的收入，供其自己消费之用者。因为所得是一种流动的财富，故必须以一定之期间估计之。”课税之所得，实指一年之净所得，而非总收入，“所得乃是在某一期间所流入的财富，且系供其主人消费之用者，是故即使把它消掉了，其资本仍是丝毫不受损害的”[①]。他分析，从自由捐助资财到强迫缴纳赋税，每人皆须以其供应自己的能力为比例以供应其国家，但测估能力的标准在发生变化。在私产不发达阶段，多以人丁数量为标准。在私产发达阶段，初按阶级及地位而分，后按财产而论，再过渡到以所得而论。[②] 但问题是，财产的产权与物产、所得并不一定完全相符，遂多以用费及产物的外在标准作为能力标准。这一标准仍然不能完全解决税收能力与财产之间的客观测定问题，又不符合普遍、公平原则，故限制了所得税的扩张。英国所得税在后续发展中不断完善分级累进制度及减免条款，所得净值概念也得以明确并成为纳税基准。政府以“人”来核算分类所得及综合所得，可使税负不易转嫁，正符合直接税（Direct Tax）的理念。[③] 无论阶级、身份及贫富，只要达到纳税标准，皆须缴纳所得税。征稽的技术难点，在于核算“所得”。所得需以货币化的方式予以计量，这对于税务行政、会计簿记及纳税意愿都是重要挑战。

英国所得税制度的成功经验受到欧洲、美国等国的重视，各国的制度引入多以英国为范例。各国根据本土税收传统及经验，也演化出不同的所得税制度形态。在全球化扩散的过程中，又不断互相吸收融会，并在国际经济竞争及财政能力竞争之中向以“人”为主体的综合所得税演化。塞里格曼在理论上归纳了所得税的三种形态：第一类是外物呈报的所得税，以住房、房租、衣饰等消费物为标准；第二类是总数所得税，以一人全部所得综合核算，即综合所得税；第三类是来源所得税，所得皆有来源，可由支付者来扣除税额。[④] 英国所得税初设时期，大致如第一类，而后向来源分类所得税扩展，后又向综合所得税发展。塞里格曼所论形态分类的核心实是如何评估核算所得能力的问题。相较外形标准、分类收益，综合所得实现了“人”与“物”的结合，从而更好地平衡能力与税负的关系。只是要准确全面的核算，对于税务行政能力和财务会计制度有着更高的要求。

---

① ［美］塞里格曼：《所得税论》，杜俊东译，商务印书馆 1933 年版，第 21—22 页。

② ［美］塞里格曼：《所得税论》，杜俊东译，商务印书馆 1933 年版，第 14—20 页。

③ ［美］塞里格曼：《所得税论》，杜俊东译，商务印书馆 1933 年版，第 21 页。

④ ［美］塞里格曼：《所得税论》，杜俊东译，商务印书馆 1933 年版，第 43 页。

朱偰在1929年曾到欧洲游学，广集各国所得税法规。他在《所得税发达史》中将所得税分为英国式的分类所得税、德国式的综合所得税、法国式的收益所得税三种模式。分类所得税不是以“人”为中心来征收，而是按不同收入类型来课源征税。英国早期的所得税征收，具有鲜明的分类所得特性。[①] 德国式的综合所得税，系由人丁税发展而来。人丁税依社会阶级地位分级征收，后在法律上破除身份等级之分，改按所得高低分级征收。到19世纪中期，各邦已普遍推行阶级所得税。在普鲁士的财政收入中，阶级所得税居于举足轻重的地位。德国向存“间接税归帝国，直接税归各邦”的传统，但普法战争及此后的战争之中，帝国财政逐步得到强化，所得税、遗产税等归于国家财政并不断加以完善。[②] 德国所得税在起始之时就从“人”出发来核算所得，因此较早就采取综合所得。朱偰认为法国式的收益所得税也与17世纪末期的阶级人丁税有关。该税按职业及地位将纳税人分为二十二级，同一阶级之人不问收益多少均纳同一税额。阶级人丁税的缺陷在于，同阶级者经济能力不同，普遍纳税原则未得到贯彻。[③] 不过，法国所得税重视按不同类型收益征收，更为直接的原因应是大革命之后的税收改革。大革命之前，法国因参与七年战争及美国独立战争，军事支出激增，财政困窘。但在绝对王权专制之下，贵族、僧侣享有免税特权，还向第三等级转嫁税负。在大革命之后，法国税收体系改为以收益税为主，改变了此前的等级税制。但问题在于，收益税主要采取外部形态标准主义，重视不动产而轻视动产收益，故税收负担并不公平。到1847年，法国政府提出所得税法案，此法案深受英国1842年所得税的影响。此法案最初因遭社会反对而未能实行，直至法国在1871年普法战争之中失败，财政面临严重危机之时再次提出。法国所得税虽受英国影响，但主要是在对收益税进行制度改造的基础上，局部分类开征。直至1914年，法国方全面开征所得税。在此过程中，法国就是采用英式分类所得还是德式综合所得还发生过激烈争议。[④] 最终，法国所得税的结构是分类所得配以综合所得，可以说综合两制之长，又符合法国本身

---

① 朱偰：《所得税发达史》，正中书局1939年版，第2—4页。

② ［日］汐见三郎：《各国所得税制度论》，宁柏青译，商务印书馆1935年版，第99页。

③ 朱偰：《所得税发达史》，正中书局1939年版，第24—27页。

④ ［日］汐见三郎：《各国所得税制度论》，宁柏青译，商务印书馆1935年版，第156—164页。

的收益税传统。严格来说，朱偰所归纳的三种形态实际反映的是所得税在各国推行过程中的不同阶段和特性。从税法制度角度而言，德、法所得税立法均受英国直接影响。英国的所得税法及其成功实践，极大促进了所得税在欧洲及全球范围内的制度扩散。

在更为宏观的视野下观察，西欧各国在从中世纪迈向现代资本主义的过程之中，税制大体都经历了从传统直接税（土地税、特权收入等）向以关税、消费税为主的间接税体系转型，再由间接税向以所得税、遗产税为主的现代直接税体系转型的发展道路。前一转型，大致时间是从 17 世纪后期到 19 世纪初。在西方现代国家的建构过程中，国家需要扩展税收来增强中央财政，完成统一，拓展殖民。领主时期延续而来的传统直接税难以应对战争需求，王权暂时与国家合一，在与议会的博弈之中，让渡特权，获得征收新税的许可。[①] 消费税被认为具有普遍、简便、平等的特性，得到经济学者和财政官员的支持。这一税收结构转换，本质上也是从农业税向工商业税过渡，产业革命及海外贸易的迅速发展，则为此提供了雄厚的税源基础。后一转型，大致时间是从 19 世纪中后期到 20 世纪初。西欧各国由自由资本主义向垄断资本主义过渡，社会贫富分化问题日益严重，资本家与工人的阶级关系恶化，社会公平问题更受关注。所得税、遗产税的税基是收入和财产，较消费税更符合纳税的能力和公平标准。所得税在英、法、美等国几度兴废，纳税人利益和公共利益分化是其重要原因。在范围扩大、税则普遍之后，二者的意愿反而趋于一致。归纳而言，所得税的实施体现了西方现代税制由间接税向直接税的转型，而所得税、遗产税进入现代国家税收体系之中，弥补了以消费税、关税及其他工商税收为主体的间接税之不足，完善了以收入和财产为税基的税目架构。

追溯英国及其他西方国家所得税的制度起源及演化进程，不在于以此树立所得税发展路径的“单一范本”或“西方中心”，而是为了更加准确把握所得税的制度精义及扩散逻辑。即使在欧美各国，法国和德国所得税的发展道路及制度结构就有很大差异。美国在独立战争之后建国，但在 1788 年宪法中授权联邦政府可以征收关税、消费税等间接税，却禁止向个人直接征

① 钱乘旦：《欧洲国家形态的阶段性发展：从封建到现代》，《北京大学学报》2007 年第 2 期。

税。如要征税，需取得各州投票同意。直到美国内战时期，联邦政府为筹集军费，方在1862年开征所得税。美国是采取综合所得税制，以所有收入为税基，600美元以下免税，600—10000美元按3%征收，10000美元以上课5%，国债所得课1.5%，股份企业所得税则极低。但因所得税暴露私人所得状况，累进税率增加富人负担，所得税一直受到反对。到1872年，所得税被裁定违宪而不得不暂时停止。[①] 此后屡有兴议，在1911年又开征了法人所得税，但直至1913年美国宪法修正案通过，允许联邦向个人征收直接税后，所得税的法律根基方才稳固。1913年，联邦政府颁布了新的所得税法，所得税收入迅速攀升。可见，各国所得税的制度推行及实践探索，并非仅在财政系统内部进行，而是在更为波澜壮阔的大时代背景之下展开，受到政治、经济及社会因素的交互影响，反过来又透过国家的财政行为及政府职能作用于税制本身。

近代中国在面临严重的财政危机之时，是否需要寻找“所得”及其所代表的收益、财产类直接税，答案显然是肯定的。最为直接的证据，是近代中国的财政及税收变革方案，的确把西方发达国家的财税学说、制度作为重要的思想资源，对之进行引介讨论、比较鉴别，从而希望寻找到能够解决财政亏空、适于本土传统的新税源。在晚清之时，财政官员就将以所得税、遗产税为主体的直接税作为未来应征之税。而从晚清政府到国民政府，在筹备重大财政改革之时，亦聘有西方财政专家担任顾问。在租界之中，西方的财政及租税政策也有部分实施。关于何为所得税、何为所得、为何征税，在中国近代的立法进程及学理研究中，一直是讨论税制“良”“恶”的核心议题。国民政府在1936年发布的《举办所得税告全国公民书》，显示了政府在理论上对直接税、所得税所蕴含的能力与公平原则的理解：

> 所得税是什么？所得税是直接税的一种，也就是世界各国所公认的一种良税。何以为直接税？就是直接取诸人民所得利益的一种税！何以为良税？就是因为这种税，只向有所得的征收，没有进益的不收。换言之，人民做事经商，赚了钱的便纳税，赚得多的多纳一点，赚不到的不

① ［日］汐见三郎：《各国所得税制度论》，宁柏青译，商务印书馆1935年版，第54页。

要纳。你纳多少钱，国家完全知道，而且你也知道。你所纳的钱，完全是为了国家，并不白费！并不像从前的税制，不问你有所得无所得，或者你有力量出钱，没有力量出钱，一律要纳税。其结果，人民自己不知道负担了多少，而国家也不知道每个人民尽了多少义务。所得税恰好与之相反，而人民毫无吃苦的地方。此其所以为直接税，所以为良税！[①]

而从财政需求方面来说，近代中国的战争、赔款及开展洋务新政所带来的财政支出远远超出了以传统农业税为主体的税收体系所能承受的极限。面对不断扩大的财政赤字，政府亟须寻找持续、稳定又符合社会减税期待的“良税”。关税、厘金本晚清政府财政得以维系的重要增量税源，但前者受制于英人控制的总税务司，后者本质上属于战时苛杂，损害经济发展。西方国家征收所得税、遗产税的显著成绩，对于近代中国历届政府来说具有极强的政策鼓励效应。明末清初思想家黄宗羲曾指出传统农业税收的三大弊端：“积累莫返之害，所税非所出之害，田土无等第之害。”[②] 秦晖称之为“黄宗羲定律”（Huang Zong－xi Law），用以指称封建王朝税负循环加重之弊。他认为，传统赋役往往明税轻、暗税重，横征杂派繁重，税收改革的主流思路是“并税—除费—简化”，但简化之后，复增新的苛杂，税收负担及官民矛盾遂至失控。追查其根源，负担与能力不相匹配，税负转嫁，税制失范，实为重要原因。西方直接税学说及所得税制一经传入，即被财政官员视为应行即行的良方。近代中国第一个所得税法案是晚清政府在 1911 年拟定的《所得税章程议案》，其时正在辛亥革命前夜，风雨飘摇，大厦将倾，而仍匆匆拟出。虽未正式颁行，可见求方心切，朝廷原本对之寄有厚望。

如将近代中国所得税制度之变迁置于所得税制的全球扩散进程之中加以检视，可以发现中国所得税虽然到 1936 年方才全面开征，但其筹议、立法及试行却一直没有停止，于时间上在后发现代化国家之中也并不算十分落后。但正如欧美各国所得税的推行存在不同路径一样，近代中国所得税的推行也同样受到财政、政治、经济及社会诸因素的影响，受制于国家、纳税

① 张志樑：《所得税暂行条例详解》，商务印书馆 1937 年版，第 123 页。

② 黄宗羲：《明夷待访录·田制三》，《黄宗羲全集》第 1 册，浙江古籍出版社 1985 年版，第 26 页。

人、公众间的利益和权利博弈，同时也是近代中国税收变革及财政转型的重要构成部分。因此，观察所得税的演变历程，不仅可探究近代税收的制度与结构之变，也可由此讨论近代财政的变革逻辑。

二 学术史回顾

近代中国自晚清时期即关注西方直接税、所得税制，将之视为优化税收结构、提升财政能力的预备良方。晚清筹议所得税，特别比较各国成例，尤其参酌日本所得税法，拟定草案，然未及实行。至北京政府时期，重新启用晚清所得税草案并加以修改，在 1914 年颁布了近代中国第一个正式的所得税条例。1914 年、1920 年两次尝试实行，仍归于失败。到南京国民政府建立，在 1927 年即重议所得税事项。在 1928 年第一次全国财政会议上，再议所得税条例草案。但因甘末尔税收设计委员会之《税收政策意见书》不赞同中国即时开征所得税，故此议暂时搁置。国民党转而于 1928 年在党内推行党员及公务人员所得捐，以为所得税之先导。到 1934 年，第二次全国财政会议再次议决创行所得税，所得税立法遂急切启动。1936 年 7 月，国民政府完成所得税立法程序，公布了《所得税暂行条例》，宣布正式开征三类所得税。至 1937 年 1 月 1 日，所得税全面开征，成为国民政府直接税改革计划的重点。在全面抗日战争过程中，所得税征收范围由个人薪资所得、营利事业所得和证券存款利息所得扩展到过分利得、财产租赁所得。遗产税也在 1940 年开征，再加以直接处合并征收营业税，直接税体系大为扩充，成为战时财政重要新增税源。到抗日战争胜利之后，国民政府对所得税实施全面改革，在 1946 年颁布《所得税法》，在分类所得基础上又开征综合所得，从对物税向对人税过渡。

1949 年新中国成立之后，对原有税制实施重大变革，以巩固新政权的税收根基。1950 年，政务院公布了《全国税政实施要则》，确立所得税按薪给报酬、存款利息及工商所得三类分征。[①] 实际上薪给报酬所得税并未开征，存款利息所得税在 1959 年停征。工商所得由原营利所得改革而来，合

① 《全国税政实施要则》（1950 年 1 月 27 日政务院第 17 次政务会议通过），载张培田主编《新中国法制研究史料通鉴》第 6 卷，中国政法大学出版社 2003 年版，第 7111 页。

并到工商税中征收。新的工商税实际上是所得税与营业税合混一体的结果。在社会主义改造全面完成以后，企业的产权属性发生变化，国有企业直接向国家缴纳利润，工商所得主要是向集体所有制企业征收。到改革开放之后，所得税制度重新建立。1980 年国务院颁发了个人所得税法。在 1983 年国有企业推行利改税后，国有企业、集体所有制企业均须缴纳所得税。此外，针对个人征收的所得税有个体工商业户所得税、个人收入调节税；针对企业的还有股份制企业所得税、外国企业所得税。1993 年 10 月，新的个人所得税法颁布，原个人所得税、个人收入调节税及个体工商业户所得税在次年合并统一征收。同年 12 月，新的企业所得税法颁布，原按所有制划分的各类内资企业所得税也全部合并统一征收。到 2007 年，随着企业所得税的内外合并同标准征收，中国的所得税已按个人所得税、企业所得税两大部类归并整合完毕。

本书主要讨论近代中国所得税。关于近代中国所得税的研究主要以制度引介、政策讨论为主，在所得税推进之关键节点如 1920 年前后、1936 年前后及全面抗日战争时期尤为集中。在 1949 年至改革开放之前，个人所得税及企业所得税基本停征，相关论述较少。改革开放后，随着私营经济的发展及个人收入的提升，所得税有了征收的产业基础，相关讨论也逐步增加。尤其是在 1993 年新的个人所得税及企业所得税法颁行之后，政府、工商界及社会公众对所得税的关注度空前增加，所得税及直接税也成为税制史研究的热点领域。

（一）近代时期的直接税制度及政策研究

自晚清起，西方直接税即受到维新人士及财政官员的关注。在北京时期及南京国民政府时期，官方及民间都对之持续保持关注。关注的重点，一是向外，即引介并归纳西方所得税制的发展史及其优劣，对比中国实施直接税之可能性。近代中国所得税的实施，是在推动税收结构由间接税体系向直接税体系转型的制度设计上逐步向前的。二是向内，即总结中国推行所得税的必要性和可行性，针对征收所面临的问题，进行制度设计与讨论。如依时间而论，晚清民初的报刊文论及官民言论较多，但尚乏系统，较为零碎。在官方，主要重在税政宣传；在民间，则以反对之声为主。近代对所得税研究最为系统之时，是在全面抗战时期所得税正式开征前后。财政部门、财税官员、学者及会计师的研究讨论极多，尤侧重于问题与对策研究，以期兴利除弊。

论及近代直接税，存有两个标准：一是就税收本身属性而论，包括所得税、遗产税、利得税等；二是就抗战时期直接税机构所征税收而论，将印花税、营业税也纳入其中。所得税是直接税的核心税种，关于直接税的整体研究也在抗战前后最为充分。国民政府财政部直接税处在1943年编印的《八年来之直接税》中，将直接税的发展进程划为创办时期、迁播时期、推进时期、扩展时期，其中的主体即所得税。该书主要叙述孔祥熙就任财政部部长之后的直接税政绩。[①] 高秉坊任财政部直接税筹备处主任、直接税署署长等职，是直接税制度的设计者和实施者。高秉坊所著的《中国直接税史实》对直接税的实施、发展及征收情况进行了全面介绍。高秉坊的另一著作《中国直接税的生长》则主要介绍了所得税、遗产税以及营业税的征收情况、直接税人事考训制度、税务稽征以及税款经收等问题。[②] 费文星长期从事会计工作，根据其研究心得与工作经验编著了《中国直接税概要》一书。此外，还有徐日清的《直接税实务概要》、财政部直接税署印行的《直接税税法概要》，[③] 对于直接税的法律制度、发展历程及征收绩效，都有较为清晰的梳理。财政部门为了宣传税政、解释法令、指导征稽，还针对税务人员、纳税人编辑有专门的手册及法令汇编，如财政部门编辑的《财政部直接税人员手册》《直接税各类税法汇编》《直接税退税办法》《现行直接税法令解释汇编》等。还有财政学家杨荫溥编辑的《所得税纳税须知》。[④] 此外，会计师也编辑有相关报税指南，如谢霖编辑的《所得税法规暂行条例》，立信会计师事务所重庆分所编辑有《直接税法令汇

① 财政部直接税处编：《八年来之直接税》，中央信托局1943年版。印花税属直接税还是间接税存有不同观点。因国民政府将印花税纳入直接税征收体系及统计中，本书论印花税是作为直接税体系的构成税种之一。

② 高秉坊：《中国直接税史实》，财政部直接税处经济研究室1943年版；《中国直接税的生长》，财政部直接税处经济研究室1943年版。

③ 费文星：《中国直接税概要》，世界书局1947年版；徐日清：《直接税实务概要》，中国文化服务社1948年版；财政部直接税署编：《直接税税法概要》，直接税署1946年印行。

④ 杨荫溥：《所得税纳税须知》，上海经济书局1936年版。

编》。关于具体税类，也有专题书籍出版，如《中国现行所得税释疑》、《所得税》（1947）、《所得税法规》、《印花税施行例案辑览》、《遗产法规》、《遗产税法令解释各项规章汇编》等，各就税法条款、税率、税额计算、征收程度及统计进行说明。[①] 各地方所得税处、直接税局等还编印有征稽报告等。另外，关于遗产税、印花税及此后纳入直接税体系内征收的营业税等，均有专题研究。[②]

关于所得税的研究以1936年为界分为明显的两个阶段。在1936年所得税正式开征前，报刊舆论对所得税的讨论较多，政府、商界、学界及公众均就是否应开征所得税问题发表意见。[③] 陈英競的《所得税之理论与实际》是他在1932年武汉大学经济学系第一届毕业论文的基础上修改而成，主要介绍所得税的性质与意义、所得税的课税范围及分类、所得税的公平与转嫁、所得税逃税以及各国所得税的推行概况等。[④] 中国学者除了借鉴西方财政学理论，编写适合中国国情的税收方面的著作，还重视研究国外的所得税制度。金国宝所著《英国所得税论》是国人撰写的较早系统介绍英国所得税制度的著作，该书对第一次世界大战之前、之间及之后的所得税制及其实施情况进行了探讨，并对各国制度进行比较。[⑤] 美国著名财政学家塞里格曼（Edwin R. A. Seligman）的《所得税论》在1933年译为中文，对中国学界及官民认识所得税的意义、性质有重要影响，其学说在诸多税制及财政论著中被引用。[⑥] 日本财政学家汐见三郎认为所得税是现代文明国家的核心税种，他对英、法、美、日、德等国的所得税制度及征收情况进行了全面的讨论，对于中国社会了解西方所得税制及其财政意义发挥了一定作用。[⑦] 日本学者小川乡太郎的《社会问题与财政》讨论了官业社会化、租税社会化的

① 关于直接税、所得税、遗产税、印花税等相关政策、法规及报告，参见魏文享主编《民国时期税收资料汇编》（第一辑），国家图书馆出版社2018年版。

② 魏文享：《民国时期工商税收史研究之回顾与展望》，《中国社会经济史研究》2019年第1期。

③ 可参见魏文享编《近代中国的所得税遗产税论》，湖北人民出版社2017年版。

④ 陈英競：《所得税之理论与实际》，四川长寿新市镇澄园1933年版。

⑤ 金国宝：《英国所得税论》，商务印书馆1924年版。

⑥ ［美］塞里格曼：《所得税论》，杜俊东译，商务印书馆1933年版；［美］塞里格曼：《累进课税论》，岑德彰译，商务印书馆1935年版。

⑦ ［日］汐见三郎：《各国所得税制度论》，宁柏青译，商务印书馆1936年版。

问题，对日本的所得税制及战时利得税有较全面的评议。[①] 英国学者薛尔弗曼（H. A. Siverman）的《赋税的归宿与效应》在1940年首译为中文出版。其上编系统讨论赋税的目的、效应及其与国家收入、经济发展的关系，下编就所得税、遗产税、货物税、土地税、地方税等的归宿与效应问题进行专题分析。[②] 该书在1948年又有再版。

在所得税正式开征后，相关研究更具针对性，既分析制度得失，又提出政策建言。王炳勋、鲍成麟编著的《所得税》成书于所得税开征之际，作者对过去试行所得税失败的原因进行了分析。在开征之后，研究的重点是讨论得失，并提出政策建议。[③] 吴广志编的《所得税》对所得税理论、中国及各国现行税制进行了介绍。胡毓杰编的《我国创办所得税之理论与实施》对创办所得税的经过、现行所得税制之精义、所得税实施与推进方面的问题进行了系统讨论。[④] 崔敬伯就直接税考训发表过系列研究，还著有《推行所得税的人事问题》一书。[⑤] 学者朱偰1929年入德国柏林大学攻读经济学博士学位。留学期间，他对所得税予以特别关注，广览欧美各国所得税法案，对于各国所得税发展历程有着全面的了解。他在1932年回国后，担任中央大学经济学教授。到1938年，受财政部长孔祥熙特邀担任财政部官员。在所得税开征之后不久，他出版《所得税发达史》一书，对所得税的制度属性及英、法、美、意、日、俄等国所得税的发展情况进行了全面探讨。在此基础上，对中国所得税制度的改革方向提出明确意见。[⑥] 此书后来又有多次重印，在普及所得税知识方面发挥了重要作用。刘振东、王启华合著的《中国所得税问题》内容全面而丰富，该书序中称："举凡所得税之各种重要问题，皆曾加以探讨。故著者自信本书不惟可供一般国民之阅览及财政当局之参考，又可供各大学之教材也。"[⑦] 杨骥所著《现行所得税改进论》主要针

---

① ［日］小川乡太郎：《社会问题与财政》，甘浩泽、史维焕译，商务印书馆1924年版。

② ［英］薛尔弗曼：《赋税的归宿与效应》，蒋方正译，商务印书馆1948年版。

③ 王炳勋、鲍成麟编著：《所得税》，天津光华印字馆1936年版。

④ 吴广志编：《所得税》，中华书局1937年版；胡毓杰：《我国创办所得税之理论与实施》，财政建设学会1937年版。

⑤ 崔敬伯：《推行所得税的人事问题》，北平研究院经济研究会1937年版。

⑥ 朱偰：《所得税发达史》，正中书局1939年版。

⑦ 刘振东、王启华：《中国所得税问题》，中央政治学校研究部1941年版。

对所得税推行过程中存在的问题提出改进方法。[①]

到1943年，所得税分类范围扩展到财产租赁及出卖所得，制度讨论依然热烈。张森编著的《中国所得税制度》对所得税、过分利得税、财产租赁出卖所得税以及商运登记与稽征等方面进行了详细阐述。张森在所得税开征之际曾先后担任福建省、浙江省的事务处主任，对所得税制度及实务极为熟稔。[②] 赵懿翔的《中国所得税实务》对直接税制度、征课程序及资本、折旧、所得、账簿等问题进行了说明。[③] 1946年，国民政府颁布了新的《所得税法》。杨昭智的《中国所得税》对中国及各国所得税沿革、现行所得税制度进行了检讨。[④] 张保福的《中国所得税论》对现行所得税的制度设计、过分利得及租赁所得、估缴、简化稽征、所得税会计等问题进行了研究。[⑤]

所得税的会计及查账事务至为关键，涉及查核所得及防止逃税问题。一些知名会计师对此表示关注。潘序伦、李文杰著有《所得税原理及实务》一书，该书是为培训所得税会计人才而编写的教材。1937年1月，立信会计师事务所开设所得税科，初开班时报名者即达160余人。该书论述赋税的基本原理及分类、所得税标准、所得的意义、所得税制度及课税方法等，所得税合于公平、确实、弹性原则。对英国、美国、法国、日本、苏联及德国所得税均有介绍，且就我国所得税的推行过程及核算方法，尤详加说明。[⑥] 改良中式簿记的代表人物、著名会计师徐永祚和陆善炽也编著有《所得税与会计》一书。[⑦] 陈德容、袁际唐编写了《所得税会计论》。[⑧] 孙邦治的《中国所得税查帐学》细致讨论了各分类所得的查账办法。他还撰写有《中国所得税会计讲义》。[⑨] 杜岩双著有《中国所得税纲要》一书，其自1934年就参与直接税的筹备工作，1941年又受国立重庆大学之聘讲授所得税会计。在

① 杨骥：《现行所得税改进论》，重庆独立出版社1941年版。

② 张森编：《中国所得税制度》，正中书局1943年版。

③ 赵懿翔编：《中国所得税实务》，京华印书馆1944年版。

④ 杨昭智：《中国所得税》，商务印书馆1947年版。

⑤ 张保福：《中国所得税论》，正中书局1947年版。

⑥ 潘序伦、李文杰：《所得税原理及实务》，商务印书馆1937年版。

⑦ 徐永祚、陆善炽：《所得税与会计》，徐永祚会计师事务所1938年版。

⑧ 陈德容、袁际唐：《所得税会计论》，维新印刷公司1937年版。

⑨ 孙邦治：《中国所得税查帐学》，财政部直接税处经济研究室1943年版；《中国所得税会计讲义》，川康区直接税局经济研究室1947年版。

参与税政过程中，对所得税多有思考。该书对所得税概念、所得税发展历程进行综合讨论，又分别就营利事业、薪给报酬、财产租赁出卖所得的核算进行分析，尤其详细讨论了资本估价、会计核算等问题。[①] 包超时的《中国所得税逃税论》对逃税的发生、方法、影响及防止等问题进行了系统讨论。[②] 所得税开征的确明显推动了公司、企业的簿记改良，在会计师之业务中可见税务核算事务显著增加。

此外，在马寅初、何廉、关吉玉、尹文敬、陈启修、蔡次薛、周宪文、闵天培、杨汝梅、崔敬伯等的财政著作中，也都关注到战时财政、直接税及所得税问题，多将所得税、财产税纳入能力税的范畴。李权时、周伯棣、刘不同、朱偰、侯厚吉、徐祖绳、刘秉麟等关于中国租税制度、战时税制的研究中，也都对制度得失进行了讨论。[③] 杨汝梅的《民国财政论》分财政总论、中央财政、财政与预算、国债四编讨论民国财政制度之变迁。[④] 贾士毅所著《民国财政史》对清代及民国初期的财政沿革、财政制度、主要税类收入进行全面讨论，其中涉及了所得税、遗产税、印花税制度。刘秉麟翻译了亚当·斯密（Henry C. Adama）的《财政学大纲》、马沙（A. Marshall）的《分配论》，还撰有《中国租税史略》等论著。[⑤] 他自 1932 年起在武汉大学任教，指导了多位学生撰写关于所得税方面的学位论文，关注中国所得税的制度建构。[⑥]

综合而言，近代时期的直接税、所得税研究明显集中于抗战阶段。此

---

① 杜岩双：《中国所得税纲要》，京华印书馆 1944 年版。

② 包超时：《中国所得税逃税论》，重庆财政部直接税处经济研究室 1943 年版。

③ 魏文享：《民国时期工商税收史研究之回顾与展望》，《中国社会经济史研究》2019 年第 1 期。

④ 杨汝梅：《民国财政论》，商务印书馆 1928 年版。

⑤ 刘秉麟早年入伦敦大学、柏林大学留学，归国后一度在上海中国公学任职，后长期担任武汉大学教授。他著述丰富，出版有《各国社会运动史》《亚当·斯密经济学说及传记》《李嘉图经济学说及传记》《中国租税史略》等。翻译亚当·斯密（Henry C. Adama）的《财政学大纲》、马沙（A. Marshall）的《分配论》，商务印书馆均多次再版。

⑥ 陈明汉：《美国所得税之发展》，学士学位论文，国立武汉大学，1942 年；郭慰永：《中英二国所得税之比较研究》，学士学位论文，国立武汉大学，1942 年；田光裕：《我国所得税制度之研究》，学士学位论文，国立武汉大学，1942 年；胡惠英：《我国所得税制之研究》，学士学位论文，国立武汉大学，1943 年；孔祥麟：《我国所得税制度之研究》，学士学位论文，国立武汉大学，1943 年；伍必文：《所得税之理论的研究》，学士学位论文，国立武汉大学，1944 年；周荣德：《所得税理论方面之研究》，学士学位论文，国立武汉大学，1947 年；倪玉生：《中国所得税》，学士学位论文，国立武汉大学，1948 年。论文多取所得税制度某一专题而论，税法频繁修订，研究也随步而上，虽有同题而所论有别。

外，在报刊上还有大量文论。在议题上，主要包括以下方面。其一是所得税的理论、制度及与各国的比较研究。大多数综合研究都涉及了这一议题，在与欧美各国进行比较的基础之上，认可直接税、所得税的制度优势。同时，也分析中国所得税的开征进程及其存在症结问题，提出修法方向。政府官员、财经学者所著论著，基本都肯定中国有推行所得税之必要，所得税对于中国战时财政具有重要意义。其二是征收程序及核算技术。抗战时期所得税分类征收，又不断扩展范围，关于个人、企业不同类型收入的核算极其复杂，其中还有更为细致的减免折旧条款。在账簿不全、财务守密的情况下，查核极其困难，而逃税、漏税多在此环节之中。其三是直接税、所得税与战时财政关系。战时以所得税为基础逐步建立起直接税体系，有力补充了战时财政的税收来源。关于这一点，大多论著都予以肯定。

如此丰富的研究成果也说明，所得税在其时极受重视，从中我们可以了解到在近代所得税推行过程之中，官员、学者、纳税人、公众之立场及关注的核心议题。另外，当时的讨论在探究学理、普及知识、指明得失、税权表达、政策参考等方面也发挥了重要功用。

（二）1949 年后关于直接税的思想、制度及实务研究

在 1949 年后的税收史研究中，直接税是关注的类目之一，与工商税收、税收现代化、财政现代化的议题均有关联。新中国成立后，原有的分类——所得税和综合所得税被分解。利息所得税短暂征收，个人所得税停征，营利所得税被并于工商所得税征收。印花税在民初就正式开征，在 1958 年后一度并入工商统一税，到 1988 年又恢复开征。遗产税虽在 1950 年《全国税政实施要则》中列为拟征税种，但事实上停征。此后一直仅列于计划之中，未予推行，无论是在经济史学还是财政学领域，都不是关注的重点。此处先论直接税的整体研究及所得税之外的税种。

按主题及视角而论，约分为思想、制度、实务三条脉络展开。其一是思想史的脉络。在关于近代经济思想、财政思想、税收思想的研究中，多会涉及直接税或不同税类。早期的研究如赵靖、易梦虹主编的《中国近代经济思想史》，侯厚吉、吴其敬主编的《中国近代经济思想史稿》，胡寄窗的《中

国近代经济思想史大纲》，对于人物的税收思想多有涉及。① 到20世纪90年代，又有马伯煌主编的《中国经济政策思想史》、王成柏主编的《中国赋税思想史》、赵靖主编的《中国经济思想史》第四卷、叶世昌的《近代中国经济思想史》等著作问世，对近代税收思想都有所涉及。②

2000年后，近代税收思想的研究出现数部新著。夏国祥的《近代中国税制改革思想研究》分“清末税制改革思想的产生”“北洋政府时期税制改革思想的发展”“南京国民政府税制改革思想的进一步发展”“南京国民政府后期税制改革思想的曲折发展”几个部分叙述税制改革的思想主张。孙文学、刘佐主编的《中国赋税思想史》在“民国时期的赋税思想”部分对创建直接税的理论与实践问题进行了讨论。孙文学主编的《中国财政思想史》中对民国历届政府主要财政官员的财政思想有所归纳。邹进文的《民国财政思想史研究》对民国初年、南京国民政府前期、抗日战争时期、南京国民政府后期四个时期的相关财政税收思想展开讨论。在税收变革之中，所得税、遗产税因符合能力、公平原则，在政策上得到重视。付志宇的《近代中国税收现代化进程的思想史考察》考察了近代税收思想史的流变，认为近代中国的税收制度经历了从传统的以简单直接税为主体税种向以间接税为主过渡，并进入以现代的直接税为主的现代化的过程。他将现代化过程大致分为发端、奠基、成形和嬗变四个阶段。李超民的《中国战时财政思想的形成：1931—1945》研究了从“九一八”事变至抗战胜利期间国民政府的财政变动。事变之后，国民政府就开始进行财政整理及开征直接税进程。在战费的筹措措施中，公债及租税都是重要手段。③

---

① 赵靖、易梦虹主编：《中国近代经济思想史》，中华书局1980年版；侯厚吉、吴其敬主编：《中国近代经济思想史稿》，黑龙江人民出版社1982年版；胡寄窗：《中国近代经济思想史大纲》，中国社会科学出版社1984年版；胡寄窗、谈敏：《中国财政思想史》，中国财政经济出版社1989年版。

② 马伯煌主编：《中国经济政策思想史》，云南人民出版社1993年版；王成柏主编：《中国赋税思想史》，中国财政经济出版社1995年版；赵靖主编：《中国经济思想史》第四卷，北京大学出版社1998年版；叶世昌：《近代中国经济思想史》，上海人民出版社1998年版。

③ 夏国祥：《近代中国税制改革思想研究》，上海财经大学出版社2006年版；孙文学、刘佐主编：《中国赋税思想史》，中国财政经济出版社2006年版；孙文学主编：《中国财政思想史》，上海交通大学出版社2008年版；邹进文：《民国财政思想史研究》，武汉大学出版社2008年版；付志宇：《近代中国税收现代化进程的思想史考察》，西南财经大学出版社2010年版；李超民：《中国战时财政思想的形成：1931—1945》，东方出版中心2011年版。

除宏观研究外，关于近代经济及财经人物的研究也会关注到直接税问题。如在对张謇、梁启超、陈锦涛、熊希龄、周学熙、梁士诒、宋子文、孔祥熙、马寅初、崔敬伯等人的研究中，多将重视直接税视为进步的重要表现予以肯定。从间接税向直接税的过渡，是税收现代化的重要内容与成果。

其二是制度史的脉络。制度研究重在法律、机构，亦重在税务行政。在财政税收通史或断代史的著作中，不少都涉及了直接税、所得税专题。鲍岳甫（Paauw Douglas Seymour）在哈佛大学的博士学位论文讨论了南京政府时期的中国财政。[①] 北京经济学院财政教研室主编的《中国近代税制概述》主要是对1840—1949年不同时期的税制沿革、征收制度及实施效果进行梳理和分析。[②] 项怀诚主编的《中国财政通史》中华民国财政卷、焦建华所著的《中国财政通史》中华民国财政史卷对直接税的政策及统计有所涉及。[③] 张生的《南京国民政府的税收：1927—1937》认为其税收存在非建设性税收政策的取向。[④] 付志宇的《中国近代税制流变初探：民国税收问题研究》分北京政府时期、南京政府前期和南京政府中后期三个阶段对体制、制度、管理之演进加以讨论。[⑤] 马金华关于民国财政现代化的讨论，亦关注到直接税的重要地位。[⑥]

全面系统研究直接税的著作以金鑫等主编的《中华民国工商税收史：直接税卷》及林美莉所著的《西洋税制在近代中国的发展》两书最具代表性。《中华民国工商税收史：直接税卷》对所得税、过分利得税、遗产税、印花税四类税收的开征过程、税法制度、推行情况进行了全面讨论。在所得税方面，对历届政府颁行的所得税章程、征收程序、制度变更等问题有

---

① Paauw Douglas Seymour, Chinese Public Finance During the Nanking Government Perid, Dissertation (PH. D), Harvard University, 1950.（鲍岳甫：《南京政府时期的中国财政》，博士学位论文，哈佛大学，1950年。）

② 北京经济学院财政教研室主编：《中国近代税制概述》，首都经济贸易大学出版社1988年版。

③ 项怀诚：《中国财政通史》（中华民国财政卷）第13编，中国财经出版社2006年版；焦建华：《中华民国财政史》（上下），叶振鹏主编：《中国财政通史》第8卷，湖南人民出版社2013年版。

④ 张生：《南京国民政府的税收：1927—1937》，南京出版社2001年版。

⑤ 付志宇：《中国近代税制流变初探：民国税收问题研究》，中国财政经济出版社2007年版。

⑥ 马金华：《民国财政研究：中国财政现代化的雏形》，经济科学出版社2009年版。

清晰梳理。肯定直接税的引进推动了税收制度的现代化，所得税从分类所得发展到试行综合所得，制度逐步完善，征收亦见成效。但在解放战争时期，因战争影响，税收用于军费。政府以强制摊派方式征税，破坏了所得税制的优良特性。[①] 而与此书出版相应的，是较早编辑出版的《中华民国工商税收史料选编》，共5辑，分综合类、盐税、货物税、直接税与印花税、地方税及其他税捐。其中，第4辑即直接税与印花税卷。[②] 直接税卷及相关史料选编的出版，基本勾勒出了税制演变的历史脉络。林美莉在《西洋税制在近代中国的发展》一书中认为，近代中国的税制改革，在很大程度上是引进当时被视为进步而合理的直接税制，是“以直接税为名的税政改革”。她所定义的直接税范围，是以抗战时期直接税机构所征收的税类为基准，包括所得税、利得税、遗产税、印花税和营业税。她的研究不限于税法法律文本的变化，而是注重于整体财政转型、税收结构变化、税政的经济及社会反应等问题。全书共分三部：第一部讨论西洋新税的引介与实施问题，纵向归纳晚清民初对直接税制度的认知、抗战时期直接税制度的确立历程；第二部讨论裁厘运动与税政改革，侧重于裁厘与统税、营业税之关系；第三部讨论战争下的税政变化、战时直接税及所得税改革问题。在所得税方面，对筹办经过及发展困局都有深入分析。作者认为，在所得税的推行过程中充满理想与现实之间的矛盾。作者使用了台北“中研院”近代史研究所、台北“国史馆”的大量财税档案史料，揭示出直接税开征过程中的不少新史实。[③]

其三是实务的脉络。思想、制度与实务实密不可分，较早的研究中关于实务的研究相对欠缺。近年来随着税收档案史料的发掘，关注视点能够更深入地方、基层及过程之中，揭示出税政实施过程中的人事、征纳、官商交涉等部分

---

① 金鑫等主编：《中华民国工商税收史：直接税卷》，中国财政经济出版社1996年版。同书系还有《中华民国工商税收大事记》，中国财政经济出版社1994年版；《中华民国工商税收史：税务管理卷》，中国财政经济出版社1998年版；《中华民国工商税收史：地方税卷》，中国财政经济出版社1999年版；《中华民国工商税收史：盐税卷》，中国财政经济出版社1999年版；《中华民国工商税收史：货物税卷》，中国财政经济出版社2001年版；金鑫等主编：《中华民国工商税收史纲》，中国财政经济出版社2001年版。

② 江苏省中华民国工商税收史编写组、中国第二历史档案馆编：《中华民国工商税收史料选编》（直接税·印花税）第4辑，南京大学出版社1994年版。

③ 林美莉：《西洋税制在近代中国的发展》，台北“中研院”近代史研究所2005年版。

问题。侯坤宏将税务控案视为国家政权与基层社会交汇之处，分析了财政体系在基层的运作。他对台湾所藏“国民政府时期”财政部档案中的税务控案进行了整理归纳，从中可见基层税务人员在执法过程中存在诸多违法违规之处。他统计的税务控案形成原因有违法经商、催税缉私招怨、侵吞税款、接受贿赂、滥收礼金、挡人财路、离职人员提控、争夺权力八类。处理的方式既有行政处罚，也有司法检控。[①] 栾世文关注到直接税对战时财政的贡献及税务人员的贪污问题。[②] 高峰探讨了抗战时期西康省的直接税体系的建立及实施情况，认为征收之困难在于税源及税务人员匮乏、税务机关经费不足、社会经济不发达及民众缺少纳税意识。西康省通过宣传税政、限期缴款、组织督征等方式加强征税。[③] 张琼对直接税机构从所得税处、直接税处到直接税署的组织演变情况进行了梳理，同时也探讨了直接税署的人事及管理制度。[④]

在直接税体系中的其他税种方面，近年对遗产税、印花税、营业税的研究均取得明显突破。在遗产税方面，雷家琼讨论了抗战前遗产税开征中的政策论争及利益博弈问题。她的博士学位论文更为系统地讨论了近代遗产税的引进及实施问题。遗产税作为财产税，也是政府规划的直接税体系中的重要税种，受到公众舆论支持。[⑤] 魏文享对遗产税的征收绩效及其逃税问题进行了系统论述，认为财产登记困难及税收行政能力不足，严重制约了遗产税的征收。[⑥] 春杨、刘燕明、张永思等在对民国遗产税制度进行分析的基础上，揭示了其对于当代税收改革的启示。[⑦] 在印花税方面，相关研究也较为丰富。李向东系统研究了印花税在中国

① 侯坤宏：《抗战时期的税务控案》，载《“中研院”近代史研究所财政与近代历史论文集》，台北“中研院”近代史研究所 1999 年版。

② 栾世文：《抗战时期直接税的实施与影响》，硕士学位论文，华中师范大学，2004 年。

③ 高峰：《抗战时期国民政府直接税征收述——以西康为中心》，硕士学位论文，四川大学，2008 年。

④ 张琼：《南京国民政府直接税署研究（1936—1948）》，硕士学位论文，华中师范大学，2015 年。

⑤ 雷家琼：《抗战前中国遗产税开征中的多方推进》，《近代史研究》2016 年第 4 期；雷家琼：《税法西来：民国遗产税研究》，博士学位论文，复旦大学，2018 年。

⑥ 魏文享：《国民政府之遗产税征稽及其逃税困境》，《历史研究》2019 年第 2 期。

⑦ 春杨：《南京国民政府遗产税法及其当代启示》，《法商研究》1999 年第 3 期；刘燕明：《民国时期遗产税的推行及其影响》，载中国财政学会财政史专业委员会、中央财经大学财政与公共管理学院编《财政制度与经济发展历史问题研究》，中国财政经济出版社 2005 年版；张永思：《民国时期遗产税开征的八大启示》，《财政经济评论》2012 年第 2 期。

的移植与初步发展过程。印花税移植的财政和社会基础在于，政府面临严重财政危机，商品经济发展使契约簿据得到广泛运用，印花税简便易行，但在实施过程中，租界及洋商长期逃税、地方军阀任意截留、征税混乱等因素长期存在，影响到印花税的征收绩效。在抗战时期，合于直接税机构征收。[①] 戴丽华将考察时段延长到了 1949 年，从制度、机构、征收等方面对印花税的推行及效果进行综合评析。她认为政府在引介印花税的过程中注意本土因素，税制在不断完善，但政局多变、纳税意识不强、税务人员队伍专业性不足等问题给税收征稽带来负面影响。[②] 吴志国的硕士学位论文以印花税的征收为切入点，对 1908—1928 年天津商会领导当地商界的政治资源动员、正式制度及特殊方式表达进行讨论。[③] 在营业税方面，柯伟明从传统与现代、中央与地方、政府与纳税人的多边维度对营业税的制度变迁与征收实务进行了系统探讨。营业税在裁厘改税的背景之下建立，在中央与地方税收分权体系之中几度移换，影响地方财政能力甚巨。其课税标准，仍以营业总收入为主。在征收过程中，商人团体参与包征查征是较为普遍的现象。营业税与工商业经济发展趋势相契合，可增进地方财源，在抗日战争之中亦发挥重要作用。[④]

关于直接税的研究清晰反映出近代由间接税向直接税转型的税收变革趋势。虽然直接税在税收中所占的征收额度早期并不高，但基于其税制的特性，在财政和民生上的价值受到官民重视。到抗战时期，国民政府基本建立起了直接税的征收体系，这是近代税收变革的重要成就。从征收方面而言，直接税对于税收人员的专业性和税收行政能力有着更高的要求。税收吏治低劣，会影响到民众的纳税心理。

---

① 李向东：《清末民初印花税研究（1903—1927）》，河南人民出版社 2015 年版；李向东：《印花税在中国的移植与初步发展》，博士学位论文，华中师范大学，2008 年。

② 戴丽华：《民国时期印花税制研究》，江西人民出版社 2014 年版。

③ 吴志国：《清末至民国前期商会与官府的互动关系——以 1908—1928 年天津的印花税征收为中心》，硕士学位论文，河北大学，2006 年。

④ 柯伟明：《民国时期营业税制度的变迁》，社会科学文献出版社 2020 年版。

（三）1949年后近代所得税的历史及财政分析

所得税研究与前述直接税及其他税种的研究实密不可分，但在新中国建立后相当长的时间内，对所得税的财政及社会价值存在不同的判断，关注度相应降低。大体上，到1993年个人所得税和企业所得税重大修法之后，社会对所得税的关注度明显升温，相关的政策及学术讨论也不断增多。按学科而论，以历史学和财政学为主。史学的研究重在制度脉络及财政角色问题，财政学的研究更重视归纳经验与教训，寻找税制改革的启示，亦有不少跨学科及跨时段的研究。

在所得税制度的引介及推行方面，除前述直接税研究多有涉及外，专题研究亦较丰富。曾耀辉的博士学位论文《民国时期所得税制研究》系统考察了近代所得税制的引入与演变过程，肯定政府推行所得税并取得初步成功是中国传统税制向现代税制转型的重要标志。国民政府举办所得税成功的原因在于政局相对统一、社会环境好转、经济有所发展，在财政上也顺应了筹集战争经费的需要。在税制构成上，对分类所得税及综合所得税都进行了考察。① 刘佐认为近代中国所得税在创建之中受到欧美及日本影响，在民国时期的立法及开征历经曲折。他对分类所得税的核算办法也有所介绍。② 李胜良梳理了近代所得税从筹办、试办到兴办的过程，所得税由战时税逐步成为主体税。③ 胡松的硕士学位论文讨论了南京国民政府时期实行所得税的历程，对政府简化征稽及涉外税权的问题有所论述。④ 魏文享结合财政制度转型问题，讨论了所得税的演变进程。⑤ 在宏观讨论外，还有对不同分类所得税的讨论。何家伟对国民政府颁行及修改所得税法的进程进行了分析，特别就公务员的个人所得税问题展开讨论。⑥ 欧阳秀兰、曾耀辉分析了民国后期综合所得税的税制架构问题。⑦ 赵元成、胡荣利讨

---

① 曾耀辉：《民国时期所得税制研究》，博士学位论文，江西财经大学，2012年。

② 刘佐：《中国所得税制度起源》，《中国财政》2010年第16期。

③ 李胜良：《中国所得税百年回眸》，《中国税务》2014年第3期。

④ 胡松：《南京国民政府时期所得税之研究》，硕士学位论文，华中师范大学，2009年。

⑤ 魏文享：《近代所得税的制度演变和征收实践》，《光明日报》2018年10月29日理论版。

⑥ 何家伟：《南京国民政府个人所得税制度略论》，《武汉大学学报》2008年第6期。

⑦ 欧阳秀兰、曾耀辉：《民国后期综合所得税研析》，《税务研究》2015年第5期。

论了民国时期所得税法中的亲属伦理取舍问题。①

在所得税的推行过程之中，官民关系是重要讨论议题，也涉及国家与纳税人的权利与义务关系。曾耀辉对所得税的征管机构、征纳矛盾进行了讨论，还运用地方档案分析了税款追缴与涉税诉讼的问题。到后期，所得税征收更加混乱，估缴摊派横行，抗征现象频发。② 梁长来对北京政府和商会的博弈过程进行讨论，希望探讨税制改革博弈中的普遍规律与特殊规律问题。在开征过程中，商会运用了合纵策略来整合民意，运用孤立策略、釜底抽薪策略、捆绑策略等方式来质疑政府征税的合法性和合理性，通过不合作策略、威胁策略来抵制政府的查征工作。政府则运用了连横策略、激励策略、怀柔策略、承诺策略、让步策略、榜样策略等方式来分化商民联盟，提升地方积极性，宣传征收的必要性。但北京政府践踏约法、穷兵黩武的行为，难以取信于民，导致筹办失败。③ 韩昌盛的硕士学位论文《抗战时期四川所得税的征收及影响》讨论了政府的征税体制问题，涉及税务机构设置、税务人员管理、税务宣传等方面的事务。④

在所得税的功能方面，赵仁平认为在近代个人所得税的引进与实施主要是财政功能导向，在国民政府时期体现出一定的收入调节功能。1949 年至 1993 年，所得税的改制及开征的初衷是调节收入分配。到 1994 年后，个人所得税的财政及收入调节功能都得到极大强化。⑤ 陈勇勤论述了崔敬伯的财税主张，重点分析所得税与财政改革的内在关系。⑥

财政学者在讨论之中也关注所得税的制度经验问题。胡芳在其硕士学位论文中对所得税的制度流变进行了梳理，肯定民国所得税的成功经验包括顾及了民众的心理习惯、规定了对国营征税、制度上严格征管等，而制度缺陷

① 赵元成、胡荣利：《民国时期所得税法的亲属伦理取舍与启示》，《浙江学刊》2014 年第 1 期。

② 曾耀辉：《民国时期所得税制研究》，博士学位论文，江西财经大学，2012 年。

③ 梁长来：《1920 年北洋政府开征所得税中的官商博弈——兼论财政改革的宏微观研究》，中国财政经济出版社 2019 年版。

④ 韩昌盛：《抗战时期四川所得税的征收及影响》，硕士学位论文，四川师范大学，2009 年。

⑤ 赵仁平：《近现代中国个人所得税功能的历史变迁》，《现代财经》2010 年第 10 期。

⑥ 陈勇勤：《所得税与南京国民政府财政——从崔敬伯的财税理论说起》，《学术研究》1996 年第 2 期。

包括频繁修改、重复征税、成为战争的工具等。[①] 曾耀辉总结了所得税推行的历史经验，提出所得税推行应顺应时势潮流，汲取别国长处；需要各方共同支持，先易后难，稳步推进；需要征管得力，也要保护纳税人权益，重视税收公平。民国所得税遭遇挫折，其教训是应保持政治稳定和政令畅通，加强税法宣传，同时提高税务机构的行政能力。所得税的推行也要重视区域间的平衡，重视公平，避免苛征滥派。[②]

关于当代中国所得税改革的跨学科研究极为宏富。1993 年后，经济学、政治学、财政学等各级学科对个人所得税、企业所得税的关注度空前提升。在综合研究方面，刘佐、龚祖英等对当代所得税的发展史、纳税人及核算减免方法、征管制度等进行了讨论。[③] 在个人所得税方面，研究的热点包括税制设计问题、税收征管、收入分配效应、起征点问题、税收公平问题、减免条件、福利改进、所得税用途等内容。[④] 在企业所得税方面，研究的热点包括企业所得税率、税制设计、税收负担、税收优惠、内外资企业所得税、税收管理、税收报表等内容。[⑤] 与民国时期相似，所得税会计问题也是重要议题。[⑥] 此外，国外所得税制及中外所得税比较研究也是重要议题。[⑦]

近代所得税与当代所得税之间虽存在时间断裂及制度更替，但所得税在改革开放之中的开征及成长，也正说明了其生命力所在。在经济发展及国民

---

① 胡芳：《民国时期所得税法制研究》，硕士学位论文，江西财经大学，2010 年。

② 曾耀辉：《民国时期所得税制研究》，博士学位论文，江西财经大学，2012 年。

③ 刘佐、靳东升主编：《中国所得税》，企业管理出版社 2005 年版；龚祖英：《企业所得税与个人所得税》，中国税务出版社 2008 年版。

④ 计金标：《个人所得税政策与改革》，立信会计出版社 1997 年版；李永贵：《个人所得税改革与比较》，中国税务出版社 1999 年版；余显财：《个人所得税与劳动者福利改进》，上海财经大学出版社 2011 年版；杨志安：《个人所得税的发展与对策》，辽宁大学出版社 2002 年版；李波：《我国个人所得税改革与国际比较》，中国财政经济出版社 2011 年版。

⑤ 蒋经法：《我国企业所得税改革研究》，中国财政经济出版社 2004 年版；樊勇：《企业所得税的制度效应》，中国税务出版社 2009 年版；曾光辉：《企业所得税管理》，中国税务出版社 2010 年版；王延明：《中国公司所得税负担研究》，上海财经大学出版社 2004 年版。

⑥ 徐荣才：《所得税会计》，经济管理出版社 1996 年版；曾富全：《所得税会计实证研究》，西南财经政法大学出版社 2009 年版。

⑦ 财政部外事局、财政部税政司编译：《国外个人所得税概况》，东北财经大学出版社 1994 年版；李永贵：《国外公司所得税概览》，中国政法大学出版社 1994 年版；解学智：《个人所得税：国外税制概览》，中国财政经济出版社 2003 年版；李波：《我国个人所得税改革与国际比较》，中国财政经济出版社 2011 年版。

所得快速增长的情况下，所得税为国家提升财政能力提供了重要增量来源。在税收国际竞争的格局下，关于所得税的政策讨论和学理研究仍是各学科的重要议题。

（四）“制度内外”与“上下结合”：所得税史的研究取向

归纳而言，民国时期的制度、政策讨论丰富，有其特有的问题关注点。与所得税的引介及实施进程相应，这一时期，学界对所得税的性质、税制、功能极其关注，主要是回答所得税立法之必要性、立法原则、法律建构、如何查征等方面的问题。相关研究的作者以财政官员及财经学者为主，立于政府财政及公共立场的建言献策较多。同时，极其注重对西方所得税制度的译介。在比较之中，坚持所得税改革的制度方向，也不断尝试查补缺漏，完善规制，适应财政及社会经济之变化。

1949 年后，无论是史学领域还是财政学科的研究，都重视将所得税与近代中国税制进程相联系，肯定以所得税、遗产税为中心的直接税制度的良税特性，认同由间接税向直接税的结构转型趋向。这一时期，学界从思想、制度及实务等不同脉络，系统梳理了近代所得税制度的演变历程及学理、社会基础。在所得税的性质及功能评估上，现代化的范式受到重视，所得税被视为税收现代化、财政现代化的重要体现。在史料方面，也有大量新的档案史料得到发掘利用。

但如放开眼界，关注制度内外的关联及纵向时序上的承启，由“自上而下”的财政视角与“自下而上”的社会视角透视，既将所得税置于其全球制度扩散的脉络之中，又将其嵌入近代中国的财政、政治、经济与社会进程之内，则可发现仍有大量重要议题未得讨论，所得税的内部结构特征及其在近代中国财政国家建构、国家财政能力竞争中的角色还未得到充分揭示。综言之，有以下几点。

其一，在现代化范式讨论的基础之上，尚需正视近代税收发展中的内在矛盾。在近代财政史、税收史研究中，现代化的范式得到较广泛的运用。所论税收现代化，强调税收的合理化和科学化取向，大致包括西方现代税制的移植、现代税收原则的运用、税收结构的转型、征纳关系的调适、税务行政的专业化等内容，能够较好解释近代税制演变的趋势及属性特征。不过在研究之中，多采单一标准，政府财政立场较为明显，在制度评析上也深受西化或西方中心论的影响。在成功经验或失败教训的归纳中，不免存有以现象解释现象的情况。严格来说，近代税收变革的方向，是通过制度与结构的转型来稳固国家的税收能力，为财政能力的提升奠定中长期的税源基础。无论是西方的制度思想资源，还是传统税收体系，都是破旧立新的重要根基。但在此过程之中，战争时局的剧变，国家形态的变动，经济结构的转型，社会结构的重构，与财政、税收交织，均会对税收变革产生重要影响。所得税及直接税本身具有制度优势，被视为税收现代化、财政现代化的重要举措与表征，但同样处于这一复杂的结构转型进程之中，诸多变革均处两难之境。如国家财政能力不足与国家职能扩张的矛盾，政府加税与民生减负、产业发展不足的矛盾，中央财政集权与地方财权过弱的矛盾，军事支出过度与建设支出不足的矛盾，直接税征收与财产登记、资本核算制度不健全的矛盾，等等。因此，所得税的开征并不是单线行进的，而是曲折多变的。在多次尝试之后，方才在战争压力之下全面开征。

其二，现有研究重视所得税制度的内史脉络，思想、制度与实践研究虽有连接，但仍需深入过程与关系之中，探究其运行实态及制度异化的关键症结。目前的思想、制度及政策研究基本厘清了所得税的思想脉络及制度架构，在税收实务方面也有所突破，但几者之间仍存有明显畛域，影响到了对所得税的整体认知。邓小南提出“活”的制度史的观点，“活”在于运行，只有从关系和过程出发，才能把握制度与实践的落差、制度的变与不变的本质。[①] 刘志伟也提出过“自下而上的制度史”的观点，这在税收史研究上同样具有启发性。[②] 现有研究之中，国家财政立场较为明显，而纳税人的主体性关注不足，直接影响到对于征纳关系、征稽制度、征收绩效的评估，亦很难解释为何制度优良而实施乏力的原因。至于制度执行过程中的诸多弊端缺漏，更需要在运行过程之中把握关键症结，如核算、代征、减免等问题。

---

① 邓小南：《走向“活”的制度史——以宋代官僚政治制度史研究为例的点滴思考》，《浙江学刊》2003 年第 3 期。

② 刘志伟：《自下而上的制度史研究——以一条鞭法和图甲制为例》，北京大学文研讲座，2019 年 4 月 9 日。

其三，纳税人的主体性及征纳关系的讨论不足。这一问题与研究史料发掘及实务研究不足紧密相关。所得税虽作为战争临时税而兴起，但在从分类所得到综合所得、从对物税到对人税的过渡之中，实际上已经成为政府与纳税人联系最为直接、感知至为明确的税收之一。基于所得税的权利与义务关系，在征纳关系中有更为明显的体现。征纳关系不仅体现在征税机关与纳税人的征缴活动中，在制度上更关联到国家的政治体制及财政机制。在近代中国所得税的开征过程中，以商会为代表的纳税人团体的税政参与及税权表达，体现了中国本土化的税收民主的进程。但这一过程，与西方国家以议会为中心的税权代表制有着明显差异。关于这一方面的议题，现有研究讨论仍不充分。

其四，关于平时财政及战时财政下所得税的功用问题还缺乏全面讨论。通常税类的研究易将税制抽离于财政、社会体系之外，对某一税类进行单一评估。现有研究关注到所得税的战争临时税性质，对于抗日战争时期的所得税与战时财政关系也有较多关注，但主要从所得税征收数额的情况进行直接评估，实际上低估了战争对所得税制度变革的影响力及所得税战时财政意义。战争对于财政、税收、货币及经济体系具有全面冲击的作用，会严重改变平时财政的收支体系和管理制度。所得税在发现“所得”的基础之上逐步确立，符合能力学说，具有较大的税收弹性，在平时财政中可以强化中央财政能力，在战时财政中亦可增强政府财政信用。但最终实效如何，却取决于所得税的征稽能力。同时，不同性质的战争，对于所得税的影响也大为不同。在财政之外，所得税的社会效应亦值得讨论。

其五，现有研究关注所得税的西方引介路径，但缺乏对其制度及绩效的国际比较。在所得税制度的全球扩散过程中，各国都极为关注西方所得税实施成例，但也会结合本土财政需要及税收习惯予以调适修改。在晚清及民国时期，政府及学界极其注重对西方所得税展开研究，不少西方所得税的经典研究论著被译介过来，也都关注到英、美、法、德、日等国的法律制度和实施经验。晚清及民国时期的报刊上，也时有关于西方各国征收所得税的新闻报道。如关于所得税法案的重大修订、所得税的征收成绩、电影明星欠纳所得税等议题，在《申报》《大公报》等报纸上都有新闻刊载。但在1949年后的所得税史研究中，恰对此关注不足。由此带来的缺失是，在对所得税的制度评估之中，缺乏参照与对比，因而难以发现所得税的内部结构特性。

其六，在税收报刊及档案中发掘了不少新史料，但搜集及利用程度还不够。近年来，财政税收史研究受到学界关注，在新议题不断拓展的同时，史料范围也在延伸。在原有的《中华民国档案史料汇编》《中华民国工商税收史料选编》《国民政府财政金融税收档案史料（1927—1937年）》之外，近年又新出版了陈锋主编的《晚清财政说明书》，中央财经大学编辑的《清末民国财政史料辑刊》《清末民国财政史料辑刊补编》，国家图书馆编辑的《民国税收税务档案史料汇编》，魏文享主编的《民国时期税收史料汇编》《民国时期税收史料续编》等大型的税收史料类编。在未刊档案史料部分，中国第一历史档案馆、中国第二历史档案馆、台北“国史馆”、中国国民党党史会及上海、重庆、湖北、天津等各地方档案馆，都收藏有大量直接税、所得税相关史料。在政府部门档案之外，民国时期的财政及直接税部门还创办了不少报刊，如《税务月刊》《财政月刊》《四川直接税月报》《贵州直接税通讯》《广东直接税导报》《陕西直接税月刊》等刊物，亦是开展所得税研究的重要史料。但从现有研究来看，仅部分史料得到运用，还有不少与重要议题相关的史料未得到整理利用。本书将在史料多元化的基础上，尽量完整重建所得税的基本史实，以期透视所得税制度的运行实态，寻找所得税制度存在的关键症结。

三　视野与问题

基于“制度内外”及“上下结合”的多维视角观察，本书拟从“战争、税收与财政国家建构”的问题脉络来对近代中国所得税展开全面分析。这一脉络，既是所得税演化的时代环境及制度使命的依托点，也是所得税的税收属性及财政功能的重要体现。

先论战争。所得税在西方因战争而兴起，在中国亦因战争而引入推行。以战争的频次与规模而论，近代中国可称是战争与革命的时代，战争及军事活动具有常态性、持续性特点。既有多次大规模抗击列强入侵的防御型反侵略战争，也有不计其数的各派军阀和地方实力派的内部混战，还有受压迫民众的反抗斗争，革命政党领导的革命战争。如此高频次、大规模的内外战争，使中国由传统的存量节余型财政转向了长期赤字型财政，不得不依赖于税收、公债及货币等财政工具来筹集资金。在平时财政条件下，租税自为主要来源。到战时支出倍增，政府对于公债、货币工具的依赖性增加，但其信用根基仍是税收。将近代战争时序与税收时序对比，可发现每至大规模战争之时，也是政府集中进行税收创制、强化税收征稽的阶段。换言之，战争是税收变革的重要压力因素。

现有研究低估了战争对于所得税、直接税、财政变革的重要影响。所得税作为中央税收，自引入之时起，就是国家强化战时财政能力的重要选项。从理论上而言，所得税作为战争税有其制度优势，最为重要者有两点。其一是税源丰富。无论是个人所得还是企业所得，分类所得还是综合所得，税源基础都极为广阔。相对于西方国家而言，近代中国的经济发展程度及国民所得虽然有很大差距，但人口基数庞大，内部也存在明显的贫富分化，开征所得税、财产税仍有一定根基。其二是税收弹性。所得税较好体现了税负能力原则，改变了原有的官绅免税的特权，在战时情况下，便于政府通过税收级差及累进加税，减少对于低收入人群和社会经济事业的冲击。虽然在实践之中，所得税征收成绩并未达到初衷，但是正因其制度上的优势，自晚清起政府对于所得税的成长性始终抱有乐观态度。在不断受挫之后，仍坚持尝试，努力推出。

战争不仅影响到财政支出及税收收入结构，还会影响从税收立法到征稽的全流程，涉及纳税商民的权利及意见表达。战争财政的应急性特征，使政府重视财政和税务行政体系建设，优先提升征稽效率。而税务行政体系又是政府管理系统的组成部分，实际上是与整个国家的政治、经济及社会系统的运行有着直接或间接关联。如朱偰所论，平时财政，强调轻徭薄赋，不使人民负担过重。战时财政，则筹款作战第一，人民负担第二；财政效率第一，公平观点第二。[①] 所得税核算程序及会计技术较为复杂，在效率优先的情况下，如何既保持效率与公平的平衡，又可完成预算税额，对政府及税局而言是一大难题。

---

① 朱偰：《中国战时税制》，财政评论社 1943 年版，第 210 页。

不同的战争性质，会影响到商民的纳税心理，并影响到税收立法及征收的绩效。无论个人或企业、商号，均希望尽量减小税收成本。在内战之中，要增开新税，会面临商民的普遍抵制与抗议。在抵制外国侵略的民族战争之中，国家、纳税人及公众共同利益认同、共同意愿大为提升，恰为税制改革提供了社会合法性基础。在所得税的立法、征收过程中，纳税人及公众的感知及意愿、社会经济的负担能力均会直接影响到税政推行。所得税在不同时期的试征、开征结果，正体现了这一点。

再论税收。税收既指所得税本身，又包含将之放置于近代直接税变革、税收结构转型的坐标系内来考察的意蕴。在西方现代税收体系的发展过程中，以所得税、遗产税为核心的直接税体系的建立是一重要特征。所得税在发现“所得”的基础上创立，经过西方各国的实践，已经形成了较为完善的理论和制度体系。近代中国引入所得税，既应战争而生，又顺应了由农业税向工商业税、由间接税向直接税转型的时代趋势。所得税的实际全面征收是在抗日战争时期，其数额占比也未占绝对优势，但庚续立法、不断试征的过程，正说明其制度优势及财政价值。关于所得税推行的政策动力及功能方向的考察，需要结合近代税收、财政变革的大势来进行综合讨论，同时还需关注所得税的分类结构特征。

税收的作用不仅在于直接增收，也是稳固政府财政信用的根基。正常税收的财政时效性不足，迫使政府不断扩展非税收入。税收是最为稳定长效的财政来源，但税收往往需经过立法、行政程序，征稽核查过程又较为复杂，征收成本相对较高。同时，战争条件下，税源区域变动较大，会直接影响到税额计划。政府在税收不足的情况下，为应付军事需求，须开辟非税收入来源。非税收入主要是指公债、银行借款。晚清时期，因对外赔款超出财政支付能力，在若干年份借债收入高于税收收入。北京政府时期，这一比例的波动较大，不过税收仍是主要财政来源。到抗日战争全面爆发之前，经过税收改革，税收收入相对稳定。到全面抗战时期，因税源区域大片沦陷，关税、盐税及统税损失严重，税收占比明显下降，非税收入占比上升。非税收入之中，公债及银行借款的信用，本质上仍取决于税收收入。所得税的增收效应如何，在税收收入中的占比如何，在财政信用方面发挥何种作用，均是值得考察的重要议题。

在税收结构变化的背后，还值得关注的是税收的公共性问题。在从帝制时代进入民主共和时代的过程中，国家与民众的关系也发生了变化。民众由臣民而转为国民，税收问题上所代表的权利与义务关系亦在相应调适。这一变化，在法律、政治上有其体现，在税收问题上则体现在立法开征、预决算及征收使用等不同环节。所得税的税负感知更为直接，立法开征中的官民交涉实围绕税收的公共性问题展开。

所言“财政国家”（Fiscal State），本是欧洲“新财政史”（New Fiscal History）研究中所使用的概念。“新财政史”是20世纪80年代以来在法、英等国兴起的财政史研究新趋势，其重点在于重视财政税收与国家形态演变之间的内在关系，认为财政的收支结构及征管方式体现和影响着国家的权力结构及政府职能。在新财政史看来，财政、税收不仅是研究的对象，还是观察历史的视角，财政如何形塑国家政治、思想文化、战争军事、民族意识、社会生活正是其新意之所在。[①] 新财政史的研究主题是对传统财政史、政治史的拓展和创新，而其理论方法则深受财政社会学（Fiscal Sociology）的影响。熊彼特在1918年发表的《税收国家的危机》被视为财政社会学的重要文献，他认为财政在一定程度上反映着一个民族的精神文化水平、社会结构以及政策预设的行为，公共财政是对政治及社会生活展开研究的最佳起点，可以由之观察国家的命运、形式及其建构。从领地国家向税收国家的转变是必然趋势，而税收国家亦会面临危机。税收国家的可能税收收入受税源、税基的限制，也受发展经济、鼓励致富的政策驱动的限制。税收国家的基础在于私人经济自治。[②] 发表这篇文章时熊彼特刚刚担任奥地利共和国联合政府的财政部长，他关于税收国家的观点主要是在分析奥地利、德国财政历史的基础上提出的。文中将财政、税收问题提到了与历史宏观进程相关联的高度，二者相互映射，从而使财政史在主题和方法上超脱了传统财政史、政治史的研究框架，具有了更为广阔的学术视野和问题领域。当然，也有学者对

① 关于新财政史的进程状况参见熊芳芳《新财政史视域下法兰西近代国家形成问题述评》，《历史研究》2018年第3期；陆连超《新财政史——解读欧洲历史的新视角》，《天津师范大学学报》2008年第4期。

② Joseph A. Schumpeter, “The Crisis of the Tax State”, Jürgen G. Backhaus, *Navies and State Formation, The Schumpeter Hypothesis Revisited and Reflected*, LIT Verlag Münste, 2012. 该文在1918年发表。

熊彼特的观点提出不同意见。马斯格雷夫（Musgrave）认为熊彼特低估了税收国家的恢复能力及扩张预算的能力。[①] 理查德·邦尼（Richard Bonney）则认为熊彼特所论的危机本质上是税收国家欠发达阶段的表现。[②] 但如从更为普遍的意义上讲，税收国家的主要危机是来自战争及现代政府职能扩张所带来的财政收支失衡。

从财政角度对欧洲国家形态历史演变作出系统解释的重要成果是“邦尼—奥姆罗德”（Bonney - Ormrod Model）模型的提出。法国历史家理查德·邦尼和奥姆罗德将罗马帝国以来欧洲国家的财政与国家形态关系归纳为四种形态：贡赋国家（Tribute State）、领地国家（Domain State）、税收国家（Tax State）和财政国家（Fiscal State）。贡赋国家的财政收入主要来自军事政治征服后的剥削和掠夺，如罗马帝国、加洛林帝国；领地国家的财政收入主要来自行使领主及封君权力而获得的王室领地及税捐收入，包括原始的、次原始的、企业家的和殖民地的四种类型；税收国家是经由国家公共权利向所有臣民普遍征收而获得税收收入；财政国家的收入不仅来自公共税收，更以公共税收为基础建立起了具有“自我持续增长”（Self - Sustained Growth）特性的信贷体系。国家可以通过借贷方式解决巨额支出需求和财政赤字问题，又通过信贷体系将短期巨额债务摊解到未来的税收之上，从而达到维持长期经济增长和政府债务信用的目的。[③] 四种形态并非线性承接，在不同国家、不同时代都可能存在跳跃、共存。学界对于“邦尼—奥姆罗德”模型所概括的不同财政形态的特性、转换及适用性等都存在争议，但不可否认的是，这一模型的学术意义不仅在于其对财政与欧洲历史关系的解读，更将财政与政治、社会的互动关系完全显化出来，从而提供了从财政、税收角度来认识国家建构及社会治理的新路径。还值得注意的是，“邦尼—奥姆罗德”模型并不是建立模式化的评判标准，而是强调各国财政及国家形态的独特性。事实上，新财政史关于欧洲各国财政演化路径的研究，建立起来的不是

① R. A. Musgrave, “Schumpeter’s Crisis of the Tax State: an Essay in Fiscal Sociology”, *Journal of Evolutionary Economics*, No. 2, 1992.

② ［法］理查德·邦尼主编：《欧洲财政国家的兴起（1200—1815）》，沈国华译，刘守刚、魏陆主编《财政政治学译丛》，上海财经大学出版社 2016 年版，第 13 页。原书在 1999 年由牛津大学出版社出版。

③ Richard Bonney, *Economic Systems and State Finance*, Oxford: Clarendon Press, 1995.

一个单一的标准，而是一个以财政国家为重要议题的比较体系。

"财政国家"的"自我持续增长"不只是从欧洲国家的历史经验或财政社会学的理论中提炼出来的，事实上也是现代国家的财政追求目标。在"邦尼—奥姆罗德"模型中，"自我持续增长"的基础在于实现公共税收、政府借贷、经济增长和财政信用的持续循环。政府通过公共税收获得长期稳定的基本收入，通过借贷等方式来获得债务型收入，通过维系和促进经济增长来扩大税基、税源，由此来归还借贷，维系财政信用。在西欧，从领地国家向税收国家的过渡，意味着国家对于私人经济、私有产权的认可与保护，也意味着税收的共同意愿、共同利益原则逐步得到实践。在税收国家形成过程中的税权博弈，与王权制衡及宪政政治的发展密切相关。而从税收国家向财政国家的过渡，是税收公共性的进一步强化，税收中的等级和特权不断削弱，而能力原则、普遍原则得到扩展。只有如此，政府在扩展税收来源的同时，方可减少对于社会经济的影响。但现代国家的职能大为扩张，赤字财政成为常态，政府能否通过借贷来获得巨额应急性财政收入直接影响到财政能力及其国际竞争能力。故而，在税收的公共性得到强化的同时，基于资本主义经济迅猛发展而带来的税收结构转型就至关重要。与此同时，政府借贷及财政信用的运营维系，也需较为发达的货币金融体系加以支撑。

本书所言"财政国家"的建构，不在于以西欧经验为标准，而是从财政国家"自我持续增长"的特性出发，围绕以公共税收、政府借贷、经济增长和财政信用为中心的循环体系的建立，来讨论所得税的制度形态、角色及命运。在西欧，包括所得税、遗产税在内的直接税的兴起，与财政国家的建立是密切相关的。邦尼认为，英国真正的财政国家税收体系的建立系在拿破仑战争之后，而在此之前的阶段，被其视为税收国家的高级阶段。[①] 拿破仑战争之后，正是英国所得税创设时期。熊彼特在《税收国家的危机》中也将征收资本税、中高等收入阶层的所得税作为战后财政重建的重要措施。[②] 与西欧相比，近代中国的财政转型面临着极为复杂的挑战，战争、赔

① Richard Bonney, *Economic Systems and State Finance*, Oxford: Clarendon Press, 1995.

② R. A. Musgrave, "Schumpeter's Crisis of the Tax State: an Essay in Fiscal Sociology", *Journal of Evolutionary Economics*, No. 2, 1992.

款所带来的巨大财政压力，迫使政府寻找各种增税增收方案，也希望建立“自我持续增长”的财政收支体系。这一进程极其复杂，也是动态多变的。直接税在西方各国的成功示范，使之在晚清时期就进入中国税收、财政变革的方案之中。

基于上述思考，本书将所得税置于财政国家建构的循环体系之内，战争既是税收变革和财政国家建构的压力因素和参与因素，同时也是变量因素。本书内容将分以下章节展开。

第一章讨论晚清时期财政转型与所得税的筹议立法。鸦片战争及太平天国战争所造成的巨大军费及赔款支出，使清政府传统“量入为出”的存量节余型财政难以为继，被迫向军事债务型的借贷型财政转型。政府在关税、厘金等新增税收之外，复引入公债政策，但发行不畅，不得不向西方银行团借取外债。为维系财政信用，政府尝试引进西方所得税、遗产税、印花税等直接税类来推动税收合理化进程。在预备立宪考察之中，清政府即关注到各国所得税法案。在新政立法之中，也议定了所得税草案。在这一进程中，“所得”之发现和“国民”之发现紧密相连。从国际比较来看，英国最早确立所得税制度，法、德、美及日本等国在 19 世纪后期及 20 世纪初期相继确立了所得税的主要正税地位。各国发展所得税的逻辑有相近之处，均受财政主义和社会政策的影响，但也各具特色。

第二章讨论民国初期所得税的本土试行及其失败。民国初期是所得税真正进入本土试行的重要阶段，但在南京临时政府及北京政府时期呈现不同的路径。在“民国”“革命”的时境下，孙中山强调以直接税来加强国家资本，推进民生主义。黄兴所推动的国民捐运动继晚清时期再起，其重点放在国民捐资以拒绝外债之上，其中应用了所得税的所得、累进及分级概念。北京政府财政呈现出鲜明的军事化和派系化特征，也在急切寻找增量税源。1914 年及 1920 年颁行的所得税律令，其底本即为晚清草案。政府还承诺将所得税用于教育与实业，但是并没有获得社会认可。以商会为代表的商人与地方士绅群起反对，掀起“反对所得税运动”，导致试行计划最终失败。在官民交涉之中，商会对所得税章程的合法性提出质疑，同时还基于税收及国民权利，对政府提出一系列政治及经济诉求。由晚清资政院到民初国会，税收立法权及预决算审核权由政府分解到立法机构，税收法定原则得到公众认可，公众对于税收公共性的要求大为提升。正是在“一战”前后，所得税在世界范围内进入快速扩散阶段，也充分展现了其“战争税”的潜能。

第三章讨论国民政府财政国家的建构及所得税的曲折推进。南京国民政府在军政统一的基础上进行了大幅度的财政改革。通过关税自主、裁厘改税提高了税收能力，通过建立中央银行和法币改革掌握了货币工具，政府的债务能力也有明显提升。总的来看，国民政府经过系统性的财政金融变革，建立起了相对完全的财政国家收支体系。但是，这一财政体系仍然潜藏危机，军事债务支出占比过高，税收结构仍以间接税为主。两次债务整理表明，政府的可持续财政能力依然不足。直接税仍然是备案之一，国民政府对党员和公务人员开征了所得捐，同时也准备了所得税、遗产税草案，因甘末尔税收政策意见书认为时机未至，暂时搁置。到第二次全国财政会议前后，财政主义和民族主义的汇流为所得税开征奠定了社会基础。

第四章讨论所得税开征进程中的官民交涉与税权表达。所得税征收对象涉及公务人员、自由职业者等个人及工商企业，范围广泛，利害相关者众多。在训政体制下，国民政府经过党政机构的运作，解决了所得税的法律合法性问题。此时，商会的政治和法律空间已较民初大为收缩，但商会、自由职业者公会仍发挥了纳税人团体的职能，既成立研究会精研税法，也通过通电、呈书及请愿等方式来要求暂缓及修改税法。商会和职业公会的参与，表达了纳税人的权利参与及利益关怀，但同时也有助于税法知识的普及及税政推行。政府则不断进行税政宣传，强调国民纳税义务。在民族抗战之大势下，政府与商民的征纳关系虽有冲突，但仍在国家大义和公共利益上达成共识。

第五章讨论税政革新与派系权争下的直接税人事及政治。在国民党及政府的派系政治环境下，所得税的革新之变难以超脱其外。孔祥熙主政的财政部为解决税收人员贪污怠政问题，采取招考大学生的办法来训练直接税税务人员。训练之中，强调“勤、能、廉、毅”的新税精神。新税人的训练对所得税机构的建立具有关键作用，但随着队伍规模扩大，监察难度提高，人事制度之中存有明显的制度裂缝，新税人中亦出现大量不法现象。在直接税创办之中，一直伴随着激烈的派系权争。直接税创办人高秉坊的贪污案因税收保证金而起，但在此后却被 CC 系及军统利用，遂成为公众关注的一件大案。其中，保证金问题涉及直接税税制规设，也涉及税收吏治问题。在高案的审判及改判过程中，有明显的派系政治痕迹。

第六章讨论全面抗战时期所得税的法律建构与税法推行问题。1936 年的《所得税暂行条例》采分类所得制，按营利事业所得、薪给报酬所得和证券存款利息所得开征。设定起征点，前两类所得采累进制，利息所得采比例制。在程序上，实行申报课源。与之配合的还有细则和须知。至 1943 年，正式颁行《所得税法》，调整起征点并强化科罚条款。在战时，政府也效法欧美，增征非常时期过分利得税及财产租赁所得税，扩充了所得税的分类体系，提升了所得税的弹性能力。会计师及会计师公会在推动工商界展开簿记改良、代理税收征稽方面发挥了重要作用。职业会计师的研讲活动及执业行为，客观上使税法推行获得了一定的市场动力。

第七章讨论所得税征稽中的华洋同税问题。所得税正式开征之时，国民政府就与西方列强展开外交交涉，要求各国在华侨民及企业纳税。原因在于外人不纳税，不仅损害税收收入，还破坏了税收的公平与普遍原则，引发国内商民的严重不满。国民政府尝试通过外交方式来沟通解决，列强多以不平等条约为由，或拒或诿，租界则形成了事实上的抗税屏障。到抗日战争后期，因治外法权及租界之废除，对在华外侨及企业征税的法律及外交障碍方才去除。从已有文献观察，仅有部分受雇于中国公私机构之外人缴纳税款。中国商民关于华洋同税问题的主张，充分反映了商民的税收权利及平等意识，也涉及中外经济竞争的税收成本问题。

第八章讨论全面抗战时期所得税的实征策略。依据颁行税法，所得税本应由税务机关按申报查征程序直接征收，但在实际过程中，却并非如此。因纳税人自行申报比例过低，查征又遭遇“假账”之阻，财政部及直接税部门为了提高征稽效率，制定了系列“法外之法”，来解决信息不对称和行政能力不足的问题。在营利事业所得税的征稽中，税局先后尝试了“迳行决定”“跟货寻税”“简化稽征”等实征技术，不断简化稽征程序。在简化的过程中，税局以委托—代理的方式，将核算查征之责委之于商会、同业公会协助执行。过分利得税也适用此法。在薪给报酬所得税的征稽中，主要运用机构扣缴来对公务人员和自由职业者征税。在证券存款利息税的征稽中，政府主要运用银行代扣的方式来执行。简化稽征和机构代扣的方式有助于提高税款入库率，也为商人所乐见，但是却使所得税渐沦入摊派一途，与能力及公平原则渐行渐远，同时亦未能解决富人权贵逃税的问题。

第九章讨论内战通胀陷阱中的制度异化问题。抗日战争结束以后，国民政府财政一度好转，但不久因战事重开，复陷入战争泥淖。内战格局下，民众对国民政府的税收信任急剧下降。国民政府对所得税法进行了全面修订，在五类分类所得税基础上，又开征综合所得税，使所得税从对“物”税过渡到对“人”税的阶段。但在军费第一、效率优先的情势之下，所得税征稽程序在原有基础上又进一步简化，估征摊缴甚至预征包缴成为主要的征缴方式，这严重破坏了所得税的普遍公平属性，使之完全沦为战争筹款工具。所得税也遭遇到商民的消极抵抗，“良税”之名彻底毁坏。

第十章讨论战时财政体系下所得税的征收绩效，并进行国际比较分析。从全面抗战到内战时期，国民政府基本是处于战时财政状态之中，所得税一直是寄予厚望的增量税源。财税部门通过系列正式法令及实征策略，使所得税的征收额度保持了增长态势。从历时性而言，经过初征时的动荡，到1943 年后所得税组织体系的建构，所得税的征收范围在不断扩大。在内战时期，商民的纳税心理发生转变。从区域性而言，抗战时期西南、西北后方省市是主要税源区，在抗战光复之后，上海、江浙沿海城市的税收占比迅速增加。所得税的分类结构尤值得关注，营利事业所得一直是最为主要的分类来源，这意味着工商界承担了主要的税负。个人薪给报酬所得主要限于公务人员及自由职业者，未能真正实现对富人及高收入者征税，严重制约了所得税的实际绩效。利息所得税在初始阶段占比较高，此后因通胀原因，实际价值受损。在二战之时，所得税是英、美筹款的利器，不仅实际额度高，且以之作为借债担保，使战时财政获得了强有力的借贷支持。英、美的税收增量主要通过降低所得税起征点、提高税率及加征战时利得税实现。美国的所得税收入结构中，个人所得税占比明显高于营利事业所得税。结合战时财政的制度及结构分析，国民政府的财政及税收制度进入了集中创设期，建立了直接税体系，优化了税收结构，统一了税务行政，但是因为人均国民所得不足，个人所得税部分失衡，富人阶层逃税严重，所得税未能发挥预期增收效应。同时，主要税源区域丧失，公债发行不利，迫使政府从借贷财政向通胀财政过渡。法币通胀为抗战财政作出重要贡献，这一负担为全体国民所承受。抗战胜利后，战时财政本有向平时财政过渡的契机，但国民党发动内战，彻底破灭了向可持续财政发展的可能性。税收增长难以满足政府的军事需求，而借贷能力已基本丧失，政府遂完全转向通胀财政。法币发行和物价指数高涨之下，不仅是所得税、直接税，而且整个税收体系的财政价值遭到严重削弱，税收、公债、经济发展和财政信用之间的持续循环也被切断割裂。

结语主要对近代中国的所得税使命及发展道路、国家与民众的税收关系、持续战争中的不可持续财政问题展开分析。无论是从财政主义还是社会政策的角度，所得税都是世界税收史上具有“革命”意义的税种，也是近代中国寻求建立财政国家的目标税收之一。财政主义和民族主义的汇流，是所得税在全面抗战前得以开征的本土因素。在具体征收实践上，中国的所得税征收程序不断简化，最终形成了以商人团体为依托的委托—代理制，导致了制度的异化。直接税体系得以建立，但未能成为政府稳定借贷信用的税收支柱。国家与纳税人、公众之间围绕所得税的权利与义务之争，财政主义与民生主义、民族主义之争，都反映所得税在政治、经济及社会层面的不同效应，而这些都会反映在商民的纳税心理上。近代中国的财政具有长期战争财政的特性，政府一直不断寻求优化税收结构和强化借贷的良方。从关税、厘金到直接税，政府税收能力的变化始终与财政国家建构的步伐相连。在军事债务支出长期高占比的情况下，税收制度的创设、收入结构的优化、财政管理的集权、国民所得的增长始终难以同步。最终，军事型的借贷财政始终未能达到完全均衡状态，也难以持续下去。近代税收和财政的结构变迁和实践历程也表明，财政和税收在来源上需以经济发展和国民所得为基础，在政治上则与社会治理及民众认同相连接。

第一章 晚清时期的财政转型与所得税的筹议立法

鸦片战争之后，军事危机、财政危机、政治危机接踵叠加，清政府的统治根基不断被侵蚀。变局之下，施政需以财为力，而理财又需由政入手，如何维系强有力的可持续财政能力，应对内部挑战及国际竞争，是清政府财政变革的中心使命。破旧立新不易，制度上的变革更多是承旧开新。传统的存量型财政体系受战争及赔款剧烈冲击，“量入为出”的收支原则被彻底打破，中央集权式的财政架构不得不分权地方，再加以洋务自强及维新、新政所带来的政府职能扩充，以田赋为主的农业税体系已勉力难支。清政府在动用旧法节流开源之时，也放眼世界，尝试采择西方的税收、货币、公债等财政新方，寻找可应对所需的增量来源。所得税在清末新政中开始进入筹议进程，立法草案条款虽效西法而立，但“所得”“国民”之发现，却受本土的财政旧习及宪政新知之影响，呈现出与西方不同的制度脉络。

一 战争、赔款及危机下的财政转型

清朝经顺治征战，康熙初年休养，经济及财政本有恢复。后因平三藩、收台湾、征准噶尔、战沙俄，户部库存消耗殆尽。雍正年间，摊丁入亩，整理财政，收入渐增。至乾隆之时，虽称盛世，兵事其实未断。每遇大战，则需税内加负，法外筹款，节余无多。嘉道年间，虽能勉力修补维持，但显然并未为列国竞争时代的到来做好准备。自道光二十年（1840）始，鸦片战争、太平天国运动及此后的一系列重大内外战事相继爆发，巨额军事经费及战争赔款远远超出了传统财政体系所可承受的范围，存量节余一变而为长期赤字。在民族危机、统治危机的双重压力下，清政府政也在探寻自济与理政的新路。

（一）战争时局中的财政危机

清代前中期财政收支基本为定项定额制，原则上崇尚节用、轻赋，与儒家仁政理念互为表里。顺治三年（1646）上谕曰："国计民生，首重财赋。明季私征滥派，民不聊生，朕救民水火，蠲者蠲，革者革，庶几轻徭薄赋，与民休息。"① 在平时财政条件下，"国家出入有经，用度有制"，收支相对稳定，定额不难。论收入以田赋、盐课、漕粮及杂税为要目，计支出以兵饷、官俸、河工及皇室用度、灾荒救济为常项。国家财政集权于中央户部，下设十四清吏司分司各省各衙收支奏册。收支用度，皆按钱粮奏销规章，循例而行。地方及各部门需向户部呈递四柱清册会计报告，奏销时限依"月报制""冬估制""春秋拨"进行。至中央与地方财政并无分权，均统合于中央，按起运、存留及解协饷的方式予以分配调剂。因收支少变，以收定支，故学界多以"量入为出"来界定传统钱粮奏销制度的特性。但在实际运行之中，增者多，减者少，时事多变，难以确估。何平将之称为"定额化"的"不完全财政"，其特点是治事多变，过度限于定项定额，反会导致当支未支，形成支出缺口，不得不谋求制度之外甚至非法方式筹措经费，转而对中央财政制度形成冲击及倒逼。"定额化"是"不完全财政"的基础，财政的不完全性助长了加派浮收的泛滥，会导致负担不断累加难消。② 何平的观点揭示了制度内收支与制度外实际收支之间的冲突，解释了为何传统赋税政策会走向积重难返困境的重要原因。开朝之初，统治者往往与民休息，重视减轻赋役，承平稍久，则弊政侵蚀，吏治败坏，法外加征贪污中饱难以禁绝。

传统钱粮奏销制度要得以顺利运行，自有其前提。其一是政治统一，财

---

① 《正续东华录·顺治朝》卷6，顺治三年四月壬寅，光绪丁亥（1887）春月撷华书局摆印本，第10页。

② 何平：《清代赋税政策研究（1644—1840）》，中国社会科学出版社1998年版，第124、139页。

权集中。“我朝道光以前，财权操自户部”[①]，户部握天下赋税，内外调度，以供国用。朝廷能够在政治、军事上控制地方，清明吏治，则地方不敢截留，吏胥不敢谋私。其二是控制支出，节余库存，存银备变，调节盈虚。定额最忌临时巨额支出，为降低财政风险，户部理财，尽量追求存量节余，以备不时之需。如有不足，也需尽快弥补，避免出现长期赤字。其三是以田赋为主的赋税收入能够支付主要用度，不致出现太大亏空。历代王朝倾向于重农抑商，既有保障民食的考量，更因农业能够提供稳定的赋税及粮食供应。在平时财政条件下，这几项大致可以运行不悖。历史上的盛世之治，在财政上的表现大体如是，库有存银、家有余粮，是重要标识之一。邓刚（Kent G. Deng）认为，中国传统的帝国财政依赖于三大要素：以士为核心的官僚精英；普遍但具有政治及道德约束的税收；帝国内部不断扩大的疆土。但是，帝国财政的收入在整个国家的 GDP 中仅占极少部分。相对于庞大的经济总量而言，政府的管理成本是极低的。[②] 但一遭遇战争、灾荒，政府即需筹措增量财源，应急救世。从清前中期赋税结构而论，主干来源可分为田赋、盐课、常关税及杂税等项。田赋对民田、屯田征课，摊丁入亩后，包括了丁税。田赋多征银钱，在山东、江苏、浙江、湖北、湖南、江西、安徽等省征漕粮，以实物为主。盐课分灶课、引课、正项、杂项等类。常关税是商品通过税，包括户部钞关和工部钞关，前者以征收日常百货等为主，后者以竹木船料等为主。杂税包括茶课、芦课、矿课、契税、牙税、当税等，难以枚举。据陈锋对各类收入财政占比的统计，顺治九年（1652），岁入总额为 2438 万两，其中地丁占 87.2%，盐课占 8.7%，常关税占 4.1%；雍正二年（1724），岁入总额为 3649 万两，其中地丁占 83%，盐课占 10.6%，关税占 10.8%，杂税占 2.7%；乾隆三十一年（1766），岁入总额为 4254 万两，其中地丁占 70.3%，盐课占 13.5%，关税占 12.7%，杂税占 3.5%；嘉庆十七年（1812），岁入总额为 4014 万两，地丁占 69.8%，盐课占 14.4%，关税

① 载泽：《为陈明维持预算实行办法事》，宣统三年（1911）正月十四日，中国第一历史档案馆藏，资料号：09－9300－006。

② Kent G. Deng, "The Continuation and Efficiency of the Chinese Fiscal State, 700BC – AD1911", Bartolome' Yun – Casalilla, Patrick K. O' Brien, eds., *The Rise of Fiscal States: A Global History, 1500 – 1914*, Cambridge University Press, 2012, pp. 341 – 342.

占12%，杂税占3.8%。[①] 田赋地丁收入居于绝对地位，是典型的农业税形态。相对商税而言，农业税收弹性较弱，征收缓慢，制约了战时财政的筹款能力。故面临战事或重大灾荒之时，清政府既用节流之法，如裁减行政经费、降低虚耗等；又用开源之法，加征旧税，实施田赋附加、钱粮预征、漕粮改折、盐斤加价、常关附加等策，扩展来源。

在非常时期的筹款办法中，尤值得注意的是捐输、捐纳和报效。捐输是士绅商民向朝廷捐列钱粮，朝廷予以爵位、封典、学额等奖励。捐纳是政府通过议叙、加级、旌奖或鬻爵的方式来筹集经费以应急需。许大龄认为，“国家取资于民，开例授官，详条款，备奏案，谓之捐纳”；“仕人量力输银，藉得列班朝廷，谓之捐输”[②]。前者直接捐银买官，后者捐后方得嘉奖，二者仍有区别。许大龄将捐纳分为军需事例、河工事例、赈灾事例、营田事例四项。[③] 清代早期对此持谨慎态度，三藩之乱时有所扩大。报效是富绅之家捐银为公，解朝廷之急，以盐商报效最为主要。常例捐输在乾隆年间成为经常收入，统计数字不一。汤象龙统计1800—1822年平均捐输收入为190万两左右。道光元年（1821）至道光三十年（1851），常例捐输收入为3388万余两，平均年入在110万两。雍正二年（1724）至道光十九年（1839），捐纳总收入为16908万两。[④] 陈锋统计，乾隆朝的报效合计38665491两，嘉庆朝为26636000两。其中，军需报效为4063万两，占62.5%；水利报效为1069万余两，占16.4%；赈济报效为310万余两，占4.8%；备公报效为1057万余两，占16.3%。[⑤] 此外，耗羡归公也是重要的新增经费。雍正年间，耗羡归公每年可收350万两左右。[⑥] 捐输报效在战时可以迅速筹集资金，在清代前中期的战事之中得到频繁使用，甚至在平时亦成为常例收入之一。

---

① 陈锋：《清代财政政策与货币研究》，武汉大学出版社2008年版，第366页。

② 许大龄：《清代捐纳制度》，沈云龙主编《近代中国史料丛刊续编》第四十辑，文海出版社1977年版，第94—95页。

③ 许大龄：《清代捐纳制度》，第13页。

④ 汤象龙：《道光朝捐监之统计》，载汤象龙《中国近代财政经济史论文选》，西南财经大学出版社1987年版；汤象龙：《鸦片战争前夕中国的财政制度》，载汤象龙《中国近代财政经济史论文选》，西南财经大学出版社1987年版。

⑤ 陈锋：《清代财政政策与货币政策研究》，第380页。

⑥ 陈锋：《清代财政政策与货币政策研究》，第372页。

陈锋、何平两位学者都认为捐纳是平衡收支的第一道防线，如是第二道防线存量库存才不易突破。[①] 但从本质上讲，捐输、报效并非经常性的赋税收入，其筹集具有极大的不确定性。如遇战事或灾害延长，则未免兵匮银乏。清政府经常性财政支出的经费来源，仍以地丁田赋为主。缺乏有效可持续的战时筹款办法，是清代存量型财政的致命缺陷。王国斌对比了中国和欧洲的非常规筹款方式，欧洲倾向于寻求加税和借债，中国主要运用加税和报效。相较于报效来说，借债可以未来税收偿还，更具有市场及社会动力。[②]

那么，传统的以节用、增税、捐输为主的非常财政药方能否应对鸦片战争之后的“骨髓之疾”呢？第一次鸦片战争之后，中国遭遇西方列强的连续侵略，战争形式由传统的冷兵器对战转为现代炮舰战争，战争经费消耗极大。在战败之后，又不断被强勒巨量赔款。太平天国运动自广西起事，一路北进，进占江南赋税重地，更严重削弱了清政府的赋税收入。可以说，清朝财政由存量节余财政向长期赤字财政转换，根源在于战争。

在常额军费及战争经费开支方面，据陈锋统计，鸦片战争之前军费支出合计总数在7亿两以上，年均军费在400万两左右。重要战争年份，耗银在1000万—2000万两，综计常额军费占比在70%以上。但赤字可控，基本能维系财政平衡，正常年份仍可保持库有余银。[③] 至鸦片战争、太平军、捻军及西北回民起义等战事，军事开支迅猛增加。据史志宏的统计，嘉庆初年（1796）户部存银尚有6000万余两。经川楚之役，到嘉庆六年（1801），存银即减少了5246万余两，战争期间年亏额达870余万两。道光年间，正常年份存银仍维持在2000万两左右，但在鸦片战争之后库存剧降，道光二十三年（1843）结存仅剩993万两。鸦片战争及之后一年，亏银达1462万两。整个道光年间，赤字年份超过了盈余年份。到咸丰三年（1853）六月，部库存银仅20余万两，历年节余已经消耗殆尽。[④] 至咸丰年间，清廷财政的赤

① 陈锋：《清代财政政策与货币政策研究》，第372页；何平：《清代赋税政策研究（1644—1840）》，第123页。

② R. Bin Wong, “Taxation and Good Governance in China, 1500 - 1914”, Bartolome'Yun - Casalilla, Patrick K. O'Brien, eds., *The Rise of Fiscal States: A Global History, 1500 - 1914*, Cambridge University Press, 2012, p. 367.

③ 陈锋：《清代军费研究》，武汉大学出版社1992年版，第10页。

④ 史志宏：《清代户部银库收支与库存统计》，福建人民出版社2008年版，第79—82页。

字亏空逐步常态化。此后，中法战争、西征新疆战事不断，军事支出几近失控。在常规兵饷马粮之外，增加了军火、物资、兵员等大量消耗。彭泽益估计，咸同之际镇压农民起义奏销军费就达4.2亿两，如加上奏销之外款项，可能达到8.5亿两。[①]

更为严重的是，对外战争失败之后的巨额赔款，使清朝财政濒临崩溃。在甲午战争之前，清政府虽有赔款与借债，但尚可勉强支付。光绪十一年至光绪二十年（1885—1894）每年外债本息占支出的3.1%—6%，合计偿外债本息银3440万两左右。[②] 但甲午战争之后的对日赔款和八国联军入侵之后的庚子赔款，则使清朝财政彻底陷入了赔款与外债的泥潭。《马关条约》规定清政府需向日本赔付2亿两白银，再加上3000万“赎辽费”。《辛丑条约》规定，清政府需赔付4.5亿两白银，分39年还清，合计利息需赔付总计9.8亿两白银。这两次赔款，已远远超出了清政府正常赋税收入所能承受的范围。汤象龙估计，第一次鸦片战争至清末，大小赔款100余次，较大规模的有鸦片战争赔款2100万元，合银1470万两，英法联军赔款1600万两，伊犁赔款500万两，甲午后赔款日本2.3亿两，八国联军赔款4.5亿两，庚子赔款利息折算即有5亿余两，全部本息合计达10亿余两。[③] 周志初等统计，鸦片战争以来应偿本息总额为海关银17.605亿两，实际支付额为13.3548亿两。王年咏统计，合计八笔战争赔款为库平银10.45亿两。[④] 长期巨额的战争经费及赔款、外债支出，彻底破坏了清政府原有的存量型财政收支体系，国家财政收入陷入长期赤字状态，各省随意截留拖欠解部之款，传统的钱粮奏销和解协饷制度逐步崩解。且因近代中国历届政府均承认列强债权，正常赔款付息，故中国的财政改革步伐自一开始就遭受外债禁锢。

财政危机又加剧了政治危机。传统奏销体制严重依赖地方向中央解款，在就地筹饷政策下，地方财政的实际控制权加大，中央逐渐空悬，反过来破坏了国家的财政统一能力。而西方国家在早期国家建构及现代财政国家形成

① 彭泽益：《十九世纪后半期的中国财政与经济》，中国人民大学出版社2014年版，第103页。

② 陈锋：《清代财政政策与货币政策研究》，第428页。

③ 汤象龙：《民国以前的赔款是如何偿付的》，《中国近代经济史研究集刊》1934年第2卷第2期。

④ 周志初、吴善中：《中国近代赔款数额的考察》，《扬州师院学报》1994年第3期；王年咏：《近代中国的战争赔款总值》，《历史研究》1994年第5期。

的过程中，首要问题即是解决财政统一难题。千年未有之变局给清政府带来空前挑战，财税政策亟待应时而变。

（二）商税增长及税收结构转变

战争财政的压力传导较政治层面更为直接。兵端一起，军饷告急。道光二十一年（1841），上谕曰："国家经费有常，自应量入为出，现在军需、河工、灾赈，先后颁发帑金数已不少。"[①] 咸丰三年（1853），上谕称："国家经费有常，自道光二十年以后，即已日形短绌。近复军兴三载，糜饷已至二千九百六十三万余两。部库之款原以各省为来源，乃地丁多不足额，税课竟存虚名。"[②] 咸丰三年（1853），谕令各地方，"无论何款，迅速筹备"[③]。"无论何款"，均须筹划，意味着政府放弃原有的轻徭薄赋原则，迫切采用务实主义，放权地方，各尽所能，多方筹措财源。

在旧法方面，仍以节流、加税及捐输为主，继续强化以田赋为主的传统赋税体系。咸丰元年（1851），户部即议定节用章程。加税方面，推出田赋附加、征借、盐厘加征等措施。同时，推广捐例，增广学额，鼓励捐输。但军费支用过大，缓不济急。光绪四年（1878）御史梁俊奏称："迩年以来，经费支绌，于是议节财流，则减官俸之成数，改旗饷之放章；议开财源，则劝捐之章日新，抽厘之卡日密。"[④] 光绪十年（1884），户部奏称："国家理财一政，行之无事之时较易，行之军兴之际实难；行之小有挞伐之始尚易，行之大乱初平之后尤难。自咸丰、同治以来，粤匪乱起，海国事滋，中外用项日增月益，彼时筹饷即难。"户部乃议定"开源节流事宜二十四条"，包括开捐例、抽厘金、加商税、行钞法、减用度等法，东移西就，剜肉补疮，勉力支撑。[⑤]

真正致用的还是新法。新法一在于广开商税，二在于大借外债。在传

---

① 席裕福、沈师徐辑：《皇朝政典类纂》卷155，沈云龙主编《近代中国史料丛刊续编》第89辑，台北：文海出版社1982年版，第2131页。

② 席裕福、沈师徐辑：《皇朝政典类纂》卷173，沈云龙主编《近代中国史料丛刊续编》第89辑，台北：文海出版社1982年版，第2653页。

③ 《清文宗实录》卷83，咸丰三年正月戊辰，中华书局1986年影印本，第50页。

④ 《光绪朝东华录》第1册，中华书局1958年标点本，第650页。

⑤ 《光绪十年户部等衙门奏折》，《历史档案》1985年第2期。

统财政收支体系中，商税中除盐税外，余归于杂税类项，所占比例不高。但到鸦片战争后，随着海关税、厘金开征，商税迅速增加，成为清政府最为重要的增量来源，而传统以田赋为主的税收结构亦发生转变。1843 年，根据《南京条约》设立了上海江海关，直至 1853 年上海小刀会起义时，海关一直由清政府直接掌控。1855 年，设立中国海关总税务司，1858 年任命英国人李泰国（H. N. Lay）为首任长官。到第二次鸦片战争后，《天津条约》签订，清政府开放更多口岸。到 1861 年，正式设立总税务司监督一职，由英国人赫德（Robert Hart）担任。《辛丑条约》签订后，又将洋关 50 里内常关交由总税务司管理。海关税包括进口税、出口税、复进口税、船钞、内地子口税、洋药厘金等，此外还有附征之赈捐等。关于海关税的统计，各家数据有所差别，但趋势未变。《清史稿》中载，“洋关岁征各税，咸丰末年，只四百九十余万。同治末年，增至千一百四十余万。光绪十三年，兼征洋药厘金，增为二千五十余万。三十四年，增至三千二百九十余万。宣统末年，都三千六百十七万有奇，为岁入大宗”[①]。据江恒源的统计，咸丰十一年（1861）海关税为 4961907 两；同治四年（1865）为 8289281 两；同治十年（1871）为 11216146 两；光绪九年（1883）为 13286757 两；光绪十三年（1887）为 20541399 两；光绪二十年（1894）为 22523605 两；光绪二十六年（1900）为 22873985 两；光绪二十八年（1902）为 30007043 两；光绪三十一年（1905）为 35111004 两；光绪三十四年（1908）为 32901895 两；宣统三年（1911）为 36179825 两。[②] 另据汤象龙整理的数据，倪玉平又据档案材料进行修正，认为 1861 年为 5036371 两，1865 年为 7937974 两，1870 年为 9760247 两，1875 年为 12169112 两，1882 年为 14488772 两，1887 年为 18447644 两，1894 年为 22797028 两，1898 年为 21828054 两，1902 年为 28377190 两，1905 年达到 32675574 两，1910 年为 34518859 两。任智勇对汤象龙的数据也有补正。[③] 从趋势上看，随着洋货输入及中外贸易的发展，海关税快速攀升。

---

① 《清史稿》卷 125，《食货六》，中华书局 1976 年标点本，第 3694 页。

② 江恒源：《中国关税史料》上册，中华书局 1931 年版，“第四编，海关税收”，第 1—4 页。

③ 倪玉平：《清代关税：1644—1911 年》，科学出版社 2017 年版，第 159—160 页；任智勇：《〈中国近代关税收入和分配统计〉校勘记》，《中国经济史研究》2018 年第 5 期。

商税之中居于第二位的是厘金。厘金在咸丰三年（1853）由雷以諴在江苏创办，其后全国效法。厘局厘卡，捐上加捐。罗玉东统计，同治年间厘金收入较高，光绪初年（1875）至二十年（1894）收入稍减，至二十年（1894）以后又不断增高。同治八年（1869）至十三年（1874），除首尾年份外，其余四年各为1400余万两。光绪元年（1875）至二十年（1894）中，有两年收数达1400万两，余年多在1300万两左右。光绪二十一年（1885）起，均达1500余万两。光绪二十八年（1902）起，总计收数增至1600余万两。其中，苏、闽、浙、湘、粤、鄂、赣为主要来源省份，次为皖、桂、陕、甘各省。[①] 到光绪二十九年（1903），厘金年收数达1700余万两；光绪三十年（1904），达至1800余万两；光绪三十三年（1907），达1900余万两；光绪三十四年（1908），达2000余万两。[②] 厘金的用途分为国用和省用。国用部分，包括解户部款、国家行政费、皇室经费、归还外债、赔款、各省协款、海防经费、水师军费、各省军费等，以军费、赔款及还债为主。省用部分，包括各省行政费等。按江苏省的支项，在同治年间军费约占总支出五成以上，国家行政费占四成，省政费约占一成。到光绪年间，外债偿还款占比大增。[③] 就商品结构看，货厘占绝对比例，大多数年份在90%以上，少数年份在85%—90%。次为洋药厘金、茶厘、盐厘及土药厘。[④]

商税中第三大类是杂税。在朝廷允许地方可以就地筹饷之后，地方在厘金之外，复开众多杂税杂捐。除原有之茶税、当税、烟酒税、契税外，名目极其繁杂。咸丰帝上谕中称："朕闻各处办捐，有指捐、借捐、炮船捐、亩捐、米捐、饷捐、堤工捐、船捐、房捐、盐捐、板捐、活捐，名目滋多，员司猥杂。其实取民者多，归公者寡。近年军饷浩繁，不得已而借资民力、商

① 罗玉东：《中国厘金史》，沈云龙主编《近代中国史料丛刊续编》第62辑，台北文海出版社1979年版，第170页。

② 罗玉东：《中国厘金史》，沈云龙主编《近代中国史料丛刊续编》第62辑，台北文海出版社1979年版，第469页。

③ 罗玉东：《中国厘金史》，沈云龙主编《近代中国史料丛刊续编》第62辑，台北文海出版社1979年版，第216页。

④ 罗玉东：《中国厘金史》，沈云龙主编《近代中国史料丛刊续编》第62辑，台北文海出版社1979年版，第410页。

力，然必涓滴归公，撙节动用，始得实济。"[①] 几乎无物不捐，无物不征。此外还有鸦片税。咸丰年间，鸦片税大致年入270万两，光绪朝在900万两，再加上土药税厘，年征额度达1500万两左右。[②] 厘金及杂税的扩充，弥补了地方军事财政之不足，适应了晚清工商业发展的大势，推动税收结构由以田赋为主向商税主导型转变。但问题是，厘金和杂税多属货物税，各地广设厘卡厘局，严重阻碍了商品流通运销。就地筹饷政策之下，地方杂税征收几近失控，反过来又影响到商品贸易和经济发展，引发工商界的强烈反对。故而在加厘加税的同时，裁减苛捐杂税之声亦随之渐起。

以海关税、厘金为核心的商税迅速增长，有效补充了咸同之际的军事用度。而在战争时局之下，税收结构由以田赋为主转变为以关税为主导，是税收体系的重大转型。光绪十七年（1891），户部调整财政会计科目，常例收入为地丁、杂赋、地租、粮折、折漕、漕项、耗羡、盐课、常税、生息十项；新增收入为厘金、洋税、新关税、按粮津贴四项，实际上也认可了海关税、厘金的财政价值。[③] 根据不同口径统计，关税、厘金的增长，极大扩展了税收总量。在鸦片战争之前，土地税收入一直居绝对优势，居税收总量之太半。按何本方的统计，1766年，财政总收入为4225万两，土地税收入为2991万两，占71%；盐课收入为574万两，占14%；常关税收入为540万两，占12.8%；杂税收入为120万两，占2.8%。1812年，财政总收入为4013万两，土地税占71%，盐税占14%，常关税占11.9%，杂税占3.0%。到1841年，财政总收入4245万两，土地税占69%，盐税占18%，常关税占10.2%，杂税占2.8%。[④] 到海关税、厘金开征之后，财政收入总量打破了原来一直在3000万—4000万两徘徊的境地，不断突破。到1903年，财政收入10492万两，支出13492万两，但赤字仍达3000万两。[⑤]

---

① 《清朝续文献通考》第1册卷46，《征榷考十八》，商务印书馆1936年版，第8009—8010页。

② 彭雨新：《中国近代财政史简述》，载孙健编《中国经济史论文集》，中国人民大学出版社1987年版。

③ 《清史稿》卷125，《食货六》，中华书局1976年标点本，第3705页。

④ 何本方：《清代商税制度刍议》，《社会科学研究》1987年第1期。

⑤ 《清朝续文献通考》第1册卷68，《国用六》，商务印书馆1936年版，第8249页。

厘金和关税（海关和常关）的收入占比在 1886 年前后超过田赋，此后若干年份虽有所变动，但在晚清时期基本成为常态。按周育民的综合统计，1885 年田赋占比为 41.97%，厘金、关税占比为 39.16%；1886 年厘金、关税占比为 40.32%，超过了田赋占比的 40.23%；1887 年，厘金、关税占为 45.98%，田赋占比为 38.94%；1888 年，田赋占比为 37.84%，厘金、关税占比为 41.04%；1889 年，田赋占比为 39.73%，厘金、关税占比为 42.47%；1890 年田赋占比为 38.86%，厘金、关税占比为 39.95%；1891 年田赋占比为 37.45%，厘金、关税占比为 41.36%；1892 年田赋占比为 39.45%，厘金、关税占比为 42.03%；1893 年，田赋占比为 40.03%，厘金、关税占比为 40.83%；1894 年，田赋为占比 40.32%，厘金、关税占比为 34.14%，同年杂项收入占比为 17.23%。[①] 如果加上盐税，则商税已经占绝对地位。

陈锋对光绪年间岁入中地丁杂税、盐课、常关税、厘金、海关税的分项占比的综合核算，可以更清晰地反映出清政府财政收入的内部结构特征，见表 1－1。

表 1－1　**光绪年间岁入各税类占比统计**　（单位：两）

年代	岁入总额	各项收入所占百分比（以各类总计为 100）					
		地丁杂税	盐课	常税	厘金	洋税	其他
光绪十一年（1885）	77086000	42.0%	9.6%	3.1%	18.5%	18.5%	9.2%
光绪十二年（1886）	81269000	40.4%	8.3%	3.2%	18.6%	17.7%	17.7%
光绪十三年（1887）	84217000	38.9%	8.3%	3.0%	19.9%	22.9%	7.0%
光绪十四年（1888）	87792000	37.8%	8.6%	3.1%	17.7%	20.2%	12.6%

① 周育民：《晚清财政与社会变迁》，上海人民出版社 2000 年版，第 239 页。

续表

年代	岁入总额	各项收入所占百分比（以各类总计为100）					
		地丁杂税	盐课	常税	厘金	洋税	其他
光绪十五年（1889）	80761000	39.7%	9.6%	3.2%	18.5%	20.8%	8.2%
光绪十六年（1890）	86807000	38.9%	8.6%	3.0%	17.7%	19.3%	12.5%
光绪十七年（1891）	89684000	37.5%	8.0%	2.9%	18.2%	20.3%	13.1%
光绪十八年（1892）	84364000	39.5%	8.8%	3.0%	18.2%	20.9%	9.6%
光绪十九年（1893）	83110000	40.0%	9.2%	3.4%	17.2%	20.2%	10.6%
光绪二十年（1894）	81033000	40.3%	8.3%	3.4%	17.5%	13.2%	17.3%

说明：常税即常关税，洋税即海关税，其他系主要商业类杂税。

资料来源：陈锋：《清代财政政策与货币政策研究》，第398页。主要据刘岳云《光绪岁入总表》中的数据核算而成。

在甲午战争之前，海关税已经完全超过原来盐课的占比，也远远超过常关税收入。新增的海关洋税和厘金之占比总和，不少年份已超过田赋占比。陈锋认为，这标志着“中国社会在进入半封建半殖民地之后随着时间的推移而导致的传统封建财政的瓦解”①。这主要是从传统奏销制度下的收支体系而言，若从税收属性而言，商税上升到主导地位意味着国家财政的主要产业基础已经转换为工商业。但是，海关税收的管理权被英国人掌握的总税务司控制，厘金杂税滥征无章，均不利于工商业经济的长远发展。因此，如何调节财政对于商税的强烈需求与工商业者要求发展经济之间的平衡，是此后税收变革的重要议题之一。英国在工业革命启动之后，消费税、关税占比迅速提升，财政基础转换到现代工商业及海外贸易之上，反过来又使国家更注重保护本国经济及海外殖民

① 陈锋：《清代财政政策与货币政策研究》，第399页。

活动。消费税亦属流转税之列，相对于传统的阶级税、人丁税，具有广泛及相对平等的属性。在现代所得税、财产税兴设前，消费税承担着主要的财政责任。

需加特别关注的是新增商税的管理问题。在原有奏销体制中，地丁、漕粮、盐税等都由户部集中掌控。关税、厘金及诸多杂税在开征之后，名义上也列入了户部的奏销体系，但是仅关税可由中央直控，在作为外债担保之后，关税的管理权也被总税务司把持。厘金和诸多杂税本是就地筹饷的产物，由地方负责征收也用于地方，户部并未建立直征机构来集中征解。因此，新增商税的管理权是分散的，户部的实际存银远未达到名义上的数额。从用度上看，厘金也主要用于军费和偿还外债。和文凯认为，清政府财政是一种分散型的运作体制。户部没有对税收进行汇总统一分配，而是依靠指拨命令来将绝大部分的税款从征收地直接分拨用于地方开销。[①] 这一观点敏锐指出了在税收数量增加之时管理权分散的问题，这直接影响到国家财政的统筹调度和综合信用。追索其根源，实在于中央和地方在事权和财权维度上的错位。中央财政集权的奏销体制比较适于定项定额收支原则，即使有变动也是临时或短期的。一旦战争和赤字形成长期态势，国库难以承负，即不得不放权地方，由此形成国家财政体系中无独立地方财政，而地方事实上握有征解和使用大权的情况。故而，国家在地方层面不断以裁减苛杂为号召，在中央层面则不断寻求巩固中央财政的专项税源。

（三）“不完全借贷财政”的形成

在甲午战争前，清政府财政在关税和厘金加持之下，虽然处于亏空与修补之中，但不致走向破产。但是，甲午赔款和庚子赔款，彻底打破了清政府通过税收、捐输来平衡收支的可能，被迫走上大规模借债之路。方德万也指出了这一重要的财政转向，“公共借债违反了清朝基本大法的原则”，但清政府无法在现有税收中获得足够经费，不得不转向债券。[②]

在甲午之前，并非没有借债，但占比尚小。鸦片战争赔款 2100 万银元

① 和文凯：《通向现代财政国家的路径：英国、日本和中国》，汪精玲译，香港中文大学出版社 2020 年版，第 207 页。

② ［荷］方德万：《潮来潮去：海关与中国现代性的全球起源》，姚永超、蔡维屏等译，山西人民出版社 2017 年版，第 175 页。

（合库平银 1470 万两）主要由各类税收分摊，关税占 43.28%，地丁占 21.18%，商捐占 27.07%，其余为盐课等。英法联军赔款 1670 万两，关税支付占 90%；伊犁赔款以厘金偿债。[①] 此外，还有琉球事件赔款 50 万两，马嘉理事件赔款关平银 20 万两，伊犁事件赔款 900 万卢布（合库平银 600 万两）。[②] 光绪十一年（1885）至光绪二十年（1894），每年外债本息占支出的 3.1%—6%，合计偿外债本息银 3440 万两左右。[③] 甲午战后，对日赔款 2.3 亿两白银，庚子赔款 4.5 亿两白银。清政府也考虑过借取内债，并进行过三次尝试。第一次是“息借商款”。甲午中日战争爆发后，户部奏请比照外债办法，向国内富商大户劝募公债，息借商款。月息 7 厘，印给官票，每票一百两。准于京饷及地丁、关税下归还，最后约得 1102 万两，实际上有所成就。但募款之中，官府摊派勒索，引发绅商士民反感，后续难以推进。第二次是“昭信股票”。1898 年，清政府为分偿对日赔款，在户部设昭信局，拟年息 5 厘发行一亿两“昭信股票”，以田赋、盐税担保分二十年偿付。但绅民反应冷淡，实发额不足 500 万两。第三次是“爱国公债”。在 1911 年清政府登台之际发行，名曰“爱国公债”，拟发行 3000 万元，年息 6 厘，以部库担保，但发行完全失败。[④]

与内债的失败相比，外债则有相当成就。“近时新增岁出之款，首以俄法、英德两项借款为大宗。……二者共需银一千二百万两上下。益以所借汇丰（汇丰借款）、克萨（克萨镑款）及华商（瑞记洋款）等款，并袁世凯、宋庆、董福祥、魏光焘等军饷”，岁增出款不下 2000 余万两。后又向英德续借 1600 万镑，每年偿还外债支出达 2400 万两左右。[⑤] 甲午赔款举借俄法借款、英德借款、英德续借款，合计 3 亿余两，以关税、盐厘、货厘作保。庚子赔款 4.5 亿两，加上 39 年摊解利息合计达 9.8 亿两。[⑥] 所借外债，基本用

① 陈锋：《清代财政政策与货币政策研究》，第 430—431 页。

② 申学锋：《晚清财政支出政策研究》，中国人民大学出版社 2006 年版，第 84 页。

③ 陈锋：《清代财政政策与货币政策研究》，第 428 页。

④ 参见周育民《清末内债的举借及其后果》，《学术月刊》1997 年第 3 期；李文杰《“息借商款”与晚清财政》，《历史研究》2018 年第 1 期；朱英《甲午“息借商款”述略》，《贵州社会科学》1993 年第 4 期；朱英《晚清的“昭信股票”》，《近代史研究》1993 年第 6 期。

⑤ 中国近代史资料丛刊编辑委员会主编：《中国海关与英德续借款》，中华书局 1983 年版，第 52 页。

⑥ 徐有义：《中国近代外债史统计资料（1853—1927）》，中华书局 1962 年版，第 25 页。

于军费支出、赔款及债务支出。西方银行团愿意向清政府借出巨款，在于能够借此获得稳定收益。外债基本以海关税、盐税作为担保，而关税又由总税务司控制。清政府所借外债，利息高昂，西方银行团不仅以此攫取政治利益，还可获得巨额经济收益。汤象龙对历年海关摊还外债的情况进行了统计，如表1－2所示。

表1－2 **历年海关摊还外债情况** （单位：海关两）

年度	数额	年度	数额
1862	1058935	1894	2435257
1864	150000	1895	2370855
1865	80990	1896	2990531
1866	24000	1897	5433260
1867	292000	1898	5320386
1868	246000	1899	5852503
1869	320000	1900	6485361
1870	106000	1901	5362035
1880	72191	1902	5384551
1882	13133	1903	5694464
1883	10946	1904	5891856
1885	120159	1905	6583500
1886	648458	1906	7331540
1887	899734	1907	6561582
1888	1403670	1908	7704679
1889	2116273	1909	6940874
1890	1452490	1910	7495296
1891	1931889	1911	7274901
1892	2571130		
1893	1616201	总计	118247630

资料来源：汤象龙：《民国以前关税担保之外债》，《中国近代经济史集刊》1935年第3卷第1期，第37页。1888—1893年郑工借款粤海关报告阙如。

庚子赔款由各省摊解及海关摊还。据徐有义的统计，1902 年，各省摊还数为 2012.25 万两，海关摊还 319.8 万两；1904 年，各省摊还 2113.7 万两，海关摊还 364.1 万两。1907 年，各省摊解 2121.2 万两，海关摊解 410.9 万两。1909 年，各省摊解 2121.25 万两，海关摊解 381.1 万两。1910 年，海关摊解 393.5 万两，各省摊解未变。1905 年后，各省摊解均为 2121.25 万两。加上此前外债赔款，外债及赔款支出为 4700 余万两。以光绪二十八年（1902）为例，地丁税捐摊解 27736657 两，占 58.12%；关税与洋药税厘 11160250 两，占比 23.38%；盐课与盐厘 8827093 两，占比 18.5%。[①] 分省摊还严重加剧了地方的财政负担，而且使各省倾向于截留税款，使原本摇摇欲坠的集权财政陷入崩析边缘。极具成长性的海关税本为清政府难得的增量税源，但用于外债担保之后，清政府丧失了对海关税的控制权。在财政收入不断增加之时，清政府对于财政的统一控制反而空前弱化。

海关税不仅是税收的增量收入，还是政府借贷的重要担保。汤象龙将晚清外债分为四期，海关税均是最为核心的担保品。第一期是 1861—1866 年，太平天国时期。包括江苏洋商借款、福建洋商借款、江海关洋商借款、美国旗昌洋行借款，凡六次。第二时期是 1867—1882 年，左宗棠西征借款时期。第三时期是 1883—1893 年，中法战争借款时期。第四时期是 1894—1911 年，中日战争借款时期。[②] 具体情况如表 1－3 所示。

表 1－3　**晚清关税担保之外债统计**

年代	款名	银行	额数	利息	期限	用途
咸丰十一年（1861）	江苏洋商借款	洋商	300000 两	—	1862	充松沪防军军饷
同治元年（1862）	福建洋商借款	洋商	504880 两	—	1863	充福建军饷
同治元年（1862）	江苏洋商借款	洋商	254055 两	—	1863	充江苏军饷
同治三年（1864）	福建洋商借款	洋商	150000 两	8%	1864—1865	—

① 徐有义：《中国近代外债史统计资料（1853—1927）》，中华书局 1962 年版，第 78—84 页。

② 汤象龙：《民国以前关税担保之外债》，《中国近代经济史集刊》1935 年第 3 卷第 1 期，第 3 页。

续表

年代	款名	银行	额数	利息	期限	用途
同治三年（1864）	江苏洋商借款	洋商	80990 两	—	1864—1865	—
同治五年（1866）	广东美国旗昌洋行借款	旗昌洋行	320000 两	—	1866—1891	广东省用
同治六年（1867）	西征借款	洋商	1200000 两	—	—	陕甘军需
同治六年（1867）	西征借款	洋商	2200000 两	—	—	陕甘军需
同治十三年（1874）	福建台防借款	汇丰银行	2000000 两	8%	1876—1884	台防饷需
光绪三年（1877）	西征借款	汇丰银行	5000000 两	8%	1878—1884	西征饷需
光绪四年（1878）	西征借款	汇丰银行	1750000 两	8%	1879—1884	西征饷需
光绪七年（1881）	西征借款	汇丰银行	4000000 两	—	1883—1887	西征善后
光绪九年（1883）	广东第一次海防借款	汇丰银行	1000000 两	—	—	广东海防
光绪九年（1883）	广东第二次海防借款	汇丰银行	1000000 两	—	—	广东海防
光绪十年（1884）	广东第三次海防借款	汇丰银行	1000000 两	—	—	广东海防
光绪十年（1884）	广东第四次海防借款	汇丰银行	505000 镑	—	1885—1894	广东海防
光绪十年（1884）	广东省代借滇桂两省宝源款	宝源洋行	1000000 两	—	1885—1887	滇桂饷需及刘永福军饷
光绪十年（1884）	神机营借款	汇丰银行	1500000 镑	9%	1885—1894	神机营筹防京师用款
光绪十一年（1885）	福建海防借款	汇丰银行	1000000 镑	9%	1886—1895	福建海防军需
光绪十二年（1886）	广东省代借援台借款	汇丰银行	750000 镑	—	1887—1895	援台军饷
光绪十二年（1886）	广东借款	汇丰银行	767200 两	—	1888—1917	广东财政困难

续表

年代	款名	银行	额数	利息	期限	用途
光绪十三年（1887）	颐和园工程借款	德国华泰银行	5000000 马克	5.5%	1893—1902	修筑颐和园
光绪十四年（1888）	第一次郑工借款	汇丰银行	968804 库平两	7%	1889	黄河决口工程用款
光绪十四年（1888）	第二次郑工借款	汇丰银行	1000000 两	7%	1889—1903	黄河决口工程用款
光绪十九年（1893）	广东怡和借款	怡和洋行	1000000 两	—	—	—
光绪二十年（1894）	汇丰镑款	汇丰银行	10900000 镑	7%	1904—1913	中日战争沿海军需款
光绪二十年（1894）	汇丰镑款	汇丰银行	3000000 镑	6%	1900—1914	军需款
光绪廿一年（1895）	克萨镑款	麦加利银行	1000000 镑	6%	1900—1914	中日战争所用，后改练兵
光绪廿一年（1895）	瑞记借款	德国家银行	1000000 镑	6%	1900—1914	中日战争所用，后改练兵
光绪廿一年（1895）	俄法借款	俄法两国银行	400000000 佛郎	4%	1896—1931	提付日本偿款及辽东偿款之用
光绪廿二年（1896）	英德借款	英德两国银行	16000000 镑	5%	1896—1932	偿付日本赔款
光绪廿四年（1898）	续借英德借款	英德两国银行	16000000 镑	4.5%	1898—1942	偿付日本赔款

资料来源：汤象龙：《民国以前关税担保之外债》，《中国近代经济史集刊》第 3 卷第 1 期，1935 年，第 35—36 页。本表包括利息在内。

在货币方面，清政府尝试发行纸币官钞，改变银本位下的货币紧缩问题。结果，缺乏统一控制的纸币发行和滥铸大钱行为，又带来了京津地区的严重通货膨胀。到预备立宪时期，大清银行建立，开始发行钞票，信用仍然不足，未能成为政府发行债务的信贷桥梁。[①]

清政府以田赋为主的农业税体系向以关税、厘金为主的商税体系转变，再以关税、厘金作为外债担保，走上借贷财政之路，是战争压力之下的无奈选择。通过开征关税、厘金及诸多工商杂税，清政府的主要税源基础由农业逐步向工商业转换，税收能力在短期内获得迅速提升。只是税收增量并不足以解决巨额赔款问题，清政府遂引入西方公债制度，在新增商税的信用担保之下，通过外债获取债务性收入。如果与“财政国家”所言的公共税收与信贷体系结构相比，清政府的财政转型具备其中的部分特征，如工商业税收的增长，以公债解决短期大量财政需求问题，从而在一定程度上走出了传统财政收入体系战时税收弹性不足、增税乏术的困境。但是，国家财政过度依赖外债，财政集权体制遭到破坏，财政主权受损，苛捐杂税泛滥，又使政府落入了新的“债务陷阱”。

二　财政变革的走向及所得税制的引介

在中国进入近代及寻求富国强兵道路的过程中，西方主要资本主义国家已经迈入或正在进入现代财政国家的行列。关于财政国家的发展阶段，有早期财政国家或发达财政国家之分，亦有区分传统财政国家和现代财政国家之说。财政国家的中心特征是税收结构由农业税向商业化的间接税发展，从而以税收作为担保，通过金融体系发行长期债券，从而平滑缓释短期债务风险，显著增强政府的财政能力。财政国家的建构不只是体现在收支结构上，还体现在政治、经济的系列制度安排上。清政府在内忧外患之中，无论是朝廷还是地方均采财政实用主义，以增收致用、军事优先为原则，结果虽然商税增长，大借外债，建立起“不完全的借贷财政”，加之收支体系渐陷入混乱，奏销制度有名无实，中央集权的财政体制面临严重威胁。在此过程之中，清政府一方面循体制旧法，就病开方，强令整理，竭力维系原有之奏销制度的持续运转；另一方面，采择西方财政学说，尝试推行预算制度，作为

① 关于晚清时期税收、财政、盐法、公债、货币等方面的研究，请参见陈锋《20世纪的清代财政史研究》，《史学月刊》2004年第1期。

破旧之后的新政目标。但在中西体用之间，又隐含着统一财权、重建权威、强大国用的政治意旨。循此走向，清政府开始了一场以“清理财政”为名的财政变革，而所得税制的引入，正包含在推进直接税的税制方案和预备立宪的政治方案之中。

（一）西方现代财政国家

欧洲由领地国家向税收国家的转化，大体上从 13 世纪晚期到 17 世纪末 18 世纪前半期，发生在各国强化王权、实现统一并进行早期国家建构的过程之中。国家财政与王室财政分离，议会财政权逐步扩大并对王权形成制约。国王通过让渡征税权并出售王室领地、财产，来增加国家的税收，并以国王之名完成统一国家的建构。在此基础上，统一的税收制度及税收征管体系也在逐步完善。议会财政权的制衡，使税收的公共属性不断增强。税收国家的主要收入来自国王财政特权收入、议会税收及借贷。税收以土地税及部分商税为主，政府借债以临时短期债券为主，只占较小的比例。税收国家的危机，源于战争支出迅速增加及其带来的政治风险，进而谋求大规模借贷。17 世纪后期至 19 世纪，欧美及日本开始进入财政国家阶段。和文凯将以商业间接税为担保的长期债券时期称为现代财政国家阶段，他所称的传统财政国家，实际上指的是税收国家的后期阶段。和文凯对英国、日本及晚清中国的比较研究关注到税收、借债、信贷市场（银行、货币）、经济产业、政治体制等一系列共性变化，也注意到结构差异。[①] 不过考察时段限于关税及间接消费税阶段。在分散型财政体制之外，作为受侵略的统一国家，清政府“财”与“政”的关系更为复杂，与西方以议会为中心的财政权力结构有明显差异。

1. 英国：第一个现代财政国家

英国被视为第一个现代财政国家。帕特里克·K. 奥布莱恩和菲利普·A. 亨特认为英国在 1688—1815 年实现向财政国家的转型，和文凯将 1642—1752 年视为英国走向财政国家的阶段。在此之前，英国的财政收入

---

① 和文凯：《通向现代财政国家的路径：英国、日本和中国》，汪精玲译，香港中文大学出版社 2020 年版。

主要依赖于王室收入、领地收入、税收和王室造币厂的利润等。[①] 16 世纪，王室收入占到总收入的 1/3 左右。到 17 世纪，这一比例迅速下降，税收占据绝对比例。在税收之中，传统直接税（土地及动产征税、补助金）和间接税（关税、专卖权收入等）的比例也发生变化。1626—1640 年，王室收入约占总收入的 12. 24%，直接税占 34. 34%，间接税占 44. 60%，王室领地收入占比为 8. 72%，其余为铸币收入等。到 1661—1685 年，王室收入占比为 5. 41%，直接税占 33. 59%，间接税占比为 56. 66%，成为主要税收。到 1686—1688 年，王室收入为 6. 97%，直接税降为 11. 80%，间接税则升至 80. 10%。[②] 在 1640 年内战之后，英国的税收控制权逐步由议会掌控，针对烟草、啤酒、皮鞋、煤、糖等商品征收的消费税也在增加。在 17 世纪晚期，英国相继废除了关税、消费税和炉灶税的包税制度，国家的税收管理能力大为提升。光荣革命之后，土地税虽在七年战争（Seven Years War）及北美战争期间仍占有较高比例，但以关税、消费税为主的间接税则持续增长。英国的消费税和印花税在 1685 年是 40 万英镑，到 1720 年为 280 万英镑。消费税在 1700 年前后占年度收入的 26% 左右，到 1711—1715 年占比在 36% 左右，1751—1755 年占比在 51% 左右。18 世纪，关税和消费税合计平均占到年度收入的 70%—80%。[③] 在乔治三世（1738—1820）统治时期，上缴伦敦财政署的税收收入约有 80% 来自间接税。[④] 关税和消费税的增长，得益于英国国内经济及海外贸易的迅速发展。

但相对于英国频繁卷入欧洲大陆战争中的军事耗费，商税增长仍不足以应付所需。在 1640 年前，国王主要利用特权借贷或向海外公司借款，多以短期为主，信用较差。到斯图亚特王朝复辟后，国家债务有所发展，但“国库止付”事件打击了政府信用。英国议会因而通过一项议案，规定借债必须

---

① 根据顾銮斋的研究，在中古初期中西皆以农业税为主，但到中古晚期逐步分途，英国等国较早就开始从农业税向工商税体系转型。参见顾銮斋《中西中古税制比较研究》，社会科学文献出版社 2016 年版，第 333 页。

② Michael J. Braddick, *The Nerves of State, Taxation and the Financing of the English State*, 1588 – 1714, Manchester University, 1996, p. 10.

③ 和文凯：《通向现代财政国家的路径：英国、日本和中国》，第 10 页。

④ ［英］帕特里克·K. 奥布莱恩、菲利普·A. 亨特：《英格兰（英国）：1485—1815》，载理查德·邦尼主编《欧洲财政国家的兴起：1200—1815》，沈国华译，上海财经大学出版社 2016 年版，第 60 页。

经过议会同意。[1] 1688—1693 年，利率为 7%—8% 的短期债券总额上升到 1500 万英镑。在与法国的九年战争以及西班牙王位继承战时期，英国开始发行长期债券。1697 年九年战争结束时，英国有 1220 万无担保的短期债券，510 万镑有担保的长期债务。从 18 世纪初起，长期债务迅速增加。1712 年，债务额为 3490 万英镑，73.4% 是长期债务。1748 年债务为 7600 万英镑，1783 年债务为 2.45 亿英镑，长期债务均居绝对比例，利息率也不断降低。[2] 和文凯分析，从 18 世纪 20 年代开始，英国通过国内消费税及关税等间接税获得可靠而又有弹性的收入，可以按时支付长期债券的利息，设立的利率为 3% 的永久年金在国债之中占主导地位。[3] 永久年金是自持有人认购时起就获得利息，直到债务持有人去世。年金债券受到公众欢迎，但是转让程序复杂。大型特许公司购买长期债券比例也极高。从短期借贷转为长期借贷，不仅提高了政府的借贷额度，而且将债务分摊到较长时间来归还，避免对政府信用及经济发展带来直接冲击。

在英国走向以间接税为担保的长期借贷财政之路时，英格兰银行及以伦敦为中心的金融信贷市场发挥着重要作用。英格兰银行在 1694 年成立，其早期没有纸币发行权，银行券的信用并不高，初始资本金大部分是由政府未清偿的短期债券构成。债券持有者将债券兑换为英格兰银行股票，事实上将短期债券转换为长期债券。银行不断向政府提供长期贷款。到 1749 年，英格兰银行对政府的借款高达 11168600 英镑。到 19 世纪 60 年代，英格兰银行持有国债份额增长到近 70% 。[4] 但英格兰银行所持国债并不是沉积在银行系统内部，其持券人其实是分散的社会公众。债券可以在二级市场交易，本身具有投资价值。光荣革命之后，伦敦的股票市场和私人债券交易异常活跃，公司股票、债券和国债是主要的交易品。如此，经由银行介入，使英国的间接商税、长期债务、信贷市场和产业发展之间形成了资金循环，也使原

---

① 张荣苏：《财政革命与英国政治发展研究（1660—1763）》，博士学位论文，南京大学，2014 年，第 118 页。

② John Brewer, *The Sinews of Power: War, Money and the English State, 1688 - 1788*, Unwin Hyman Ltd, 1989, p. 114.

③ 和文凯：《通向现代财政国家的路径：英国、日本和中国》，第 76 页。

④ R. Robert and D. Kynaston, *The Bank of England: Money, Power and Influence, 1649 - 1994*, Oxford: The Clarendon Press, 1995, p. 10.

向特定对象募集债款转为通过金融市场发行，具有信用的债券成为市场上的投资品，政府的财政能力因而获得空前提升。

英国的财政能力是支持战争及殖民活动的重要基础。布鲁尔（John Brewer）的研究认为，在光荣革命之后，英国开始走向“财政—军事”国家（Fiscal - Military - State），其重要表现是金融革命和海军建设。[①] 1694 年，威廉三世签令成立了英格兰银行，为偿还战争国债进行借贷。成立当年，就以 8% 的利息贷给国王 120 万英镑。1714 年，英格兰银行给国王的贷款利息被固定为 5%。1688—1697 年，英国总开支为 49320145 英镑，总收入为 32766754 英镑，借款为 16553391 英镑，借款占比为 33.6%；1702—1913 年，总开支为 93644560 英镑，总收入为 64239477 英镑，借款为 29405083 英镑，借款占比为 31.4%。英国的海军在 17 世纪时主要仍依赖私人商船。光荣革命之后，战舰及海员人数都大幅增加。[②] 1689—1697 年，军事支出（Military Spending）占到政府总支出（Government Expenditure）的 74%；1702—1713 年军事支出占 66%；1739—1748 年军事支出占 64%；1756—1763 年军事支出占 71%；1775—1783 年军事支出占 61%。[③] 在大部分年份里，利息支出都在 22% 以上，高的年份达到 44%。[④] 归纳而言，英国的财政支出具有明显的军事型特征。

奥布莱恩、和文凯等将英国财政国家建构的成功节点放在 18 世纪末。如果继续追溯，就会发现到 18 世纪末及 19 世纪初期，英国财政国家的演化进入新的阶段，即由以关税、消费税为主的间接税信用转换到以所得税、遗产税为主的现代直接税信用。战争是外在助推力，而经济发展和税源结构改变则是其社会基础。在拿破仑战争期间，战争经费及债务利息支出占用了绝大多数的财政收入，利息支付额占到了总收入的 42% 左右，政府面临新一轮的信用危机。在此情况下，英国创立的所得税针对 50 镑以上的年收入征

① John Brewer, *The Sinews of Power: War, Money and the English State, 1688 - 1788*, Unwin Hyman Ltd, 1989, p. 94.

② John Brewer, *The Sinews of Power: War, Money and the English State, 1688 - 1788*, Unwin Hyman Ltd, 1989, p. 74.

③ John Brewer, *The Sinews of Power: War, Money and the English State, 1688 - 1788*, Unwin Hyman Ltd, 1989, p. 32.

④ 转引自张荣苏《财政革命与英国政治发展研究（1660—1763）》，博士学位论文，南京大学，2014 年，第 161 页。

税，正是为弥补间接税的不足。[①] 由此，所得税登上了历史舞台，也推动英国财政国家进入了更高一级阶段。所得税立法通过个人财富及收入的外在表现形式来计征税收（住宅、窗户、马匹、马车、仆人）等。奥布莱恩分析："皮特在所得税方面取得成功为发动反对大革命和拿破仑执政时期的法国的战争筹措了28%的追加资金——应该更多归功于受到法国大革命惊吓的英国有产阶级满足英国政府需要意愿的普遍提高，而不是英国的有关法律以及财政部对地方政府的监管。因此，只有法国军队和英国公共信用的可能崩溃才能说服英国人接受所得税；只有在英国的国家安全和他们在国民财富中的利益持续受到来自拿破仑的威胁时，英国的有产阶级才同意依法在精确性和公允性可容忍的误差范围内评估自己的纳税义务。"[②] 在战争威胁及信用危机压力下，所得税虽遭到商人反对，但仍然成功开征。只是因开征直接税的权利及税负问题存在较大争议，所以屡有反复。其后随着对税收平等、能负原则的认识不断深入，所得税又被认为具有"良税"禀性，成为常设税种。所得税一经试用，即显现出惊人的税收价值。1842—1843年，英国征收所得税60万英镑；1862—1863年达到1050万英镑；1882—1883年为1250万英镑；1899—1900年为1890万英镑；1900—1901年为2760万英镑；1901—1902年达3540万英镑。[③] 在战争财政状况下，所得税更体现出效能上的优势。此后每遇战争，英国即通过所得税增税来扩展税收收入，提升借贷能力。

在英国经验中，财政国家的借贷系由战争及信用危机而引发，但这只是表象而不是其成功的原因。基于工业革命及海外贸易而来的税收产业基础的发达，为英国由传统直接税向以关税、消费税转换及再向以所得税为中心的现代直接税转换奠定了基础。英国政府的长期借贷建立在强大的税收能力及先进的金融市场的基础上。奥布莱恩认为，英国政府在金融市场上的信用很

① ［英］帕特里克·K. 奥布莱恩、菲利普·A. 亨特：《英格兰（英国）：1485—1815》，载理查德·邦尼主编《欧洲财政国家的兴起：1200—1815》，沈国华译，第63页。

② ［英］帕特里克·K. 奥布莱恩、菲利普·A. 亨特：《英格兰（英国）：1485—1815》，载理查德·邦尼主编《欧洲财政国家的兴起：1200—1815》，第863页。

③ ［英］H. E. A. Condon：《百年来英国所得税的演进》，陈封雄译，《财政评论》1943年第10卷第6期，第71页。

大程度上取决于其榨取税收的能力，英国是18世纪欧洲税收负担最重的国家之一，较早达到了“财政国家”的较高级阶段，其优势是先进的信贷结构与持续增长的财政能力结合。[①] 和文凯强调，英国在18世纪征收关税及消费税方面的高效及其从市场募集长期金融资源的卓越能力，为其国家能力和自主性提供了坚实的基础。[②] 而英国为何没有通过英格兰银行及货币政策走向纸币发行之路，也要归因于英国较早确立了议会财政权及借债权。顾銮斋在中西税制的对比研究中认为，在中古时期英国制税权就由国王和议会掌握，而议会权力更大。[③] 狄金森（P. G. M. Dickson）分析认为英国较为完善的借贷体系和议会对公共财政的支持，使之获得了更为强大的财政能力，从而能够建立起强大的军事力量。英国的商业和金融体制，为国家借贷及工业革命提供了资金基础。[④] 布罗代尔的看法与此相似，“公债的利息准时偿付，不容违约，债券由议会保证还本，这一切确立了英国的信誉”[⑤]。英国财政国家的建构，受到国王、议会、政府之间的权势转移与博弈的影响。在制度和利益上，都经历了一系列的危机与修补，最终才在税收、借贷和经济发展之间达至均衡，实现持续增长。

2. 法国、德国和美国的财政国家之路

法国财政国家的变革之路随同旧制度与大革命的命运而跌宕沉浮。理查德·邦尼认为，法国财政的变革引擎是战争支出，在1494—1815年的大部分时间里，法国财政体系由支出驱动，“财政危机就像旧制度和革命法国的一种地方病”[⑥]。在法国大革命的研究中，也认为财政危机加剧了政治危机和革命的爆发。邦尼将财政危机视为旧制度的病征，显然并不是单纯强调战争支出的压力，而是重视旧制度下财政体制的系统性问题。

---

① Patrick K. O'Brien, "The Political Economy of British Taxation, 1660 - 1815," *Economy History Review, New Series.*, Vol. 41, No. 1, February 1988.

② 和文凯：《通向现代财政国家的路径：英国、日本和中国》，第14页。

③ 顾銮斋：《中西中古税制比较研究》，第229页。

④ P. G. M. Dickson, *The Financial Revolution in England-A Study in the Development of Public Credit, 1688 - 1756*, Routledge, 2016.

⑤ ［法］费尔兰·布罗代尔：《十五至十八世纪的物质文明、经济与资本主义》第3卷，施康强、顾良译，生活·读书·新知三联书店1993年版，第433页。

⑥ ［法］理查德·邦尼：《法国：1494—1815年》，载理查德·邦尼主编《欧洲财政国家的兴起：1200—1815》，沈国华译，第160页。

1500—1789 年，法国是欧洲主要强国。在绝对主义王权传统和中央集权财政体制的支持下，法国长期推行扩张政策，因而也一直面临财政危机。在旧制度下，法国事实上已经是较为成熟的税收国家，且在向财政国家过渡。在税收结构方面，直接税包括人头税、军役税、十分之一税等，间接税包括盐税、烟草税和商品税。随着 18 世纪法国工业及贸易的发展，消费类的商品税不断增多，逐步改变了 17 世纪以农业税为主的结构特征。公共土地和森林收入仍然重要，但占比不断下降。在法国绝对主义王权之下，制税权由国王控制，在各省及行政区设立总监税区。国王在税收收入不足时，也引入长期国债来弥补临时开支。1721 年，公债达到 20.6 亿里弗赫。18 世纪 80 年代，总支出的 43% 用于偿债。1788 年，债务支出占到了 50.5%。[①]

但是，法国的财政制度存在严重弊端，从而导致严重的政治和信用危机。法国的财政大权由国王控制，税制极其复杂，地方官员权限过大，缺少监督。征收税款，过多依赖于包税制度，效率低下，层层盘剥。税收之中，传统的直接税征收过于随意，引发民众反抗。更令公众不满的是，贵族、教士阶层一直享有免税特权，严重破坏税收公平，与其时广泛传播的税收平等观念相悖。法国建立有公债制度，但国王经常降低利息、拖欠债款甚至否认债务，破坏自身信用。这导致国王虽常向私人银行举债，但要付出更高利息，加剧了债务负担。按 1780 年的预算，法国公共收入总额为 5.85 亿里弗赫（Livre，1 里弗赫合 1.02 法郎），直接税占 41%，间接税占 55%，其余为抽彩、造币等收入，占 4%。在支出方面，偿债支出占 43%，战争支出占 24.7%，财政管理支出占 10.9%，行政开支占 10.2%，其余为外交、司法等支出，合计为 6.10 亿里弗赫。[②] 七年战争和北美独立战争，使法国的战争支出迅速增加，危机加速到来，但专制王权已经难以为税收提供合法依据。熊芳芳分析，税负和借贷过重不是问题的关键，税收体制固有缺陷限制了政府从增长的经济体中汲取资源的能力，难以为公共信贷提供良性支撑。[③] 国

① ［英］彼得·马赛厄斯、悉尼·波拉德主编：《剑桥欧洲经济史》第 8 卷，王宏伟、钟和等译，韩毅校订，经济科学出版社 2004 年版，第 335 页。

② ［英］彼得·马赛厄斯、悉尼·波拉德主编：《剑桥欧洲经济史》第 8 卷，王宏伟、钟和等译，韩毅校订，第 345 页。

③ 熊芳芳：《再论法国大革命的财政起源》，《史学月刊》2018 年第 11 期。

王要走出财政困境，需要解决国家行为的合法性危机，破除免税特权，推行普遍税，回应民众对于自由、公正的政治诉求。

大革命之前，国王已经在采取措施缓解矛盾。1780 年，国王宣布增派军役税必须公开登记。“朕希望有钱人不会觉得受损害，他们如今被纳入共同水准。”① 1787 年，省议会设立。省议会在中央政府权力下，负责制定军役税法和监督征收军役税，“这个行将被大革命推翻的旧政府，当时已经具备大革命的中央集权的很多特性”②。到 1789 年，路易十六宣布召开三级会议，事实上承认了三级会议具有税收同意的代表权。但是，自由、平等的启蒙思想已经侵蚀了王权的合法基础。正如托克维尔所分析的，国王减轻人民负担的措施，反而激怒了人民。③ 贵族曾以自由对抗王权，但其本身仍是保守的，这导致他们和第三等级的分裂。④ 兹后，第三等级自发组织国民会议，遭国王派兵镇压，轰轰烈烈的法国大革命因而揭开序幕。

按邦尼的分析，在大革命之后，法国的财政国家体制逐步形成。旧制度下的“总监税区”被取消，财政监察权亦于 1790 年从行政机构转移到了立法部门。《人权和公民宣言》中肯定“税收应根据公民的支付能力在公民中间平等分摊”。税收审批原则发生变化，税收立法及开征须经过议会同意。⑤ 正如《剑桥欧洲经济史》中所论：“自由则是形成新税收体制首要考虑，它促进本质上传统的收益税严格按比例发展，并且尽可能独立地、以反映市民平均负税能力的外部指标作为依据。”⑥ 教士和贵族的免税特权被取消，教会财产被宣布为国家财产。大革命后的财政变革为拿破仑在抗击反法同盟时的增税和借贷奠定了基础。

拿破仑战争时期，法国军事支出迅速上升。1813 年，间接税占到公共

---

① ［法］亚力克西·德·托克维尔：《旧制度与大革命》，冯棠译，商务印书馆 1992 年版，第 215 页。

② ［法］亚力克西·德·托克维尔：《旧制度与大革命》，冯棠译，第 227 页。

③ ［法］亚力克西·德·托克维尔：《旧制度与大革命》，冯棠译，第 214 页。

④ 黄艳红：《法国旧制度末期的税收、特权和政治》，社会科学文献出版社 2016 年版，第 21 页。

⑤ ［法］理查德·邦尼：《法国：1494—1815 年》，《欧洲财政国家的兴起：1200—1815》，沈国华译，第 163 页。

⑥ ［英］彼得·马赛厄斯、悉尼·波拉德主编：《剑桥欧洲经济史》第 8 卷，王宏伟、钟和等译，韩毅校订，第 346 页。

收入的53.2%，直接税占比为43.2%，其中土地税占30.7%，个人与动产税为4.7%。间接税中，消费税为19%，关税为12.7%。1814年，战争、军事支出占到了61.9%，债务支出为14.4%。法国公债在1800年债务为7.14亿法郎，1815年达到12.67亿法郎，相当于当年预算的1.4倍。[①] 税收收入中，消费税有了新的增长，所得税属性的个人税与动产税也有增加。政府借贷能力基本恢复，大部分公债通过银行贴现发行。拿破仑退位之后，政府的借贷仍然不断增长。1820年为34.56亿法郎，1830年为46.27亿法郎，1839年为44.58亿法郎，1850年为48.86亿法郎，1851年达50.12亿法郎，1869年为111.79亿法郎，1871年普法战争达140.14亿法郎，1887年达237.23亿法郎，到1913年达329.76亿法郎。[②] 法国财政的收入结构已经具有鲜明的财政国家特征，如表1－4所示。

表1－4　　**法国公共收支统计情况（1801—1913）**　　（单位：百万法郎）

收支分类	收入之部					支出之部			
	直接税	间接税	印花和登记费	公共土地森林	总收入	总支出	偿债	海陆军及殖民地	国内行政及建设
执政府和第一帝国（1801—1814）	369 42.5%	217 24.9%	147 16.9%	103 11.9%	972	1003	121 12.1%	506 50.4%	91 9.1%
复辟时期（1815—1829）	357 38.3%	347 37.3%	163 17.5%	35 3.8%	1028	1020	301 29.6%	302 29.6%	144 14.1%
七月王朝（1830—1847）	386 33.9%	454 39.9%	220 19.3%	37 3.3%	1221	1277	348 27.2%	404 31.6%	288 22.5%
第二共和国（1848—1851）	429 34.1%	497 39.5%	224 17.8%	37 2.9%	1498	1588	410 25.8%	480 30.2%	420 26.4%

① ［英］彼得·马赛厄斯、悉尼·波拉德主编：《剑桥欧洲经济史》第8卷，王宏伟、钟和等译，韩毅校订，第345页。

② ［英］彼得·马赛厄斯、悉尼·波拉德主编：《剑桥欧洲经济史》第8卷，王宏伟、钟和等译，韩毅校订，第363页。

续表

收支分类	收入之部					支出之部			
	直接税	间接税	印花和登记费	公共土地森林	总收入	总支出	偿债	海陆军及殖民地	国内行政及建设
第二帝国（1852—1869）	489 27.6%	751 42.4%	365 20.5%	41 2.3%	2059	2089	531 25.4%	691 33.1%	480 23.0%
第三共和国（1870—1875）	633 24.6%	1127 43.8%	517 20.1%	52 2.0%	3148	3148	993 31.5%	932 29.6%	732 23.2%
第三共和国（1876—1880）	696 22.6%	1445 47.1%	613 19.9%	53 1.7%	3220	3316	1176 35.5%	846 25.5%	804 24.2%
1890 年	478 15.9%	1816 60.1%	669 22.2%	43 1.4%	3085	3237	1318 40.7%	966 29.8%	—
1900 年	516 15.1%	2092 61.1%	718 21.0%	53 1.5%	3494	3497	1253 35.8%	1078 30.8%	—
1913 年	622 14.2%	2595 59.3%	1022 23.3%	68 1.6%	4739	4739	1286 27.1%	1557 32.9%	—

资料来源：［英］彼得·马赛厄斯、悉尼·波拉德主编：《剑桥欧洲经济史》第 8 卷，王宏伟、钟和等译，韩毅校订，第 366—367 页。收入部分主要计算较为主要的四项，另有其他收入、特殊收入。核算中，包括了阿尔及利亚的数额。收入部分未计入债款收入。支出部分仅计算最为主要的三项，其余征收费用等未列入表中。

法国的税收及借贷虽有同步增长，但是国内政治动荡及外部战争消耗带来了新的信贷危机，政府开始推行现代直接税。法国采用了皮特和皮尔设计的英国所得税和财产税模式。不同类型的收入按不同方法评估，区分从土地、资本、劳动等不同收入的税收归宿，本质上是收益税。① 但是，按外在标准难以课征动产税负，收益税上又有附加，公平负担问题仍未解决。1848 年"二月革命"后，财政部长倍泽（G. Pages）提议推行所得税。这一提案受到英国 1842 年皮尔（R. Peel）制定所得税法的影响，只是受上院反对及国民抵制税务干涉之习惯而失败。在普法战争失败后，所得税更受到重视。

① ［英］彼得·马赛厄斯、悉尼·波拉德主编：《剑桥欧洲经济史》第 8 卷，王宏伟、钟和等译，韩毅校订，第 362 页。

1871 年，有创设资本利息税之提议。1872 年对证券收入课以 3% 的税，国内外债券利息和国内抵押免税。1880 年，家屋税从土地税中分离出来。1897 年，对土地税设置免税点。1907 年，卡约（J. Caillaux）提案兼采英国及普鲁士之长，按七类分类所得再配以综合所得。七类分类所得包括土地所有、家屋所有、资本利息、农业所得、工商所得、非商业所得、薪资所得，综合所得再按总额征之。提案在下院通过，在上院被否决，不过各分类所得仍依旧法征收。1914 年，法国对所得税法案进行了新的修改，还加上了 10% 的战争附加税。欧战爆发后，法国对推行综合所得税的共识不断增强。1917 年，法国正式推出一般综合所得税。[①] 总体来看，在大革命之后，法国以消费税为主的间接税增加迅速，呈现出与英国相似的税收结构特性。在战争压力及税权平等观念的推动下，分类收益税也在不断扩充，法国的税收结构得到优化。到借鉴英国及普鲁士经验，开征一般综合所得税，法国财政国家的借贷信用得到进一步巩固。

德国完全意义上的现代财政国家建构应自 1871 年德意志帝国建立开始，此后联邦中央的政治和财政能力不断扩展。但在此之前，在诸王国竞争的时代，一些主要邦国已经建立起以税收及公产收入为基础的借贷财政体系，所得税的财政价值也已经被发现并得到应用。普鲁士能够成为统一德国的核心力量，与其拥有强大的财政能力密不可分。普鲁士位于德意志北部，在 16—18 世纪是“德意志民族的神圣罗马帝国”的主要邦国之一。在法国大革命之前，普鲁士经济以农业为主，财政收入主要来自公共财产特别是土地和森林的收入。为应付紧急状况，王国会在正常年份将公共收入剩余部分存留作为公共储备。此外，通过造币发行来增加收入。在腓特烈二世（Frederick Ⅱ，1740—1786）即位时，有二分之一的净收入来自公共财产，包括磨坊、酒馆、面包房、建筑物、矿山、盐厂等。兹后，腓特烈二世推动了农业改革和关税、消费税改革，使商业税的比例有明显提升。[②] 普鲁士的税收结构呈现出明显的城乡差异，在城市以间接消费税为主，在乡村则是直接税占主导。贵族、教会的不动产享有免税特权。普鲁士的军事开支极大，但因缺

① ［日］汐见三郎：《各国所得税制度论》，第 160—165 页。

② ［英］玛丽·富布卢克：《剑桥德国史》，高旖嬉译，新星出版社 2017 年版，第 175 页。

少成长的中产阶级，对生产性公共企业的收入依赖性较高。

法国大革命及拿破仑战争对普鲁士产生重大冲击，在使普鲁士及其他邦国陷入战争及财政危机之时，也重组了法国占领区的行政、司法权力结构。在战争期间，疆域及收入损失严重削弱了政府收入，不得不加征消费税。1800 年，公产收入部分为 13200000 塔勒（1 塔勒合 3 马克），在公共收入中占比为 44.6%，其中以公共土地、盐专营和森林收入为主。税收收入合计为 16467000 塔勒，占比为 55.5%，国内消费税占 26.6%，其次是捐款收入 18.9%，关税收入 5.4%，彩票收入 2.4%，马费 0.2% 等。1812 年，公产收入占比明显下降，数额为 6039000 塔勒，占比为 35.4%。税收收入为 11146000 塔勒，占比为 64.7%，其中国内消费税再次提高为 35.0%。公债从 1794 年的 48100000 塔勒，增至 1807 年的 53500000 塔勒，到 1815 年为 2.876 亿塔勒。[①] 公债的迅速增加与 1806 年普鲁士在战争中的败局有关。1807 年《提尔西特和约》使普鲁士丧失大片土地，还要承担大量赔款。普鲁士在大臣施泰因等人的领导下实施改革。1807 年废除农奴制，取消农民的人身依附关系；1810 年废除等级限制及贵族免税制度；1812 年开始引入累进临时所得税。普鲁士通过这一系列改革扩大了税收的社会基础，也推动了工业资本主义的发展。

1815 年维也纳会议之后，德意志邦联成立。在普鲁士的主导下，不断推动税政统一。1818 年废除内部通行税，开征关税。1820 年，针对城乡税收差异，改革收益和消费税，对农村居民征个人累进税。1833 年德意志关税同盟成立。1851 年，开始对部分富裕人口实行超地区累进所得税。1861 年，在全国范围内推行三级收益税体系。在“铁血宰相”俾斯麦的领导下，普鲁士在 1866 年及 1870 年先后取得了普奥战争和普法战争的胜利。1871 年，德意志帝国成立，更加大力度采取措施充实帝国财政。

所得税原在各邦推行，政策也历经反复。1808—1812 年，普鲁士尝试对个人收入征临时直接紧急税归于失败。但在税法渊源上，普鲁士的政策也受英国影响。王国首相施泰因“从皮特（William Pitt，the Younger）所得税

① ［英］彼得·马赛厄斯、悉尼·波拉德主编：《剑桥欧洲经济史》第 8 卷，王宏伟、钟和等译，韩毅校订，第 379 页。

那里接受了所得税估计个人自然增长的总收入由纳税人自己估价的原则，从阿丁顿（Henry Addington）所得税（1803）那里接受了把总收入分成不同类型收入的原则”，但放弃了英国的五类分类法，而是按照土地、资本、劳动力三大生产要素来加以区分。三类收入在估价和税率上按不同政策对待，农业土地收益按4%征收，资本收益按3%征收，薪金与工资按0.16%—3%征收。这一征收原则在1811年被废除。第二次努力是1812年在整个王国引入累进临时所得税，特征如人头税。年收入在1000塔勒上的纳税人应申报收入，在此之下由等级委员会评估分等，分率纳税。但到1814年被暂停，1820年废除。1851年又重新尝试。[①] 汐见三郎认为在以普鲁士为中心的北德意志，所得税具有以人税为中心的阶级税特征，辅以地税、营业税、家屋税等收益税，形成了一种混合制的所得税结构。[②]

到1891年，普鲁士设立了一般所得税。规定所有市民和公司法人原则上都有纳税义务，年收入3000马克以上为课税对象。个人及企业有允许财政官员调查的义务，所得来源包括资本、土地、利润、薪酬等。《剑桥欧洲经济史》中分析：“普鲁士没有按照英国个人所得税的方向，成功地使其税收体制现代化，也没有成功地仿效着法国的做法，依据外在指标提高客观收益税的准确性。而是向部分个人所得税迈半步，向客观收益税迈半步，意外地使普鲁士税收体制在整个19世纪满足了稳定要求。”[③] 这里所指英国个人所得税的方向并不是指早期分类所得时期，而是综合所得税阶段。普鲁士较早有对农村居民征个人累进税的政策，具有传统人头税的色彩，此后结合法国的收益分类，如此既合于习惯，又能扩展税源。在普鲁士之外，萨克森在1874年颁布了临时所得税法，在1878年将所得税纳为经常收入。1884年，巴登采用了萨克森的所得税制度。符腾堡在1903年、巴伐利亚在1912年实施了所得税。

---

① ［英］彼得·马赛厄斯、悉尼·波拉德主编：《剑桥欧洲经济史》第8卷，王宏伟、钟和等译，韩毅校订，第390—391页。施泰因男爵（Baron vom und zum Stein）任普鲁士王国首相，小皮特（William Pitt，the Younger）和阿丁顿（Henry Addington）先后任英国首相兼财政大臣。

② ［日］汐见三郎：《各国所得税制度论》，宁柏青译，第96页。

③ ［英］彼得·马赛厄斯、悉尼·波拉德主编：《剑桥欧洲经济史》第8卷，王宏伟、钟和等译，韩毅校订，第382页。

不过，德国财政向来有“直接税归各邦，间接税归帝国”的传统，自普法战争之后不断增加的所得税归属于各邦所有，并未进入帝国中央财政范围。但从帝国财政而言，整顿军备、海外殖民，均需要大量经费。1871年后，帝国即不断采取措施来扩展财源。一方面，增开大量新税，初期主要是间接商品税，到后期则增设现代直接税；另一方面，不断将原属各邦的税收转归中央。1906年，帝国将原属各邦的遗产税收入转至中央国库，仅三分之一交付各邦。此后又陆续设立卷烟税、土地增价税、帝国所有税等。经此转变，原本空虚的帝国财政逐步充实起来，同时也获得了更好的借贷信用。帝国公债的未偿还额在1880年为40000马克，至1900年达到24亿马克，1905年达33亿马克。[①] 不过，因各邦抵制，所得税直到第一次世界大战之后方才归属帝国财政体系。

美国是在殖民地州联合基础上建立的联邦制国家。在独立战争之后，合众国首先面临的就是建立联邦财政的问题。在1779年的《邦联条例》（*the Articles of Confederation*）中，只赋予国会战争和外交的权力，政府可以申请各州资助而没有征税权，征税的权力归属于各州。[②] 在战争期间，美军的军费主要依靠德、法等国的金融家借款以及各州交纳资金支撑，欠下大量公共债务。各州内政及经济自治，对联邦征税多持抵制态度。马萨诸塞州立法为支付战争赔款而提高税率，结果在1786年激起了“谢斯起义”。不过，华盛顿持联邦主义政治立场，任用汉密尔顿（Alexander Hamilton）担任财政部部长，努力提升联邦政府的财政能力。

在法律上，1787年费城会议制定的美国宪法规定国会有权制定所有法律，因国债偿还及国防需要有征收赋税之权，但无权征收直接税。人头税及其他直接税，非按人口比例经过调查划一，不得征收。同时限定州政府不能发行货币及征收关税，对输出货物不得课征任何赋税。宪法破除了邦联条例的限定，授予国会征税权及货币发行权，这意味着合众国政府才真正拥有了联邦财政。不过征税的权力限定在偿还国债及国防需要层面，不允许随意开

① ［日］汐见三郎：《各国所得税制度论》，第94页。

② Jensen, Merrill, *The Articles of Confederation: An Interpretation of the Social - Constitutional History of the American Revolution, 1774 - 1781*, University of Wisconsin Press, 1959, p. 184.

征直接税。这一条款，导致开征所得税一直面临着违宪的法律障碍。在税收上，联邦政府于1789年开始征收关税，同时还增设了国内消费税。在内战之前，进口关税一直是联邦的主要税源，消费税占比还不高。在借债方面，汉密尔顿充分显示出他的财政才干。独立战争的债务及利息约为8000万美元，相当于1790年美国GNP的40%。在他的主持下，联邦政府发行债券来归还债务，债券由政府以税收分期偿还。1790年12月，他支持开办了美利坚第一银行（Bank of the United States）。联邦政府以债券作为股本，同时出售银行股份来筹集资金。政府既可获得贷款，也有股份红利收入。从实施情况看，因为联邦按时还本付息，债券信用良好，在证券市场上交易十分活跃。

美国在独立战争之后，走上大陆扩张之路。1803年，美国从法国手中购买了路易斯安那，1819年从西班牙手中夺取了佛罗里达，1845—1848年通过美墨战争（Mexican - American War）夺得得克萨斯、加利福尼亚和新墨西哥等大片领土，成为横跨太平洋和大西洋的大国。联邦还通过塞米诺尔战争等一系列军事行动，镇压了印第安人的反抗。因税收能力不足，联邦政府在战争之中主要依赖债券筹款。1795年，美国的7000万美元债务中有2000万美元为外国投资者所持有。1801年，债券达到3300万美元，1803年达到5000万美元，1816年债券达1.27亿美元。① 在南北战争之前，北方各自由州从19世纪20年代起就开始了工业革命，工业生产能力和国民生产总值都有大幅提升，但因联邦征税权受到限制，雄厚的产业基础并未在税收价值上体现出来。1856年税收收入为65139000美元，其中关税即占64220000美元，占99%。② 在各工业国极为重要的消费税的比例还并不高，所得税暂时还未受到重视。税收结构的不合理严重制约了联邦政府财政能力的提升。

联邦政府强化财政能力及建立财政国家的关键节点是南北战争。战争从1861年4月爆发至1865年4月结束，以北方自由工业州为主的联邦政府为筹集军费，集中实施了一系列财政税收改革。联邦政府突破宪法限制，增设

① ［美］斯坦利·L. 恩格尔曼、罗伯特·E. 高尔曼主编：《剑桥美国经济史：漫长的19世纪》第2卷，李淑清、王珏译，中国人民大学出版社2008年版，第500页。

② ［日］汐见三郎：《各国所得税制度论》，宁柏青译，第55页。

了直接税和消费税。在1861年税收法案（*The Revenue Act of 1861*）中，宣布对不动产课直接税。[①] 1862年颁布的税收法案（*The Revenue Act of 1862*），宣布征收个人所得税。间接税方面，以消费税为主，包括酒税、销售税及一些商品税。[②] 此外，还有银行税、保险税、印花税等。经此努力，过度依赖关税的税收结构有所优化。1863年，关税收入降为总额之62.8%。[③] 初次开征所得税的成绩显著。1862年，所得税收入为270万美元。1862年调整税率，对600—10000美元者，课税3%，10000美元以上者课5%，国债所得课1.5%。1864年，税率再次提高，600—5000美元者课5%，5000—10000美元者课7.5%，10000美元以上者课10%。[④] 到1865年战争结束时，所得税在联邦公共收入中占21%，仅次于关税的29%，超过了消费税的占比。[⑤] 不过就内战时期的巨额开支而言，税收远不足用。联邦政府还通过发行纸币和债券来筹集经费。联邦政府在1787年剥夺了各州发行不可兑换纸币的权力之后，在非常状态时就可动用货币工具救急。内战时期，发行纸币约筹集了十分之一的经费，最为重要的战时筹款方式还是公债。1860年，联邦政府附息债券仅6500万美元。到1866年，债务增加到23.22亿美元，债券发挥了惊人的财政增收效应。[⑥] 此时发行债券基本通过银行及金融家向社会公开销售，筹款效率极高。

在内战阶段，北方自由工业州强大的生产能力和产业经济为联邦政府的财政、军事政策提供了坚实的物质保障。所得税之所以初次开征，就成为主干税收之一，其根本缘由即在于美国雄厚的产业基础。战时债券发行顺畅，也与税收结构的调整及信贷体系的支持密不可分。可以说，在战争压力之下，联邦合众国的行政及财政权力大幅扩充，迅速建立起了与发达的资本主

① The Revenue Act of 1861, United States Statutes at Large, Office of the Federal Register, 1861.

② The Revenue Act of 1862, United States Statutes at Large, Office of the Federal Register, 1862.

③ ［日］汐见三郎：《各国所得税制度论》，宁柏青译，第55页。

④ ［日］汐见三郎：《各国所得税制度论》，宁柏青译，第55页；Langenderfer, Harold, Q., *The Federal Income Tax, 1861–1872*, New York: Arno Press, 1980。

⑤ ［美］斯坦利·L. 恩格尔曼、罗伯特·E. 高尔曼主编：《剑桥美国经济史：漫长的19世纪》第2卷，李淑清、王珏译，第528页。

⑥ ［美］斯坦利·L. 恩格尔曼、罗伯特·E. 高尔曼主编：《剑桥美国经济史：漫长的19世纪》第2卷，李淑清、王珏译，第530页。

义经济相适应的信贷体系，促其成功迈入财政国家阶段。

联邦政府赢得了内战的胜利，也进入资本主义经济高速成长的新阶段。在独立战争之前，美国国民生产总值约为 1.44 亿美元。按《剑桥美国经济史：漫长的 19 世纪》对各国国民生产总值的比较，以美国为基数 1 按美元折算，1774 年，英国是美国的 2.7 倍。1840 年，英国是美国的 1.3—1.5 倍，法国是美国的 1.7 倍。到 1850 年，英国是 1.42 倍，法国是 1.43 倍，比利时是 0.19 倍，荷兰是 0.14 倍，德国是 0.69 倍，葡萄牙是 0.10 倍，西班牙是 0.40 倍，印度是 2.42 倍。到 1870 年，英、法、德诸国已远远落后于美国，英国是 0.97 倍，法国是 0.73 倍，德国是 0.45 倍，荷兰是 0.10 倍，意大利是 0.42 倍，澳大利亚是 0.06 倍，中国是 1.90 倍，印度是 1.20 倍，日本是 0.26 倍。再到 1890 年，英国降至 0.67 倍，法国 0.44 倍，德国 0.33 倍，比利时 0.10 倍，意大利 0.24 倍，奥地利 0.06 倍，中国 1.09 倍，印度 0.66 倍，日本 0.18 倍。到 1913 年，差距更大，英国 0.41 倍，法国 0.28 倍，德国 0.28 倍，意大利 0.18 倍，加拿大 0.06 倍，中国 0.58 倍，日本 0.13 倍。[①] 在独立战争之后较长时间内，美国的经济增长率虽较高，但总量尚不如英、法。到南北战争之后，美国经济明显加速。1820—1913 年，美国的 GDP 年均增长 4.1%，德国是 2.0%，英国是 2.0%，意大利是 1.6%，日本是 1.2%。[②] 第一次世界大战前，美国已经成为世界上最大的工业产品和服务提供国，美国 GDP 相当于西欧发达国家总和的三分之二。1890 年，中国的经济总量虽与美国相若，但结构特征和成长速度已远不能相较。到 20 世纪初，美国经济总量全面超过中国。

按此趋势，在内战时期崭露头角的所得税本应成为美国联邦税收中的首选之项，但在 1872 年所得税制度又被废止。废止的法律原因是联邦政府开征直接税，违反了 1787 年美国宪法的限令条款。在内战时期，开征所得税只能作为临时紧急政策，在战争结束之后，即应废除。在社会层面，其时美国民众对所得税认知并不深入，所得税采申报制度，暴露私人所得状况，遭

① ［美］斯坦利・L. 恩格尔曼、罗伯特・E. 高尔曼主编：《剑桥美国经济史：漫长的 19 世纪》第 2 卷，李淑清、王珏译，第 1 页。

② ［美］斯坦利・L. 恩格尔曼、罗伯特・E. 高尔曼主编：《剑桥美国经济史：漫长的 19 世纪》第 2 卷，李淑清、王珏译，第 3 页。

到民众反感。所得税采累进制，富人税负较重，对此多持抵制态度。[①] 美国废止所得税的情况与英、法有相似之处。在欧洲历史上，传统的直接税以人头税、土地税、家屋税及各类财产税为主，因缺少统一的货币化核算标准及财务审核机制，多以财富之外部标准征收，与税负能力并不相应。教士、贵族免税，也造成税收不公。因而，直接税被认为是对个人权利及财产的侵犯。美国在立国之初，之所以有此限令，其用意即在于此。

南北战争之后，美国扫清了国内资本主义发展的制度障碍，全面走上海外扩张之路。1898 年，美国发起美西战争（Spanish - American War），夺取了西班牙在美洲和亚洲的殖民地，在古巴、波多黎各、关岛、菲律宾等地建立起军事基地和殖民霸权。1900 年，又参与八国联军侵华战争。此时，扩张主义取代联邦主义，成为美国增税的政策压力。同时，在自由资本主义向垄断资本主义过渡的阶段，贫富差距不断扩大，劳资冲突不断恶化。在内战之后，美国的工会组织得到大幅发展，劳工运动此起彼伏。1866 年，全国劳工工会在巴尔的摩成立。1881 年，行业组织和劳工工会联合会成立。民众对税收公平的诉求急剧上升，所得税能负原则所蕴含的政治价值得到重视，其立法程序被重新启动。

1894 年，国会制定新的所得税法令，规定对过去五年的各种财产、利息、红利、薪俸所得课税，起征点是4000 美元，课税比例是2%，国债利息所得免税。然而，此次的所得税仍因宪法条款被联邦最高法院判定违法。到 1909 年，塔夫脱（W. H. Taft）总统提倡修改宪法，征收法人税（Corporation Excise Tax）。经过复杂的政党博弈，1911 年 3 月获得最高法院同意。[②] 1913 年2 月，威尔逊（T. W. Wilson）总统改定宪法修正案，议会得以对于一切所得征税，且此种征税不必配分于各州，并不必依调查之人口数为比例。[③] 1913 年全国劳工工会所得税法规定所得税按个人所得与法人所得课税，以其纯所得为课税标准。个人所得税分为普通所得和附加所得，超过 3000 美元所得开征，税率为1%，实施累进制，可扣除最低生活费。美国所

① ［日］汐见三郎：《各国所得税制度论》，第53—54 页。

② ［日］汐见三郎：《各国所得税制度论》，第58 页。

③ ［日］汐见三郎：《各国所得税制度论》，第53—54 页。

得税自此完全确立，成为联邦政府的首要税种。

3. 明治维新与日本的财政国家建构

日本是东亚率先完成财政国家建构，也是较早仿行西方所得税成功的国家。日本能够走出西方强迫签订的不平等条约体系的陷阱，与明治政府在推动政治、经济变革的同时，亦重视强化中央政府财政能力并不断优化其税收、借贷结构有着直接关系。从财与政的关联而言，财政改革本身就是明治维新的核心主题，直接关系到王政复古之后的国家权力重建。伊藤博文在《改制纲领》和《大藏省事务章程》中提出四大要政：制定租税征收章程；征收租税，充实国库；增加出纳透明度，需向人民公告；制定公债及货币政策，解决临时财政需求，制定偿还办法维持信用，发展工商业。[①] 日本引进西方财政制度，主要也是以之作为解决本土问题的救济法门。

德川幕府在其统治晚期，处于财政与政治危机交织的困境之中。1800—1850 年，农民抗争数为 814 次；1851—1867 年，抗争数为 373 次。[②] 1853 年美国佩里率舰队到达日本，迫使日本开国，军事支出随之大增。在收入方面，幕藩财政主要依靠直领土地的赋税及各地大名的贡赋维系，此外还有献金、货币改铸收益金、河运杂税等。[③] 在支出方面，禄米、薪俸、官署经费、家计费、皇室经费等占其大半。在税收形态上，以实物型的土地税为主。1832—1842 年，德川幕府十年间的财政收入累计为 400 余万两，1843 年增至 589 万两，1863 年增至 691 万两。在支出方面，1863 年临时支出为 5737396 两，经常支出为 1319473 两。1847—1856 年，五年处于盈余状态，五年亏空，合计亏空额达 1236900 两。[④] 为了弥补亏空，幕府一方面推行年贡货币化，另一方面通过改铸造货币增加营收。1863 年，改铸盈利达到 3664399 两，占当年财政总收入的 68.7%，导致物价急速上涨。幕府还向富商收取御用金，实际就是征借。[⑤] 幕藩财政的混乱被认为是幕府毁灭的重要

① 湛贵成：《明治维新期财政研究》，北京大学出版社 2017 年版，第 77—78 页。

② ［美］安德鲁·戈登：《现代日本史：从德川时代到 21 世纪》，李朝津译，中信出版社 2017 年版，第 23 页。

③ 湛贵成：《明治维新期财政研究》，第 2—5 页。

④ 湛贵成：《明治维新期财政研究》，第 1—2 页。

⑤ 《货币秘录》，维新史料编纂事务局：《维新史》第 1 卷，東京：明治書院 1940 年版，第 307 页。

原因。[①] 但在制度上最大的问题是大名拥有独立的税收和军事权，幕府缺少独立的中央税收，不得不依赖于非税收入，导致日本难以形成统一的国家财政。

1867 年 11 月，德川庆喜宣布奉还大政。次年 1 月，正式结束幕府统治，但原有的财政问题仍未解决。王政复古之后，大名依然互不统属，各自为政。新立政府初始主要依靠没收幕府及部分藩属领地再辅以商人借款来维持收支，缺少稳定持续的税源及统一的征税权。财政变革的关键一步是废藩置县及随之而来的地税改革。废藩置县本意在于巩固中央集权，但其财政价值不可忽视。1870 年大名奉还版籍，天皇在形式上掌握全国土地。1871 年，正式宣布废藩置县，取消大名的领主特权，各县知事改由中央派任，地方税收相应汇缴中央。与此同时，明治政府允诺发予家禄补偿大名。1873 年，《地税改革条例》公布，彻底废除了领地关系，确立了土地私人所有制，宣布对全国土地统一按价值的 3% 征税。地税新政由 1874 年开始实施，至 1881 年前后全部完成。由此，土地税成为明治政府初期的税收支柱。1872 年，地税收入为 20051000 日元，占税收收入的 91.78%。到 1873 年，地税收入增加了两倍，达到 60604000 日元，占税收收入的 93.21%。到 1874 年，地税收入为 59412000 日元，占税收收入的 90.97%。[②] 1875 年后，随着关税、消费税收入的增加，地税占比才有所下降，但直至 1899 年被酒税超过以前，地税一直是位居首位的主干税收。

通过地税改革稳定基本财源之后，在大久保利通、伊藤博文及松方正义等人的主导下，明治政府力图运用税收、公债及货币等政策工具来巩固国家财政。明治政府着手增设商税。日本在开国之后，就开始征收关税。在地税改革前，关税占比相对较高，到 1873 年后，占比迅速下降。1868 年，征得关税 720000 日元，占比 22.8%。到 1873 年为 1685000 日元，占比 2.59%。在 19 世纪 80 年代日本的资本主义得到长足发展之前，其进出口贸易规模并不大，关税税率、占比未有明显增长。

---

① ［日］石井寛治、原朗、武田晴人编：《日本経済史 1　幕末维新期》，東京：東京大学出版会 2000 年版，第 14 頁。

② 日本銀行統計局編：《明治以降本邦主要経済統計》，東京：並木書房 1966 年版，第 136 頁。

直至1887年为4135000日元，占比为6.24%。到中日甲午战争之后，日本的关税增加较为迅速。1898年为9092000日元，占比为9.31%。1899年达到15936000日元，占比为12.64%。到日俄战争之后，再次提速。1905年，关税达到36757000日元，占比为14.62%。到1911年，关税达到48518000日元，占比为14.74%。日本关税随着经济增长成长较快，但明治政府并没有过度依赖关税及其信用担保。间接消费税改革主要集中在19世纪70年代初期，明治政府统一了酒税、酱油税的征收税则，还增设了印花税、矿产税、榨油税、地契税、营业税等。日本商税最为主要的是酒税和营业税，前者尤为重要。1872年，酒税仅收得16000日元。此后增长较快，到1877年达到3050000日元，1879年达到6463000日元，1882年则达16329000日元。1884年，松方正义主导实施改革造酒税则，提高了酒类的许可证费及销售比例税。1886年，大藏省出台政策，严禁民间私自酿酒及销售自产酒，增税效应明显。1888年达到17063000日元。及至1899年，更增至48918000日元，在税额上超过了长期位居首位的地税。此后，地税虽多次夺回位次，但酒税却显示出极高的成长性。1908年达到83590000日元，税收占比为25.9%；1911年达到86032000日元，税收占比为26.14%。营业税开征较晚，1897年开征时征得4416000日元，此后数年未见起色。至1904年，突增至12601000日元，税收占比为6.48%，已经成为酒税、关税之外的又一核心商税。至1907年，达到20383000日元，税收占比为6.45%，1911年为24598000日元，税收占比达到7.47%。[①] 到1895年，又改革烟草印花税，实施烟草专卖制度。

在日本系统化的财政改革中，直接税是不可缺少的一环。1887年，明治政府首开所得税征收。在1905年开征了遗产税。日本所得税的制度创设，有称是松方正义在1884年提出《所得税草案》，有称是鲁道夫在1874年提出《收入税法案》，亦有称为东京府在1881年提出《关于征收实际收入税的建议书》。[②] 但政策的形成往往并非单一脉络，日本所得税制应是在系统

① 日本銀行統計局編：《明治以降本邦主要経済統計》，東京：並木書房1966年版，第136頁。

② 湛贵成：《明治维新期财政研究》，第143页。

考察西方成例及国内税制环境的基础上形成的。1872 年，针对去职大名开征的家禄税，对官员开征俸禄税，1873 年征收的武士俸禄税，都是设定起征点按比例征收，在一定程度上具有个人所得税的性质。到 19 世纪 80 年代，日本国内贫富差距增大，财阀垄断现象加剧，社会对税收公平的诉求提升。松方正义称，现行税法“税率轻重亦有失公平，因之存在富者负担甚轻，贫者有时负担几倍于富者重税之事实”，建议“制定所得税法，一以增加国库收入，补充经费，一以实现税法改良之目的”[①]。

1887 年 3 月 19 日，日本颁发《所得税法》。第一条规定：“凡由人民的资产或者经营产生的所得，一年超过 300 日元者，依照此税法缴纳所得税。属于共同居住的家庭成员的所得合算成为户主所得。”所得范围包括两大部分：第一部分是公债及政府特许发行的证券利息、存款利息、股票分红，政府及私人发放的薪俸、补贴、年金、抚恤金、资金等所得。这部分实际上包括了个人薪俸及资本所得。第二部分是前项之外的资产及营利活动产生的收入扣除国税、地方税、区町村费、制造品原料、经营场所及房屋租借金、雇佣工资、负债利息之后的所得。为避免逃税，第二部分所得还应计算前三年平均所得，所得收入未满三年时，依照月额平均计算。军人薪俸、救济金、扶助金及非营利事业之临时所得均可免税。所得分为五级征收，年入 300 日元为起点，300 日元至 1000 日元征 1%；所得在 1000 日元以上至 10000 日元征 1.5%；所得在 10000 日元以上至 20000 日元征 2%；所得在 20000 日元以上至 30000 日元征 2.5%；所得在 30000 日元以上征 3%。[②] 1887 年 5 月 5 日，《所得税法施行细则》公布。[③] 个人所得以年入 300 日元为起点，按五级累进，缴纳 1%—3% 的所得税。原本草案中有法人所得税条款，但后来删除暂缓。到 1899 年，方征收法人所得税。所得税初行之时，成效不显。1887 年，仅入 527000 日元，到 1898 年为 2351000 日元。到 1904 年，大幅提高至 14369000 日元，此后进入快速增长阶段。至 1908 年，达到 32144000

① 湛贵成：《明治维新期财政研究》，第 143 页。

② 《所得税法》（1887 年 3 月 19 日），大藏省印刷局编《官报》第 1115 号，1887 年 3 月 23 日，第 217—219 页。

③ 《所得税法施行细则》（1887 年 5 月 5 日），大藏省印刷局编《官报》第 1152 号，1887 年 5 月 5 日，第 37—39 页。

日元，税收占比 9.96%，到 1911 年为 34755000 日元，税收占比 10.56%，上升为主干税税收之一，初步显示出所得税在扩展税收能力方面的潜在能量。从内部结构上看，明治时期个人所得税占据主要份额。遗产税开征较晚，直至 1911 年亦仅收取 4061000 日元。①

纵向观察，明治政府通过废藩置县及地税改革稳定税收根基，再通过 19 世纪 80 年代集中的商税改革提振税收增量及弹性空间，为公债发行及金融改革打开了政策通道。关税自主、所得税、遗产税的推行虽暂未取得立竿见影的成效，但为未来持续的财政扩张政策预为绸缪。明治时期各税类数额及变化参见表 1-5。

表 1-5　**明治时期日本租税收入统计**　（单位：千日元）

年度	合计	地税	所得税	法人税	营业税	遗产税	酒税	砂糖消费税	关税
1868	3157	2009	—	—	—	—	—	—	720
1869	4399	3355	—	—	—	—	—	—	502
1870	9323	8218	—	—	—	—	—	—	648
1871	12852	11340	—	—	—	—	—	—	1071
1872	21845	20051	—	—	—	—	16	—	1331
1873	65014	60604	—	—	—	—	961	—	1685
1874	65303	59412	—	—	—	—	1683	—	1498
1875（1—6 月）	76528	67717	—	—	—	—	1310	—	1038
1876	51730	43023	—	—	—	—	1911	—	1988
1877	47923	39450	—	—	—	—	3050	—	2358
1878	51485	40454	—	—	—	—	5100	—	2351
1879	55579	42112	—	—	—	—	6463	—	2691
1880	55262	42346	—	—	—	—	5511	—	2624

① 日本銀行統計局編：《明治以降本邦主要経済統計》，東京：並木書房 1966 年版，第 136 頁。

续表

年度	合计	地税	所得税	法人税	营业税	遗产税	酒税	砂糖消费税	关税
1881	61675	43274	—	—	—	—	10646	—	2569
1882	67738	43342	—	—	—	—	16329	—	2613
1883	67659	43537	—	—	—	—	13490	—	2681
1884	67203	43425	—	—	—	—	14068	—	2750
1885	52581	43033	—	—	—	—	1053	—	2085
1886	64371	43282	—	—	—	—	11743	—	2989
1887	66255	42152	527	—	—	—	13069	—	4135
1888	64727	34650	1066	—	—	—	17063	—	4615
1889	71294	42161	1052	—	—	—	16439	—	4728
1890	66114	40084	1092	—	—	—	13912	—	4392
1891	64423	37457	1110	—	—	—	14686	—	4539
1892	67167	37925	1132	—	—	—	15812	—	4991
1893	70004	38808	1238	—	—	—	16637	—	5125
1894	71286	39291	1353	—	—	—	16130	—	5755
1895	74697	38692	1497	—	—	—	17748	—	6785
1896	76387	37640	1810	—	—	—	19476	—	6728
1897	94912	37964	2095	—	4416	—	31105	—	8020
1898	97629	38440	2351	—	5478	—	32959	—	9092
1899	126034	44861	4837	1520	5507	—	48918	—	15936
1900	133926	46717	6368	2244	6051	—	50293	—	17009
1901	139574	46666	6836	2176	6481	—	58017	612	13630
1902	151084	46505	7460	2267	6777	—	63738	4145	15501
1903	146163	46873	8247	2355	7049	—	52821	6942	17378
1904	194362	60939	14369	3753	12601	—	58286	8362	23159

续表

年度	合计	地税	所得税	法人税	营业税	遗产税	酒税	砂糖消费税	关税
1905	251275	80473	23278	7945	18784	629	59099	11348	36757
1906	283468	84637	26348	9435	19770	1405	71100	16156	41853
1907	315983	84973	27291	8345	20383	1822	78406	16178	50027
1908	322636	85418	32144	8918	23574	2446	83590	19684	40067
1909	323407	85693	32800	8254	25112	2784	91480	13270	36423
1910	317285	76291	31722	7527	25756	3132	86701	17906	39949
1911	329071	74936	34755	9713	24598	4061	86032	17255	48518

说明：所得税中包含有法人税的额度。表中租税只摘取了主要项目，并非全部，因此合计数字不一致。

资料来源：日本銀行統計局编：《明治以降本邦主要経済統計》，東京：並木書房 1966 年版，第 136 頁。

从明治时期日本岁入结构来看，租税、官业及官有财产收入、公债及借款位居要目。此外，还有其他岁入项，货币发行归在其他项下。租税收入较为稳定，保持持续增长，其他项目则根据财政需求而定，变动较大。按结构变动的时序特征划分，可分为三个阶段。

第一阶段是 1868 年至 1873 年地税改革前。这一时期，政府既需要归还此前旧债、筹集军费，还要为新政展布准备资金。1871 年 12 月，岩仓使团出使欧美，拟谈判恢复关税自主权，未获得成功。因缺少税收支持，基本依赖商人借款及发行不兑换纸币度日。1868 年 1 月至 1869 年 1 月，纸币发行量在政府总收入中占比高达 72.6%，1870—1871 年，这一比例降至 10%。1871—1872 年，再度上升至 35.3%。废藩置县后，政府于 1871 年颁布了新的货币条例，发行新的纸币，收兑各地藩札。1872 年 12 月，明治政府公布了《国立银行条例》，要求国立银行向政府提供利率为 6% 的贷款，以换取发行银行券的特权。[①] 同年将所有旧币兑换为新币，推动了税收的货币化进

① 大蔵省：《国立銀行条例：附・成规》，1876 年印行，第 3 頁。

程。针对此前债务，1873 年颁布债务处理办法，废除了 1843 年以前的陈债。1844—1867 年藩债作为旧债，从 1872 年起分解为 50 年内以赋税收入抵还。1868—1871 年的为新债，从明治五年起，按 3 年期 4 分利，25 年内偿还。[①]通过这一办法，政府成功将短期债务转换为长期债务，减轻了财政支出的巨大压力。

第二阶段是 1873 年至 1895 年获得清政府甲午赔款之前。因地税、商税及所得税相继开征，在日本财政收入来源中，税收已经稳定。政府借贷有两个高峰。一是废藩置县时，需给大名发放家禄、年金及恩给。1872 年，总支出为 57730000 日元，行政费占 53.7%，军事费占 15.9%，年金及恩给占了 27.9%；1876 年，合计支出为 59308000 日元，行政费占 42.9%，军事费占 17.4%，债务占 8.3%，年金占了 29.9%，年金支出居于第二位。不过，从这一年起，明治政府为减轻直接现金支出负担，制定了《金禄公债条例》，将家禄年金公债化，摊解到平时。到 1877 年，明治政府的合计支出为 48428000 日元，行政费占 44.1%，军事费占 19%，债务占 34.6%，年金占比急剧下降为 0.34%，债务支出急增。二是 1887 年西南战争前后。1886 年公债及借款数额为 9187000 日元。这一年，日本成功发行了 1700 万日元的海军公债，还款期长达 50 年，利率为 5%。在这一阶段，政府依然利用货币工具获得收入，但依赖性已经大为降低。1874 年发行纸币 113916000 日元，1878 年达到 139655000 日元。此后至 1889 年，波动幅度不大。到 1890 年，纸币发行增至 200949000 日元，1894 年为 230397000 日元。[②] 这一阶段，日本的银行业得到迅速发展。至 1879 年，日本已设立了 153 家国立银行。

第三阶段是 1895 年至 1911 年。在这一阶段，日本的税收、公债、纸币发行均创新高，同时还因获得了相当于前一年度预算 4.5 倍的甲午战争赔款，财政的收支能力显著增强。[③] 从总量上看，1896 年总收入较 1894 年增加 90.5%，1897 年较上年度又增加了 21.05%。1905 年的收入总额较 1894

① 内阁官报局编：《法令全书》，明治六年三月三日，太政官，第 82 号。

② 日本銀行統計局编：《明治以降本邦主要経済統計》，東京：並木書房 1966 年版，第 166 頁。

③ 关于赔款的情况未见于下表统计，但对日本财政的确产生了重大影响。具体情况参見大蔵省編纂《明治大正財政史》第 200 卷，東京：財政経済学会，1936—1940 年，第 172 頁。

年增长了4.45倍。总量的增加与各部分财源的拓展是分不开的。1897年，税收收入的财政占比为41.92%，包含发行在内的其他收入占比20.1%，国债及借款收入占16.07%。1900年，税收的财政占比为45.26%，包含发行在内的其他收入占比22.25%，国债及借款收入占比14.75%。[①] 税收首居其要，债款收入及发行收入作为补充，明治政府建立起了较具持续稳定性的财政国家结构。从支出结构来看，财政能力的提升强化了军事财政的经济基础，进一步助长了其对外扩张的野心。1895年，明治政府的总支出为85317000日元，行政支出占38.4%，军事支出占27.5%，国债支出占28.3%。1896年，总支出为168856000日元，行政支出占34.6%，军事支出占43.3%，国债支出占13.1%。军事和债务支出基本占财政收入的50%左右。考虑到1895年后日本财政收入总量的大幅增加，军事和债务支出的绝对数量因之也有数倍膨胀。明治时期日本岁入分类统计数额如表1－6所示。

表1－6　**明治时期日本岁入统计（1868—1912）**　（单位：千日元）

年度	合计	租税（taxes）	印花税（stamps）	官业及官有财产收入（包括专卖）（profits and receipts from government enterprises）	其他岁入（other revenue）	公债和借款（govt. securities and borrowing）	上年剩余
1868	33088	3157	—	50	25149	4732	—
1869	34438	4399	—	83	29045	911	—
1870	20957	9323	—	110	6742	4782	—
1871	22144	12852	—	329	8963	—	—
1872	50444	21845	—	441	28158	—	—
1873	85505	65014	—	4225	5433	10833	—
1874	73444	65303	—	3095	5046	—	—
1875（1—6月）	86320	76528	—	4826	4966	—	—
1876	59480	51730	—	3702	4048	—	—

① 日本銀行統計局編：《明治以降本邦主要經濟統計》，東京：並木書房1966年版，第130頁。百分比系据表中数字核算。

续表

年度	合计	租税（taxes）	印花税（stamps）	官业及官有财产收入（包括专卖）（profits and receipts from government enterprises）	其他岁入（other revenue）	公债和借款（govt. securities and borrowing）	上年剩余
1877	52337	47923	—	1651	2763	—	—
1878	62442	51485	—	1599	9358	—	—
1879	62150	55579	—	1828	4743	—	—
1880	63366	55262	—	2104	6000	—	—
1881	71488	61675	—	2146	7667	—	—
1882	73507	67738	—	1828	3941	—	—
1883	83105	67659	—	1574	13872	—	—
1884	76668	67203	—	2143	5322	2000	—
1885	62155	52581	—	2297	4211	3066	—
1886	85323	64371	—	6263	4461	9187	1041
1887	88159	66255	—	6698	7056	6048	2102
1888	92919	64727	—	8548	11603	2004	6073
1889	96642	71249	—	7796	13594	4003	—
1890	106469	66114	1679	8856	21922	—	7898
1891	103231	64423	1884	8402	12677	—	15845
1892	101461	67167	2099	9708	7393	—	15094
1893	113769	70004	2459	11743	12701	—	16862
1894	98170	71286	2476	14116	4544	—	5748
1895	118432	74697	6575	15951	1168	—	20041
1896	187019	76387	10057	17769	46715	2976	33115
1897	226390	94912	11650	19772	45505	36389	18162
1898	220054	97629	9478	25723	49161	35352	2711

续表

年度	合计	租税（taxes）	印花税（stamps）	官业及官有财产收入（包括专卖）（profits and receipts from government enterprises）	其他岁入（other revenue）	公债和借款（govt. securities and borrowing）	上年剩余
1899	254254	126034	11942	34742	42872	38366	296
1900	295853	133926	12289	40073	65838	43639	88
1901	274359	139574	12274	44327	32359	42721	3104
1902	297339	151084	13848	49918	60246	14741	7502
1903	260218	146163	14169	55702	26689	9381	8114
1904	327464	194362	17226	76401	22264	6587	10624
1905	535254	251275	30267	99875	29501	73925	50411
1906	530445	283468	34260	118090	21959	15508	57160
1907	857081	315983	25155	141771	307197	1000	65975
1908	794934	322636	22853	151658	40632	2473	254682
1909	677545	323407	30746	115216	46270	3330	158576
1910	672870	317285	27219	128767	51309	3638	144652
1911	657189	329071	29073	132252	54346	11200	101247
1912	6873	360969	28934	142241	65102	18327	71817

资料来源：日本銀行統計局編：《明治以降本邦主要経済統計》，東京：並木書房 1966 年版，第 130 頁。说明：1875 年是当年 1—6 月的数字，7 月至次年 6 月的数字为 69482 千日元。其他收入类主要是纸币发行收入，包括太政官札、民政部札、大藏省兑换证券等。表中印花税的数字为单独统计。若干年份的分类数额与合计数额存在微小误差，对合计数字有修正。

明治政府的财政变革表面看来左支右绌，事绪繁杂，但在大久保利通、伊藤博文、大限重信、松方正义等重臣的主导下，非常重视借鉴欧美经验，实际上其规划相当有系统性。在王政复古之后，以废藩置县为起点，全面推动政治、税收、公债及金融变革，使之互为犄角，前后相继。和文凯认为，日本在明治初期就建立起了集中财政体制，又通过土地税改革和清酒税获得了稳定的税收收入。再通过货币发行和公债政策，稳定了财政收支体系。

1883 年建立了英国式两院制，1886 年日本银行垄断了货币发行。在 1891 年召开帝国议会时，现代财政国家体制已经形成。[①] 和文凯关于政治与财政关系及借贷结构的判断符合明治财政的发展走向，但日本的政治体制及借贷结构又有其自身特性。王政复古和废藩置县解决了政治统一的问题，也将财政权收归中央。兹后，通过会计收支及财政预算制度，明治政府加强了对财政体制的控制。在税收改革中，地税改革是关键一步，商税改革拓展增量，酒税在日本间接消费税中居于特别地位。同时，甲午战争赔款对日本财政发挥重大作用。明治政府对公债和货币政策的运用极具策略性。在地税改革之前，通过公债整理将旧债转化为长期债务，也通过家禄债券化换取了大名放弃领主权力，减少了改革的政治障碍。明治政府重视银行及货币的作用。改铸货币和发行纸币，一直是政府较为常用的筹资工具。在建立银行制度上，日本出现英、美方案之争。大隈重信、井上馨、涩泽荣一希望效法英国建立英格兰银行的模式，伊藤博文则重视美国设立多家国立银行的模式。1872 年 12 月，明治政府颁布《国立银行条例》，要求国立银行向政府提供贷款以换取发行银行券的特权。[②] 到 1900 年后，逐步形成了垄断性的大银行。1910 年，关东、关西的 16 家银行还组成国债财团。[③] 政治上，日本在自由民权运动的推动下，于 1889 年通过了明治宪法，规定国会有权力通过或否决国家年度预算，这对政府运用公债及货币工具可以有所制约。

比较英国、法国、德国、美国及日本的财政国家之路，可以发现在形成可持续性的借贷财政体系方面确存在一些结构共性。其一，各国的资产阶级革命及政治变革，推动了国家财政的一体化进程。在此基础上，财政预算和国会制衡强化了财政的公共属性，也使现代民族国家和宪政政体的财政能力突破专制体制的边界，随着政府职能的扩张而不断上升。而在此之前，税收国家多面临着政治、财政危机交织的困境，革命亦多因此而引发。其二，现代工业经济的发展及税收结构的转型是财政国家的重要基石。在英国，工业革命及进出口贸易的发展，推动税收结构由农业税向以关税、消费税为主的

---

① 和文凯：《通向现代财政国家的路径：英国、日本和中国》，第 166 页。

② 和文凯：《通向现代财政国家的路径：英国、日本和中国》，第 132—133 页。

③ ［日］守屋典郎：《日本经济史》，周锡卿译，生活·读书·新知三联书店 1963 年版，第 167 页。

商税过渡，政府获得了更为稳定、更具弹性的税源。法、德、美及日本等国的产业基础虽有区别，但都出现了以商税作为主要税收增量的结构转变。其三，战争及其带来的信贷危机成为财政变革的重要压力因素。在欧洲，英法之间的多次战争及拿破仑战争对英、法及德国的财政变革都产生了重要影响。各国之间的海外殖民战争，也在极大程度上影响到财政变革的进程。各国竞相强化税收、公债政策，通过借贷方式来扩展军事财政能力。欧美各国通过战争来维护其海外贸易及财产利益，所得财富、赔款又通过产业及信贷体系回补到其财政收入之中，变相加剧了各国的扩张主义倾向。日本在完成国内政治秩序重建之后，也通过侵略战争来攫取海外利益。长远观之，这实际上威胁到各国财政结构的持续稳定。其四，各国在税收变革基础上，通过公债、货币建立起信贷体系，大幅提升了政府的财政能力。在早期，各国多以税收担保发行短期债券，后建立起国立银行体系，逐步倾向于发行长期债券。在货币政策方面，不可兑换的纸币为政府增加了筹款工具，但也使信贷体系更为脆弱。如何实现经济、税收及公债之间的循环，是构建及稳定财政国家体制的关键。其五，各国直接税及所得税的开征都历经曲折，但最终在税权、税负平等的社会运动基础上成功开征。所得税初始具有浓烈的战争税属性，在英国的试行之中体现出强大的财政价值，因而受各国效法。但转为常设税制却多有反复。兹后，因战争外在压力及内部的民权诉求，所得税方突破观念、利益及法律上的障碍成为普设税种，并在战争财政中显现出巨大的潜在价值。和文凯关于英国、日本和中国的比较研究，主要是以关税、消费税作为财政的信用基础。如将时序延伸，就会发现所得税在维系财政国家信贷体系循环中的重要作用。西方各国所得税的开征，实际上推动着财政国家向更高阶段发展，与经济成长及国民所得建立了更为紧密的联系，极大提升了政府的税收弹性和借贷信用。

在国家竞争及战争频繁的殖民争霸时代，英国强大的财政能力使其财政制度具备典范效应。但即使是在“西方”的语境之下，回溯各国财政变革的历时过程，就会发现在仿行良制之时，各国也都在进行制度的改造与调适，从而使之更符合本国的财政及社会传统。英国具有悠久的议会传统，国王征税权受限。法国却具有绝对主义王权传统，税收平等与政治自由的诉求密不可分。德国以普鲁士为中心完成民族国家建构，中央财政体系面临重建，税收需从各王国向中央移转。美国在殖民地联合基础上建立联邦，中央财政权力受到宪法约束。日本明治政府通过废藩置县和地税改革建立政治、财政根基，效法西方展开系统变革。现代国家形成的路径和政体形态不同，财政的权力结构亦相应有别。此外，因经济产业比较优势差异，各国的税收结构也有很大区别。关税和消费税在英国极其发达，美国在早期更为依赖关税，在日本却长期依赖地税和酒税。在所得税方面，欧洲和美国对传统直接税的恶感影响到对现代直接税的接受程度，但在日本，所得税基本没有被指责为干预个人财产及自由权利。相较于英国和法国，美国和日本更多运用了货币的方式来延伸信贷能力。因此，在财政国家的讨论中，既要关注现代财政制度的全球扩散，更要关注各国制度选择及实施的路径与形态。即使在财政国家形成之后，其未来走向及命运也需要持续加以观察。

（二）从增收、清理到预算

清刑部主事李希圣在《光绪会计录》中言："今日言理财者，莫不仿行西法。"① 制度的生命在于实践，在中西体用、保守维新的论争之中，西方列强炮舰政策背后所展现的强大财政能力给清政府带来巨大压力，同样也使之成为效法的目标。西方财政及税收学说、制度的引入，为重新估定原有财政制度提供了新的比较尺度。更为重要的是，亦为政府解决财政危机提供了不同于传统食货理财之术的新方案。实际的财政变革并不只是仿行而已，具体过程更为复杂。按进程主脉而论，有三大变革目标。以增收为核心的财政收支体系变革；以维系奏销体制为核心的财政整理；以建立财政预算为核心的清理财政。在不同阶段，西方财政制度的择选都是为了解决其时的财政弊端，寻求解决危机之道。

增广财政收入是清政府财政变革的首要任务。面临严重的经费短缺，清政府既采取措施减用节流，也采取旧制新法来增加收入。西方国家的财政制度也经由制度译介和外交观察，为中国所了解。在译介方面，早期，西方财税学说融会在西学东渐的大潮里，被视为"富国""富民"之术传播来华。译介的主体包括在华外国传教士、洋务时期的翻译馆、维新思想家等。到甲

① 李希圣：《光绪会计录》，"例言"，清光绪二十二年（1896）上海时报馆石印本。

午之后，随着学会和报刊的兴设，出版的发达，学术及舆论上关于西方经济、财政学的讨论日渐深入。不仅刊载了西方财政学说、制度，还结合中国财政问题，讨论变革方案。据《近代译书目》汇集的晚清所译西书目录所见的财税著作即有《税说》《列国岁计比较表》《各国财政大数表》《财政四纲》《英国岁计汇要》《万国国力比较》《中国财政记略》《欧洲财政史》《欧洲各国比较财政及组织》《国债论》《地方自治财政论》《日本财政及现在》《英国度支考》等，西方各国的岁计及制度在其中都有详细说明，也可清晰了解西方国家的财政能力。在外交观察方面，驻外公使、洋务官员通过观察和阅读，都关注到西方国家其实是实行重赋政策，这与中国倡导的轻赋有很大差异。驻英公使郭嵩焘在日记中记载了其任职期间英国的预决算情况，如 1877 年原估进款 78412000 镑，迨后稍增至 78565036 镑。原估出款 78043845 镑，迨后稍增至 78125027 镑。出入相抵，余存 44 万镑。入款中，关税、国内杂税、过印税（印花税）、房地税、俸薪税、信局入款、电报入款、官地税、杂款等各类均记存有数额，商税占有绝对比例。其中，俸薪税为 5268000 镑，即为所得税。① 他还观察到法国赋税繁重及政府统一国库用度的情况："法国地有赋，屋有赋，男丁有赋，门户、椅桌、狗马皆有赋。省设支应处，开发全部经费之所也。一省之费不敷，则量移他省以济之。一国之费不敷，则假贷于商以补之。商息四厘半，库藏实则归款。"所记"假贷于商"，就是向商人借款或发行债券，债款以未来的国库收入偿还。② 曾任驻日参赞的黄遵宪观察到日本明治维新中的地税改革情况，也指出欧洲及日本各国赋税实重，"世人徒见英、俄、法、美船炝之多，金帛之富，而不知其岁入租税至七千万镑之多。假使中国岁入得有此数，比今日常税骤增五六倍，即铁甲轮路一切富强之具，咄嗟而办，亦复何难?"③ 这一认知并非只停留在学理层面，而是关注到了西方国家经济发展、政治民主、军事力量与财政能力之间的紧密关联。

基于多源途径的观察和讨论，政府官员对西方的财政增收方法都有所了

① 郭嵩焘:《郭嵩焘日记》第 3 卷，湖南人民出版社 1982 年版，第 447—448 页。

② 郭嵩焘:《郭嵩焘日记》第 3 卷，湖南人民出版社 1982 年版，第 525 页。

③ 黄遵宪:《日本国志》第 1 册，沈云龙主编《近代中国史料丛刊续编》第 10 辑，台北文海出版社 1974 年版，第 473—474 页。

解。在税收方面，对关税的讨论较为集中，主要议题是如何通过关税保护国内产业发展、增加政府收入。此外，西方的各类间接消费税也得到介绍，是否适用于中国是关注的焦点议题。在这一脉络中，西方的直接税也受到关注，如房产税、印花税、所得税、遗产税等。严复曾论及“斯旦税”（Stamp Duty），即印花税。[①] 到清末新政及预备立宪时期，政府特别对西方租税制度实施考察。不过从实施来看，除关税外，厘金、盐税、鸦片税及大多数杂税基本为本土创立。欲兴商战，应改革商税，重点是改革关税及厘金。所得税、印花税、遗产税虽有讨论及草案出台，但实施不畅。在非税收入方面，主要是借债、货币等问题。清政府在建立借贷财政的过程中，考虑到如何开借内债的问题。及至事行不顺，方转换到借取外债，而内债市场始终未能建立起来。因国内银行业兴起较晚，清政府的借贷在相当程度上受外国在华银行推动。

整体上看，清政府的财政增收行为缺乏统一规划。朝廷及地方为筹集军费，不断突破原有制度框架，“量出为入”，增收扩支。从收支数额来看，税收及财政能力在不断增长，但其背后的管理制度却陷入混乱状态。因此形成一颇为矛盾的现象：上谕和部令一面督促设法筹款，一面频繁清查整理。红脸、黑脸变换的背后，是既要筹得经费，又要革除弊端，维系中央财权不堕。就政策走向而言，清政府的财政清理可分为两个阶段。第一阶段是从厘金开征到预备立宪前。在这一阶段，政府不断颁布政策，查漏纠偏，维持中央财政集权的奏销制度。第二阶段是从新政开始到预备立宪直至清末，此阶段，颁布《清理财政章程》，以“清理”为名，行统一之实，目的是仿行西式预算制度，增裕国用。

第一阶段的清理主要是整顿除弊。所用方法涉及调整会计科目等新法，但主要还是督令考成旧习。

一是防止中饱。田赋征收操于各地粮差、胥吏、包税人之手，多通过匿灾、卖荒、诡寄、催逼等方式来强加勒索。就厘金稽征而言，遍设厘卡，任用非人，贪污中饱者众。光绪十年（1884）上谕严令：“各省抽收厘金，迭经谕令各督抚等据实报部，力杜中饱。乃近来厘局委员，往往徇情滥委，任

① 《原富》，胡伟希选注《论世变之亟：严复集》，辽宁人民出版社 1994 年版，第 585 页。

用匪人，以致贪婪侵蚀，百弊丛生，殊堪痛恨。”[①] 中饱之弊还包括地方匿报。光绪二十三年（1897），户部奏称，“臣等窃查厘金中饱，弊在承办委员不肯和盘托出。各省例不应支而事非得已者，辄于厘税收款提留济用，所谓外销者也”[②]。上谕要求实征实解，清理外销，涓滴归公。

二是禁止滥征。田赋附加、预征，盐厘加征、加价，均有定规，但实际所行，浮征杂征，令行难止。政府在江南推行减赋运动，短期有所遏制。甲午之后，各省田赋附加又不断增多。商业杂税更是无奇不有，难以胜数。广东之税捐有正、杂、零星三大类：正捐如房捐、屠捐、戏捐、马车捐等；杂捐有木排捐、鱼捐、糖捐、米捐、柴炭捐等；零星捐有鸡鸭蛋捐、当商照费、鱼盐捐、花车捐、花生捐、爆竹捐、肥料捐等。此外，还有各类规费。[③] 光绪二十五年（1899），上谕称：“各省关税、厘金、盐课等项，取之于民，岁有常经，倘各督抚等能认真整顿，裁汰陋规，剔除中饱，事事涓滴归公，何患饷源不济？”[④] 只是厘金本属奉旨滥征，罗玉东批评说：“举凡一切贫富人民自出生到死亡，日用所需之物，无一不在被课之列。”[⑤] 在无款抵用的情况之下，难以裁减厘金。

三是规范奏销。钱粮奏销的期限、事项、支用，皆须按时奏报，造册核销。依规运行，方能收支有度。但在战时状态下，临时支出、自收自支、政出多门、延迟奏销渐成常态，积习难改，朝廷有时也不得不便宜从事。同治三年（1864）上谕照各路统兵大臣之请，“所有同治三年六月以前各处办理军务未经报销之案，惟将收支款目总数分年分起开具简明清单，奏明存案，免其造册报销”[⑥]。光绪六年（1880），户部奏称：“严格各项奏销，以地丁为大宗。……定例极为严密。乃行之既久，渐行弛懈，各省册结，未能依限到部。……未完款目，仍未能年清年款，于国课实有妨碍。”[⑦] 奏销不能依例进行的关键，在于户部不能统筹国用，难以统一财权。光绪七年

① 《钦定大清会典事例》卷 241，《户部·厘税》，光绪二十五年（1899）重修本。

② 《光绪朝东华录》第 4 册，中华书局 1958 年标点本，第 4015 页。

③ 陈锋主编：《晚清财政说明书》第 7 册，武汉人民出版社 2015 年版，第 228—270 页。

④ 《光绪朝东华录》第 4 册，中华书局 1958 年标点本，第 4370 页。

⑤ 罗玉东：《中国厘金史》上册，商务印书馆 1936 年版，第 65 页。

⑥ 《清朝续文献通考》卷 69，《国用考七》，第 8261 页。

⑦ 《光绪朝东华录》第 1 册，中华书局 1958 年标点本，第 866 页。

(1881)，给事中张关准奏称："户部总握利权，凡内而近畿，外而直省，苟凡仓库、钱槽、关税、盐课、厘金、捐输，有一不归于度者，皆其专责。"但各省督抚专权，户部难以统合。他提出由户部综核军饷、厘金及盐务，"用款先由部议，督抚不得擅专"。①

四是督促解款。原本财权归于中央，地方用度按起运、存留分批拨解。晚清之时，地方不仅时常延欠京饷，截留过境协饷之事也常有发生。咸丰三年（1853）上谕："嗣后务须统筹全局，先其所急，不得将过境饷银辄请截留"②。因地方未按时解送款项，军需不济，上谕不断催令。咸丰三年(1853）十月，谕令："向荣奏军饷告匮一节，已谕令户部催解，并寄谕怡良、许乃钊，于江苏各库，无论正杂款项，迅速筹解大营，以济急需。"③不断谕令督察的背后，是朝廷已渐失对财政行政及税收权力的完全掌控。就地筹饷及便宜行事的时情之下，"户部之权日轻，疆臣之权日重"，财权下移已难以阻止。朝廷只有赋予地方筹饷专制之权，方能尽快控制军事局势和社会秩序。但税收的征稽使用权，名义上归属于朝廷，实际上存留于地方，并未如实解送户部。所以，税收总额的增长并未相应巩固中央财政的信用基础，户部对于各省的基本收支情况也难明了。在预算之前，必重加清理。

第二阶段的清理具有特别含义，属预备立宪的主要事项之一，其目标是建立预算制度。"清理"，意在清查收支，统一财权，以为编制预决算之准备。在立宪之前，官民对西方预决算制度有所讨论，亦为朝廷所关注。黄遵宪在《日本国志》中介绍："余考泰西理财之法，预计一岁之入，某物课税若干，某事课税若干，一一普告于众，名曰预算。及其支用已毕，又计一岁之出，某项费若干，某款费若干，亦一一普告于众，名曰决算。"④ 其作用在于征敛有制，出纳有程，取之于民，布之于民。郑观应在1894年《度支》一文中呼吁："当仿泰西国例，议定一国岁用度支之数。"⑤ 光绪二十四年(1898)，庶吉士丁维鲁上《请编岁入岁出表颁行天下折》，上谕批："着户

---

① 《光绪朝东华录》第1册，中华书局1958年标点本，第1048页。

② 《清文宗实录》卷82，咸丰三年正月中己未，中华书局1986年影印本，第2册，第27页。

③ 《清文宗实录》卷109，咸丰三年十月中戊子，中华书局1986年影印本，第2册，第687页。

④ 黄遵宪：《日本国志》，吴振清点校，天津人民出版社2005年版，第4页。

⑤ 郑观应：《度支》，载《盛世危言》，中州古籍出版社1998年版，第285页。

部将出入款项，分门别类，列为一表，按月刊报，俾天下咸晓。”① 进入新政时期，政策、舆论上的讨论更为频繁。英国驻宁波领事佩福来也致书《字林西报》，提出仿行西法核算，清除陋规。② 在中央全面推进之前，湖北、闽浙、直隶等地已有局部实施。③

宣示预备立宪后，财政预算正式进入制度设计层面。光绪三十二年（1906）十一月十八日，福建道监察御史赵秉麟奏请制定预算决算表，“整理财政，而端本末”。此折被众多学者视为清末实行预算之肇始，诚然不错，但对其解读仍未深入。赵秉麟比较中西财政差别，“近泰西各国岁出岁入，年终布告国人，每岁国用妇孺咸晓。我中国财政散漫无纪，外人至因财政不统一，讥我非完全整齐之帝国”。折中提到英国人查密森（今多译哲美森）所著《中国度支考》对中国财政的批评，指称除海关税报告外，“各省财政从无与中央政府直接造册公示天下者”。各国财政之丰啬，“皆据国民纳金多寡为断”，中国则不然，“各省督抚及度支大臣等，问人民所出，国库所入，亦难自信无参差也”。赵秉麟分析由此带来的不同后果，“泰西列邦所以国人咸知国用者，在有预算以为会计之初，有决算以为会计之终。承诺之任，监财之权，悉议会担之”。他并举英国、法国、普鲁士、日本实施预算、国会审议、改良会计之实例，“东西各国之财务、行政，必许国民以两种监察：一、期前监察，承诺次年度之预算是也；二、期后监察，审查经过年度之决算是也。故国民知租税为己用，皆乐尽义务；官吏知国用有纠察，皆不敢侵蚀，所谓君民共治也”④。赵秉麟的奏折把握到了预算制度的精义，也切中中国财政的时弊。预算制度的实施，最为直接的政策显示是公开岁出岁入，在此之前必先整顿收支，方可公告天下。他不断强调“国人”“国民”

---

① 《清德宗实录》卷426，光绪二十四年八月上壬午，1987年中华书局影印本，第6册，第591页。

② 李希圣：《政务处开办条议明辨》（光绪二十七年九月十一日），《北京新闻汇报》第6册，台北：文海出版社1967年版，第3283页。

③ 刘增合：《“财”与“政”：清季财政改制研究》，生活·读书·新知三联书店2014年版，第199—205页。

④ 《御史赵秉麟奏整理财政必先制定预算决算表以资考核折》（光绪三十二年十一月十八日），故宫博物院明清档案部编：《清末筹备立宪档案史料》下册，中华书局1979年版，第1016—1017页。原书所注时间为光绪三十三年，陈锋教授考证应为三十二年。参见陈锋《清代财政政策与货币政策研究》，第511页。所言“查密森”是其时英国驻沪领事，即“哲美森”，哲美森与郭嵩焘亦熟知。《中国度支考》，清光绪二十九年（1903）广学会排印本。

“国用”的概念，正是现代国家观念在财政上的体现。财政公开，可使国民有期前期后监察之权，要求租税需用于公共用途，为民施政。同时，预决算公开使国家财政直接受国民监察，从而降低了部门及官吏利用权力谋中饱的可能，也可以填补地方随意隐匿截留的漏洞。国民的财政监察权，具体由国会来加以实施。按赵秉麟的逻辑，推行预算制度需以统一财政为前提，如此方可解决财政系统紊乱的状况。预算公开，国会审议，对于政府的财政权虽有分权与制衡，但如国民知其用度，“乐尽义务”，反而为增加赋税、扩展财源打开了更大的空间。在君主专制制度下，赋税征用，取决于上，民众不知其用。在专制权威高压之下，虽可不断加征，但仍有其边界。一旦权威衰落，正常征收亦会遭遇极大困难。所举欧洲各国及日本成例，正是认同预算对于国家财政能力提升所带来的政策空间。而这两者，恰是清政府“不完全借贷财政”所欠缺的。

换言之，西方预算制度为清政府的财政改革提供了可资借鉴的实用方案，也符合预备立宪的政治规设。赵秉麟认为预备立宪，“设资政院以司预算，设审计院以掌检查，远符周礼，旁采列邦，用意至善”。但他也知道资政院之设计有待时日，因此提请“谕令度支部选精通计学者，制定预算决算表，分遣员于各省调查各项租税及一切行政经费。上自皇室，下至地方，钩稽综核，巨细无遗”。预决算既定，再将皇室经费、中央行政费、地方行政费通盘筹算。[①] 他考虑到了当前应行急务，也将中央与地方的财政分权问题纳入考量之中。度支部的态度没有如此急切，对预决算的看法也相对保守，但基本也认可实施清理和办理预算的方向。在议复回奏之中，表示“俟各省稍事清理，通盘筹定，倘有应行调查之件，再当随时派往”[②]。度支部最关心的，仍是如何统一财权、解决亏空的问题。

此时任度支部尚书的是镇国公载泽，他曾担任出国考察政治大臣之一，对西方财政制度有所了解。据刘增合的研究，曾任驻英公使的汪大燮、曾随端方出访的熊希龄、曾在光绪三十一年随载泽考察日本的编译所官员杨道霖

---

① 《御史赵秉麟奏整理财政必先制定预算决算表以资考核折》（光绪三十二年十一月十八日），故宫博物院明清档案部编《清末筹备立宪档案史料》下册，第1017页。

② 《度支部议复御史赵秉麟奏制定预算决算表事宜》，《光绪政要》第28册，宣统元年（1909）上海崇义堂校印本，第72页。

以及留日学人屈蟠都与载泽过从甚密，对载泽的清理思路有着直接影响。[①]光绪三十四年（1908）十一月，度支部正式奏陈清理财政办法六条，陈明清理财政乃当理之急务，清理财政要义有二，“曰统一，曰分明”。度支部提请由该部来统筹管理六项事务：外债之借还，宜归臣部经理；在京各衙门所筹款项，宜统归臣部管理；各省官银号，宜由臣部随时稽核；各省关涉财政之事，宜随时咨部以便考核；直省官制未改以前，各省藩司宜由部直接考核；造报逾限，应实行惩处。[②] 事权合一，财权归一，方能统一分明。度支部希望以此解决政出多门、收支无序、监察无能的问题。十二月，度支部奏拟清查财政章程折，“整理财政，必以确定全国预算、决算为要……清理财政者，为筹备宪政之权舆，而其包含全体，贯彻初终，必办至编定全国预算，乃为就绪”[③]。行立宪，定预算，本身也是为开征新税预作准备。考察政治馆在设资政院节略清单中说：“现在财政艰难，举行新政，何一不资民力。若无疏通舆论之地，则抗粮闹捐之风何自而绝，营业税、所得税等法必不能行。日本明治元年岁入仅三千八百余万，至明治三十年岁入已二万三千八百七十余万元。三十年中，增加七八倍而民不怨。中国岁入仅八千余万两，一言加税，阻力横生，对镜参观，其故安在?”[④] 官民沟通，疏通舆论，才便于推行营业税、所得税等新税制。

同年十二月，度支部、宪政编查馆奏定《清理财政章程》，规定了清理财政的职责、方法、举办预算计划等。章程第一条规定：“清查财政，以截清旧案，编订新章，调查出入确数，为全国预算、决算之准备。”[⑤] 在开议院之前，分年次第进行：第一年颁布清理章程；第二年调查各省岁出入总数；第三年核查各省岁出入总数，厘定地方税章程，试办各省预决算；第四年编订会计法，汇查全国岁出、岁入确数，颁布地方税章程，厘订国家税章

---

① 刘增合：《“财”与“政”：清季财政改制研究》，生活·读书·新知三联书店2014年版，第95—99页。

② 《度支部奏陈清理财政办法六条折》（光绪三十四年十一月二十八日），《宣统政纪》卷3，第37页。

③ 《度支部奏拟清理财政章程折》，故宫博物院明清档案部编：《清末筹备立宪档案史料》下册，第1019页。

④ 《考察政治馆拟设资政院节略清单》，中国第二历史档案馆编《中华民国档案史料汇编》第1辑，江苏人民出版社1981年版，第92页。

⑤ 《清理财政章程》，《大清光绪新法令》第2册，“宪政”，商务印书馆1910年版。

程；第五年颁布国家税章程；第六年试办全国预算；第七年试办全国决算，颁布会计法；第九年确定预算决算，制定明年确当预算案，预备向议院提议。[①] 九年清理计划，与预备立宪步伐一致。到宣统元年（1909），奏定《清理财政办事处章程》和《各省清理财政局办事章程》，设立中央及各省清理机构。此后，各省清理财政局在调查的基础上，完成了财政说明书的编纂。各类季报、年报及预算报告册亦不断编辑完成。[②] 到宣统二年（1910）十一月，因宪政提前，清理财政亦已完成，上谕试行宣统三年（1911）全国预决算。根据宪政编查馆拟订的计划，度支部在年初奏定《试办全国预算简明章程》，在前期统计的基础上，最终成功编定《宣统三年全国岁入岁出总预算》。预算案提交资政院审议之后，正式通过。

宣统三年（1911）试行预算案是近代中国建立财政预算的重要一步。虽然此时清朝统治面临崩析，收支之统计存在缺漏，国税、地税未明确划分，预算未及确切执行，但却基本设定了此后财政改革的方向。通过清理，以度支部为中心强化整合财政行政体系。在法律上，确立了资政院审议预决算的权力，使原统属于行政权内的财政监察权分解出来，也为税收法定原则的推行奠定了初步制度根基。国税和地税划分预案的提出，为缓解中央财政与地方财政之间的事权与财权冲突，降低地方财政自主给中央财政带来的截留风险提供了解决方案。较之中央统辖下的解款与调拨，中央和地方之间按税目来划分收益，其权力和利益边界更为清晰。在此之后，中央与地方财政分权，主要围绕税收展开。中央努力强化国家税体系，地方则竭力扩展地方财源。遗憾的是，清末收支体系上的税收借贷与管理制度上的预算程序基本分离而行，未来的制度方向与实际的筹款政策存在极大落差。在获取到可持续的有效增量税源或收入之前，由不完全借贷财政向完全财政国家的转型步履艰难。

关于晚清财政变革的性质及方向，学界已有较多讨论。有些观点虽未应用财政国家的概念，但也回应了晚清财政的不可持续性问题。归纳起来，主

---

① 《度支部奏拟清理财政章程折》，故宫博物院明清档案部编《清末筹备立宪档案史料》下册，第1018页。

② 各省财政说明书参见陈锋主编《晚清财政说明书》全9卷，湖北人民出版社2015年版。

要围绕以下议题展开。一是晚清财政转型问题。陈锋从财政纵向变迁的角度分析了明清财政的三大转型，晚清时期的近代转型则包括财政行政组织、奏销制度、收支结构三个方面。倪玉平分析关税财政是近代转型的重要特征。刘增合、梁若冰、王爱云、龚汝富、申学锋等众多学者讨论了清末财政与辛亥革命的关系问题。[①] 二是财政现代化问题。关于现代化问题的讨论多结合到西方财税制度的引介及实践，其中尤以财税思想、预算制度、国地分权等主题的讨论最为集中。财政现代化重视的是晚清财政的未来走向。[②] 三是关于财政国家的讨论。陈锋关于清代财政的系列研究，清晰反映了收支体系及管理体制的变革。刘增合讨论了西式财政引入及财政预算建立的问题。倪玉平强调关税、厘金及杂税在财政收入结构中的重要作用。在比较研究方面，王国斌、邓刚、和文凯的研究都关注到税收结构变化及借贷问题。和文凯认为晚清政府具备建立财政国家的条件，但分散型的财政体制制约了这一目标的实现。[③]

以上研究揭示，晚清政府的税收结构在向商税转变，在债务上借取大量外债，财政管理也在向预算制度过渡，存在走向财政国家的现象和趋向。但是，清政府的借贷财政体系是不可持续的，在财政能力获得明显增长的情况下，仍未能走出财政和政治危机。追索原因，清政府的借贷财政存在五大关键缺失。

其一是财政主权缺失。列强入侵之下，国家主权受损造成财政主权缺失，严重束缚了中国财政自主的步伐。关税作为主要增量税收，仍是协议税率，未能实现关税自主。关税由总税务司掌控用于外债担保，清政府难以自取自用。盐税及厘金也大量用于外债担保或摊还。所借外债，用于赔款偿

---

① 陈锋：《清代财政的近代转型》，《光明日报》2000 年 10 月 3 日，理论版；倪玉平：《晚清财政税收的近代化转型——以同治朝的关税财政为例》，《武汉大学学报》2018 年第 4 期；陈锋：《20 世纪的清代财政史研究》，《史学月刊》2004 年第 1 期。

② 陈锋：《清代财政政策与货币政策研究》，武汉大学出版社 2008 年版；刘增合：《“财”与“政”：清季财政改制研究》，生活·读书·新知三联书店 2014 年版；倪玉平：《从国家财政与到财政国家：清朝咸同年间的财政与社会》，科学出版社 2017 年版；和文凯：《通向现代财政国家的路径：英国、日本和中国》，香港中文大学出版社 2020 年版；Bartolome'Yun - Casalilla，Patrick K. O'Brien，*The Rise of Fiscal States*：*A Global History*，*1500 - 1914*，Cambridge University Press，2012，pp. 367，341。

③ 陈锋：《20 世纪的清代财政史研究》，《史学月刊》2004 年第 1 期。

债，利权外流，未能进入本国的财政、经济循环体系。梁启超评论说："我国现在所负外债十万万余两，除铁路债外，其纯为不生产者达七八万万两。每年摊还本息去岁入之半，而以银价日落，其随时的所负担之镑亏尚不可预计。遗害子孙，靡有穷极。各国挟持其债主之权利，且窃窃焉议干涉我财政。"①

徐义生统计，甲午至清末外债实收款仅占原额的54.87%。② 此外，不平等条约特权和租界的存在使外国在华企业、侨民不必向中国政府纳税，严重影响到税收公平。在子口税、卷烟税等众多问题上，华洋之间纠纷不断。王国斌（R. Bin Wong）也讨论了1850年后清政府税收结构的变化，认为吏治败坏、地方势力和列强控制削弱了统一税政的努力。③ 此后历届政府均承认列强债权，使中国长期难以摆脱这一沉重的财政负担。现有关于财政国家的讨论对晚清财政主权受损的严重危害评估不足。日本在开国之后虽也被迫采用协定关税，但没有背负沉重的赔款，因而在地税及商税改革之后，确立起借贷财政的税收根基。晚清政府的新增商税，基本用于军费和外债担保，严重削弱了政府的借贷信用。

其二是变革系统性缺失。晚清财政变革是被动式应对，缺乏系统性的变革方案及制度安排。在整个过程之中，增收始终是核心任务，随缺随筹，政出多门，无法不用。新增商税基本由地方加征、管理及使用，名义上虽属国库，但事实上留存截留严重，中央集权的奏销体制遭遇破坏。就变革的阶段而论，在清末新政之前，清政府的财政政策仍以增广收入及修补奏销制度为主。虽认识到西方国家财政能力的强大，但以户部为首的财政管理机构并未筹划较为全面的税收、公债、货币、银行改革计划，多是见招拆招，缺少长远规划。西方财政学说及制度虽有引介传播，但多限于舆论和思想层面，朝廷重臣及户部官员还缺少学理认识。观察英国、法国、普鲁士、美国及日本

① 梁启超：《国民筹还国债问题》，《饮冰室合集》第2册，文集之二十一，中华书局1989年版，第60页。

② 徐义生编：《中国近代外债史统计资料》，第31、52页。

③ R. Bin Wong, "Taxation and Good Govrnance in China 1500 - 1914", Bartolome'Yun - Casalilla, Patrick K. O'Brien ed., *The Rise of Fiscal States: A Global History, 1500 - 1914*, Cambridge University Press, 2012, p. 374.

的主要财政官员，基本都富有较深厚的现代财政学知识。日本的伊藤博文、松文正义、涩泽荣一等都曾亲赴欧美考察，深切了解到财政在维新大计中的重要性。清政府直至受甲午战争、庚子之变及日俄战争多次重创或冲击，奏销制度难以为继，方才推动清理财政及财政预算。通过出国宪政考察，清政府才真正在决策层面上对西方财政及租税制度有全面了解。在建立预算制度的过程中，同步筹建户部银行，筹议引进西方印花税、所得税、遗产税，划分国地收支等关键性变革。可见，财政变革系统方案的形成与晚清时期的政治改革进程密切相关。在预备立宪过程中，方达成共识，制定出以财政预算为目标的系统变革方案。变革系统性的缺失，使借贷财政内部诸要素难以形成相辅互助的循环体系。延至预备立宪之时，留给清政府变革自救的时间已经不多了。

其三是公共性缺失。中国传统财政收支体系的公共性不是体现在决策及监督过程，而是体现在由朝廷基于仁政理念控制税负及用于民生。现代意义上的公共性，除包含共同利益、共同需求的财政目标外，还囊括了共同同意的政治及法律合法性要求。税收的开征及征稽，需要考虑纳税人及公众的利益和意愿。厘金及名目繁多的苛捐杂税自征收之日起就被认为是病民害商，故备受指斥，商税体系的社会基础并不稳固。清理财政及建立预算体制，赋予资政院及各省咨议局以一定的税收立法及监督之权，有助于推动财政及税收的合理化改革，但在运行中未得落实。及至此后，民国时期议会的财政权也始终受到军政权力的抑制。

其四是信贷市场缺失。一国借债，应先求诸于己，方可不制于人。清政府不借内债而大借外债，并非不愿，而是难行。关于借款或募债失败的原因，学者归纳有官府强摊、还本保障、公债认知、经济贫困等方面，但也有中国民族资本主义及金融市场发展尚不充分的影响。[①] 千家驹指出，发行公债“一方面要有资本主义经济的发展，另一方面要有资本主义化的金融机关与金融市场”[②]。所谓“资本主义化”的金融机关与金融市场，主要是指现

① 参见周育民《清末内债的举借及其后果》，《学术月刊》1997 年第 3 期；李文杰《“息借商款”与晚清财政》，《历史研究》2018 年第 1 期；朱英《甲午“息借商款”述略》，《贵州社会科学》1993 年第 4 期；朱英《晚清的“昭信股票”》，《近代史研究》1993 年第 6 期。

② 千家驹：《旧中国公债史资料（1894—1949 年）》，中华书局 1984 年版，第 29 页。

代银行和证券市场。和文凯的观点有所不同，他认为 19 世纪末中国的金融市场能够为清政府筹集长期信贷提供帮助。证据是在 1862—1872 年上海已经出现了股票市场，此外在上海和沿海地区也存在大量闲散资金在寻找投资机会。在甲午之后也有部分督抚尝试委托行会或富商来借取款项。[①] 但需要注意的是，此时本土金融以钱庄为主，多分散而缺乏稳固信用。本土银行兴设较晚，外国在华银行居于主导地位。虽然存在闲散资金，但投机风盛，导致频繁发生金融风潮。[②] 尝试发行的国内公债名义上虽有担保，但未如外债一样具有独立信用。

晚清政府也仿照英国设立国家银行。1905 年户部设立了户部银行，到 1908 年改为大清银行，官商合股。但银行业务偏于商业，并未全面承担国家银行的职责。1911 年 5 月，湖广总督瑞澂指称大清银行 “虽具国家银行之形式，仍未收国家银行之效果。……该银行创办以来，在事各员未知执行银行规律，惟汲汲以营利为务，则必随商业以为消长。近岁商业不振，沿江沿海各埠市谎迭起，该银行名誉遂亦因之被累，坐是不变，窃恐全国财政受其影响”[③]。银行内部管理混乱，资政院召开会议时，议员王佐良罗列大清银行弊窦亏蚀至 300 万两之多。[④] 1911 年，叶景葵继任大清银行正监督之职，他也认为：“我行信用极坏，宜先培养名誉，再图扩充。”[⑤] 银行系统本身信用不足，证券市场混乱，导致清政府难以将公债证券化为投资品并向社会公开发售，而只能采用摊派强募的方式。西方银行团所借外债并不是政府借款，而是来自伦敦金融市场发售的债券募款。方德万分析，“海关和汇丰银行蒸蒸日上的信誉以及良好准时的还贷记录，使得清政府有足够的信用在中日甲午战争后获得了更多的贷款”[⑥]。但对外信用良好的代价，却是付出高昂利息及关税主权。

---

① 和文凯：《通向现代财政国家的路径：英国、日本和中国》，第 230 页。

② 吴景平等：《近代中国的金融风潮》，东方出版中心 2019 年版，第 5—30 页。

③ 《督院瑞奏请改定国家银行并奖助商办各银行以裕财政折》，《湖北官报》1911 年第 137 期，第 6—9 页。

④ 《大清银行之参案》，《国风报》第 2 年第 4 号，1911 年，第 82 页。

⑤ 柳和城编著：《叶景葵年谱长编》上册，姚永超、蔡维屏译，上海交通大学出版社 2017 年版，第 180 页。

⑥ ［荷］方德万：《潮来潮去：海关与中国现代性的全球起源》，第 180 页。

其五是建设性缺失。清政府的财政增量基本用于战争赔款。在甲午战争之前主要是军费开支，之后军事、赔款及债务支出数额更高。洋务运动经费一部分为中央和地方财政拨款，一部分为募集商股。据赫德调查，光绪二十五年（1899）财政收支中，岁入之中有地丁钱粮2650万两、各省杂税160万两、各省杂项收入100万两、漕折310万两、盐课盐厘1350万两、厘金1600万两、常关税270万两、海关洋税2380万两等，总数为8820万两。岁出之中各省行政费2000万两、陆军及海军费3500万两、京城行政费1000万两、旗饷138万两、海关经费360万两、出使100万两、河道工程94万两、铁路80万两、债款开支2400万两、宫廷经费110万两、准备金330万两等，合计10112万两。[①] 陆海军费用及债款开支，已占支出过半。再加上行政费用，实际用于交通、实业、教育等建设用项的财政投入极为有限。严复称，“西国之债以利，中国之债以害”，“其息利既不在民，于国财又无所增益”[②]。申学锋的研究认为，晚清财政支出“陷入军费、赔款、外债的恶性循环的怪圈”[③]。邓刚（Kent G. Deng）分析了清政府1820—1910年的税收结构，揭示了农业税与关税的比例变化。在政府外债部分，借债与反侵略战争及国内战争时间相应。但从根本上讲，清政府财政能力受限的原因在于经济现代化的程度不足。[④] 财政的建设性不足，必影响经济的长期增长，亦会反作用于财政。

存此五大缺失，清政府财政收入总量虽攀升至空前高度，但难以实现税收、经济与信贷的良性循环，未能成功建立起财政国家的信用基础，故仍处于不完全借贷财政形态。所得税的引入，即是财政预算建立过程中为未来中央财政谋划的重要税税收之一。

（三）发现所得税

比较西方财政国家的建构历程，可以发现，除英国外，各国所得税多有

① 中国近代经济史资料丛刊编辑委员会编：《帝国主义与中国海关》（第九编），《中国海关与义和团运动》，中华书局1983年版，第64—65页。

② ［英］亚当·斯密：《原富》下册，严复译，商务印书馆1981年版，第764页。

③ 申学锋：《晚清财政支出研究》，中国人民大学出版社2006年版，第56页。

④ Kent G. Deng, “The Continuation and Efficiency of the Chinese Fiscal State, 700BC - AD1911”, Bartolome'Yun - Casalilla, Patrick K. O'Brien eds., *The Rise of Fiscal States: A Global History, 1500 - 1914*, Cambridge University Press, 2012, p. 350.

本土渊源及制度引入两条脉络。在本土渊源上，所得税与各国原本的人头税、阶级税及财产税传统有着直接关系。英国是首先开设现代所得税的国家，1799年年初设税制还带有较为浓厚的阶级财产税的色彩，以住宅、窗户、马匹、马车、仆人等财富外在形式来划分征税等级。法国有阶级税的习惯，普鲁士则与人头税标准相联系。日本在1887年前的家禄税，实具有个人所得税的色彩。到现代所得税创设后，多对原有收益税类重新归并征收。在制度引入上，法、德、美、日等国无不参照英国之立法成例。英国最初试行是以财产之外的形式为标识，到1800年修订即转为分类收益税，由此在制度上将财产与收益分开。这是从传统直接税向现代直接税转换的关键一步，征税标的不是存量的财产，而是动态的收益，就来源而言，部分具有“所得”的含义。不过，此时之所得还是按资本、劳动、利益、土地或房产等分类计算，是“物”的标准。到19世纪中后期，才向以“人”为主体的征收标准过渡，按照自然人及法人综合净所得征税。至此时，“所得”的主体及对象方才完全清晰。

从财产到收益再到所得，在此过程中并区分净收益、净所得，既是逐步发现“所得”的过程，也是衡量赋税承担能力标准演化的过程。各国引入英国制度时，早期最为核心的是分类收益制度。不论是按等级或者是溯源划分，其革命性变化都是将财产与收益分开，形成了所得的法律概念。正因如此，所得税虽设定起征点，从比例税率演化为累进税率，区分纳税人之能力，却具备普遍及平等属性。而阶级财产税是按身份及物质标准划分，征税对象是特定的而不是普遍的，并不符合平等原则。教士和贵族不应该有免税特权，但也不应承担区别对待的特定税负。所得税按能负原则确定应缴税款，去掉了其中的身份和阶级之分，更能为纳税人和公众所认可。到以“人”为主体的综合所得税开征，设定起征点、累进税率及精细的减免条款，所得税的良税属性更得认可。

所得税的开征与战争难以分解。在欧洲，英、法、普鲁士等开征所得税，与英法战争、拿破仑战争有直接关系。在美国，则是为应对南北战争所需而开征。各国施行均有成效，但最为显著的仍数英国和美国。英、美在战时试行阶段，就显现出巨大的财政价值。在正式确立之后，甚至取代关税、消费税成为首要税种，明显提高了税收结构弹性，推动财政国家进入更高阶段。这说明，所得税在引入之后，其制度形态及征收绩效取决于本土的财政、经济及社会土壤。晚清政府度支部在1911年制定了《所得税章程议案》[①]，虽未正式立法颁行，但是，这表明中国将所得税正式列入税收变革议程之中，亦为此后的所得税立法奠定基础。关于所得税在晚清时期的引入及立法过程，民国学者及当代研究中已有较多讨论，不过既往研究多重在法律文本分析，对其过程梳理尚不详尽。推行所得税并不只是引入单一税种的法律概念及制度条款而已，还涉及财政体制、社会经济、税收观念等一系列问题。朱偰统计各国实行所得税时间先后，如表1－7所示。

表1－7　**世界各国所得税实行先后**

国名	初试	定制	国名	初试	定制	国名	初试	定制
英国	1799	1842	荷兰	1892	1893	波兰	1920	
普鲁士（德）	1808	1891	奥地利	1896	1898	保加利亚	1920	
萨克森（德）	1834	1874	西班牙	1900		捷克	1920	
法国	拿破仑战争时期个人及动产税	1914	瑞典	1910		南非联邦	1921	1921
美国	1862	1913	挪威	1911		巴西	1922	
意大利	1864	—	苏俄	1916	1922	罗马尼亚	1923	
日本	1887	1899	坎拿大（加拿大）	1917		芬兰	1924	
印度	1890	1886	希腊	1919		丹麦		
新西兰	1891		德国	1920		中国	1936	

资料来源：朱偰：《所得税发达史》，第122页。说明：顺序依初征时间重排。法国的初试时间原书未记，系增补。各国定制时间较为明确，而初试标准不一。有的是全面开征，有的仅是分类所得征收，有的还具人头税及财产税形态。但俟所得税定制之时，对于各分类收益或所得多有并合。中国的正式开征时间记为1936年，严格来说并不准确。初试时间应为1920年，1936年为全面开征时间。

① 《所得税章程议案》，《法政杂志（上海）》第1卷第1期，宣统三年（1911）二月二十五日，第19页。

朱偰在《所得税发达史》中介绍了德国财政法学家波普蒂斯（Poptiz）的观点，所得税征收需以成熟的资本主义经济、强有力的严密的官厅组织、不违反租税普遍之原则为前提。此外，他还列举了其他学者的观点，如经济生活之急速发展、个人所得大小之悬距、企业领袖个人对于企业势力之增加、新企业形式之成立、旧日估计收益方法之缺点、新社会政策思潮之发达等。朱偰个人将资本主义企业之成立（企业独立发展、簿记发达）、工业化（经济发达、所得普遍）及近代国家的成立（公民观念、免税特权消灭、新式官厅及技术人才产生）视为所得税开征的政治及社会基础，而将所得与收益观念的分离、社会政治思潮、负担能力学说视为理论环境。[①] 作为所得税长期实行之后的理论归纳，往往趋于全面，但从各国实践过程来看，很难具备所有条件。而在战争紧急状况时，政府财政意志及民众税收心理往往起着决定作用。

晚清中国对所得税的引入蕴含在制度移植与本土变革的财政脉络中，是效法西方拟增设的系列新税之一。与学说的译介相较，早期驻外使节对西方财政及税收制度的实地考察更易在政策层面上传导至中枢。在存留文献中，除涉及所得税名词外，还有使用俸薪税、工资税、入息税等分类收益税及直接税等概念来加以评析的。郭嵩焘在1875年后先后任驻英公使、驻法公使，他注意到所得税、遗产税、印花税等税收，他将所得税称为“俸薪税”。光绪三年（1877）三月二十七日，他在英国会晤了日本明治政府的财政重臣井上馨。井上馨向他介绍了日本的岁入情况，“岁入五千万圆，取之商税者三百万，余皆地税”。又言及英国所得税，“岁入三百磅（镑）以下不税，亦不得用表记。百官俸入三百磅（镑）以上，亦一例输税，盖皆计所余为之税”[②]。九月二十九日，经翻译介绍《英兰得类非纽税局全书》，了解英国国内税则。[③] 其中，记有入息项下之税，共收4041892磅（镑）。每入息一镑抽税二便士，入息三百镑以下者免税，即为利息所得税。[④] 光绪四年

---

① 朱偰：《所得税发达史》，第29—35页。

② 郭嵩焘：《郭嵩焘日记》第3卷，湖南人民出版社1982年版，第178—179页。

③ 《英兰得类非纽税局全书》系以汉语音译，“英兰”应为“England”，“类非纽”应为“Revenue”。日记中有载金登干约游“英兰得类非纽”之语，应为设在伦敦的英国税务局。

④ 郭嵩焘：《郭嵩焘日记》第3卷，湖南人民出版社1982年版，第329页。

（1878）二月十四日，经介绍，郭得知上年英国岁计情况，计入款有关税、国内杂税、过印税、房地税、俸薪税、信局入款、电报入款、官地税及杂款等。其中，俸薪税约5268000镑。此时英国已经开征个人综合所得税，俸薪税即是按个人薪资所得纳税。他还留意到法国的税收结构，地有赋，屋有赋，丁有赋，所言是人口税及财产税的形态。[①] 黄遵宪在1877—1882年任驻日参赞，他深入研究明治政府的改革政策及社会状况，撰写了《日本国志》，财政及税收也是其中的重要主题。他注意到日本官禄税的实施情况，"敕、奏任以上官于每月俸额照则征收，次月五日纳之租税局。凡敕任官，课禄税十分之二。奏任官，月俸百元以上者课税二十分之一"[②]。地税、关税、酒税等是主要税种，在明治八年（1875），官禄税收入92621元，九年收入76881元，十年收入70596元，十一年收入77285元。[③] 官禄税是日本在1887年正式开征所得税之前的特殊薪资税。

外国在华所设报纸很早就有关于英国所得税的零星报道。1857年8月，《北华捷报》（*The North - China Herald*）就刊载了1842年英国所得税正式实施首年的情况，共收得571055英镑。而1856年，共收得15717055英镑。[④] 1884年11月，《北华捷报》报道英国下议院拟所得税修订，每英镑增加两便士。[⑤] 1885年5月，《字林西报》（*The North - China Daily News*）及《北华捷报》等又报道英国修改税率为每英镑收入八便士，上一年度为五便士。[⑥] 1890年5月，《字林西报》载英国下年度所得税收入可能会减少。[⑦] 1894年1月，《字林西报》又报道了美国纽约州讨论所得税但遭遇强烈反对的情况，还提及在内战时期首次征收所得税，在1866年征得73000000美元。所得税在1872年取消，原因是成本太高。[⑧] 同年12月，《字林西报》又

---

① 郭嵩焘：《郭嵩焘日记》第3卷，湖南人民出版社1982年版，第447—448页。

② 陈铮编：《黄遵宪全集》下册，中华书局2005年版，第1154页。

③ 陈铮编：《黄遵宪全集》下册，中华书局2005年版，第1163页。

④ "The Growth of the Income Tax", *The North - China Herald*, Vol. 8, No. 366, August 1st, 1857, p. 3.

⑤ "The Income Tax, the Franchise and Redistribution", *The North - China Daily News*, Vol. 34, No. 6295, November 20th, 1884, p. 3. *The North - China Herald and Supreme Court & Consular Gazette*, Vol. 33, No. 907, November 26th, 1884, p. 4.

⑥ *The North - China Daily News*, Vol. 35, No. 6453, May 29th, 1885, p. 3.

⑦ "The Income Tax", *The North - China Daily News*, Vol. 45, No. 7970, May 10th, 1890, p. 3.

⑧ *The North - China Daily News*, Vol. 52, No. 9086, January 6th, 1894, p. 3.

介绍了英国关于所得税纳税人的居住时间及申报国外收入的相关情况。[①] 外国在华报纸的读者主要是各国在华侨民，相关信息少量会为中文报纸摘录转摘。到1900年后，在华外文报刊仍陆续报道欧美各国情况，但较少涉及中国的所得税变革的信息。

甲午战后及维新变法期间，中国报刊设立，出版兴盛，公共舆论空间扩大，关于直接税、所得税的报道渐增，议题也涉及仿行所得税问题。1896年12月，《时务报》上提及“直税”和“间税”的概念，直接税指田赋和丁税，间接税主要是海关税，该文由日本学者古城贞吉所译。[②] 在西方税收制度中，田赋和丁税实际上还是传统直接税，主要是对人口和财产征收。间接税主要是包括关税、消费税在内的商税。1898年《申报》就有报道关于所得税的新闻。11月18日，《申报》报道日本在改正税额后，“所得税改正后可得一百二十四万元，酒税一千七百五十三万元，糖税一百五十七万元，烟税六百九十七万元”[③]。此时日本为大隈重信内阁，所得税1887年开始实施。国内新闻媒体的报道有助于公众了解西方税收制度及征收情况，扩展公众财政及税收知识的范围。但在清末新政之前，关于所得税的介绍尚不系统。

进入新政时期，朝野对引进西方税制讨论热度也明显提升。原为应对战争及赔款，以增旧税、扩商税为主，但税收益增，社会抗捐、抗税、抗粮事件也不断增加。从郭嵩焘、黄遵宪的观察而论，欧美及日本之赋税更加沉重，但并未引起社会抵制。黄遵宪称：“旁考四海以外，未有如我大清之轻赋者，于此犹欲欠粮、匿税，则可谓天地之大而犹有所憾矣。”[④] 推究缘由，致弊之原因有三。一是历来正税轻赋，但杂税附加难止；二是厘金杂捐滥征，害民病商；三是税负与能力脱节，民间富源未能转化为财政资源。为补税收不足，西方税制中一些行之有效、适于现代税则的税收被正式列入政策

---

① “British Income Tax”, *The North - China Daily News*, Vol. 53, No. 9380, December 20th, 1894, p. 3.

② ［日］古城贞吉译：《俄将论中国财政》，《时务报》第14册（光绪二十二年十一月十一日，1896年12月15日），中华书局1991年版，第931页。

③ 《申报》1898年11月18日，第二版。

④ 陈铮编：《黄遵宪全集》下册，第1163页。

讨论范围。张之洞、刘坤一在江楚会奏变法第三折中，明确提出效法西方行遗产税、印花税。[①]“变法三疏”受到朝廷重视，1901 年 9 月上谕称：“昨据刘坤一、张之洞会奏整理中法以行西法各条，其中可行者即著按照所陈，随时设法择要举办。”[②] 张謇在《变法平议》中提出效法日本改革税制，应当仿行之税有：印花税、矿山税、邮便税、诉讼及代言人税、车船税、会社税、度量税、版权执照税、铳猎税等。[③] 此类奏议未明确提及所得税，但所选税类已有较明显的直接税趋向，遗产税更被寄予厚望。[④] 1902 年，梁启超在《中国财政改革私案》列出应征十大税种，所得税列在首位，其余为家屋税、营业税、酒税、烟税、糖税、登录税、印花税、遗产税、通行税。不过，他认为推行所得税的条件尚不成熟，“财政学家皆以上为最良之税则，各国皆行之。将来我国亦当采行，惟现在情形，尚办不到”[⑤]。西方税制之中，关于遗产税、所得税、印花税的讨论是相关联的，都被认为是应加仿行的重要税种。关于申请仿行印花税的奏议尤早，李鸿章、陈璧在甲午前后就已提出，且引起朝廷重视。因其简便易行，被视为可优先推行的新税种。

关于所得税的“所得”及最为关键的能负原则问题，需在更为宏观的国家与国民税收关系范围内加以讨论。严复翻译亚当·斯密的《原富》（*An Inquiry into the Nature and Causes of the Wealth of Nations*）在推动现代税收原则的公共化方面影响极大。他直接指出：“今日之中国，患不知理财而已，贫非所患。”[⑥] 理财不能依传统观念，需接受现代财政知识。他将亚当·斯密提出的税收四原则（平等、确实、便利、节约）相应译为“平”“信”“便”“核”。在按语中，他特意对“平”进行了详细的阐释：“凡赋必视民力”，民力不能仅从财产判断多寡，“必先明赋所从出，必其有余之一例而

---

① 《遵旨筹议变法谨拟采用西法十一条折》（光绪二十七年六月初五日），赵德馨主编《张之洞全集》第 4 册，武汉出版社 2008 年版，第 25 页。

② 《光绪朝东华录》第 4 册，中华书局 1958 年标点本，第 4771 页。

③ 张謇：《变法平议》（1901 年），载张謇研究中心、南通市图书馆编《张謇全集》第 1 册，江苏古籍出版社 1994 年版，第 57—60 页。

④ 关于遗产税的引入参见雷家琼《清末民初遗产税的引入》，《中国社会科学》2021 年第 1 期。

⑤ 梁启超：《中国财政改革私案》（光绪二十八年），《饮冰室合集》第 1 册，中华书局 1989 年版，第 15 页。

⑥ ［英］亚当·斯密：《原富》，严复译，商务印书馆 1981 年版，第 590 页。

后可"[①]。严复认为税收平等，应赋于"有余"。他提出三不可赋：食其功者，复其学为是业之费者，资其羸病衰老者，"庸去是三而外，是谓有余，有余而取之于民生为无伤"[②]。收入需去掉必要生活所需方为"有余"。换言之，他所言的"民力"与能力原则是相同的含义。按塞里格曼的分析，租税能力标准经历了从人丁、阶级、财产、用费到所得的变化。[③] 由身份、阶级到财产，再由财产、收益与人结合，所得税发现了原来隐藏于阶级、财产之后的新税源，也反映了在经济发达和民权兴起时代对税收平等的要求，弥补了税收结构以间接商税为主要来源的不足。

严复认为国家征税有正当性，"夫赋税贡助，所以为国民之公职者。其义盖于分功，民生而有群，徒群不足以相保，于是乎有国家君吏之设。国家君吏者，所以治此群也。治群之职，委之国家而公出其所费。"[④] 赋税乃国家治理的成本，是为民众的共同需求而设。不过，严复反对征收资本税，"故欲财生，必不宜于母财而加之赋税。加赋税于母财者，无异司汽机者欲汽力之长而夺其薪炭也。"[⑤] 此外，严复认为国家收税也需承担相应的责任，"民之出赋税立君吏而戴之者，其最重之义固曰性命财产有攸保也。治国家者食民租税，既不能使四封之内无强梗之相欺，致受欺之民不得已而赴诉于理，则即此一狱言之，为之上者，于此一民已为负其成约，而不能与之以应得之怀保矣。"[⑥] 民众纳税首要是获得财产及安全保障，如果国家不能达成这一使命，则"负其成约"，是违背了与民众之间的税收契约。同时，纳税也是"国民之公职"，是应尽之义务。国家应公开财政，接受民众的监督。如果仍如旧习，"民之公职在出租税以供其上而已，至于用之如何，不当问也。于是，国家加一赋税，虽出于甚正之途，甚亟之政，而民亦睊睊然以为厉己，此上下交相失之道也"[⑦]。国家如与民众缺乏沟通，或一味强制，会直接影响到财政的政治信用。

① ［英］亚当·斯密：《原富》，严复译，第687—689页。
② ［英］亚当·斯密：《原富》，严复译，第687—689页。
③ ［美］塞里格曼：《所得税论》，杜俊东译，商务印书馆1933年版，第2—21页。
④ ［英］亚当·斯密：《原富》，严复译，第686页。
⑤ ［英］亚当·斯密：《原富》，严复译，第686页。
⑥ ［英］亚当·斯密：《原富》，严复译，第675页。
⑦ ［英］亚当·斯密：《原富》，严复译，第675页。

梁启超对国家的课税原则也有系统论述。他重视租税的财政基础作用，“国家愈进步，则所需经费愈巨，而国家财源以租税为大宗，故理财者，必求租税岁入之增加。此一定之理也。虽然租税之原理，以不妨人民经济之发达而负担均平者为贵，故选择科目最当加慎”[①]。租税取之于经济及民生，如竭泽而渔会影响其持续性。以“不妨人民经济之发达”“负担均平”为标准来评价税收良恶，已经不是单纯的财政视角，而是关注到纳税人的利益及税收的投资、分配效应。在提倡新税之时，他同步提出应裁撤厘金、常关税、茶税、赌博税、牙税、当铺税、猪捐、渔捐、船捐、车捐、芦课、油税及杂税等不合理税收，“国家欲得不竭之财源，莫如增长国民之纳税力。如何而始能增长，则经济发达是也”[②]。他主张重征烟酒税，烟酒非必需品，“虽重税不为害民”。此外，开征遗产税也可促进社会公平，“在受遗产之人，其财产非由本身劳动所换得，其得之实为意外之幸福，故课其税殊不为虐”，“其遗产额少者，则免税；其遗产税额愈多者，则税愈重，用所谓累进法者，最合于均平负担之原则”。[③] 用劳动所得和非劳动所得来对财产及收入性质加以评判，显现出税收之中的民权属性。在此后所得税的立法讨论中，劳动所得和资本所得适用不同税率，即与此标准相关。合理的税收原则，应是鼓励劳动所得。不过梁启超与严复主张相似，也不赞同对资本重税，认为不利于经济增长。

梁启超提到的累进法，即是累进税率（Progressive Tax Rate）。依塞里格曼 1894 年在《累进税》（*Progressive Taxation in Theory and Practice*）中的界定，“凡税额与课税物品之数学关系（比例）一成而不变者，是之谓比例课税；反之，如是项比例随课税物品之大小而变更，课税物品愈多者，则税额所占之成分亦愈大，是之谓累进课税”。累进也是比例的一种，不过按课税标的分级设定不同税率，标的益增税率愈高，更能体现能力原则。累进法的

① 梁启超：《中国财政改革私案》（光绪二十八年），《饮冰室合集》第 1 册，中华书局 1989 年版，第 15—19 页。

② 梁启超：《中国财政改革私案》（光绪二十八年），《饮冰室合集》第 1 册，中华书局 1989 年版，第 18 页。

③ 梁启超：《中国财政改革私案》（光绪二十八年），《饮冰室合集》第 1 册，中华书局 1989 年版，第 18 页。

理论依据，有社会主义学说、损失补偿说、经济说等。[①] 累进税起源较早，在法国、英国的阶级税中都有一定体现，且得到孟德斯鸠等学者的肯定。到19世纪，欧洲工业发达但贫富差距扩大，累进税作为实现税收能力原则的重要工具，在所得税、遗产税、营业税等税类中得到较为广泛的运用。累进税有局部累进、全额累进以及标准累进、超额累进之别。英国所得税，初行比例税率，后改为累进税率。但不少经济学者对累进税率也持批评态度，认为不利于资本积累与产业发展。因此，推行累进法同样要考虑到平等与效率的平衡问题。严复翻译的《孟德斯鸠法意》（又译为《论法的精神》）中对累进税也有所介绍。第十三卷“论赋税重轻关系自由之理”指出：“夫国赋者何？国民财产身家之保险费也，彼各出其财产之一分，期于安享其所余也。”民众纳税是为保障社会秩序和财产权利，“故成赋大中至正之经，在衡于国费民生二者之间，而各筹其所不容已者以为之程。最忌者，以意为之国费，而以压民生之切需”[②]。换言之，税收需要在财政需求和民生需求之间保持平衡。孟德斯鸠还举雅典的例子说明分级纳税方合于平等原则，“设于丁而税赋之，则勿以财产为比例，以财产为比例者，或转不平也”。分级征税可以避免对必需财产征税，而将重点置于具有较多剩余者，“过是以往则课其所实用者，实用可赋也，然而不可深赋之，所可深者，其所谓饶衍者乎”[③]。严复翻译的《孟德斯鸠法意》在光绪三十二年（1906）由商务印书馆首次发行，出版之后即为思想界所重视，传播甚广。在1909年《广益丛报》上刊有《论累进税之得失》一文，其主旨是提倡以累进税率充实地方财政，不过其中也提到遗产税应行累进法，“累进法者，视其富力之厚薄而定税率之多寡”，“可令富人负重负以助贫，税之轻实为调和贫富之权衡而为社会学家所根据之方法也”。[④] 遗产税、所得税等现代直接税应用累进税率，被认为是符合税收平等及能负原则的。

可以说，在预备立宪及清理财政的进程之中，确实蕴含着税收合理化的

---

① ［美］塞里格曼：《累进课税论》，岑德彰译，商务印书馆1934年版，第2、6页。原著于1894年在美国出版。

② ［法］孟德斯鸠：《孟德斯鸠法意》第3册，严复译，商务印书馆1931年版，第1页。

③ ［法］孟德斯鸠：《孟德斯鸠法意》第3册，严复译，商务印书馆1931年版，第5页。

④ 《论累进税之得失》，《广益丛报》第219期，宣统元年（1909）十月二十日，第1—4页。

脉络。在税收制度上，是去除不合理的苛杂旧税，停止捐纳；提倡开征符合现代税收原则的新税，如遗产税、所得税、印花税；改造中国原有之契税、当税等。在税收观念上，税收平等、能力原则得到重视和传播，从而引发国家与国民的税收关系、税收良恶标准的新讨论、新判断，这为新税制正式进入立法程序准备了政治和舆论环境。

三 预备立宪中的所得税立法

1905 年 7 月，清政府宣布五大臣率团赴欧美及日本考察宪政，正式启动预备立宪的变革大计。出洋主要是考察各国宪政，以立君主立宪的政体根基，同时也关注到列国司法、教育、财政、金融、军事诸问题。关于西方国家财政能力及制度的观察与清政府清理财政的需求相合，财政预算被纳入立宪进程成为重要的制度建构目标，也开启了税收合理化的政策通道。民间对所得税、直接税的讨论热度明显提升，在官员奏议和户部规划中，仿行西方新税也逐步进入立法日程。在所得税方面，后续遣派的赴日考察宪政大臣李家驹的建言对立法草案产生了重要影响。

（一）宪政考察中的所得税

考察宪政五大臣原定镇国公载泽、户部侍郎戴鸿慈、兵部侍郎徐世昌、湖南巡抚端方、商部右丞绍英担纲，后由山东布政使尚其亨、顺天府丞李盛铎替代徐世昌、绍英二人出行。考察团一组先赴日本转英、法等国，一组先赴美国转俄罗斯等国。每访毕一国，则奏陈考察情形。报告多较为简略，但有不少地方提及财政情况。载泽等在日本考察后陈奏说明日本明治维新改革后国力兴盛的情况，其中言及日本“人人知纳税充兵之义务，人人有尚武爱国之精神”[①]。载泽在出使日记中，也记载了日本大藏省主计局长荒井贺太郎赠送了预算表及财政图书并讲解日本财政沿革等事宜。幕藩时期各自为政，明治时期统一国政，改税米为纳金，推行地租改革，完善会计制度，发

① 《出使各国考察政治大臣载泽等奏在日本考察大概情形暨赴英日期折》（光绪三十二年正月二十日），故宫博物院明清档案部编《清末筹备立宪档案史料》上册，中华书局 1979 年版，第 6 页。

布预算制度，度支非经预算不可行。[①] 在转赴英国考察后的奏折中，载泽注意到英国财政能力强大，赋税实际极为沉重，但是国地分配有度，“以地方之财，供地方之用，故征敛繁多，而民不生怨”[②]。载泽的日记中也记载了在英国考察财政的情况。关于税务方面，了解到英国的政府收入包括关税、内地厘税（30750000 镑）、进款及产业税（31250000 镑）、传产税（12350000 镑）、印花税、房地税、邮电进款、王室产业及杂项等，1904—1905 年度合计为 141070404 镑。[③] 所说的内地厘税即为消费税，传产税即为遗产税，进款及产业税应是个人及法人所得税。

相较于学说引介及思想传播，实地考察更能体用结合，发现制度运行的实态与绩效。在回国之后，五大臣会奏《请定国是以安大计折》《请安定官制以为立宪预备折》《请设财政调查局折》等折。财政折在比较中西国力差别后称，“今世各富强之国，其岁入岁出所以若是之多者，乃不用量入为出之法，而用量出为入之法”，“中国财政以量入为出而窘，各国财政以量出为入而裕”。又以日本为例，强调开议会对树立财政信用的重要性，在行预、决算之前，宜先整理财政。[④] 在宣布开启立宪之后，官员奏言中也有大量涉及财政税收变革的内容。翰林院庶吉士高桂馨建言兴学、理财、练兵三策，关注到税收中的权利关系，“良法维何，国家租税取之民间，收入支出，勿私勿滥，故欧洲宪法由此发生。除军队、警察为君主之大权，定明上下权限，分别人民权利义务为立国之基础法”[⑤]。考察宪政大臣达寿奏陈：“故凡欲立国于现世界之上者，非先厚其国民之竞争力不可。国民之竞争力有三：一曰战斗之竞争力，二曰财富之竞争力，三曰文化之竞争力。”[⑥] 世界竞争格局下，军事、经济及文化的发展，关系到国家的命运。

---

① 载泽：《考察政治日记》，钟叔河主编《走向世界丛书》，岳麓书社 1986 年版，第 577 页。

② 《出使各国考察政治大臣载泽等奏在英考察大概情形暨赴法日期折》（光绪三十二年三月二十四日），故宫博物院明清档案部编：《筹备立宪档案史料》上册，第 10 页。

③ 载泽：《考察政治日记》，第 603 页。

④ 《请设财政调查局折》，夏晓虹《梁启超：在政治与学术之间》，东方出版社 2014 年版，第 63 页。据夏晓虹考证，五折均由梁启超执笔。

⑤ 《翰林院庶吉士高桂馨建言兴学、理财、练兵三事呈》（光绪三十三年七月十七日），故宫博物院明清档案部编《筹备立宪档案史料》上册，第 219 页。

⑥ 《考察宪政大臣达寿奏考察日本宪政情形摺》（光绪三十四年七月十一日），故宫博物院明清档案部编《筹备立宪档案史料》上册，第 29 页。

在五大臣奏议之中，未直接涉及所得税问题，但后续考察收集的各国财政、租税文献中，包括了所得税的相关法案。至专项的制度考察方面，可从中央和地方两个方面加以探析。

就现有文献来看，在度支部将所得税列入立法议程之前，地方已有所得税试行计划。1905 年，直隶保定府拟参酌日本政制情况改革地方财政，遣派代表至日本考察，拟具报告书呈送直隶总督袁世凯。报告书中说：“日本税大约每一种皆守本分，曰国税，以归国家；曰府县税，以办府县各事；曰村税，以办一村之事。其大宗为地税与营业税、所得税，各种杂税较中国繁重。”报告介绍了日本所得税可分三种。其一为各种公司由岁入款内除去出款，按其所余抽千分之二十五；其二为商家贷借之款，按其所得利息抽千分之二十；其三有官员之薪幸，有公司各股东所分余利，有工人之辛金，有农田之出产。此外，报告还归纳了征稽方法及科罚原则，即均由岁入款内除去出款。视其所余满三百圆以上者抽百分之一；二千圆以上者抽百分之一；五万圆以上者出百分之三；二万圆以上者出百分之四；而凡军人月饷学员薪金皆不与焉。若入款较常年减少四分之一者，亦酌减其税额；有隐匿者按三倍科罚，其法极为简明。此处归纳的日本所得税征收范围，是以公司营利、利息所得、薪资所得三类为主。与梁启超认为所得税暂不宜行的看法不同，报告书在陈列各税后说，“中国最易试行者，莫如所得税”，“中国当财力支绌之时，似可查照试办”。报告也提出了中国试办的办法，“凡商家之余利并商人之辛金，均于年底结帐时派员稽查，照章征收；其各官俸银，即饬其照章逐年解送；各局所官员薪水，即于逐月发给时扣除送交”[①]。所列的主要是商家营利及官员薪俸，范围较日本有所收缩。报告还建议先就官营工商试办，至于乡间则俟后办理。保定府呈送后，时任直隶总督袁世凯肯定了所拟州县改良及筹款办法具备一定的可行性，至于效法日本，征收新税，袁认为其“另单具陈所得税利益亦有见地”，故赞同所拟意见，交藩臬两司速核议。[②] 直隶关于所得税的制度考察极为详细，尤为难得的是对中国如何试行

① 《保定府参酌日本法制酌拟州县改良及筹款事宜禀并批》，《大公报》（天津）1905 年 2 月 14 日，第一版。

② 《保定府参酌日本法制酌拟州县改良及筹款事宜禀并批》，《大公报》（天津）1905 年 2 月 14 日，第一版。

也有讨论。拟具报告书尚在五大臣出国考察之前，这与袁世凯的态度有着直接关系。袁世凯是支持遣使出国考察宪政的，但在此之前是否就派员赴日考察，其过程尚难得知。从后续情况看，在朝廷未定大计之前，直隶并未切实推动所得税税政。

在中央方面，载泽在考察宪政回国之后即被任命为度支部大臣，系统推动清理财政计划。目前不少学者都关注到清政府效法日本制定所得税法的情况，但对内情的了解尚不清晰。法案成文主要参酌日本成例，但也比较了西方各国所得税规章。

日本所得税法案之所以能进入度支部的视野之内，除五大臣宪政考察之因外，更为主要的原因是后续任命的宪政考察大臣李家驹的陈奏。李家驹曾任京师大学堂提调、湖北学政、东三省学政、京师大学堂总监督各职，在1906年被简任为驻日公使，1907年又被任命为考察宪政大臣，负责实地考察日本宪政及政制。在日期间，他广泛收集日本财政及租税制度方面的资料并加以整理。1910年8月，他将编纂的《日本租税制度》十册、《日本会计制度》四册呈览，同时上考察日本财政折，在归纳日本明治经验及西方财政制度的基础上，就中国如何推动财政、税收变革提出系统建议。他认为，朝廷财政困难而需求增加，“端而最显者则国际之交通与宪政之筹备是也”。国际交通是指外交费、国防费、国债费，宪政事务如司法独立费、地方自治费、教育普及费、经济行政费、整理财政费以及一切改革经费。日本经验值得借鉴，维新以来，日本之租税制度迭加改良，会计法规屡经厘订。在明治初年，其收入总额不过三千万圆，现在预算总额已逾五万万圆以上。中国财政变革，需筹谋增加租税、官产、公债收入，谋财政统一，行财政监督。但制入之要，仍在于租税。他提出了租税变革四原则：一为财政平衡之原则，“租税当图充足及有伸缩力者是也”；二为经济之原则，需保护税源；三为公正之原则，即“租税之普及及赋课之均平是也”；四为行政之原则，即“课税之正确便宜及征收费用之节省是也”[1]。但现行租税制度，显然与此相去甚远。

---

① 《李家驹奏考察日本财政折》，《法政杂志（上海）》第1年第1期，宣统三年（1911）二月二十五日，“专件”，第1页。

> 我国税制首重田赋，而地丁、租课、漕粮、漕折、粮折、耗羡等项，名目不一。此外有厘金、有盐课、有海关税、有当税、有土药税、有茶税等项，又有杂捐而牙税、当税、契税、油税、酒捐、渔捐、猪捐、船捐、车捐、铺捐、妓捐、财捐等项，不胜枚举，殆无统系之可言。盖自近年国债迭增，新政繁举，每遇一事辄筹一款，又无通行全国之法令以统一之，于是直省各自筹款，各自开捐，与日本藩治时代及欧洲中叶税制紊乱情形无异。故即以租税一端而论，已足兆分裂之危机，为今日之计，非通盘筹画，迅速清理，不足以求财政之穷。①

李家驹提出增加收入必先改良税制，改良税制首在厘定租税体系。他认为清理之策有五：其一，旧税之当改良者，如田赋、盐课、关税；其二，旧税之应归并者，如地丁、租课、漕粮、漕折、粮折、耗羡；其三，旧税之应废止者，如厘金、统捐、常关、茶税等；其四，旧税之当扩充者，如酒税、烟税、印花税等；其五，新税之应加者，“各国税目甚繁，约而言之，如营业税、如财产税、如家屋税，皆收益税之可行者也。如特别所得税、如通常所得税、如兵役税，皆所得税之可行者也。如饮料税、如物品税、如使用税，皆消费各之可行者也。如承继税、如取引税、如运输税，皆行为税之可行者也。惟是同一税也，他国可行，而我国则不可行，故选择贵得其宜。又同一可行之税也，而若者可以速行，若者不能速行，故先后贵得其当。又或同时可以并行之税，而或则应定为国家税，或则应定为地方税，故分配贵得其平。要之以统系为准则，以国情为依据，是在制国用者之权衡矣”②。他根据现代税收原则及各国施行情况，对旧税整理及新税开征都有较为深入思考，将财产税、所得税、消费税、行为税等都纳入新税体系之中。李家驹的这一见解与度支部后来推出的税收变革策略可为呼应。李家驹此折在《申报》《福建商业公报》及不少地方官报上连续刊载，产生了较大影响，本人

① 《李家驹奏考察日本财政折》，《法政杂志（上海）》第1年第1期，宣统三年（1911）二月二十五日，“专件”，第3—4页。

② 《李家驹奏考察日本财政折》，《法政杂志（上海）》第1年第1期，宣统三年（1911）二月二十五日，“专件”，第4—5页。

在立宪派中的声誉也获得提振。李家驹与袁世凯私交甚好，又与政治考察五大臣之一的李盛铎相善。1911 年，李家驹兼任协同纂拟宪法大臣之职，后又任资政院总裁。

与李家驹的奏请大致同步，地方官员也开始呈请试办所得税，形成上下响应之势。1910 年 5 月 2 日，陕西道监察御史路士桓上奏，奏请试办所得税、奢侈税。[①] 1910 年 10 月 23 日，苏抚程德全奏陈，筹备宪政须从财政根本上着手，不但不可病民且当为民徐开便利之门，“庶使民不嫌其苛扰而乐于输将”。他提出酌行所得税、筹办营业税、确定国库、振兴官营事业、整顿税制五大要策，请度支部采择施行。[②] 程德全还奏请说，“骤开议院，人民识解未纯，担负无力，内阁权位太重，必多流弊。请俟预算成立，国家地方税划分，所得税实行后，于宣统五年国会内阁同时并举”[③]。这是将税收变革与开国会相联系，而财政审议与监督正是国会财政权的重要内容。地方官员的参与推动了所得税立法进程，度支部在同年 12 月的回复中正式回应开始试办所得税。

在政策步步深入之时，民间讨论也不断升温，关注点不只是国外的征纳状况，还涉及税收属性及制度设计等核心问题。1909 年 9 月 14 日，天津《大公报》发表对江西裁减公吏薪俸归公问题的评议，称“减成给发，初非为我国之创举，日本名之谓所得税”，将裁减薪水与征收所得税相比。这一事情是因为江西巡抚及布政使通饬各官公吏薪水公费只照八成给发，其余裁减归公，“属吏遂毫无间言，唯唯惟命，即抚院亦不得不俯首受成允”。名为裁减，迹同征税，因此《大公报》有此议。从负担上来说相似，但从性质上却完全不同，“他税以平均为公正，此税却以不平均为公正”。原因在于裁减是针对特定对象，区别对待，并不符合税收的普遍原则。《大公报》旗帜鲜明地认为，“我国仿其办法颇为合宜”，可以仿效征收所得税。至于征税的对象，应以生活优渥的官员为主，“京邸之达官，林下之退宦，督府顾问之名而月糜数百金之干脯者，其经费奢俭之比例差倍蓰且什伯焉，乃一

---

① 《奏请试办所得税　奢侈税由，赏陕西道监察御史路士桓》（1910 年），军机处档折件，奏折录副，资料号：2777，187790。

② 《苏抚奏陈财政根本法》，《申报》1910 年 10 月 23 日，第一张第三版。

③ 《申报》1910 年 11 月 15 日，“专电”，第四版。

转移间已可节省至三十余万之多。设南北洋而亦仿照办理也，则每岁一二百万之浮费，可以立减。嗟乎，此皆吾民之膏血而国家帑项也，请各省理财政大吏其熟思。”① 评议主张向官员公吏征税，符合一般民众对于官僚阶层的批评态度。所持理由从政治及道德立场出发，并不符合法律上的平等原则。

1909 年 12 月 4 日，署名吴冠英的作者在《大公报》上发表《论地方税之性质》一文，对直接税、间接税及所得税的优点、用途有系统讨论。他认为：“所谓直接税者，即地租、家屋租、财产税、营业税、所得税、使用物税、相续税、人头税及等级税是也；所谓间接税者，即关税、国产税、印纸税、交通税是也。”直接税基本上是财产税、收益税和人头税，间接税主要是流通税，所得税是直接税。在归属上，所得税应归为中央，不适于地方征收，“一则有漏税之弊，一则有不公平之弊”，避免属地不同而逃税。他赞同所得税“实为最优良之税法”，优良之处在于“易于分课税之阶级，易于除生活之费用，易于除出收得费，易于适用累进税率，易于所得之增减而增减其税额”，符合“租税上所谓平等之原则、便宜之原则、最少费之原则”，所得税当在必行之列。② 吴冠英的分析不仅着眼于财政，更关注到其社会效应。他已经明确了解西方所得税分级累进的征税方法，而且应扣减必要费用，以促进税收公平。平等、便宜、最少费的原则，则是直接运用了亚当·斯密的税收理论。

更有意思的是，天津《大公报》在 1910 年举办了一次关于累进税的征文。征文主题如下：

> 查各国税法多取累进税，故加捐重税虽稍损于富豪，实无损于贫民。然若以所加之重税移办各种实业，则非惟无损于贫民，且有益于贫民。如何参照各国成法，权衡缓急，审量轻重利害，以出为入，勿拘旧日学说量入为出之言致陷中国于不可救药，为泰东西各国所利用说。③

---

① 《对于赣藩清理财政手续之评论》，《大公报》（天津）1909 年 9 月 14 日，第二版。

② 吴冠英：《论地方税之性质》，《大公报》（天津）1909 年 12 月 4 日，第三版。

③ 《征文》，《大公报》（天津）1910 年 1 月 28 日，第二张第三版。

意思是说，累进税有征富济贫的作用，较为公正。各国税法，多重量出为入，我国原多主张量入为出。其利弊如何，希望能比较东西各国情况加以讨论。

最后选刊出四篇文章，署名夏雨生者为第一名。按其所论，“累进税之法用于所得税中，不论何事何业，但以纯收入之总额为标准，非单对于各种及一种之收益而课之也”①。第二名署名崇儒者。他认为，各国有所得税、财产税，但中国向无此名目又未有登记良法，“欲仿照各国不惟所得之多寡财产之厚薄不易检查，而父产子承尤属相安有素，忽欲课以遗产相续之税，则尤骇人听闻，强而行之势，必激变将奈之何”②。中国行所得税、遗产税有财产登记及心理习惯的问题。第三名为杨□（字迹不清），论及中国为外洋病者在于实业稚弱，各国皆取累进税，欧洲凭借财产税、相续税适用之，日本唯所得税、相续税用之。介绍日本所得系资本、勤劳两种所得。③ 第四名为桃县一梅，未涉及所得税。④ 累进税是西方直接税税制的精髓所在，用意在于税负与能力相应，促进社会公平。《大公报》上就此专门举办征文，在促进对累进税制的研究与理解方面有正面作用。税收的作用不能仅以满足财政需要为首要标准，同时还要考虑到纳税人的承担能力。应征文多能结合中西税制，赞同其科学合理性，但也提到收益及财产登记问题，不然无以定税，更无从征收。

由西方国家的制度成例和制度学说引介，到国内政策上的考察推导，舆论上的讨论共议，关于所得税的发展历程、制度属性及社会效应已逐步为官方和民间所了解。虽然此时范围还有限，但所得税知识、制度毕竟进入中国本土的公共财政知识体系之中，被仿行被改造。在立法推行之后，利益所及，不同阶层不同立场的人们也不得不对此表示关注甚至参与。

（二）《所得税章程议案》

1910 年 12 月，度支部奏覆整理财政办法，其中专门论及程德全奏请仿

---

① 《征文》，《大公报》（天津）1910 年 1 月 28 日，第二张第三版。
② 《征文》，《大公报》（天津）1910 年 1 月 28 日，第二张第三版。
③ 《征文》，《大公报》（天津）1910 年 2 月 3 日，第二张第三版。
④ 《征文》，《大公报》（天津）1910 年 2 月 22 日，第二张第三版。

行所得税问题，并就此进行特别说明：

> 查所得税发源英国，德、法、意、奥、日相继仿行，遂为各国普通之税。则中国地广人稠，果能办理得宜，岁入可增巨款。惟目前财产尚无登记，户口正待调查，推行虑多窒碍。上年臣部奏定印花税章程最为简易，而各省纷纷请缓，迄未实行。办理之难，概可想见。拟由臣等督饬司员博采各国所得税办法，参以中国情形，酌订章程，再行试办。[①]

度支部已了解所得税创设于英国并扩散至全球的历程，也认同欧美及日本各国推行所得税的成绩。所说财产、户口登记调查等问题，的确是开展税务核算时的先期难题。在推行西方新税的步骤上，度支部将印花税作为优先选项，所得税和遗产税置后。同月，度支部尚书决定派员前往英、德、法、意、奥、日等国从事考察，“以便觇其若何办法筹划仿行”[②]。到 1911 年 1 月，度支部在参酌各国法案的基础上，拟定了所得税章程草案，“内容系采取日本成法”。1 月 9 日，度支部具折入奏，“奏请交资政复议，以便表决后颁布施行，当日已奉旨允准矣”[③]。在资政院第一次会议时，政府提出了《所得税章程议案》，但未及列入讨论。[④] 议案内容却仍透露出来，成为中国所得税立法的最初形态。

据上海《法政杂志》上刊载的版本，《所得税章程议案》共计三十条，详细规定了征纳对象、所得范围、分级税率、核算方法、减免条款、呈报调查程序、惩罚条款等内容，已经是较为完整的成文法议案。其第一条至第四条规定如下。

---

① 《度部奏覆整理财务方法》，《申报》1910 年 12 月 13 日，第一张第四版。

② 《派员调查所得税办法》，《大公报》（天津）1910 年 12 月 17 日，第五版。

③ 《度支部厘定所得税章程》，《大公报》（天津）1911 年 1 月 11 日，第二版。

④ 《所得税章程议案》，《法政杂志（上海）》第 1 卷第 1 期，宣统三年（1911）二月二十五日，第 15—19 页。

《所得税章程议案》部分条款①

第一条　凡有住所及一年以上之居所于各行省内应有纳税之义务者，均须照章缴纳所得税。

第二条　凡无住所居所于各行省内，若于各行省内开有分行、支店或购置财产或有职业者，亦可就其所得之范围内征收所得税。

第三条　国家债票及公司债票，如于各行省内发行者，无论何人购买，均得就利息内扣收所得税。

第四条　所得税按照左列之税率征收之：

第一种　每千分之二十

(一) 公司之所得

(二) 国家债票及公司债票之利息

第二种

(一) 俸廉公费

(二) 各局所薪水

(三) 各学堂薪水

(四) 从事于行政衙门者之所入

(五) 从事于公共机关者之所入

五万元以上每千分之六十

三万元以上每千分之五十

二万元以上每千分之四十

一万元以上每千分之三十

五千元以上每千分之二十五

三千元以上每千分之二十

二千元以上每千分之十五

五百元以上每千分之十

第三种税率同于第二种

① 《所得税章程议案》,《法政杂志（上海）》第 1 卷第 1 期，宣统三年（1911）二月二十五日，第 15—19 页。

不属于前二种之所得

第二种、第三种之所得不满五百元者，免其纳税。

……

议案第一条、第二条是按住所及居留时间的属地原则来确定纳税人范围，意味着在中国各行省居住之本国国民及在华一年以上之外国人、企业均应向政府纳税。在非居留地开设营业、购置财产或者谋取生计者亦可就相应所得纳税。在华外侨多居于租界，借治外法权抵制中国政府管理，向其征税存在外交障碍。第三条、第四条规定的是所得的范围及税率。综计来看，议案采取的是分类所得税，共计三种。第一种包括两类：一类是公司之所得，即是公司营利所得；另一类是债券利息所得，包括国家公债及公司债。第二种是薪俸所得，从列举情况来看稽征对象主要是官员公吏及学堂教员。第三种是除前三类之外的其他所得，按第八条所指应包括园地、田亩所得等。这一分类方式仍是按照所得来源划分的分类收益税，还没有按照自然人或法人的主体属性加以综合。在财务核算调查比较困难的情况下，分类所得来源明确，相对易于实施，这与英、法各国初行之时采分类所得有相似的原因。议案将国债利息纳入征收范围，对于国家发行公债其实不利，这与欧美及日本对国家公债利息免税的做法相悖。薪俸方面，将公务人员及教员列为首要开征人群，与前文论及的舆论观点倒有合应之处。在公众眼中，官吏与教员收入较高且稳定，理应成为优先征纳对象，以为社会示范。政府认识到所得税的征稽难度，因此在附则第二十九条、第三十条中特意说明："本章程奏定后，先照第二种所得试办所得税"，其余第一、第三、第四种后期再接续办理。公务人员及教员的薪俸所得来源清晰，大多可以代扣方式处理，被列为第一批征税对象。

个人薪资及债券利息的收入起征点设为五百元。税率是定额比例和累进结合，公司所得和债券所得按千分之二十比例税率，薪资所得及其他所得按分级累进制，自千分之十至千分之六十为止，五万元以上按千分之六十缴纳，体现所得税的收入调节及再分配功能。按宣统二年（1910）颁布的《币制则例》，铸币权归于中央，规定以圆（元）为单位，"一元银币重库平七钱二分”[1]。按这一比值计算，年入500元合库平银360两。清代官员正俸收入有俸米和薪银两项。俸米在光绪朝改折银两，薪银正额并不高。按张仲礼的统计，一品文官的年俸为180两，七品文官的年俸为45两，都未达标准。养廉银较正俸高出许多，各省标准不一。督抚一级多在万两以上，布政使、按察使多在4000—8000两，道台多在2000—5000两，知府多在1000—3000两，知州、知县多在500—1500两。[2] 按第二种税率对俸廉公费的分级标准，督抚多适于千分之三十税率，知州、知县多在千分之十至十五。不过官员在职务收入之外，还有大量的田产、投资类额外收入，并不计入法定征稽范围之内。

在中国绅士群体中，在任官员人数仅占较小一部分。张仲礼统计19世纪后期中国绅士的数量约为1414000名，汉族的文武官员包括京官、地方官、武官、学官在内合计约为22830名，仅占1.6%。绅士阶层通过任职、充当幕僚、教学、行医、地产、投资及其他服务获得大量收入。在19世纪晚期，绅士经由各职业、行业获得的收入总额为67522.5万两，国民生产总值为278127.2万两，绅士收入占到国民生产总值的24%。绅士及其直系亲属合计人口仅占全国人口数的2%。普通百姓人口占全国的98%，获得国民生产总值的76%，人均年收入仅5.7两。[3] 从绅士的收入类型结构看，服务报酬（出任官员、教学及其他专业服务）占52%，地租收入占29%，企业经营及利息收入占19%。[4] 由此分析，起征标准定为500银元，基本不包括占据人口大多数的低收入者，先从官吏开始征收所得税符合阶层的贫富级差结构。低阶官员及基层胥吏的正俸收入不高，难以一概而论。从长远来看，如只限征在任官员及教员薪资，中国绅士中的绝大多数实际上未承担税负。

针对中国的家族合居的情况，第五条还特别说明，第三种所得中，“未分爨之家族统算其所得总额，各应于总额之数按照本章所定之税章分纳所得

① 《度支部新定币制则例》(1910)，《新闻报》1910年5月31日，第一张第二页。

② 张仲礼：《中国绅士的收入——〈中国绅士〉续编》，费成康、王寅通译，上海社科院出版社2001年版，第8—12页。

③ 张仲礼：《中国绅士的收入——〈中国绅士〉续编》，费成康、王寅通译，第324—325页。

④ 张仲礼：《中国绅士的收入——〈中国绅士〉续编》，费成康、王寅通译，第328页。

税”，这考虑到了中国宗法社会的特性，但关于第三种其他所得缺少施行细则，实际上难以执行。

减免条款还较为粗略，但已经体现了净所得的概念。营利所得可于全年收入中除去营业费用及原有存余。免税范围还包括军士俸饷赏犒，孤嫠之恤款，族费、学费及养赡费、家用帮贴费，公益团体之所得，乡社公共之所得，偶然幸得，在中国各行省以外之所得，已经纳税公司所分之利息等。按性质和用途，大体是扣除营利事业经营成本、个人生活必需费用，仅针对净所得收益部分课征。军人和非营利公共组织免税，是各国通行的做法，体现了对国防及公益事业的支持。因此，所得来源虽是按不同收益分类，但大部分仍可归于自然人及公司项下，可以体现出所得税的能力及平等原则。此时关于公司会计、个人所得方面的财务核算制度尚不健全，减免条款相应简单，在制度上存在较大漏洞。

在呈报程序方面，议案规定的是申报制。第十条规定，每年正月预计所得额及分类，就近呈报于地方官。居在乡僻者，可经邮递呈报。地方官接呈报后，再交由调查委员会调查，确定纳税数额；地方官核定之后，再通知纳税人纳税。议案第十二条至第十八条都是调查委员会相关条款。调查委员会分为两种：在商会及城镇乡地方自治已成立之地，甲种调查委员会以商会会员及第三种所得正月呈报者各半数组织之，乙种调查委员会以城镇乡自治职员及第三种所得正月呈报者各半数组织之。如无呈报者，以商会会员自治职员互选确定；在有商会而地方自治未成立之地，可组织甲种委员会，在无商会而地方自治成立者，可组织乙种委员会。既无商会又无自治机构者，由地方官酌任地方士绅组织之。委员会每年三月一日开会，三月三十日闭会。委员可酌给月薪、旅费、杂费。条款可见，商会和地方自治组织在其中发挥重要作用。设立调查委员会既可防止申报不实，又可防止滥征，在制度上是必需环节。

商会和地方自治其实也是清末新政和预备立宪的产物。1904 年商部奏颁《商会简明章程》之后，在各通都大邑设立了不少商务总会、分会及分所。朱英统计，迄至 1912 年，全国的商务总会、分会已达 900 余个，如果加上分所，总数大约在 2000 所。[1] 地方自治是清政府在 1909 年颁布

① 朱英：《辛亥革命时期新式商人社团研究》，中国人民大学出版社 1991 年版，第 57 页。

《城镇乡自治章程》之后正式推动的，在此之前一些地方的自治局多为官绅自发组建的。章程强调，“地方自治以专办地方公益事宜，辅佐官治为主”①。自治事务主要包括地方文教、公共设施、地方实业、地方公益及公共事业等。商会和地方自治的主体结构有相似之处，大多是地方绅商及立宪派人物。按章程所定，商会旨在“保护商业，开通商情”，自治专办地方公益，并没有要求参与税政的直接条款。但结合其时的政商关系和立宪背景，政府允许商会、地方自治组织参与税务调查，是在税务行政能力尚不发达时的合理选择，也表明对商会和自治组织民意代表属性有一定程度的认可。在商会和自治组织方面，税务既关切到直接的税收利益，也是辅佐官治的职责之一。因此，政府将商会、地方自治组织纳入所得税的征纳组织体系，有提高征稽效率和尊重纳税人权利的双重考量。不利之处是，商会、自治组织地区分布不均，委员会规定又过于复杂，调查委员会很难专司其职。

条款第十九条、第二十条规定有调查复核程序，纳税人认为调查不实者可以复议。复查委员会由地方官延聘公正绅士担任。第二十六条规定，纳税人如有匿报、虚报或不服调查者，地方官可直接派定税额。对议案中所言第三种所得，第二十七条允许地方可以包税之法处理，此为临时通变之策，并不符合税法精神。

清政府在国地税收划分预案中，将所得税归于中央税收之内，但议案中所定所得税的征稽主体是地方政府，不是专门的税务机构，也不是直征机构。显然，所得税为新税，尚未成立专项机构负责，在征收体制上仍是循度支部统辖、各省钱粮总汇的旧制。依例省以下的府（州）、县财政事项由知事兼理，具体事务由幕友书吏、钱粮师爷等下层胥吏执行。在立宪时期的官制改革中，财政机构改革的重点是统一财政。在中央层面，改户部为度支部，将财政处和税务处并入，设田赋司掌地丁钱粮；漕仓司掌漕粮；税课司掌常洋各关及商货通税、杂税，筹计各省新增税项；管榷司掌盐法盐课；加上通阜司、库藏司、廉俸司、军饷司、制用司、会计司共计十司。在地方层

① 《宪政编查馆奏核议城镇乡地方自治章程并另拟选举章程折》（光绪三十四年十二月二十七日），故宫博物院明清档案部编《清末筹备立宪档案史料》下册，第728页。

面，强化各省藩司或度支使的职权，各省内部则并合各类厘捐局及庶务等机构成立财政局、财政公所或度支公所。但此时藩司事实上形同督抚下属，度支部难以直控。除关税、盐税征收机构相对独立外，其余钱粮杂税多由地方政府主管征稽。所得税按规定应属于税课司管理，但在地方尚无对应直征机构，势不能不委由地方政府兼司其事。但所得税核算复杂，程序周折，按这样的机构架设，实难完成征稽任务。

度支部称立法采择了日本成法，在此将晚清所得税议案与日本1887年颁行的第一部《所得税法》加以比较。下附日本1887年《所得税法》部分条款中译文。

日本《所得税法》(1887年3月19日)

第一条　凡由人民的资产或者经营产生的所得，一年超过300元者，依照此税法缴纳所得税。属于共同居住的家庭成员的所得合算成为户主所得。

第二条　所得依据下列原则计算：

第一　公债证书、其他政府颁发的得到政府特许发行的证券的利息、非营利性贷款存款的利息、股票的利益分红、政府及私人发放之薪俸、补贴、年金、抚恤金、分期奖金等所得。

第二　第一项以外的资产以及营利活动产生的收入，从收入中扣除国税、地方税、区町村费、备荒储蓄金、制造品原料、商品原料、种子费用、肥料、属于经营事业的场所及房屋租借金、修缮费、雇佣工资、负债利息及杂费等之后的所得。

第三　第二项的所得中应计算前三年的平均所得，其所得收入未满三年时，依照月额平均计算。

第三条　下列所得不缴纳所得税：

第一　军人从军中的薪俸

第二　从政府或私人取得的旅费、伤患疾病者的抚恤金及孤儿寡母的扶助金

第三　不属于营利性事业的临时所得

第四条　所得税的等级及税率：

第一等　所得在三万元以上　3%

第二等　所得在二万元以上　2.5%

第三等　所得在一万元以上　2%

第四等　所得在一千元以上　1.5%

第五等　所得在三百元以上　1%

第五条　所得税的前半年部分从该年9月至翌年3月。

第六条　依据此税法缴纳税金的所得者，依据该年所得的预算金额每年4月30日经由居住地的户长向郡、区长提交。

……

日本所得税是取分类所得计税。第一类是债券、股票的利息及分红，公私机构发放的薪俸、年金也归属于这一类；第二类是资产及营利活动收入。分排次序不同，但是三大类别的收入来源是相同的。不同的是，日本的所得范围更广，各类同时开征，薪资部分包括了公私机构发放产生的收入。在标准部分，日本税法中营利事业是按前三年平均所得计算，晚清税法是按比例定额核算。在减免部分，日本营利活动的成本及税费扣除较为详细。日本税法中，其第七条至第二十二条，乃关于调查委员会设置之规定，颇为详备。在税收管理部分，日本是地方郡、区来负责其事。① 与此法配合实施的还有施行细则，由明治政府大藏省于1887年5月5日颁布，补充规定了申纳程序等事项。② 在清政府制定所得税议案之前，日本《所得税法》又经历了多次修改。在1899年2月的修改法中，日本直接将所得税改为自然人和法人所得，迅速由分类收益税向综合所得税过渡，但度支部并没有借鉴这一法则。③

综合来看，晚清《所得税章程议案》主要借鉴的是1887年日本之《所

① 《所得税法》(1887年3月19日敕令第5号)，大藏省印刷局编《官报》第1115号，1887年3月23日，第217—219页。

② 《所得税法施行细则》(1887年5月5日大藏省令第八号)，大藏省印刷局编《官报》第1152号，1887年5月5日，第37—39页。

③ 《所得税法》(1899年2月10日法律第17号)，大藏省印刷局编《官报》第4682号，1899年2月13日，第169—172页。

得税法》，在最为核心的所得分类及征纳程序部分，基本采用了日本条款。但在具体征纳对象及实施步骤上，则进行了调适与修改，确立了分类分步实施的方向。只是辛亥革命爆发，所得税施行细则未及制定，法章也未及正式颁行，其后，这一未竟的制度遗产交由北京政府来继承重启。

四 发现“国民”：捐输、爱国公债及国民捐

与法国、普鲁士等国内外相维的所得税演进路线相比，从晚清到民国的所得税制度同样要解决制度引入与本土实践的问题。在法律及政策上，捐输与所得并没有直接联系，因而也极少有学者论及。值得深思的是，在逐步发现“所得”的过程中，传统的捐输、捐纳方法虽依然在频繁使用，但其合理性、合法性不断被质疑，直到光绪二十七年（1901）谕令停捐实官。在《辛丑条约》签订后，政府不得不继续借取外债来支付赔款，但民间对此并不认同，而是以“国民”之名，自主发起国民捐运动，号召全国绅民“为国还债”。至辛亥革命前夕，清政府在借取外债受阻且广受批评的情况下，又转而对内发行“爱国公债”，希望激发国民精神，借债救国。这说明，作为战时及非常财政救济方法，所得税与捐输、公债、国民捐具有相似的效用。在财政上意义上，发现“所得”与发现“国民”的内在理路是相应而行的。

（一）捐输和“爱国公债”

传统存量节余型财政的致命弱点在于缺少可持续的紧急筹款工具，每至军需赈济要政，在加税之外，就要借助于捐输及捐纳。因此，不少学者说捐输是奏销体制维持正常运转的第一道防线。关于捐输、报效及捐纳的联系与区别，前文已有所讨论。许大龄说，“捐输系士民之报效，捐纳则系卖官之行为”[①]，捐输并不是直接以买取官职为目的，而是朝廷急需筹款之时由士民主动或应官方劝谕输送钱粮。朝廷为鼓励或奖励捐输，往往通过增广学额、赐予名爵、赋予特权等方式给予回报。捐纳是明确的个人与朝廷的官职

① 许大龄：《清代捐纳制度》，第1页。

买卖行为，有暂行与常行之分，暂行在临时开捐时实行，有时会授实官；常行平时就有定制，多限于贡监虚衔。但二者又有着紧密关联，朝廷和捐输人或捐纳者都存在权力和利益的交换。相对来说，捐输相对隐性，捐纳中的定价交换关系更为直接，也受到更多批评。

开捐之原因，“不外拯荒、河工、军需三者，曰暂行事例，期满或事竣即停，而现行事例则否”，尤以军需为重。① 清中期之后，捐输是重要饷源之一，“虽历朝有停捐之谕，然至清亡并未停止，是此制实与清代相终始也”②。咸同年间，捐例频次及规模更形扩大，在筹得款项的同时，流弊所及，备受指斥。许大龄归纳，在捐纳过程中，广泛存在包揽捐纳、官吏作奸、伪造执照、勒索捐资、败坏吏治的行为和现象。③ 因此，从官员到士子，无不主张停捐纳，将之与废厘金并列。王韬说，“不废捐纳，天下终不得治”④。但停捐易，筹款难，关于如何停，如何改，很难一言定兴废。

较为实际的方法是修正。不少主张提议去实职，存虚衔，还有主张严格流品，控制商人捐纳。同治元年（1862）御史裘德俊上奏：“近来捐例频开，流品几不可问，吏治因以废弛。屡经中外条奏，尚未示以区别，弊恐未能尽除。臣愚以为急宜察禁者，莫如商人捐官为最要。”⑤ 瑞常等议奏：“近来捐例频开，流品愈杂，难保无商民市侩滥厕其间。”⑥ 按清代捐输捐纳，大体在士绅及商人两大阶层中进行。大额捐输，尤其依赖商人，特别是两淮、长芦等地盐商，频繁报效，为朝廷分忧，为自身争功名。曾仰丰在《中国盐政史》中归纳说：“洎乾隆时，用度奢广，报效例开，每遇大军需、大庆典、大工程，淮、芦、东、浙各商捐输，动辄数十万至数百万。加以南巡数次，供应浩繁，差费取给，出自商捐者居多。”⑦ 同时，商人又是新增厘

① 《清史稿》卷112，《选举七》，中华书局1976年标点本，第3233页。

② 许大龄：《清代捐纳制度》，第1页。

③ 许大龄：《清代捐纳制度》，第139页。

④ 王韬：《弢园文录外编》，陈恒、方银儿评注，中州古籍出版社1998年版，第128页。

⑤ 裘德俊：《治法通论》，转引自许大龄《清代捐纳制度》，第149页。

⑥ （清）国史馆撰：《清史列传》册46卷46，中华书局1928年版，第27页。

⑦ 曾仰丰：《中国盐政史》，商务印书馆1984年版，第24页。总计乾嘉时各区盐商报效军需将及三千万，此外若河工、赈务、庆典等项捐输尤不可胜数计。

金及杂税的主要缴纳者。此时，为整顿吏治，要求限制商人捐纳资格，实际上是捐纳制度内部利益交换与政治伦理冲突的反映。在官员眼中，无正途身份的读书人或士绅子弟勉强可以经此进入低级官吏的候补队伍，而唯利是图的商人则不具备成为官员的品性。只是，如果禁止多金的商人捐纳，开捐政策就会大打折扣。《清史稿》中记有裘德俊上奏的后续情况，“同治元年，御史裘德俊请令商贾不得纳正印实官，以虚衔杂职为限，下部议行。寻部臣言捐生观望，有碍饷需，诏仍旧制”[①]。停止商人纳实官，就难以筹集饷需，反映出商人作为占有财富较多的阶层，在财政上也居于重要地位。捐输作为短期政策尚可控制，如长期大开捐例，就会弊害丛生。到甲午之后，宪政学说逐步扩散，民权思想增进，捐纳制度存在的政治及文化根基瓦解，1901 年停止捐实即是对此政治走向的回应。至于捐输，虽然没有禁绝，但已经走向强制摊解，绅民因此抗议不断。在预备立宪及财政预算的情境下，继续通过捐输、捐纳从士绅及商人阶层中来汲取财政资源的道路已经中断。

更为长远的办法是开源。有主张以税法补不足，薛福成上《治平六策疏》：“今欲议停捐例，宜于各省盐课洋税项下均匀指拨，合成巨款，以抵京铜局之所入。”[②] 有主张借国债应急需，“盖捐输既停，捐款必少，非借国债以补不足，不能益裕饷需”[③]。有主张以开矿兴利源，王韬说：“开煤铁可足税赋。”[④] 此外，还有行钞法、设银行、劝商务等。实际上，清政府都在一一试行，只是赔款额度太高，难以弥平。正如许大龄所论：“清人之论捐纳者，或谓宜变通铨制，或谓宜改善银数，或主务节俭，或主严流品，或拟代之以课税，易之以民爵，或拟停实官而增广常例，虽皆就事论事，然其中多有不可行者，或行之而不通者，或虽暂行而不能久者，其有裨于财政甚微。独开矿、行钞、设银行、兴商务之说，尚不失为救时要务，惜其为外商

① 《清史稿》，《选举七》，中华书局 1976 年标点本，第 3237 页。

② 《治平六策疏》（光绪元年），王树敏、王延熙辑《皇清道咸同光奏议》第 1 册，台北：文海出版社 1969 年版，第 124 页。

③ 《皇朝经世文三编》，光绪二十四年刊本，吏政二 23。

④ 王韬：《弢园文录外编》，第 368 页。

控制，不得发展。捐纳既不能停，而财政益陷于不可收拾矣。”[①] 在财政体系之内，无论是税收收入还是非税收收入，合理化收入和非合理化收入，都具有相互补充和相互替代功能。在合理化的税收收入不足时，就难以摆脱对于非常筹款措施的依赖。捐输、捐纳可停，但是针对士绅和商人阶层的存量财产和收入的丰富税源，就缺乏可取的动员路径。正是在这个意义上，所得税和遗产税的引入，实际上可以弥补传统税收体系在所得和财产课征方面的罅漏。税收的普遍原则，则可以在制度上切除政府与特定阶层、特定对象之间的权力与利益交换关系。

爱国公债是晚清政府发行的三大内债之一。1911 年 11 月，清政府为筹集镇压武昌起义及各省革命的军费，在库存无银、列强拒贷的情况下，紧急发行该公债。之所以命名为“爱国公债”，是希望鼓动绅民积极认购，救国于危难。当然，在革命党人以“创立民国”为目标的革命浪潮冲击下，清政府的“立宪之国”“皇族内阁”的政治根基已经动摇。度支部在奏章中号召：“凡内外臣工，均应激发忠忱，出禄精之有余，佐库储之不足，各竭涓尘之力，仰分宵旰之忧。至王公世爵受恩深重，倘能于派购数目之外，尽力认购，尤足为官吏士民之倡。”[②] 显然，筹款的重点已经放在了世受皇恩的王公贵族身上，对他们而言，买公债就是救自己。

关于爱国公债发行过程及成效已有诸多讨论，在此需予以特别关注的是其劝募分级方式，颇有所得税的风格。[③]《爱国公债章程》规定，募集公债专备经常军需之用，以三千万元为限额，以部库担保偿还，利息按年息六厘付给。自募集之日起，分九年还清。购买人可以买卖及抵当债票。公债募集及偿付委大清银行代理，大清银行发行纸币时得以此作为准备之用。[④] 清政府为了提高发行效率，付给较高利息，且允许买卖，以部库担保，又引入大

① 许大龄：《清代捐纳制度》，第 166 页。

② 《内阁奏募集爱国公债办法业经资政院修正议决请旨施行缮单呈览折》，《大公报》（天津版）1911 年 12 月 19 日，第二张第二版。

③ 刘晓泉：《清末爱国公债发行探析》，《青海社会科学》2009 年第 6 期；王春林：《爱国与保身：辛亥革命期间的亲贵捐输》，《清史研究》2012 年第 1 期；尧秋根：《清末公债的经济分析》，《中国经济史研究》2002 年第 4 期；刘杰：《辛亥鼎革与财政举债：晚清民初爱国公债的发行与偿还》，近代中国财税史青年学者论坛论文，广州，2018 年 10 月。

④ 《爱国公债章程》，《内阁官报》第 116 号，宣统三年（1911）十月二十七日，第 5—6 页。

清银行，是着意加强债券的市场投资价值，其中也有仿照英格兰银行、日本国立银行通过债券来建立银行再反过来促进债券金融化的影子。在劝募方式上，爱国公债规定的分职级摊定购买的方式与所得税的分级累进制极其相似。《爱国公债施行细则》第七条规定：年收入在1500元以上至2000元者购2.5%；2000元以上至5000元者购5%；5000元以上至8000元者购7.5%；8000元以上至1万元者购10%；1万元以上至2万元者购12.5%；2万元以上者购15%。[①] 细则第十一条规定：王公世爵、京外大员、京外各衙门官吏，凡就公家职务者，有购买义务。第十二条规定，有购买义务者年薪俸在1500元以上者，由各部院长官、各省督抚查明分等派购。所指收入系指"官俸、养廉、公费、薪津"[②]。如果对照稍早制定的《所得税章程议案》，就会发现二者具有极高的相似性。按所得税先行开征的对象，主要是官员公吏，收入标的也是廉费薪俸。分级税率虽有不同，但同样体现累进原则。考虑到两项事务皆由度支部主导，部门为了加大王公官吏的承购压力，可能会移用所得税的能力原则。公债是提前预支的税收，清政府虽承诺还本付息，但在当时的情势之下，爱国公债的发行类似于所得税议案的预演征收。附发行简况表（见表1－8）。

表1－8　**晚清"爱国公债"发行部分情况**

购债人	职衔爵位	认购数额	备注
皇室		内帑金银所购买爱国公债折合银元合计10162910元	
庆亲王	亲王	10万两	（折合141000元）1月9日庆亲王行文宗人府称将续购10000两，合银元15000元
醇亲王	亲王	26325元	
郑亲王	亲王	190元	

① 《爱国公债施行细则》，《内阁官报》第116号，宣统三年（1911）十月二十七日，第6—8页。
② 《爱国公债章程》，《内阁官报》第116号，宣统三年（1911）十月二十七日，第5—6页。

续表

购债人	职衔爵位	认购数额	备注
怡亲王	亲王	200 元	
载泽	镇国公	11325 元	
毓岐	奉恩镇国公	125 元	
宪德	公爵	100 元	
宪章	公爵	100 元	
涛贝勒	贝勒	56300 元	
润贝勒	贝勒	4220 元	
洵贝勒	贝勒	75050 元	
洵贝勒夫人		52965 元	
顺承郡王	郡王	995 元	
绍英	度支部大臣	3000 元	后续购 1000 元
王士珍	陆军大臣	900 元	
世续	内务府大臣	4 万两	
劳乃宣	署学部副大臣	440 元	
前河南巡抚	巡抚	3105 元	
张允言	大清银行帮办	625 元	
桂春	仓场侍郎	1510 元	
继禄、继祥	内务府官员	共认 120 万元	
山东		拨银 3 万两、洋 3 万元	
黑龙江		筹洋 30 万元	
	正白汉副都统	535 元	
	正黄蒙副都统	150 元	
	正红蒙都统	5000 元	
章宗元	编修	280 元	
严复	编订名词馆总纂	1270 元	635 元由编订名词馆收；635 元由海军部代收

续表

购债人	职衔爵位	认购数额	备注
肃亲王府官员兵丁太监等		245 元	
京师钱业商会		500 元	
通顺公布店		20 元	
汇兑庄商会		2000 元	

资料来源：刘杰：《辛亥鼎革与财政举债：晚清民初爱国公债的发行与偿还》，近代中国财税史青年学者论坛论文，广州，2018 年 10 月。

从表 1 - 8 中可见，皇室本身承购了大部分债券，王公大臣之中仅少数购买较大数额，绝大多数只是敷衍了事。除山东、黑龙江等省外，鲜有地方愿意主动承销。民间工商业方面，仅少量行业组织及店号表达支持。最终，清政府筹得爱国公债款 1016 万余元，加上后期向商民募得 164.679 万元，总计 1180.679 万余元。[①] 从数字来看，远未达预期 3000 万元目标。与此相映照的是，大厦将倾之时，大量王公贵族“向银行票号提取现银，辇存国外银行，且有倒贴子金以求其收纳者。庆王最多 240 万，世中堂累代储积有 200 万，那中堂亦有此数”[②]。以“爱国”为名发起的公债，反而印证了此时无人“爱国”的窘境，也预示着所得税、遗产税制度虽然引入，但要征稽有成，还面临着重重障碍。

（二）为国还债：“国民捐运动”

《辛丑条约》签订之后，由民间自动率先发起的“国民捐运动”，反映了巨额的庚子赔款在国民心理上造成的沉重压力，也体现出普通民众对于国家财政危机的深度忧虑。激荡的爱国心与积郁的忧患感交相呼应，倡导者呼吁绅民自主捐银，为国还债，维护财政主权。由此，也在国民层面上显现出

① 刘杰：《辛亥鼎革与财政举债：晚清民初爱国公债的发行与偿还》，近代中国财税史青年学者论坛论文，广州，2018 年 10 月。

② 恽毓鼎：《恽毓鼎澄斋日记》，史晓风整理，浙江古籍出版社 2004 年版，第 558 页。

了财政民族主义的动员力量，与政治上民族国家的建构形成汇流融合之势。

从现有研究考证来看，国民捐是由《京话日报》创办人彭翼仲和一位读者王子贞率先鼓动的。1905 年 8 月，二人合作在《京话日报》上发表演说稿，倡议国人每人捐一两多银子，偿还 4.5 亿两的庚子赔款。刊出后得到读者响应，再经舆论传导，在各地形成运动之势，兹后方有度支部的介入。[①] 在此过程中，各地组织者的主张和行动，公共舆论关于国民还债责任及国民捐意义的讨论，都有助于了解当时官民对财政主权及国民责任的认知。

在北京，彭翼仲借助于《京话日报》的舆论平台，将国民捐的宣讲和组织推向深入。报纸推出了《埃及欠外债亡国，日本借内债兴邦》的征文，还设立讲报阅报处开展演讲劝捐，印刷报效国民捐的文稿各处张贴。[②] 据报纸所载，平民如商人、伶人、工匠、摊贩等或多或少都有认捐，随着声势扩大，京津地区也有一些王公大臣参与响应。在上海，出于官绅之家的吴芝瑛女士在 1906 年 4 月致信上海总商会，倡办女子国民捐，“布告海内外女同胞共尽义务”，为赔款之用。[③] 吴芝瑛拟定了《女子国民捐简章》，分寄各处。她还联络两江总务处学务总办沈凤楼的夫人在南京发起认捐活动。在天津，商界、学界起而参与，官立中学堂监督王用熊收集有数千元捐款。他还说，“立一国于环球之上，不问其大小强弱，凡生长于其国内者，人人皆有国民之义务，即人人皆有负担国债之职任”[④]。天津商会和直隶商业研究所还联合发起筹还国债会。在山东，济南师范学堂发出倡办公告，“吾国自甲午庚子以来，偿款艰巨，公私交困，问岁入则杼柚其空，增杂税则怨咨纷作”，虽用按年摊还之法，但“分期愈久，认息愈多，列强坐收美利，不啻出府之藏，中华悉索脂膏无异”[⑤]。在江苏，苏州武备学堂学生倡议将每月薪银八

① 马陵合：《清末民初国民捐概述》，《档案与史学》1998 年第 4 期；任彩红：《20 世纪初年的女子国民捐运动》，《赣南师范学院学报》2004 年第 1 期；贾艳丽：《〈京话日报〉与 20 世纪初年国民捐运动》，《清史研究》2006 年第 3 期；彭秀良：《〈京话日报〉与国民捐运动》，《文史精华》2009 年第 5 期。

② 贾艳丽：《〈京话日报〉与 20 世纪初年国民捐运动》，《清史研究》2006 年第 3 期。

③ 《吴芝瑛女士致上海总商会公函》，《大公报》（天津）1906 年 4 月 6 日。

④ 《直隶：创国民捐》，《广益丛报》1905 年第 89 期，“纪闻”，第 4 页。

⑤ 《济南师范学堂倡办国民捐公启》，《北洋官报》1905 年第 824 册，光绪三十三年（1907）十月十七日，第 6 页。

两各捐一月。[①] 江北师范学校提出“认捐济国用为国民应尽之义务”，集银 280 余元。[②] 在福建，总督崇佑发出捐册劝办，自己捐银一万两。[③] 在河南，各府州县学组织劝募，每县约得二三百元。[④] 在浙江，杭州总商会各业赞同者共有三十余行，嘉兴公债会、绍兴国债会等异常踊跃。[⑤] 户部鉴于民间踊跃，因势利导，于 1906 年新设的户部银行成立捐款总经收处，汇总捐募款项。同时声明，如国家将来不用，即发还本息。

从各地的组织宗旨来看，都认识到沉重外债既影响国家利权，也造成苛捐杂税泛滥，影响国家的发展。因而，倡议国民认捐集款，作为归还外债专用。从报章新闻中得见，各地组织多以报人、学堂为主，上海倡导女子国民捐更有男女平权共担兴亡的意义，官绅、商会亦有响应，但学堂师生等毕竟收入微薄，捐助数额有限。根据户部银行统计，光绪三十二年（1906）年初至三十三年（1907）年底，共收库平足银 387392 两，加上利息，合计库平 413115 两。[⑥] 作为民间自发举办的认捐活动，能收得此数已属不易。

国民捐运动更大的意义在于深化了民众对于国家债务及财政主权的认识，从而生发起财政民族主义的责任感。这一群体观念的转变会作用于税收、公债及捐输等问题上。但同时也可见到，清政府频繁借取外债，出让利权，已经引起民众的强烈抗议。

观之报刊言论，多视国民捐为国民尽义务解决民族危机及财政困境的重要方法。1905 年《河南官报》发表题为《论国民捐与中国大局之关系》的评论，称“何为国民，积民成国，人人有应尽之义务是也。何谓国民捐，国家之赔累应由人民担任是也。故各国有大建筑、大举动、大贷付，无不由国民捐集或向国民借贷。数虽钜万，无不咄嗟立办，非必其必之豪富也，急公好义，国事即民事，民有不得不任之责，即不得不输之财义在则然也”[⑦]。

---

① 《苏省国民捐之踵起》，《北洋官报》第 852 册，第 6 页。

② 《府批照录：为学生倡办国民捐事》，《时报》1905 年 10 月 3 日，第三张第六页。

③ 《福建踵办国民捐》，《北洋官报》第 1006 册，光绪三十二年（1906）四月二十二日，第 9 页。

④ 《河南：汴省学界提倡国民捐》，《广益丛报》第 118 期，1906 年 10 月 7 日，“纪闻”，第 6 页。

⑤ 《浙省商界国民捐组织大会》，《北洋官报》第 2321 册，1910 年 1 月 21 日，第 11 页。

⑥ 《户部银行代收国民捐数清单》，《政治官报》第 122 号，光绪三十四年（1908）正月三十日，第 21 页。

⑦ 《论国民捐与中国大局之关系》，《河南官报》1905 年第 95 期，第 89 页。

国债亦国难，为国还债，也是国民义务的体现。天津《教育杂志》刊文，“立一国于环球之上，不问其大小强弱，凡生长于其国内者，人人皆有国民之义务，即人人皆有负担国债之职任，此不可易之公理也。”庚子赔款及三十年利息合计达银九亿余两，“吾国四万万人之众，能各尽国民义务，群以负担国债为己任，则贫富平均，每人第输银二元，已足偿此巨债而有余”。积少成多，积沙成塔，这正是国民捐所希望达到的目标。文章并举法国国民捐款偿还普法战争赔款及日本于日俄战争前发行国债的例子来号召民众积极认捐。[①] 法国和日本的案例，为国民捐运动的组织者和参与者带来信心。如果能够短期还清债务，国家财政和民生经济可以摆脱沉重的外债压力，富国强兵大计方能顺利展开。

梁启超的看法与上不同。他肯定国民捐运动的重要价值，“数月以来，我国民政治上之活动，有两大事：一曰国会请愿，二曰筹还国债会。此诚国家观念发达之表征，而国民程度最进步之一现象也。各国报纸莫不赞叹起敬而共揣笔以预测其前途之成绩如何”。他注意到天津商会国民捐设立筹还国债会的情况，将之与国会请愿运动并列，竭予赞赏。不过，他认为其事难成，“弊余于利”，易使爱国心受挫折：“吾正以国民爱国心不可以挫折也，故其爱国心之所寄，不可以不审慎。苟漫然寄于必不可成之事，或成矣而效果反于其所期，则恐有中道懊丧，一靡而不能以复振者。”[②] 他没有详细解释原因，但所列筹还国债会的规划办法显示，筹还办法有些类似摊派。方案建议由咨议局量各府厅州县贫富饶瘠，分为等级，而各比例人口而分担；劝全国富民代贫民出其所应分担之额，其应代担几何，分别酌定之，但不得逾其财产百分之一；随其所捐之额，分出等级，将来奏请给予勋章等优奖。[③] 由此又失去国民捐初发时自由捐助、量力而行的精神，将认捐变成了全民的负担。这也是清政府在税收、公债及捐输问题上的困境，难以激发出民间社会的市场及精神动力，推行不畅，就转而将之变为摊派，反而引起民众的抵

① 《录国民捐启书后》，《教育杂志（天津）》1905 年第 12 期，第 30 页。

② 梁启超：《国民筹还国债问题》，《饮冰室合集》第 2 册，文集之二十一，中华书局 1989 年版，第 69 页。

③ 梁启超：《国民筹还国债问题》，《饮冰室合集》第 2 册，文集之二十一，中华书局 1989 年版，第 69 页。

制。实际的推行情况也不乐观，中国国力孱弱，赔款过巨，国民意识尚在萌发之中，要达到目标几无可能。

国民捐运动断断续续一直持续到辛亥前夕，声势渐消。到后来，政府又发行爱国公债，以累进方式摊派。国民捐运动尚有普通民众为之呼喊奔走，爱国公债发行之中王公贵族却多退缩不前，对比之下，也可见到国民对于清政府的政治支持力已经消解殆尽。捐输、爱国公债及国民捐各有不同，但前二者所取财源与对象，与所得税有高度重叠之处。国民捐中的国家观念和国民义务，也是所得税推行的社会基础之一。清政府多方筹措，但捐输、公债及国民捐，却都落入了摊派的旧路。在革命之中，反而有地方再度推动国民捐，不过所说的“国”已经不是清朝，而是民国了。

第二章 民国初期所得税的本土试行及其失败

告别帝制，迈进民国，但国家财政不仅未能走出清政府不完全借贷财政的困境，且因政治、军事上的地方主义和派系权争，导致中央财政更呈分崩离析之势。南京临时政府在各省拥合之下成立，但事实上“中央孤悬”，税债两空。袁世凯当政后，统一军政，中央财政稍有好转，但未改变外债依赖的旧习，且因以主权换债款，激发朝野抗议。至袁氏复辟梦破碎，各派军阀拥兵自雄，频繁对战，军事债务支出既重，地方又不复解款，中央财政的收支体系几同解体。政局轮转之中，各届政府均在继续推动财政、税收合理化来尝试争取社会支持，扩展财政来源，但此时民众的税收权利观念已发生明显变化。北京政府继承了清政府的所得税开征方案，将所得税由制度引入推进到本土试行阶段。但与第一次世界大战时期欧美诸国所得税大展威能不同的是，北京政府以所得税增进中央财政的征收计划受到由商会发起的“反对所得税运动”的持续阻击。

一　“民国”“革命”时境下的国民捐及直接税

民国初期，国家长期处于南北分立状态。持“三民主义”的革命党政权和以共和为外衣的“军绅政权”都认识到直接税的财政价值，但在应用方面，却呈现出瓦格纳所说的财政主义和社会政策的明显分野。[①] 孙中山主张直接税以积累国家资本，在革命进程之中缺少实施条件；北京政

---

① Akitoby, Bernardin & Clements, Benedict & Gupta, Sanjeev & Inchauste, “Public Spending, Voracity, and Wagner's Law in Developing Countries,” *European Journal of Political Economy*, 2006, Vol. 22 (4), pp. 908 -924.

府宣扬将所得税用于教育、实业，实际上是财政至上。与掌握中央法统的北京政府相比，革命政权同样要解决在宣令解除苛捐杂税之后的经费来源问题。

（一）“拯救民国”：“国民捐”再起

清末之际，为迅速归还外债，收回财政主权，民间自发形成国民捐运动，未能成功。至1912年4月，在临时政府北迁、孙中山解职之后，袁世凯任命黄兴为南京留守。黄兴反对北京政府以善后名义向国际银行团大借款，于4月29日向大总统袁世凯、总理唐绍仪、副总统黎元洪及参议院、各部总长公开通电，反对外债，再次倡导国民捐。他在通电中说：

> 夫国家者，吾人民之国家，与其将来殉债而致亡，无宁此时毁家而纾难。况家未至毁而可以救国不亡，亦何戚而不为？则惟有劝募国民捐，以减少外债之输入乎？吾国入数约计四万万，其中一贫如洗者与夫遍地灾黎，固无余力可以捐助国款，而中人以上之产，即可人以银币一元为率，最富者可以累进法行之，所得较多者亦可以所得税法征之。逆计收入褒多益寡，当不下四万万元。于特别劝募之中，仍寓公平征取之意，在贫者不致同受牵累，在富者特著义声，而仍不失为富。且捐率有定，可免借端苛扰之虞。而国家骤得此巨款，以资接济，俾得移新借外债，尽投入生产事业，后来工作繁兴，利源充裕，以公经济之发达，调和社会私经济，贫者可因以生活，富者经营实业，可由国家提挈或补助之，而前此外债更易偿还，岂非两得之道乎？①

黄兴倡导的国民捐，在捐率上具有所得税的累进特性，重视能力原则，富者多捐，贫者少捐。如果汇少成多，充实国库，可以补充政府财政之不足，避免一再借取外债。外债之害，祸国害民，伤及未来。黄兴的主张，与清末国民捐其实是一脉相承，只是所救的是“人民之国家”，是新民国，不是旧清朝。在黄兴通电之前，在武昌首义之地也有商民自发兴起国民捐。

---

① 《致袁世凯等电》（1912年4月29日），《黄兴集》，中华书局1981年版，第171—172页。

1912 年 1 月，汉口总商会颁发《劝募国民捐章程》，号召民众捐款补助民国军需。捐款可分临时捐助及按月捐助两类，捐款送交武昌官钱局，共收国民捐合计 11.5 万元银元。[①]

黄兴提出国民捐，有反对以利权换取外债的直接目的，但还与临时政府北迁之前始终难以解决财政危机的窘况有关。南京临时政府在 1912 年 1 月成立之时，并无财政储备可用。原两江库存在张勋逃离时几被运空，民军占领南京之时剩余存银也被取用。临时政府成立及孙中山就任临时大总统的经费，多由募款及士绅捐济支持。孙中山在革命过程中一直忙于筹款，在临时政府成立之前就预料到这一境况。而在南北对峙之时，军需急迫，加剧了财政危机。原本黄兴拟议由张謇出任财政总长，在孙中山坚持之下，任命曾留学美国又在度支部、大清银行任过职的陈锦涛为财政总长。其中既有个人的信任关系，也寄望于以陈锦涛的学识及财政人脉来帮助解决这一当务之急。

关于临时政府所面临的财政困境，张謇有较全面思考，而陈锦涛也有清晰观察。张謇认为："政府权力，首在统一军队，次在支配财政，而军队之能否统一，尤视财力之强弱为断。"他初步计算了临时政府的可能收支情况，提出两项筹款方法："一、各省代表均集南京，请将以上（包括：赔款、海陆军费、行政费、海关税、两淮盐税）约集数目，及每年所短八千万两，宣告各代表，询问自明年起，每省能担任若干万两，务必确实答复。除以该省行政及军队费用外，能以若干供给中央。二、孙中山先生久在外洋，信用素著，能否于新政府成立后，担任募集外债一万万两或至少五千万两以上。两问题如可立时解决，则无论何人均可担任临时政府财政之职，不必下走。"[②] 张謇的估算是有所依据的。关税、盐税的确是较为稳定的收入，不过他也清楚关税、盐税多作抵押。地方财力上，浙江、广东稍裕，但能否协款、解款，权在地方而不在中央。所提临时措施之中，借款显然过于乐观，最难者是信用不足。而他提出的由各省代表集议摊款的

---

① "募集中华民国国民捐"，《日本驻汉口总领事馆情报·第六十五报》（1912 年 1 月 26 日），《近代史资料》1961 年第 1 期，第 611 页。

② 张孝若：《南京政府成立》，载中国史学会主编《中国近代史资料丛刊·辛亥革命》第 8 册，上海人民出版社 1957 年版，第 48—50 页。

办法，其实是恢复旧有惯例，地方自应向中央解款。如果地方能够以税款收入来支持临时政府，则临时政府可获长期收入，信用可立，而借款也有可能成立。

时任财政总长陈锦涛对财政问题的判断与张謇相近。他在上任之初，即提出财政问题有七大困难："各省光复伊始，财政长官由地方推类，各自为政，号令分歧，无所取则。……此办理之困难者一也。国家收入，以赋税为大宗。军兴以来，四民辍业，丁漕失征，厘卡闭歇……而中央孤悬，势同疣赘，此办理之困难者二也。军用钞票，本以济一时之急，然事前准备，收还设非预图，则受害无极。……此办理之困难者三也。军兴以来，百务方新，各省度支，均虞匮乏，挹注之计，唯债是资。此办理之困难者四也。币制银行，特权所托，计划整理，宜在中央，乃中国银行方拟改办，而欲沾利益纷起要求，江南币厂设法更张，更希图破坏者横生冲突，群言淆乱，变相纷呈，此办理之困难者五也。……收入一端，无可概算，而各部政费，军队饷费，用途实繁，纷求拨付，违之则取庚，应之则无穷。当预算未经确定之时，值需款追不能待之势，此办理困难者六也。至于借款一事，明知其危，但砒能杀人，亦可起病，乃华俄借约，大启纷争，指担保为抵押，败事机于垂成，前竭兵器，几酿巨变……此办理之困难者七也。"① 所列七条，除第六条言军饷政费之急外，其余六条，全部言收入项。一在地方分立，二在税出无源，三在军用钞票贻害无穷，四在借债，五在币制，七在借款，各项筹款之法，全部都有不得已之处，内忧外患，进退失据。

临时政府的筹款之法，基本仍按前述六项展开。学界关于临时政府财政政策及其败因的分析，也未出陈锦涛所述要目。在对政策得失的评议之中，或批评西方列强的阻挠干预，妨碍借债和关税，或批评临时政府未全面考量，政策存有互相矛盾之处，或指出因民族主义抗争，制约了临时政府的外交空间。但从根本上而言，地方的财政自立，才是革命政权内部的

① 许师慎编：《国父当选临时大总统实录》下册，台北"国史"丛编社 1967 年版，第 434—435 页。

致命之疾。[①] 在孙中山临时大总统解职以后，财政部在给参议院报告中总结："自军兴以来，用途益繁，支出之数不下亿万。所有田赋、漕粮、盐课、茶课、税捐等项为入款之大宗者，今则一无所恃，即各省继续征收者，而机关林立，实成分划之形，事权纷歧，甚于前清之世。中央政府文电交驰，催令报解，迄无一应，财政状况行将陷入无法律之悲境。"[②] 临时政府的财政困因虽在于"财"，但根源在于"政"。军政不一，财政难以确立。

依据《南京留守条例》，南京留守直属大总统，其职权在整理南方各军队及南京地区治安。但黄兴困坐留守府，无财又无兵。袁世凯在北京就任大总统后，遣周自齐接洽国际银行团筹借巨款。黄兴作为辛亥革命元勋，在通电之中虽仅倡议国民捐，实际上也有批评北京政府丧失国权的政治意味。

5月24日，黄兴再致电袁世凯及国务院，提出了国民捐的具体使用办法。他建议，"以国民捐为新发不兑换券之预备金"，"惟国民捐只可救急一时，仍不能维持永久之策，以持其后。六国银行团所以敢于挟彼债权制我死命者，固由于我中央政府无整理财政之能力，亦由各省无守固之金融机关，以致资本散在民间，不得集收，以储为国家之外府，实力因而薄弱"。在办国民捐外，宜再集合人民资本，组织国民银行，并由国民银行协力组织一国民银公司，"国家如有急需，国民银公司得与政府直接交涉，酌量需款多寡，转向国民银行告贷"[③]。以国民捐等为预备建国民银行开展政府借贷，正是清政府建立户部银行的初衷。黄兴指出的"资本散在民间"的问题，不仅是金融机关发展不足所致，也正是税收结构中所得税、财产税的缺失所造成的。

黄兴制定的国民捐章程兼具财产税及所得税的色彩。在5月25日的再次通电中，他批评说："现在借款一事愈出愈奇，名为磋商，实甘愚弄，财政军政均受监督，国权丧尽，生命随之。"为明确捐助标准，特拟定了

---

① 参见魏文享《革命财政中的地方主义：南京临时政府财政问题再讨论》，第四届财税史论坛论文，上海，2020年10月。

② 《临时政府公报》第56号，1912年4月3日。

③ 《致袁世凯及国务院等电》（1912年5月24日），《黄兴集》，第200—201页。

简章二十余条，主要以资产为等级计算，“除不满五百元之动产、不动产捐额多少听国民自便外，其余均以累进法行之。五百元至千元为一级，纳捐千分之二。由千元至二千元为一级，纳捐千分之三。二千元至五千元为一级，纳捐千分之四。由五千元至二万元，每五千元为一级；二万元至三万元为一级，均递增千分之一，致千分之八为止。……致政学军商各界及各工厂之职工等，除以资产计算纳捐外，应按照其月俸多寡，分别纳捐十分之一、二，以三个月为限。月不满十元者，捐纳多少听便，其有捐至百元以上者，由政府另给证书”。证书分铜牌、银牌、金牌，依数额递增。收款用联单，汇总于财政司，非经省议会稽查，国会认可，不得拨发。①在财产方面，他将动产及不动产都纳入标准范围；在所得方面，他也要求各职业界别从业者按薪资标准缴纳。清末国民捐是自由捐助，不限多少，黄兴为使国民捐体现能力差别，仿所得税拟定分级标准，又使国民捐失其本意，具有了一定摊派性质。马陵合认为黄兴的国民捐构想中已带有税的含义，税的强制性是建立在真诚爱国心基础上的。② 在制度上，国民捐有所得税形态，但在具体实施中，既无税收的法律支持，又无机构加以评估衡量，实际上易流于形式。

黄兴发出国民捐倡议后，在北京也有响应，但更主要的支持力量来自南方革命省份。《时报》发表《劝募国民捐说明书》称：“吾国自清满专制迄今世风日下，群情日沦。同胞久居黑暗世界，眼簾耳线皆失聪明，惟顾目前之偷生，不计将来之灭种，一任满奴充私囊，借外债倒持太阿，授人以柄来杀我四万万同胞。今虽公民光复，还我河山，然已成疮痍遍体之躯壳。”③ 舆论对于外债的评议极其负面，对国民捐的爱国之举予以肯定。上海的《协和报》报道：“黄留守二十五日电悉批阅章程，大致用累进法而税其所得，斟酌颇为完备，值此经济困难之日，我同胞果能热诚相助，则莽莽神州或不致有陆沉之痛已。”④ 在北京、上海成立了国

① 《致袁世凯及国务院等电》（1912年5月25日），《黄兴集》，第202—203页。

② 马陵合：《清末民初国民捐概述》，《档案与史学》1998年第4期。

③ 《劝募国民捐说明书》，《时报》1912年5月19日，第六张。

④ 《黄留守请办国民银行、黄留守条陈国民捐办法》，《协和报》第2年第33期，1912年6月1日，第18页。

民捐会，在南京留守府所在地，还成立了由六十团体联合组织的国民捐总会。总会推孙中山为总理，王人文、沈秉堃充董事长，“均愿毁家纾难，不愿见外人监督财政，蹈埃及覆辙。借款事要挟过甚，誓不承认”[①]。南京社会党于5月13日开会演说，到者数百人。有主张按户口劝募者，有主张人民生计维艰，捐款须从殷实人家入手，有主张由商会提倡者，有主张由各团体担任若干者，众说纷纭。其中，许恩藻言：“此种捐款，以之偿外债则人民自当竭力输助，若以供新政府挥霍之资，则人民是绝对不承认的。”[②] 新加坡、朝鲜、马来西亚的华侨也有部分捐款。因为黄兴的倡导，南京实际上是此次国民捐运动的中心，支持者也主要来自革命省份及海外华侨。与国民捐的发动相应的，是批评北京政府借取外债的舆论声浪不断升高。

北京政府财政部因势取利，拟定了《财政部收集国民捐章程》，指定各处中国银行、交通银行邮政局、民立银行及经财政部认可的其他机关代收捐款，随时汇交财政部。[③] 但除此之外，并无其他措施。到1912年6月间，袁世凯发布《申禁强迫国民捐令》，声称禁止强迫勒捐，贻累民间。黎元洪也称，国民捐“譬如昙花，醴甘而无源”[④]。禁令表面上是限制勒捐，实际上是压制因此而起的对善后借款的批评声音。捐款数额方面，各地有零星报道，未见全面统计。沪军都督府国民捐所得有638.25两。[⑤] 北京洋布同业及洋布商团召开自认国民捐会议，到者57人，捐洋704元。[⑥] 基本上是声势浩大，实效微然。

其时，也有认为国民捐难以有成的声音。《时报》上发表《国民捐与爱国公债之比较》一文，认为应以公债而非国民捐来救济财政：

> 补助财政之法，除加税外，以公债为临时救急之唯一良法。此固

① 《南京六十团体通告国民捐总会已成立电》，《浙江公报》1912年5月22日，第7页。

② 《社会党与国民捐》，《社会世界》1912年第3期，第50页。

③ 《财政部收集国民捐章程》，《政府公报》1912年6月20日，第1页。

④ 《致中央及各省论外债国民捐文》，《民国经世文编》，财政六，第66页。

⑤ 上海社会科学院历史研究所编：《辛亥革命在上海史料选辑》，上海人民出版社1981年版，第455页。

⑥ 《洋布同业及洋布商团自认国民捐》，《时报》1912年5月14日，第五张。

征之各国财政史而皆同者也。今日世界各国维持财政，其在永久不足者，则以加税救济之，其在临时不足者，则以公债救济之。未闻有以募捐而济国用者。何以故？盖好利之性为人所同，有天下事惟两利者，斯为真利。若利己而不利他或利他而不利己，则其利终不可以常恃。国民捐者，利国而不利己者也。何也谓，其既捐之后，一往而不还也。夫急公赴义之事，天下未尝无其人，然终不可以概之于林林种种之众。若公债，则国民出其剩余金以贷于国家。国家出其轻微之利息以酬还国民。其于国家一方面可以济一时之急，国民一方面亦可诱起其储蓄之心。①

这里所指的公债，自然是指内国公债。国民捐以国民责任和道德公义为号召，但缺少利益及市场的驱动，难以持久。公债可获得投资回报，可激发民众的求利之心。有署名阙名者发表《论财政与救急之策》说："提倡国民捐者，道德之事也。道德与行政相混，以此为竟可抵制借款，则足以使外人知我无财政之萌芽。非益严重其出借之条件不可，此国民捐之说也。"② 国民捐的问题，是以道义救财政之穷。借贷的关键，仍在于信用。政府如不能建立起财政上的担保信用及政治上的民意信用，仍然借贷无门。黄兴之所以主张国民捐，也是穷极筹款办法无效之后的无奈之举。

（二）孙中山的直接税学说

孙中山在革命生涯中，一直为经费奔波，为财政所困。担任临时大总统，未能解决财政孤悬问题，被迫去职。到广东建立新的革命政府，任廖仲恺等为财政部部长，回归实用主义的财政政策。在军政统一之后，通过争夺关余、清理旧税、发行公债、发行纸币、没收逆产、加征特税等务实方式，稳定了革命政权的财政基础，也为此后的北伐奠定基础。③

---

①　孤愤：《国民捐与爱国公债之比较》，《时报》1912 年 5 月 5 日，第一张。

②　阙名：《论财政与救急之策》，载上海经世文社辑《民国经世文编》第 5 册，北京图书馆出版社 2006 年版，第 2884 页。

③　参见张晓辉《民国时期广东财政政策变迁》，经济科学出版社 2011 年版。

在孙中山的设计中，国家的财政和税收政策亦是革命成功之后实施民生主义的重要政策工具。在1924年8月的民生主义三讲中，他系统阐述了其主旨和方式。为防止出现西方式的贫富差距和阶级斗争，他所主张的民生主义吸收了西方经济学说的相关内容，试图通过财政和税收政策来促进社会公平，即以扩大国家资本来弥补私人资本主义之缺失。在他的设计中，国家财政和国家资本应为民生主义服务的，甚至是社会主义式的。关于这一方面，学界已经有较充分的研究和讨论。[①]

孙中山重视从发展经济与分配均衡两个层面来解决民生问题。在发展方面，他吸收欧美经济的做法。他认为欧美经济的进化分为四种：社会与工业之改良、运输及交通事业收归公有、直接征税、分配之社会化。[②] 这样可以促进社会经济发展，增进财富。在分配方面，则以资本和地权为中心，来减少贫富差距。不过，他采取的都是改良的办法，并不赞同用革命的方式。在发展中关注分配公平，在重视分配之时也要学习欧美发展工农业，希望使两大目标能够平衡共进。

土地和资本是民生主义政策中的核心经济要素，也是实现民生主义的政策着力处。在土地方面，其主张以“平均地权”为中心展开。在资本方面，孙中山主张“节制资本”。要预防欧美社会贫富不均的弊端，应趁中国资本还未发达时设法防备，使私有资本制度不能操纵国民之生计。孙中山不赞成用革命暴力的方法来进行，而是以政策节制，逐渐改良，避免阶级战争。他提出了国家经营及赎买、建立消费及生产合作等多种途径，还有一重要办法就是税收。通过直接征税，“行这种方法就是累进税率，多征资本家的所得税和遗产税。行这种税法，就可以令国家的财源多是直接由资本家而来。资本家的入息极多，国家直接征税，所谓多取之而不为虐”。他批评，此前的旧税法只是钱粮和关税两种，国家财源取之于一般

① 参见刘刚《浅析孙中山的财政思想》，《湖北社会科学》2012年第10期；夏良才《论孙中山与亨利·乔治》，《近代史研究》1986年第6期；胡波《孙中山与廖仲恺的财政思想》，《广东社会科学》2015年第5期；王学庄《“重税”、“累进税”辨——关于孙中山地价税研究中的一个问题》，《广东社会科学》1991年第3期；王昉、熊金武《孙中山的地价税构想及其当代借鉴意义》，《贵州财经学院学报》2012年第1期；付志宇、姜贵渝《孙中山土地税思想及其实践对我国房地产税制改革的借鉴》，《财政研究》2011年第10期；等等。

② 《民生主义第一讲》，《孙中山全集》第9卷，中华书局1986年版，第366页。

贫民，资本家只享权利不尽义务。德、英等国推行直接征税法，就可以破除这种不公平。他了解，德国的所得税和遗产税占税收收入的 60%—80%，英国在欧战时也达 58%，美国稍后，但所得税收入也非常高。欧美各国通过直接税，增大了财源，更有财力来改良种种社会事业。[①] 直接征税，实际上指的就是直接税税类，主要是针对富人和高收入者征收所得税、遗产税，所得愈高，交税愈多。

可见，孙中山所提的民生主义意义上的税收政策，不是单纯的轻徭薄赋，而是用于解决土地和资本问题的重要方法。国家既可以通过税收政策来抑制贫富差距，避免阶级分化，同时也可以通过税收来增加财政收入，扩大国家资本，国家再通过财政支出来保障民生与经济发展。归纳孙中山对税收的相关论述，其重点可归集到以下四个方面。

其一，地价税。孙中山征收地价税或土地税的思想主要源于美国学者亨利・乔治（Henry George）。夏良才对孙中山与亨利・乔治的单税论有详细考证。[②] 征收地价税是政府获取购买土地资金，实现平均地权的资金来源。具体的办法，就是政府照地价收税和照地价收买。地价由地主报告给政府，政府照价抽税。收买之时，亦同此价。[③] 地价确定之后，如再涨高，所加之价则完全归为公有，政府由此获得不断增长的财政资源。胡汉民、廖仲恺曾在广东进行试验，由省议会议决实行土地抽税法，根据契税确定抽值标准，再照价纳税。征收地价税不触动地权分配，主要是侧重于收益方面的改革。到 1924 年，孙中山提出了“耕者有其田”的土地解决方案，但土地税或地价税仍是国家控制土地资源的重要工具。

其二，直接税。直接税观念在晚清时引入中国，主要包括所得税、遗产税、房产税及财产税等税类。地价税解决的是土地增值归公问题，而在节制资本方面，所得税、遗产税也具有重要作用。孙中山说，“现在外国所行的所得税，就是节制资本之一法”，中国的情况与外国不同，外国是生产过剩，中国是生产不足。所以，中国要发达国家资本，振兴实业。制造国家资本，

---

① 《民生主义第一讲》，《孙中山全集》第 9 卷，第 367 页。

② 夏良才：《论孙中山与亨利・乔治》，《近代史研究》1986 年第 6 期。

③ 《民生主义第二讲》，《孙中山全集》第 9 卷，第 388 页。

就是发展实业。[①] 直接税节制的是私人资本，充实的是国家资本。直接征税就是用累进税率，多征资本家的所得税和遗产税，令国家的财源多是由资本家而来。直接税可以促进分配的社会化，“消灭商人的垄断，多征资本家的所得税和遗产税，增加国家的财富，更用这种财富来把运输和交通收归公有，以及改良工人的教育、卫生和工厂的设备，来增加社会上的生产力”[②]。孙中山主张征收以所得税和遗产税为主，这也与当时西方国家税收改革的方向对应。

其三，累进税率。累进征税法是在晚清民初随着对西方税法的引介而传入中国，西方所得税、遗产税及财产税等皆用此法。其规则是设立一起征点，起征点之上分级累进，级数愈高，税率愈高。累进法之下，所得愈高，负担愈高，税收负担与税收能力相应，因而被认为有益促进社会公平、防止贫富分化。国内报刊上亦不乏文介绍，对累进法之效力及累进法之税类均有讨论。在地价税上，孙中山一直主张抽百分之一，亦有提到抽百分之二，按此规则是按比例法征收。1923 年，他曾批准颁布《广东都市土地税条例》，在城市试行土地税，规定建筑宅地征收地价千分之十，农地征收千分之八。但在同条例第三十一条中又规定，增价超过百分之一十至百分之五十者课百分之一十；超过百分之五十至百分之一百者课百分之十五。[③] 这一课征方法即是累进法。究竟孙中山主张地价税是比例法还是累进法，就存在疑惑。孙中山在回答报社关于平均地权之法的问题时提到，“被所言之累进法，即我所言之平均地权法。彼认我所言为不善，是知二五而不知一十也。盖累进之法，地价愈高，其税愈重，我之所谓平均之法亦然。非一律加税也”[④]。显然记者是认为孙所言为累进法，而孙认为他所说的平均法即累进法。学者王学庄对此有所分析，他认为孙所主张的仍是比例法，所言累进法与级差累进仍有不同，只是基数的变化。[⑤] 但结合所得税、遗产税的抽税方法来看，孙

---

① 《民生主义第二讲》，《孙中山全集》第 9 卷，第 393 页。

② 《民生主义第一讲》，《孙中山全集》第 9 卷，第 368 页。

③ 《给廖仲恺的指令》，《孙中山全集》第 8 卷，第 305 页。

④ 《在广州对报界公会主席的谈话》，《孙中山全集》第 2 卷，第 364 页。

⑤ 王学庄：《“重税”、“累进税”辨——关于孙中山地价税研究中的一个问题》，《广东社会科学》1991 年第 3 期。

中山对累进法是极为熟知，也较为赞同的。孙中山主张对所得税、遗产税及其他财产税进行累进征收，以此防止贫富不均。按塞里格曼的分析，累进法有社会政策说、补偿说和经济说不同效力。孙中山的主张，看重的是社会政策效应。

其四，反对苛杂。孙中山提倡直接税和地价税，对苛捐杂税表示反对。在土地赋税方面，也认为在征收地价税后，应取消其他一切附加租赋。在工商税收方面，他反对厘金等阻碍货物流通的苛捐杂税。他批评厘金是"自杀的税制"，赞同裁厘改税。同时，他认为应"严定田赋地税之法定额，禁止一切额外征收"①。孙中山还批评说："满清时代藉立宪之名，行敛财之实，杂捐苛细，民不聊生。此后国家经费，取给于民，必期合于理财学理，而尤在改良社会经济组织，使人民知有生之乐。是曰财政之统一。"② 除此之外，孙中山也竭力推动关税自主。废除苛捐杂税，统一财政，既是民生主义的基本要求，也应该是解决革命政权财政危机的重要手段。

观孙中山的税收主张，主要是以之作为完成民生主义的工具，通过税收方式来达到平均地权、节制资本的目的。税收的收益则作为壮大国家资本的来源，既充实国家财政，也可以财政支出方式来维护民生和社会发展。欧洲在19世纪40年代以后，社会运动推动所得税由对物税向对人税过渡，重视的正是其社会政策效应。在这一点上，孙中山的直接税学说与之有相似之处。但孙中山的直接税主张蕴含更多的"革命"标准，他希望避免阶级对立，因而将所得税及遗产税的重点征收对象放在"资本家"身上，以此来消弭阶级贫富差距。他将国家作为再分配的主体，强调发达国家资本，这与严复、梁启超等反对征收资本税的主张存有差异。比较矛盾的是，孙中山的税收政策需要在政权稳固之后方可实施，在革命过程之中还缺乏推行的现实条件。倒是北京政府在财政困境之下，推动所得税及遗产税立法，并成立机构，尝试开征。

---

① 《关于民生主义之说明》，《孙中山全集》第9卷，第114页。

② 中国第二历史档案馆编：《中华民国史档案资料汇编》第2辑，江苏人民出版社1981年版，第2页。

二　军事型借贷财政的恶化及税收合理化进程的延续

北京政府时期，南北对立，军阀混战，战争频仍，这一军政局势直接影响到中央政府的财政收支体系。北京政府理财官员对税收、公债和货币工具的理解和运用明显较清政府更为熟稔。在借取外债、发行纸币之时，也借助于民间的税收合理化诉求，推动税制变革。但在军阀派系争战此起彼伏、中央财政权力不断离析的情况下，财政官员虽轮番登场、解数迭出，然王旗变换，有心无力，结局并不乐观。

（一）借贷财政的军事化与派系化

北京时期的政治特性即是军阀主政，通常所言的军阀政权、武人政治、“武夫当国”，大体都强调了军人军队对于国家权力的控制与影响。陈志让（Jerome Chen）将北京政府的政权属性定义为军绅政权，其基础是军人和绅士的联合。1912 年后，“军人的势力壮大，中国的行政机构从上到下，变成了军人领导绅士的政权”①。这改变了传统的绅—军政权结构，军人成了国家的领导者，“军人不再是绅士阶级的附庸，不再是驯服的政治斗争的工具，而变成了政治斗争的主角”。无论是袁世凯还是之后参与争夺中央政权的皖系、直系、奉系军阀，抑或是割据地方的桂系、滇系、晋系、冯系及川省内各派军阀，其最大的政治基础在于直接控制着庞大的军队武装。在中央层面，袁世凯及主政派系在政治上维系着民国法统形式，通过人事任命及操纵国会来控制国家机器。在军事上，则以中央权威及武装统一来镇压敌对力量，视自己为国家之代表，“别的派系则被认为是阻碍国家统一富强、有害于人民福利的组织或关系网”，对于不服从者应该打倒、解散，“自己的派系是理想，别的派系是实际”②。在地方层面，无力参与中央政权角逐的军阀多割据地方，或依附更大派系，响应联省自治，实际是自立为王。在时机适当之时，也会以秉大义为旗号，扩张势力，纵横捭阖，问鼎逐鹿。在此情

① ［加］陈志让：《军绅政权：近代中国的军阀时期》，广西师范大学出版社 2008 年版，第 5 页。
② ［加］陈志让：《军绅政权：近代中国的军阀时期》，第 100—101 页。

形之下，国会及省议会的民权属性基本被架空，成为军阀获取政治、法律合法性的政策工具。而拥有更强大的军队决战于两阵之间，较之决议于庙堂之上，更具有裁判最终成败的分量。

维持庞大的军队和战争支出需要强大的财政支持。根据陈志让的统计，1913 年中央军费支出占总预算比例为 26.9%，1914 年达到 39.9%，1916 年为 33.8%，1919 年为 42.8%，1925 年为 46.9%。[①] 实际支出，还远不止此数。《财政年鉴》中指出："就军费支出言，辄占总收入十分之九，甚且举全国收入，悉充军费，犹觉供不应求。"年鉴统计，1917 年军务费为 83928134 元，1918 年为 137529658 元，1920 年为 107730172 元，1922 年为 72891786 元，1925 年为59404905 元，远超政务、实业、教育、交通等部门的经费预算。[②] 在政府支出中，军事及债务支出占绝对比例，而建设经费严重不足。无论是中央派系还是地方军阀，除国家支用外，还就地筹款，从地方经济中强力汲取军事用度。

在袁世凯时期，最初遇到的财政问题是地方不向中央解款，这其实是清末财政地方主义及辛亥时期各省财政独立的延续。袁世凯与国际银行团达成善后大借款协议，获得外债收入补充财政收入。此后，通过军政力量的强力控制，地方截留问题有所缓解。1915 年，又实施中央专款制度。到 1916 年后，皖系、直系、奉系相继执掌中央政权，地方截留的情况又不断恶化。在税收收入结构方面，仍以田赋、关税、盐税及货物税、工商杂税杂捐为主。在债款收入方面，合计借款合银元约 10 亿元，以善后大借款、西原借款等为主。此时关税、盐税多已作担保，除善后大借款是盐税担保外，其余多以经济主权为代价。外债用途主要是支付军械军饷和外债本息，还有部分用于财政金融。在内债方面，北京政府发行公债约合 28 种 6.2 亿元。内债收入用于军政费用者达到 50%，其余用于整理及偿还旧债。[③] 以下为北京政府部分年份预算收入及占比情况之统计（见表 2－1）。

---

① ［加］陈志让：《军绅政权：近代中国的军阀时期》，第 141 页。

② 《财政年鉴》上册，商务印书馆 1935 年版，第 11—15 页。

③ 焦建华：《中华民国财政史》上册，《中国财政通史》第 8 卷，湖南人民出版社 2015 年版，第 204—207 页。

表 2－1　　北京政府预算岁入及分类占比情况　　（单位：银元）

款目		1913 年	1914 年	1916 年	1919 年	1925 年
田赋		82403610	79227809	97553513	90594000	90081000
		14.79%	20.71%	20.66%	18.46%	19.52%
盐税		77565234	84879873	84771365	98815000	98859000
		13.92%	22.19%	17.96%	20.15%	21.41%
关税		68224283	79403057	72347314	93968000	120366000
		12.24%	20.76%	15.32%	19.16%	26.07%
货物税（厘金）		32710860	34186047	40290084	39251000	45699000
		5.87%	8.94%	8.53%	8.00%	9.90%
正杂各税		37862577	57611764	108648631	29182000	28943000
		6.79%	15.06%	23.01%	5.95%	6.27%
正杂各捐		3943584	4947281	18563907	8244000	4769000
		0.71%	1.29%	3.93%	1.68%	1.03%
官有产业收入		8483705	4427504	19689772	2442000	1955000
		1.52%	1.16%	4.17%	0.50%	0.42%
杂收入		22731992	12735455	10261109	5872000	5808000
		4.08%	3.33%	2.17%	1.20%	1.26%
债款		223370000	25082398	20000000	50948000	—
		40.08%	6.60%	4.24%	10.39%	—
中央各机关收入		—	—	—	6625000	2884000
		—	—	—	1.35%	0.63%
中央直接收入		—	—	—	64524000	62280000
		—	—	—	13.16%	13.49%
总计		557296145	382501188	472124695	490420000	461644000

资料来源：《财政年鉴》上册，第 5 页；《中华民国工商税收史纲》，第 129—131 页。1913 年有捐输 20 万元，1914 年有在京各机关直接收入 600 余万元，1916 年有中央机关收入 160 余万元，均计入杂收项。中央直接收入包括印花税、烟酒公卖费、烟酒税、烟酒牌照税、矿税等。

在税收收入结构方面，仍以田赋、关税、盐税及货物税、工商杂税杂捐为主。在1913年各税类收入均明显低，主要是受各地截留及控制区域的影响。到1914年，逐步恢复正常。田赋年度占比相对稳定，关税、厘金及商税仍是税收主干。除厘金之外的杂税杂捐波动较大，如与厘金相加，可见商税之中的滥征现象极其严重。在非税收入方面，官有产业及机关收入占比较低，真正发挥作用的是中央直接收入及公债收入。北京政府所借外债合计银元约10亿元，以善后大借款、西原借款等为主。此时关税、盐税多已担保，除善后大借款是盐税担保外，其余多以经济主权为代价。外债用途主要是支付军械军饷和外债本息，还有部分用于财政金融。在内债方面，北京政府发行公债约合28种6.2亿元。绝大部分债券是由中国银行、交通银行承销垫款，两行为此不得不增发钞券。1913年，中国银行发行额仅502万元，交通银行在1914年年底发行额为893万元。至1915年年底，中行发行额增至3844万元，交行发行额达3729万元。其中，交通银行垫款占放款比例竟一度达到94%。[①] 由此，导致1916年出现停兑风潮。两行拒绝执行北京政府的停兑令，暂时稳定了银行信用。但到1921年，又出现第二次停兑风潮。综计而言，内债收入用于军政费用的比例达到50%，其余用于整理及偿还旧债。[②] 公债收入中，袁世凯时期数量较高，到皖直奉系当政特别是1921年之后，所借债款明显下降。

其时，"一战"时期民族工商业得到迅速发展，私营金融业也进入迅速扩张时期。据统计，1915—1921年，全国新设银行达到124家，较为知名的"北四行"（盐业银行、金城银行、大陆银行、中南银行）、"南四行"（浙江兴业银行、浙江实业银行、上海商业储蓄银行、上海银行）大多也是在这一时期成立。此外，还有新华信托银行、中国实业银行、聚兴诚银行、中孚银行等。在辛亥革命之后，传统钱庄效法银行，革新业务，市场地位仍得以维系。华资金融业的行业组织也不断组建起来，1918年上海银行公会的成立具有标志意义。到1927年，会员银行达到26家，中国银行、交通银行及

① 叶世昌：《中国金融史》，第208—209页。

② 焦建华：《中华民国财政史》（上），第204—207页。

众多私立银行均加入其中。[①] 在北京、天津、汉口、苏州、杭州等地，也都成立了银行公会。银行公会在维护同业信用、调解同业纠纷、参与行业政策等方面发挥作用。上海银行公会的组织核心是江浙财团，公会对于政府公债的态度代表着江浙财团的政治动向。但北京政府所发内债信用不足，制约了其透过金融债券市场来汲取财政资源的企图。

军事型借贷财政的基础仍然是税收。中央税收之中，缺少新的具有成长性的增量来源。在 1913 年的国地分税计划中，除将田赋、关税、盐税、厘金、矿税、契税、烟酒税等十七项划归中央外，还设定了列入的新税：印花税、登录税、遗产税、所得税等。这一计划缓不济急，后来被袁世凯停止，代之以统收统支制度。在 1923 年的国地分税中，同样将所得税、营业税等划为中央税收。不过在事实上，因为地方截留及财权离析不断加剧，分税计划并未得到有效实施，原本属于中央的税收收入亦难以入库，如表 2 - 2 所示。

表 2 - 2 **北京政府时期各省解款情况比较** （单位：元）

省别	1915 年（袁世凯）	1916 年（袁、皖）	1917 年（皖系）	1918 年（皖系）	1919 年（皖系）	1920 年（皖、直）	1921 年（直系）
京兆			派数 150000				
直隶	派数 200000 解数 200000	派数 640000 解数 540000 拨数 100000	派数 750000 解数 166000 拨数 334000	派数 500000 解数无 拨数无	解数无	解数无	解数无
山东	派数 1200000 解数 338000 拨数 562000	派数 1227600 解数 200000 拨数 1027600	派数 1882800 解数无 拨数 1200000	派数 1255270 解数无 拨数无	解数无	解数无	解数无
河南	解数无	派数 480000 解数 100000 拨数 184400	派数 960000 解数 40000 拨数 62600	派数 600000 解数无 拨数无	解数无	解数无	解数无

① 徐沧水编：《上海银行公会事业史》，沈云龙主编《近代中国史料丛刊》三编第 24 辑，台北文海出版社 1988 年版；郑成林：《从双向桥梁到多边网络：上海银行公会与银行业（1918—1936）》，华中师范大学出版社 2007 年版。

续表

省别	1915 年 （袁世凯）	1916 年 （袁、皖）	1917 年 （皖系）	1918 年 （皖系）	1919 年 （皖系）	1920 年 （皖、直）	1921 年 （直系）
山西	派数 1000000 解数 993000 拨数 7000	派数 2100000 解数 1072000 拨数 1025000	派数 1024000 解数 220000 拨数 775900	派数 800000 解数无 拨数无	解数无	解数无	解数无
江西	派数 2160000 解数 61100 拨数 1978000	派数 2410000 解数 260000 拨数 2150000	派数 3240000 解数无 拨数 3240000	派数 2160000 解数无 拨数 2160000	认解 2160000 拨数 2160000	认解 2160000 拨数 2064400	认解 2160000 拨数 1458700
湖北	派数 1000000 解数 737900 拨数 137300	派数 1520000 解数 468400 拨数 1051600	派数 1483400 解数无 拨数无	派数 483400 解数无 拨数无	解数无	解数无	解数无
江苏	派数 3000000 解数 2536600 拨数 591000	派数 5000000 解数 1381200 拨数 3331300	派数 4500000 解数 442900 拨数 4242700	派数 195000 解数无 拨数 2219700	派数 1900000 解数无 拨数 1890800	派数 190000 解数无 拨数 1353000	
福建	派数 1060000 解数 675000 拨数 385000	派数 1460000 解数 248900 拨数 1150400	派数 1607100 解数无 拨数 1487100	派数 1080000 解数无 拨数 147300	解数无	解数无	解数无
安徽	解数无	派数 220000 解数 180000 拨数 40000	派数 225000 解数无 拨数无	派数 250000 解数无 拨数无	解数无	解数无	解数无
浙江	派数 3060000 解数 1550000 拨数 1538300	派数 3721600 解数 741000 拨数 2493000	派数 4404900 解数 100000 拨数 2293400	派数 2936600 解数无 拨数 1515600	认解 1502600 拨数 1502600	认解 150000 拨数 150000	认解 150000 拨数 150000
陕西	派数 600000 解数 400000 拨数 200000	派数 960000 解数 120000 拨数无	派数 1440000	派数 960000	解数无	解数无	解数无
奉天			派数 280000	派数 140000			
湖南	派数 1200000 解数 1000000 拨数 130200	派数 1200000 拨数 690000	派数 1800000				

续表

省别	1915年（袁世凯）	1916年（袁、皖）	1917年（皖系）	1918年（皖系）	1919年（皖系）	1920年（皖、直）	1921年（直系）
四川	派数3000000 解数1414000 拨数1248300	派数3000000	派数1500000				
广东	派数4200000 解数1884900 拨数435100	派数2100000 解数172600 拨数177400	派数250000				

资料来源：杨汝梅：《民国财政论》，上海商务印书馆1928年版，第31—34页。

从表2-2中可见，在袁世凯主政时期，中央与地方之间的派款、解款及拨款尚能正常进行。至1916年袁世凯去世之后，无论是派解款还是专款，均有名无实。若干年份有派认之款，也有拨付之数，二者数额相等，实际上是地方没有解送，只是在会计名义上转为拨付。如再对照皖系、直系的核心控制区域，在皖系主政的1917年，仅直隶、河南、山西、江苏、浙江有少量解款，意外的是安徽也无解款。在1920年后，有些省份形同独立，既无认款也无拨解。奉系控制的东三省对于中央派解命令基本是置之不理。《财政年鉴》中归纳说："民十（1921）以后，政局益紊，军阀跋扈，财权分散，不仅各省专解各款停顿，甚至常关税、印花税、烟酒税悉被截留。即如盐税，初则请求协助，继则自便截留。外债以信用弱，固不能进行；内债亦成强弩之末。军事虽仍旧增繁，而中央直接支放之款转较减少。"① 中央财政丧失地方解款及税收支持，税收能力及财政信用不断弱化，借贷亦难以为继。

（二）乱中寻治：财政总长的理财术

财受制于政，又耗费于战。北京政府的财政收入每况愈下，但在制度上仍做出了许多有益的探索。从袁世凯到派系时期，更换多位财政总长，希望

① 《财政年鉴》上册，第1页。

解决财政系统的“紊乱”和“枯竭”问题。人事更替如此频繁，既受派系之影响，也正说明问题棘手，难见实效。

袁世凯政府的首任财政总长是熊希龄。熊希龄是清末进士，曾因参与维新被革职。在五大臣出国考察政治时出任参赞，是颇具世界眼光及变革意识的官员，后转向共和。在1912年4月被任命为唐绍仪内阁的财政总长前，熊希龄多次向孙中山、袁世凯、唐绍仪电辞不任，原因在于认为财政极端困难，“希龄学识荒落，才力薄弱，自省藐躬，不足负此重任”①。这并不是单纯的谦让之词，他列举了财政临时应筹之款、常年不敷之款，如欲整顿财政、改良租税、清理公债、发行纸币、振兴实业，均需巨额预备金。但各部各省官员不肯商酌，参议院反对借取外债，增税又遭社会反对，有策难施。后在力邀之下，就任财政总长。

熊希龄具备较为全面的现代财政金融知识。1912年5月，在参议院发表的政见演说词中，他系统阐述了其理财方案。他估计旧债、应支及临时之费不敷银约有2.8亿两之巨。他主张“财政与经济二者互相为因，互相为果”，宜先理财政，再重经济。理财之计有八策：“节减军费”“速立国家银行”“预筹币制办法”“改良税则”“筹划盐烟专卖”“划分税目”“速定会计法规”“整理公债”，以此统一财权，扩展财源。② 在税收方面，他认为现行科目极不合理，“中国旧日税法，几无不近于恶税，农工商民，莫不为其所困”。应整理田赋，改通过税为营业税，“新税之当增者，以印花、所得税为大宗，然亦非可猝办”③。改革税则的目的，是均衡国民负担。所得税是其新税计划中的主要税目，他认为条件还并不成熟。

但已经有官员向其建议将所得税提上议事日程。财政司佥事虞廷恺连续两次致电，“所得税与营业税为最良之税法，民国初建，亟宜设法筹办，以裕饷源”，熊希龄表示认可。5月27日，他回电虞廷恺，认为他的建议“深

① 《详陈当今财政困难之情况及不能担任财政总长之原因致唐少川总理函》（1912年3月），周秋光编《熊希龄集》第2册，湖南人民出版社2008年版，第575页。

② 《在参议院发表政见的演说词》（1912年5月13日），周秋光编《熊希龄集》第2册，第617—619页。

③ 《在参议院发表政见的演说词》（1912年5月13日），周秋光编《熊希龄集》第2册，第618页。

堪嘉许”[①]。但就在同一天，他发表通电自劾辞职。原因在于密议善后借款之事泄露，而借款条件“实非龄所情愿，实逼处此，无可奈何！”[②] 财政既关军需，又关民意，内外压力之下，施展腾挪的空间极为有限。后经多次请辞，终于7月去职。

到1913年7月，熊希龄复出接替段祺瑞出任国务总理兼财政总长。8月，即召集各省办理财政人员举行财政会议，商筹整理财政之法。8月28日，熊希龄赴参、众两院发表施政方针。至11月，经两院讨论通过，由各报刊对外公布。关于财政部分，他提出治标与治本之策。治标之策包括增加各省列报解款、“添列印花税、所得税、验契税等八百九十六万元”，不足以公债充之。治本之策包括改正税则、整顿金融、改良国库。[③] 税收为根本，“税制不善，违反租税公正之原则”，病国害民。他提出，“略参以国家社会主义，添设新税，以求国家增加收入，而民亦间接受其利”。应采税收包括田赋、盐课、契税、宅地税、印花税、出产及销场税、烟税、酒税、矿业税、一部分之营业税、一部分之所得税、遗产税、通行税、银行兑换券发行税。[④] 他提到的国家社会主义法则，与孙中山以直接税充实国家资本的方案有相似之处。改革税则之直接目的是解决财政危机，但不能任意滥征，恰需要考虑到税收公平及民众负担，以合理化的变革来优化税收结构。这说明，在1914年启动所得税新立法之前，财政部高层已经将其列入议程之中，熊希龄也延续了其首次就任财政总长时期的承诺。

在熊希龄两任财政总长间隙，袁世凯一度任用周学熙执掌财政部。周学熙早年就在袁世凯幕下筹划洋务实业，深得信任。1903年，曾赴日本考察工艺，与曾任明治政府大藏大臣的松方正义晤谈过。松方正义告之理财之要，一在法权，二在信用。[⑤] 在1912年的《财政意见书》中，他提出清理旧案、筹划新政之法，方案与熊希龄相似，更加力催征各地解款。在11月

① 《饬筹办所得等税复虞廷恺电》（1912年5月27日），周秋光编《熊希龄集》第2册，第652页。

② 《解释借款事复黄兴电》（1912年5月25日），周秋光编《熊希龄集》第2册，第646页。

③ 《政府大政方针宣言》（1913年11月13日），周秋光编《熊希龄集》第4册，第382页。

④ 《政府大政方针宣言》（1913年11月13日），周秋光编《熊希龄集》第4册，第388页。

⑤ 《财政意见书》（1912年9月），虞和平、夏良才编《周学熙集》，华中师范大学出版社1999年版，第367页。

的《财政方针说明书》中，他指出财政问题的根源在于“紊乱”与“枯竭”，前者是财政管理制度混乱、系统不明、国地不分、财权不一；后者原因在于信用不坚、币制不一、银行未立、产业不兴。整理财政的目的是使财政统一，统系分明，“使文明先进国最良之税制推行于吾国”，恢复信用，恢复产业。

周学熙重视税收的基础作用。整理的方法是划定国地分税体系及事权范围，统一税权，更订税目，更新税制。他指出，“日本在封建时代，各藩有征税之权，其时巧立名号，苛取于民，与前清之旧制仿佛”，维新之后，科目仅十余种。财政部确定国家税十七项，地方税十九种。税制的变革，需以良否加以判断。他分析欧洲各国税收在 19 世纪上半期尚处幼稚阶段，未能体现公平原则，“至十九世纪下半期经济思想之发达，知富力之分配，及于社会各阶级之人民，有纳税之义务者，不仅在生产事业已也，于是不认地产收入为租税之源泉，认一般之收入为租税之源泉矣”。这一脉络，正是所得税由财政主义转为社会政策的法理依据。根据收入征税，在财政上可以促进社会资源再分配，在纳税人方面也能体现普遍、能力原则。他举普鲁士例子，“普鲁西（普鲁士）改革财政制度，于一千八百五十一年，新设所得税，即最能利用最新之学说也”。中国现行的田赋、契税、牙税、当税、关税、厘金多是针对生产及消费课税，“此等经济思想，犹是欧洲十九世纪上半期之时代。今欲更新税制，非采用最新之思想及最近之学说，不足以剂租税之平”[①]。这说明周学熙虽知其受命是为筹集军政费用，但在财政变革方向上仍接受现代财政及税收理念，与熊希龄同样重视社会效应及公众反应。说明书对所得税有特别说明：

> 今日所最宜注意者，则在于印花、遗产、所得三种之新税。前二者之税目，对于行为而征收，即为中国向来未有之税目，而又无重复之可虞。若最后之所得税，则尤与十九世纪下半期之经济思想符合，而又与最新学说相近，即集注于富力之分配，而不仅仅著意于生产机关也。且是税之所长，适用累进之税法，与公平之原则既符，而亦达普及之目

① 《财政方针说明书》（1912 年 11 月），虞和平、夏良才编《周学熙集》，第 383—384 页。

> 的。英德艾弗森图库制，即因著手于此税，告厥成功。前事之不忘，后事之师也。本部即拟于印花税推行以后，先提所得税法，以待国人之研究，而其余新税，则以次推行，固不必同时并举也。[①]

《财政方针说明书》并不只是代表周学熙的个人认知，还代表着财政部的财政决策及变革路线。从中可见，政府已经将直接税完全纳入变革计划之中。周学熙在推动国地分税过程中，将所得税、遗产税、印花税均列入政府应增新税名目。正是在周学熙任财政总长时期，财政部拟好《所得税法理由书》，为正式重启所得税立法预作铺垫。[②] 遗憾的是，袁世凯任周学熙为财政总长是为继续完成善后借款任务。至次年五月，周学熙亦去职。到1915年，他也复出再任财政总长，推动田赋整理及推行烟酒公卖等事宜，取得一定成效。

袁世凯主政时期还有一位理财能臣是梁士诒。梁亦为清末进士，后入袁世凯幕府。在交通银行成立后，任帮理。在袁世凯就任大总统后，出任总统府秘书长。在周学熙任财长时，他担任次长。1913年周去职之后，由梁代理部务，主持发行了“民三”“民四”公债。

梁士诒的理财之长，在于善用金融及公债工具。他主张举内债以代替外债，避免受制于人。他亲任内国公债局总理，尝试建立公债信用。他认为：“理财之道，经权不同，缓则以增加租税为常规，急则以募集公债为通例。”[③]他总结过去发行不利，原因在于民不知公债之利，定额过高，信用不足。因此，他努力采取办法，来增强公债的投资价值。他赞同公债可用为租税抵纳，债券允许买卖。到1918年，他还主持创办北京证券交易所，以便于公债买卖。在发行方面，他与中国银行、交通银行签订《包卖债票合同》，由两行承包发行。发行结果虽未完全达到预期目标，但已经创造了内债史上的较好成

① 《财政方针说明书》(1912年11月)，虞和平、夏良才编《周学熙集》，第384页。

② 《所得税法理由书》，《大公报》(天津) 1912年8月2日，第二张第六版；8月5日，第二张第六版；8月6日，第二张第六版；8月7日，第二张第六版。

③ 岑学吕编：《三水梁燕孙（士诒）先生年谱》上册，沈云龙主编《近代中国史料丛刊》第75辑，台北：文海出版社1973年版，第204页。

绩。[①] 梁士诒以此为据，也扩大了“交通系”的政治影响力。

在税制变革方面，他的观点与熊希龄、周学熙相近，赞同征收直接税。他认为：“值此国基未固，需用浩繁之际，若照旧时之收入，万不足以供各项政务之用。故增加新税，实为今日切不可缓之事。印花税法案，业经前参议院议决公布，惟推行未广，现正遍设发行所，以求普及。至所得税，各国行之已久，既可收普及全国之效，复可致增加巨额之功，且与最新之学说相符合，盖着意于富力之分配，而不仅着意于生产事业也。现本部已议具草案，不日当交国会核议。料明知际此民力凋敝，未便增重负担，奈倒悬燃眉之急，实有不可坐待之势。而治标之法，尤以实行验契及契税两事收效最速，增加烟酒税率尤于严禁奢侈之中，可得增加收入之效。”[②] 梁士诒在熊希龄、周学熙的政策基础上，成功开征了印花税，也于 1914 年 1 月推出了新的《所得税条例》。

北京时期的内阁官员更替频繁，财政总长随总理之去留而变动。熊希龄、周学熙、梁士诒三人就任于袁世凯时期，此外在袁主政时担任过财长的还有周自齐、孙宝琦等。到派系主政时期，财政总长的任期更短，皖直奉各时期财长计有二十余位，知名者还有梁启超、陈锦涛等人，其中多人有两次入阁经历。从履历上看，所任财政总长并不缺乏现代财政知识，所言财政问题及提出方案多能切中肯綮，或重税收，或重公债，但都关注到财政与经济、税收与民生的密切关系。开征直接税，改革旧税则，也成为政府的政策方向。制度虽有所创见，但除袁世凯时期成效稍显外，财政部并不能改变财政系统混乱、地方滥征截留的现状。还有一更为明显的弊端在于，财政总长人选虽多具有专业性，但却需要借助于军阀派系的力量才能上位，或本身就是派系中的核心人物。非派系中人，多无实权，有计难施。派系中人，又与军政首脑有着极强的政治依附关系，难以抵制其借款及军费要求。

需加注意的是，民国初期财政官员的专业知识来源与其时西方财政学说的持续译介及财政学的本土研究有重要关联。在译作方面，如日本学者小林

---

① 邹进文：《民国财政思想史研究》，第 116—117 页。

② 岑学吕编：《三水梁燕孙（士诒）先生年谱》上册，沈云龙主编《近代中国史料丛刊》第 75 辑，第 141 页。

丑三郎的《比较财政学》、美国学者亚当士（Adams）的《财政学大纲》和塞里格曼的《所得税论》等都被译为中文，广为传播。在本土财政学方面，如庄士立的《国债概要》、崔敬伯的《现代税制之检讨》、杨汝梅的《民国财政论》、贾士毅的《民国财政史》、陈灿的《欧战财政纪要》、金国宝的《英国所得税论》、陈启修的《财政学总论》等，都有助于国内政学两界了解西方财政制度及学说，并为建立本土现代财政学奠定根基。① 在邹进文以留学生博士学位论文为中心来讨论经济学的引介之路的相关研究中显示，马寅初、何廉、李权时等人的博士学位论文均涉及财政及税收议题。② 民国初期的研究较之晚清时期更为注重结合本土的财政问题来展开讨论，学者们也在报刊上发表大量文论，引发舆论关注与争议。由此，也在推动财政知识的大众化传播。

三 北京政府的所得税立法及重启进程

经过熊希龄、周学熙、梁士诒三位财政总长的政策准备，应该说北京政府在承继清末议案法条、仿效西方推行直接税的议题上已经取得初步共识。从最初认为暂不可行，到被列入新税类项，再进入立法重启，所得税终于要尝试开征。这一进程分为两个阶段。其一是 1914 年立法因洪宪帝制崩解而受阻；其二是 1921 年再次重启，未料遭遇商民激烈抗议。

（一）1914 年所得税的初次试行

北京政府正式启动所得税立法程序是在周学熙任财政总长时期。1912 年 8 月，财政部税务股拟定了《所得税法理由书》。理由书系统说明了所得税的发展历史、重要价值、章程规划等内容，根本目的是为开征所得税张目。③

---

① 参见邹进文《民国财政思想史研究》，第 100—101 页。

② 邹进文：《近代中国经济学的发展：以留学生博士论文为中心的考察》，中国人民大学出版社 2016 年版。

③ 《所得税法理由书》，《大公报》（天津）1912 年 8 月 2 日，第二张第六版；8 月 5 日，第二张第六版；8 月 6 日，第二张第六版；8 月 7 日，第二张第六版。

理由书说，国家之财政以收支适合为原则，但军兴以来，工商荒废，岁入锐减，军事需用浩繁，“其出入不相抵也久矣”。袁世凯在夺得执政权后，为维系庞大军队，镇压反抗力量，军事支出巨大，“若不亟筹他税以维持其后，则各项政务势将未者永久不办，已办者亦渐归停办”，不仅政务难以推行，政府本身的维持亦成问题。理由书认为，所得税是最合适的加税选项。所得税始于英国，为德、法、日等国效仿，“所得税采累进法以重富者之义务而补诸税之缺点，是为合赋税平均之原则”。所得税又合于赋税普及之原则，“除不及纳税标准外，凡一般国民随所得金额之大小，咸有纳税义务”，符合良善原则。所得税有伸缩力，中流社会以上之人平时轻其税率，如遇有事增税极易。理由书举日本在日俄战争时增税之例，证明“所得税之良善为各国所共认者”。理由书还认为，“我国行之尚有特别之利，能使商增爱国之观念”。因此，“近察本国之情形，所得税之设洵为不可缓之事”①。理由书以所得税税制之优良及欧美、日本各国之实际成例作为开征理由。理由书明确指出所得税为“良善”税则，符合现代税收原则，显然是希望以此来增进所得税的社会合法性。

理由书详细说明了采择欧美及日本所得税制的标准与思路。结合晚清所得税立法草案，可以对所得税的法律渊源有更清晰的认识。理由书将各国所得税立法分为三种：（1）甲种特别所税制，“为巴威伦所采，于收益税外，设特别所得税，仅课资本利息税及劳动税之两种，不课他一切之所得”。（2）乙为一般所得税制，即普鲁士所采用的以个人经济全体之纯所得为课税标准，分资本财产收入、土地财产收入、商工业收入、劳力收入、幸侥收入之五种。（3）丙为折中制，即日本所采用的，取第一种所得（法人所得税，虽课法人经营全体之所得，实则对于股东之资本利息而课者）及第二种所得略同甲制，第三种所得略同乙制，“益其立法之精神虽注重乙而为征收便利起见尚多参用甲之处”。这与塞里格曼及此后朱偰的分类稍有不同，并没有单纯以英、法作为标准，而是考虑到中国税法初行，采便利原则，重视日本成例。理由书认为甲最劣，唯局于资本家及劳动家；乙制手续较繁；丙制有法人用比例法、个人用累进法之异，“岁入能得多额课税遍于一般，能矫补甲乙制之

① 《所得税法理由书》，1912 年 8 月 2 日，第二张第六版。

缺”。至于中国，采甲制则手续烦琐偶或不慎既易生脱漏，采丙制可省周折，因此，“与其采乙制，毋宁采丙制”，赞同采用日本的折中方案。[①]

理由书还陈列所得税章程草案，对税率、征收对象、征税程序、评税规则进行了系统说明，基本形成了所得税立法的法律稿本。按理由书所论，北京政府重点考察的外国税制实以德国和日本为主，所列巴威伦、普鲁士均为德国联邦地区。而反观日本在明治时期已经形成了以经营收益和薪资所得为主的征收体系，到20世纪初期又不断调整法人所得税率，提高级差及高阶税率，增加所得税收入。[②]

1913年10月，袁世凯正式就任中华民国大总统。11月，公布了《划分国家税地方税法草案》，将拟开征的新税即登录税、通行税、遗产税、营业税、所得税、出产税、纸币发行税七种列入国家税。[③] 1914年1月，在梁士诒代理部务期间，北京政府颁行《所得税条例》二十七条。条例规定：“无论本国人或外国人，凡在民国内地发生之所得，皆应依条例规定征课所得税。”征收所得分为两种：第一种为法人所得，除国债外公债及社债所得；第二种为法人所得之外的收入。法人所得课税千分之二十，公债及社债利息课税千分之十五。第二种所得规定500元以下免税，501元起，按级征收，税率从千分之五起。所得50万元，税率千分之五十。[④] 第一种法人所得实际上是营利所得，第二种指个人所得，在分类范围上相对简化。个人年所得500元起征，标准与清末议案相同。

在立法程序上，《所得税条例》系由财政部提交法案，经国会通过成为正式法律。依《中华民国临时约法》第13条规定：人民依法律有纳税义务。第19条规定：参议院有议决全国税法之权。在新的政体下，税收立法权为参议院掌握，脱离了政府行政管理体系。这意味着税收立法需要经过民意机构之同意方具合法性，在一定程度上体现了税收法定的原则。晚清资政院和

① 《所得税法理由书》（续），1912年8月5日，第二张第六版。

② 《所得税法》（1913年4月7日），大藏省印刷局编《官报》第204号，1913年4月8日，第173—175页。

③ 金鑫主编：《中华民国工商税收大事记》，中国财政经济出版社1994年版，第17页。

④ 《大总统令：所得税条例》（1914年1月11日），《全国商会联合会会报》1914年第5期，第124—137页。

咨议局尚是咨询机构，虽有税法议决权能，但并不具有最终决定效力。通过《所得税条例》的民意机构正是1913年4月在北京成立的第一届国会，国民党为多数党，此前为临时参议院。这届国会参议院议长是张继，众议院议长是汤化龙，在10月选举袁世凯为正式大总统。但在“宋案”发生及镇压了“二次革命”后，袁世凯下令驱逐国民党议员，解散国民党，另组政治会议及约法会议李代桃僵。《所得税条例》系在1月11日公布，但在1月10日，袁世凯就解散了国会。到1914年5月，袁世凯制定《中华民国约法》取代临时约法，改议会内阁制为总统制，成立参政院取代国会，加强总统专制之权。在军政体系及派系政治的强力干预控制之下，国会的权力运行易受左右，其税收立法权缺乏独立性。

法案虽定，实行不易。考虑到新税方行，民众尚缺了解，政府推行步伐相应放缓。到1915年时，财政部报告：“惟欲将普通人民之所得，同时举办，于事实上恐难办到。不如分为数期，逐渐推广，较易施行。”因此，公布了第一期施行细则。第二条规定：“本期应课所得税之范围规定如左：当商、银钱商及由官特许或注册之公司行栈；议员岁费、官公吏俸给年金给予金及从事各业者之薪给”。第三条规定：前条所称从事各业者之薪给，专指律师之酬资、工程师之薪津、医生药剂师之酬薪、公司大商号经纪人之薪资四项。[①] 施行细则将征税对象再加收缩，主要集中在部分行业商人、自由职业者及官员群体之上。清末议案中，是以官员公吏作为首要开征对象。这一法案仍然延续，只是增加了较易核算收入的自由职业者。收缩范围有助于减轻社会反对之声，但也会使率先纳税者产生不平之心。

周学熙将所得税编入民国三年的财政预算之中，征收方式是分摊各省解送。在缴纳程序上，条例要求是采申报法，也未成立专门机构负责征收，要求各地报主管官署纳税。政府欲以官吏纳税为各界表率，其用意值得肯定，但遭到各部人员反对，“各部人员听此消息，异常惊恐，纷纷具呈本部总长请为力争”[②]。京中各部官员闻征官吏所得税，视为“个人财政厄运”。报纸

---

① 《所得税第一期施行细则》（1915年8月9日呈准公布），《税务月报》第21号，1915年9月1日，第1—3页。

② 《各部人员反对所得税》，《大公报》（天津）1914年1月18日，第二张第一版。

传京内外各官厅已议决扣薪办法，计每员每年薪俸内，须除去内国公债一个月，所得税一个月，救国储金一个月，本衙门储金一个月，“综计全年实得八个月，是捐出三分之信如是”“是生计影响，直将波及于官吏，宜乎其愁上眉梢矣”①。公债、储金及所得税都以公务人员为先，累计叠加，的确是较大的负担。在商人方面，12 月 8 日，杭州总商会也致函天津总商会，表示省垣各商业暨外县各商会纷电称无力担负，集议一致请求展缓。

纳税人普遍消极应对，政府的推进行动缺乏有效落实办法，当年度征收未见成效。1915 年 12 月 28 日，政事堂、财政部通电各省巡按使，明年度预算案已决定不足之处由官吏所得税、房屋税、婚契税三项弥补，明年一月一日实行。副总统黎元洪表示赞成官吏所得税，参政胡钧也提出请政府暂于官吏所得试办所得税，以济财政。② 政府仍未放弃，但官员群体本身一直持抵制态度，又缺少督导监察方法，仍然是申令不行。兹后，护国运动爆发，洪宪帝制崩解。所得税通令缓办，第一次试行归于失败。

（二）1921 年所得税的重启

袁世凯死后，北洋军阀分裂，各派战争纷起，争夺中央和地方控制权。黎元洪继任大总统，恢复了国会，但实权掌握在国务总理段祺瑞之手。兹后府院之争，张勋复辟，国会又被解散。1917 年 8 月，黎元洪去职，冯国璋任总统，段复任国务总理兼陆军总长，直皖之间又发生直接冲突。段祺瑞一直拒绝恢复国会，于 1918 年 8 月另行操纵选举，组建起安福国会，选举徐世昌为总统取代了冯国璋，皖系把持了中央政权。部分议员南下广州，组织非常国会，支持护法运动。1919 年 12 月，冯国璋去世，直系曹锟和吴佩孚联合倒皖。1920 年 4 月，曹锟联合奉系在北方组织八省反皖同盟，7 月直皖战争爆发，皖军不敌，段祺瑞被迫辞职。1920 年 7 月，直军攻占北京，解散了安福国会，北京政权为直、奉两系掌控。

所得税的再次重启正发生在直皖战争前后。在 1919 年年底，国务会议即讨论所得税问题，通过《所得税条例》，其条款仍依 1914 年成法未改。此

---

① 《大公报》（天津）1915 年 6 月 5 日，“闲评一”，第一张第五版。

② 《黎副总统赞成官吏所得税》，《大公报》（天津），1914 年 7 月 27 日，第二张第一版。

次法令重启，并不是经国会同意，且此时安福国会的合法性本身也受到质疑。1920年6月，财政总长李思浩呈报设立所得税筹备处，拟以专门机构推进税政，提升效率。李思浩是安福系的大将，此前曾任财政次长兼中国银行总裁。呈文认为，“原条例系教令公布，法律上当然有效”，故而财政部解释为原国会通过之法律效力仍然有效。开征的理由是财政困难已达极点，“自非新开税源不足以资挹注”。在范围方面，“佥以开办新税伊始，范围不妨稍广而税率贵乎从轻，负担既取公平，人民易于缴纳，仍以按照原条例较妥当”[①]。财政部拟以1920年6—12月为筹备期，从1921年1月正式开征。财政部拟设立所得税筹备处，任命参事项骧为总办，并派参事上行走、前赋税司司长姚贻庆及参事上行走孔祥榕为会办，先定简章，分股任事。筹备工作初步完备，并得到徐世昌总统令正式批准。

1920年9月30日，财政部发布《所得税开征通告》，对开征所得税的原因及用途详加说明。通告全面阐述了政府开征所得税的政策考量。此处录通告全文如下：

大总统令：经国之谟制用为要，利民之政，保育为先。现在民治日益发展，支出遂见繁多，而振兴教育提倡实业，需款尤亟。自应启发税源，借以孳培邦本。民国三年一月公布之《所得税条例》，前经准如财政部所请，于民国十年一月施行。税则既甚轻微，负担亦极平允，应即责成财政部严定考成及奖励办法，认真办理其征收调查各事项。有关内务、农商各部者，并着各部切实协助。各省区军民长官尤应同力合作，督属推行。取之于民，用之于民，一俟收有成数，尽先拨作振兴教育提倡实业之用。庶几款不虚糜，民沾实利，育才殖业，咸利赖之。

查所得税制，创自英国，东西各国均已次第施行，毫无流弊，即各国学者及政治家均认为良好之税源。我国所定税率，载在条例，不过千分之几，较各国初办税率，已差之倍蓰。若视其现行章程，则更有天渊之别。且对于少所得者，有免税之点；对于多所得者，有累进之条。此

① 《财政总长李思浩呈大总统遵设所得税筹备处按照条例由部遴员筹备文》，《政府公报》第1571号，1920年6月29日。

外，尚有对于特别之收入者，免其课税，尤以济社会财产之平，深合于租税公平之原则。现在国家教育亟待振兴，实业亟待提倡。每年预算，两项经费，为数所短尚多，非另筹的款，不足以资应用。今奉明令，将此项收入尽先拨为教育、实业之用，将来教育、实业之发展所赖实多。谁无子女，而所得税即为培养子弟之资；谁不治生，而所得税即为奖励生产之用。国家取于民者，既若此其轻，而为民谋利益者，又若此其至。裕国便民，莫此为甚。本部已严定章程，此项税入专款存储，并将教育、实业应拨成数划清，以杜挪用。为此通告商民人等，其各仰体斯意，实力奉行无违。此告。①

通告重点说明三大事项。其一是所得税之法统。此时虽然主政者转换，但是所得税法律仍沿用1914年之所得税条例。其二是所得税制之优良。中国所得税制吸收了欧美各国的税制优点，负担较轻，又重视公平。其三是所得税之原因及用途。通告未再单纯说明财政亏空，而是结合所得税之用途来说明征收的必要性。通告列明所得税专用于教育与实业，事关国民及实业福祉，非军政用途，要求国民履行纳税义务。此通告重点针对的是商民疑虑，说明较前更为务实。通令要求财政部、内务部、农商部及各省严密推行。为消除商民疑虑，特别强调严定章程，专款存管，杜绝挪用。

通告发布之时，北京政府其实已为直、奉两系掌控。直奉联军击败皖系后，曹锟和吴佩孚分任直鲁豫三省巡阅使及副使，张作霖授镇威上将军。此时徐世昌仍担任大总统，但是并无实权，曹、吴控制了组阁事宜，以中央政府名义压制各地方势力。但在增收新税的问题上，皖系和直系的想法却空前一致，直系仍继续推动所得税征收。

政府确定重启所得税，在具体征收范围方面有所调整。1920年年底，财政部颁令废止民国四年（1915）呈准之《所得税第一期施行细则》，同时发布了新的征收税目清单，确定第一年征收计划为400万元。1921年1月，财政部正式公布税目清单，规定就五项所得征税：官公吏之俸给公费、年

① 《财政部开征所得税通告》（1920年9月30日），《中华民国史档案资料汇编（财政）》，第1537页。

金，公司、银行、工厂之法人所得，由官特许之商号行栈，银号、钱庄、金店银楼（无论资本多少），普通商店（资本 2 万元以上）五类。公债社债利息、从事各业者之薪给、存放款利息、不课所得税之法人分配利益暂缓，个人一般所得及田地池沼之所得亦暂缓。[①] 标准较 1914 年细则更为详细，重点明显以营利所得为主，指明公司、银行、工厂为主体。在个人所得方面，以官公吏为主，未将自由职业者及其他行业从业者纳入征稽范围。在利息方面，也不予征收。按此规定，工商企业、商人及公务人员成为主要的征税对象。

政府正式决定重启所得税，成立了筹备处，但未建立区域直征系统，仍是通过行政体系推进，由各省市分摊包缴。大总统令传达各省市，财政部亦通过财政行政系统下达。财政部确定 1921 年所得税预算为四百万元，浙江省认列四十万元，湖北亦认列二十五万元，“苟能妥善筹措，即每省各摊出三四十万元，亦能超过预算之额”。财政部调各部院表册，并咨询京师总商会各省公司大商店及银钱行号营业盈余，“盖在数万万以上”。田地池沼，亦连阡陌，即按条例，最轻税率估计，税额亦不止三四百万。[②] 财政部估计所定额度不高，征收应可完成。1920 年 10 月，江苏省公署就训令财政、实业、教育、警务及水陆警察厅，要求“宣示商民，咸体此意，以释群疑”[③]。江苏省教育厅也向各县知事、公立及省补助款学校训令，要求一体知悉，以便推行。11 月，浙江省财政厅分发所得税先征税目并估计表，训令各县预先填报。永嘉、桐庐、定海等县对征收范围及计算方法有疑义，亦予电令解释。[④] 12 月，财政部又要求浙江财政厅预先筹备，查报填数，会教育、实业各厅向士绅商会“剀切宣告，以期周知而利推行”[⑤]。在北京，京师学务局训令各师范小校按月编送所得税表，配合推行。因为所得税预定为教育实业

① 《财政部公布所得税先后征收税目令》（1921 年 1 月 6 日），《中华民国史档案资料汇编财政》，第 1539 页。

② 《财部催办所得税》，《实业杂志》1920 年第 35 号，“国内要闻：省外”，第 15 页。

③ 《财政部咨行所得税遵令尽先拨作教育实业经费并分别先后订定征收数目请查照办理》，《江苏省公报》1920 年第 2449 期，第 8—11 页。

④ 《财政厅厅长陈释明所得税先征各目并附发估计表训令》，《江山公报》1920 年第 6 期。

⑤ 《财政：函县商会会长、训令劝学所所长奉令颁发所得税布告广向各界剀切宣告》（1920 年 12 月 18 日），《江山公报》1920 年第 6 期。

之用，教育部门和实业部门也变得异常积极。教育部通令各省教育厅要求配合实施，各省教育厅则训令教育机构配合宣传实施。1920 年 10 月，财政部就要求安徽省教育厅配合推行。按政府计划，希望通过政策性的强力摊派，使所得税能够切实落地实行。

相对于 1914 年征收所得税的尝试，此次政府的决心显然要坚决得多。既发布通告，成立征收机构，确定预算数额，还承诺将税款用于教育与实业。政府通过行政组织体系，要求各省市分摊税款。政府预想会遭到商民抵制，但是未曾想到抗议浪潮如此猛烈。开征通告一出，各地商会即组织发动全面抗议。

四 “反对所得税运动”及官民对峙

1920 年，北京政府重启新的征收计划，志在必得。商民敏锐感觉到这一新增税收可能落地，开始了有组织的抗议。官吏及公务人员身在政府体系之中，商人与商会实际上是抗议的先锋主力。

（一）商会的集体化抗议

在财政部通告和大总统令颁发后，政府迅速传令各地商会。政府的本意是要求商会协助进行税源调查，预作征稽准备。孰料商会在接函后，迅速展开了集体化的抗议行动。

商人判知将成为所得税的主要承担者。1920 年 10 月间，南京、苏州、汉口、吉林、芜湖各总商会及宿迁、松江、武进、上海、常熟各县商会就先后致函实业部称：“此项新税，照原订条例税率，虽属轻微，稽征易滋苛扰，恐公家之收入有限而人民之受累无穷。又况比年以来，风潮屡起，灾祲时闻，民鲜安居，商多失业，而原有之各项税捐名目繁多，担负已重，困益加困，其何以堪。”[①] 所得税被认为是良税，能够促进社会公平，但重在公共利益。在实际承担税负的商人看来，原本已承担苛捐杂税，旧税未减又开征新税，实在不堪承受。

① 《商会请缓行所得税之函稿》，《实业杂志》1920 年第 37 期，“国内要闻省外”第 18—22 页。

上海总商会专门组织会员对所得税问题进行了深入研讨。1920 年 10 月 17 日，上海总商会接上海县公署函，请筹议调查办法。商会将税法及公函排印五百册，分发各业筹议。在 10 月 30 日、11 月 13 日两期常会公举会董审查，综合意见，形成了所得税审查报告。报告中说："核溯自政府有施行所得税之决定，社会方面反对之声即甚嚣尘上。"商会承认所得税为"应于各个人给付能力所课之税"，但反对征收，认为"在法律上在事实上皆吾人亟应研究"。同时也表示，"以为应否担负之标准，断不能无理反对，致蹈抗税之嫌"。商会并非片面反对，而是以法理与事理进行抗辩。上海总商会的所得税审查报告书详细阐明了反对征收所得税的理由。综合而言，分法律及事实两个层面进行抗议。

（1）法律上之理由。在法律上，商会认为，"立法手续不备，违反税制之精神"。商会解释说，在专制时代，"万民臣子，天下为家，予取予求"，不需要征求民众的同意。但是，"今世立宪国家，凡增加人民之负担，须先经代表民意之立法机关承认，庶为合法"。商会之意见，正是西方税收法定原则的直接反映。而在约法之中，亦有相关规定，税收须经国会通过同意方才可以开征。此时宣布开征所得税的问题在于，"今日我国政争未已，无合法机关足以代表民意，此增加人民担负之所得税法，于法律上必要之形式亦不经通过，遽欲以一纸空文，号召全国，是直置民意于不屑问也"。政府宣令重启所得税，是以大总统令和财政部令为形式，在法律上仅表示沿用民国三年所得税条例。但在商民看来，"人民欲尊重共和，保持民治精神，则此未经国会通过之非法新税制，当然无奉行之义务"。因此，商会拒绝执行所得税是正当行动。所说违反税制精神，是指所得税令破坏公平，商会认为，一不应多取于无产阶级而廉取于有产阶级；二劳动所得与财产所得应有分别；三最低生活费规定之不正确。[①] 从语义上看，商会支持对有产阶级及财产所得征税，但真实利益所向可能并不在此，而是强调不应以劳动所得来彰显公义。同时，商会认为 500 元的免征额起点过低。

（2）事实上之理由。在事实上，商会提出不可行者有以下两点原因。其一，征收方法不当。除第一项外，皆与商人有密切关系。但在今日，"我国登

① 《总商会审查所得税之意见》，《广肇周报》1920 年第 86 期，"代论"，第 2—6 页。

记法之未行，地方警政之不举，与商业设备之不完，事前既无精确之统计，事后又难得详细之调查，一旦举行所得税，恐租税公平之要旨未必可保”。政府如欲完成四百万元额定税收，定会包办责成各省分摊，地方官为考成计，必穷事搜刮以中饱。其二，用途之不正确。财政部通告中称所得税用于教育、实业用途，为何商会认为不正确？商会认为，通令理由“固名正言顺也”“然文告之不信于天下也久矣”，对于政府明显是不信任的。商会认为，历年政府军费占岁入百分之八十，政费超过百分之十至二十，教育经费仅占百分之三，各地均有以教育经费充军费之事发生，“政府果有振兴教育之诚意，则裁判一小部分之军费已逾四百万元之数，又何用增收新税重苦吾民”。至于实业方面，商会明确表示“更不敢信”。政府发行之各类储蓄券、实业债券，均未见成效。商会以为，名义上用于教育实业，“我恐所得税放以后，教育实业未蒙其惠而四百万之岁入，又可加增战斗力不少。且将来借用外债时又多一抵押品矣，此皆可料想之事也”。商会认为政府新税之项有增无减，但并未见政府“有何等国利民福之建设，尤未见有一合法之预算案”。政府不断借内债外债，人民始终未明其用途。名为军用，“无非供阋墙之斗权利之争及饱个人之私囊耳。使今又举行新税，是直虑军事杀害之未足，私人财产增殖之不多，而又从而益之。无怪人民抗税之声日高一日”①。在客观环境上，商会认为征收所得税的制度、机构等并不完善，统计及财务信息亦难周全，各省市包缴有损税收公平。在主观上，商会完全不相信政府将所得税款用于教育与实业的承诺，认为政府名为公益，实际上仍会用于军政。从政府在此时急切推进所得税的动机来看，商会的指责并非无的放矢。

政府令箭已发，商会并未畏惧，而是针锋相对，提出了承认所得税的八项条件。内容如下。

> 总之，今日政府所欲厉行之所得税，吾人可断言之曰非法，曰不公，曰时机未至。苟政府必欲施行之者应提出数问题。以促政府之反省：（一）所得税法必须经过合法国会之通过；（二）所得税法本身上不公平之点须切实改正；（三）一切恶税废止并实行保护工商政策时；

① 《总商会审查所得税之意见》，《广肇周报》1920 年第 86 期，“代论”，第 2—6 页。

> （四）所得税法之用途须确实予人民以监察之权；（五）须履行登记法，改良警政，社会有精密统计时；（六）须声明不以所得税抵借外债；（七）政府举行之新税应列入合法之预算案；（八）政府未实行裁兵及节省各项糜费以前，人民不能承认此新税以供无谓之浪费。以上数问题，“政府如肯俯从切实改善，人民有纳税义务，再无反对余地。否则，我商民为自求计，万难奉命。虽有何等压力，亦所不计也”。①

所列八项条件不仅体现了商会对政府此时征收新税的态度，而且也全面反映了商会对于纳税人权利的坚持，其背景及内涵值得深入解析。商会所列的条件包含了所得税合法性问题、税制合理性问题、工商业的综合税负问题、税收监察权问题、政府治理问题等重大议题。

第一项条件所指即所得税合法性问题。商会强调税法要经合法国会之通过。税法由财政部门草拟，但在法律程序上需经国会及相似民意机构通过才具合法性，自晚清立宪时期开始逐步形成的税收立法传统，也是立宪及共和体制下的重要原则，即税收法定原则。商会所指的“合法国会”，实指1913年成立之国会。1914年所得税条例由财政部提出，经过了国会表决通过。但此次宣布继用1914年条例，是由国务会议决定，未经过民意机构同意。直奉联军在击败皖系控制北京后，将安福国会解散。曹锟等表面宣布召集民国二年的国会、恢复《临时约法》，实际上以此来抵制孙中山护法。商会此处指税法应经合法国会通过，所认定之国会应为民国二年国会，但此时并未重新召集。商会以此为理由来质疑所得税的合法性，实际上坚持的正是“护法运动”的法统标准。但在政府方面，则坚持沿用1914年所得税条例，认为延续了合法性。因国会几度解散，主政派系轮换，政府的这一说法较为牵强。

第二项条件是指所得税条例的具体条款还过于简单，在起征点、税率设计方面还不合理，减免条款亦不完善，难以达到所称之良税条件。政府在此时急切开征所得税，在涉及营利事业的资本、收入、成本核算方面缺少细致规定。商人也认为税率过重，累加过急，只顾及财政增收，而体恤商民不够。

---

① 《总商会审查所得税之意见》，《广肇周报》1920年第86期，“代论”，第2—6页。

第三项条件实指工商业的综合税负问题。商会要求废除一切恶税，保护工商，是因为此时工商业的整体税负较为沉重。自晚清开征厘金及财权下放，在中央层面虽三令五申，要求裁废苛杂，但在地方层面则令行难止。北京时期，派系混战之下，无论是中央派系还是地方派系，均向工商界摊派及征收名目繁多的杂税杂捐。国地分税，意在强化中央税权，并未解决地方滥征问题。政府希望征收合理的新税来取代不合理的旧税，商界则要求取消不合理的苛杂，方可为征收新税创造条件。推挽之间，实际上反映商民对于政府的不信任。

第五项关乎税额核算。第四项、第六项、第七项条件的核心问题是税收监察权。商会要求能够监察税收之用途，按照财政预算要求，列入公共预算，不得用于外债抵债。这反映商民极其反对政府以关税、盐税及让渡财政主权为代价而借取外债，清末及民初的“国民捐”正是反映了社会公众的这一心理。此外，政府财政大部分用于军费及战争，而缺少建设性支出，引发民众的广泛批评。政府承诺将税款用于实业与教育，但商会的反应表明，商人对于政府的承诺完全不信任。

至于第八项条件，在税政之外，要求政府裁兵节费，表明商人对于军阀混战时局的严重不满。从社会契约的角度而言，税收是政府与纳税人的契约形式之一，纳税人缴纳税收，而政府应保护社会秩序稳定及财产安全。商会对军阀混战、政权频繁更迭的混乱局势极为不满，称政府不能达此要求，纳税人自然难以履行纳税义务，“虽有何等压力，亦所不计也”。商会的坚决态度，也反映此时商会的权利意识和集体行动能力有明显提升。

商会的意见书说明，所得税在制度上为良税，可以兼顾国家财政和社会政策的双重利益。但是从商会的角度来看，纳税人利益和公共利益既存在一致之处，也存在冲突。在政府未能确切保障纳税商民的政治、经济诉求，而又采取区别政策之时，更易引发纳税商民的抵制。

（二）“反对所得税运动”

上海总商会的审查报告在相当程度上代表了商界的意见，后经全国商会联合会转呈国务院、财政部。上海总商会为全国商界之首，其审查报告书刊于媒体，亦为各界所知。相对于政府的征税通知，审查报告更类似于抗议的檄文。各地商会纷纷呈书或致电政府，或媒体公告，表达抗税意愿，形成了一场声势浩大的“反对所得税运动”。之所以称为运动，是因为这一集体抗议行动既具有明确的目标和组织性，亦具有广泛的社会影响，持续时间较长。

“反对所得税运动”可分为两个阶段：第一阶段是政府发布通告至1921年1月1日正式开征前；第二阶段是在1921年1月1日正式开征之后。

在第一阶段，各地总商会呈文或致电国务院、财政部、农商部等机构，表示不能承认其法律效力，要求缓行税法。在正式开征前的一个月间，各地函电连绵不断，如表2－3所示。

表2－3　　1920年年底各地商会及同业公会呈请反对所得税函电情况

商会及公会名称	日期	呈送形式	理由	来源
天津总商会	1920年11月14日	呈大总统国务院财政部农商部	缓行所得税，以维国法而恤民艰。不能承认法律效力，民不聊生，负担沉重	《商界反对所得税呈文》，《大公报》（天津版）1920年11月14日，第三张
天津总商会	1920年12月25日	第二次呈文农商部	再陈疾苦，仍恳缓行。以行政命令而代法律，人民谓为违法；税捐重叠，久苦繁苛；户口未备，调查困难；内讧未息，南北矛盾，碍难推行	《商会请取消所得税》，《大公报》（天津版）1920年12月25日，第三张
天津总商会	1920年12月30日	通电及呈请免税	商民困苦及法律手续不合，各商来会申请，当此力争免为加征	《总商会力争免税之通告》，《大公报》（天津版）1920年12月30日，第三张
南昌总商会	—	致电财政部农商部	据各业意见请取消所得税	《赣省米业反对所得税》，《大公报》（天津版）1920年12月28日，第二张
南昌米业公会	1920年12月20日	致函南昌总商会支持取消	驳复财政部回复原因	《赣省米业反对所得税》，《大公报》（天津版）1920年12月28日，第二张

续表

商会及公会名称	日期	呈送形式	理由	来源
江西各业公会（钱业公会油业公会、出江木业、白纸行商、靛业公会、盐业公会、布业公会、烟业公会、南北货公会）	1920 年 12 月 18 日	各业组织各业商帮联合会	钱业召开紧急大会反对所得税、印花税、一五附税和一成赈税。各业均推派代表组织商帮联合会，谋正当之防卫	《赣省各商反对四项新税之激昂》，《大公报》（天津版）1920 年 12 月 18 日，第二张
大同总商会	1920 年 12 月 15 日	致电国务院及财农两部	请求暂缓实行。旧厘未裁，新税叠加，所得税未经国会之通过	《电请缓行所得税》《大公报》（天津版），1920 年 12 月 16 日，第三张
杭州总商会	1920 年 12 月	致电国务院及财农两部	省垣各商业暨外县各商会纷电称无力担负，集议一致请求展缓	《所得税推行之反对声》，《大公报》（天津版），1920 年 12 月 7 日，第三张
吉林省总商会、省议会、省农会等 14 团体	1920 年 12 月	致电国务院及上海商会等	吁请各界一致反对举办所得税，电请中央收回成命	《吉林省议会等 14 团体吁请各界一致反对举办所得税公函》，《申报》1920 年 12 月 18 日

说明：所得税定于 1921 年 1 月 1 日起正式开征，此为正式开征前的部分抗议情况。

抗议基本上是由各地总商会发起，上海、天津、大同、杭州、南昌等地总商会引领先导，向国务院及财政部提交呈请。同业公会的函电多先提交商会，再由商会转呈或汇总呈报政府部门，同业公会亦可直接函电政府部门。所列理由，基本与上海总商会所列相近，集中于合法性及税负问题。天津总商会先后多次呈文农商部，批评政府开征所得税系“以行政命令而代法律，人民谓为违法；税捐重叠，久苦繁苛；户口未备，调查困难；内讧未息，南北矛盾，碍难推行”①，直接质疑所得税的合法性，同时也反映税捐重叠，

① 《商会请取消所得税》，《大公报》（天津）1920 年 12 月 25 日，第 9 版。

查征条件不足等因。天津的抗议也有客观原因。1920年11月28日，直隶财政厅呈所得税筹办困难，请暂从缓办理。省公署称，以六年水灾以后元气大伤，灾情奇重，准缓办一年。①

在吉林省，地方公团更是跨界联合。1920年12月，吉林省议会、总商会、省农会、工会、教育会等14团体公函上海南、北商会，吁请各界一致反对举办所得税，电请中央收回成命。电文中称："《所得税法》虽通行于欧美各邦，然施之于中国则为创举。……中国税率纷繁，人民负担已重，如施行此税，必将其他苛税一律免除，方昭公允。否则税上加税，民力几何，焉能胜此。"函电中还认为重启税法"未经国会通过，未发生法律上之效力，决难责人民以服从"②。吉林省各团体质疑的焦点与其他地区商会一致。但与上海不同的是，吉林省在商会之外，还有省议会、工会、农会及教育会及地方自治团体。为何出现社会各界一致反对的情形，可能与其时的政局有关。直奉两派联合击败皖系获得政权，但是两派之间亦存嫌隙。省议会参与反对，可能代表本地商民利益，也可能含有反对直系统治的意图。

按预定计划，所得税应于1921年1月1日起正式开征。但面对商民抗议及对所得税合法性和用途的怀疑，政府不得不亡羊补牢。1921年1月13日，财政部紧急连续发布了五项部令。

第一是《所得税分别先后征收税目》，第一号财政部令颁发。明确对五类所得先行课税，即官公吏之俸给公费、年金，公司、银行、工厂之法人所得，由官特许之商号行栈，银号、钱庄、金店银楼（无论资本多少），普通商店（资本2万元以上）五类。此内容与前颁之税目清单一致。

第二是《所得税条例施行细则》，第二号财政部令颁发。规定了法律范围、法人主体、免税类型、调查委员会之组织等内容。征收采取申报制，主管官署根据纳税义务者之报告税额决定，若无报告或不当时则可径自调查。调查由调查所得委员会进行。③

第三是《所得税调查及审查委员会议事规程》，第三号财政部令颁发。

① 《省令缓办所得税》，《大公报》（天津版）1920年11月28日，第9版。

② 《吉林省议会等14团体吁请各界一致反对举办所得税公函》，《申报》1920年12月18日。

③ 《所得税分别先后征收税目》《所得税条例施行细则》，《政府公报》1921年1月13日，第1758期，第246页。

规定调查所得委员会的组织、选派、议事、会期等内容。[①]

第四是《所得税征收规则》，第四号财政部令颁发。规则规定所得税征收机构除依条例组织者外，财政部亦可指定或特设督征或经征机关。规则第二条至第七条，分别规定了法人、公债社债利息、议员岁费及官公吏俸给公费年金、存放款利息及不课所得税法人利益、各业从业者薪给、田地池沼所得的认定和征收办法。在税率方面，规定采比例税和阶级累进税。关于纳税期限方面，每届纳税期一个月前官署将通知书送达，过期未纳者可催征。逾期可执行延纳处分，最严重者可实行财产之扣押。纳税后须发放收执。[②]

第五是《所得税款储拨章程》，第五号财政部令颁发。第三条规定前条专储之税款除照章应提之征收奖励各费外，非依国家教育及实业经费之支付预算不得动用。第四条规定：前条专储之税款应按年收总数照章除去征收奖励各费外，以七成拨作教育经费，三成拨作实业经费，由财政部分别拨支。[③]

上述五号部令在同一天颁布，是政府为补齐制度缺漏的应急之举。第一项至第四项，主要是征税范围及征收规则。这些内容在原所得税条例中并未明确规定，使所得税的调查与征收于法无据。征收规则之中，对于税收拖欠及拒绝纳税者亦规定了惩戒办法，最严重者可以扣押财产。第五项的储拨章程，则直接针对商会质疑政府会将所得税款用于军政或外债抵押的说法。依此规定，税款专款专储专用，非教育与实业用途，不得动用。北京政府希望通过法律制度来解除商民疑虑，保障所得税顺利推行。

严格来说，此类配合法令从属于所得税条例，在时间上至少应同步或者提前发布。但在 1 月 1 日之后方才制定，说明政府在法律准备方面并不充分。政府希望以法释疑，亡羊补牢，并不为商民所接受。在征税时间到达之后，商民抗议反而升级，不断扩展，此为“反对所得税运动”的第二阶段。

第二阶段商会的集体抗议再行升级，商会组织体系内的纵向动员和横向联合更为频繁。早期提出抗议的省份在此时继续向政府陈情。江苏省总商会再次召集会员公决，重申前项主张，明确指出，“所得税从法律及事实上均

① 《所得税调查及审查委员会议事规程》，《政府公报》1921 年 1 月 13 日，第 1758 号，第 169 册第 248 页。

② 《所得税征收规则》，《政府公报》1921 年 1 月 13 日。

③ 《所得税款储拨章程》，《政府公报》1921 年 1 月 13 日。

应认为不可行”，政府如必实行，必达到所提出八项条件，未予让步。[①] 江苏省总商会的意见也得到省议会的支持。1921 年 4 月，江苏省商会议员宋铭勋提请财政部缓办所得税，力陈：“兵灾频仍，重苦商民。民国政府以教令颁布未经国会追认立法原理不合；虽先就官吏大贾征收然安知不即逐步推行搜刮；苛税繁多，重复征税；调查不易有违征税均平之道；政府恐民众不信任标明用于教育实业，安知不转移供购械养兵。”[②] 在浙江，杭州总商会1921 年 1 月底召开了全浙商会会议，省长、督军均派代表列席。其中，商会代表 38 人，杭会会董 20 余人。讨论施行所得税理由，所得税为良税，但我国各种恶税民苦已久，商力难支，请除旧税再施行。[③] 在吉林省，1921 年 2 月 14 日，吉林总商会召集公议，以全国未统一以前正式国会未通过为理由，以各省灾害为事实，坚持原议一律概不承认。3 月，吉林总商会呈报全国商会联合会，称北京政府新加各项捐税全国商会应有一致拒绝，请求通告全国商会总分各会。[④] 1921 年 4 月，上海南北两市商会亦表示反对征收所得税，商会支持联合会提议裁撤厘金商界始克遵行。厘金未撤，百业凋敝，难纳新税。[⑤]

天津总商会不仅继续抵制征税，而且与地方频繁联络，要求下属商会不要私自纳税。天津总商会在 1921 年 9 月又通电全国，号召各商会继续抵制。通电言：“共和国家主权属于国民全体，故有应尽之义务，有应享之权利。年来政府加税加捐，任意予取予求，养兵为患，残害民生，国民义务虽尽，权利享有毫无。”[⑥] 总商会的通电不仅表达了对于北京政府加征税捐的不满，而且对于政府的治理成效提出严厉批评。国民尽到纳税义务而无丝毫权利，政府未履行治理责任。天津总商会之倡议得到下属商会及各地商会的响应。保定总商会回函，赞同天津商会，“贵会既经骏发，凡我同侪，更当忝附骥尾，坚决否认。当即由会公布，约定阖属商民一体照办”[⑦]。宁津县商会表

① 《苏人对于所得税之要求条件》，《大公报》（天津）1921 年 1 月 10 日，第一张。

② 《苏省会请缓行所得税》，《大公报》（天津）1921 年 4 月 27 日，第二张。

③ 《商会开代表会议》，《大公报》（天津）1921 年 1 月 28 日，第二张。

④ 《全国商会反对新税》，《大公报》（天津）1921 年 3 月 14 日，第三张。

⑤ 《反对所得税呼吁》，《大公报》（天津）1921 年 4 月 14 日，第二张。

⑥ 《商会否认新税电》，《大公报》（天津）1921 年 9 月 29 日，第二张。

⑦ 《抗争新税之响应声》，《益世报》（天津版）1921 年 10 月 8 日，第 10 版。

示，所议各节既关民治又系国本，敝会极端赞成，当即坚守斯意，一致抗争。[①] 盐山县商会表示，“凡有血气者，孰不激发天良，至为钦佩，敝会一致赞同，坚持到底”[②]。总商会此举不仅在舆论上给政府以压力，且在事实上堵塞了地方官署的征稽行动。

抗议的地区和行业范围较前有所扩大。在福州，45 个商帮在 1921 年 5 月中旬公举代表 200 余人召开大会，决议请免征所得税。决议认为，现定税则属于立法事项，“非命令权所可占而代者”，约法有明文规定，国会有议决全国税法之职权，1914 年所得税条例为不合法。重启所得税条例，亦未经国会同意，税法效力存在问题。效法西方行所得税法，但登记法尚未实行而行所得税，难明营业之真相和财产之内容，如检查势必扰民。此外，民力凋敝，捐费繁多，难堪负担。[③] 全国银行公会在 1921 年 1 月 14 日亦发电呈请财政部缓征所得税，列举法律手续未全、民力困穷、簿记不一、恶税未除、税收用于军费政费五条理由。[④] 全国商会联合会接各省市商会呈请，亦不断采取行动，继续呼吁免征所得税。1921 年 9 月 13 日，联合会呈请农商部，要求撤销所得税，修改商会法，裁撤厘金。[⑤]

各总商会的抗议声势浩大，互通声气，共谋进退。1921 年，江苏省议会经议员提议缓办所得税，经省议会议决同意，于 1921 年 5 月报省长办理。[⑥] 吉林亦申请缓办所得税，直隶省同样如此。以商会为领袖的“反对所得税运动”虽暂时未动摇北京政府的征收决心，然在地方政府层面上已经引起共鸣。其中缘由，可能有议会代表本身亦为商人甚至在商会之中任职的原因，也可能因所得税为中央税，使地方缺少利益驱动。此外，北京政府此时为直系掌控，其余地方实力派并不希望直系获得更多税源以推动武力统一。

面对商会及商民的抗议升级，北京政府及财政部不得不加以正视。1921

---

① 《抗争新税之响应声》，《益世报》（天津版）1921 年 10 月 8 日，第 10 版。

② 《抗争新税之响应声》，《益世报》（天津版）1921 年 10 月 8 日，第 10 版。

③ 《闽商呈请免征所得税》，《大公报》（天津）1921 年 5 月 18 日，第二张。

④ 《银行公会呈请缓征所得税》，《大公报》（天津）1921 年 1 月 15 日，第二张。

⑤ 《全国商会联合会呈请在沪开临时大会》，《大公报》（天津）1921 年 9 月 13 日，第二张。

⑥ 《省议会议决之两要案：缓行所得税，停铸铜元》，《钱业月报》1921 年第 1 卷第 5 号，“新闻摘要”，第 34 页。

年，针对上海总商会及全国商会联合会江苏省事务所提出的疑问，财政部逐条加以解释。[①] 此时，距离上海总商会的审查报告已经半年。

（三）官方的“自我保证”与持续催征

1921年，财政部在回复中，对上海总商会审查报告及全国商联会呈请中所说的法律、事实两个层面的质疑予以解释。（1）在法律上，商会所提出第一项谓所得税立法手续未备。财政部解释说，《所得税条例》自1914年1月公布后，1915年8月颁布第一期施行细则，并三次列入预算。到1916年国会恢复后，大总统令凡法令除有明令废止外，一切仍旧。国会未正式建议废除，法律仍然有效。法律上第二项所得税违反税制精神，不应取于无产阶级而廉取于有产阶级。财政部解释说，所得在数万元以上岂能尽属劳力之结果。规定普通劳动者不及500元不征税，有抚养义务者其负担额可扣减，立法上均可解决。针对事实上之研究，第一项征收方法不当，解释说所得之调查并不烦扰公司商店，公司可按损益计算书计算，普通商店可自行认报。（2）第二项用途之不正确，解释说共和国家人民有监督之责，所得税用途已确定用于实业与教育。（3）第三项租界内难期一律问题，财政部解释说租界商民向系一律纳税，“外国之所得税，较我尤重”[②]。政府的解释仍立于法条和理论之上，与实际的行事相距甚远。

针对商会所列的开征条件，财政部解释所得税本身具公平特性，对“须废止一切恶税并行保护工商”的条件，财政部回应“所得税有奖助实业之规定，是于工商已加注意。所谓恶税应否盲目，须俟良税有成交足资抵补”。财政部同意所得税用途须确实予人民监察权，“自可照办”，并称已公布《所得税款储拨章程》。商会所提“须实行登记法改良警政，社会有精密之统计”，财政部亦加解释。同时，财政部承诺，“不以所得税抵借外债”，谓须列入预算，“此项已实行”。商会提出，“政府未实行裁兵及节省各项糜费以前，不能承认此新税以供无谓之浪费”。财政部回应称：“所得税用途业

① 全国商会联合会江苏省事务所提出的问题，与上海总商会提出议题，内容是一致的，前者是以后者为蓝本。

② 《解释全国商会联合会江苏省事务所对于所得税之疑义》，《财政月刊》第86号，1921年2月，“佥载”，第1—4页。

经指定为教育与实业，并予国民代表机关以随时稽查之权，自无浪费之弊。至裁兵，系另一问题，不能牵率及之。”① 财政部就商会质疑逐条进行解释，在法律合法性上、制度上及税款用途上，都考虑到工商界的疑虑，也采取了诸多措施加强保障。如按正常官民对话而言，政府已极尽耐心，且表现出了诚意。但对商民而言，仍未表示信任。商会质疑税款的合法性及税收用途，对政府的社会治理成效也加以严厉批评，体现出商会的质疑不只在税收上，还在政治上。官民税收信任的建立，并非限于税收的权利与义务关系，还由此延伸到整个社会秩序及发展问题。

在向商会进行政策解释的同时，政府也在开展舆论宣传，直接向商民喊话。1921 年 8 月，财政部又颁发了《所得税浅说》和《所得税说明》。颇值得关注的是，浅说和说明内容实为一致，但一为白话，一为文言，面对不同的受众需要。一般知识浅陋者，可知白话；识文断字者，则读文言。二者都是为说明所得税之性质、中国实施之过程、所得税之用途及政府保持所得税之信用。在根本上，是说明所得税的税制优良，中国有实施之必要。如对所得税性质的说明，文言版说：“凡一国之人，无论所操何业，但其收入有合纳税之率者，即负有纳税之义务。如吾国官吏向不纳税，所得税行而官吏之纳税为先倡即其例矣，而又非漫无区别也。所得税者，以各人（兼自然法人而言）一定时期内收入之总额除去必需费用所余之纯利为标准，其收入微者资本小者皆不税。”② 在浅说中，则解释说：“甚么叫做所得税呢，若用学术上的名词计，恐怕大家不甚了解。但就极浅显的话说一说，例如一个人由劳力所得的薪金，或由财产所得的利息，或公司商店以及个人营业所得，除去费用以外净剩的利益，按一年的全额计算，拿出若干分之几，来缴纳国家，这就叫做所得税。……凡是一国的人，无论是何职业，但有相当的收入，就负有纳税的义务。例如我国官吏向来是不纳税的，这所得税，却是做官的也一样缴纳。可见这种税的负担，是极平均的了。但是这所得税，虽是一律平等，却非漫无区别，必须依照各人每

① 《解释全国商会联合会江苏省事务所对于所得税之疑义》，《财政月刊》第 86 号，1921 年 2 月，“佥载”，第 1—4 页。

② 《所得税说明》，《教育公报》第 8 年第 3 期，1921 年 3 月 20 日，第 53 页。

年的收入，除去种种必要的费用，以余下的净收，作为标准。”[①] 文体有别，都是为了增进公众的理解。

《所得税浅说》和《所得税说明》也对商会的质疑及商民抗议问题进行了直接回应。在浅说中，还增加了“说明对于所得税的种种误会”一节。内容如下：

> 况这所得税，是要人民拿出钱来的事，这疑惑驳难，更是免不掉的。所以这回实行所得税，虽然政府十分慎重，十分宽大，那各省的议会商会，总不免议论纷纷。好在都经财政部一一解释，答复他们了。总而言之，要知道这所得税是要有所得的，才向他课税。据财政部所定，先行征收税目，凡普通商店应实在获有赢余，而且必须有二万元以上的资本，才去课税。照此说来，不但商业没有赢余的不去课税，虽赢余，若资本不大的，也不课税。可见没有纳税力量的人，更是绝不向他课税的。论到关于稽查征收等事，现在办法力求简便易行。比如官吏是没有问题，他的俸给薪金，每年是有一定的收入的。就是商业，无论是公司或是普通商店，也只据他的年结算报告册子一看就行了。这些办法，都是为防止骚扰的弊病而设的。可见政府体察人民已是十分周到了。按照我国现在情形，我们既认定这教育实业是立国的根本，国家的要政，就能不想法子筹一宗的款，去办理这根本事业。既要筹款，除了这所得税，可再没有比他还公正平均的。税法既然公正，政府又如此开诚布公，大家就应当体谅他这片苦心，尽力去帮助他，才是为国民的道理呢。[②]

这段文字说明了政府与商民之间争议的焦点问题，对商会抗议还表达了一定的理解。政府以此说明，政策的出台并非只立足于财政需求，还充分顾及商民利益和民众生活，希望以此来解除商民疑虑，争取舆论的支持。

与政策解释同步，政府部门亦在不断催征。原本收税是财政部和税务部

① 《所得税浅说》,《教育公报》第8年第3期，1921年3月20日，第48—53页。
② 《所得税浅说》,《教育公报》第8年第3期，1921年3月20日，第48—53页。

门的职责，财政部本于职责，不断要求各省市政府及税务机关严加稽查，尽快开征。因财政部承诺将税款用于教育与实业，教育和实业部门热情高涨，大力参与催征。

教育部不断发文教育部门及各地政府机关，要求协力推进所得税。在大总统令颁发后，教育部与京商会、银行公会接洽希望如期交税，未得要领，教育部又请农商部派员商劝。商劝人员访商会会长，称如商人拒纳，“则显系违反国家法律，势必干犯谴责”。京师商会置之不理，还派员赴沪联络反对此项税捐运动，更称如其他地区不纳，北京不应与众独异。还提及“教育部曾请沪商会将该部应得所得税收入百分之七十由各该省当地之商会征收而监管，其用度俾不使官僚参与”。[①] 1921 年 4 月 29 日，教育部咨直隶公署，请协力推进所得税。[②] 实业部则号召各公司、行号按律纳税，为国奉献。财政部亦不断催令，直隶省公署 1921 年 4 月 20 日接财政部通电，以财政困难已达极点，要求征收所得税。凡薪俸百元以上者应抽所得税。[③] 直隶财政厅无视商会的抗议之声，还下令要求商会协助征税。1921 年 10 月 30 日，直隶财政厅函天津总商会，称所得税北京及苏、豫、鄂、浙、陕、甘等已着手办理，直隶亦应办理，请士绅商会劝导各商家协助进行。[④] 商会方面，对此不以为然。抵制方且不及，何能反助开征。

商会继续抗议不交，所得税征收一时陷入僵局。及至 1922 年，在正式开征一年之后，催征和拒缴的明争暗战依然继续。1922 年 1 月 16 日，直隶省长曹锐因征收短额，召集财政所及各征收机关长官当面申诉，“所得税关系重要，务须积极进行”，各所局长等唯唯应命。王所长报告说，所得税各方多有反对，唯直隶尚无反对发生，官俸所得和商家所得应在推行。[⑤] 王姓所长的报告并不符合实情。在直系控制的核心区域天津，商民同样抵制。

此后的征纳之争陷入死结。1922 年 4 月，直奉联盟正式告破，第一次

---

① 《西报纪所得税问题》，《大公报》（天津）1921 年 4 月 2 日，第二张。
② 《教部催征所得税》，《大公报》（天津）1921 年 4 月 30 日，第二张。
③ 《又催办所得税》，《大公报》（天津）1921 年 4 月 19 日，第二张。
④ 《函请劝办所得税》，《大公报》（天津）1921 年 10 月 31 日，第二张。
⑤ 《集议催办所得税》，《大公报》（天津）1922 年 1 月 17 日，第二张。

直奉战争爆发。直系虽然很快获胜，但与奉系矛盾已难以调和。北京政府在直系控制之下，整军备战，更需要新的税源来补充军费。1923 年 1 月 12 日，财政部催促天津办所得税。4 月 11 日，催报所得税报册。1924 年 1 月 20 日，财政部催办所得税。1924 年 3 月 4 日，财政部再次催令所得税。1924 年 6 月，财政部训令各省财政厅，要求整理所得税，加强征收，勿生疑虑。[①] 商会的态度依然强硬，频繁爆发战事，更增添了商会对政府的不信任。1923 年 2 月，全国商会联合会呈报直隶省公署，称直隶获鹿县政府一再催令商民缴纳所得税，要求商会协办，石家庄商会回复称，“全国均未承认，敝会万不能首先举办”，“非俟南北统一，废督裁兵，财政公开，国会通过四项实行，誓不承认”。现在，“军阀跋扈。军费滥支。财政困穷。紊乱已极。历年无预算之公布，国会失监督之能力”。所得税用于实业教育，难以确保，如移充军费徒增内乱。[②] 石家庄商会将此提交全国商联会。全国商联会正在汉口举行第四届大会，希望商联会能够通令全国商会一致推行。会议决议通过，分呈中央及地方，请予缓办。1924 年 6 月 9 日，天津商会致函山西太原总商会，询问山西所得税推行情况如何。原因是直隶官厅训令催促办理，但商会以事关全局，原曾全国提议缓办，应加审核。[③] 政府原本承诺将税款用于教育与实业，绝不用于战争与外债抵押，并通过补充法规及税法宣传予以解释。但在炮火声中，政府的谎言已不攻自破。

1924 年9 月，直系又与皖系浙江军阀卢永祥爆发江浙战争。其后，第二次直奉战争爆发。至 10 月，冯玉祥发动“北京政变”，推翻曹锟统治。11 月，奉军进逼天津，吴佩孚南撤，北京政权为奉系张作霖控制。至此，由直系推动的所得税重征政策终归失败。

奉系控制北京之后，并未放弃所得税，同样借中央法统继续征税。地方政府也希望延续税法，但同样遭到商人抵制。1926 年，安徽省财政厅拟由典当业开征，全省同业“反对甚烈”。安徽各县实业代表聚集芜湖召开临时

---

① 《财部整顿所得税》，《大公报》（天津）1924 年6 月23 日，第二张。

② 《商联会呈请缓办所得税》，《大公报》（天津）1923 年2 月27 日，第三张。

③ 《反对所得税之函覆》，《大公报》（天津）1924 年6 月11 日，第二张。

会议，认为财政厅征税独以质业（典当业）为尝试，“誓死不能承认”，公决呈请财政厅准予暂缓，又通电各县商会一致力争。全省质业公会质疑：《所得税条例》自1914年公布未经国会通过，“商民本无必遵之义务”。后来税法历经修订，志在必行，但终于停顿，其根本原因在于“厘金恶税未除，虽有良税，时机未至”。现在以质业为首先尝试，有违平允。[①] 所持理由，仍与前相同。最终，征收行动无功而终。

北京政府预估征收之数可达500万元，后第一期定为400万元，但当年实收数目据统计仅10310.67元，皆为京官薪俸所扣。[②] 至于各工厂商号营利所得及银行、钱庄等业，在商会的集体抗议之下全部拒绝申报纳税。政府反复催征，也颗粒难收，宏大的征收计划完全落空。

在运动的发起及持续过程中，商会一直扮演着集体行动组织者和代理者的角色。依据所得税条例及征收清单的规定，公司、行号成为主要的征税对象，需要承担营利所得、利息所得。商会作为区域之内商人群体的代言人，在税收问题上势必要维护商人利益。此时的商会经过晚清时期的政策培育及民主政治中的社会实践，已经在政治参与、经济发展及地方自治方面有着令人瞩目的表现。商会的法律合法性与社会合法性亦得到晚清及民国法律的认可。政府认为所得税税制优良，是增加政府收入的最优税类，但在商人及商会看来，却直接增加了其税收负担。商会发起的“反对所得税运动”按以下方式展开。其一，呈书要求缓征停征。上海总商会、全国商联会等均对所得税进行研究，将审查报告送交政府，要求停止征税。理由是要减轻实业负担，促进产业发展。同时，旧税未减，不应增加新税。其二，联合舆论，外部加压。政府一意开征，然不能完全不顾民意。各地商会共谋进退，在报刊上发表通电、呈请，表达诉求，给政府造成压力。其三，整合会员，拒绝纳税。政府既通过总商会来进行劝纳，同时也向基层商会施压，要求会员纳税。商会注意整合会员立场，防止私自纳税情况发生。在政府税务行政能力不足的情况下，商会抵制使政府征收行动难以实现。商会反对运动能够奏效，也与其时军阀混战的政治格局有

① 《皖省质业反对征收所得税》，《银行周报》第10卷第15号，1926年4月27日，第10页。

② 朱偰：《所得税发达史》，第133页。

关。袁氏、直系掌控北京政权，都希望以税收来强化中央财政，推进武力统一，但在地方实力派看来，税收名为中央所用，实际上却是派系争战的消费品。直系在1920年重启所得税，在自身控制区域尚且反对声音不断，在桂系、晋系等其他派系控制区更是置之不理。政权不统一，导致中央税权弱化。

在商会审查报告中，可以明显观察到政府与纳税人对税收权利与义务关系认知的新变化，尤其是纳税人的权利意识得到充分体现，“反对所得税运动”则将商人的税权意识以理性的集体行动的方式表达出来。

其一，税收法定原则。商会对1920年所得税开征的合法性表示质疑，要求经过合法国会之通过。在前近代税收体系中，税收的开征和税负的评估，系由朝廷或官府确定，民众并无置喙的权利。在晚清税法引进的过程中，有识之士注意到英、美等国的税收法定问题，并将税权与民权相结合。及至晚清立宪，开立资政院及咨议局，虽还非正式国会，但已经体现出将立法权与行政权分离的原则。税收立法经过资政院之通过，1914年所得税法亦经过国会之通过，体现出在立法程度上对于民意的尊重。商会认为税收须经合法国会通过方可成立，体现了对纳税人权利的坚持。而经由晚清民初的民主政治改革，税收须经立法机构通过也成为一新的原则。至南京国民政府时期的税收立法，虽首由国民党内确定原则，但在程序上亦须经过民意机构通过。

其二，税收监察权利。政府承诺将税款用于教育与实业，但不为商会信任。商会认为，政府应将税款纳入预算管理，赋予社会以监察之权，保证税款的用途。财政部为消除商会疑虑，特意颁发了《所得税款储拨章程》，以示专款专用。商会不仅关注税款的征收，更关注税款的支出，不希望税款用于内战及外债。

其三，税收信任关系。商会所提条件，不仅涉及税政，更言及废督裁兵、消弭内战等军政要务。商会认为，商民纳税，不应只有义务，还应享有相应的权利。政府征收赋税，要保证基本的社会秩序及稳定。但政府一方面信誓旦旦，另一方面战火连天，使政策及制度上的“自我保证”毫无信用可言。商会竟而一直坚定反对所得税开征，毫不退让。所得税试行失败表明，新税的推行不能仅从税制优劣和财政需求判断，还要考虑纳税人的权利和利益。纳税人在评估自身税负时，亦并非依单一税类而定，而是从税收环境及契约心理来分析付出税收成本的政治及社会价值。

五 北京政府时期所得税的制度与绩效

北京政府时期所得税推行受阻，但单从制度而论，仍在不断完善，体现了财政主义和社会政策的平衡考量。从全球化的视角观察，“一战”时期是所得税从英、德等国向其他各国扩散的重要阶段。即使是较早推行过所得税的法国、美国，也在此时方完全确立所得税的常设主干税收地位。在第一次世界大战的财政竞争中，所得税充分体现出其“战争税”的增收效应。

（一）承继与调适：所得税法律体系的完善

在“反对所得税运动”中，争议的焦点在于税收合法性、税收负担及税收用途，根本目的是抗议其实施，对于税法实施时方需关心的具体条款反而关注不多。北京政府时期的所得税法包括1914年《所得税条例》及1921年制定的配套法规。

1. 1914年《所得税条例》

1914年1月颁布的《所得税条例》二十七条，较清末议案有所调整。按其内容，包括课税范围、税率设定、估课方法、免税范围、征纳方法等方面。[①]

在课税范围方面，条例第一条、第二条有明确规定。第一条规定：在民国内地有住所的或一年以上之居所者，得纳所得税；第二条规定，在民国内地虽无住所或一年以上之居所，而有财产或营业或公债、社债之利息等所得者，仅就其所得负纳税之义务。按此规定，条例在课税范围上是依住所属地主义和税收课源主义结合的方式确定。这一规定与清末议案相同，无论是国人还是符合条件的外国侨民、企业，均应向中国政府纳税。但具体如何对外

---

① 《大总统令：所得税条例》（1914年1月11日），《全国商会联合会会报》1914年第1卷第5号，“法令”，第13—26页。

国人征税，条例同样未加说明。

在所得税的分类标准上，条款较清末议案有所简化，但分类仍相近。综合第三条及第四条规定，所得分为两种：第一种为法人所得及利息所得，采比例制。法人所得按千分之二十，利息按千分之十五征收。有所改进的是，将国债利息排除在外。第二种为不属于第一种之所得，实际上即为个人所得。没有列举各职业、行业之所得，意为包括各类公私雇佣所得额。但就当时实际情况，公务人员薪俸核算较为便捷，私人雇佣者难以核查。

所得额的计算标准方面，法人所得是采纯所得额，而个人所得是采全额收入。法人所得可以扣除年度支出金、存留盈余、公课、保险金、预备金等。利息所得以利息原额计算。个人所得额的计算基本采全额核算，“议员岁费，官公吏，俸给公费年金及其他给予金，从事各业者之薪给，放款或存款之利息，及由不课所得税之法人分配之利益，以其收入之全额为所得额”①。在第五条的免纳范围中，规定军官俸给、教育薪给、旅费学费及养赡费可免纳，范围相当有限。

法人所得及利息所得是按比例制征收，个人所得税的税率相对复杂。起征点仍设定为500银元，较清末议案级差增加，但税率有所下降。在五百至二千元者，课千分之五；二千至三千元者，超额部分课千分之十；在三千至五千元者，前两级按相应税率扣除，超过三千元部分课千分之十五；在五千至一万元者，超额部分课千分之二十；在一万至二万元之间者，超额部分课千分之二十五；在二万至三万元之间者，超额部分征千分之三十；在三万至五万元之间者，超额部分征千分之三十五。自五万一元起至十万元之额课千分之四十，自十万一元起至二十万元之额课千分之四十五，自二十万一元起以上之额课千分之五十，自五十万元起每增加十万元对于其增加额递增课千分之五。②

在缴纳方法上，条例采行的是申报法。无论是第一类还是第二类所得，

① 《大总统令：所得税条例》（1914年1月11日），《全国商会联合会会报》1914年第1卷第5号，“法令”，第13—26页。

② 《大总统令：所得税条例》（1914年1月11日），《全国商会联合会会报》1914年第1卷第5号，“法令”，第13—26页。

均由纳税个人或法人于年末时将所得及损益表报告于主管官署。公债利息所得则由发行公债之机构在付给利息之前报告官署，由官署计扣。主管官署接报告后，由调查所得委员会进行调查，出具报告，确定税额。调查所得委员会按税局管辖范围，以租税征收区域为准。调查所得委员会的委员是由主管征收官选派充任，地方之公正士商证明完成纳税义务者，可以有委员之资格，选任程序明显简化。委员以四年为任期，每两年改派半数。调查完毕后，将情况报告于主管官署。主管官署接报告后，即发出纳税通知单给纳税义务者。营利法人纳税人应在年终后两个月内缴纳税款，个人可分两期即7月及翌年1月纳税。纳税人有不服者，可在三十日内提交申诉，由审查委员会重新审查。再有不服，可以提出行政诉讼。纳税人如有隐匿或虚报，则由主管官署确定税额，未规定详细的惩戒条款。主管官署为财政及税收部门，在后续细则中有明文规定。

1915年8月，政府制定了《所得税第一期施行细则》，规定了本期应征范围及条例未详细说明的相关事宜。考虑到所得税初次实行，法律尚不完备，征收范围不宜太大。依细则第二条规定，第一期范围包括当商、银钱商及由官特许或注册之公司行栈，议员岁费、官公吏俸给、年金、给予金及从事各业者之薪给。第三条规定，各业薪给实际上是指律师、工程师、医生药剂师、大商号经纪人四项。① 此四项实指自由职业者，但按减免条款，教师是排除在外的。细则规定范围较条例大为缩小，是以特定行业商人、注册公司及议员、官员、自由职业者作为直接征税对象。按其时的社会分层，基本是社会之中上阶层。

细则对核算征纳程序有进一步规定。营利法人即各特定行业商人及公司应于每年度终结前将所得额及损益计算书交主管官署，核算纳税。议员及官公吏由所管机关核算后报告主管官署，由各机关在各员支取薪俸年费时予以扣除。在京各机关人员由各机关扣支后报告财政部核查。律师、工程师、医生药剂师及经纪人四类自由职业者人群，则由各员在每年2月时预计全年所得额报告主官官署，经调查委员会核定后征税。公务人员应按月纳税，自由

① 《所得税第一期施行细则》（1915年8月9日），《税务月刊》第21号，1915年9月1日，“通行法规”，第1—3页。

职业者每年可分两次缴纳。细则明确了主管官署主体，在省为各省财政厅或由财政厅委托之官署。

整体上看，第一期施行细则之用意在于分步渐行推进所得税。既缩小了征收范围，明确了纳税对象，同时也补充了减免规定和调查委员会的构成等问题。从征税对象的选择而言，将议员及官公吏明确列入范围，在一定程度上打破了原来税收征稽之中的士绅官吏特权。

2. 1921 年所得税配套法规

到 1920 年，政府重启所得税征收，仍以 1914 年《所得税条例》为法理依据，不同的是政府颁发了新的施行细则和税目清单。

新的《所得税条例施行细则》在 1921 年 1 月 6 日颁发。施行细则仍采属地及课源主义结合的方式，但首次明确提出按自然人、法人来规定纳税人主体范围。第一条规定：自然人完纳所得税之义务，以有一定之住所或有二年以上之居所者为准。第二条规定：法人在国内有主事务所及总行者应以全体所得纳税，有分事务所或分行者仅就分派机构所得纳税。第三条规定：国债免税，此项规定有利于政府发行国债筹集资金。居住年限时间有增加。在减免部分，有补充规定。军官以动员期薪俸可免税，校长及职员之职务薪资不属教员免税范围。法定养赡费、非营利法人所得、旅费及学费仍予免税。在课征方式上，议员及官公吏仍由机关代扣。在调查委员会等方面，延续原有条款。①

施行细则本将个人所得及法人所得全纳入征税范围，但政府考虑全面稽征难以实现，故又颁布了新的税目清单。1 月 6 日，随同细则一起公布的清单规定就五项所得征税：官公吏之俸给公费、年金，公司、银行、工厂之法人所得，由官特许之商号行栈，银号、钱庄、金店银楼（无论资本多少），普通商店（资本 2 万元以上）。同时明确规定，公债社债利息、从事各业者之薪给、存放款利息、不课所得税之法人分配利益暂缓征税，个人一般所得及田地池沼之所得暂缓征税。② 按新颁规则，个人所得部分又回归到仅对官

---

① 《所得税条例施行细则》（1921 年 1 月 6 日），《财政月刊》第 86 号，1921 年 2 月，“通行法规”，第 2—5 页。

② 《财政部公布所得税先后征收税目令》（1921 年 1 月 6 日），《中华民国史档案资料汇编　财政》，第 1539 页。

公吏征税，而法人营利所得部分扩大了范围。不论公司、银行或工厂、商号，达至标准之上均须纳税。这样，商人和官员成为主要的征税对象，原属范围内的自由职业者暂被排除在外。

政府重启所得税遭到商人、商会的普遍反对。1921 年 1 月，政府紧急颁发了五项法规来予以补充，分别是《所得税分别先后征收税目》《所得税调查及审查委员会议事规程》《所得税征收规则》《征收所得税考成条例》《所得税款储拨章程》。

《所得税分别先后征收税目》明确对五类所得先行课税，内容与前颁之税目清单一致。《所得税调查及审查委员会议事规程》主要规定调查所得委员会的组织、选派、议事、会期等内容，明确其具体组织及运行规则。[①]《所得税征收规则》规定所得税征收机构除依条例组织者外，财政部亦可指定或特设督征或经征机关，也限定征税机关不得随意扣押纳税人之私人财物。按照征收所得税类型，规则分别规定了法人所得、公债利息所得、议员岁费及官公吏公费年金、各业从业者薪给、田地池沼所得的认定及征收方法。税率上既有比例制，也有累进制。[②]

《征收所得税考成条例》主要是针对个人所得和利息所得而设，规范对象是发款之机关及会计员，具体负责者为督征官与经征官。此两项所得为发薪机关、利息发放机关代扣。财政部出台此项条例，是为了提升代扣征缴的效率。条例分为总则、考核时期、比较额、经征官之考成等部分，明确考成标准及惩奖措施。考核分为按季考核和按年考核两类，按季考核是在会计年度内每届三月进行，按年考核是在会计年度届满之时进行。为提高京内外各省区的积极性，各省区应征所得税应相互比较，确定优劣。各省督征官为财政厅厅长或所得税处处长，警察厅、府道首长均为督征官。年度考核短收者，会对督征官进行惩罚。短收一成，罚俸；短收二成，降等；短收三成，休职或休职留办；短收四成以上，免职。督征官对经征官有督查之责，如有舞弊等事，亦予惩处。财政系统官员之惩罚措施由财政部执行；警察厅及府道官员由财政部与内务部会同办理。经征官是具体负责税收征稽的财政部或

① 《所得税调查及审查委员会议事规程》，《政府公报》1921 年 1 月 13 日。

② 《所得税征收规则》，《财政月刊》第 86 号，1921 年 2 月，“通行法规”，第 5 页。

行政官员，如有增收，按成数计功报部备案。考核优秀者，呈部奖励。第十四条还规定，各经征官按年比较额增收者，得在所增额中，提由二成津贴给出力人员，但警察厅、县知事，并将在比较额内提出所收税款一成，补助其征收费前项之规定，商会、农会代征所得税时，准用之。此项规定，是为激励经征官担负职责，条款中规定商会、农会可以代征所得税，为所得税的代征与包征埋下伏笔。此时，所得税的专职征收机构并未普遍设立，主要还是由政府部门协助代征。如政府力量不足，则可以商会、农会代征。[①]

政府用心最甚的是《所得税款储拨章程》。这一章程主要是为解释所得税的用途问题。商民指责政府不会将所得税用于教育与实业，政府于是制定储拨章程，希望用制度方式限定所得税用途，释去商民疑虑。依章程规定，税款除照章应提之征收奖励各费外，非依国家教育及实业经费之支付预算不得动用。除去征收奖励各费外，以七成拨作教育经费，三成拨作实业经费，由财政部分别拨支。[②] 依政府承诺，如果能用于教育与实业，是属于建设支出，理应受到教育及实业界的支持。但实际结果却与此相反，原因在于政府虽颁布章程，许下承诺，但是真正在法律上执掌税收立法及监督权的国会却并未恢复。此后，直系军阀操控下的所谓“法统重光”，也只是曹锟、吴佩孚等人欺骗舆论、争权夺利的工具。北京政府的问题在于，税收理念上的宣讲，法律制度上的规定，与实际的军政专权、派系攻伐相差太大，官方的“自我保证”始终难以取信于民。

（二）“战争税”的较量：“一战”时西方国家的所得税绩效

第一次世界大战时期，无论是协约国还是同盟国，为了筹集战费，都紧急发动了战争财政机器，综合运用税收、公债、货币等政策工具，来强化国家的战时财政汲取能力。但无论是长期借债还是短期借债，均需要以税收为基础。在战争时局下，各国进出口贸易大幅下降，关税严重波动，消费增幅受多种因素限制，所得税成为衡量各国税收弹性的重要指标之一。

---

① 《征收所得税考成条例》，《政府公报》1921 年 1 月 13 日。

② 《所得税款储拨章程》，《政府公报》1921 年 1 月 13 日。

1. 英国的战时所得税

英国实施的是债务与税收并举的政策。1914 年 8 月至 1919 年 3 月，英国本部战费（Cost of War）合计为86.01 亿英镑，合计418.87 亿美元。如再加上澳洲、新西兰、加拿大、南非、印度等殖民地战费支出，合计为460.85 亿美元，居各国之冠。[①] 而 1914 年 4 月至 1915 年 3 月之税收总额仅 2.21 亿英镑，本部战费总额相当于开战首年税收收入的 38.9 倍，远远超出财政正常承担能力。劳合·乔治（David Lloyd George）在 1908 年接替 H. H. 阿斯奎斯（Asquith Herbert Henry）出任财政大臣。他重视财政的社会政策效应，强调以增加财产附加税、遗产税、土地税及课征超额所得税等措施来发掘富源，又推行国民保险法，缓解日益严重的劳资矛盾，同时为英国与德国开展海上军备竞赛筹集经费。1914 年，劳合·乔治提出战时财政预算案，一方面增加税收，另一方面发行内债及向美国借取外债。劳合·乔治后又被任命为军需大臣、陆军大臣，并在 1916 年再次接替阿斯奎那担任首相直至战争结束。在劳合·乔治的推动下，英国的战时财政能力获得极大提升，如表 2 -4 所示。

表 2 -4 **“一战”期间英国财政收支情况** （单位：百万英镑）

款目	1915 年	1916 年	1917 年	1918 年	1919 年	合计
总支出	560	1559	2198	2696	2579	9592
战费支出	357	1362	2001	2499	2382	8601
借出款项	—	—	—	—	—	1739
国债收入	237	337	573	707	889	2743
赋税收入	189	290	514	613	784	2390
战税收入	26	127	351	450	621	1575
国债与总支出之比率	42.32%	21.62%	26.07%	26.22%	34.47%	28.60%

① 陈灿编纂：《欧战财政纪要》，商务印书馆 1922 年版，第 19—20 页。

续表

款目	1915 年	1916 年	1917 年	1918 年	1919 年	合计
税收与总支出之比率（不包括战费收入）	33.75%	18.60%	23.38%	22.74%	30.40%	24.92%
战税与战费之比率	7.28%	9.32%	17.54%	18.01%	26.07%	18.31%
除借出款项外战税与战费之比率	—	—	—	—	—	22.95%

资料来源：陈灿编纂：《欧战财政纪要》，第29—30页。原表中所列国债赋税以外之收入，实为国债收入。原表所列总支出与国债赋税收入之比率应为国债与总支出之比率，总支出与税收之比率应为税收与总支出之比率。

从战费支出与总支出的比值来看，英国自1914年后明显进入战时财政状态。1915年战费支出占比为63.75%，1916年达87.36%，1917年达91.04%，1918年达92.69%，1919年达92.36%，战费在总支出中占据绝对份额。在税收收入方面，战时新增税收有大幅增长，其中最为核心的就是所得税。但是，赋税收入仍不足以支持战时财政支出需求，战税与战费之平均占比仅为17.14%。税收在1915年占总支出的33.75%，1916年即降至18.60%，1917年为23.38%，1918年为22.74%，1919年有所回升为30.40%，年平均占比仅为24.91%，缺额极大。公债与总支出的占比相应增加，且多超过当年税收收入的支出占比，显示劳合·乔治领导的自由党内阁通过债券募集到了大部分的军费。

再看英国的战时税收结构。首先按直接税与间接税两类划分，在1913年战争爆发前，间接税收入为直接税的2.22倍。随着战争进程，直接税收入迅速提升，而关税受战争影响一度下跌，后虽有增长，但间接税整体幅度远低于直接税。1914年间接税与直接税之比值为1.23，1915年为1.20，1916年间接税仅为直接税的47.4%，1917年为32.4%，1918年为35.4%，显示出直接税具有超强的税收弹性，成为战时税收的主要增量税源，如表2-5所示。

表 2 - 5　　　　**"一战"期间英国税收收入情况**　　　　（单位：千镑）

	款目	1913 年	1914 年	1915 年	1916 年	1917 年	1918 年
直接税	土地税	690	2300	680	653	665	630
	房税	1994	—	1975	1888	1960	1850
	盈利税	—	—	188	141615	220214	285028
	所得税	47241	62463	129161	205678	239509	291186
	土地价值税	735	362	369	524	685	654
	直接税总额	50660	65125	132373	350358	463033	579348
间接税	关税	35569	27125	59576	70710	71261	102780
	国内消费税	39658	30721	61208	56488	38712	59440
	遗产税	27465	18010	30938	31193	31674	30262
	印花税	9983	4518	6780	7764	8300	12438
	间接税总额	112675	80374	158502	166154	149947	204920
	赋税以外收入	34908	26260	45892	56916	94195	104743
	收入总额	198243	171759	336767	573428	707175	889011
	支出总额	197493	498660	1559158	2198113	2696221	2579301

资料来源：陈灿编纂：《欧战财政纪要》，第 45 页。年度时间为本年 4 月 1 日至次年 3 月 31 日。原表中归类将遗产税放在间接税中计算，分类有误。原表中赋税以外收入，应为税收、公债之外的其他营收收入。原文总额计算有误处据分项数字更正。

就单项税收而言，所得税在战前已跃升为第一大税种，在战时更成为绝对主力。1913 年占税收及非债收入总额的 23.8%，1914 年占 36.3%，1915 年占 38.3%，1916 年占 35.8%，1917 年占 33.9%，1918 年占 32.75%，1919 年占 36%。[①] 据汐见三郎的统计，1913 年度，英国所得税

① 据《英国战时财政金融》中的统计，1914—1915 年的所得税额为 6.95 亿英镑，税收占比为 36%；1915—1916 年的数额为 1.2 亿英镑，占比为 44%；1916—1917 年的数额为 2.06 亿英镑，占比为 40%；1917—1918 年的数额为 2.38 亿英镑，占比为 40%；1918—1919 年的数额为 2.93 亿英镑，占比为 37%；1919—1920 年的数额为 3.59 亿英镑，占比为 36%。参见许性初等编《英国战时财政金融》，中华书局 1940 年版，第 99 页。

税收占比为26.9%，1915年度达到38.6%，到1919年占比达到45%。[①]如果加上属于所得税性质的盈利税即战时超额利得税（Excess Profits Tax），所得税的占比更形提高，为维系战时财政信用及战后还款计划的实施提供了税收保障。

英国所得税之所以能够实现大幅增长，与战前已经形成的所得税征稽体系及战时制度调整有关。所得税在1842年转为经常收入后，其税收占比在19世纪中后期超过关税及消费税，确立了其无可撼动的财政地位。到1899年布尔战争期间，通过提高税率，所得税收入再得增加。到20世纪，英国所得税的社会政策取向越发明显。1903年，财政大臣指定的特别委员会报告建议加强累进分级、增加超额累进。1905年，阿斯奎那任财政大臣，他区分了劳动所得（Earned Income）与非劳动所得（Unearned Income）的差异，引导所得税进一步向重征非劳动所得的社会政策方向演化。1909年，财政大臣劳合·乔治提出增加遗产税、个人所得税及土地增值税的预算法案，这项被称为"人民预算"（People's Budget）的法案遭到保守党主导的上议院的否决。[②]结果导致下议院解散重新选举，引发上、下议院权力之争。

到1910年，阿斯奎那在首相任上得到新国王乔治五世的支持，推动上议院通过了《议会法案》（*Parliament Act 1911*），[③]成功限制了上院对公共法案的否决权，为政府提高对于有产者及特权阶层的税收征稽打下法律基础。在这一进程的背后，对1832年、1867年及1884年的三轮议会改革及更多平民获得选举权有着重要影响。英国下院的议会结构因之发生转变，其政策导向更为注重社会公平和福利。《议会法案》的通过，代表贵族及特权阶层的政治权力被进一步削弱。

在第一次世界大战之前，英国所得税不断增长。据塞里格曼的统计，英国在1911年所得税收入为3834万英镑，1912年为3963万英镑，1913年为

---

① ［日］汐见三郎：《各国所得税制度论》，第22页。

② Bradley, A. W. and Ewing, K. D., *Constitutional and Administrative Law* 14*th*, *Harlow*, United Kingdom: Longman, 2007, p. 203.

③ Parliament Act 1911, 1 & 2 Geo. 5 c. 13, the UK Statute Law Database, Legislation. gov. uk.

4060万英镑。[①] 到第一次世界大战爆发后，英国再次提高所得税的税率。1915年，雷金纳·麦肯纳（Reginald Mckenna）在接替劳合·乔治担任财政大臣后，又提高基准税率，要求全部工薪收入入税。同时，还实施超额利润税（Excess Profits Tax），税率为50%。同时设立偿债基金，解决债务偿还问题。到1916年，又尝试开征资本税，但未能通过。归纳而言，英国在19世纪末至20世纪末，所得税在战争财政及劳资矛盾的压力之下，其社会基础进一步扩大。英国议会的改革提升了下院的财政决定权，为所得税及财产税的扩张打开政策通道。

2. 法国、德国与美国的战时所得税

法国在战前财政已极端困难，在第一次世界大战期间合计战费总额约为1690亿法郎，收支严重失衡。按1913年全年支出总额为50.67亿法郎，1914年法国财政预算支出为53.8亿法郎，战费相当于战前年度支出的33.8倍。[②] 为了筹集经费，法国初期通过法兰西银行发行纸币，继则改革税制，最后仍不得不依赖于发行国债。具体收入情况如表2-6所示。

根据税收与支出的比值，到1914年进入战时状态后，法国的直接税和间接税收入反而有明显下降。与此同时，战时支出却不断膨胀，1914年的税收与支出比值仅为17.8%，此后战时数年，一直在15%上下徘徊。这一数字较英国低很多，也意味着法国更需要借助于公债及发行收入来补充战费缺额。1913年，法国公债累计约32.9亿法郎。到“一战”结束时，“法国公债无论是总额还是人均额都居世界前列”[③]。直接税虽有数量增长，但是仅间接税的三分之一左右，与英国存在较大差距。可以发现，在大革命之后确立的法国直接税制度，没有体现出应有的作用。大革命时期税收的平等诉求推动了直接税的进展，但到实施之时，自由、平等的观念在税收心理上却产生了不同的结果。在19世纪前中期，法国直接税征收一直遭遇到收入隐私不可侵犯观念的阻碍，收益和所得核算较为困难。中产阶级也抵制累进税

① Seligman Edwin Robert Anderson, *The Income Tax: a Study of the History, Theory and Practice of Income Taxation at Home and Abroad*, Lawbook Exchange, Ltd.

② 陈灿编纂：《欧战财政纪要》，第30页。

③ ［英］彼得·马赛厄斯、悉尼·波拉德主编：《剑桥欧洲经济史》第8卷，王宏伟、钟和等译，韩毅校订，第398页。

制，认为有违平等原则。1896 年，政府曾出台包含收入申报责任和累进税的综合法规。与大革命的税收理念相背离的是，法国的间接消费税和交易税等仍占主要地位，这导致直接税的税收份额反而呈现出缩减态势。在拿破仑一世统治后期，直接税占总税收的 42.4%；到拿破仑三世时降到 23%，在 1913 年仅占 14%。[①]

表 2－6　**第一次世界大战时期法国战时收入情况**　（单位：百万法郎）

款目	1913 年	1914 年（8—12 月）	1915 年	1916 年	1917 年	1918 年
直接税收入	1356	417	1019	1074	1452	1904
间接税收入	3309	754	2637	3374	4085	3998
专卖收入	407	136	290	330	399	447
公产收入	144	62	186	240	254	285
各项收入总数	5216	1369	4132	5018	6190	6634
支出总数	5067	6589	22804	29536	36345	39419
税收与支出之比例	92.7%	17.8%	16.0%	15.2%	15.2%	15.0%

资料来源：陈灿编纂：《欧战财政纪要》，第 32 页。

“一战”爆发后，法国为了扩展税收收入，推动分散收益税走向综合的所得税制。1914 年 3 月，重新归并分类收益税，包括房产、土地、证券收入三个部分。7 月，确立征收针对个人综合收入的一般所得税。到 1917 年税制再次调整，所得税分营业收入、农业收入、劳动所得、职业收入、资本收入五类征收，是兼具有所得税和财产税的混合模式。不过除了职业收入，没有规定无条件的收入申报义务。营业收入按净利润核算，可以扣除折旧，税率约为 4.5%。农业收入按利润的 3.75% 核算。劳动所得免征额为 1500 法郎，允许为配偶及孩子减免。如果个人所得年收入超过 7000 法郎，则针对总收入再加征一般综合所得税。1914 年，税率是 2%，1916 年提升到 10%，

① ［英］彼得·马赛厄斯、悉尼·波拉德主编：《剑桥欧洲经济史》第 8 卷，王宏伟、钟和等译，韩毅校订，第 390 页。

1917 年为 12.5%。[①] 经此改革，法国的所得税收入得到明显增长，税收占比也在不断提高。1925 年，法国的普通所得税收入达到 56.83 亿法郎，占税收收入的 20.4%。[②] 在第一次世界大战的财政压力下，法国直接税突破社会障碍，制度得到优化，从而提升了从中产阶级及富有阶层征取税收的能力。

德意志帝国在完成统一之后，不断抽取邦国资源加强帝国财政，进行军事扩张。1896—1900 年，总支出为 18.77 亿马克，其中军备开支达到 8.53 亿马克，军备开支占总支出的 45.4%。1911—1913 年，总支出为 31.03 亿马克，军备开支占到了 52.4%。[③] 但帝国财政的收入之中，以关税、间接消费税为主。到 1906 年，斯特格尔（H. F. V. Stengel）推动税收改革，也顺应减轻贫民负担的呼声，将遗产税编入中央税收体系，逐步扩展帝国财政中的直接税比例。[④] 1913 年关税收入占税收收入的 35% 左右，间接消费税约占 35%，直接税占比仍较小，遗产税仅占 2%，所得税仍归属于地方。此时帝国财政仍高度依赖于债务，1910 年德国帝国债务是 48.4 亿马克，1914 年 4 月是 52 亿马克。1914 年较 1877 年，帝国负债达到了 319 倍。[⑤]

进入战时状态后，德国普法战争赔款作为准备金存于帝国银行内，发行三倍的兑换券作为战费。战时财政部长卡尔·赫弗里希不主张采用传统税收政策，而主张以公债方式来筹集经费。[⑥] 德国有 70% 的战争支出是通过国内公债筹集的，主要是居民认购的 5% 利率的战争公债和有价证券，其余部分税收和增发货币各占半数。到 1916 年后逐步增加新税，但仍远不足用。到 1919 年 3 月，帝国的长期及短期债券达到了 1500 亿马克以上。[⑦] 在地方，

① ［英］彼得·马赛厄斯、悉尼·波拉德主编：《剑桥欧洲经济史》第 8 卷，王宏伟、钟和等译，韩毅校订，第 394—395 页。

② ［英］彼得·马赛厄斯、悉尼·波拉德主编：《剑桥欧洲经济史》第 8 卷，王宏伟、钟和等译，韩毅校订，第 397 页。

③ ［英］彼得·马赛厄斯、悉尼·波拉德主编：《剑桥欧洲经济史》第 8 卷，王宏伟、钟和等译，韩毅校订，第 469—474 页。

④ ［日］汐见三郎：《各国所得税制度论》，宁柏青译，第 101 页。

⑤ ［英］彼得·马赛厄斯、悉尼·波拉德主编：《剑桥欧洲经济史》第 8 卷，王宏伟、钟和等译，韩毅校订，第 452 页。

⑥ ［德］卡尔·赫弗里希：《经济战争与战争经济——德国财政部长一战回忆录》，王光祈译，台海出版社 2018 年版，第 2 页。

⑦ ［德］卡尔·哈达赫：《二十世纪德国经济史》，扬绪译，商务印书馆 1984 年版，第 11 页。

1913 年，地方政府对所得税收取的附加税率平均达到 187%，到战时进一步提高。德国所得税的征收，主要不是出于社会福利的考虑，而是政府宣称为推进工业化而提高财政收入的需要。[①] 至第一次世界大战之后，1919 年 12 月德意志财政收入法废除各邦国的财政权力，将税收的征收和管理权收归中央。魏玛共和国时期，收入所得税占国民收入的 4% 左右。

美国在 1917 年加入第一次世界大战，其强大的产业基础和财政动员能力迅速展现出来。在世界大战爆发后，美国的金融市场及进出口贸易受到冲击，关税急剧下降。1914 年，联邦政府出台紧急法案提高消费税。1915 年 12 月，总统威尔逊（Woodrow Wilson）认为应提高所得税收入。财政部长威廉·麦卡杜（William Mcadoo）本拟通过税收筹集一半战争费用，后因遭到银行及工商界的反对而缩减额度。1917 年 10 月颁布的《战争税收法案》提高了个人及公司所得税率，新开征消费税、奢侈品税、超额利润税等。到 1918 年的税收法案，继续增加所得税税率。以税收收入为基础，联邦政府发行大量债券，在短期内筹集到大量资金，不仅用以支持本国战费，还出借给英、法等国，如表 2－7 所示。

表 2－7　　**第一次世界大战时期美国财政收入状况**　　（单位：百万美元）

款目	1915 年	1916 年	1917 年	1918 年	1919 年
关税	211	213	226	183	184
国内税	416	513	809	3696	4316
杂项收入	751	84	81	293	646
经常收入总额	702	812	1119	4174	5152
巴拿马运河收入	—	—	6	6	6
邮政收入	287	312	330	344	354
公债收入	1	2	2391	16695	29300
临时收入总数	288	316	2726	17316	29654
收入总数	990	1128	3845	21490	34806

① ［英］彼得·马赛厄斯、悉尼·波拉德主编：《剑桥欧洲经济史》第 8 卷，王宏伟、钟和等译，韩毅校订，第 452 页。

续表

款目	1915 年	1916 年	1917 年	1918 年	1919 年
支出	725	719	2070	13780	18515
除邮政外经常支出	—	—	—	—	—
经常支出中借出总数	—	—	885	4738	3479
巴拿马运河支出	29	18	19	21	—
邮政支出	294	312	320	327	354
支出总数	1048	1049	2409	14127	18869
公债支出	005	004	637	7686	15860
并公债支出之总数	1053	1053	3046	21813	34729

资料来源：陈灿编纂：《欧战财政纪要》，第 38—39 页。

从收入来看，税收和公债是主要来源。税收包括关税和国内税，其中国内税又包含间接消费税和所得税等直接税。因进出口贸易受到战争影响，关税收入在战时呈下降趋势。国内税在 1917 年参战后迅速攀升，1918 年国内税收入是 1917 年的 4.56 倍，1919 年国内税收入是 1917 年的 5.33 倍。这一惊人成就的背后，是所得税收入的激增。公债收入在 1917 年为 23.91 亿美元，较 1916 年的200 万美元已是巨量增长。到 1918 年，公债达到 1917 年的 6.98 倍，1919 年则达到 1917 年的 12.24 倍。另据克拉克（John Maurice Clark）的统计，美国第一次世界大战的战争开支为 310 亿美元，税收为 76 亿美元，占 24.52%，向公众借款 19 亿美元，占比为 6.13%，新发行货币 44 亿美元，占 14.19%。[①] 公债均以税收作为未来偿债担保。

再析美国联邦税收的结构占比，可更清晰了解各类税收的财政地位。关税 1913 年尚占 44.4%，此时所得税未正式开征，关税仍居首位。到 1914 年，关税地位下降，税收占比为 39.7%。此后，每年均有下降。到 1917 年占 20.3%，1918 年仅为 4.4%。所得税是美国战时税收来源的中坚，通过 1913 年宪法修正案（*the 16th Amendment*），所得税的经常税收地位得以确

① ［美］斯坦利・L. 恩格尔曼、罗伯特・E. 高尔曼主编：《剑桥美国经济史：漫长的 19 世纪》第 3 卷，李淑清、王珏译，第 350 页。

立，恰为第一次世界大战时期的增税方案扫清了法律障碍。美国推动所得税也受到社会政策的影响，在围绕宪法第 16 条修正案的讨论中，所得税的财政潜力受到政府认可，在公众层面则认为富人财富来源于垄断利润，应通过所得税予以平衡，“当时公众渴望联邦政府出面以对抗大型工业公司因世纪之交的兼并运动而膨胀的经济和政治权力”①。这意味着原来认为所得税是联邦政府干预私人财产及隐私的税收心理发生变化，转而期望政府利用所得税来增进社会公平。

所得税在 1914 年全面开征后，个人所得税和公司所得税合计占比 8.2%，到 1915 年达 11.5%，1916 年为 16.3%。到美国 1917 年参战后，政府提高税率，增征战时利得及超额所得税，收益大幅增加，1917 年占比竟达 32.3%，在单一税种中位居第一。到 1918 年，更上升至 68.1%，成为西方各国所得税收益最为显著的国家。个人所得税和公司所得税的数量和占比极为接近，个人所得税稍占优势，如表 2－8 所示。

表 2－8　　**美国联邦税收主要税目情况**　　（单位：百万美元）

<table>
<tr><td>年度</td><td colspan="2">1913</td><td colspan="2">1914</td><td colspan="2">1915</td><td colspan="2">1916</td><td colspan="2">1917</td><td colspan="2">1918</td></tr>
<tr><td>税目</td><td>数量</td><td>占比（%）</td><td>数量</td><td>占比（%）</td><td>数量</td><td>占比（%）</td><td>数量</td><td>占比（%）</td><td>数量</td><td>占比（%）</td><td>数量</td><td>占比（%）</td></tr>
<tr><td>酒税</td><td>230.2</td><td>31.7</td><td>226.2</td><td>30.8</td><td>223.9</td><td>32.1</td><td>247.4</td><td>32.1</td><td>279.4</td><td>24.2</td><td>443.7</td><td></td></tr>
<tr><td>烟草税</td><td>76.8</td><td>10.7</td><td>80.0</td><td>10.9</td><td>80.0</td><td>11.5</td><td>88.1</td><td>10.2</td><td>102.2</td><td>9.2</td><td>156.2</td><td></td></tr>
<tr><td>个人所得税</td><td></td><td></td><td>28.2</td><td>3.9</td><td>41.1</td><td>5.9</td><td>67.9</td><td>8.8</td><td>180.1</td><td>16.2</td><td rowspan="2">2838.9</td><td rowspan="2">68.1</td></tr>
<tr><td>公司所得税</td><td>35.0</td><td>4.9</td><td>32.5</td><td>4.3</td><td>39.2</td><td>5.6</td><td>56.9</td><td>7.5</td><td>179.5</td><td>16.1</td></tr>
<tr><td>杂税收入（印花税、黄油税等）</td><td>2.3</td><td>0.3</td><td>13.2</td><td>1.9</td><td>31.4</td><td>4.5</td><td>52.3</td><td>7.0</td><td>69.1</td><td>6.5</td><td>255.8</td><td>6.3</td></tr>
</table>

① ［美］斯坦利·L. 恩格尔曼、罗伯特·E. 高尔曼主编：《剑桥美国经济史：漫长的 19 世纪》第 3 卷，李淑清、王珏译，第 350 页。

续表

年度	1913		1914		1915		1916		1917		1918	
税目	数量	占比（%）	数量	占比（%）	数量	占比（%）	数量	占比（%）	数量	占比（%）	数量	占比（%）
国内税	344.4	47.6	380.1	51.8	415.6	59.6	512.7	65.6	809.4	72.2	3694.6	88.5
关税	318.9	44.4	292.3	39.7	209.8	30.1	213.2	27.4	226.0	20.3	182.8	4.4
杂项收入（包括公共土地收入）	60.8	8.0	62.3	8.5	72.4	10.3	53.7	7.0	83.3	7.5	296.6	7.1
总计	724.1	100	734.7	100	697.8	100	779.6	100	1118.7	100	4174.0	100

资料来源：Roy G., Gladys C. Blakey, *The Revenue Act of* 1918, *The American Economic Review*, Vol. 9, No. 2 June, 1919, pp. 214 - 243. 1918 年的所得税包括 1791 百万美元的超额利得税。

美国所得税增税效应明显，但并未造成普遍的税收负担。所得税的免税标准高于典型的工人阶级家庭收入水平，在 1918 年缴纳个人所得税者仅 420 万人，而劳动力是 4200 万人。此外，中产阶级的累进税率也较低。①

美国的战时公债发行较为顺畅。1917 年 5 月，20 亿美元的第一次自由公债（Liberty Loan）发行，出现 50% 的超额认购。此后，又发行三次自由借债，在 1919 年 3 月发行一次胜利公债（Victory Loan）。1916 年 6 月至 1919 年 6 月，债务增加到 243 亿美元，联邦政府承担 2.45 亿美元，商业银行 41.24 亿美元，其余 190 余亿美元由公众承担。② 更难得的是，债务利息在初始还低于市场利息。这其中有联邦政府宣扬爱国主义的原因，最为根本的还是稳定的税收担保。如迈克尔·埃德尔斯坦（Michael Edelstein）所论，在“一战”中，美国的筹资模式是“保持税收长期稳定（Tax Smoothing）”，

① ［美］斯坦利·L. 恩格尔曼、罗伯特·E. 高尔曼主编：《剑桥美国经济史：漫长的 19 世纪》第 3 卷，李淑清、王珏译，第 353 页。

② ［美］斯坦利·L. 恩格尔曼、罗伯特·E. 高尔曼主编：《剑桥美国经济史：漫长的 19 世纪》第 3 卷，李淑清、王珏译，第 354 页。

提高战时税收，但实质是使用债务筹资，以未来税收来支付债务利息和本金。[①]

3. 日本的战时所得税

对日本来说，第一次世界大战是其攫取国际政治及经济利益的良机。在大战之前，日本借甲午战争获得巨额赔款，通过日俄战争打击了俄国在远东的霸权，扩大了在中国东北及朝鲜半岛的殖民势力。日本的垄断财阀也借助此次战争获得大量资源，加快了企业投资及重工业的发展步伐。在国际上，借助于英日同盟及各国恩怨嫌隙，左右逢源。在大正初期，日本财政持相对紧缩主义，主要以税收收入为主，公债募集大为缩减。第三次桂太郎内阁及山本权兵卫内阁将整理税制及减轻税负作为主要财政事务，以回应日本社会民主化及国民的减税诉求。关税在1899年关税自主实施《国家官定税率法》之后，税率大幅提高，以保护国内工业。1913年，也修改了所得税法。

第一次世界大战爆发后，日本主要是借机夺取德国在中国的利益，并未实际参战。此时欧洲工业受战争冲击，各国物资需求上升，日本工业及进出口贸易进入快速上升阶段。大隈重信在山县有朋、松方正义及井上馨等元老派支持下第二次组阁。在财政上，大隈内阁在对德宣战后召开了预算特别会议，但军费并未有大幅增加。从收入结构来看，日本财政并不依赖于债券来补充财源，租税收入、官业及官有财产收入、其他收入分居前三位。其中，租税收入占比较他国为高，情况如表2－9所示。

1912年，税收的年度收入占比是52.5%，1913年为51.1%，1914年为46.8%，1915年为44.1%，1916年为42.8%，1917年为39.7%，1918年为35.1%。在战争开始后，税收占比有所下降，但官业及官有财产收入却在稳定上升，政府财政获得较好的信用支撑。公债收入在1917年前甚至逐年减少，反映政府确在采取财政紧缩政策。1916年，公债在总收入中的占比仅为3.16%，到1917年公债收入为1698.4万日元，是1916年257.6万日元的6.6倍，但因总收入增数更高，公债在总收入中的占比反而下降为

① ［美］斯坦利·L. 恩格尔曼、罗伯特·E. 高尔曼主编：《剑桥美国经济史：漫长的19世纪》第3卷，李淑清、王珏译，第355页。

1.56%，1918 年为 3.4%。[①] 可以说，日本在“一战”期间并不依靠借贷来获取财政收入，战时经济的快速发展带来租税收入、官业及官有财产收入、其他收入的全面增加，使日本财政处于较好的状态。

表 2－9　**日本大正年间岁入情况**　（单位：千日元）

年度	合计	租税收入	印花税	官业及官有财产收入（包括专卖）	其他收入	公债和借款	前年度留存
1912	687392	360969	28934	142241	65102	18327	71817
1913	721975	369479	30830	149011	65962	12894	93796
1914	734648	343708	28775	135829	67304	10689	148341
1915	708615	312744	32076	168144	104716	4705	86227
1916	813308	348672	38698	207708	90308	2576	125346
1917	1084958	430604	52763	250069	112024	16984	222513
1918	1479115	519292	65312	288099	206155	50355	349902
1919	1808633	672385	98904	251559	304612	19090	462080
1920	2000652	696257	83379	327760	181318	75631	636304
1921	2065711	785851	86327	333784	166040	53032	640674
1922	2087345	896403	86854	360185	141120	26925	575855
1923	20455298	787203	86388	342686	136323	35041	657655
1924	2127391	887237	92720	383137	112078	127969	524247
1925	2071369	894808	91530	427613	108478	46589	502351

资料来源：日本銀行統計局編：《明治以降本邦主要経済統計》，東京：並木書房 1966 年版，第 132 頁。

日本的租税收入为何能够快速增长，与其结构不断优化有关。日本租税

① 日本銀行統計局編：《明治以降本邦主要経済統計》，東京：並木書房 1966 年版，第 132 頁。

收入中，地税一向为大宗。1899 年，酒税首次超越土地税。1911 年收回关税自主后，关税也节节攀升，到 1912 年、1913 年，关税已经基本与地税收入持平。但在 1914 年，受战争影响，关税又进入下降通道。直至 1919 年，关税占比终于超过土地税收入。酒税和关税收入分别超过土地税收入，意味着日本的税收结构完全实现了由农业税体系向工商税体系的转化。如再加上营业税、砂糖消费税，间接消费税的比例已处绝对优势。值得注意的是，经过较长时间的制度建设，日本的所得税终于迎来了收获时期。进入 20 世纪之后，所得税收入快速增长。到 1917 年，所得税占比达到 21.9%，超过了地税的 17.1%，所得税成为仅次于酒税的第二大税种。这一变化具有革命意义，代表日本税收在地税、关税、酒税等之外，又获得更为稳定的所得税的重要支撑，税收伸缩力大为增加，如表 2－10 所示。

表 2－10　**日本大正年间税收情况**　（单位：千日元）

年度	合计	地税	所得税	法人税	营业税	遗产税	酒税	砂糖消费税	关税
1912	360969	75365	38933	11474	26021	3629	93861	13517	68496
占比		20.9%	10.8%	3.2%	7.2%	1.0%	26%	3.7%	19.0%
1913	369479	74635	35591	13068	27392	3351	93223	21049	73722
占比		20.2%	9.6%	3.5%	7.4%	0.9%	25.2%	5.7%	20.0%
1914	343708	74925	37157	13222	28594	3317	95781	23384	44228
占比		21.8%	10.8%	3.8%	8.3%	1.0%	27.9%	6.8%	12.9%
1915	312744	73602	37567	14721	21455	3357	84649	22675	32165
占比		23.5%	12.0%	4.7%	6.9%	1.1%	27.1%	7.3%	10.3%
1916	348672	73274	51284	26692	22833	4077	89837	27442	35918
占比		21.0%	14.7%	7.7%	6.5%	1.2%	25.8%	7.9%	10.3%
1917	430604	73478	94649	59391	26394	4597	106738	29812	45186
占比		17.1%	22.0%	13.8%	6.1%	1.1%	24.8%	6.9%	10.5%

续表

年度	合计	地税	所得税	法人税	营业税	遗产税	酒税	砂糖消费税	关税
1918	600882	73527	122817	61952	34375	4618	120635	36353	68937
占比		12.2%	20.4%	10.3%	5.7%	0.8%	20.1%	6.0%	11.5%
1919	834649	73754	193148	110297	44075	5312	137626	46168	81135
占比		8.8%	23.1%	13.2%	5.3%	0.6%	16.5%	5.5%	9.7%
1920	730553	73944	190344	127944	62092	7032	163896	40394	69371
占比		10.1%	26.1%	17.5%	8.5%	1.0%	22.4%	5.5%	9.5%
1921	790938	74130	200938	95895	68453	9311	176085	54966	100941
占比		9.4%	25.4%	12.1%	8.7%	1.2%	22.3%	6.9%	12.8%
1922	897320	74325	229132	91677	77132	11788	222585	72905	108044
占比		8.3%	25.5%	10.2%	8.6%	1.3%	24.8%	8.1%	12.0%
1923	787337	73134	163846	50508	55837	11150	221497	64754	89309
占比		9.3%	20.8%	6.4%	7.1%	1.4%	28.1%	8.2%	11.3%
1924	887364	71969	209992	66231	61943	14183	221577	80200	119638
占比		8.1%	23.7%	7.5%	7.0%	1.6%	25.0%	9.0%	13.5%
1925	894895	74614	234971	88551	65791	17134	212638	76726	111160
占比		8.3%	26.3%	9.9%	7.4%	1.9%	23.8%	8.6%	12.4%

资料来源：日本銀行統計局編：《明治以降本邦主要経済統計》，東京：並木書房 1966 年版，第 136—137 頁。百分比系据表中数据统计而成。

随着日本工业化的加速及所得税税率的提高，所得税呈现出强劲的增长态势。1913 年 4 月，大藏省修改所得税法，规定合名及合资公司所得在 5000 元以下者征 4%，超过 5000 元者 5%，超过 10000 元者 6%，超过 15000 元者 7%，超过 20000 元者 8%。股份公司及股份合资公司所得按 6.25% 征收。职业所得 1000 元以下者 2.5%，超过 1000 元者 3.5%，超过 2000 元者

4.5%，超过3000元者5.5%，分级累进，超过10万元者12%。[①] 1918年3月，日本再次修改所得税税率。合名公司、合资公司所得在5000元以下者，税率提高为4.5%。超过5000元者，征5.5%，超过10000元者征6.5%。此后每级，无增加0.5%。至10万元以上者，税率由12%提升至14.5%。超过20万元者，由13%提升至16%。股份和股份合资公司所得由6.25%提升至7.5%。个人所得部分，各级相应增加0.5%。[②] 1918年，酒税的第一税种的位置也被所得税取代。至1919年，所得税的税收占比达到23.1%。

至1920年7月，日本再次修改所得税法，规定所得分为三类：法人所得，包括普通所得、过分所得和清算所得；公债、公司债、存款利息及信托利益所得；个人所得。核算方式及税率发生重大变化。普通所得中，在施行地设有总部及主要事务所的法人按5%征课；无总部及主要事务所者按10%征课。过分所得是普通所得金额中资本金额超过百分之十的部分，按4%征课，超过百分之二十按10%，超过百分之三十按20%。清算所得中公积金等按5%征课，其他金额按10%征课。个人所得部分，1200元以下按0.8%征课，超过1200元者按2%，超过1500元者按3%，此后累加，至400万元者按36%征课。[③] 经过修订，核算方式明显简化，但税率提高。1920年，所得税收入的税收占比达到26.1%。此后，虽有少量年份酒税又有反超，但核心科目的地位已经完全确立。到1925年，所得税又回升到26.3%的税收占比，成为首要税种。日本所得税收入中，公司法人所得税在1916年后增加较快，此后在战时一直维持高位。1920年，法人所得税的税收占比达到了17.5%。这说明，战时日本经济得到长足发展，极大扩展了所得税的产业税源。而自1921年起，法人所得占比又呈下降趋势，则与欧美经济恢复之后的国际竞争加剧有关。

在支出部分，行政费、军事费和债务支出最为主要，年金恩给及皇室费

---

① 《所得税法》（1913年4月7日），大藏省印刷局编《官报》第204号，1913年4月8日，第173—175页。

② 《所得税法》（1918年3月22日），大藏省印刷局编《官报》第1689号，1918年3月23日，第173—175页。

③ 《所得税法》（1920年7月31日），大藏省印刷局编《官报》第2399号，1920年7月31日，第1—7页。

支出占比较小。1912—1916 年，行政费都要高于军事费。自 1917 年起，军费超过行政费的年份增多。但自 1922 年起，行政费又回归到首位。此后，这一态势一直延续到 1934 年。日本的实际战费支出较小，所增军费主要是扩张军备。日本军费支出 1912 年为 19961 万日元，支出占比为 33. 6%；1913 年为 19188. 5 万日元，支出占比为 33. 4%；1914 年为 17095. 9 万日元，支出占比为 26. 7%；1915 年为 18216. 8 万日元，支出占比为 31. 3%；到 1916 年明显上升为 21143. 8 万日元，支出占比为 35. 8%；1917 年为 28587. 1 万日元，支出占比为 38. 9%；1918 年为 36798. 5 万日元，支出占比为 36. 2%。1921 年达 73056. 8 万日元，支出占比达到 49%。日本的军费支出保持稳定增长趋势，其财政基础较为稳固。债务支出也一直较为平衡，1912 年为 14165. 2 万日元，支出占比为 23. 9%；1913 年为 14262. 6 万日元，支出占比为 24. 9%；1914 年为 14294. 9 万日元，支出占比为 22%；1916 年为 11579. 7 万日元，支出占比为 19. 6%。此后还有下降。1920 年国债偿还支出为 9494. 6 万日元。1923 年为 16318. 2 万日元，支出占比为 10. 7%。至 1925 年，债务支出占比还降为 14. 5%。[①] 强大的税收能力，使日本政府可以获得持续性的财政支持，也意味着政府还存有较大的借贷空间。

相较于北京政府的劳而无功，英、法、德、美及日本等国的所得税征收成绩可谓优异斐然。论其共性，在第一次世界大战时期，英国、法国、德国及美国均采用税债并举的政策来筹集战争经费。在税收方面，所得税逐步成为主要税种，推动各国税收体系由间接消费税（货物税）向直接税过渡。在英国和美国，所得税的财政增量效应更为明显，是战时位居首位的单一税项。在战争时期各国关税不同程度出现减额的情况下，所得税对稳定的财政信用具有非同寻常的意义。法国确立了所得税的经常税收地位，但在实施上仍面临阻碍。在德国，所得税在第一次世界大战时仍为地方所有，到战后方才移到中央财政体系之中。各国的借贷能力与税收能力密切相关，所得税收入增加提高了税收的伸缩性，相应也提高了政府的借贷能力。

在 19 世纪后期及 20 世纪初期，各国所得税的改制虽受战争压力，但更重要的是社会政策的转变。因为劳资关系、垄断资本及贫富差距等问题不断

---

① 日本銀行統計局編：《明治以降本邦主要経済統計》，東京：並木書房 1966 年版，第 133 頁。

恶化，各国注重通过所得税、遗产税等直接税来强化财政的再分配效应，发掘蕴含于特权及富人阶层财富、所得中的税收资源。在所得税制度上，各国都提高了高收入分级阶段的税率。但因认知观念、产业基础及征稽能力不同，其制度形态及征收绩效也存有差异。日本所得税仿行西方设立，也受到社会政策的影响。得益于“一战”时期日本工业化的加速，所得税税源基础扩大，征收数额不断增加。北京政府也强调所得税的社会政策效应，但在军阀割据争战的时局之下，政府的“自我保证”难以取得纳税人及公众信任，政府的征稽能力也严重不足。在商会的集体抵制下，所得税法令无法落实，费尽心机仅得一万余元，优化税收结构的规划最终落空。加以地方截留严重，中央财政仍处孤悬之境，债务信用相应受限，更多通过出让财政及经济主权来换取外债，未能走出清末“不完全借贷财政”的泥淖。

第三章
国民政府财政国家的建构及所得税的曲折推进

自南京国民政府建政及至抗日战争全面爆发之前，是近代中国财政国家建构取得明显突破的重要阶段。在财政收支体系上，虽然仍然具有鲜明的军事型借贷财政特征，但经过二次北伐、东北易帜及中原大战，以蒋介石为首的政治军事集团基本完成了对全国的军政统一，从而为去除财政地方主义顽疾、实施财政统一奠定根基。在筹措镇压反对势力及革命力量的内战经费之时，国民政府财政部在宋子文、孔祥熙的主导之下，也顺应政策、学术及舆论上对财政税收合理化的建言诉求，实施了包括税收、公债、银行、货币在内的系统化财政金融变革，使清末以来的“不完全借贷财政”出现了向可持续化的财政国家演化的趋势。但是，借贷财政的信用仍处于极其脆弱的暂时平衡之中，不断膨胀的军事债务支出，难以扼制的发行冲动，随时都有可能打破这一态势。所得税虽然有北京政府受挫的教训及财政顾问甘末尔（Edwin Walter Kemmerer）的谏止，但作为直接税中的核心税收，依然位列财政部雄心勃勃的新税开征计划之中。且自 1927 年 6 月，就以党政公务人员所得捐的形式开始专项征稽，直至 1936 年所得税的全面开征为止，所得税制度的修订与尝试并未停止。

一 军事型借贷财政的整理与维系

北京政府借贷财政的军事化和派系化使中央财政渐成虚化，不仅内外债难以为继，而且税收合理化的努力始终未能转化为切实的财政增量。蒋介石以黄埔系军人集团、国民党右派、国民革命军及江浙财团为根基，承继了广东及武汉国民政府的国民革命成果，先军政后财政，重建了中央政府的政治权威和财政系统，得以完成清末以来历届政府期盼的财政统一大计。在此基础上，国民政府推动了以国地分税、关税自主、裁厘改税为中心的税收变革，建立了以中央银行及国有银行为核心的国家金融体系，强化了对公债及货币工具的掌控力。中央财政的税收基础和信贷能力得到恢复和维系，但在军事债务过度支出的冲击之下，危机仍然存在。国民政府权威、国民党党治与蒋介石个人独裁的高度关联，也使财政上的分权与制衡较难实现。

（一）财政统一及税收合理化变革

统一财政需以统一军政为前提。清末及民初，受财政地方主义困扰，地方督抚及实力派不向中央解送税款，截留成为常规，遂至中央财政被釜底抽薪，空悬无根。

在南京政府初立之时，蒋介石除在军事上占据相对优势地位外，在地方及党内同样遭到诸多挑战。宁汉合流之后，国民党各派系在反共及二次北伐的问题上达成共识。蒋在 1928 年 1 月重任国民革命军总司令，并在次月的国民党二届四中全会上被选为中央政治委员会主席和军事委员会主席。兹后，蒋介石联合李宗仁、阎锡山、冯玉祥出兵讨奉，结束北洋军阀统治。东北易帜后，各地方实力派也相继表示服从中央，国民政府完成对全国的政治统一。同年 10 月，国民党中央常务委员会通过了《训政纲领》，宣布实行训政，以党治国。同步还通过了《中华民国国民政府组织法》，规定国家最高权力平时在国民党中执会，国民政府由五院组成总揽治权。蒋介石任国民政府主席兼陆海空军总司令，掌控军政大权。在蒋看来，军政与财政是密不可分的。出任国民政府主席前，蒋在日记中写道："如欲必余任主席，则必有任免权，对各院与政治会议有复议权。财政统一，常务会议有最后决定权。财政未统一前，各省不能向中央请求接洽。"[①] 蒋希望将政务、军事、财政的最终决定权掌握在自己手里，表面是以党训政，实质是个人独裁。随后，

① 《蒋介石日记》，1928 年 8 月 8 日。

国民党二届五中全会在通过《训政纲领》时，也宣布实行《整理军事案》，要求“破除旧日一切以地方为依据，以个人为中心之制度及习惯”“军政军令，必须绝对统一”[①]。在财政上，蒋在表面上未直接参与财政管理，但却掌握着财政的高层人事任免及决策权。中央向地方拨款的前提，是财权归于中央，恢复向中央解款，严禁截留及干预关税、盐税款项。

蒋介石在权力初步稳固之后，着手进一步强化中央军在军事上的优势，也通过合纵连横之法来加强对党权的控制。在军事上，1929 年 1 月，他主持召开全国军事编遣会议，拟裁减冯系、阎系及桂系人马，结果遭到强力反弹，中原大战因而爆发。蒋系中央军获得战争胜利，地方实力派力量被大幅削弱，国民政府的中央权威得到巩固。地方实力派的军事力量仍得到部分保存，但在政治、财政上基本达成妥协，各地方恢复对中央解款，而统编后的军队薪饷也由中央筹措分拨。在政治上，蒋介石的党内地位一直遭到汪精卫、胡汉民、孙科、西山会议派等党内元老及派系的挑战。在“老一辈同志”眼中，“他仍被认为军事的，而非政治的人物”[②]。党内派系往往和地方实力派里应外合，威胁到蒋介石独揽党、政、军大权的计划。在中原大战期间，蒋采取“尊胡治汪”策略，二人在“以党训政”“一党专制”问题上达成一致。蒋在前线作战，胡汉民则主持党务政务，维持后方。[③] 但二人在政治理念上仍有极大差异，胡汉民主张党权高于一切，坚持以党治国，而蒋是以军权来控制政权、党权。在蒋取胜之后，胡汉民又站出来反对蒋这个“新兴军阀”。胡汉民一度与汪精卫合作，联合地方实力派，形成宁粤对峙。1931 年“九一八”事变之后，宁粤和解，蒋再次下野。

胡汉民和汪精卫素有积怨，蒋趁机与汪精卫达成合作态势。1931 年 2 月，胡汉民被扣押。至 1932 年 3 月 1 日，国民党四届二中全会选定蒋为军事委员会委员长，地方实力派的联合反蒋战线也被瓦解，阎锡山、冯玉祥、李宗仁等均加入了军事委员会。由此，在各派系联合并尊重蒋介石的权力中枢地位的基础上，国民党稳定了在全国的统治。虽然各派对蒋的专制独裁仍

---

① 《整理军事案》，《中央党务月刊》第 2 期，1928 年 9 月 1 日，第 9 页。

② 董显光：《“蒋总统”传》，台北中国文化大学出版部 1980 年版，第 108 页。

③ 金以林：《国民党高层的派系政治》，社会科学文献出版社 2009 年版，第 53—63 页。

抱有不满，但无可否认的是，国民政府的中央权威是与以蒋介石为首的军政集团在政治军事斗争中的成败密不可分的。蒋介石最高领袖地位的确立，在一定程度上也影响到军政统一和财政统一的进程。国民政府的中央权威与蒋介石个人独裁的深度嵌合，严重影响到国民政府五院制的运行，也包括财经政令的最高决策。

军政统一解决了地方截留的问题，各省解款逐步恢复，但要在制度上确保中央财政集权，仍要回到划分国地收支的制度轨道上来。南京国民政府成立后，首任财政部长古应芬即提出了《划分国家收入地方收入暂行标准案》，以均权为原则划分中央及地方税类及支出项目。关税、盐税、常关税、内地税、印花税及烟酒特税、卷烟特税等归入中央，田赋、契税、牙税、当税、屠宰税归于地方。将来拟开的新税清单中，所得税、遗产税、交易所税、出产税、出厂税等，定为国家收入；营业税、宅地税、房屋税、普通商业注册税等，列为地方收入。[①] 各税采独立原则，禁止添设附加税。到1928年1月宋子文任财政部部长时，提出“将各项国税一律收归部办，以谋财政统一”。1928年7月，在第一次全国财政会议上，财政部提出了《统一财政案》，规定凡关于国税之规章、用人、行政概归财政部办理；中央税收一律解交财政部金库；军政费均须编制预算；各项军费均由国库支出，军事机关不得自行提拔。[②] 与此相应，财政会议通过了统一盐税、统一关务用人行政等议案。

1928年11月，财政部颁布新的《划分国家收入地方收入标准案》，划入中央收入范围的有关税、盐税、烟酒税、卷烟税、厘金、印花税、交易所税、国有财产收入、国有营业收入、中央行政收入等十六种，划入地方收入范围的有田赋、契税、牙税、当税、屠宰税、船捐、户捐、地方财政收入、地方营业收入、地方行政收入等十二种。所得税、遗产税、特种消费税、出厂税等仍列入国家税，营业税、宅地税、所得税之附加税列入地方。地方与中央收入性质重复时，禁止征收。国税地税均不得附加，所得税附加不得超

① 《划分国家收入地方收入暂行标准案》（1927年7月），金鑫等主编《中华民国工商税收史纲》，中国财政经济出版社2001年版，第144页。

② 《统一财政案》（1928年），中国第二历史档案馆编《中华民国史档案资料汇编》第5辑第1编，财政经济（一），江苏古籍出版社1994年版，第194页。

过正税的20%。地方经费不足时，得申请中央补助。[①] 方案同样将主要税源归于中央，但兼顾到了地方事权与财权不均衡的问题，将田赋划归地方，也允许地方申请财政补助。国地收支划分之后，中央和地方各有基本税源，且征收相对独立，中央税收得到保障。但问题是，地方收入依然不足，中央正税难以截留，于是转而征收杂税及附加。于是，一方面中央不断强调整顿地方财政，裁减苛捐杂税；另一方面，地方则在权力范围内任意加征，苛杂始终难撤。

到1935年7月，国民政府颁布《财政收支系统法》，再次调整国地收支体系，确立了中央、省、县三级财政。列为中央收入的有：税课收入、专卖收入、特赋收入、惩罚及赔偿收入、归公绝产收入、规费收入、公债收入、利息及利润收入、公用营利事业收入等。其中，税课包括关税、出厂税、印花税、特种营业行为税、特种营业收益税、所得税、遗产税、直隶市之营业税、土地税之分成。地方收入类型与上相似，分为省、县两级。在省包括土地税、房屋税、所得税、遗产税之分成；在县包括营业牌照税、使用牌照税、行为取缔税及土地税、房屋税、所得税、遗产税、营业税之分成。[②] 系统法提高了地方财政的收入范围及地位，有助于充实地方财政，促进经济发展。但是，划入税收与厘金相较仍大幅减少，地方为弥补缺额，一方面发行地方公债，另一方面仍然高度依赖地方杂税杂捐。

在税收改革方面，关税自主权和盐税管理权问题得到解决，极大提升了政府的税收能力和财政信用。1927年4月，国民政府就发布公告，宣布采取外交行动，推动关税自主。随后，公布《国家进口关税暂行条例》，遭到列强反对。1928年7月，国民政府外交部宣布废除一切不平等条约，改订新约。此后，先后与美国、英国、法国、荷兰、瑞典、西班牙、意大利等国签订新约。各国同意中国关税自主。到1930年5月，与日本签订关税协定。[③] 关税自主后，改协定关税为国家税率，进口税率大幅提高，而出口及转口税率有所降低。盐税方面，国民政府在1928年11月宣布盐税归属财政部管

---

① 《划国家支出地方支出标准案》(1928年11月)，《民国日报》1928年7月12日第7版。

② 中国第二历史档案馆编：《中华民国史档案资料汇编》第5辑第1编，财政经济（一），第144—146页。

③ 《财政年鉴》上册，商务印书馆1935年版，第414—416页。

辖，盐税收入存入中央银行或财政部账户。由盐税担保之外债，悉收财政部接管偿还，不受外国债权人管理。1929 年 6 月，政府通令盐税由中央统一核收，各地不得自由提征税款，添设附加。财政部建立缉私局，设立税警团，加强缉私。1931 年 5 月，新的《盐法》明确规定废除专商引岸，就场征税，自由买卖。关税和盐税长期以来就是政府收入中的核心税源，不仅负有增收之责，还是政府借贷最为重要的信用担保。关税及盐政自主的实现，巩固了国民政府的财政信用。

自清末以来一直呼吁的裁厘行动也在此时收到实效。借关税自主之机，国民政府于 1927 年 7 月颁布《裁撤国内通过税条例》，启动裁厘大计。次年，全国财政会议议决成立裁厘委员会，以六月为限。至 1930 年 12 月，财政部正式通电，宣布："全国厘金及厘金变名之统税、统捐、专税、货物税、铁路货捐、邮包捐、落地税，及正杂各捐税中含有厘金性质者，又海关三五十里外常关，及其他内地常关、子口税及复进口税等，均应于本年十二月三十一日一律永远废除。"① 为补厘金损失，政府开征统税充实财政。统税原仅对卷烟等特定商品征收，此时得到推广。政府先期开办了卷烟、棉纱、火柴、水泥、麦粉五项统税，后扩展到啤酒、洋酒、薰烟等商品。1931 年，财政部设立了统税署，次年与烟酒印花税处合并为税务署。统税征收区域也不断扩大，至 1936 年扩至全国。统税设定为中央税收，以大宗消费品为征税对象，货物于出厂时征收，进口商品由海关代征。由此，形成了国民政府税收的三大主干税源：关税、盐税及统税。此外，政府还对烟酒税、矿税、印花税进行整顿。通过整理税政，统一税收，收回管理权，中央财政的税收基础得到稳固。

在征收新税方面，中央税收中的交易所税、银行税、特种商品消费税等相继开征，所得税、遗产税一直在财政部的增收方案之中。政府针对党政公务人员，开征了所得捐。地方税收中，最为重要的新增税收是营业税。1931 年 1 月，颁布了《营业税大纲》，同年 6 月颁布《营业税法》。属于营业税性质的屠宰税、牙税也归并整理，明确了核查办法。

经过统一财政及税收变革，国民政府的税收能力明显增强。1928 年度，税项收入合计有 332479550. 85 银元，1929 年合计为 438063208. 83 银元，

① 《财政部实行裁厘通电》，《工商半月刊》第 3 卷第 1 期，1931 年 1 月 1 日，"工商消息"，第 1 页。

1930 年达到 497753803.34 银元，1931 年达到 552976394.46 银元，1932 年达到 559307213.69 银元。[①] 税收收入的实际增幅明显。政府实收数额之中，如除去债款收入，税收占比较高。1927 年，占实收数的 60.2%，1928 年占 78.1%，1929 年占 95%，此后数年基本在 95% 以上。至 1934 年，降至 65.4%，1935 年为 75.1%，1936 年为 81.8%。[②] 税收来源中，关税、盐税、统税分居前三。1929 年，关税在税项收入中占 53.5%，盐税占 9%。1930 年，关税占 57%，盐税占 25.2%。1931 年，关税占 56.1%，盐税占 26.9%。1932 年，关税占 59.8%，盐税占 23.2%。此后，关税占比逐年下降，但仍保持极高比例。1936 年，关税占比 33.3%，1937 年占 43.4%。盐税基本在 22%—26% 波动。[③] 不仅数额增长，因税收管理权收回，中央财政的税收调拨权相应提升。从税收结构上看，间接税性质的工商税收是主要来源，直接税仍未取得实质进展。

（二）内债的迅猛增长与债信整理

税收合理化变革的增收效应相对滞后，难以及时补充战争所需。据杨荫溥统计的财政赤字与实支数额的比值，1927 年赤字占比为 48.7%，1928 年赤字占比为 19.4%，1929 年达 18.7%，1930 年中原大战达到 30.3%，1931 年为 19%，到 1934 年又增至 46.9%，1935 年增至 61.6%，1936 年为 31.7%。[④] 缺额部分，只能以公债补足。与北京政府时期过度依赖外债不同的是，国民政府因税收改革有成，借贷信用得到一定恢复，其直接表现即是内债发行数额大增。

在江浙财团的支持下，蒋介石通过发行内债筹集了巨额军费。据千家驹的统计，1927—1931 年，国民政府发行内债达 10.58 亿元。1927 年为 7000 万元，1928 年达 1.5 亿元，1929 年 1.98 亿元，1930 年达 1.74 亿元，1931

① 《十七至十九年度中央收入》《二十至二十一年度中央收入》，国民政府主计处统计局《中华民国第一次统计提要》第 3 册，商务印书馆 1936 年版，第 736 页。

② 杨荫溥：《民国财政史》，第 46 页。

③ ［美］阿瑟·恩·杨格：《一九二七至一九三七年中国财政经济情况》，陈泽宪、陈霞飞译，陈泽宪校，中国社会科学出版社 1981 年版，第 80 页。贾德怀在《民国财政简史》中所列的数字相对较低，见该书第 698—700 页。

④ 杨荫溥：《民国财政史》，第 43 页。

年达4.66亿元，合计发行25种之多。[①] 另据杨荫溥的统计，可以见到内债在总收入及债款收入中的比值极高，如表3－1所示。

表3－1　　1927—1931年国民政府内债数额及其收入占比情况

年度	债款在内的总收入（百万元）	债款收入（百万元）	内债收入		
			数额（百万元）	总收入占比	债款占比
1927	150.8	73.5	61.4	40.7%	83.5%
1928	429.2	96.6	68.6	16%	71%
1929	533.7	95.6	90.5	16.9%	94.7%
1930	723.4	225.7	192.8	26.7%	85.6%
1931	681.7	128.6	125.5	18.4%	97.6%

资料来源：杨荫溥：《民国财政史》，第61页。

内债在债款收入中的占比最低有71%，高者达到97.6%，内债发行额在不断增加。杨荫溥的债款统计并不完整，如将千家驹的统计数字代入，内债在总收入的占比还要提高。不过在总收入中，债款收入占比仍低于税收及其他收入之和，显示在这一阶段，税收的可持续性增长在一定程度上仍得到维系。

再统计政府发行公债的担保情况，可以发现税收变革的确增强了政府的公债信用。担保类型可分为以下几类：其一，以国库收入或国税收入作为担保。这实际上是以政府的财政信用进行宏观担保，具体执行需由财政部斟酌财政平衡情况而定，具有相当大的不确定性。在众多公债中，只有少量是以国库收入作为担保，绝大多数是以具体税类收入作为担保。其二，将具体税类作为担保品。其中，以关税作为担保品的公债数量最多。有以正税作抵，有以附税作抵，有以某一海关收入作抵，其中不少是以关税的增加收入作为担保，所指的正是实行国定税则后的增量收入。居于次位的是盐税担保，再次是统税及其他税类担保，包括印花税、卷烟统税、商品特税等。其三，以

① 千家驹：《旧中国公债史资料》，第19页。

建设事业的营收作为担保，主要是实业建设类的借款，如铁路公债、交通公债等。其四，将英、德、俄等国退回庚款作保。由上述情况可见，用于公债担保的税收基本是收入确定、风险较小的税种。在政府信用不足的情况下，税收给公债发行提供了确定的信用支持，如表3－2所示。

表3－2　　**南京国民政府前期发行公债担保情况（1927—1937年）**

债券名称	发行时间	发行定额	实发行额	担保品
国税项下担保：1项，8000万元（折算入统一公债）				
国民政府民国二十年赈灾公债	1931年9月	8000万元	8000万元	以国税项下担保
关税项下担保：24项，32.86亿元 （其中有重复计算的14.6亿元统一公债，换偿之后统一公债转入关税项下担保）				
江海关二五附税国库券	1927年5月	3000万元	3000万元	以江海关二五附税全部收入担保
国民政府续发江海关二五附税国库券	1927年10月	4000万元	4000万元	以江海关二五附税、奢侈税、出口税及江苏邮包税每月拨足32万元付息；以江海关二五附税全部并另拨二五附税出口税11万元作为本息基金
国民政府财政部津海关二五附税国库券	1928年7月	900万元	900万元	以津海关二五附税担保
国民政府财政部建设公债	1928年7月	5亿元	—	以关税及中央各种特税交通收入担保
民国十七年金融短期公债	1928年10月	3000万元	3000万元	以关税内德退还赔款除应付十四年公债及治安债券外余款拨付
民国十七年金融长期公债	1928年11月	4500万元	4500万元	以关税余款担保
国民政府民国十八年赈灾公债	1929年1月	1000万元	1000万元	以关税增加收入担保

续表

债券名称	发行时间	发行定额	实发行额	担保品
国民政府民国十八年裁兵公债	1929 年 2 月	5000 万元	5000 万元	以关税增加收入担保
疏浚河北省海河工程短期公债	1929 年 4 月	400 万元	400 万元	以津海关值百抽五税收项下附征 8% 收入担保
民国十八年关税库券	1929 年 6 月	4000 万元	4000 万元	由关税增加收入担保
民国十八年编遣库券	1929 年 9 月	7000 万元	7000 万元	由关税增加收入项下担保
民国十九年关税公债	1930 年 1 月	2000 万元	2000 万元	以关税收入项下担保
民国十九年关税短期库券	1930 年 8 月	8000 万元	8000 万元	以关税增加收入项下担保
民国十九年善后短期库券	1930 年 11 月	5000 万元	5000 万元	以关税增加收入项下担保
民国二十年关税短期库券	1931 年 4 月	8000 万元	8000 万元	以关税增加收入项下担保
民国二十年江浙丝业公债	1931 年 4 月	800 万元	800 万元	以江浙两省黄白丝出口时每担附征国币 30 元为担保
民国二十二年关税库券	1933 年 10 月	1 亿元	1 亿元	由关税增加收入项下担保
民国二十三年关税库券	1934 年 1 月	1 亿元	1 亿元	由关税增加收入项下担保
民国二十四年金融公债	1935 年 4 月	1 亿元	1 亿元	以新增关税收入担保
民国二十三年关税公债	1935 年 6 月	1 亿元	1 亿元	以换回之民国 1934 年关税库券票面 5000 万元原有基金移充不足由新增关税收入担保

续表

债券名称	发行时间	发行定额	实发行额	担保品
民国二十四年水灾工赈公债	1935年11月	2000万元	2000万元	以国库担负息金以新增关税还本
民国二十五年统一公债	1936年2月	14.6亿元	14.6万元	本公债基金仍旧由债券原案规定在关税项下除拨付赔款外债外所余之税款为担保
民国二十五年复兴公债	1936年3月	3.4亿元	3.4亿元	以关余项下除拨付赔款外债及1928年金融长期公债1936年统一公债外所余税款为担保
民国二十六年辟浚广东省港河工程公债	1937年4月	美金200万元	美金200万元	以粤海关附征5%进口税为担保
统税项下担保：10项，53400万元（1936年前的折入统一公债）				
卷烟税国库券	1928年4月	1600万元	1600万元	以卷烟统税担保
国民政府财政部善后短期公债	1928年6月	4000万元	—	以煤油特税收入担保
续发卷烟税国库券	1929年3月	2400万元	2400万元	以卷烟统税除拨付1928年卷烟税国库券1600万元外全部担保
民国十九年卷烟税库券	1930年4月	2400万元	2400万元	以部收卷烟统税项下除拨1928年、1929年卷烟库券基金外余款担保
民国二十年卷烟税库券	1931年1月	6000万元	6000万元	以部收卷烟统税收入担保
民国二十年统税短期库券	1931年6月	8000万元	8000万元	以统税署征收卷烟税余款及棉纱、麦粉等税为担保
民国二十二年爱国库券	1933年3月	2000万元	2000万元	由卷烟税款除已拨各债券基金外月提50万元备付
民国二十四年统税凭证	1935年2月	1.2亿元	1.2亿元	以统税担保
民国二十四年整理四川金融库券	1935年8月	3000万元	3000万元	以中央所收四川部分统税、印花税、烟酒税月拨55万元担保

续表

债券名称	发行时间	发行定额	实发行额	担保品
民国二十五年整理广东金融公债	1936 年 10 月	1.2 亿元	1.2 亿元	以粤区统税收入担保
盐税项下担保：共 6 项，计 1.81 亿元，270 万英镑（1936 年前的折入统一公债）				
民国二十年盐税短期库券	1931 年 8 月	8000 万元	8000 万元	以国库征收盐税担保
民国二十四年四川善后公债	1935 年 7 月	7000 万元	7000 万元	以中央征收四川盐税所拨给辅助金第一年每月 47 万元，第二年起每月 93 万元担保
民国二十三年玉萍铁路公债	1934 年 6 月	1200 万元	1200 万元	以江西地方盐附捐收入担保
民国二十二年华北救济战区短期公债	1933 年 11 月	400 万元	400 万元	以展限续征之长芦盐税附加农田水利基金全部为担保
民国二十五年四川善后公债	1936 年 4 月	1500 万元	1500 万元	以中央征收四川盐税月拨 4 万元，烟酒税月拨 4 万元，营业税月拨 5 万元担保
民国二十六年粤省铁路建设公债	1937 年 5 月	英金 270 万镑	英金 270 万镑	利息以财政部在粤区增收盐税担保不足由财政部补拨本金
其他税收担保（印花税）：1 种，1000 万元（折入统一公债）				
军需公债	1928 年 5 月、6 月	1000 万元	1000 万元	以全国印花税处收入担保
退还庚款担保：共 5 项，2.24 亿元，150 万英镑				
民国二十年金融短期公债	1931 年 10 月	8000 万元	8000 万元	以德国庚款担保
民国二十三年六厘英金庚款公债	1934 年 6 月	英金 150 万镑	英金 150 万镑	以铁道部借得英国退还庚子赔款为基金
民国二十四年电政公债	1935 年 10 月	1000 万元	1000 万元	以交通部国际报费项下除已拨——中英庚款董事会各项借款本息、邮政储金汇业局代理收付合同每月透支之款及按月结账找款外之余款为基金
民国二十四年俄退庚款凭证	1935 年 1 月	1.2 亿元	1.2 亿元	以俄庚款退回部分担保

续表

债券名称	发行时间	发行定额	实发行额	担保品
民国二十六年京赣铁路建设公债	1937 年 1 月	1400 万元	1400 万元	以铁道部借用英庚款用以完成粤汉铁路之借款及京赣铁路营业开始后营利为担保
公营事业营利担保：8 项，共计 1.99 亿元（1936 年前的折入统一公债）				
铁道部收回广东粤汉铁路公债	1930 年 1 月	2000 万元	2000 万元	以粤汉铁路余利为担保
民国十九年电气事业长期公债	1930 年 1 月	150 万元	150 万元	以首都戚墅堰电厂现有地基房屋机器及雨厂营利担保
民国十九年电气事业短期公债	1930 年 1 月	250 万元	250 万元	以首都戚墅堰电厂现有地基房屋机器及雨厂营利担保
民国十九年交通部电政公债	1930 年 4 月	1000 万元	1000 万元	以交通部国际电报费为担保，不足由其他电政收入补充
民国二十二年续发电气事业公债	1933 年 7 月	600 万元	600 万元	以首都戚墅堰电厂财产除拨 1930 年长短期电气公债 400 万元及借英庚款 14 万镑本息外为担保不足以淮南电厂财产营利为补充
民国二十三年第一期铁路建设公债	1934 年 5 月	1200 万元	1200 万元	以铁道部直辖国有铁路余利为担保
第二期铁路建设公债	1936 年 2 月	2700 万元	2700 万元	以铁道部直辖国有铁路余利为担保
第三期铁路建设公债	1936 年 3 月、1937 年 3 月、1938 年 3 月	1.2 亿元	8000 万元	以本公债第一条所定展长兴筑各路之营利担保，不足以国有其他铁路余利担保

资料来源：千家驹编：《旧中国公债史料（1894—1949 年）》，第 367—374 页。

1927—1936 年国民政府合计借取公债 26 亿元左右，另有 420 万英镑。其中，关税担保债额最巨。在 1936 年整理公债之前，大部分公债由关税担保。关税担保品中，以新增关税额度为主。统税为裁厘之后所征新税，即时发挥重要信用保证作用。在换偿为统一公债之后，关税所占比例更高。统税改革取得实际成效，成为仅次于关税的担保品。退还庚款、盐税、公营收入担保也均在亿元以上。所借利率较高，一般在年息或月息五厘至八厘，发行另有折扣，以此吸引银行、钱庄积极购买。

政府如此频繁发行巨量债券，透支了刚趋稳定的借贷信用。同时，公债基本依赖关税、盐税、统税等间接税作为担保，一旦间接税收入出现波动，借贷信用必出问题。在抗战全面爆发前，国民政府即进行了两次公债整理。

第一次整理公债是在 1932 年。1932 年，内债每月需偿付本息即达 1600 万元左右，而全年达到 2.13 亿元。[①] 1931 年“九一八”事变之后，债券价格即呈跌落态势。及至 1932 年“一·二八”事变，上海金融市场秩序动摇，债券发行更加困难，“惟当此存亡危急之秋，百业停顿，税收奇绌，默观大势，恐将来政府虽欲暂维债信，或为事实所不许”。在财政部协调之下，1932 年 2 月，政府通过持票人会宣布改变偿本付息方式，所有债券除十七年金融长期公债不变外，概改为年息六厘计。延长还本年限为原来的一倍，取消关税、盐税、统税、印花税分别担保的办法，统以关税担保。设立国债基金保管委员会，每月由海关项下拨出基金 860 万元，作为偿付基金。政府还承诺，“持票人既因国难牺牲个人利益，竭诚拥护国家，自此次减息展本之后，无论政府财政如何困难，不再牵动基金及变更所定此次办法情事，由国民政府命令公布，并分饬行政院永远遵守，并交立法院立案”[②]。稍后制定的《国债基金管理委员会条例》规定：委员会由十九人组成，政府代表五人，上海银行业同业公会三人，上海钱业同业公会代表二人，上海市商会代表二人，全国商会联合会代表一人，华侨代表一人，国债持票人代表五人。基金收支每月结算一次，登报公布。[③] 上海银、钱两业持有大部分债券，因此特许委派多名代表。但言犹在耳，诸如流水，1932 年政府仍向银行借款亿元以上，至次年发行又变本加厉。

第二次整理公债是在 1936 年。截至 1936 年，年还本付息达到 1.9 亿余元，平均每月在 1500 万元以上。[④] 此时东北沦陷数年，华北事变亦影响政府税收甚巨，还本付息难以持续。1936 年 2 月，国民政府不得已进行第二次整

① 千家驹：《中国的内债》，北平社会调查所 1933 年版，第 49 页。

② 《持票人对于内债之宣言》，千家驹《旧中国公债史资料（1894—1949 年）》，第 214 页。

③ 《国债基金管理委员会条例》，千家驹《旧中国公债史资料（1894—1949 年）》，第 221 页。

④ 千家驹：《旧中国公债史资料（1894—1949 年）》，第 251 页。

理公债。财政部长孔祥熙与持票人会协商达成整理协议。2月16日，政府公布《统一公债条例》及换偿办法，规定将已发新旧债券按欠债额及清偿年限分为五类，以统一公债甲、乙、丙、丁、戊五类换偿。发行统一公债14.6亿元，调换此前所有旧债。统一公债本息基金由关税项下拨付，按月交中央银行入国债基金管理委员会，每半年还本付息一次。[①] 此次整理等于推翻了1932年的政策协议，对政府债信是沉重打击。经此整理之后，债券名目简化。政府借整理之机，又发行复兴公债3.4亿元。[②]

在外债部分，国民政府经过长期还本付息，到1937年时，大部分外债已经清偿。政府对于新借少量外债，也进行了整理，明确还债基金。吴景平统计战前有外债52项，战时有22项，抗战结束后有11项。新借外债以1931年的美麦借款和1933年的棉麦借款为主。[③]

孔祥熙曾说："惟近来政府对于维持债信，较前益加重视，还本付息，从未衍期。不惟国际市场对于我国债券更加信任，即国家地位声誉亦因此大为提高。"[④] 孔祥熙所说有自夸的成分，但也反映出政府在统一财政及税收合理化变革的基础上，重建了财政借贷的市场信用。但是，在内战过度消耗及日本侵华重压之下，借贷信用能否继续维系，则存在很大疑问。两次公债整理表明，国民政府的借贷体系已经相当脆弱。

（三）国家银行体系的建立及法币改革

在欧美现代财政国家的建构过程中，政府早期以关税及消费税作为信用支持，在19世纪及20世纪初又获得所得税的增量税源，因而得以大量发行战时及中长期债券，借由公众投资及证券市场来扩张其财政汲取能力。在税收、公债、经济的循环体系之中，最初政府缺少国家银行作为发债及筹资机构。及至1694年英格兰银行建立，逐步在经营国家债务、控

---

① 《民国二十五年统一公债条例》(1936年2月8日)，千家驹《旧中国公债史资料(1894—1949年)》，第255页。

② 《民国二十五年复兴公债条例》(1936年2月14日)，千家驹《旧中国公债史资料(1894—1949年)》，第262页。

③ 吴景平：《关于近代中国外债史研究的若干思考》，《历史研究》1997年第4期。

④ 刘振东：《孔庸之（祥熙）先生讲演集》，沈云龙主编《近代中国史料丛刊》第82辑，台北文海出版社1972年版，第179页。

制货币发行、调节金融盈虚等方面发展出较为成熟的运营模式，由此确立了国家银行在政府与公众的信用及债务关系之中的枢纽转换地位。到 20 世纪初，建立国家银行，统一货币发行、经营政府公债，已经成为财政改革的共识。在清末及北京政府的财政整理计划中，建立中央银行一直是重要政策目标。清末建立户部银行，绩效不彰。北京时期，政府以中国银行行使国家银行职能，过度将之视为财政垫款的工具，最终引发停兑风潮及中国、交通两行的抵制。

广东和武汉国民政府均设立了中央银行，除行使国库功能、统辖收支外，同样承担着增发钞券、发行公债、财政垫款的职责。汉口中央银行为筹集军费，就发行了大量汉钞。无论是在广东还是在武汉，政府对中央银行的运用都具有鲜明的战时财政工具主义色彩，借债发券是其核心使命。蒋介石极其关注军事财政问题，宋子文曾任广东中央银行的行长，又担任过财政部长，深知中央银行在财政及经济上的重要价值。在南京国民政府建立后，一度筹划将中国银行改组为中央银行，为总裁张嘉璈所拒。于是决心另起炉灶，设立新的中央银行。

1928 年 11 月 1 日，中央银行在上海宣告成立，由宋子文任总裁，原汉口中央银行行长陈行任副总裁。央行股本定为 2000 成，以十七年短期金融公债拨充。蒋介石以国民政府主席身份亲至训词："中央银行为中国人民银行，即为国家银行，中央政府基础巩固，政治之建设，实有赖此。"[①] 按《中央银行条例》规定：中央银行享有发行兑换券、铸造及发行国币、经理国库、募集或经理国内外公债之职责。[②] 中央银行设立总裁、副总裁、理事会、监事会，再加上业务、发展二局。从制度架构上看，理事会、监事会各负其责，互为约束。在成立仪式上，总裁宋子文对此有所解释。

① 《国府代表训词》，《银行周报》第 12 卷第 43 号，"中央银行开幕记"，1928 年 11 月 6 日，第 2 页。

② 《中央银行条例》，洪葭管主编《中央银行史料（1928.11—1949.5）》上册，中国金融出版社 2002 年版，第 18 页。

> 此次政府重订中央银行之条例，采立法、监察、行政三权对峙之用意，以理事九人组成理事会，司立法之职；以监事七人组成监事会，司监察之职；以总裁、副总裁司行政之职。理监事除监事一人代表国民政府审计机关外，余均由国民政府选派实业界、商界、银行界之有资望者充任之。并指定理事五人为常务理事，总裁、副总裁，即由常务理事中遴选充任，俾立法、行政沟通一气而无阂隔，确定任期，俾免政潮影响，有立法、监察二机关，相互为用，俾循国家银行之正轨以行，而免走入歧路，此为组织之特点。又于总裁之下设发行、业务二局，发行局对于业务局完全独立，非有法定之准备，不能滥发一纸，且发行数量之审定，属于理事会之职权，准备金之稽核则为监事会之职务。条例中皆有明文之规定，其目的在发行准备，完全公开，此尤为本条例精神之所在，不得不一为说明者也。①

按宋子文的理解，中央银行为财政及金融枢纽，职权重大。银行决策，需兼顾财政及社会责任，内部组织宜相对独立，互为监督。在人事上，避免受政治波动影响；在发行上，需严控法定准备，不得滥发一纸。宋子文显然对央行可能滥用钞券、货币发行权抱有警惕之心。宋子文自身以财政部长之职兼任中央银行总裁，也引发上海金融界的疑虑。宋子文对此心知肚明，也特意加以说明。

> 中央银行握全国最高之金融权，其地位自应超然立于政治之外，方为合理，故条例规定，本行直辖于国民政府，而非隶属于财政部，用意即在于此。且本行对于财政部之借款，其金额及利率，均须经理事会决议。其他无担保品及无市价担保品之借款或透支，均在禁止之列。条例中限制极严，是本行业务完全处于独立之地位，任何机关不能干涉。或谓子文以财政部长资格兼总裁者，此实出于误会。盖本行条例明明规定

① 《宋总裁之答词》，《银行周报》第12卷第43号，“中央银行开幕记”，1928年11月6日，第4页。

总裁、副总裁由国民政府于常务理事中遴选之，并非以财政部长资格兼总裁。关于此点，今日特为声明。①

宋子文强调中央银行的独立性和专业性。中央银行直属于国民政府管辖，代表国家来行使金融管理职能，其立场归依，并非限于财政部的部门本身。他了解社会及公众对于财政部过度借款的担心，故而强调无担保品之借款或透支，均在禁止之列。如果能按宋子文的理念运作，中央银行及公债的信用当能逐步稳固。

但其时的财政压力，决定了宋子文的解释只能停留在理论之上。在央行内部，设立的理事会、监事会就难以发挥监督制衡之责。首届理事会理事九人，宋子文、陈行、叶琢堂、姚泳白、钱永铭、陈光甫、王宝崙、荣宗敬、周宗良。宋子文虽具专业观念，但其进退在于是否能够获得蒋介石的信任。宋、蒋在军事拨款上存有矛盾，但在外人眼中，宋仍是蒋系人马。如蒋失势，宋也难以独善其身。陈行原为中华懋业银行汉口分行经理，后任汉口中央银行行长，又受宋子文赏识进入财政部任金融监理局局长，出任央行副总裁。叶琢堂与蒋相识较早，早年为上海证券交易所经纪人，曾资助过蒋。在任央行理事之后，还出任过四明银行总经理、中央信托局局长、中国农民银行总经理，深受蒋介石信任。② 钱永铭和陈光甫都是江浙财团的代表人物，钱在1920年还担任上海银行公会会长，主张给予蒋财政支持。1927年，钱出任财政部次长，1928年又出任浙江省财政厅厅长。钱与陈其美、陈其采兄弟是浙江吴兴的同乡，交情颇深。③ 监事会监事有李馥荪、贝祖诒、秦润卿、虞洽卿、林康侯、徐寄庼等人。虞洽卿、李馥荪均支持蒋清党反共，李还出任财政部公债基金保管委员会主任委员。贝祖诒深得宋子文信任。因此，在央行内部，理、监事会均很难制约宋子文的

① 《宋总裁之答词》，《银行周报》第12卷第43号，“中央银行开幕记”，1928年11月6日，第4页。

② 祝世康：《关于国民党官僚资本的见闻》，中国人民政治协商会议全国委员会文史资料研究委员会编《文史资料选辑》第11辑，中华书局1960年版。

③ 上海立信会计学院校志编纂委员会编：《上海立信会计学院80周年校志》，立信会计出版社2008年版，第676—677页。

决定，当然更难拒绝蒋介石的干预。

央行的人事并不独立，与蒋、宋进退相随。1931 年，蒋介石下野，宋子文及中央银行上层全部辞职。后孙科为行政院长，黄汉樑署理财政部长，未兼任央行总裁，而以徐寄庼为代总裁。后蒋重新上台，宋子文、陈行又卷土重来。[①] 蒋介石需要“剿共”军费，即直接向宋子文下达命令，宋子文有时不得不筹资应对，但也时常消极抵制。1927 年 1 月 4 日，蒋在日记中记曰：“子文且以财政无法相要挟，办事困苦莫甚于经济相逼也。”下午，又与宋子文谈话。5 日，再晤谈，称“二年以来，受其财政压迫，非言可喻”。12 月 25 日，又与钱永铭、宋子文等谈财政。26 日，与银行界谈财政，困难殊甚。[②] 蒋、宋二人相互之间，互有怨念，但又利害相关。到 1930 年 10 月 14 日，蒋又记，“子文种种为难，令人难堪，愤激之至”。下午约张公权来，谈财政善后事宜，预定六个月备六千万元为善后经费。11 月 11 日，称：“子文把持财政，必欲使军队缺饷生变，此人之心不可问也。”[③] 宋对蒋在军费方面予取予求难以忍受，蒋对宋的推拒应付时生怒气，言语之间，可见蒋对宋已渐失信任。

1933 年 4 月及 11 月，宋子文先后辞去中央银行总裁及财政部长职务，两职均由孔祥熙接任。孔也是理财能臣，仍然继续推动宋子文规划的财政改革路线，但与宋一直坚持“财政独立”理念不同，孔祥熙唯蒋之命是从，财政借贷及央行钞券发行因之存在失控的风险。

国民政府还通过政策改组、参股控权等方式，加强了对私营银行的控制。1928 年 10 月，国民政府颁布《中国银行条例》，强行参股 20%，将总行迁往上海，增补财政部指派董事。到 1935 年 4 月，再次经由金融公债拨给款项将官股增至 50%，全面控制了中国银行。交通银行的改组方法与之相似，亦经 1928 年及 1935 年两次官股增资，使官股由原来的 20% 提升至

---

① 《朱博泉谈话记录》（1979 年 3 月 29 日），洪葭管主编《中央银行史料（1928. 11—1949. 5）》上册，第 43 页。

② 《蒋介石日记》，1927 年 1 月 4 日、5 日，1927 年 12 月 25 日、26 日。

③ 《蒋介石日记》，1930 年 10 月 14 日，1930 年 11 月 11 日。

60%。所用资本，同样来自金融公债拨付。[①] 此时，中国、交通两行资产及信用远高于中央银行，通过控制两行，国民政府对金融市场的干预力大为增强。此外，国民政府在1935年前后还特许组织成立了邮政储金汇业局、中国农民银行、中央信托局，由此形成了以“四行二局”为中心的国家银行体系，同时还向私营银行进行股权和人事渗透。

国民政府的货币改革按政策目标分为废两改元和法币改革两个阶段。1933年4月5日，国民政府财政部发布《关于废除银两改用银本位币制布告》，宣布自4月6日起，“所有公私款项之收付与订立契约、票据及一切交易，须一律改用银币，不得再用银两”[②]。嗣后因世界性的经济危机及由此带来的白银危机，迫使国民政府放弃银本位制。1935年11月，财政部发布《关于施行法币公告》，宣布自11月4日起，“以中央、中国、交通三银行所发行之钞票定为法币。所有完粮纳税及一切公私款项之收付，概以法币为限，不得行使现金，违者全数没收，以防白银之偷漏”[③]。次年，中国农民银行也获得法币发行权。法币改革统一了货币制度，在财政方面的直接作用是使政府获得了大量白银及法币的垄断发行权。

为了统筹管理法币发行事宜，1935年11月4日，财政部呈请行政院设立了发行准备管理委员会，“以昭确实，而固信用”。依据章程规定，委员会由财政部派员5人，中央、中国、交通三银行各派2人，银行同业公会3人，钱业公会代表2人，商会代表2人，各发行银行由财政部长指定代表5人组成。以中央银行总裁为主席，委员推常务委员会5—7人执行日常事务。主席为孔祥熙，委员包括宋子文、张公权、宋汉章、陈光甫、宋子良、周作民、秦润卿、徐新六等20人。[④] 鉴于财政部长兼任中央银行总裁成为常态，同时中国银行、交通银行、中国农民银行等发行银行皆受官股掌控，故发行准备管理委员会决策缺少独立性。

---

① 中国银行总管理处经济研究室编：《全国银行年鉴》（1936），中国银行总管理处经济研究室1936年版，第T13—14、A36—40页。

② 《关于废除银两改用银本位币制布告》，中国人民银行总行参事室编《中华民国货币史资料》（第二辑，1924—1949），上海人民出版社1991年版，第94页。

③ 《关于施行法币公告》，中国人民银行总行参事室编《中华民国货币史资料》（第二辑，1924—1949），第181页。

④ 财政部秘书处编：《财政部新货币制度说明书》，财政部秘书处1935年版，第20—22页。

国家银行体系的建立及法币改革的推行，给财政部扩张借贷财政创造了条件。其一，承销公债。国民政府因债信不足，发行公债并非向社会公开发募，而是高折扣高利息由银行承购，抵借现金。实质上是将债券抵押给银行，迅速拿到应急款项。银行获得债券后，政府特允可充作准备金，或者向市场出售。在此导向之下，银行纷纷以公债投资作为重要业务，“银行吸收巨额存款，亦只承借重利公债，坐食其利而已”[①]。综计来看，四大国有银行承购公债占比达到64.5%，其他银行亦达到35.5%，如表3－3所示。

表3－3　　1935年年底四大银行公债数额估算及其占比情况

银行		业务部分投资（百万元）		发行部分保证准备（百万元）		估计公债总数（百万元）	
		有价证券	公债估额	保证准备数额	公债估额	数额	占比
共计		593.9	475.1	280.8	167.3	642.4	100%
四大国有银行	合计	352.0	281.6	223.5	132.9	414.5	64.5%
	中央银行	252.9	202.3	60.8	36.5	238.8	—
	中国银行	41.9	33.5	85.1	51.1	84.6	—
	交通银行	47.2	37.8	65.2	37.9	75.7	—
	中国农民银行	10.0	8.0	12.4	7.4	15.4	—
其他银行合计		241.9	193.5	57.3	34.4	227.9	35.5%

资料来源：杨荫溥：《民国财政史》，第67页。

其二，银行借款及透支。公债是通过债券凭证借债，尚需明确用途及偿还方式，通过发行筹集资金。国民政府在需款紧急之时，还直接向银行借款或透支。借款对象，既有公立银行，也有私立银行。公立的中国银行、交通银行和中国农民银行是主要对象。中国农民银行于1933年4月至1937年1

① 胡善恒：《公债论》，商务印书馆1936年版，第73—74页。

月，根据蒋介石的手谕，先后拨付各种款项 73 笔，金额高达 1.08 亿元，占该行发行货币总额的 68% 以上。仅垫支军费一项，就有 6400 万元。[①] 据杨格的统计，1929—1937 年的借款及透支额度均在不断攀升，情况如表 3－4 所示。

表 3－4　　1929—1937 年国民政府银行借款和透支情况

年度（6 月 30 日止）	借款额（百万元）	清偿额（百万元）	净入（百万元）
1929	—	—	32
1930	121	110	10
1931	185	162	23
1932	109	105	4
1933	226	139	87
1934	395	304	91
1935	436	400	36
1936	607	479	128
1937	336	224	112
总计			523

资料来源：［美］阿瑟·恩·杨格：《一九二七至一九三七年中国财政经济情况》，陈泽宪、陈霞飞译，陈泽宪校，第 104 页。

据表 3－4 所见，每年借款大部分用于偿债，但仍有部分，成为政府的净入额。国民政府将中央银行和国家银行体系视为筹款工具，给金融系统埋下巨大的风险。银行承销公债，使金融与产业脱离，不利于经济的长期成长。政府特允银行以抵押公债作为准备金，实际上是变相鼓励货币发行。

其三，发行纸币。国家银行体系建立及垄断发行权，使政府掌握了更为便利的通胀工具。发行准备管理委员会虽然设立，但直接受控于财政部。因

① 中国人民银行金融研究所编：《中国农民银行》，中国财政经济出版社 1980 年版，第 4 页。

此，在制度上，政府如推行法币通胀政策，银行体系缺少制衡力量。同时，在训政体制之下，立法权力难以对军政权力产生制约。1935 年 11 月底，发行法币 589725000 元，中央银行为 152231000 元。1936 年 3 月底，法币发行为 1008352000 元，中央银行发行额为 251503000 元。1936 年 4 月，发行额为 1037292000 元，中央银行发行为 267943000 元。[①] 按 1936 年 1 月发行准备管理委员会查核情况，其时中央、中国、交通三行发行总额为 719569099.42 元，准备金总额相等，其中现金准备 5.03 亿元左右。[②] 据杨格的统计，到 1937 年 6 月 30 日止，国民政府持有金银外币合计有 3789000000 美元。[③] 早期法币发行尚按准备金规则进行。在物价方面，法币改革之后物价有所上涨。据杨格观察，在上海批发价格上涨了 30%，生活费用在 20 个月内上涨了 15%。[④]

（四）军费债务过度支出的危机

1930 年 7 月，宋子文在向国民党中执会政治会议报告时指出："夫支出最大者，向为军费及债款之还本付息。欲求收支适合，非减少上两项之负担不可。"[⑤] 自清末以来一直居高不下的军费及债务支出，此时仍然难以裁减。原因之一是历年积欠内外债数额过巨，且占据关税、盐税主要收入。国民政府又新增大量内债，造成新的债务支出压力。军费方面，时局虽渐趋和平，但二次北伐、中原大战及"围剿"红军耗费了大量财政资源。蒋介石希望通过编遣会议裁减军队，但为保持对地方实力派的压服态势，并未裁减中央军的规模及用度。自 1931 年起，江淮大水、"九一八"事变及"一·二八"事变冲击到经济发展和社会秩序，东北沦陷及华北事变严重削弱了中央财政收入。以上种种，使国民政府的财政支出结构仍呈现出显著的军事和债务主导特征，如表 3－5 所示。

---

① 中国人民银行总行参事室编：《中华民国货币史资料》（第二辑，1924—1949），第 236 页。

② 中国人民银行总行参事室编：《中华民国货币史资料》（第二辑，1924—1949），第 237 页。

③ 中国人民银行总行参事室编：《中华民国货币史资料》（第二辑，1924—1949），第 237 页。

④ ［美］阿瑟·恩·杨格：《一九二七至一九三七年中国财政经济情况》，陈泽宪、陈霞飞译，陈泽宪校，第 283 页。

⑤ 宋子文：《中华民国十八年会计年度财政报告》，中华民国国民政府财政部 1931 年版，第 16 页。

表3-5　　**1927—1936年国民政府军费及债务支出情况**　　（单位：百万元）

年度	军务费	军务费占岁出实支比例	债务费	债务费占岁出实支比例	军费与债务费合占岁出比例
1927	131.2	88.4%	1.6	1.1%	89.5%
1928	209.5	48.4%	121.3	28.0%	76.4%
1929	245.4	45.2%	159.0	29.3%	74.5%
1930	311.6	43.7%	241.0	33.7%	77.4%
1931	303.8	44.5%	238.8	34.9%	79.4%
1932	320.7	47.6%	169.5	25.2%	72.8%
1933	372.9	48.5%	202.6	26.3%	74.8%
1934	386.6	32.1%	455.8	37.8%	69.9%
1935	362.0	27.1%	358.6	26.8%	53.9%
1936	555.1	29.3%	834.6	44.1%	73.4%

资料来源：《财政年鉴》，第21、191—196页；《财政年鉴》续编，第三篇，第107—111页。说明：债务包括拨还债款、库款基金、库款预扣利息、利息和银行存款等。1934—1936年岁出实支数据均用“本年度期”中的数据。

据国民政府财政部《财政年鉴》中的统计，军务费和债务费支出占据绝对比例。在重要战争年份，军事支出相应提高。在1932年前，债务支出逐年走高，在当年实行第一次公债整理之后，支出比例有明显下降。到1936年又累积至新高，迫使政府展开第二次公债整理。

蒋介石也认识到军费过高带来的财政风险，“兵额之惟一标准，当视国家财政与人民负担之能力”。养兵之钱过多，“侵占国家保育民生必需之政费”。他曾提出统一后的兵额定为50万，“今宜以全国军费至多占现时国税收入之半为准”。军费每年应不超过2亿元至2.5亿元。[①] 但就实际估算，抗日战争爆发前中国陆军在200万左右，军费难以缩减。在债务方面，除内外债存量外，还有新发行内国公债。由表3-5所见，债务有不断增加的趋势。

---

① 蒋中正：《军事善后意见书》，《国闻周报》第5卷第28期，1928年7月22日。

严双在《东方杂志》上发表评议说："中国当今之切要问题，当谋裁减军、债二费，以求收支之适合；又宜使财政年有余力，以从事于建设。"[①] 斯为谋国之言。军费如减，则债务费亦会相应减少。

蒋介石虽认识到问题所在，但绝难主动裁减军队。在谋求武力统一全国的进程中，蒋不断通过公债来筹集资金。在北伐战争期间，就发行江海关二五附税国库券、卷烟税国库券、军需公债、善后短期公债等，主要充临时军需之用。1928 年至 1931 年 12 月，发行了裁兵公债、赈灾公债、金融公债等多种。其中，1928 年的津海关二五附税国库券，1929 年的裁兵公债，1929 年的续发卷烟税国库券、编遣库券，基本都是用于军费。自 1932 年至全面抗战爆发前，政府继续借债。所借债券包括国防军政类、金融债券、建设公债及赈灾等类型，合计约有 91800 万元，英金 150 万镑，平均每年借款在 3 亿余元。每年还本付息达到 1. 9 亿余元，平均每月在 1500 万元以上。[②]

军事支出的无限制增长既与用兵有关，也与蒋以军政权力控制财政权力有关。无论是宋子文还是孔祥熙，均需依附于蒋才能跻身中枢，蒋也用二人的理财能力来解决军费问题。宋子文较为坚持"预算财政"的制度精神，不时会拒绝蒋直接提拨军费的行为，但更多时候仍旧照拨。1933 年 1 月，宋就同意将湖北省银行印就之钞券 2000 万元直接交蒋作为军费。[③] 即使如此，也引起蒋的不满。1933 年 9 月 5 日，在宋已经辞去中央银行总裁职位的情况下，蒋仍指责宋子文"年少气盛，四年来误党误国之政策，尚不知觉悟"，"以余为傀儡，而强从其政策，把持财政，以辞职相要挟，本晚忍无可忍，为之痛责，而彼犹不自悟也，可叹"[④]。到孔祥熙上任之后，蒋介石索要军费就便捷了许多。除正常预算外，还时时直接密电索款。1933 年 12 月，蒋介石密电孔祥熙："请速解

① 严双：《中国财政问题之考察——读十八年度财政报告之感想》，《东方杂志》第 28 卷第 13 号，1931 年 7 月 10 日。

② 千家驹：《旧中国公债史资料（1894—1949 年）》，第 251 页。

③ 《徐堪、陈行致南京分行电》（1933 年 1 月 28 日），洪葭管编《中央银行史料（1928. 11—1949. 5）》上册，第 123 页。

④ 《蒋介石日记》，1933 年 9 月 5 日。

中钞伍拾万元来浦城，如天晴，可请杭州航空校毛邦初兄派飞机飞送。”[①] 1934 年 1 月，军政部军需署经临各费及划拨南昌剿匪部队经费共洋 1767 万元，蒋要求财政部年内先垫汇 250 万元，拨交军需署 100 万元。[②] 蒋的随时取借，导致许多预算之外的资金支出，体现在财务上是临时、紧急支出过高。

孔祥熙还为蒋出谋划策，掩盖军费支出过高的事实。1934 年年初列预算支出 9 亿元，军费额度为 4.4 亿元。[③] 因军费数额太大，为免引舆论批评，孔祥熙建议将军费移至其他项目，“查军费一项，包罗万有，数目巨大，易启误会。弟意不如将原列军务费项下之军事教育、建设诸费及各省协饷与边省留用国税等项，另行分别编列，改归其他同类项目之中，俾明用途真相，减少军费数目”[④]。因原列预算收支不敷达 1 亿元以上，中政会要求重新编订预算。孔祥熙提出军费可减至 3.54 亿元，为蒋介石拒绝。孔再次致电蒋，建议将“非纯粹军费性质之经费，均拟抽出，分别改列他种经费项下，俾军费数目得以减少，藉昭切实”。蒋称，如果 1934 年军务费预算以 3.329 亿元为定案，应将湖南协饷划出，列入补助，广东、广西协饷也归在补助项下。[⑤] 按此推断，实际军费支出较预算要高。

军事及债务经常支出占财政总支出比例过高，严重挤压了建设支出。据杨荫溥统计，1933 年，实业费、交通费、建设费及教育文化费四项合计仅 2660 万元，占实支总额的 3.5%；1934 年，四项合计经费为 7640 万元，占比为 6.3%；1935 年，四项合计经费为 8710 万元，占比为 6.5%；1936 年上升为 1.616 亿元，占比为 8.5%。从绝对数额来看，维持增长态势，但在总支出中的占比仍不足 10%。杨荫溥还指出，在 1934 年后的建设费中还包含

---

① 《蒋介石致孔祥熙电》（1933 年 12 月 29 日），《中央银行史料（1928.11—1949.5）》上册，第 124 页。

② 《央行业务局致财政部国库司函》（1933 年 12 月 31 日），《中央银行史料（1928.11—1949.5）》上册，第 125 页。

③ 《孔祥熙致蒋介石电》（1934 年 9 月 12 日），《中央银行史料（1928.11—1949.5）》上册，第 106 页。

④ 《孔祥熙致蒋介石电》（1934 年 9 月 12 日），《中央银行史料（1928.11—1949.5）》上册，第 107 页。

⑤ 《孔祥熙致蒋介石电》（1934 年 9 月 19 日），《中央银行史料（1928.11—1949.5）》上册，第 109 页。

有国防建设费，教育文化费中也包含有军事教育费，如除去这两项2900余万元，建设支出占比更要下降。[①] 这一情况与前文分析孔祥熙隐藏实际军事支出的手法是一致的。财政支出中建设经费不足，影响到社会基础设施建设，制约了经济产业的长期成长性，最终亦会影响到财政的可持续性增长。

在全国财政会议及经济会议之后，国民政府确在系统推进财政、税收及金融改革，希望架构起合理化和可持续的财政收支体系。国民政府整顿财政信用的基础是统一财政和税收变革，统一财政基本解决了清末以来的财政地方主义难题，中央财政权威得以强化；税收变革包括关税自主、收回盐税管理权及裁厘改税，税收总量得以提升，结构有所优化，政府由此获得新的担保税源。内债发行取得实际成效，但频次和数额过高，被迫两次实施债信整理。国家银行体系的建立，有助于稳定金融秩序，在公债承销及证券化方面也发挥重要作用。清末以来“不完全借贷财政”之中存在的财政主权缺失、变革系统性缺失、公共性缺失、信贷市场缺失、建设性缺失的问题已经有所弥补，特别是统一财政、关税自主及裁厘改税，提升了政府的税收能力和担保信用，使内债发行得以突破困境。但是，过度的军事债务支出，可能失控的债券及法币发行，过于依赖间接税的税收结构，迫在眉睫的抗日战争，都严重影响到财政收支体系的持续性和稳定性，政府仍在寻求新的税收和财政增量来源。

二　所得税预演：公务人员所得捐的先行

在国民政府的直接税征收计划中，所得税始终在列。鉴于北京政府试行失败，国民政府转而收缩战线，限定所得税仅向公务人员征收，因而名为“所得捐”。在全面开征受阻的情况下，这一变通之策可以减少商民抗议，又暗合清末及民初始终将官公吏作为首要征收对象的政策指向。

（一）党部颁行所得捐条例

所得捐的推行及经收机构是国民党中央党部，而不是国民政府。1927

---

① 杨荫溥：《民国财政史》，第75页。

年6月24日，国民党中央因党员抚恤金需款急迫，遂提倡所得捐，仿官吏薪资所得，颁行《所得捐征收条例》，宣布向政府公务人员征收所得捐。自1927年开征，一直延续至1936年方才取消，合并至所得税中征收。条例规定如下。

本党为准备党员抚恤金起见，得向国民政府及国民政府以下各机关人员征收所得捐，其征收责任由中央及中央以下各党部任之。

第一条　国民政府及国民政府直辖各机关，由中央党部秘书处会计科直接征收之。

第二条　省政府、特别市政府及省政府、特别市政府直辖各机关由所属省党部或特别市党部征收汇解中央党部会计科。

第三条　县政府及县政府直辖各机关，由县党部征收汇解省党部，再由省党部转解中央党部会计科。

第四条　市政府及市政府直辖各机关，由市党部征收汇解省党部，再由省党部转解至中央党部会计科。

第五条　征收额如下表：（1）每月薪俸在五十元以下者不征收；（2）每月薪俸在五十一元以上一百元以下者，征收百分之一；（3）每月薪俸在一百零一元以上三百元以下者，征收百分之二；（4）每月薪俸在二百零一元以上三百元以下者，征收百分之三；（5）每月薪俸在三百零一元以上四百元以下者，征收百分之四；（6）每月薪俸在四百零一元以上五百元以下者，征收百分之五；（7）每月薪俸在五百零一元以上六百元以下者，征收百分之六；（8）每月薪俸在六百零一元以上七百元以下者，征收百分之七；（9）每月薪俸在七百零一元以上八百元以下者，征收百分之八。

第六条　本条例自公布日施行。①

条例由国民党中央党部颁行，但征收对象并不以党籍为标准，只要是国

① 《所得捐征收条例》（1927年6月24日），蔡鸿源主编《民国法规集成》第69册，黄山书社1999年版，第242页。

民政府及省市县各级政府及所辖各机关公务人员，均须缴纳所得捐。从中央到地方的各级党部，则扮演着税务征收机关的角色，承担着征稽及汇解责任。党部组织与政府机关同级并设，纵横延伸，可以解决北京时期征收所得税缺少专门组织机构的弊端。政府公务人员，薪俸明确，核算简便，在国民政府及中央党部的政策要求和动员之下，不能不有所表示。按国民政府公布的文官俸给表，特任官特等 800 元；简任官一等一级 600 元，二级 500 元，三级 400 元；荐任官二等一级 320 元，二级 280 元，三级 240 元，四级 200 元；委任官三等一级 180 元，二级 140 元，三级 100 元，四级 80 元，五级 60 元。[①]所定月薪标准 50 元，包括了所有不同等级的文官。到 1933 年 9 月颁布《暂行文官官等官俸表》，仍分四类。最高特任 800 元；简任为 430—680 元；荐任为 180—400 元；委任共分 16 级，为 55—200 元。[②] 50 元起征，仍然包括了所有文官群体。

到 1928 年 4 月，国民党中央又颁布了《所得捐征收细则》及《所得捐报告程序细则》，规定所得捐报告、征缴、汇解的流程及方法。征收细则再次强调，各级政府及下级机关所得捐均由各该级党部会计科负责征收，再向上级党部汇解，最后交送中央党部。为避免截留中饱，仿税收经征程序，要求各省党部所征款项应经各该地中央银行或者中国银行、交通银行汇解。如有人事交接及辞职任职，亦应提前交解清楚。[③]《所得税报告程序细则》主要要求国内被征收机关及各级党部必须按照存案报告制度，逐级上报，层层存案备查，以防止所得捐被私自挪用。[④] 这几项法规在 1928 年、1929 年有局部修订，但主要条款未做变动。

法规明定之后，国民党中央党部、国民政府及各中央、地方各机关均发文要求按之缴纳所得捐。从舆论反应来看，公众对于所得捐是持肯定态度的。在政府公务人员本身，极少见到有公开抵制者，但公营事业单位及公立学校则有不少表示反对。有的认为，所得捐在性质上属于捐税，又仅向公务人员征收，并不符合税收普遍原则。沪宁、沪杭铁路局职员即对此表示反

---

① 《国府公布文官俸给表》（1927 年 8 月 23 日），《民国日报》1927 年 8 月 23 日，第二张第一版。

② 《暂行文官官等官俸表》（1933 年 9 月 23 日），《国民政府公报》第 1244 号，1933 年 9 月 25 日。

③ 《所得捐征收细则》（1928 年 4 月 28 日），蔡鸿源主编《民国法规集成》第 69 册，第 244 页。

④ 《所得捐报告程序细则》，《国民周刊》1928 年第 3 期，第 15—16 页。

对，“当时两路局职员因北伐关系重大，不得已勉为其难，今未隔多日，而所得捐又将实行，全体职员乃无可再忍，一致反对。况所得捐在西方虽已风行甚久，惟全国人民一律，不仅限于政府机关之职员，其办法可称平允。今国府所订章程只限于一部分，于是两路局职员皆不能承受，本月念（廿）二日之局务会议中，各处领袖即向局长表明态度”①。虽然政府名之为所得捐，在实行中仍被视为所得税。如按税收，则不应差别对待，使缴纳者有不公平之感。此类想法应较为普遍，在民国初年确定对官公吏征收时也有类似反对声音。

还有讨论认为，国民党党员已经缴纳党费，如再交所得捐，是重复征收。因此，不少地方党部提出此疑问，反映党员在缴纳所得捐后，即不再缴纳党费。对此，中央党部解释所得捐与党费二者均需按时缴纳。政府机关或公营事业单位雇佣的工作人员是否应缴纳所得捐，也还存在争议。招商局系公营事业，虽领财政薪资，但受雇佣者又不是正式的公务人员身份。1933 年 11 月，招商局的全部驾驶人员包括驾驶部所属之轮船主及大、二副等全体呈函总经理，反对缴纳所得捐，“不过以劳资结合的地位，并无官吏之资格，亦非中央公务人员。按照征收所得捐条例，船员不应纳捐”。又称海关邮务人员同属国营机关而待遇不同，海关人员可纳，而船员不应缴纳。② 所得捐条例及细则中，对此均无详细规定。

受雇于中国政府机关或公营事业的洋员是否需要缴纳所得捐，也是在推行过程中遇到的实际问题。按制度规定，只区分是否政府公务人员，未区分是否洋员，本应缴纳。但所用又是党员抚恤，洋员又无政治及道义上的义务。1928 年，国民党津浦铁路特别党部筹备委员会即与路局之间围绕洋员工程师韩纳（Henrne）是否应缴纳所得捐的问题发生争议。该洋员薪水年金 2000 镑，每月还有津贴 200 元，共计每月所得有 2000 元。既在中国境内服务，“自应按照所得捐征收条例第五条第九项之规定，月薪在 701 元以上者，征收 8% 之所得捐”。党部认为负有催解责任，故函请铁路局将所得捐按值

① 为恒：《两路局职员反对所得捐》，《上海画报》1928 年第 356 期，第 2 页。

② 《招商局全部驾驶员反对所得捐》，《申报》1933 年 11 月 3 日，第 12 版。

征解。路局回复，国府令准洋员服务应免征所得捐。[①] 党部对此并不认可，提出四大理由。

> 津浦铁路系国营铁路，该员既在该路服务，自应于该路员司享受同等之待遇。按月领薪，此其权利也，缴纳所得捐，此其义务也；享权利既无国籍之分，尽义务独有国籍之别耶？此其一。我国侨胞之在欧美南洋等处者，均须向所在地之政府缴纳所得捐，未闻有优待办法，不意外人之在我国服务者，而有所谓免征所得捐之规定，此种举动，非特足启外人藐视我革命政府之心，抑且为帝国主义侵略我国之渐！以一国之政令，不而能行使于一国之境内，耻莫大焉！此其二。查所得捐征收条例最高额，只有月薪在 701 元以上 800 元以下者，征收 8%。该工程师每月所得有 2000 元，比我国最高薪额，多至 1 倍有余，其所得捐论理应照比例增加，特订税额，方为公允！今竟以优待洋员连 8% 之最低税额，亦摒而不用，殊不足以服全路员司之心，更失本党此次革命之精神。此其三。更有进者所得捐之征收，系为准备党员抚恤之用。所得捐征收条例中，业已明白说明之。洋员应否征收，就职权言，应由钧会裁答，国府似未便直接令准免缴。此其四。[②]

国民党津浦铁路特别党部所提四点，指出了所得捐开征过程中华洋不同税的问题。这一问题，实际上并不限于所得捐，此前在关税及货物税上已经极为常见。党部批评了这一现象，不过并未指出背后之根本原因，政治及财政主权的不完整，使政府要实现对在华外侨或洋人雇员征税极其困难。党部表示为维护国权计，应请中央党部训令国府变更前令，“将所有洋员之在我国机构服务者，一律征收所得捐”[③]。

---

① 《洋员可以免缴所得捐吗?》，《津浦三日刊》1928 年第 21 期，第 16—17 页。
② 《洋员可以免缴所得捐吗?》，《津浦三日刊》1928 年第 21 期，第 16—17 页。
③ 《洋员可以免缴所得捐吗?》，《津浦三日刊》1928 年第 21 期，第 16—17 页。

所得捐的征收对象确定，党部组织体系较为完整，所得捐得以迅速展开。1935 年，署名康节的作者撰有《所得税与所得捐》一文，指出二者的区别：所得税系向一般人民征收，所得捐系向公务员征收；所得税归入国库，所得捐归于党部；所得捐税率较所得税为高。[①] 以党部系统的执行力来代行税务机关的职能，提升了所得捐的征稽效率。但区别之中，也可发现所得捐的制度设计还较为粗糙，在实行之中受到不少法理质疑。所得捐系对政府公务人员征收，又由党部来负责征收事务，党员是否全部需要缴纳未加明文规定。所得捐明令用于党员抚恤，又将公务人员之中的非党员群体纳入其中，权利与义务并不对等。所得捐以薪资为征收标的，不少地区经济落后，财政未能按时发放，集体抵制应如何处理。各级政府、党部不断催缴，但党部本身缺少执法的权力和能力。这意味着，所得捐虽成功开征，但要完成征稽任务并不容易。

（二）所得捐征收绩效

所得捐自 1928 年 4 月细则颁行后开征，由各地党部每月汇解国民党中央党部。党部即将缴纳机构及数额刊载于《中央党务月刊》。自 1928 年 5 月起，即分期排列序号，列明清单，征稽情况都公开明了。

1928 年 5—9 月，国民党中央执行委员会秘书处收到款项计 55743.76 元。北方各省因战后地方瘠苦，秩序未复，职员薪资大都不及 50 元，暂未解到。此后，按月编列序号，如表 3－6 所示。

1928—1929 年合计收到 604683.79 元，1930 年合计收到 701697.451 元。1931—1936 年，党部、政府不断要求各机关职员不得抗纳所得捐，并频繁催缴，所收款项还有明显增长。1931 年合计收款 1144835.72 元，较 1930 年增长 45.8%。1932 年为 651038.68 元，又有明显下降。1933 年为 1227412.54 元，1934 年为 1685698.4 元，1935 年为 1726349.85 元，1936 年为 2298094.13 元，达到新高，如表 3－7 所示。

---

① 康节：《所得税与所得捐》，《半月评论》第 1 卷第 7 期，1935 年 5 月 1 日，第 2 页。

表3-6 国民党中央党部所得捐汇收情况（1928—1930） （单位：元）

所得捐报告序号	日期	金额
第1号	1928年5月18日至9月20日	55743.760
第2号	9月20日至10月20日	29479.253
第3号	10月21日至11月21日	33604.134
第4号（缺）	11月22日至12月20日	—
第5号	1928年12月21日至1929年1月20日	39893.238
第6号（缺）	—	—
第7号	1929年2月20日至3月31日	43305.398
第8号（缺）	1929年4月	—
第9号（缺）	1929年5月	—
第10号（缺）	1929年6月	—
第11号	1929年7月	48803.126
第12号	1929年8月	59815.095
第13号	1929年9月	80286.312
第14号	1929年10月	70475.788
第15号	1929年11月	78150.045
第16号	1929年12月	65127.641
第17号（缺）	1930年1月	—
第18号	1930年2月	81841.198
第19号	1930年3月	105267.790
第20号（缺）	1930年4月	—
第21号	1930年5月	83360.571
第22号	1930年6月	88570.272
第23号	1930年7月	76178.810
第24号	1930年8月	48303.780
第25号（缺）	1930年9月	—
第26号	1930年10月	79299.660

续表

所得捐报告序号	日期	金额
第27号（缺）	1930年11月	—
第28号	1930年12月	138875.370

资料来源：各月数额均刊于《中央党务月刊》相应期号上。

表3－7　国民党中央党部所得捐汇收情况（1931—1936）　（单位：元）

月份	1931年度	1932年度	1933年度	1934年度	1935年度	1936年度
1	97073.25	128963.24	93098.58	121169.22	138470.04	165060.91
2	110131.97	40248.92	113036.51	98286.22	156380.32	96579.68
3	107027.58	21092.20	101264.25	161738.45	129814.25	194952.66
4	138840.89	13415.95	97655.3	127985.02	219874.67	—
5	95056.94	26076.15	73700.2	132164.38	153118.23	149001.97
6	115310.40	29996.71	101674.85	159496.95	157340.13	148994.71
7	103075.80	56417.77	99183.53	100830.77	125632.40	175629.06
8	96302.40	52510.04	93623.68	105534.67	185236.2	176774.09
9	126123.94	37698.99	104429.74	147478.94	128337.60	610810.85
10	75792.55	68763.43	116173.85	151417.24	194532.51	168981.40
11	—	78388.16	109466.64	184816.07	137613.50	235193.67
12	80100	97467.12	124105.41	194780.47	—	176115.13
年度合计	1144835.72	651038.68	1227412.54	1685698.4	1726349.85	2298094.13
总额合计	8733429.32					

资料来源：根据《中央党务月刊》上所载数字统计。党务月刊每月定期刊载缴纳单位及其额度。

1928—1936年合计收款10039810.561元，平均每年111.55万元左右。《中华民国统计提要》载，1932年国民政府中央机关及附属机构公务人员

(包括聘任人员)的数量约在46266人。[①] 按何家伟的推算,国民政府的公务员数量增长很快,年均约有121%的增额。[②] 另据张金鉴的估算,1932年各级政府机关及附属机构的公务员数量应不少于246909人。[③] 即使仅按中央机关层级核算,平均每年人均为24.3元。如按张金鉴的估算数量核计,平均每年人均为4.56元。据此可以推断,所得捐征收中逃漏及避匿情况极为常见。

根据呈送报表所列,国民政府及各部院、中央及省级税务部门、省级政府机关、各国立大学中学、市县政府等缴款较多。据1929年12月的统计,以国民政府中央各部院、江苏、浙江及江西的各级机构呈报较为积极,其他省份极少。[④] 在中央机关之中,也是情况不一。中央研究院基本是按规缴纳的,虽有催款,但多能完成,情况如表3-8所示。

表3-8　　**1929年至1936年9月中央研究院缴纳所得捐数额**

日期	金额(元)	备考
1929年1月至3月	1502.45	1929年6月13日、21日催缴
1929年4月至6月	1637.5	1929年9月催缴
1929年7月至9月	2014.72	1929年10月催缴、11月8日再次催缴
1929年10月至12月	2154.2	1930年1月15日、25日两次催缴
1930年1月至3月	2550.81	1930年4月10日催缴
1930年4月至5月	1712.17	1930年6月21日催缴、7月15日催缴、8月9日催缴、9月9日催缴、9月23日催缴
1930年6月至7月	1878.72	1930年11月13日催缴
1930年8月至10月	2892.2	1930年12月19日催缴
1930年11月至12月	1966.6	1930年1月27日催缴

① 国民政府主计处统计局编:《中华民国统计提要》第24辑,商务印书馆1936年版,第194页。
② 何家伟:《南京国民政府公务员数量的膨胀及其溃败之考察》,《人文杂志》2009年第2期。
③ 张金鉴:《人事行政学》,商务印书馆1940年版,第709页。
④ 《中央征收所得捐报告第十六号》,《中央党务月刊》1930年第19期,第153—162页。

续表

日期	金额（元）	备考
1931 年 1 月至 2 月	2000.85	1931 年 4 月 11 日催缴
1931 年 3 月	1029.4	1931 年 5 月 28 日催缴
1931 年 4 月	1020.7	1931 年 6 月 9 日催缴
1932 年 7 月	881.32	1932 年 10 月 14 日催缴
1932 年 8 月	907	1932 年 10 月 14 日催缴
1932 年 9 月	893.05	1932 年 10 月 14 日催缴
1932 年 10 月	886.65	1933 年 3 月 9 日催缴
1932 年 11 月至 12 月	1800.96	1933 年 3 月 9 日、4 月 7 日催缴
1933 年 1 月	924.05	1933 年 3 月 9 日、4 月 7 日催缴
1933 年 2 月	994.91	1933 年 3 月 9 日、4 月 7 日催缴
1933 年 3 月至 5 月	3025.43	1933 年 6 月 20 日、1933 年 8 月催缴
1933 年 6 月至 8 月	2979.02	1933 年 10 月 13 日催缴
1933 年 9 月	1056.8	1933 年 10 月 13 日催缴
1933 年 10 月至 11 月	2040.6	1934 年 1 月 22 日催缴
1933 年 12 月至 1934 年 1 月	2170.75	—
1934 年 2 月至 5 月	4393	—
1934 年 6 月	1134.48	—
1934 年 7 月、8 月	2272.84	—
1934 年 9 月、10 月	2277.7	—
1934 年 11 月至 1935 年 1 月	3564.73	—
1935 年 2 月至 4 月	3664.5	—
1935 年 5 月至 6 月	2430.14	1936 年 8 月 5 日催缴
1935 年 7 月至 8 月	2546.7	—
1935 年 9 月至 10 月	1934.28	1936 年 1 月催缴

续表

日期	金额（元）	备考
1935年11月至1936年1月	3824.85	1936年1月催缴
1936年2月至4月	3681.45	—
1936年5月至6月	2389.68	—
1936年7月至9月	3923.11	—

资料来源：1.《国民政府关于请按新章征收所得税税捐与中央研究院的来往文书》，1928年11月—1929年7月，中国第二历史档案馆藏，资料号：三九三—807（1）；2.《中国国民党中央执行委员会关于催缴所得捐款与中央研究院的来往文书》，1929年9月—1930年6月，中国第二历史档案馆藏，资料号：三九三—807（2）；3.《中国国民党中央执行委员会秘书处关于请将未解送欠缴所得捐款克日汇解与中央研究院的来往文书》，1930年7月—1931年6月，中国第二历史档案馆藏，资料号：三九三—807（3）；4.《中央研究院职员所得捐》，1932年7月—1933年6月，中国第二历史档案馆藏，资料号：三九三—805；5.《国民党中执委与中央研究院关于解交所得捐款的来往文书》，1933年8月，中国第二历史档案馆藏，资料号：三九三—470（1）；6.《中央研究院解交职员所得捐案》，1934年9月—1936年11月，中国第二历史档案馆藏，资料号：三九三—542。

不少单位虽有缴纳，但并未按条例标准严格核算。呈报之时，也缺少完整清单。邮政总局1930年1月至12月，缴款2.4万元。呈报之时说明："该局1930年12月以前所缴捐款，因事实困难，迄未遵章造册。当时虽将解款依次照数权收暂记账，但以手续未符，迄未列报。"关务署税务司1931年至1936年7月共呈报21.35万元，是纳款较多的单位，但外籍人员也未纳捐，"该司历年所缴捐款因外籍人员关系，迭经交涉，迄未遵章造册。虽经按期照数权收暂记账，但以手续未符，迄未列报"。盐务稽核总所1931年7月至1936年7月共呈交20.3万元，"该所历年所缴捐款因外籍人员关系，迭经交涉，迄未遵章造册"①。因洋员及统计问题，各机关呈报并不完整。在中央机关之中，积欠所得捐者也极为普遍，如表3-9所示。

① 《中央征收所得捐报告第九十六号》（1936年9月），《中央党务月刊》1936年第98期。

表 3-9　　国民政府中央各机关积欠所得捐款一览（1931—1933）

机关名称	欠缴年月	欠捐额（元）	备注
国府文官处	1931 年 10 月至 1932 年 1 月	9517.25	见文官处 3093 号公函
国府参军处	1932 年 7 月至 1933 年 4 月	2297.69	—
国府主计处	1931 年 10 月至 1932 年 2 月	3689.96	—
国府主计处	1933 年 1 月至 6 月	—	—
监察院	1931 年 9 月至 1932 年 1 月	84441.89	—
中央研究院	1931 年 11 月至 1932 年 6 月	—	—
导淮委员会	1932 年 1 月至 5 月	1599.55	—
内政部	1931 年 9 月至 1932 年 9 月	—	—
外交部	1932 年 2 月至 9 月	—	—
财政部	1933 年 1 月至 6 月	—	—
海军部	1931 年 9 月至 1933 年 6 月	—	—
实业部	1931 年 4 月至 12 月、1932 年 7 月至 1933 年 6 月	约 20000	—
禁烟委员会	1931 年 11 月至 1932 年 12 月	—	—
蒙藏委员会	1931 年 8 月至 1932 年 1 月	—	—

资料来源：《准中央执行委员会秘书处函关于各机关积欠所得捐奉批函政府严饬解缴并由审计部随时派员查催请查照转陈等由经转陈奉谕分行照办函达查照办理》，1933 年 8 月 5 日，《国民政府文官处与中央研究院关于请解清国难时所得捐的来往文书》，中国第二历史档案馆藏，资料号：三九三—470（2）。

申请免纳或消极应对者也极为普遍。中央大学所属的苏州中学即向大学部申请免纳所得捐。理由是“中等学校教职员薪俸殊为微薄，早有加薪运动之酝酿。若所得捐征教职员，必致怨气郁积”①。按此延伸，所说公务人员包括了领取公共财政薪俸的公立学校教职员工等。粮秣总监部也呈称，各职员所得薪额多在 50 元以下，申请免征。省政府回复，并非全体职员未达标

① 《呈中央大学请免征所得捐文》，《苏中校刊》1928 年第 11 期，第 17 页。

准，应按实征收。[①] 甘肃省则以“近年迭遭匪旱，财政奇绌，各机关应领维持费每不能按月发给，此项所得捐无法办理”，拒绝推动征缴。[②] 如因薪资不能按时发放，低阶公务人员难以缴纳所得捐可以理解，但甘肃省全部拒缴，则有消极抵制之嫌。

1932年，全国邮务职工总会、全国邮务总工会筹备会呈请国民党中央党部，要求取消邮务职工所得捐。其理由是：“全国邮务工职两总会近因中央有长期抵抗暴日之决心，乃亦有长期捐款资助军饷之计划。惟以员工生计困难，爰有呈请中央取消征收邮务员工所得捐之请求。”邮务职工经受1931年江淮大水及东北沦陷，再加以上海“一·二八”事变，“职工生活艰难，能力不足担负缴纳所得捐之重任，应请钧府、院、部悯恤邮工，迅予取消征收邮务职工所得捐，以苏职工生计者一也”。两工会还提出，“少数党员抚恤之费与全民之利益无关，且其税率之高，为各国所未有。此所谓所得捐者，毋乃名与实不相副，似未免贼害全民利害，供奉少数党员，殊不合征收所得捐之原则”。以抚恤党员之名来向包括非党员在内的公务人员征税，名实不副，破坏税收公平原则。再次，两工会认为所得捐缺少法律依据，“中央秘书处自无随意征收之权，而我邮务职工亦无缴付之义务。我中央既以宪政为最终目的，与全民相共矢，其税制之紊乱，行政系统未经立法手续者，自应早日取消，以维党国威信”。从表面上看，党部以抚恤党员的理由开征，并以党部组织替代税务机构，合乎情理，但不符法理。虽在训政之下，但国民党所颁党规并不具有法律效力，因此易受非党员之质疑。最后，党员已交党费，抚恤应自党费拨款，“职工自毋须再负缴付一部分党费支出之责”[③]。工会认为所得捐的用途、范围、效力、负担之间相互矛盾，并不一致，不仅党员觉得重复征收，增加负担，非党员更觉权利与义务错位，难以心服。所得捐征收能够取得部分成效，主要在于党部和政府的强压催征。但党部又没

---

① 《呈省政府奉令据粮秣总监部呈请免征各职员所得捐一案覆请鉴核示》，《财政周刊》（西安）第75号，1928年7月8日，第2—3页。

② 《令甘肃省政府：为转呈该省无法办理所得捐案奉交中央党部核复由》，《行政院公报》第91号，1929年10月16日，第18页。

③ 《全国邮务职工总会、全国邮务总工会筹备会呈请中央取消征收邮务职工所得捐文》，《全国邮务职工总会半月刊》第1卷第1期，1932年5月16日，第24—25页。

有惩戒的权力和能力，对于长期拖欠或隐匿者，除了不断催征，只能听之任之。

如将所得捐置于所得税开征的脉络之下理解，国民党中央征收所得捐仍有其意义。自清末以来，所得税屡兴屡止，未能取得实绩。所得捐能够获得约 1012 万元的收入，已经是重大突破。因所得捐的推行，政策及舆论层面的讨论也在不断增多，有助于社会公众加强对于所得税制度的认知与理解。

三　直接税的“理想”与“现实”

直接税的良税禀性多为官民认可，但在是否实施的问题上，政府、公众及纳税人的立场和预期却有不同。政府及公众基于财政及公共利益的需求，主张开征的声音占据主流。在纳税商民方面，则认为在旧税未得裁减、经济尚不发达的情况下征收所得税，有害于经济及民生。双方都以民生主义为理由，但着眼的环节有别：政府强调分配，商民强调减负。抛开制度和理论上的论争，北京时期试行所得税遭遇到的现实阻碍，如税政能力、簿记改良、税额核算等问题，也需力求克服才能谋定而后动。国民政府采取的是“理想”与“现实”并进的路线：一方面不断筹划修订所得税制度，试行所得捐；另一方面以民生主义和民族主义为号召，寻求突破纳税商民的心理抗拒防线。

（一）财政会议的草案及甘末尔的建议

在政策上，国民政府对于实施所得税、遗产税并无犹豫。国民政府建立之初，就承继 1914 年的《所得税条例》，展开修订及征收准备。1927 年，财政部拟订了创办遗产税、所得税意见书，同时拟具《遗产税条例》十三条、细则十六条，所得税条例二十八条、细则十七条，呈送中央政治会议。创办意见书详细分析了应开征所得税的原因。

> 所得税主义渐成现代赋税制度之中坚，英美既倡办于先，法意复推行于后。吾国所得税法颁布于民国三年，惟因时局多故，欲行又止。今东南底定，百度维新，允宜采各邦之成规，修正条例，切实施行。按其

> 理由，约有四端。盖国民纳税之力，随贫富而异。若各种赋税咸采比例法征收，则富者担负较轻，而贫者担负反重。轻则富者益富，重则贫者亦贫。贫富悬隔，殊非社会之福。今所得税采累进税制，以重富者之义务而补诸税之缺点，是为合于税法平均之原则。各税仅局于一部而不能普及，田赋仅课地主，房税仅课住户，牙、当各税仅课牙、当两商。至所得税除不及纳税标准者外，凡一般国民，随所得金额之大小，咸有纳税之义务，是为合于赋税普及之原则。善良之赋税，尤以有伸缩力为要。国民之纳所得税者，咸系中等社会以上之人，衣食既足，礼义自知，当承平时轻其税率，增进富力。一遇有事之际，欲增税率较易举办，是为合于赋税伸缩之原则。且所得税既普及于全体，复用累进法以赋课之。则其收入之额，必较他税为巨。他邦前例，此其明证，是为合于赋税能得多额之原则。且近世列邦税法，咸取社会政策，不但求国计之裕，抑且期民生之丰，则吾国所得税法之施行，实有不容稍缓者。小之平均财用，大之节制资本，实于先总理民生主义之精意，正相契合。谨拟暂行条例二十八条，施行细则十七条，是否可行，统希裁察。①

财政部依然认同所得税的平均、普及原则，这与清末及民初的讨论并无不同。财政部更为看重的，是因普遍及累进法带来的税收富源的增加。所得税不限于某一行业或职业，范围广阔，且纳税者系“中等社会以上之人”，负担能力较强，可以增强赋税的伸缩弹性。平时可以轻赋，战时便于增加，这对于世界各国政府均具有致命吸引力。由此，政府的财政主义与公众的社会政策需求有了结合的可能。至于民生主义，主要不是体现在征收环节，而是体现在分配之上。军事债务型的财政支出结构，很难说服纳税商民接受这一说教。

此时军政及财政均未统一，草案没有正式颁行。到 1928 年 6 月，全国经济会议在上海开幕。税务股在会议上提出了《实施所得税遗产税计划案》，称近代赋税以均平和普遍为原则，“必如何能均平普遍，则所得税、

① 《财政部拟办遗产税所得税之意见书》，《银行周报》第 11 卷第 31 期，1927 年 8 月 16 日，“杂纂”，第 3 页。

遗产税尚已。此两种税法之历史近只数十年，远亦不过二百年。欧西各国创始于前，东邻日本踵行于后，岁入税款占全国赋税全额之大宗，而纳税之人绝不感暴敛横征之苦良”[①]。税务组主任是时任财政部赋税司司长兼盐务处处长及国定税则委员会委员贾士毅，常务委员有唐寿民、盛俊、荣宗敬等8人，委员有周庆云、胡颂棠、卫挺生等15人。

议案建议实行所得税、遗产税，并拟出《所得税条例》《所得税施行细则》《所得税推行步骤》。条例分两类所得征收：第一类包括法人所得，按千分之二十征收；除国债外之公债及社债之利息所得，按千分之十五征收。第二类是不属于第一类之所得，按细则说明，包括经营农工商业利益之所得、土地房产之所得、股票及债务利息之所得、资本红利之所得、各项薪给报酬之所得、国家及地方官吏俸给年金及给予金之所得及不属于前列各项之所得，涵括资本、财产、利息及薪俸所得。起征点定为1000元，自1001—2000元之额课千分之五；自2001—3000元课千分之十，此后按5000元、1万元、2万元等额度分级。自二十万一元至五十万元之额，征课千分之五十。自五十万元起，每增加十万元，对于其增加额递增千分之五。[②] 关于推行步骤方面主张采渐进主义，次第扩展。

> 我国向无所得税，此次筹议举办，事属倡始，一切应从较小范围内入手，而税率不可太重。俟有成效，再次第推广。且首先应向生利者方面征收，如公司、商号等类；其次再推及官吏与个人，始觉允当而易行。在举办之前，并应先将办理所得税之一切步骤明白规定，然后在各征收所得税机关始觉有所依据，而在纳税者方面亦得有所遵循。[③]

所列步骤包括课税对象及次序、所得分类及核算、法人所得的资本盈余登记、征收办法等。所得税如要确切落实，需要解决申报、核算、调查及征收各环节中的技术问题。北京时期的所得税征收，是按各省分摊，由政府负

---

① 《实施所得税遗产税计划案》，全国经济会议秘书处《全国经济会议专刊》，财政部驻沪办事处1928年版，第319页。

② 《实施所得税遗产税计划案》，全国经济会议秘书处《全国经济会议专刊》，第319—327页。

③ 《实施所得税遗产税计划案》，全国经济会议秘书处《全国经济会议专刊》，第327页。

担。规定有申报调查，但事实上无法核实。如能依推行步骤，将征收进程中诸多碍因一一解决，税政自会顺畅得法。

此外，著名会计师徐永祚、潘序伦还联合提出《请政府筹备于三年内裁撤一切不合原理各税改征累进所得税及遗产税案》，称“近来政府新征各税更多为一时救急之计，只求税额之增加，收取之便利，而未能注意于纳税人之能力”。各类消费特税皆为贫民生活必要之品，厘金杂税亟待裁撤，政府应设一税制委员会计划所得税遗产税征收办法，三年期内完成。①

到同年7月在南京召开的第一次全国财政会议上，贾士毅再次提出《施行所得税遗产税计划案》，所提法案、细则及步骤与经济会议上基本相同。②以贾士毅的知名财政学家及财政部官员的身份，反复提出直接税议案，足以引发舆论及政策关注。所列暂行条例的起草者，包括王晓籁、缪斌、庄崧甫、李景曦、冯祖培、朱忠道等人。其中，王晓籁是上海商会理事，还担任全国卷烟税务局局长的职务。7月10日，计划案由财务、国用、税务组三组联合审查，仍以贾士毅为主席，确定所得税原则。

> （1）征收之法，依照英国采用溯源制，而另征总额，以补不足。（2）溯源税税章从轻，且不适用累进率，总额税则适用累进率。（3）法人所得税以赢余资本之百分比例数为标准，课以累进税率，自然人总额税则以所得额为标准，而课以累进税率。（4）各地方政府虽得征收所得附加税，但其税率须报由财政部核准，并不得超过正税百分之二十。（5）免税标准俟施行有成绩时酌量修改增加。③

这一税收原则体现了财政学界和工商界协商的结果。关于溯源法的条款在此后的税法中有所体现，不过关于税率、法人所得税、所得税附加等方面的条款与后来国民党中央确定的原则并不相同。

---

① 《请政府筹备于三年内裁撤一切不合原理各税改征累进所得税及遗产税案》，全国经济会议秘书处《全国经济会议专刊》，第337页。

② 《施行所得税遗产税计划案》，全国财政会议秘书处《全国财政会议汇编》，上海大东书局1928年版，第48页。

③ 《所得税原则审查》，《中央日报》1928年7月10日，第二张第一面。

在第一次财政会议上，还有曾任国民革命军需处长、时任南京特别市市长刘纪文提出的《施行所得税案》。在议案中，他除强调直接税的税则优良外，更多是从中国税收结构及财政困境入手，来论述实行所得税的必要性。他认为，“现在我国所行各种赋税，皆为间接消费税”，因人民经济力贫弱，消费税难以增长，“如欲免除此层弊端，莫若使行所得税。人民负担虽重，然不致影响人民之生活，而收财政收入上又最为可靠。因时代之需要，有伸缩之余地。当兹财政困难之际，急应施行此种最良赋税”。他也看重所得税具有较好伸缩力的优势。当时施行所得税仍存在重重困难，但在所难免，“今不打破而将来施行时仍须经过。苟将来办理有效，收入增旺，即可以所得税为国家之主要赋税，而将其他妨碍人民生活之消费税次第废止”[①]。刘曾任军需处长，深知战时筹款之艰难。间接消费税平时可为支撑，到战时难以迅速增加。政府越是面临财政困境，越是希望迅速开征所得税。

经全国经济会议和全国财政会议的讨论，对推行所得税、遗产税的必要性应该说已经形成初步共识。所拟条款，也为所得税的正式立法预作准备。不过此时宋子文把税收变革的重点放在间接税上，他认为直接税的条件还未成熟。在财政部的会计报告中，他说：“吾国情形，异于他国，直接税法，几完全不能采用，因之本部惟有循以下原则，向改良间接税一途努力。”主要体现在简化税类、划一税率、归并税政、裁减冗员、实行文官制度及保障制度等方面。[②] 宋子文先谋整理旧税、将直接税暂时置后的做法符合当时实际情形。如苛杂不去，税政混乱，直接税即使开征，可能仍落入过去的老路旧辙。

到 1929 年，西方国家发生世界性经济危机，大萧条重创各国经济并动摇国际政治秩序。经济危机之下，美、英、日等国的财经政策对中国亦产生影响。1929 年 12 月，国民政府花费重金，聘请美国财政专家甘末尔组建委员会，为中国设计财政、金融及税收系统改革方案。甘末尔是当时世界著名的财政和货币学家，任普林斯顿大学教授并担任美国政府的财政咨询专家。

① 《施行所得税案》，全国财政会议秘书处《全国财政会议汇编》，上海大东书局 1928 年版，第 48 页。

② 宋子文：《中华民国十九年及二十年两会计年度财政报告》，中华民国国民政府财政部 1932 年版，第 14 页。

他1875年生于美国宾夕法尼亚州，在卫斯理大学（Wesleyan University）毕业，后进入康奈尔大学（Cornell University）取得博士学位，论文为货币与物价。毕业后，先后在普渡大学（Purdue University）、普林斯顿大学任教。自1912年担任普林斯顿大学经济学及财政学教授直至1943年退休。甘末尔的著作丰富，最著名的有《现代通货改革论》《联邦准备浅说》《金与金本位》等，在国际范围享有盛誉。[①] 甘末尔多次受聘任各国财政顾问，曾赴菲律宾、墨西哥、哥伦比亚、南非、智利、波兰、秘鲁、土耳其及中国等国提供财政及金融改革咨询。

甘末尔组建的"财政设计委员会"包括财政、金融、税收及国债各方面的专家。甘末尔长于货币学，委员中有预算会计及监督专门委员葛佛伦、国债专门委员杨亚德、铁道专门委员卜伦、租税专门委员罗哈脱（O. C. Lockhart）、关税政策专门委员华理斯等13人。委员会基本由美国专家组成，如葛佛伦是美国人，还任国民政府的盐务稽核总所会办。委员会组建后，在中国展开财政、金融及税收方面的调查，亦与中国学界、商界及官方展开交流。委员会根据其财税主张，亦结合中国的实际问题，在中西比较视野之下进行问题分析。[②] 委员会的具体改革方案包括《中国逐渐采行金本位币制法草案暨理由书》《税收政策意见书》《关于预算会计国库稽察审计各法草案及理由书》，分别涉及货币、税收及财政制度。

关于所得税的意见包含在《税收政策意见书》中。意见书在1930年发表，对国民政府的税政能力、政府与民众的税收关系、公众的税收观念等都持批评态度，也不赞成中国开征所得税与遗产税。《税收政策意见书》中相关内容如下。

---

① Edwin Walter Kemmerer, *Modern Currency Reforms: A History and Discussion of Recent Currency Reforms in Indian*, *Porto Rico*, *Philippine Islands*, *Straits Settlements and Mexico*, New York: the Macmillan Company, 1916; *Why the Federal Reserve System was Called into Being*, *the Main Features of Its Organization*, *and Hot It Works*, Princeton: Princeton University Press, 1922; *Gold and the Gold Standard*: *the Story of Gold Money*, *Past*, *Present and Future*, The McGraw - Hill Book Company, 1944.

② 参见郭家麟《甘末尔生平及其币制》,《银行周报》第50、51合期，第31页；Paul B. Trescott, "The Money Doctor in China: Edwin Kemmerer's Commission of Financial Experts, 1929", *Research in History of Economic Thought and Method*, Vol. 13, 1995, p. 125。

今日中国政府于财政建设之收入方面，求发展莫如慎重从事于现有税源之改进，不宜轻易尝试，别辟新途。盖征之中国财务行政之进展情形，实予吾人以此结论之一重大理由也。除关务、盐务外，中国之税务行政向无效率可言，监督亦复失当。既未见有一般公认之程序法规，亦不闻有差强人意之征税标准。纳税者方面固不知税款为维持各种公共事业之费用，甚至一般执政者亦未必能确实了解此意义。以上所述，均系过去事实，绝无褒贬存乎其间。

赋税目的在谋公共利益，既非政府对于人民财产之强权苛求，亦非官吏私囊所饱，然欲使人民了解此项赋税观念，必须以公款专用于公共事业，如学校、公共卫生、道路及对于盗匪与其他不法行为之抑制，而不可用于内战及对公众无甚关系之事务，或冗员之俸给。在缴税者方面，需了解赋税之正当意义。征税者方面，亦必能逐渐认识此观念之效果，而逐渐养成行政上之效力、程序与标准。此种进展，虽非一朝一夕所能致，但如采行一种适合中国特殊状况之赋税计划，必能促其成功。

实际上，各国财政长官莫不苦心焦虑，穷年累月谋所以解决收支相抵之问题。税收之适当，为赋税第一原则，亦即税入制度之第一要件。无如掌财政者因支出之急迫，为补置弥缝起见，而忽于一国税收之正当发展问题，甚且持有偏见。殊不知税收之适当与否，全恃税收制度之方式及其运用方法。为政府谋收入，应先衡量纳税者之负担，决不宜以过重之负担加诸国内之实业，否则徒使国家之财源枯竭，无异饮鸩止渴。

……

本委员会曾于民国十八年九月四日提出之所得税说帖内建议：中国现在不可采行一般的所得税，其后就特殊或部分所得税为进一步之研究，亦不能证明此种有限制之所得税适于采用。本委员会之见解：一部分基于所得税之性质，一部分基于中国私人账目之现状，而主要部分，则以行政性质为根据，一俟他国视为适于所得税之条件亦已见于中国，则中国当然可以采行所得税，不过初时仍须为局部的及试验的而已。

> 本委员会并根据相似之理由，认中国现在不宜采行遗产税。此种赋税，乃以西方各国之家族财产与其继承为根据，唯中国情形则不如是。父母死亡后之孤子，无论对此项财产之依赖程度或其对于此项财产之管理及使用，其身份并不因父母死亡有所变更。在欧西各国通常引为征收遗产税之理由者一旦骤增产业，对于补助国家之能力，当然增加，自可课以遗产税；但中国本无此种情形，即或有之，亦不过极少数而已。①

甘末尔委员会的意见与政府短期目标是相悖的，但如结合北京政府推行所得税遇到的种种阻碍，就会发现所列理由确是切中肯綮。意见书未如政府宣讲一味强调所得税、遗产税制度的优良特性，而是着眼长远，立足于公共财政的视角，评估了政府及纳税人之间的财政、社会及经济关系。在财务行政方面，意见书指出税政混乱，既乏效率，又多中饱，严重影响到良税的观感。政府征税，过于看重其财政需求，且多用于内战，对于民众关心的教育、卫生、交通、经济等公共利益不予重视，投入不足。因此，即使税制优良，也难以得到民众的认可。反而因税负过重，影响实业，消耗了未来的财政资源。因此，基于所得税的性质及中国私人账目的现状，在初期应是局部的及试验的，不应普遍开征。依西方经验，所得税须社会经济有相当程度发展方有力承担；商家簿记规范健全，方有据可查。

所列问题仓促间无法解决，意见书提交后，其见解“很得国内一般人士之同意”。政府于是暂时将之搁置，专注于关税自主及裁厘加税事务。在舆论上，关于所得税的讨论依然热烈，只是在政策上暂时“鲜有人提及”②。

（二）财政民族主义的汇流

在不同时期，政府、公众及纳税人对于所得税、遗产税的认知包含有不

① 《甘末尔设计委员会税收政策意见书》，《银行周报》第14卷第38期，1930年10月7日，第19—24页。中国逐渐采行金本位币制草案于3月发表，税收政策意见书发表稍后。

② 高秉坊：《中国直接税的生长》，财政部直接税处经济研究室1943年版，第4页。

同层面。在基本制度层面上，发现所得，分级累进，符合能负、平等、普遍原则，效法西方，认同其良税特性。但在财政及社会环境上，却在与时俱变。晚清时期，“发现所得”与“发现国民”相应而行，重在以新税充实中央财政。北京政府在财政上持实用主义，在宣传上却强调社会政策，也暗合西方将战争财政与协调劳资冲突、贫富差距相融合的所得税理念。国民政府同样需要以所得税、遗产税为财政扩张政策张目，在寻求社会及法律合法性时，又将之融入民生主义和民族主义的宣传叙事之中。

《甘末尔设计委员会税收政策意见书》提出后，政策上的讨论暂有停寂。1933 年 4 月，孔祥熙取代宋子文任财政部长。孔较宋更为圆滑，对蒋介石在预算外的军政开支来者不拒。他认为中国现行税制结构不尽合理，关、盐、统税十占其九，且均为间接性的消费税，税负不均，应改良间接税，开征直接税，准备重启所得税计划。[①] 1934 年 1 月，他说间接税“急应划一厘订，不使轻易增减”“世界最普遍而行之有效者，如遗产税、所得税等”，应加推广。[②] 他尤其重视所得税，“直接税体系中，尤以所得税为中坚”，有负担公平、纳税普遍、收入确实三大优点。[③] 孔祥熙对比西方各国，看到直接税的潜在效用。他任用高秉坊作为直接税的筹办人，并以所得税作为首要突破口。据高秉坊所述，第二次财政会议之召集，系根据国民党第四届四中全会“废除苛捐杂税以解除人民之痛苦”及“减轻田赋附加以救济农村经济”两案而来。故该会决议改革税制之唯一目的，在于调整人民负担之不平，以实现“有钱出钱”之正义，此为直接税发动之重要因素。揆诸财政学者所主张之“能力学说”及“公平原则”，均属相合，“乃实行国民党民生主义之一端也”[④]。1935 年，政府拟定《所得税暂行条例意见书》、《所得税暂行条例》二十八条、《施行细则》十七条，呈请中央政治会议议决公布。意见书中明确提出，所得税符合租税四大原则，“所得税与先总理民生主义的精义，正相契合”，因此所得税应为租税之中坚。但实际上，官方宣讲民生主义有意强调税制的合理性及纳税人的义务，

① 孔祥熙：《所得税的特点及政府筹办情形》，《孔庸之演讲集》，第 169 页。

② 孔祥熙：《国民党四届四中全会所作财政报告》，《革命文献》第 73 辑，第 323 页。

③ 孔祥熙：《十年来中国的财政与金融》，《革命文献》第 73 辑，第 157 页。

④ 高秉坊：《直接税体系论》，《直接税月报》第 1 卷第 6 期，1941 年 6 月 1 日，第 1 页。

并没有回应孙中山以直接税来积累国家资本的主张，也没有实施再分配的具体举措。

到20世纪30年代，中国关于直接税、所得税的讨论也达到新的高度。既关注到欧美各国的制度及征收情况，更能根据本土财政需要及社会形势论述政策得失。关于所得税的税收属性、所得分类及其财政、社会效应等理论，在财政及学界已成为公共知识。美国学者塞里格曼的所得税及租税转嫁理论广受引用。他所著的《所得税论》一书初版于1911年，又于1914年修正。1921年6月，就有中华经济社的译本。到1933年，又有杜俊东的译本。[①] 塞里格曼的《累进课税论》《租税转嫁与归宿》也都在20世纪30年代被译为中文。[②] 他的这些著作不仅分析了欧洲各国所得税制的演进历史，而且对于税收的本质及转嫁问题进行了深入讨论。他提出，所得税虽为直接税，被认为不可转嫁，但这是建立在纯所得的基础之上。分类所得及所得核算不明，仍存在转嫁之可能。他也建议："一国宜采行所得税制与否，自当就其国之财政状况、社会情势以及世界潮流权衡轻重，审慎以酌定之，非可纯依理论而解决者也。"[③] 本土学者中，马寅初、李权时、何廉等在探讨中国财政变革方向的宏观问题时，也均重视所得税、遗产税的潜在价值。直接税知识由专业领域逐步公共化，在政策及学术层面上的讨论更加深化，有助于形成变革共识及立法建构。

从学界及公共舆论观点来看，多立足于公共财政需求及国家未来发展角度，对政府开征所得税、遗产税抱支持态度。李权时分析各国财富及所得分配均有不均，原因有四：各人或各阶级的所得有大小，财富聚集有区别；各人的消费手段有大小，积存财富亦有区别；私产制度的存在；遗产制度的存在。所得分配不均的原因有六："各人的勤惰和生产能力的大小"；"私产权之有无大小"，资产多者所得易增加；投资的安全与危险的不同；时运的顺逆或机缘的巧拙；出品的销售市场能否独占；财产之有否自然涨价。独占为

① ［美］施理曼：《所得税论》，王官彦、王官鼎译辑，中华经济社1921年版；［美］塞里格曼：《所得税论》，杜俊东译，商务印书馆1933年版。

② ［美］塞里格曼：《租税转嫁与归宿》，许炳汉译，商务印书馆1931年版；《累进课税论》，岑德彰译，商务印书馆1935年版。

③ ［美］塞里格曼：《所得税论》，杜俊东译，第127页。

财富及所得分配不均的总原因。分配的方式有“均产主义”“共产主义”“集产主义者或国家社会主义”“工团主义”“基尔特社会主义”。李权时言论引文：“他提倡国家应鼓励民众勤奋勤勉，普及教育，实施平均地权，节制资本。国家可以按累进法抽取财产税、地价税，还可以‘抽取累进的个人所得税和公司或商号所得税，减轻所得分配之不均程度’。此外，还要防止垄断，保护劳工，提倡合作等。”① 胡叔仁撰文认为，中国宜与西方同样采所得税，“惟征收方法及税率高代，各国互有不同”，当视人民之能否负担为原则。②《中央日报》上发表姜惠宇的文章，认为遗产税与所得税符合普遍、平等、合法、确实原则，有助于减小贫富差别，促进社会发展。③ 张继圻的文章区分劳力所得、劳心所得和不劳所得的区别，认为所得税需要体现出鼓励勤劳所得的原则。④ 贾士毅将所得税视为“调剂贫富唯一之工具”⑤。在这一路径下，税收不仅为国家增进财政资源，更是国家调节社会分配的政策工具。勤劳所得或不劳所得的界定与区分，需要通过税制的设计加以实现。税收方式调节又与“均产主义”不同，并不改变产权及财富的占有，主要通过财政支出而不是财政收入的方式体现出来。因此，相较于收入而言，支出更难反映财政的属性。

政府宣扬新税符合民生主义来强化征收的合法性，但在纳税商民看来，税收无论良恶，均过度增加税负，扼制经济税源，反而有违民生主义原则。国民政府开征所得税和遗产税，主要的承担人其实是商人。商人并不否认直接税在税制上的合理性，但是对于政府加税的举措及税制是否完善等问题，明显持保留意见。在抗议与交涉之中，商民同样频频以民生主义作为护佑之词。二者的区别在于，商民重在生产消费和直接负担，政府重在财政增收和间接分配。在政策转换之中，官民之间的政治信任显然不足。

① 李权时：《分配论》，东南书店 1929 年版，第 161 页。

② 胡叔仁：《施行所得税之我见》，《钱业月报》第 8 卷第 6 期，1928 年 7 月 31 日，“述评”，第 1 页。

③ 姜惠宇：《施行遗产税和所得税与社会经济的关系》，《中央日报副刊》1929 年 3 月 23 日，第 3 页。

④ 张继圻：《中国所得税问题》，《经济杂志》创刊号，1930 年 1 月 15 日，第 93 页。

⑤ 贾士毅：《财政部修正所得税条例草案之要旨》，《经济学季刊》1931 年第 1 卷第 1 期，第 3 页。

财政上的民族主义在日本侵华步步紧逼之下也逐步激活。清末民初，“国民捐”“爱国公债”上所体现的“为国还债”行动，即财政民族主义的重要体现。对外，财政民族主义要求收回及维护财政主权，具体来讲包括关税自主、税收管理权自主，不可让渡主权及利权借取外债，实现华洋同税等主张；对内，财政民族主义强调国民的义务，通过贡献税收来提升国家财政能力，增强国家的财政军事力量，抵御外侮。在北京时期，政府将绝大多数财政资源投入内战之中，既未能维护国家主权，又不能促进民生经济，以致失去民心支持，这也是其财政变革难以得到社会支持的重要因素之一。在“九一八”事变及“一·二八”事变后，战争阴云笼罩，国民政府意识到需要为战争预作准备。原来以间接税为主的税收体系再难有新的增税空间，需要以直接税来扩展来源。直接税筹备处主任高秉坊回忆，国民政府正式启动所得税也是自第二次财政会议之后，“以要求人民负担的公平为动机，更因着时势的需要，外患的煎逼，预作着战时财政未雨绸缪的准备”①。

在关税自主、裁厘改税、整顿盐税及开征营业税之后，政府税收能力已有提升，但仍存在结构性缺陷。过于依赖关税及货物税，而缺少直接税支撑，使税收的伸缩力受到极大限制。陈英竸 1933 年出版的《所得税之理论与实际》一书在所得税的本土理论建构方面具有重要作用。他著此书，是因“所得税在现代文明各国之财政系统中，其地位之重要，凡稍治财政学者，在能道之。各国经济学家，著为专书以论列之者，实繁有徒。我国学术知识之传播，向落人后，对于此项学说之研究，尚无专籍，殊属憾事，学者病之”。因此，参考欧美各国著述，在 1930 年前后撰成此书。书中除论述所得税的性质与意义、税源及课税范围、课征理由及反对观点、所得税之转嫁与归宿、所得税行政等问题外，还特别强调所得税在紧急财政中的特殊作用：“所得税自英国在一七九八年采用以来，已证明其有应付紧急财政之效，盖以其税率能自由伸缩，以增加税收而不增加征收费用也。欧战中，所得税在英美之功效更著。法国援用较晚，故国内无数问题，均由此发生。德国联邦政府，引用此税尤迟。澳国于各邦所得税上，复加联邦所得税。美国除联邦

① 高秉坊：《中国直接税的生长》，财政部直接税处经济研究室 1943 年版，第 4 页。

所得税外，各邦亦先后采用之。英国各殖民地政府，亦先后采行。其他各国，闻风争效。所得税于各国财政系统中之地位，殆如旭日东升矣。”[①] 无论是从世界形势，还是从中国财政未来而言，所得税都是值得采行的优良制度。

比较各国战争财政之中所得税的地位，中国亦有强力推动的必要。《辽宁财政月刊》上的一篇文章提到“一战”之后，“各强国税收半仰给于所得税，为世界潮流”。在大战前后，“欧美诸国，无强无弱，其对所得税之实行，均已不谋而合”。国家税收结构是否合理，税收弹性强弱，关系到战时财政动员能力，“国家税制之落伍，而财政前途，益将有不堪设想者”。因此，“吾人愿作再接再励鼓吹，以国人深知时至今日，所得税之实行，益不容缓”。所得税在抵制外国政治及经济侵略方面均能发挥重要价值，“大战以后，世界列强，对我渐易其政治侵略为经济压迫，欧美经济势力，已行侵入中国，若者以工商为先驱，若进以资本为后盾。在此种凌厉之下，吾人已呻吟于国家交瘁，将见所得税之收入，足抵国家支出之泰半”[②]。在《经济学期刊》上，王聚书认为税收有享益税系统和能力税系统，“吾国税制则偏于享益课税主义，而忽略于能力课税主义”。除田赋外，关税、盐税、统税、营业税均为享益税，“集中于生产机关或消费物件”，在国难当头之际，必须实行所得税，补救财政上之困难，养成人民监督财政之心理及习惯。[③] 不仅是官方认识到中国税收结构的重要缺陷，学界显然也关注到补充直接税的重要性。只有通过符合公众认同的优良税制，将富有阶层及国民所得中的富源开发出来，才能真正充实国家财政的中长期来源。

1934 年 5 月，国民政府财政部召开第二次全国财政会议，参与者以财政部及各省市财政官员、财经学者及少量工商界代表为主。会议主题侧重于整理地方财政，减轻田赋附加及苛捐杂税。决议案中，将苛捐杂税分为妨害公共利益、妨害中央收入、复税、妨害交通、地方利益独占、物品通过税六类，

① 陈英竸：《所得税之理论与实际》，四川长寿新市镇澄园 1933 年版，第 107 页。
② 《我对实行所得税之意见》，《辽宁财政月刊》第 44 期，1930 年 2 月，第 121 页。
③ 王聚书：《中国财政上之所得税问题》，《经济学期刊》1933 年第 1 期，第 65 页。

要求限期列报废除。宋子文当政之时，对中央税收整顿已有成效，在地方层面，限制了截留，却仍未能控制滥征。长远观之，地方滥征既影响到经济发展，也与中央税收形成重复及竞争之势，制约了中央税收增长空间。整顿旧税的计划，亦是为开征新税张目，“所得税之筹办停顿五年之后，又重新计议”①。在会议后颁布的财政收支系统法中，规定所得税、遗产税均为中央税，但省市可依率分成。省可占10%至20%；市县可分成20%至30%。

兹后，随着日本策划华北事变及国防、财政形势日益严峻，关于优化税收结构、提高财政能力的财政需求更为迫切。1935年5月，在国民党中央直属的《中央日报》上，发表有署名孝直的评论，系统阐释了征收所得税与应对战争财政需求的问题。评论中指出欧美各国所得税在财政上占比极高，“战后（第一次世界大战）各国财政上，已较战前有一日千里之势。英国在战后所得税较战前增加八倍，美国增加三十倍，法国增加十倍，即日本亦增加七倍奇”。中国税收以关税、盐税、统税为主。战后各国间经济冲突日益增加，关税缩减；食盐为人民生活所必需；统税过高阻碍国内实业的发展，“中国现在的财政状况，无论从那一方面，都有不得不创行所得税的趋势”②。1935年6月，马寅初发表关于所得税与预算案文章，强调所得税为财政解困之一重要途径。③ 在立法院讨论草案之前，马寅初又数次发表关于所得税的意见。1936年4月3日，他主张以开办所得税为主要收入，促进国家财政合理化。④ 马寅初是立法院财经委员会的委员，他的态度对所得税立法有重要影响。

在报刊舆论上，关于欧美及日本等国所得税的新闻报道自20世纪20年代起明显增多。按媒体而论，既有综合性的《大公报》《申报》《国闻周报》《时报》《益世报》等，也有广为金融界和实业界关注的《银行周报》《钱业月报》《财政月刊》等专业期刊。到国民政府时期，国民党中央主办的《中央日报》也有连续报道。列举部分报道如表3－10所示。

---

① 翁之镛：《财政学》，第246页。

② 孝直：《所得税与中国财政前途》，《中央日报》1935年5月13日，第三张第三版。

③ 《马寅初谈所得税与预算案》，《中央日报》1935年6月14日，第一张第三版。

④ 《马寅初谈非常时期财政政策，以开办所得税为主要收入》，《中央日报》1936年4月3日，第一张第三版。

表 3 - 10　　国内报刊关于欧美及日本所得税的部分新闻报道

国别	新闻标题	报刊卷期
各国综合情况	各国所得税制度考略	《财政月刊》第 8 卷第 86 号，1921 年 2 月
	各国征收所得税之良好立法例	《新汉口：汉市市政公报》第 1 卷第 4 期，1929 年 10 月
	各国所得税累进率之比较	《民鸣月刊》第 2 卷第 3 期，1930 年 5 月 1 日
	欧美各国所得税比较的研究	《国闻周报》第 8 卷第 4 期，1931 年 1 月 19 日
	欧战后英、美、德、法之所得税	《银行周报》第 16 卷第 48 号，1932 年 12 月 13 日；第 16 卷第 49 号，1932 年 12 月 20 日；第 17 卷第 1 号、第 17 卷第 7 号，1933 年 2 月 28 日
	论各国所得税之构造	《钱业月报》第 15 卷第 11 期，1935 年 11 月 15 日
英国所得税	英国注重所得税	《大同报》（上海）第 20 卷第 19 期，1914 年 5 月 16 日
	英国之新所得税法	《银行周报》第 4 卷第 39 号，1920 年 10 月 19 日
	英国现行所得税制度之研究	《南洋季刊》第 1 卷第 1 期，1926 年 1 月 15 日
	在华英商所得税之减轻	《新闻报》1923 年 8 月 29 日，第三张第一版
	英国棉商之所得税	《纺织时报》第 457 期，1927 年 11 月 10 日
	英国教育界请免教育所得税	《中华教育界》第 16 卷第 12 期，1927 年 6 月
	英国巨商短缴所得税	《中央日报》1928 年 9 月 29 日，第一张第四面
	英国模范税制所得税的优点	《国闻周报》第 7 卷第 18 期，1930 年 5 月 12 日
	英国上年度财政短收拟增加所得税以资弥补	《中央日报》1930 年 4 月 1 日，第一张第四版
	英国所得税案保守党修正案遭否决	《大公报》（天津）1930 年 5 月 3 日，第一张第四版
	英税收起色，所得税与附税均进步	《时报》1921 年 8 月 28 日，第八版
	英国新预算加重所得税	《大公报》（天津）1931 年 10 月 5 日，第一张第四版
	英税收起色所得税与附税均进步	《大公报》（天津）1932 年 1 月 21 日，第一张第四版

续表

国别	新闻标题	报刊卷期
美国所得税	美总统之所得税	《时报》1919 年 9 月 3 日，第 3 张
	美总统官俸所得税问题	《申报》1919 年 9 月 3 日，第六版
	美商将纳所得税	《时报》1920 年 3 月 22 日，第三张第五版
	美商免纳所得税之会议	《时报》1920 年 4 月 1 日，第三张第五版
	美国驻华团体亦缴其国所得税	《新闻报》1920 年 10 月 19 日，第三张第一版
	美国新总统之俸金所得税	《申报》1921 年 2 月 18 日，第六版
	美商免纳所得税之运动	《时报》1921 年 3 月 11 日，第三张第五版
	美商取消所得税之有望	《时报》1921 年 3 月 30 日，第三张第五版
	美商请免所得税未通过	《时报》1921 年 8 月 1 日，第四张
	驻华美商准免所得税之又一电	《时报》1922 年 9 月 21 日，第三张第六版
	美国增加外人所得税	《国际公报》第 2 年第 4 周刊，1923 年 12 月 22 日
	美财政大臣减少所得税之计划	《国际公报》第 1 年第 52 周刊，1923 年 12 月 24 日
	美财长主张减所得税	《民国日报》1923 年 11 月 14 日，第一张第三版
	去年美国所得税之收入额	《银行月刊》第 4 卷第 9 号，1924 年 9 月 25 日
	美国之新所得税	《法律周刊》第 30 期，1924 年 2 月 3 日
	美国所得税概况	《民国日报》1924 年 12 月 16 日，第二张第六版
	美国所得税之调查	《大公报》（天津）1925 年 9 月 3 日，第一张第四版
	1926 年美国所得税之新改革	《经济学报》第 2 卷第 3 期，1926 年 12 月 15 日
	美国之所得税	《申报》1926 年 11 月 17 日，第五版
	美国去年的所得税估计	《中央日报》1928 年 3 月 23 日，第一张第三面
	美国人所得税之比例	《时报》1928 年 11 月 13 日，第一张第三版
	美国所得税收入之分析	《银行周报》第 13 卷第 13 号，1929 年 4 月 9 日；《银行周报》第 13 卷第 15 号，1929 年 4 月 23 日
	美国所得税的发展与现行制度	《国闻周报》第 7 卷第 45 期，1930 年 1 月 14 日；《国闻周报》第 7 卷第 46 期，1930 年 1 月 17 日
	美国所得税报告书	《大公报》（天津）1930 年 2 月 6 日，第一张第四版
	美国所得税收入大减	《民国日报》1931 年 3 月 25 日，第四版
	美国实征所得税	《银行周报》第 17 卷第 10 期，1933 年 3 月 21 日

续表

国别	新闻标题	报刊卷期
	国外经济：美国议会增加所得税附税	《中央银行旬报》第4卷第8、9期，1932年3月中、下旬
	美国大增所得税	《大公报》（天津）1932年3月20日，第一张第四版
	美参院财政委员会通过大增所得税	《大公报》（天津）1932年5月6日，第一张第四版
	美国加征税捐所得税增至欧战以来最高额	《大公报》（天津）1932年6月2日，第一张第四版
	好莱坞影星的所得税	《申报》1932年11月10日，增刊第五版
	世界谈屑：电影明星所得税	《先导》第1卷第5期，1933年2月16日
	美规避所得税案	《大公报》（天津）1933年6月24日，第五版
	美国实征所得税	《银行周报》第17卷第10期，1933年3月21日
	美国会开幕增加所得税案将成主要问题	《大公报》（天津）1933年12月26日，第二张第五版
	美将限售军火加征所得税	《民报》1934年9月28日，第一张第四版
	好莱坞空前危机：加省当局加收所得税声中美国电影总枢的迁移问题	《电声（上海）》第4卷第19期，1935年5月10日
	好莱坞明星所得税每年达数百万金元之多	《电声（上海）》第4卷第27期，1935年7月5日
	好莱坞风景线：明星要求减收所得税	《影坛》1935年第3期
	好莱坞电影界逃避所得税的方法	《影坛》1935年第6期
	好莱坞影星之所得税	《玲珑》第5卷第27期，1935年7月24日
法国所得税	法国班内阁实行增加所得税	《国际公报》第3卷第23期，1925年5月2日
	法国以所得税助军费	《新闻报》1913年5月30日，第二张第二版
	法国明年预算拟定，除所得税稍减外余无增减	《中央日报》1928年8月23日，第一张第四面

续表

国别	新闻标题	报刊卷期
日本所得税	所得税之中日观	《大公报》（天津）1919 年 12 月 31 日，第二张
	日本拟改正所得税全国商业反对	《益世报》（天津）1920 年 7 月 10 日，第七版
	日本所得税税率历次修正之比较	《财政月刊》第 82 号，1920 年 10 月
	日本小说家所得税	《智识》第 1 卷第 3 号，1925 年 8 月 16 日
	日本所得税之报告	《经济杂志》第 1 卷第 3 期，1912 年 1 月 20 日
	日人又在大连征收华人所得税	《益世报》（天津）1927 年 1 月 26 日，第六版
	大阪商工业会议所大会反对拟设特别所得税	《中央日报》1928 年 9 月 30 日，第一张第四面
	日阁决定增税案：所得税与麦酒税	《上海市场》第 1 卷第 7 期，1931 年 12 月 9 日
	日本预算不敷决定征收所得税	《时报》1934 年 10 月 30 日，第八版
德国所得税	所得税之理论及德国现行所得税制	《财政公报》（广东）1930 年第 29 期
	德国之所得税	《银行周报》第 4 卷第 43 号，1920 年 11 月 16 日
	德国所得税之苛酷	《银行周报》第 5 卷第 12 号，1921 年 4 月 5 日
	德国增加所得税	《申报》1922 年 11 月 12 日，第三版
	德国作家对于所得税之回避	《文艺月刊》1933 年第 37 期
	德国之奖励生育法，生六子者免征所得税全部	《女铎》第 23 卷第 10 期，1935 年 3 月

就国别而言，英国和美国的报道较为集中，日本、德国及法国的相对较少。此外未列的还有苏联、印度、土耳其、加拿大、澳大利亚等国。新闻来源有的是从相应国家媒体报道之中转译，有的是中国记者或学者所撰的介绍及研究文章。从主题来看，各国所得税法案的修订、额度增减、纳税争议等是关注的热点，也有关于欧美各国所得税制的综合介绍与比较。关于美国、英国的报道在时间及主题上较有连续性，基本反映了两国所得税制及征收数额的变化。美国总统、好莱坞电影明星的纳税问题，因有更好的新闻关注度，也频繁被报道。报刊文论之中反映出所得税在欧美及日本各国得到普遍实施，且在财政收入之中居于重要地位。其中也反映了在经济大萧条之后，美国、英国、日本均在增加所得税预算。此类报道与国内的所得税新闻相互

对比连接，有助于国内公众了解世界范围内所得税的实施情况，亦会加强对于中国应推行所得税的认同感。

从国家及公共利益出发，所得税势必开征。关键在于，《甘末尔设计委员会税收政策意见书》指出的问题依然存在。在1935年所得税确定开征之前，商民公开直接的反对声音较小，商会也未组织集体化的抗议行动。舆论讨论之中，仍有言论主张暂缓开征，其理由正如甘末尔意见书所列。如林蔚认为所得税征收困难，一般人民申报多不积极，负责行政人员多有政治色彩，逃税可能性大。所得额、免税额、勤劳所得与财产所得等如何核算区别，都较难落实。[①] 麦健曾评论新修订的所得税条例说："我国历年来政局的混乱，政权的不统一，农工商业的幼稚，营业组织的尚未公司化，营业会计方法的尚未近代化，人民的缺乏国家思想，对于政府欠缺好感以及平日生活的艰难，政府财务行政效率的低微，以及外人在中国的特殊地位等等原因，都足以令在中国征收所得税异常困难，以致以前数次努力的结果，只有垂条例于后世！"[②] 现在军政统一，但其他方面并未根本改观。张培均列举英、美两国所得税的征收成绩，认可所得税的增量效应，但是不赞同开征，"在此全国总所得锐减之期，举办所得税必难成功，即使略有收入，恐以行政费用浩繁之故，亦仅足以维持行政开支，于国库无补也"[③]。他主张，可待经济恐慌过去之时再行兴办，仍以续行所得捐为上策。如果纳税商民的税收心理未得到慰藉，税务行政中的征稽技术问题未得解决，开征之后也可能面临着与北京政府同样的困境。国民政府在1935年重启所得税之后，恰是运用财政民族主义及直接税制度改革来清除窒碍。

① 林蔚：《对于征收所得税的商榷》，《国衡》第1卷第3期，1935年6月10日，第28页。

② 麦健曾：《新订所得税条例评议》，《国闻周报》第12卷第27期，1935年7月15日，第1页。

③ 张培均：《关于中央举办所得税之意见》，《经济评论》1935年第2卷第6号，"中国经济评论"，第1页。

第四章
所得税开征进程中的官民交涉与税权表达

在1934年第二次全国财政会议议决重启所得税之后，国民政府财政部开始着手推动立法进程。在训政体制之下，所得税法令以此前法案为基础，在程序上需经国民党党政及立法机构的运作来获得新的合法性认定。国民政府在南京建政以后，一直将所得税列于开征计划之中，但基于征收条件的顾虑，初期未全面推动，只将实施重点放在党政公务人员所得捐上。再加以《甘末尔设计委员会税收政策意见书》不赞同政府立即推行所得税、遗产税，开启计划一度暂缓。因此，在1936年7月《所得税暂行条例》颁行前，商会虽参与到官方、学界及公共舆论的讨论之中，但与北京时期相较，集体行动力道大减。直到宣令开征，商会再次开始主动合纵连横，研究税法，共谋进退，向政府表达缓征及停征的诉求。到1936年正式开征前后，国家、纳税人及公共舆论围绕所得税的“利”“权”之争达到沸点。既有激烈的交锋抗辩，也有理性的回应互动，在相当程度上反映了国家与民间税政关系的复杂性。最终，在强化国家财政以御外侮的公共舆论大潮下，财政扩张需求与财政民族主义汇流，成为政府推动直接税系统变革的政策和社会动力。

一 训政体制下的所得税立法

税收获得法律合法性的标志，是经过国会或民意机构议决通过。北京时期关于所得税法律效力的争议，正是因为国会法统出现争议。国民政府五院制下，立法院是民意及立法机构，但依训政体制安排，其立法程序及机构权限又与欧美不同。在法理上，《所得税暂行条例》经财政部拟稿，再报中政会议决修正，复送立法院审议再行颁布，遂在部门草案及党内法则的基础上成为国家法令。在此过程中，政府及立法院亦会参酌商民意见，但在实际运行中，仍以党政权力为中心展开。

（一）中政会[①]“所得税八点原则”

在第二次全国财政会议《关于裁减田赋附加废除苛捐杂税与重划国地收入标准案及决议案》之第三组的审查报告中，已经确定“所得税与遗产税实有提前筹办之必要”。在会议之后的国民政府纪念周大会上，财政部部长孔祥熙专门报告了财政会议的情况，再次阐明“并于不扰民之原则内，另辟新税源，如举办遗产税、所得税等”[②]。种种迹象显示，政府已经将所得税纳入立法议程。

具体立法事务由孔祥熙揽其大要，财政部赋税司司长高秉坊负其专责。高为孔之亲信，在1927年后初随孔在实业部任职，后孔调任财政部长，亦随任赋税司司长。到所得税正式开征，由高任直接税筹备处主任、所得税事务处主任，到直接税署成立后转任署长。到抗日战争时期，财政部推动税政统一及人事变革，主要是以所得税处和直接税署为中心展开的。高在税务方面富有才干，与孔祥熙的税收变革理念相合。二人私谊深厚，在政事上也有良好的合作。财政部制定所得税条例及细则的具体推动者，实际上是高秉坊。[③]

回到立法轨道上来。据现有资料梳理，1935年3月，《益世报》上就有新闻报道财政部已拟定草案。高秉坊论及开征后每年可收三四百万元。[④]同日，《中央日报》《申报》《时报》均有财政部拟办所得税的报道。财政部组织有所得税研究委员会，专事拟定审改草案。4月15日，所得税研究委员

① 依照国民党的党政体制，在训政时期，中央政治会议是事实上的最高立法机构。中央政治会议简称“中政会”，其全称是中国国民党中央执行委员会政治会议。

② 《行政院副院长兼财政部长孔祥熙在国府纪念周上的报告》（1934年6月4日），《中华民国工商税收史料选编》（综合类）第1辑上册，南京大学出版社1996年版，第1207页。

③ 高秉坊著，张元彪整理：《生平自述初稿》，载中国人民政治协商会议山东省淄博市博山区委员会编《中国直接税创始人——高秉坊》，博山文史资料选辑第5辑，中国人民政治协商会议山东省淄博市博山区委员会1993年版，第7页。

④ 《所得税遗产税在财部同时研究中》，《益世报》（天津）1935年3月14日，第2版。

会开会审议，讨论征收范围、税率等问题，到会者有高秉坊等二十余人。个人所得税自千分之五起至千分之二百止，商店自千分之十起至千分之二百止。[①] 5 月 14 日前后，行政院通过财政部提案。按原定计划，拟于 1935 年 7 月即开征，后来因研究取消所得捐问题延宕。至 1935 年 7 月，行政院将立法原则及草案呈送中央政治委员会审核。到 1936 年 6 月 24 日，经第十六次中央政治委员会议决所得税八点原则，确定立法基本方向。财政部赋税司最初拟定的原则与草案，拟按两类所得征收，未包括利息所得税。财政部原呈八点原则内容如下：

(1) 所得税为国家税。

(2) 所得税不得带征附加税。

(3) 所得税就下列二类所得先行举办：

第一类营利事业所得。甲、属于资本在三千元以上之公司、商号、行栈、工厂之所得；乙、属于一时营利事业之所得。

第二类薪给报酬所得。属于公务及从事各业者之薪俸、公费、年金、劳金及给予金之所得。

(4) 对于免税者之范围，应分别列举规定。

(5) 所得税课税方法，应采用累进制。

(6) 所得税应纳税款之决定，采取申报、调查、审查三种程序。

(7) 第一类所得税应以其所得额与资本实额为比例而课税，不及百分之五者免税。

(8) 第二类所得税应以所得额为标准而课税，而课税不及五百元者免课。[②]

中政会对之进行了修改。仍定所得税为国家税，由财政部直接征收，但中央及地方可按财政收支系统法分配，成为中央与地方的共享税。第一类营利事业所得的资本起点由三千元降为二千元，未确定免税比例。第二类所得

① 《财部再度召开所得税研委会》，《申报》1935 年 4 月 16 日，第 3 版。

② 《所得税原则八点》，《大公报》（天津）1935 年 6 月 25 日，第 3 版。

每月平均不及30元者免税，较原定年入500元的标准也有降低，征税范围相应扩大。改二类所得为三类所得，在营利事业所得及薪给报酬所得之外，增加了证券存款利息所得。第三类利息所得，应以息金所得额为课税标准，合于标准可予减免。[①] 中政会修改议决八点原则如下：

(1) 所得税为中央税。其收入之分配，依财政收支系统法之规定。

(2) 所得税就下列三项所得先行举办：

第一类　营利事业所得：甲、凡公司、商号、行栈、工厂或个人资本在二千元以上之所得。乙、属于一时营利之所得。

第二类　薪给报酬所得：凡公务员、自由职业者及其他从事各业之所得。

第三类　证券存款所得：凡公债、公司债、股票及存款利息之所得。

(3) 对于免税之范围，应分别列举规定之。

(4) 所得税课税方法，以采累进税课为主。

(5) 所得税应纳税额之决定，采取申报、调查、审查三种程序。

(6) 第一类甲项所得，应以所得额与资本额为比例课税。

(7) 第二类所得，应以所得额为课税标准。其每月平均不及三十元者免税。

(8) 第三类所得，应以息金所得额为课税标准。但存款中教育储金，其每年息金所得未达一百元者免税；各级政府机关存款、公务员法定储蓄金及教育、慈善机关团体之基金存款免税。[②]

财政部根据中政会议定八项原则对税法草案进行了修改，再提交到立法院讨论。到7月20日，立法院审议通过所得税暂行条例二十二条。到7月21日，国民政府正式颁布《所得税暂行条例》及施行细则，完成了所得税

① 《国民党中央政治会议议决创办所得税原则》(1936年6月24日)，《中华民国工商税收史料选编》(直接税·印花税)第4辑上册，南京大学出版社1994年版，第6页。

② 《国民党中央政治会议议决创办所得税原则》(1936年6月24日)，《中华民国工商税收史料选编》(直接税·印花税)第4辑上册，第6页。

的立法程序。最后正式公布的《所得税暂行条例》，完全贯彻了中政会议定的立法原则。

中政会对中执会负责，但其职责不在党务而在政务，是以党训政权力传导体系中“党政之间的联系机关，亦即中央党部与国民政府沟通之枢纽”[①]。1928 年 10 月颁行的《中央政治会议暂行条例》中规定：“政治会议为全国实行训政之最高指导机关，对于中央执行委员会负其全责。”中政会的决策权包括：建国大纲、立法原则、施政方针、军事大计的议决，国民政府委员、五院正副院长及委员、各部部长等重要特任特派官吏的任选，集立法、最高决策和人事大权于一身。到 1931 年 6 月，国民党三届五中全会修正通过了新的《中央执行委员会政治会议条例》，“政治会议为全国实行训政之最高指导机关，对于中央执行委员会负其责任”，议决事项中增加了财政计划。[②] 经第三届中执会全体会议通过，蒋介石、胡汉民、叶楚伧、宋子文、林森、朱家骅、孔祥熙、马超俊等 32 人为中政会委员。[③] 财政部作为国民政府行政院直属部门，掌握政策制定及法令提案权。所得税立法原则及税法草案必先提交中政会审议通过，方能进入立法院作业阶段。

据王奇生的分析，1924—1926 年是党权支配军政的时期；1927—1931 年是党权与军权分列颉颃时期；1931 年后则为军权控扼党政时期。[④] 胡汉民及国民党内各派系在 1928 年制定《训政纲领》，力推以党训政，名为践行孙中山军政、训政、宪政三时期的建国大纲，但也存有以党权限制以蒋介石为首的军政权力及地方实力派的用意在内。后俟蒋介石囚禁胡汉民，以军政权力和人事管道逐步渗入党权体系，中常会、中政会及全代会的功能都有所虚化，“侵夺党权的力量，不外军权与政权，其中主要是军权”[⑤]。到抗日战争

① 荣孟源主编：《中国国民党历次代表大会及中央全会资料》下册，光明日报出版社 1985 年版，第 9 页。

② 《中央执行委员会政治会议条例》（修正案）（1931 年 6 月 14 日），中国第二历史档案馆编《国民党政府政治制度档案史料选编》上册，安徽教育出版社 1994 年版，第 43 页。

③ 《三届五中全会推蒋中正等 32 人与张学良等 6 人为中央政治会议委员暨方觉慧 11 人为中央政治会议修补委员决议案》（1931 年 6 月 14 日），《国民党政府政治制度档案史料选编》上册，第 44 页。

④ 王奇生：《党员、党权与党争——1924—1949 年中国国民党的组织形态》，上海书店出版社 2003 年版，第 167 页。

⑤ 王奇生：《党员、党权与党争——1924—1949 年中国国民党的组织形态》，第 167 页。

前，蒋介石军事委员会委员长的行营和侍从室已经成为权力中枢。国民党党治体制的法理序列是党—政—军，而实际序列是军—政—党。[①] 这种虚化意味着国民党内反蒋派系以党权限制军权的意图落空，蒋介石更能透过中政会的训政程序来实现其意图。在政统法理上，中政会依然是立法程序中不可缺少的重要一环，代表着国民党对于立法事务的直接控制。

财政部提交的《所得税暂行条例》二十八条及《施行细则》十七条草案，是按原呈八项原则所拟。在所得分类上，仍依两类展开。第四条规定：所得税课税包括两类，第一类营利事业所得和一时所得两种，营利所得包括属于资本在三千元以上之公司、商号、行栈、工厂之所得。第二类是薪给报酬所得，属于公务员及从事各业者之薪俸、公费、年金及给予金之所得。第六条规定：第一类所得不满资本实额百分之五者免税。所得合资本额百分之五至百分之十者课千分之十；所得合资本额百分之十至百分之二十者课税千分之十五，依级累加。税率最高以千分之二百为限。第七条规定：第二类全年所得在六百元以下者免税。超过六百元至二千元者课千分之十；超过二千元至四千元额课千分之二十五；超过四千元至六千元之额课千分之四十，依级累加，超过二万五千元以上，每增五千元，或不满五千元之额，对于其增加额，课税递增千分之二十。税率最高以千分之二百为限。[②]

如果将这一草案与1927年财政部拟定草案相比，可以发现大部分条款相同。不同者仍在于分类、起征点及税率设定。1927年草案是按两类开征，但是将利息所得包含于第一类所得之中，与营利所得并列。而第二类所得，则不仅包括薪俸所得，还将财产、资本所得等包含在内，起征点则设为1000元。

（二）立法院的审议

孙中山对西方三权分立政体的创造性改造不仅在于改三权为五权，还在于将政权与治权分离，权能分治。政权亦民权，在孙中山的设定中，民有选举之权、罢免之权、创制之权、复决之权。治权归于政府，立法、行政、司

① 王奇生：《党员、党权与党争——1924—1949年中国国民党的组织形态》，第170页。

② 《所得税暂行条例草案》，《法令周刊》第260期，1935年6月26日，“专载”，第1—3页。

法、监察、考试五权分别由立法院、行政院、司法院、监察院和考试院行使。在军政时期，一切制度归于军政之下；在训政时期，政府应训练人民使用四权，实现自治；在宪政时期，当完设五院，试行五权之治。

在以党训政的制度架构中，国民政府及五院被置于党治之下。1928 年 5 月国民党二届五中全会即宣布在国民政府下设立五院。1928 年 10 月，中政会通过《中华民国国民政府组织法》，宣布由军政进入训政时期，“国民政府总揽中华民国之治权”，“以行政院、立法院、司法院、考试院、监察院五院组织之”。国民政府主席兼海陆空军总司令。立法院为国民政府最高立法机关，“立法院有议决法律案、预算案、大赦案、宣战案、媾和案、条约案及其他重要国际事项之职权”①。立法院首任院长即为胡汉民，立法院有委员 49—99 人，由立法院长提请国民政府任命。在胡汉民以党训政的政治设计中，立法是重要的治国方法，“必须以革命的武力扫除建设之障碍，而彻底表现革命之主义，则尤在立法”②。1931 年 6 月，国民党三届五中全会修正国民政府组织法，立法院之职权未变。1929 年的《治权行使之规律案》规定：“一切法律案（包括条例案及组织法案在内）及有关人民负担之财政案，与有关国权之条约案，或其他国际协定案等，属于立法范围者，非经立法院依议决，不得成立。如未经立法院议决而公布施行者，立法院有提出质询之责。”③ 法案需经过立法院审议程序，才可取得合法性。

但是，立法权是否完整，不能仅从立法院组织法中判定。训政下的国民政府及五院并非独立行使五权，而是受国民党及中政会之指导监督。军政大计、立法原则及各院各部人选等，均由中政会执掌议定。不过，中政会执掌政务而“不直接发布命令及处理政务”，具体立法事务仍由立法院负责。1928 年 2 月，中政会通过的《立法程序法》第一条规定：中央政治会议得议决一切法律，由中央执行委员会交国民政府公布之。第五条规定：中央政

---

① 《中华民国国民政府组织法》（1928 年 10 月 3 日），《国民党政府政治制度档案史料选编》上册，第 88 页。

② 《胡汉民先生文集》第 4 册，台北：“中国国民党中央委员会党史委员会”1978 年版，第 797 页。

③ 《治权行使之规律案》（1929 年 7 月 3 日），《北平特别市市政公报》第 4 期，1929 年 7 月 29 日，“法规”，第 4 页。

治会议委员、国民政府、各省、各特别市政府得提出法律案于中央政治会议。第六条规定：中央政治会议得命法制局起草法律案，于必要时并得示以立法原则。[①] 1933 年 4 月，中执会修正的《立法程序纲领》第一条规定，法律案之提出立法院分四种：中央政治会议交议者；国民政府交议者；行政院、司法院、考试院、监察院移送审议者；立法委员依法提出者。第四条规定，"一切法律案，除政治会议自行提出者由政治会议自定原则外，第一条所列各提案机关提出者，应由原提案机关拟定法案原则提案，送请政治会议决定"[②]。由此分析，立法院所执掌的立法权是不完整的，提案权主要由政府主导，最终裁决权由中政会控制，立法院所能参与的，主要是草案的审议及讨论。且经中政会确认成立的法案，可以提出修改意见，但不可不予通过。谢扶民分析说："预算制度，在吾国尚在萌芽时代，前北京国会，既未有藉议决预算以反对政府之事实，现立法院成立以来，对于行政院提交之预算案，于交财政委员会审查后，亦大都照案通过。"[③] 无论是法理权威还是政治地位，立法院都难以否决政府的财政预算报告。

所得税八点原则及草案经中政会提出修正意见后，即依立法程序，再回归财政部。财政部依中政会决议，对之进行修改，于 1936 年 7 月提交立法院审议。立法院分三次审议：第一次为 7 月 3 日立法院第六十六次会议，未议决；第二次为 7 月 7 日第二次审议；第三次为 7 月 9 日，由立法院财政委员会及经济委员会联同审议。[④] 参与审议的两会委员有立法院长孙科，还有马寅初、刘振东、卫挺生、吴经熊、陈长蘅、杨幼炯、傅秉常等共计 53 人。第二次审议最为激烈，第三次则表决通过。

据《东方杂志》刊载署名斛泉的文章记录了第二次审议的过程。在所得税是否开征、条件成熟与否、所得税与财政、所得税如何实现税收公正等问题上，财政和经济两组的委员们意见不一。立法委员程中行要求说明

① 《立法程序法》(1928 年 2 月 22 日)，《国民党政府政治制度档案史料选编》上册，第 254 页。

② 《立法程序纲领》(1933 年 4 月 20 日)，《国民党政府政治制度档案史料选编》上册，第 262 页。

③ 谢扶民编：《中华民国立法史》，正中书局 1937 年版，第 256 页。

④ 《国民政府立法院第四届第六十七次会议议事录》(1936 年 7 月 7 日)，《立法院公报》1936 年第 83 期，"立法院会议议事录"，第 7 页；《国民政府立法院第四届第六十八次会议议事录》(1936 年 7 月 9 日)，《立法院公报》1936 年第 83 期，"立法院会议议事录"，第 10 页。

原定税率过高的问题。张志韩委员提出，所得税确是良税，不过现在国内状况农村破产，百业凋敝，商店倒闭甚多，因此主张重付审查。委员萧洁宇认为，营利事业所得似不能照所得征收，应扣除开支。[①] 著名法学家、立法委员杨公达认为立院一贯精神，应站在人民立场说话，此案似有加重人民负担之嫌，主张缓议。罗鼎、吕志伊强调应按总所得征收，草案未将人民必需生活费用剔除，殊失公允，主张重付审查。林彬认为第三类有重复征税之嫌，史维焕、卫挺生均相继发言，主张再付审查。[②] 这些委员中有相当部分是财政、法律和计政学者，有些也兼有官员和国民党党籍身份。他们并不是全从政府财政角度来考虑税案，其立场相当多元化。有的关注民众经济承受力，有的关注税法是否公平合理，主张缓议和重付审查者占相当比例。

按照立法程序，所得税原则既已由国民党中央政治会议通过，确定开征是无可避免的。如果立法院拒绝通过，就违背了训政方针。委员刘振东直言，"税率均中央规定，原则有此约束，再审查亦无益"。他主张，"如需变更，须更向中央建议"[③]。立法院经表决，以 48 票对 15 票决定重新审查。到 7 月 9 日下午，立法院第 68 次会议上经财政、经济两委员会及委员吕志伊、林彬、罗鼎、程中行、杨公达等报告审查，《所得税暂行条例》予以通过。

较之草案，立法院有几条重要修正：所得税在征收范围方面有所扩大，将证券存款利息所得纳入其中；营业所得以营利之纯额计算；三十元以上至六十元之薪金，减低每十元课税五分，六十一元至百元之额每十元课税一角；证券利息所得税率减为千分之五十。[④] 在复审讨论中，马寅初主张官商合办之营利事业所得，应明定纳税，以免取巧；上海各团体电请将职工储金利息所得免税，应予考虑；股票应不在征税之列。前两项得到支持，第三项

---

① 斛泉：《立法院通过所得税条例案经过》，《东方杂志》第 33 卷第 15 号，1936 年 8 月 1 日，第 88 页。

② 《立法院审议所得税案》，《申报》1936 年 7 月 8 日第 9 版。

③ 斛泉：《立法院通过所得税条例案经过》，《东方杂志》第 33 卷第 15 号，1936 年 8 月 1 日，第 88 页。

④ 《所得税暂行条例》（1936 年 7 月 21 日），《中华民国工商税收史料选编》（直接税·印花税）第 4 辑上册，第 90 页。

未通过。[①] 前面委员批评的意见在修改案中得到体现，利息所得征税、营利以纯额计算、薪资所得税率都是涉及税基税负的原则性问题。经立法院审改，税负还是有所降低。

由决策程序可见，所得税的税权是由国民党及政府所掌控的，具体由中政会决策开征，财政部拟定税则，通过立法院的立法程序来取得法律的合法性。在立法院正式通过之前，财政部就已经将所得税列入了政府预算，显示势在必行的决心。在立法讨论过程中存在激烈争议，但作为政策传导中的重要环节，立法院对税法进行了修改与许可，使《所得税暂行条例》由部门条例上升为国家税法。立法院无法决定是否开征，但就起征点、税率及减免等问题的修正有助于完善税法。

二　商会的税权表达及所得税研究会

在抗战救国优先的共识下，财政主义与民族主义的汇流，为政府开征所得税奠定舆论及社会基础。落实在商民身上，则转化成为国纳税的义务。1936年7月21日，国民政府公布《所得税暂行条例》，所得税分三类开征。营利事业所得实以商人为主要征税对象，而薪给报酬所得则以公务人员、自由职业者为主要征税对象，存款利息所得则各阶层兼而有之。其中，营利事业所得更是政府关注的重点。新税开征，利益与权利攸关，商会、同业公会作为商人及各行业的团体代表，迅速展开集体行动，深研税制，表达诉求，谋求暂缓或修改税法。只是立法后的参与，仍难弥补在立法进程中的制度缺位。

（一）立法后的声音

在条例正式立法及颁行之前，工商界已有所关注。1935年7月，河南省国货工厂联合会曾致函上海国货工厂联合会，称所得税草案“虽未经公布，恐不久必将施行”。草案所定税率最高达千分之二百，未免过重，“且近来工商凋敝，金融奇紧，正望政府加以救济，将所有税捐，略为减轻”，不意政府加以重税。河南省国货工厂联合会认为，应在“未公布以前，共同吁恳政府，

① 《立法院昨开院会通过所得税暂行条例》，《中央日报》1936年7月10日，第一张第四版。

恤商惠工，从缓施行，或减轻税率"，请上海国货会擘画周详，一致进行。[①]但在立法院通过条例及正式公布前，商人及商会仍较少有集体行动。

预期即时而至。7月9日，立法院通过暂行条例。21日，国民政府公布《所得税暂行条例》。条例规定课税以营利事业所得为第一要类，包括公司、商号、工厂或个人资本在2000元以上营利之所得，官商合办营利事业之所得；第二类是薪给报酬所得；第三类是存款利息所得。同年10月1日，公务人员薪给报酬所得税率先开征。1937年1月1日，营利事业及存款利息所得也将全面开征。[②] 与条例配套的施行细则也于1936年8月22日由行政院公布。[③] 直接税筹备处亦在当月成立，后因遗产税筹而未征，改为所得税事务处，由高秉坊担任负责人，在各省市同步筹设办事机构。

通告一出，各报转载，如投石激浪，工商界反应激烈。各地商会、同业公会纷纷行动起来，或精研条例，指明得失；或联合集议，共谋举止。工商界的诉求目标可分为以下两个层面。

其一，暂缓征收。在财政部提出草案进入立法程序之时，工商界期望能够暂缓征收，减轻税负。即使在税法颁布但未全面开征之时，工商界仍然反复强调这一诉求。

在获悉立法院通过条例之后，吴县商会即通电提出缓征主张："各业商店自开征营业税以来，忽而挤增，忽而估计，税率日增，营业日减，转展贩卖，重叠有税。商业难支，倒闭频闻。痛深创钜，欲哭无泪，而当局诸公，又复不思休养生息之计，以维垂绝之民力，更进而征税于所得，并严定处刑之律，以遂其专欲之图。"[④] 吴县商会指出商界关于营业税已备受困扰。营业税划为地方税，是按营业总收入来确定税额，核算复杂，而其标的又与所得税存在重复之处。商会认为是重复征收，难以重负。因此，在未公布颁行之际，特致电政府及各地商会，请暂缓施行。

① 《豫省国货会商讨所得税》，《申报》1935年7月10日，第12版。

② 《所得税暂行条例》（1936年7月21日），《中华民国工商税收史料选编》（直接税·印花税）第4辑上册，第90页。

③ 《所得税暂行条例施行细则》（1936年8月22日），《中华民国工商税收史料选编》（直接税·印花税）第4辑上册，第99页。

④ 《各业对所得税意见》，《银行周报》第20卷第28期，1936年7月21日，"国内要闻"，第5页。

声势更为浩大的请愿来自二十一个省市商会的联合行动。1936 年 7 月 21 日条例颁布后，鄂、鲁、苏、浙、粤、赣、豫七省商会联合会与上海、南京、青岛、汉口、济南、镇江、广州、南昌、开封、长沙、太原、芜湖、杭州、闽侯十四市县商会聚集讨论协助缉私及修改商会法、公会法的问题。在此之前，汉口商会致电上海市商会，称“工商衰落，百业凋残，国民经济行将破产，所有商店勉维现状。而未至于倒闭者，已属万幸，安有所得税之可言。政府诸公，不思加以体恤，培厚生机，又欲强行所得税，民力疲惫，救死不暇，何堪负此重担”①。因此，请上海商会将此专案在商会联席会议上提出讨论。据汉口商会所述，是接吴县商会通电才召开执委会议定此举。

其经商会联席会议议决，向行政院、财政部提出呈请。呈请认为，“所得税虽为良税，但举行良税，同时即宜废止苛税”，在政府明令裁厘之后，各地仍有不少变相的厘金，如江西的清匪善后捐，浙江的蚕丝改进费，湖南的产销税，广东的专税，四川的落地税，广西的饷捐等，工商负担仍重，“既责商人以合法之负担，即不容各省再留厘金之秕政，此其一”。在营业税开征后，因查账问题及簿记未能划一，“时常发生查账罢市风潮”，如果据以课税，“纷扰之事恐十倍于兹”，此其二。在治外法权未解决的情况下，租界难以征税，“可知将来所得税之开办，非但不能征及外侨，并恐不能征及租界之商人。其结果徒足为渊驱鱼，助长租界之繁荣，促成资本之逃避，此其三”②。呈请所列问题在此前均有议及。裁厘改税及划分国地收支，强化了中央税权，但还未解决地方财政收入来源不足的问题。第二次全国财政会议以裁减附加和苛捐杂税为主旨，但会后取得成效有限。账簿问题既涉及会计改良与统一，还要解决查核假账的难题。华洋不同税问题更为普遍，不论新税旧税，国民政府的税务行政系统都难以延及外侨及租界。联席会议向政府提出建议：

① 《工商业请缓办所得税》，《银行周报》第 20 卷第 29 期，1936 年 7 月 28 日，“国内要闻”，第 2 页。

② 《工商业请缓办所得税》，《银行周报》第 20 卷第 29 期，1936 年 7 月 28 日，“国内要闻”，第 1—2 页。

根据上述第一点，中央对于各省尚须为严切之裁厘督促，必须以变相厘金裁尽之日，为所得税推行之日，商民始纾喘惶。根据上述第二点，当局尚须为外交上之折冲，必须办到无论外侨无论租界，一律开征，庶于国计民生，不致受重大弊害，议决拟请政府在上述手续未完全办妥之前，所得税暂缓开征。迨至上述问题逐一解决，可以开征之际，所有关于开征办法暨施行细则，亦祈召集商界，从长商榷妥定，期策万全而免扞格。此有前数年裁厘会议之先例可援等语在案。除关于记账制度由到会代表详商全国改良会计制度方案外，合亟录案电呈鉴核，俯如所请，无任迫切待命之至。①

呈请所列时机，是裁厘完成、华洋同税、簿记改良，如此方不违背所得税的公平、普遍、平等、便利原则，不至于叠床架屋，加重实业成本，空留逃漏机会。与北京政府商会呈请相比，基本限于税法之内，未涉及军政之事。同时，商会也承认所得税为良税，未直接强硬反对政府的开征计划，主要以缓征作为诉求的主旨。商会的诉求符合实情，从长远来看，也有利于培养税源。但不可回避的是，在国防财政需求紧急的情况下，难以万事俱备再言开征。政府意图也是先行开征，再来谋求解决上述种种问题。

1936 年 7 月 23 日，各省市商会联合会议在沪召开完毕，即由联席会议主席团率各省市商会代表到南京向各机关请愿。所请事项包括修改民法第 181 条关于合伙责任的条款及要求缓征所得税、修改商会法等重大事宜。南京市商会代表亦中途会同参与。24 日上午，代表团先后到国民党中央党部、行政院、财政部、实业部等党政机构请愿。②

二十一个省市商会派代表赴京请愿，由不得政府不重视。接待官员耐心解释开征原因，不过很难期望片刻面谈来解决实际问题。商会的行动，主要也是让政府了解工商界的不同意见。财政部所得税处负责人高秉坊接受媒体采访时指出：商会对条例理解有误。他解释说，政府此次举办所得税，对商

① 《工商业请缓办所得税》，《银行周报》第 20 卷第 29 期，1936 年 7 月 28 日，“国内要闻”，第 2 页。

② 《各省市商会代表昨来京请愿》，《中央日报》1936 年 7 月 25 日，第二张第三版。

会顾虑各点，均已设法救济。所以在条例中才有规定凡公司、商号、行栈、工厂或个人资本在二千元以上之净利所得方才征税，税率也极为轻微。[①] 只是仅口头的解释还不足让商会信服。面对既成事实，在未全面开征的过渡阶段，商会仍希望政府能够收回成命。

一些地方商会也互通信息。1936 年 7 月，常熟县商会致电行政院财政部，认为所得税虽为欧美行之已久的良税，但中国经济凋敝，不易征税。所得税与营业税有冲突，应以撤废苛细为先决条件，外人征税亦难及征。[②] 8 月，常熟县商会致函吴县县商会，请一致主张暂缓征收所得税。认为该条例与营业税多有抵触，百业凋敝，民力实有未逮。[③] 汉口市商会为请修改所得税率并暂缓亦呈财政部，以资本 2000 元之营业及月薪 30 元以上起征，起征额实属过低。汉口市商会亦致函吴县县商会，一致力争。[④]

表达同样诉求的还有其他经济团体和行业公会。同年 7 月 19 日，中华国货维持会发表意见，认为国货艰难，利润微薄，要求缓征所得税。同时要求，所得税推行前宜先将相同性质之捐税一律裁减。[⑤] 1936 年 8 月初，上海丝业公会以丝业经营凋敝为由，请免征所得税。[⑥] 9 月中旬，天津商会也致电财政部和冀察政委会，申述津市环境特殊，商情极苦，请呈转行政院收回成命。[⑦] 同月下旬，天津商会再致电中央，以津市生意萧条，无力完纳，再请缓征所得税。[⑧] 在银行业方面，上海银行公会表示，证券存款所得按百分之五课税，“于公债之影响如何，于存户之影响又如何，银行界不无疑惧”，银行担心如此将被双重征税。银行公会要求延至次年年初开征，“有充分时

① 《所得税暂行条例施行细则已拟竣》，《中央日报》1936 年 7 月 24 日，第一张第四版。

② 《常熟县商会为解释请缓行所得税理由四点事致行政院、财政部电》，华中师范大学中国近代史研究所、苏州市档案馆编《苏州商会档案丛编》第 4 辑下册，华中师范大学出版社 2009 年版，第 1735—1736 页。

③ 《常熟县商会为请一致主张暂缓征收所得税事致吴县县商会函》，《苏州商会档案丛编》第 4 辑下册，第 1734 页。

④ 《汉口市商会为请一致劝财政部修改所得税税率并暂缓施行事致吴县县商会函》，《苏州商会档案丛编》第 4 辑下册，第 1736—1738 页。

⑤ 《国货维持会请缓征所得税》，《申报》1936 年 7 月 20 日，第十二版。

⑥ 《丝业公会请免征所得税》，《申报》1936 年 8 月 1 日，第六版。

⑦ 《津商会请求缓征所得税》，《大公报》1936 年 9 月 12 日，第六版。

⑧ 《津商会再电中央请免征所得税》，《申报》1936 年 9 月 21 日，第六版。

间加以探讨与认识”[①]。10月26日，《申报》载，天津、重庆银行公会呈财政部以存款利息所得税，在外商未一律奉行前，华商银行未便先办。[②] 政府面对汹涌民情，并未退让。

其二，修改条例。在条例通过后，在申请缓征的同时，工商界退而求其次，希望政府能够修改相关条款，使之更为合理，最大限度降低税负。

在条例通过之第二天，位于上海的中华工业总联合会即呈文中央政治会议、行政院、财政部，表示“按国民有纳税义务，苟无害于民生而有裨于国计，自无不乐于输将”。总联合会提出的意见包括：公司股票利息应请不再征税；受雇从事于各工厂之职员按期在薪给报酬内提存之储蓄金应免征税。[③] 上海市保险业同业公会呈请政府豁免人寿保险所得税，保险学会也更举理由再次呈请。[④] 上海市仪器文具业、新药业、书业同业公会则联名致函上海市商会，要求修改税则。函曰：

> 按国民有纳税之义务，苟无害于民生而有裨于国计，自无不乐于输将。今所得税条例中，有数点于国民生计及实业前途，关系至钜，不得不仰恳贵会，转呈政府，代为呼吁者。(1) 第二类第一项，每月平均所得自三十元至六十元者，每十元课税五分，应请取消。(2) 股票利息不应再征所得税。(3) 受雇从事于各业之职员店员，按期在薪给报酬内提存之储蓄金，应免征税。(4) 著作人所得报酬应免征税。(5) 各项保险所得赔款，应免征税。以上五点，于国计民生有深切关系，属会等深知民间疾苦，心所谓危，难安缄默，敬祈贵会转呈政府，吁请体念民艰，赐予修正云云。[⑤]

上海银行学会先后两次召开会议，研究具体条款，提请直接税部门要求

---

① 《所得税开征应慎重将事》，《银行周报》第12卷第38期，1936年9月29日，“金融”，第2页。

② 《请缓征存款所得税经财部批复不准》，《申报》1936年10月26日，第四版。

③ 《各业对所得税意见》，《银行周报》第20卷第28期，1936年7月21日，“国内要闻”，第4页。

④ 《再请豁免人寿保险所得税》，《保险季刊》第1卷第2期，1936年12月25日，“本会消息一束”，第1页。

⑤ 《各业对所得税意见》，《银行周报》第20卷第28期，1936年7月21日，“国内要闻”，第5页。

解释。问题包括银行购入公债证券所得之利息应免扣所得税；同业存款应免予课税；总分行间往来款项利息，应予免税；银行股息，应免扣除所得税；各种免税之存款，应声明银行不负办理之责等，均立于本业利益，力求减轻税负及责任。银行学会还与直接税征收人员进行了交流，了解到更为准确的政策信息。①

各团体群起请愿，显见工商界对政府仓促推出所得税极其不满。所谓缓征，实际上就是反对。在杂税依然繁多、经济形势恶化的情况下，工商界忧心忡忡。此外，华洋税负不公平也影响工商界的积极性。关于减免条款的吁请则一直连续不断，主要由财税及司法部门进行政策及司法解释。在后续法律修订之时，有部分意见被采纳。

（二）商会所得税研究会

在暂行条例公布之后，一些商会、同业公会就开始对税法条文展开研究，评估对本区域、行业的影响。1936 年 9 月 19 日，上海钱业公会在宁波路会所举行经理及执委会议，讨论证券存款所得税问题。执委分函各钱庄征求意见，限一周内送会汇总。为及时归纳同业意见，拟定对策，还决议成立所得税研究委员会。先推裴云卿、钱远声、王怀廉三人为委员，经后续补充，共推九人为委员。② 商人团体自主组织研究会，是为尽快全面理解税法条款，寻找对企业及行业经营存在负面影响的条款，及时向政府提出修法建议。

在全面开征后，征税已成事实，商会更加强化了对税法的研究，各地、各行业也成立了更多的所得税研究会。1937 年 1 月 20 日，上海商会召集江浙地区商会成立所得税研究会。在成立大会上，商界代表有镇江、杭州、吴县、江阴等 12 个商会，南京商业税则研究会，上海商会所属吴淞、南市两分事务所，再加上 107 个同业公会，5 个商店会员，总计 127 个单位。另加会计师徐永祚及其他地区商会、公会代表，共计 189 人到会。在成立大会上，财政部所得税事务处委员翁之铸、所得税上海办事处主任梁敬錞到会。

① 《对于所得税研究之结果》，《银行周报》第 20 卷第 50 期，1936 年 12 月 22 日，第 17 页。

② 《钱业昨开秋季经理会议，议决组所得税研究会》，《时报》1936 年 9 月 20 日，第三版。

会议推定钱孙卿、王介安、顾速明、施春山及上海市商会代表一人为主席团。[①] 较之商人或商家个体化的理解，商会联合同业、税政官员及会计师、律师展开研究，更具有广泛性和专业性，也更节约交易成本。自20日至25日，代表集中讨论了五天。在集中讨论之后，所得税研究会后续研究又长达半年之久。

盛大的研究会成立仪式成为各方展示对所得税态度的政治场域。在会议开幕式上，上海市商会代表金润庠介绍举办研究会之目的。他说："所得税为最近举办之事，商人对于一应纳税手续，素未谙习，而其事涉及成本会计，较之印花税依价额、金额纳税者，复杂殆不啻倍蓰。"商会筹办所得税研究会，既是为商人自身核算税收成本计，也有利于税法的合理化。研究会讨论是开放式的，"商会有领导商人共同研究税制利弊之任务，故来会研究者之范围，并不限于本市各业公会代表，凡京沪、沪杭线之商会，有愿派代表参加者，一律欢迎"[②]。研究会并没有排斥税政部门，相反还邀请官员参与沟通。财政部所得税驻沪办事处主任梁敬錞也借此机会宣讲官方立场，"在国家的立场上说，所得税便是国难税"，"所得税在危难时期，实为政府最大的税源。在危难过去，也是唯一良好的税制"。所得税能增强税收的伸缩弹性，是战时财政增量的重要依靠。商人需要认识到，"国家是我们的国家，报国是我们的责任，替国家纳一分税款，即尽国民一分义务。拥护所得税，即拥护国家"。面临国难，纳税既是爱国，也是国民应尽之义务。财政部所得税办事处委员翁之镛也说："吾国所得税法，虽非近代国家最佳之法，深信经过相当程序，必有可观进步，此有赖于各业共同研讨，贡献意见，政府莫不乐于接受也。"[③] 表示政府愿意接受工商界的意见，不断完善税法。税政官员能与商人当面交流，也有助于舒缓商界的怨气，更好听取商界声音。

具体的研究活动拟分为四个部类进行：现行所得税制度之部，所得税与资本之部，所得税与纯益之部，所得税与资产估价之部。[④] 经过讨论，由商

---

① 《所得税研究会开幕》，《银行周报》第21卷第3期，1937年1月28日，"国内要闻"，第3页。
② 《所得税研究会开幕》，《银行周报》第21卷第3期，1937年1月28日，"国内要闻"，第4页。
③ 《所得税研究会开幕》，《银行周报》第21卷第3期，1937年1月28日，"国内要闻"，第4—5页。
④ 《所得税研究会今日举行》，《中外经济情报》第51号，1937年1月20日，第9页。

会所得税专门委员会统一整理，会议最后形成决议，以商会名义致函行政院、立法院、财政部及所得税事务处。所得税的税法由几个部分组成，暂行条例为根本，细则及须知为辅助。商会在研究时依主题进行，在表达时则按所得分类呈送。

关于《所得税暂行条例》方面，商界认为税率较重，程序复杂，有三点需要改进。其一，纳税以负担公平为原则，条例第三条对甲、乙两项采全额累进制，而第五条第二类薪给报酬所得则采超额累进制，全额累进不如超额累进公平。其二，第二类所得累进税率计分十级，而第一类之甲、乙所得则税率只分五级，每级累进税率仅一级与二级相差千分之十，第二级起至第五级止则每级增税千分之二十。其三，关于第二类薪给所得者，现行条例以每月所得满 30 元为起征点，核之都市平民生活情形，此数尚不敷其一家八口之需，征税过重。此外，还要求近来从事各业者其雇佣机关均有强制储金之举，目的是预防失业，此部分应免税。这三点分别涉及累进方式、税率分级、起征点、免税等几项重要问题。其一、其二两项商界认为有失公平，而社会认为资本所得应重加征税，存在分歧。在薪给起征点方面，亦关乎企业雇佣成本。商会也希望减免条款更加细致，可以尽量降低不合理负担。①

关于《所得税施行细则》方面，商会提出两条：其一，第七条第六项有公积金者得按其总额三分之一并入资本计算，不妥；其二，第二十六条中，请准予每年缴纳一次，不按月申报。商界希望增加免税的范围，同时简化申报的程序。在征收须知方面，提出三点修改：其一，第五条中，以法令规定之公积金为限，范围太狭窄；其二，第十二条不合理，店方所给之不定额薪金不能列为合理开支，不合实际；其三，第十五条，上年度营业之亏损，不得列入本年度计算。此项与公司法中第 171 条中的规定有不合处。这也是涉及免税的问题。在呈请中，商会认为“现在所定章则，尚有力求改善之余地”②。营利事业核算之中，最为困难者即在于资本、成本及盈利的核算。在数据核算之前，更需明确标准和范围。税法既要避免偷漏逃税，又要

① 《各地商会声请修改所得税各规定呈行政院立法院财政部及致所得税事务处函》，《信托季刊》第 2 卷第 2 期，1937 年 4 月 1 日，第 197—199 页。

② 《各地商会声请修改所得税各规定呈行政院立法院财政部及致所得税事务处函》，《信托季刊》第 2 卷第 2 期，1937 年 4 月 1 日，第 197—199 页。

避免重复苛征，鼓励企业增加积累，扩大生产。最终目的，是达到能够准确计算纯所得。

财政部收到呈请后复，未置可否。此外，无锡县商会除派员参加会议外，也提出四项意见：一是商业所用账册改良问题，现多为旧式簿记，成为习惯，如欲骤然变更，必多困难，建议听其习惯沿用；二是往来款项不可按存款征收利息所得；三是外商银行应一体征收利息所得税，避免商人资本尽逃往外国银行；四是设审查委员会之程式不明。① 无论是资本还是损益核算，均以簿记为依据。簿记不统一及不健全，使核算查征难以进行。故而所得税开征，促进商界开始系统推进簿记改良，新兴会计师职业的执业业务也因而得以充实。无锡商会提到的外商银行利息所得税问题，则是华洋不同税问题的直接表现。

此呈之后，上海市商会所得税研究会继续对条例进行研究，并向政府表达意见。财政部拟定的第一、第二、第三类征收须知草案公布出来，商会亦开展专题讨论研究。② 1937 年 2 月，上海市商会根据研究所得，将所得税第一、第二、第三类征收须知修改意见函达财政部所得税事务处，希望政府部门能够“分别照改，以利推行”③。由上可见，上海市商会组织的研究活动极为全面，意在对所得税法令、细则及须知进行系统检视，充分代表了工商界的利益关怀。

上海各同业公会在参与商会组织的同时，也在行业层面开展独立的研究行动。1937 年 2 月 1 日，上海各业同业公会代表 50 余人举行发起人会议，定名为上海各业所得税问题研究会，推定骆清华、沈维挺、瞿振华、何元明、赵尔昌、巴凌云、王廉芳、宋钟庆、孙鸣岐、金楚湘、洪烦炯、胡寿祺、朱养吾、李晴帆、王愚诚、张达夫、袁鸿钧、符可铭、谢仲复、朱丝揆等 21 人为委员。在发起人会议上，上海市党部代表王愚诚、朱养吾，社会局代表张达夫、宋钟庆也代表部门与会。会议由会计师公会何元明会计师主

① 《所得税研究会闭幕》，《银行周报》第 21 卷第 3 期，1937 年 1 月 26 日，“国内要闻”，第 6 页。

② 《上海市商会请修改所得税第一类征收须知草案致所得税事务处函》，《信托季刊》第 2 卷第 2 期，1937 年 4 月 1 日，第 200 页；《上海市商会请修改所得税第二类征收须知草案致所得税事务处函》，《信托季刊》第 2 卷第 2 期，1937 年 4 月 1 日，第 201—202 页。

③ 《市商会请修改所得税第一类征收须知各项》，《新闻报》1937 年 2 月 26 日，第十二版。

持，报告所得税现行法令及征收须知内容。市党部社会局代表演说所得税意义。研究会定于2月2日下午召开第一次筹备会议。[①] 同业公会所设立的所得税问题研究会，既与商会保持沟通，但更专注于反映各行业的不同意见。会计师加入讨论，是为在所得税的业务方面发挥咨询作用。正因所得税与会计息息相关，各同业公会在1月间还组织起所得税会计研究会。发起人为骆清华、何元明等。发起目的在于，“惟是该项税收，关于会计问题甚多，且以课税手续，至为繁琐，计算方法，亦甚复杂，则吾人对于该项制度及实施方法，自宜有深切之认识与充分之准备”。研究会向各业同业公会发出通函，要求各业推派代表参与。[②] 行业层面的研究更为细致具体，除关注税率、起征点等基本问题外，对免税和减税条件力求全面准确，差不多到了“锱铢必较”的地步。

华中、华南地区的商会也闻风而动。1937年1月底，在上海商会和同业公会热烈讨论所得税的时候，粤、湘、赣、鄂四省商会正在广州组织四省特产展览会。听闻上海成立所得税研究机构，四省商会立即筹议成立所得税研究会。4月间，粤、湘、赣、鄂四省商会推选代表到武汉，会聚一堂，所得税研究会正式成立。1937年4月16日至19日，举行研究会议6次。参加的商会团体包括广东省商会联合会、广州市商会、长沙市商会、常德商会、衡阳商会、江西省商会联合会、南昌市商会、南昌钱业公会、湖北商会联合会、武昌商会、汉口商会、汉阳商会，到会代表共计36人。列席者还有汉口商会常委高伯常、何文炳，以及汉口市各业公会主席100余人，再加上会计师雷迅。财政部所得税驻鄂办事处负责人宁恩承亦出席参加。汉口商会会长黄文植、王明远、苏汰余、黄伯常、毛少植为大会主席团，黄文植为总主席。[③] 黄文植在开幕会上表示，“开会的意义，第一是要拥护中央实行所得税”，所得税为现行之良税，但此税创办之初，仍须加以研究，“请求政府

---

① 《各业成立所得税研究会》，《中外经济情报》第58号，1937年1月28日，第9页。

② 《所得税会计问题研究会》，《申报》1937年1月27日，第十四版。

③ 《粤湘赣鄂四省商会代表所得税研究会特辑》，《汉口商业月刊》第1卷第12期，1937年5月10日，第39页。

能体察商场之艰苦及实况，酌为采纳改善”①。四省商会所得税研究会与上海相同，也邀请所得税官员参加。从要求暂缓到表示拥护，寻求修法，显示商会的交涉策略已变化。

四省商会所得税研究会认可由间接税转为直接税的税政方向，关税、盐税、统税等“重重转嫁，弊窦丛生，亟须改正主观，得由转嫁而渐进于直接，以期征收积弊之清肃，人民担负之减轻，则实行所得税为汲汲不可稍缓之一途也”。但是在所得税已经开征的情况下，旧税仍然存在，“社会一般之观念，以为恶税未去，而良税加之，尤见重床叠架，繁扰不堪”。无论前面表达的正面拥护及感谢政府之宽大如何，这才是商界的真实想法，“各省市商民，纷纷以力不能胜任为虑，盖以良税与恶税泥为一谈也”。至商会组织所得税研究会的最后目的，“在拥护所得税之实施，冀以研究所得，关于例则条文，有繁重重复之处，则拟呈请立法院予以修正，关于征收手续，有室碍难行之处，则拟呈请财政部核准通融。至于商人之有怀疑误解者，则竭诚劝导，使其了然于非常时期之财政政策，得以推行尽利，稳固税源，总期民力国课，两能兼顾”②。商会无奈认可所得税已经开征的现实，只能寻求将税则合理化。

会议最后形成总决议。关于暂行条例方面，要求免征股票所得税，将薪给所得税起征点改为五十元，将第三类所得税改为千分之四十，另其他关于减轻罚金、增加工商团体职员作为审查委员会委员、修改公积金规定等。在细则方面，也是避免过于繁杂的程序。③ 总体来看，与上海的相比，主要仍是集中在税率、免征额及免税范围等方面。

南京市也组织了所得税研究会。在全面开征后，工商各业不知如何办理，纷纷咨请商会。2 月，南京商会以“所得税为新兴税则，其应备手续，各商多有未明了之处，加以目前又为营业开始之期，头绪杂繁”，申请展期

---

① 《粤湘赣鄂四省商会代表所得税研究会特辑》，《汉口商业月刊》第 1 卷第 12 期，1937 年 5 月 10 日，第 40 页。

② 《粤湘赣鄂四省商会代表所得税研究会特辑》，《汉口商业月刊》第 1 卷第 12 期，1937 年 5 月 10 日，第 50 页。

③ 《粤湘赣鄂四省商会代表所得税研究委员会所得税研究意见》，《汉口商业月刊》第 1 卷第 12 期，1937 年 5 月 10 日，第 50 页。

申报所得税。[①] 3 月 4 日，南京市商会立即成立所得税税则咨询处，由常务委员会负责办理，受到会员欢迎。[②] 1937 年 3 月 24 日起，南京市商会招待各业同业公会主席委员商议所得税申报手续问题，还邀请会计师谢霖、周旭初等，作为顾问解答疑难。各业同业公会积极参与，并要求成立所得税研究会，达成一致。发起公会包括扇帽业、树木竹业、古玩玉器业、戏院业、绸布业、洗染业、蛋行业、香烛业、棉货业、酱园业、营造业、钱业、照相业、煤炭锅业、京广百货业、油糖南货业、国药业、木业、绒业、丝业、报关业、瓷业、漆业、典业、印刷业等近 50 个同业公会。[③]

1937 年 5 月 4 日，南京市商会所得税研究会召开首次常务委员会议，决定设立法律、申报两组，推江云程为主任委员。法律组推谢霖、周宝华、程绍余、汪绍生、宋木君、韩子善、董育华为法律组委员，推定汪绍生负责召集。申报组推定胡宽明、王润芝等 13 人为申报组委员，由夏荣棠负责召集。定于每周二开会讨论，同时决定拟定办事细则。[④] 在 5 月 11 日的研究会上，要求法律组解答各业公会所提出的疑问，再函知各公会。还函请财政部在南京市单独设立所得税办事处，与江苏办事处分开。又决定呈请财政部所得税江苏办事处将旧有习惯总结账截止日期追加上年度之四十天，予以豁免。所得税研究会要求商会和各业公会尽快办理申报手续。[⑤] 南京市商会要求各业公会申报所得税的举动表明，商会在所得税问题上并非与政府直接对抗，在运用集体声势和公共舆论来促进税则合理化的同时，在协助工商界加强对税法的理解甚至协助征收方面也有着正面的作用。

还有大量商会和同业公会虽未成立研究会，但也根据会员商号要求开展了研究活动。1937 年 3 月，安徽商会在芜湖集议讨论申报手续问题。[⑥] 天津商会前曾分呈财政部及冀察政委会要求缓征被驳回，转而召集各业公会讨论如何申报所得税问题。[⑦] 上海银行公会在 1937 年 1 月多次召开执行委员会

---

① 《市商会请展期申报所得税》，《中央日报》1937 年 2 月 28 日，第二张第三版。

② 《市商会决定组织所得税则咨询处》，《中央日报》1937 年 3 月 4 日，第二张第三版。

③ 《市商会筹组所得税研究会》，《中央日报》1937 年 3 月 28 日，第二张第三版。

④ 《商会所得税研究会设法律申报两组》，《中央日报》1937 年 5 月 5 日，第二张第三版。

⑤ 《市商会所得税研究会通知各业速办申报手续》，《中央日报》1937 年 5 月 12 日，第二张第三版。

⑥ 《皖商开会研究所得税申报手续》，《中央日报》1937 年 3 月 2 日，第一张第四版。

⑦ 《津商会定期召集各业公会商讨缴纳所得税》，《中央日报》1937 年 7 月 9 日，第一张第四版。

议，讨论缴纳所得税问题。推派中国银行蔡承新及银行公会秘书长林康侯，赴财政部所得税驻沪办事处与主任梁敬錞商谈对银行业征收所得税的手续问题。公会表示公债利息自应遵照缴纳，但对利息所得范围及认定等疑问也拟向立法院请示修正。①

在寻求缓征不可得的情况下，商会和同业公会并未以激烈手段抗议，表现得相当理性。国难当前，商会在形式上也不得不对所得税表示支持。显然，在政府及公共舆论的宣讲之下，商会虽坚持主张维护商利，但仍受到财政民族主义的外在压力。商会的研究与引导，对于税政推行有正面作用。

三　自由职业者的税权表达

在薪资报酬所得方面，一般工农并不关心，公务人员无可选择，反应较为强烈的是自由职业者。按照国民政府的分类，自由职业者包括会计师、律师、记者、医师、工程师及教师等职业。在所得税问题上，会计师与律师因业务相关，个体和公会参与都较积极，其他职业多以团体方式表达意见。

（一）机会与负担

所得税倏忽而来，商人为此郁闷心忧，会计师却喜不自胜。在会计师看来，所得税虽涉个人及事务所之直接营收，但他们更关心的是由此而来的“无限商机”。会计师李鸿寿就撰文说：“今者，政府公布所得税暂行条例将于十月一日施行，余不禁为吾国会计前途喜。盖所得税施行以后，我国会计定可趋于正确也。”② 会计师们对税收新政期望甚高，纷纷投入对所得税法条款的研究之中，以为迅速到来的税收业务奠定学术基础。在所得税法颁布及正式开征的头两年，会计师发表的研究成果极多。在《立信月报》《会计学报》《会计杂志》《银行周报》等会计及金融学术期刊，论文宏富。撰文者有著名的会计师潘序伦、徐永祚、李鸿寿、谢霖、袁际唐等。其中，以立

① 《银行公会开会讨论缴纳所得税》，《申报》1937 年 1 月 21 日。

② 李鸿寿：《所得税之实行与会计改进之关系》，《立信月报》第 2 期，1936 年 9 月 15 日，第 1 页。

信会计师事务所为主体的会计师群体关于所得税的讨论最为集中。[①] 1936年，《立信月报》更将第4、第5期办为所得税专号，发表所得税讨论文章近10篇，涉及所得税原理、会计、疑问、建议等方面。

童蒙正、徐永祚分别在《银行周报》上发表文章，认为所得税征收时机日渐成熟，以累进制征税有利税负公平。潘序伦也讨论所得税与工商界之关系。潘序伦在《立信月报》所得税专号上发文肯定“所得税在现代赋税制度中，为一种最公平最合理之良税”，但“所得税一方面为公平、普及、确实而有弹性之良税，同时在施行上则较他税为繁复”，税法制定及征收不易。他就所得税之分类问题、所得税之免税问题、所得税之税率问题、所得税之计算问题、所得税之报告问题全面提出意见。[②] 所得税开征需要计算营收及利得，要求财务簿记更为规范化。此在讨论所得税时，政府及商界都言及簿记未得改良使计税工作面临阻碍。此时所得税虽以申报法为主，但也强调抽查，簿记统一合理会为计税工作带来便利。改良中式簿记和西式簿记，在此时都迎来扩展的良机。在会计师业务上，改良簿记、代办税收的活动相应增加。会计师精研税法，是其专业能力的重要体现，政府和工商界对此也多有倚重。[③]

在律师方面，上海市律师公会对所得税问题进行过讨论，全国律师协会也召开研究会议。1936年10月4日，全国律师协会召开常务会议，认为条例在职业薪酬所得方面税率过高。至其他自由职业，也进行联合研讨活动。1936年12月29日，中华民国会计师协会、上海市律师公会、中国工程师学会、中国建筑师学会、上海市国医公会、上海市医师公会、中华国医学会、神州国医学会等自由职业团体召开联席会议就所得税进行公议，要求降低税率，并就免税问题进行讨论。[④] 会议决定，推派代表入京呈书请愿。代表奚玉书、施济群呈请立法院、行政院、财政部、实业部，恳请减低，并准依照

---

① 参见魏文享《近代民间会计师与所得税法的推进（1936—1937）》，《人文杂志》2013年第2期。

② 潘序伦：《对于我国新颁所得税法规之意见》，《立信月报》第4期所得税专号，1936年11月15日，第1—8页。

③ 参见魏文享《近代民间会计师与所得税法的推进（1936—1937）》，《人文杂志》2013年第2期。

④ 《沪自由职业团体讨论所得税事》，《中央日报》1936年12月30日，第一张第四版。

条例，按每年十二个月平均计算缴纳，以示公允。①

按所得税暂行条例规定，月入在三十元以上须纳税。农民及地主未计在内，不予讨论。一般工人因行业不同，薪资有些差异。据张剑的统计，1928—1930 年的上海印刷、造船业工人的平均工资多在 30 元以上，丝织、冶金、造纸、机械等业多在 20—30 元，化学、纺织、饮食工业工人的月均工资多在 20 元以下。② 张忠民等根据上海市的统计资料所得结论相近，1930—1936 年的 7 年间上海工人平均工资率总体上呈现缓慢下跌的态势。1936 年，男计时工的月收入约 23 元，男计件工的月收入约 27 元，女计时工月入约 8.7 元，女计件工月入约 12 元，火柴、缫丝业月入甚至在 10 元以下。他根据上海市社会局的工人生活指数统计，1929—1930 年受调查家庭的全年支出约 454 元，每家的平均支出要大于平均收入，收支相抵，平均每家全年的赤字为 37.87 元。③ 以此判断，虽然只有少数行业的工人月收入能够维持在 30 元以上的水平，但如果考虑家庭收支，30 元的起征点实际上是过低了。在所得税条例中，薪资所得计征是以个人而非家庭为单位，这一点为各阶层所诟病。

事实上，个人薪资所得是以公职人员及自由职业者为主要征税对象的。早期所得捐主要是公职人员缴纳，所得税开征也是由公职人员开始。这不仅是因为其收入高，如此安排也可平息社会不满。在抗战之前，政府公职及教师的月工资多在 30 元以上，任职文官、大学教师的薪资更是超过数倍。④ 在自由职业者方面，因专业能力及社会声誉，收入差别很大，但总体上讲，绝大多数都远超 30 元。有些从业者还有不同兼职，较一般劳动者更高。以会计师为例，主要依赖于执业公费收费，会计师公会定有参考标准，但很难完

① 《自由职业请减低所得税》，《医界春秋》第 119 期，1936 年 11 月 15 日，第 33 页。

② 上海工人的收入及生活状况一直受到关注，学者们主要利用当时社会局之统计资料来进行讨论。上海工人的收入在全国来讲是较高的，但其中也存在明显的行业差别。参见张剑《二三十年代上海主要产业职工工资级差与文化水平》，《史林》1997 年第 4 期；黄汉民《试析 1927—1936 年上海工人工资水平变动趋势及其原因》，《学术月刊》1987 年第 7 期。

③ 张忠民：《近代上海工人阶层的工资与生活——以 20 世纪 30 年代调查为中心的分析》，《中国经济史研究》2011 年第 2 期。

④ 参见慈鸿飞《二三十年代公务员、教师工资及生活状况考》，《近代史研究》1994 年第 3 期；王印焕《民国政府公教人员生活状况的演变》，《北京科技大学学报》2005 年第 1 期。

全依规行事。会计师的收入中，公费收入并非全然执业会计师个人所得。在合伙的会计师事务所中，公费收入往往相当部分计提入公共收入之中。会计师根据在事务所中的职级、事务，来取得固定薪酬。主任会计师、副主任会计师、事务员之间的收入差别较大。主任会计师是事务所之支柱，无疑收入最高。顾准 1927 年在立信会计师事务所充练习生时，月入 12 元。1929 年后担任编辑助理及教师，工资达 20 元以上。1930 年后参与分红，月入达到 60 元。1932 年后任立信学校部主任及教师，月入达 100 元以上。此外，还有著述的稿费收入。[①] 律师的收入来源也极为多元化，既可于一般诉讼事务、法律咨询、法律文书制作等业务收取“公费”，还可充当银行、公司、行号、团体或知名人士的法律顾问。陈同的研究揭示，民国时期上海律师的收入可归于高收入行列，知名律师的收入更高[②]。上海律师公会会员留法法学博士吴凯声回忆说，当时的顾问费基本标准为每年 100—200 元，如有涉讼业务，费用另算。[③] 知名法学家吴经熊在 1930 年开始其律师职业生涯时不禁感叹，当律师比他此前做“法官和教授加起来的钱都要多”[④]。医师的收入也不遑多让。根据尹倩的研究，医师平均收入在各职业阶层中居于前列。在忻平、徐小群的研究中也显示，医师、律师、大学教授、新闻记者、会计师都属于高收入者，远高于一般职员和工人。[⑤]

政府公职及教师的收入较为固定，收税较易，也无可逃避。自由职业者的收入较高，来源多样，远超起征点，又难以统计，易发争议，因此自由职业者在薪资所得税方面呼诉最高自不难理解。

（二）联合与请愿

与商会的行动大致同时，自由职业者公会也在内部成立了所得税研究

---

① 顾准：《顾准自述》，中国青年出版社 2002 年版，第 8—15 页。

② 陈同：《近代社会变迁中的上海律师》，上海辞书出版社 2008 年版，第 206—279 页。

③ 吴凯声：《我的律师生活》，《上海文史资料存稿汇编》第 12 辑，上海古籍出版社 2001 年版，第 84—85 页。

④ 吴经熊：《超越东西方》，周伟驰译，中国社会科学文献出版社 2002 年版，第 52 页。

⑤ 参见忻平《从上海发现历史——现代化进程中的上海人及其社会生活（1929—1937）》，上海人民出版社 1996 年版，第 319—323 页；徐小群《民国时期的国家与社会：自由职业团体在上海的兴起：1912—1937》，新星出版社 2007 年版。

会，律师、医师和会计师公会都对涉及本行业的所得税问题进行研究，跨行业的联合行动更为频繁。

1937年1月，上海律师公会成立了所得税暂行条例研究委员会，由王效文、徐佐良、俞承修、李谟、孙祖基、杜熙、郭卫、俞钟骆、陈霆锐、李文杰等担任委员。1937年年初，委员会进行五次讨论，提出综合意见，然后由李文杰整理归纳提交到上海律师公会执监委员联席会议报告，经议决后即送交全国律师协会转呈政府。在函件中，公会肯定政府"能接纳各方意见，期将税法本身所具缺点，加以改良"。对于政府在所得税征收须知中吸收公会意见表示肯定。① 律师公会以为，现在所得税仍是暂行条例，此后必制定所得税法，到时应加以修改。公会表示，"本公会拥护良税，素不后人"，对于具体的问题，则提出建议。如施行细则有些条款应归入条例中，政府解释经营地产仍照第一类课税，但个人不动产所收利息可免税，规定不合逻辑；营利所得2000元起征点太低，上海、广州起征点应提高；自由职业者所得不固定，但条例中规定劳动所得每月1100元以上者课之20%，较资本利得和利息所得极不公平；证券存款之利息应加重，对存入外国银行者亦应申报；人民对所得税不了解，应由合法民众团体合组指导机关；等等。归纳起来，主要是提升本业的起征点，改善分级税率，同时为示公平要求对证券利息所得加重税。② 律师公会对条例的研究也是着眼于整体的法理与社会实际，并非单纯只涉及自身的薪资纳税问题。

1937年3月，全国律师协会经过协商，推定杭县、上海、江都、镇江、吴县等五律师公会研究办法，并推举上海公会为召集人。③ 上海律师公会在研究所得税方面发挥主导作用，后来广州律师公会也加入队伍。3月12日，上海律师公会所得税研究会举行会议，拟向财政部驻沪办事处收集关于征税各项法则，通知全体会员参考。还推定由李文杰负责征购所得税法研究资料，以备参考。同时还准备联络市商会、会计师公会，组织指导机关，指导

① 《上海律师公会对所得税条例之意见》，《银行周报》第21卷第21期，1937年6月1日，"国内要闻"，第9页。

② 《上海律师公会对所得税条例之意见》，《银行周报》第21卷第21期，1937年6月1日，"国内要闻"，第9—12页。

③ 《律师协会将研究所得税》，《申报》1937年3月3日，第十三版。

民众缴纳所得税常识。① 公会这些举措有利于会员和公众了解纳税信息，在推动所得税的普及方面是有益的。

各职业界别在研究时也有分工。在政府颁布所得税纳税须知后，各公会排定第一类须知由全国会计师协会加以研究；第二类自由职业部分，由律师公会、会计师、医师团体联合发表意见；第三类须知是由银行业公会评估得失。

全国会计师协会在研究第一类须知后，1937 年 1 月向财政部呈送意见。全国会计师协会的意见是，所得税在法律方面与既有法律存在冲突。草案第 15 项中规定上年营业亏损不得列入本年度计算。这与现行公司法第 38 条中先填补损失方能分配盈余之条款有矛盾，② 要求根据公司法加以校正。协会推定常务理事奚玉书、理事王思方等于 28 日向财政部详陈意见，以供采纳。又关于所得税暂行条例中对自由职业者规定税率最高，与按月缴纳两点，除由各自由职业者团体会呈主管院部外，并由奚玉书二代表会同各团体代表晋京向主管院部面陈一切。③ 但此次请愿未得政府正面回应，财政部批复表示，"事关变更法律，不能照准"④。

所得税开征可以为会计师带来业务收入，会计师均认为这是职业发展的良机。因此，除反映自身职业的税负问题外，还将相当的精力放在所得税法则的研究及与工商界的交流上。在上海市商会、汉口市商会等组织的所得税研究会上，也邀请有专职的会计师参加。在上海是徐永祚、潘序伦等知名会计师，在汉口是雷迅会计师。在商会向政府表达意见的同时，会计师也立于专业的立场，发表对所得税法则的看法。1937 年 1 月 25 日，商会邀请立信会计师事务所的会计师潘序伦、李文杰等前往演讲，解释所得税法及其计算细节，"参加讨论者，包括镇江、无锡、嘉兴诸地商会，及上海市商会所属各同业公会，计一百二十七单位，代表一百九十五人。聚集各地各业领袖于

① 《律师公会所得税专委会》，《申报》1937 年 3 月 12 日，第十一版。

② 《会计师协会对所得税第一类征收须知草案意见呈财政部文》，《信托季刊》第 2 卷第 2 期，1937 年 4 月 1 日，第 202 页；《会计师协会对所得税第一类征收须知之意见》，《银行周报》第 21 卷第 4 期，1937 年 2 月 2 日，"国内要闻"，第 6 页。

③ 《会计师协会代表飞京请愿》，《中外经济情报》第 58 号，1937 年 1 月 28 日，第 9 页。

④ 《自由职业征所得税部批不能减轻》，《申报》1937 年 2 月 25 日，第 4 版。

一堂，并有徐永祚会计师及严谔声先生参加讨论”。会议成效显著，就所得税法则及其会计问题形成议案四十余件。①

1937年2月，潘序伦、李文杰在《上海市商会所得税问题研究会议决案之总检讨》一文中对会计师之议案与商会议决案进行了对比，评其优弊，并在商会演讲中详细阐发其主张。② 潘序伦按商会与立信相同之议决案、立信完全同意但请商会参考之议案、立信与商会不同之议案几类进行了说明。会计师赞同商会要求将营利所得按超额累进征收，认可公积金可全额并入、薪给报酬税率，累进太速、级数太少等意见。商会议案中提出涉及起征时间、起征点、起征基数、账簿问题、扣减问题等，会计师有不同看法，也一一列出。另商会议决案中未涉及的问题，会计师立于专业的立场，特意提出供商会参考，主要是关于免税额及免税范围的计算问题。潘序伦代表立信就商会所得税议案提出的意见极其全面细致，对于商会关于降低税额税率、组织审查委员会、规范征税行为等举措表示支持。会计师还提出在所得税开征后，应废除营业税，并提出许多可行的避税技巧。

立信等事务所的会计师除参与商会、会计师公会的研究活动外，也将自身的研究上呈财政部。1937年2月，立信事务所的潘序伦等会计师两次向财政部呈送补充修改要点，集中陈述对于第一、第二类营利事业所得税征收须知草案应行改正意见。③ 政府税务部门也借助会计师的专业能力，来促进所得税的宣讲。1937年3月8日，实业部就邀请潘序伦到南京演讲所得税问题。④

职业公会的联合行动引人瞩目。1937年2月底，中华民国会计师协会、上海律师公会、中国工程师学会、中国建筑师学会、上海市医师公会、中华国医学会、神州国医学会联名呈请立法院、行政院、财政部、实业部，恳请

① 潘序伦、李文杰：《上海市商会所得税问题研究会议决案之总检讨》，《立信月报》第7期，1937年2月15日，第1页。

② 潘序伦、李文杰：《上海市商会所得税问题研究会议决案之总检讨》，《立信月报》第7期，1937年2月15日，第1—10页。

③ 潘序伦等：《致财政部所得税事务处函（一）》，《立信月报》第7期，1937年2月15日，第11—16页；《致财政部所得税事务处函（二）》，《立信月报》第7期，1937年2月15日，第17—21页。

④ 《应实业部邀请潘序伦来京，明晨讲演所得税问题》，《中央日报》1937年3月7日，第二张第三版。

降低税率，准依条例按每年十二个月平均计算缴纳。自由职业公会联合商议认为："第一类营利事业之所得，资本与劳力均须具备，第三类证券存款之所得，仅以资本为要件，可谓不劳而获，至第二类薪给报酬之所得，纯以劳力所换得，三者收入之难易，既不相同，而课税之标准，及颠倒其轻重，似失公平之道。再自由职业者担负，实觉过重，拟恳体念劳力所得之不易，将自由职业者之税率，加以修改。"2月28日晨，由会计师协会奚玉书、王厅茅，律师公会李文杰、赵祖慰，工程师学会齐兆昌，建筑师学会赵深，上海市医师公会龚炳三，中华国医公会施济群，神州国医学会程迪仁，全国医师联会金鸣宇，上海市国医公会杨仲煊等组成的自由职业者代表团赴京请愿。代表团先赴行政院见秘书长翁文灏，陈述意见，翁允交财部核办。后赴立法院、财政部请愿。代表团反复阐述自由职业者税收过重，其要点有二：其一是第二类纯以劳力所得，所得最难，而课税最重，殊失公允，请予修正；其二是拟请以十二个月平均计算缴纳。①

行政院、立法院和财政部都接见了请愿团。在财政部是由所得税办事主任高秉坊接谈，他表示对十二个月平均计算可以采纳。至于变更税率，须经法定手续，暂难更动。高秉坊、梁敬錞还在皇后饭店设宴招待全体代表，继续交换意见。② 较前次自由职业团体集体请愿相比，此次政府回应尚算直接，也耐心进行政策解释，但在尺度方面并未放宽。

商会、职业公会本属职业团体，此时俨然成为纳税人的团体代表。通过组织所得税研究会、上书呈请、联合请愿等方式，持续不断向政府表达诉求。所呈意见，是商会代表和会计师合作研究的结果，也与税政官员有所沟通，尤注重将税法与实情相结合，务求引起政府关注。商会之间、职业公会之间，都有着紧密的合作，对条例、细则、须知的研究，各有分工，有条不紊。不过，商会与自由职业者之间的意见表达，还是各本自己利益为主。自由职业者认为，对资本收益应加重税率，而对于自己劳动所得，应减轻税负。工商业者却认为，现在经营困难，过度重税容易经济凋敝。到1937年7月后，因抗日战争全面爆发，商会和自由职业者公会围绕所得税的研究及请

① 《自由职业代表要求减低所得税》，《申报》1937年1月29日，第4版。

② 《自由职业代表要求减低所得税》，《申报》1937年1月29日，第4版。

愿活动也基本停止。所得税作为战时财政的补充，全面开征已成定案。到1941年，遗产税也开始征收。

四 公共舆论中的国家、公众与纳税人

政府急切推进税政，引发民间的迅速关注。在1936年正式颁行税法前后，关于所得税的立法及讨论大致可分为筹议立法期、部分开征期、全面开征期三阶段。从第二次全国财政会议至1936年7月颁布暂行条例前，为第一阶段。在税法颁布至1937年1月全面开征前，为第二阶段，公务人员薪酬率先开征，讨论主要围绕暂缓征税和修改条例展开。1937年1月后，为第三阶段。此时讨论的议题和方式都有重要转变，侧重研究税法和团体请愿。在此先就筹议立法和税法初颁时期的民间讨论进行分析，这两个阶段以税法正式颁布为分界，但在全面开征前，议题具有连续性。

（一）公共与公平：财经学者的评议

财经及法律学者将所得税问题纳入整体财税体系的范围加以讨论。所关注者，并非自身的纳税问题，而是着眼于税收的财政与社会效应。在南京，经济学人为集思广益起见，还组织经济财政聚谈会，每月开两次例会，讨论中国征收所得税问题。① 此时，在1923年由留美学生刘大钧等发起的中国经济学社已经广纳学者与官员，在政经两界都有重要影响。1927年，其理事部由北京迁至上海，会中的著名经济学者如马寅初、卫挺生、陈长蘅、刘大钧等也加入国民政府财经部门或在立法院财经委员会任职，这使学界关于所得税的讨论对立法程序产生影响。②

一些学者立足于所得税的“良税”特性，支持政府开征所得税。朱偰在《东方杂志》上发文赞同所得税开征原则，他认为所得税合乎租税普遍

---

① 朱偰：《所得税暂行条例草案之批评及其修正意见》，《东方杂志》第33卷第13号，1936年7月1日，第47—54页。

② 孙大权：《中国经济学的成长——中国经济学社研究（1923—1953）》，上海三联书店2006年版。

原则，合乎公平原则，为财政上收入最多之租税，为均贫富之重要手段。[①] 马寅初主要着眼于国家财政之需要，讨论所得税之必要性。1935 年 6 月，他就发表关于所得税与预算案文章，强调以所得税之开办为财政解困之一重要途径。[②] 在立法院讨论草案之前，马寅初又数次发表关于所得税的意见。1936 年 4 月 3 日，他主张以开办所得税为主要收入，促进国家财政合理化。[③] 4 月 11 日，他再次发表意见，主张早办所得税，使纳税者养成纳税习惯。[④] 这一观点根据西方主要发达国家直接税占主导地位的实情，认为促使中国税制由间接税向直接税转化、提升直接税的比例是推动财政合理化渠道之一。以常理论，固然不错，但在蒋介石的主导下，政府不仅以大量税款充作军费，还频发公债以解军用之困，极大压缩了税制改革的空间。政府筹议所得税，名义上称以良税平衡贫富，事实上仍是要开辟新税，以应付国防及军事所需。

在财政部草案出台后，学者们对其进行了深入讨论。关于征税对象、税率设计、起征点等问题，均发表有不同观点。李权时对暂行条例通过表示肯定，他说，“此次所得税暂行条例之得成为法律，无论如何具有偏见之人，均不得不认为系中国在财政机构上之一种明显的进步”。因此，以后不必讨论是否采行，而是要着眼于技术上如何有效率。要达到这一目的，需要征收人员能干清明的服务，使所得税得以公平推行。重点是要防止有意逃避所得税。除加强监督外，他还强调要激发国民的爱国心，“欲防止纳税人所得税之逃避，最要者须激发其爱国天良，假使国家因财政破产不免于灭亡，亡国之后，吾人所逃税下来的财产究有何保障”[⑤]。刘树东赞同立法院通过暂行条例，认为这有助于解决政府的财政危机。他提到，“财政当局以及一般财政学者多主张开征所得税”。较财政部最初的草案，修正案在分类及征税范围方面有所调整，要合理一些。但是，所得税暂行条

① 朱偰：《中国今日征收所得税问题》，《东方杂志》第 33 卷第 13 号，1936 年 7 月 1 日，第 5—14 页。

② 《马寅初谈所得税与预算案》，《中央日报》1935 年 6 月 14 日，第一张第三版。

③ 《马寅初谈非常时期财政政策》，《中央日报》1936 年 4 月 3 日，第一张第三版。

④ 《马寅初续谈非常时期财政》，《中央日报》1936 年 4 月 11 日，第一张第四版。

⑤ 李权时：《立法院通过所得税暂行条例后之感想》，《银行周报》第 20 卷第 28 期，1936 年 7 月 21 日，第 3 页。

例对税率的规定，仍有不公平之处。单纯以资本或利润来做分级标准不是很公允，建议以所得之实额做税率分级标准较为合理。[①] 从短期而言，开办所得税有助于解决财政危机；从长远而言，有益推动税制进步，也可增进国民的“爱国天良”。显然，马寅初、刘振东在立法院投的是赞成票。

有些学者并未否定所得税本身，但对于如何使所得税为民众所接受提出不少意见。祁之晋认为这一课税所得分类，与日本近似，大体来说在所得税的普遍性方面，“似不容再事苛求矣”。但在宽免规定方面，薪酬所得起税点太低，政府应接受60元或50元的标准；未除去赡养家庭费用；未除去债务负担。在税率方面，他认为营利事业及财产所得税率稍低，最好按劳动所得、营业所得、财产所得及不劳利得次序渐次加重税率方合公平原则。[②] 陶羡敏建议，所得税要逐渐地实施，采用分类制，税率要从轻，要顾及地方利益，也要避免外人的阻挠。[③] 董贻义在《经济丛刊》上发表意见，“在原则上固为吾人所乐予赞同，然此次草案之有无缺憾，及将来实施时有无阻碍，实为吾人所不能不加以讨论者”。他认为草案在分类征收、税率缓和方面有其优点，但所得未按性质而分类以差别之征税法；最高之税率太低。[④] 草案中课税范围仅包括营业所得及勤劳所得，对负税能力大、在人民所得中占重要位置之财产所得反没有列入，是草案重大缺陷。朱偰也认为草案所定征税范围不合于普遍及公平原则，农民有田赋摊款，工厂有统税，手工业和商人有营业税，但银行家、资本家、投机家、都市地主、房主、自由职业者除极少数例外，对国家仍毫无直接负担。应在已列三种之外，再列入资本利息之所得、都市土地房产之所得、自由职业之所得。还有一大问题是未规定一普遍的生活最低限度及顾虑家庭经济情形及人口多寡之减免办法，建议不要全国同时推行。[⑤] 还有更尖锐的批评。麦健曾认为所定的所得税，仍侧重于向

① 刘树东：《所得税暂行条例的检讨》，《中国经济》第4卷第9期，1936年9月15日，第15—32页。

② 祁之晋：《评所得税暂行条例》，《钱业月报》第16卷第12号，1936年12月15日，第25—33页。

③ 陶羡敏：《吾国所得税施行之症结及其对策》，《东方杂志》第32卷第16号，1935年8月16日，第27—34页。

④ 董贻义：《中国所得税问题之探讨》，《经济丛刊》第5期，1935年12月31日，第108—117页。

⑤ 朱偰：《所得税暂行条例草案之批评及其修正意见》，《东方杂志》第33卷第13号，1936年7月1日，第47—54页。

小收入者的所得进行剥削，故此对于税制无大改良，而财政收入也无明显的作用。他提出，“补救之道是在除向薪给酬报所得用从源扣缴法征税，向资产所得用从源扣缴法征税，向一时营利所得尽量用从源扣缴法征税向大规模的营利事业所得用申报自缴法征税之外，另向个人从各种来源向未拥有大量所得者——譬如说每年所得在一万元以上的，征收特加税”[①]。相较政府注重直接的财政收入，学者较看重所得税在调剂贫富差距方面的功用，注重税收的公平性，认为现有税制虽包括营利及利息所得，但是对于资本所得、财产所得的税率较低。这些意见有不少在立法院讨论时也有反映，最终促成了草案的部分修改。至于免税、统计等方面问题，在当时条件下，不容易达到如此细致的程度。

与政府主要着眼于财政需求不同，学者基于税制学理分析，强调所得税在调节贫富、促进税制合理化方面的良税功用。主张征税应从轻出发，提高起征点，同时除去家庭赡养费用。认同对劳动所得要低税，对资本及不劳利得逐步加重，较多考虑到公众利益，以符合公平原则。经济学家如马寅初、陈长蘅、刘大钧等，法学家如杨公达等，在立法院的讨论中都以此为准则提出修正意见。这些学者身份兼任立法委员，都不同程度地参与政府财经政策的制定。他们以专业学识促进政策之合理化，其作用值得肯定。学者们和财政部的不少官员也都有密切交往，如四川财政特派员关吉玉、直接税署署长高秉坊也都是中国经济学社成员。高和关都出任过赋税司司长，朱偰在1937年出任过财政部参事、关务署副署长。[②] 基于学社层面的交往及立法院的体制平台，政府和学界围绕税法的沟通相对顺畅。财政部初拟草案及公布的暂行条例，关于起征点、税率、存款利息等问题，不同程度考虑到了学界的意见。不过，学界强调对资本及不劳利得重税，却不被商界所接受。

（二）权利与义务：官方及民间媒体的言论

南京国民政府时期，新闻媒体在政治上的自由空间较晚清民初大为收缩。国民党在加强管控的同时，也建立起以《中央日报》、中央通讯社、中央广播

① 麦健曾：《新订所得税条例评议》，《国闻周报》第12卷第27期，1935年7月15日，第11页。

② 孙大权：《中国经济学的成长——中国经济学社研究（1923—1953）》，第367页。

电台等为中心的新闻宣传机构。在官方媒体之外，《大公报》《申报》等报纸本其办报传统，仍然有着较大的社会影响力。报纸在所得税问题上的参与意义在于，既报道相关新闻，刊载各方言论，又以社论形式发表媒体见解。

在官方报纸方面，《中央日报》和《中央周刊》的宣传风格浓厚。《中央日报》是国民党的中央报纸，一直立场鲜明地支持所得税开征，并从财政大计和政治大义的角度加以论证。1936 年 9 月 30 日，《中央日报》发表社论，开篇强调："所得税之征收，为中国币制改革后之又一重大事件，在中国财政史上及租税史上，可称为划时代之创举，于国计民生，两有裨益，举国上下，亟应合力以助其成。"对比英、美、法等国所得税在国家财政中的重要比例，社论认为，"政府于此时毅然开征所得税，树立直接税之良规，为国家财政前途作永久打算，且以预防社会上贫富相差之过大，诚可谓能对症下药者"①。到 10 月 5 日，再发表《所得税与三民主义》一文，言所得税为直接税之主干。征所得税在民族主义、民权主义及民生主义三个层面都具有重要意义。民族主义之要点在于针对在华外侨征税，促进国际平等；民权主义之要点在于，"所得税由纳税人自行申报缴纳，足以养成人民对于国家履行义务之习惯，及增进其对于国家责任之观念"；民生主义之要点在于所得税采用累进制，足以调剂贫富。② 此文所论三点，可以代表国民党在此问题上的政策宣示，将所得税与民权主义相联系，仍是值得肯定的进步。但准备对外侨征税不易达到，调节贫富却被批评弱化财产征税，表明国民党虽然以三民主义来增进所得税的合法性，但民间的感受却并不一致。

《中央周刊》是国民党中执会宣传部编办的时事政论刊物，1928 年创刊，1937 年 6 月停发。1936 年第 429 期周刊上发表《中央为举办所得税告全国公民书》，其中说，所得税是世界公认的良税，因为国家财政困难，建设新国家，需要举办所得税。公告书还特别注意从民众与国家的关系，来讨论民众纳税的义务和国家征税的目的。"你纳多少钱，国家完全知道，而且你也知道你所纳的钱完全是为了国家，并不白费！并不像从前的税制，不问你有所得无所得，或者你有力量出钱，没有力量出钱，一律要纳税，其结果

① 《明日开征之所得税》，《中央日报》1936 年 9 月 30 日，第一张第三版。

② 《所得税与三民主义》，《中央日报》1936 年 10 月 5 日，第一张第四版。

是人民不知道负担了多少，而国家也不知道每个人尽了多少义务。所得税恰好与之相反，而人民毫无吃苦的地方，此其所以为直接税，所以为良税。”所得税为复兴民族的需要而创办，“国人如果真诚爱国，盼望国家强盛，也就得努力推行这种良税”①。公告书文字平白，说理清晰，强调税制公平和国家需要，希望以此激发人民的爱国心，履行公民的纳税义务。还需注意的一点是，国民党有意强调所得税调节贫富差距的作用，区别“劳动所得”和“资本所得”，这样的做法更具有道德及政治上的优势，可赢得大众好感。

民间报纸对所得税并不是片面的反对，而是支持与批评同存，赞其为税制创举，批其公正不足。由知名报人陈铭德等创办的南京《新民报》发表社论，肯定所得税的正面作用。社论认为，“一国之税制健全，必须以直接税为原则，而以间接税为辅”。但中国中央税收中，是以关税、盐税、统税及烟酒税、印花税作为主干，结构不合理，税负也不公平，“目前所得税法之通过与实施，实中国税制一大进步”②。肯定所得税在税制改革上的重要意义，这与孔祥熙的观点相近。天津《大公报》在1936年7月11日发表社论，认为“在关税走私损失奇重之财政状况下，实行所得税诚属刻不容缓。惟开征此税，在中国乃是创举，新法优点，在简易切实”，强调开征所得税对国家财政是重要的弥补，对条例也予以肯定。社论也批评条例“疏漏之处，却亦不少”，薪酬所得采累进，而利息所得不用累进税率，对营利事业所得五千元以上仅课以极轻之累进税，“比较观之，在中国勤劳所得之税重，资本所得之税轻，本末倒置，尚待赘言”③，批评所得税对劳动征税过重，对资本征税过轻。④《大公报》正视了财政困难的实情，肯定所得税是税制创举。与一些经济学者相似，也重视所得税在税负公平方面的“税收正义”。

还有报纸持相似立场。杭州的《东南日报》在社论中肯定立法院对暂

---

① 《中央为举办所得税告全国公民书》，《中央周刊》第429期，1936年8月24日，“专载”，第1—3页。

② 《征收所得税》，《中心评论》第19期，1936年7月21日，第36页。

③ 《论所得税暂行条例》，《大公报》（天津）1936年7月11日，第一张第二版。

④ 《论所得税暂行条例》，《大公报》（天津）1936年7月11日，第一张第二版。

行条例的修改，如营业所得以赢得之纯额计算，证券利息所得减为千分之五十等。《东南日报》的立场与《大公报》相似，也是认为薪酬所得起征点设为30元过低，主张财产所得应课税较重，证券存款利息所得按千分之五十征收过轻。[①] 北平的《世界日报》立足于普通公众的立场，认为薪酬所得征税过高。社论主张“财产所得，理应较重，以千分之五十的税率，未免嫌轻”，“至一般农民小商人消费者在田赋摊款营业税种种直接负担之下，至关、盐、统等税间接负担之下，已患负担之过重者，又被征收与资本家银行家投机家等差别无几之所得税，岂非不平”。社论认为普通民众承担能力较弱，在已经承受较间接负担的情况下，还要缴纳所得税，并不公平。社论对资本家等富裕阶层逃避所得税持批评态度，“目前中国的租税问题，不患平民对国家无直接负担，而患特殊资产阶级对国家毫无负担”[②]，平民立场极为鲜明。

官方和民间报纸在所得税的推进中扮演着极其重要的角色。《中央日报》等官方媒体着重宣传和解释开征所得税的必要性，回避了对具体问题的批评。民间报纸的社论反映出社会对所得税其实有较高认同度，对“良税”说并不片面反对，主要是对征税的时机、条件、税法有所质疑。民间报纸大多立于劳动者立场，对税率设计、课税分类、免税条款等有较多批评，认为薪酬所得起征过低，财产所得课税过轻。自由职业者也持此策略，如此一来，压力就转移到商人一方。商会在诉求中，反复强调营业困难，资本税重，不利经营，但对所得税制难言根本反对，或与舆论环境不无关系。需加注意的是，无论是官方还是民间报纸，对所得税的筹议、讨论、公布及官民交涉事宜，都予以较为全面的报道，使社会公众都可以及时了解立法进程。立法委员、财经学者、财政官员的态度及商会、自由职业者公会等利益攸关方的呈请请愿活动，都经由报纸报道广为人知，这对官民之间的意见沟通极其关键。

---

① 《征收所得税》，《中心评论》第19期，1936年7月21日，第35页。

② 《征收所得税》，《中心评论》第19期，1936年7月21日，第36页。

五　团体、舆论与税权表达

从北京政府时期商会和各界团体的激烈抗争，到南京国民政府时期学者、商人、自由职业者和报刊媒体的多元意见表达，国家与民间围绕所得税展开了一场漫长的“拉锯战”。1936 年前后，战线骤然收拢，双方你来我往、各擅其理。透过舆论上的喧嚣迷雾，可以看到国家依然掌控着征税的权力，但并不能完全垄断税权，纳税人对于税收的开征权、监督权和使用权提出不同程度的要求。在筹议、立法、全面开征的不同阶段，学者、报刊、纳税人试图影响国家税政，达至心目中的理想税制；国家也采取各种方式与各阶层沟通，强调公民的纳税义务。这一交涉主要不是在立法体制之内展开，税政部门和纳税人是经由职业团体的集体行动，通过请愿、舆论的方式，进行相互说服与沟通。在经由社会管道的攻防中，职业团体、报刊媒体担当不可或缺的关键角色。如以国民党和政府作为征税之主体，那么职业团体就在事实上成为纳税人的利益代表，成为纳税人税权的代理者。报刊媒体则为各方意见表达提供了舆论空间。政府如何回应民间的意见表达，是否修改税法，在相当程度上决定着政策的调适方向。

（一）民间的税政表达机制

在民间的意见表达和税政参与中，不同阶层有不同的表达方式。财经及法律学者既通过报纸及学术刊物发声，也通过立法委员的身份来参与决策。作为纳税人的商人和自由职业者，是以职业团体作为代表者，集体行动和联合举措来深研税法，上书请愿，实现利益表达。如此既节约交易成本，也更易引发社会关注，形成舆论压力。至报刊媒体，官民立场不同，但其目标却可能相近。报刊之更大意义在于，为各方意见表达提供一舆论空间。此处，重点讨论职业团体和报刊媒体之作用机制。

在北京政府时期的所得税抗争中，商会就担当大任。商会联合地方议会及其他社会团体，当仁不让，以纳税人身份对政府税政及时政要务陟罚臧否。商会以税收作为筹码，对政府提出减少苛捐杂税、裁兵节饷等要求，且对税法的合法性问题提出质疑，体现出商人基于税权而参与政治的利益立场。此时商会的强势表现，适于此时中央政治权威弱化时期。到南京国民政府时期，商会与职业公会作为职业团体的属性继续得到法律认可，但在政治上却是经过了系统整顿。在1928年10月国民党中央民众训练部制定的《民众团体组织原则及系统》方案中，商会、自由职业者的各界别公会，是属于民众团体组织系统的构成部分。方案中对民众团体的类别进行细分，基本上是按产业主义和职业界别进行分类管理。大体来说，区别了农人组织、工人组织、商人组织、店员组织、妇女组织等类型。在国民党三全大会上，撤销民众训练委员会，在训练部下增设民众训练处。1929年的国民党三届二中全会上，制定了《人民团体组织方案》作为指导民众团体的根本方法。方案规定人民团体除地方自治团体外，分为职业团体与社会团体两种，职业团体如农会、工会、商会、工商同业公会等，社会团体如学生团体、妇女团体、文化团体、宗教团体、各种慈善团体等。国民党对团体有扶持、指导与制裁之权。1930年7月17日，国民党颁布了《修正人民团体组织方案》。① 后又于1932年8月和1933年6月两次修订。② 在所得税涉及的纳税人中，营利所得最与商会相关，而薪资所得中，自由职业者较一般农人、工人高出许多，商人和自由职业者作为最为重要的两大征税对象，借助于职业团体来进行意见表达也属顺理成章。

国民党除通过党内法规对职业团体发展予以规范，还颁布法律加以督导。在职业团体方面，包括农会法、工会法、商会法及相应的施行细则。经过改组，商会也改变了在北京政府时期征收个人作为会员的做法，改以同业公会作为团体会员。在同业公会方面，公会取代会馆、公所成为普遍设立的法定行业组织。商会主要是统筹宏观事务，或沟通官商和各行业。同业公会则主要专注于行业内的事务。商会和同业公会都要接受国民党党部的会务指导和政府部门的业务管理，既有服务商人和同业公益的基本职责，也有协助政府的义务。依法律而定，商会、同业公会和自由职业者公会依法均具有法人的地位。《商会法》第二条规定商会属于法人。对于这一属性，司法院还有进一步的解释。第一，商会者，私法人也，以所规定法律性质为标准，而

① 《中常会会议记录》（十二），广西师范大学出版社1994年版，第252页。

② 1932年修正后曾改为《修正民众团体组织方案》，1933年又更改为《人民团体组织方案》。

区别为公法人与私法人，如县市或乡镇自治团体，规定于公法，称公法人；其他职业团体同社会团体（宗教慈善类）均称私法人。第二，商会者，社团法人也。凡捐助财产供一定目的之用而成立之团体如善堂、善会等称财团法人；商会则以代表会员为组织基础，为自然人之集合体，系社团法人。第三，商会者，公益法人也。[①] 同业公会是商会的会员组织，亦具法人地位。司法解释认为："工商同业公会本于公所会馆制度之精神，依据法规规定准则而设立，即以维护增进同业之公共利益及矫正营业之弊害为宗旨，其法律上之地位与商会同属公益法人，不得为营利事业。"[②] 既以党规与国法加以管理，希望加强对于商人的组织训练，同时又赋予其以法人地位，允许其具有相当的组织自治权。这样的关系架构很难单纯从控制与反控制的角度去加以解释。如实而论，政府的管理存在制约、规范与授权的多重效应。[③] 商会、同业公会除在政治方面要在登记及审查中接受甄别外，在财务、人事、会务方面均保留有较大自治权限，可以在训政体制之内代表商界和各行业参与经济与社会事务。就政治事务与专业事务而言，政府所给予的尺度是有差别的，然均限于制度框架之内。[④] 在全国范围内，如上海商会、天津商会、汉口商会、广州商会等，都堪称商界领袖团体，在统合商界行动、引导商界舆论方面发挥着重要作用。

在自由职业者方面，诸如律师公会、医师公会、会计师公会等，也是国民党及政府认同的法人社团，可以代表从业者利益，并承担独立的法律责任。[⑤] 在会计师公会方面，1918 年 9 月北京政府颁布《会计师暂行章程》之后，会计师的职业建制正式启动。根据政府部门的统计，自 1927 年到 1937 年，全国登记的会计师人数总计达到 1488 人。至 1942 年，总计 2283 人。[⑥]

① 工商部工商访问局编：《商会法、工商同业公会法诠释》，工商部工商访问局 1930 年版，第 19 页。

② 工商部工商访问局编：《商会法、工商同业公会法诠释》，工商部工商访问局 1930 年版，第 67 页。

③ 参见魏文享《制约、规范与授权：南京国民政府对同业公会的管理》，《华中师范大学学报》2004 年第 4 期。

④ 魏文享：《中间组织——近代工商同业公会研究 1918—1949》，华中师范大学出版社 2007 年版。

⑤ 关于自由职业者之研究状况，请参见朱英、魏文享主编《近代中国自由职业者群体与社会变迁》，北京大学出版社 2009 年版；尹倩《中国近代自由职业者研究述评》，《近代史研究》2007 年第 6 期。

⑥ 中国会计学会会计史料编辑组、中国第二历史档案馆编：《中国会计史料选编——中华民国时期》，江苏古籍出版社 1990 年版，第 3054—3057 页。

1918 年的《会计师暂行章程》在会计师公会的设立等方面未加规定，招致一些具有先识的会计师的批评。会计师们自己行动起来，组建了会计师公会。1925 年 2 月，上海成立了中国第一个会计师职业团体——中华民国会计师公会（The Institute of Chartered Accountants of China）。[①] 1931 年，浙江会计师公会成立；1932 年，九江、重庆会计师公会成立；1933 年，南京、山东会计师公会成立；1933 年 9 月，成立了中华民国全国会计师公会，会所定于上海。到 1934 年 3 月底，上海会计师公会会员有 263 人左右。到 1936 年 3 月底，305 人左右，是全国规模最大的会计师公会。[②] 在所得税筹议和开征的过程中，上海会计师公会、全国会计师公会都发挥了重要组织作用。

律师公会方面，1912 年 9 月，北京政府颁布《律师暂行章程》，中国近代律师制度正式确立。最早的律师公会组织在辛亥革命初期就出现了。1912 年 1 月 28 日，在上海召开中华民国律师总公会成立大会。1912 年 9 月 16 日，司法部颁布《律师暂行章程》后，“中华民国律师总公会”便更名为“上海律师公会”。到 1935 年前后，律师公会的设立已极为普遍。在江苏，就成立有首都、上海、吴县、镇江、淮阴、南通、武进、无锡 12 个律师公会，安徽有合肥、怀宁、芜湖、阜阳 4 个律师公会，浙江有杭县、金华、绍兴、吴兴等 14 个律师公会，江西有南昌、九江、吉安等 7 个律师公会，湖北有汉口、武昌、襄阳、宜昌等 7 个律师公会，四川有 8 个律师公会，福建有 11 个律师公会，各地不一而足。其中，上海律师公会的人数最多，在 1929 年有 462 人，1934 年有 1188 人，1936 年有 1313 人。[③]

在医师团体方面，中西医的学术团体都较多。在法定的职业团体方面，西医师最早的职业公会是上海医师公会。1925 年，余云岫、蔡禹门、夏慎初、俞凤宾等人共同成立上海医师公会，公举余云岫为会长，蔡禹门为副会长。初成立时即有 100 余会员，到 1933 年已升至 300 多人。[④] 1929 年，成立

---

① 《呈为遵令修改章程恳请鉴核备案事窃查由》，1928 年 10 月至 12 月，“中研院”近代史研究所档案馆藏，资料号：17 – 23 – 15 – （1）。

② 上海档案馆藏上海会计师公会档案，资料号：S447 – 2 – 260，第 20—64 页。

③ 申报年鉴社主编：《申报年鉴》（1933—1936），上海书店出版社 2012 年版；司法行政部统计室：《司法统计》（1932—1936），京华印书馆 1936 年版。

④ 据庞京周估计，在上海有 400 余名毕业于正规医校的执业医师，其中 300 余名加入上海医师公会。庞京周：《上海市近十年来医药鸟瞰》，《申报》1933 年 7 月 10 日第 17 版。

全国医师联合会。中医方面，1928 年由夏应堂发起的上海中医协会是较早的，后更名为上海国医公会；1929 年 6 月，向卫生当局办理了登记执照等。① 据统计，20 世纪 30 年代上海医师公会有 300 余会员，广州医师公会有 160 余会员，杭州医师公会有 80 余会员，其余无锡、南京、青岛、芜湖、张家口、重庆、武汉、宁波医师公会等，会员在数十人不等。②

类似的自由职业者团体还有工程师公会、建筑师公会等。这些团体除区域内的行业整合外，还有全国性的整合，如全国性的会计师协会、医师联合会、律师协会等。在商会和同业公会方面，也建立有较好的联络机制。天津、北平、上海、汉口、广州、重庆等地商会，基本上成为跨省商界合作中心。团体的代表权利，法定的自治空间，紧密的组织合作，使商界和自由职业者在面临所得税征收时，可以迅速进行理性的集体反应。

且看商人团体和自由职业者团体是如何应对的。商人首先是以商会、同业公会为基础，进行联合行动。在政府筹议所得税之初，各地商会就通过在报纸和商界刊物发表言论，反映经济困难，要求缓征。政府不为所动，依然按既定时间表颁布了《所得税暂行条例》，这激起商界更大规模的联合行动。1936 年 7 月，鄂、鲁、苏、浙、粤、赣、豫七省商会联合会，还有上海、南京、青岛、汉口、济南、镇江、广州、南昌、开封、长沙、太原、芜湖、杭州、闽侯十四市县商会就对刚出台的税法进行了即时回应。在汉口商会等提出的议案基础上，商会联席会议通过了请求政府暂缓征收的决议，同时派遣代表赴京到行政院、财政部请愿。21 个商会的联合行动，声势浩大，政府也不得不予以重视，既派员接待，又进行政策解释。在所得税全面开征之后，商会改变策略，不再请求暂缓征收，转而组织所得税研究会，对所得税的条例、细则、须知进行全方位的细致研究。在东部沿海，以上海商会为中心，组织了所得税研究会。上海的各业同业公会，也有联合的研究行动。在中南各省，以汉口商会为中心，也仿效上海组建了研究会。在研究工作中，商会还联合会计师公会，聘请知名会计师参与税则讨论。上海商会与立

---

① 王依仁：《医林话旧 50 年》，《上海文史资料存稿汇编》（科教文卫）第 10 辑，上海古籍出版社 2001 年版，第 459 页。

② 根据《医事汇刊》1930—1932 年各期会员录所载统计。

信会计师事务所的潘序伦会计师等，就有深入的合作。以组织力量研究税则，在此基础之上向政府建言，就更有专业的说服力。商界期望以此来推动税则向有利于自身的方面修改。在自由职业团体方面，既有各自的独立表达，也有联合请愿。1937 年 2 月底，中华民国会计师协会、上海律师公会、中国工程师学会、中国建筑师学会、上海市医师公会、中华国医学会、神州国医学会就联合起来向立法院、行政院、财政部、实业部上书请愿。自由职业者也有不同的意见表达。如律师和会计师，既为自身薪资税负忙碌，更为广受欢迎的所得税开征带来的无限商机激动。上海会计师公会的一些知名会计师更成为咨询专家，潘序伦、李文杰、李鸿寿等频繁接受商会、同业公会的邀请，出席演讲，宣讲所得税条款，解释商家的疑惑。新税开征，商家不解，他们的此类行动正好弥补需求。税法出台后，即使税政征稽部门，对于税制也会存在不解的地方。一些会计师接受政府聘请，前往演讲释疑。这体现出，在征税的社会经济条件并不成熟的情况之下，职业团体的参与及其与政府的沟通实际上缓解了征税者与纳税人的对立情绪。

不过也要看到，商会和职业公会虽然都有向政府表达减税的要求，但相互之间的标准却并非完全一致。这一冲突并非直接利益，而是因所得税的性质而起。在商会方面，营利事业所得、利息所得被认为是针对资本和财产收益的征税，而从均衡贫富的标准来看，此部分应加重税负。自由职业者方面的薪资所得，自视为劳动所得，应减轻税负。因此，自由职业者在联合呈请中，多与商家征税相比。这样，同为纳税人的商家和自由职业者之间，相互之间诉求有别。财经学者及报社社论在论及此问题时，也多强调对资本征税。如此，社会舆论对于工商界其实有不利处。政府在推行所得税时，也强调税则上所具有的调节贫富的“正义”法则来扩大其社会合法性基础。

无论是商会还是职业公会的意见表达，基本是以这几种方式来推进的。其一是呈请。商会、职业公会以团体或团体联合的名义，屡次向中央党部、行政院、立法院和财政部请愿，要求暂缓征税或修改税则。既为呈请，政府与呈请人之地位其实并不平等。政府作为征税者，依然处于主导地位。呈请可以表达诉求，但是否接受，则取决于政府的考量。有些呈请为政府部门所接受，但大多呈请除得到类似“朕知道了”式的程式化回复外，并无下文。

其二是请愿。上海市商会、汉口商会及自由职业者公会的联合行动，都是将呈请与请愿相结合。一方面上书，另一方面派代表赴京向各部门直接请愿。这一请愿并不是街头运动式的，而是以咨询式的方式进行的。在形式与礼仪上，政府部门对各职业团体的联合赴部请愿都予以接洽，派要员进行沟通解释，其态度尚称周金平和。不过在对话之中，政府部门依然是较为强势的，商会、职业公会则是希望修改政策，但并无影响决定的直接权力。

其三是舆论。商会、职业公会注重运用舆论来影响政策，表达团体呼声。无论是内部的研究结果，还是上书请愿或赴京请愿，商会和职业公会多借助于社会媒体或商界媒体予以报道，形成特别关注。这里所言报刊媒体，包括几个层面。自内而外，包括商会的会刊、职业公会的会刊及其他的商界刊物。当时上海商会、汉口商会、上海银行公会、钱业公会等，均办有会刊，每周刊载大量的专题文章和商界信息，所得税的相关报道在这段时间内十分频繁，足以沟通会内信息，共谋举止。在职业公会中，如《会计杂志》《立信季刊》等，均刊登大量所得税研究文章。再者是社会类报纸，如《申报》《益世报》《大公报》《新闻报》等，都刊载有报道，还发表社论，表达报社的观点。官方媒体主要是表达对于税政的支持，《中央日报》上的文章大致就是如此。

严格来说，民意之表达除上书、请愿及舆论外，尚有多种方式可选，如街头运动、暴力抗税等方式。但在南京国民政府实施对职业团体的整顿之后，商会等组织鲜少采用此类激烈方式与政府直接对抗。将税收问题政治化，既不符合此时政治环境，也会动摇社会秩序，于商界经营无益。在北京政府时期，商会为维护商利，组建武装商团之类的活动，只是特殊情境之下的产物。从交易成本的角度而言，职业团体的联合行动及以上书、请愿为主的表达方式更切实际。樊卫国讨论过民国时期上海同业公会的利益表达方式，认为在呈文请愿之外，游说高官、司法诉讼及暴力对抗等方式，成本均很高。[①] 很难主观揣测商会为何没有采用成本较高但更有效的抗争方式，但

① 樊卫国对同业公会的参与方式有所讨论，认为上书、呈请是成本最低的行动方式，而司法诉讼、街头运动、官员游说都成本较高。参见樊卫国《论民国上海同业公会的“政治行为”》，中国近代民间组织与国家学术研讨会论文，中国近代史论坛第三期提交论文，武汉，2013 年 9 月。

在上书、请愿过程之中政府能够及时予以沟通回应可能在相当程度上缓解了商界的怨气。

频繁的大规模请愿及舆论宣传引起了政府的关注，但是舆论本身并不具有强制力，其是否能够发生作用取决于政府的政策自觉。政府如能将舆论与民意纳入决策体制之内，则有正面作用。舆论影响政策的方式并未嵌入立法进程和政策运行过程之中，在税政的重大原则问题上缺乏影响力。商会、职业公会也相当务实，并未与政府有激烈对抗行为。反观商会、职业公会的后续举动，在促进所得税的推广与落实方面反有积极作用。所得税新税开征，如何申报，如何核算，如何寻求减免，许多商家都不知所以。所得税还涉及簿记制度的规范问题，商家也不胜其烦。商会、同业公会频繁召开所得税政策的说明会、解释会，所得税委员会还就会员疑问进行解答。不少商会聘请会计师进行专门演讲，以释疑义。会计师为拓展业务来源，更就此撰写大量文章，还在推动簿记改良方面功效卓著。民间的此类活动，客观上是在协助政府宣传所得税的税则，普及所得税的知识。一些商会在税令颁布之后的政府压力下，也不得不要求会员照章纳税，应付官方督查。可以说，职业团体在抗税方面成效未达初衷，但在促进税率合理化、普及所得税观念、协助开征方面的作用不可忽视。

（二）官方的应对策略与回应

政府面临巨大财政压力，急切推出所得税，因而激起民间的不同意见。面对此情，国民党和政府一方面牢控税权，通过法律和政策，迅速建立所得税的税法和征稽体制；另一方面又对民间的意见和舆论，进行正面的回应与解释，以求取得纳税人的理解与认可。

由所得税的立法进程可见，所得税是否开征的决定权取决于国民党中央政治会议。财政部提交方案，交中央政治会议确立基本的征收原则，再交由立法院通过立法程序成为法律，使所得税征收具有法律合法性。但财政部在制定草案的过程中，需要考虑到民间的承受能力。立法院在讨论之中，因吸收不少不同意见的财政与经济学者参加，使其意见表达呈现多元化特征。既有学者强调从财政角度来表示支持，也有学者从公众角度来展开批评。最终，财政部对草案进行了修改，使之更为合理化。这一讨论过程也通过媒体报道公开，使社会公众认识到政府在立法过程之中的民意考量。

不过，作为纳税人团体代表的商会和职业公会，本身并没有被纳入立法决策体制之中，对于所得税立法没有直接的决策权。报刊媒体也不能直接参与到决策过程之中，只能以舆论方式来表达观点。倒是财政经济学者以其专业立场，对所得税有多角度的考量，对于公众意见有所表达。特别是在草案从出台到立法的过程中，作为纳税人代表的商会、职业公会参与程度不足，政府也似有意避免民间团体的干预，使税法的相应条款缺乏利益观照，引发不同阶层的反对。

针对立法初期民间工商业者和自由职业者要求暂缓开征或减免的要求，政府通过回函和面谈的方式，予以正面回应。财政部和所得税处直接负责税务征稽，其态度更为关键。1936 年 7 月，21 个各省市商会派代表赴京请愿，声势浩大，行政院、立法院和财政部都面见请愿团。直接税负责人高秉坊接受《中央日报》访谈，表示所得税已经确定征收，各地商会之所以请求缓征，是因为对条例规定有所误会，因此予以解释。① 财政部派驻各地的所得税事务所也与当地商会、同业公会主动进行了沟通。在上海，政府派梁敬錞负责督办。他在 1936 年 9 月 20 日前后到达上海后，就与各方接洽。② 他与上海各方保持紧密联系，表示上海银行公会有代征的责任。③ 高秉坊专门赴上海与商界交流，为所得税全面开征作准备。④ 1936 年 9 月，上海市市长吴铁城设宴招待上海的新闻记者，高秉坊在会上报告了筹备所得税的经过。⑤ 1937 年 1 月 1 日，所得税全面开征后，工商界及社会各界更加深入研究所得税暂行条例，并对政府呈书建议或请愿，政府也予以回应并进行政策解释。1937 年 1 月 23 日，所得税沪办事处举行茶会，招待商会所得税研究会代表，解释政府税法立场，对于研究会的问题也予以解答。⑥ 1 月 29 日，自由职业者请减所得税税率，推举代表来京请愿，高秉坊出面接洽。⑦ 1937 年 2 月 16

---

① 《所得税暂行条例施行细则已拟竣》，《中央日报》1936 年 7 月 24 日，第一张第四版。

② 《梁敬錞等抵沪与各方接洽代征所得税》，《中央日报》1936 年 9 月 21 日，第一张第三版。

③ 《所得税开征在即财部派员接洽指导》，《中央日报》1936 年 9 月 25 日，第一张第四版。

④ 《所得税事务所本月底可成立》，《中央日报》1936 年 9 月 26 日，第一张第四版。

⑤ 《吴铁城、方治招待沪报记者》，《中央日报》1936 年 9 月 24 日，第一张第三版。

⑥ 《所得税沪办事处昨举行茶会》，《中央日报》1937 年 1 月 24 日，第一张第四版。

⑦ 《自由职业者请减所得税税率》，《中央日报》1937 年 1 月 30 日，第一张第四版。

日，财政部部长孔祥熙接见秦德纯，询问办理所得税事。[①] 1937 年 4 月 7 日，所得税江苏办事处招待各业公会，解答疑义。[②]

针对民间对所得税的疑问，自立法至开征过程中，政府和所得税征收部门也都运用新闻媒体，对所得税进行宣讲，强调民众的纳税义务。1935 年 4 月，高秉坊就政府开征所得税的主旨有所说明，表示“在养成每个人民对于国家应负义务之认识，绝对不在开辟财源，增进收入，课税范围特别注重不扰民，就社会环境、人民财力所能办到者为限”，官腔十足。[③]《中央日报》也刊载所得税与三民主义的文章，称“所得税为直接税之主干，最能适合与公平普遍之原则而其税源之确实充裕，税制之富有弹性，尤足为财政上处常应变唯一之挹注”。所得税可促进国际平等，符合民族主义原则；所得税由纳税人自行申报缴纳，足以养成人民对于国家履行义务之习惯，及增进其对于国家责任之观念，而适合于民权主义之原则；所得税采用累进制，足以调剂贫富，而适合民生主义之原则。[④] 财政部部长孔祥熙在筹议过程中，也屡次接受采访，说明所得税开征的必要性及税则的合理性。在《所得税暂行条例》刚通过后，孔祥熙即接受中央社记者的采访。他比较了英国、美国、德国、日本等国的税率及起征额，强调中国所得税所定税率实际较低，“政府体察民艰，所定税率取其轻微，至征收方法，现拟采用陈报办法”。表示已经考虑到民众的负担，同时也希望减轻税收成本。若陈报不确实，“则国家另以法律严行制裁，故手续颇简单”。他还表示，“政府之目的，不在税收之多少，而在厉行税制之革新，纳税人应仰体政府轻赋薄征之意思，忠实不欺，以表现其爱国救国之真诚也”。将纳税与爱国联系起来，在面临战争的情况下，所得税开征的确具有道义上的合法性。针对民众对征税过程的担忧，他提出，办新税以新人才、新精神赴之，用人概须经过甄选考试加以保障；经征与收款须采用分立负责制度，以收彼此监督之效；征收新税之费用

---

① 《孔副院长接见秦德纯，垂询平津缉私及办所得税事》，《中央日报》1937 年 2 月 17 日，第一张第三版。

② 《所得税江苏办事处招待各业公会》，《中央日报》1937 年 4 月 8 日，第二张第三版。

③ 《财部开办所得税之主旨》，《申报》1935 年 4 月 11 日，第三版。

④ 《所得税与三民主义》，《中央日报》1936 年 10 月 5 日，第一张第四版。

力求节省，手续力求简便。[①]《中央日报》报道了孔祥熙关于政府厉行税制革新的采访，提到以新人才、新精神办理之。[②] 9月间，在中央纪念周上，孔祥熙再次就所得税问题发表讲话，历述所得税优点及各国实例，望国人拥护新税，俾推行尽利。[③] 从中可以看到，政府将纳税与爱国相联系，以增强民众的纳税意识。同时，也着意宣传所得税的良税特性，以期赢得公众的支持。实际效果是，将公众与纳税人进行了分解。在纳税人方面，符合条件的商人和自由职业者在整体公众中所占比例有限。所得税既是国家和公众利益所在，纳税人自难明确表示反对。

高秉坊也是直接税及所得税征收的负责人。他在受访时表示，"政府此次办所得税，对各地商会顾虑各点，均已事先见到，业经设法救济"。针对商会反映税率过高、起征点过低的批评，他解释说暂行条例已经考虑到这些因素。在暂行条例中规定，凡公司、商号、行栈、工厂或个人资本在2000元以上，除一切开支外，纯净所得年利在五厘以上者，始课税，不及者免税。关于起征点的限制及税率上的轻微，也顾全到社会经济的状况。他说："反对开征所得税，实系绝大误会，因政府对不能生财及所得不合法定条件者，根本上即不致征其所得税也。"[④] 1936年6月，高秉坊又介绍了筹办所得税的步骤。[⑤] 他表示还期待商人能够顾念国家大计。[⑥]

国民党的宣传系统也对所得税进行宣讲，以期增进社会的理解。1936年，中宣部发表文章称，所得税具有负担公平、纳税普及、富有弹性、收入稳固的优点，现在"本党政府为革新税政，充实国力复兴民族起见"，决定举办所得税，可以创立良善税制基础，促进国民经济建设，建筑自力更生的基础。中宣部还拟定了宣传所得税的口号，包括"实施所得税是国家最合法

① 《工商业请缓办所得税》，《银行周报》第20卷第29期，1936年7月28日，"国内要闻"，第5页。

② 《孔财长谈所得税之推行》，《中央日报》1936年7月23日，第一张第四版。

③ 《昨晨中央纪念周孔委员报告所得税问题》，《中央日报》1936年9月29日，第一张第四版；《孔委员在中央纪念周报告所得税问题（续）》，《中央日报》1936年9月30日，第一张第四版；《孔委员在中央纪念周报告所得税问题（续）》，《中央日报》1936年10月1日，第一张第四版，分三次刊登。

④ 《工商业请缓办所得税》，《银行周报》第20卷第29期，1936年7月28日，"国内要闻"，第6页。

⑤ 《高秉坊谈筹办所得税步骤》，《中央日报》1936年6月22日，第一张第四版。

⑥ 高秉坊：《筹办所得税之步骤及对于中外商人之殷望》，载《现在实行的所得税》，《财政公报》第108期，1937年3月1日，第95—97页。

公允的财源"，"实行所得税才能彻底废除一切苛捐杂税"，"实行所得税是刷新财政的第一步"，"实行所得税是救亡图存的基础"，"实行所得税是实现总理的遗教"[①]。口号除在国家财政、税制合理化方面加以宣传外，还强调了政治和民族的因素。国民党中宣部也召开记者招待会，由财政部所得税处的官员来介绍所得税情况。[②] 地方的党部及宣传机构也在开展政策宣讲。1936年9月，国民党广东省党部对所得税的开办精神及要义进行宣传。[③] 1937年1月17日前后，浙江省党部举行了所得税宣传会。[④]

可以看到，官方的回应方式包括回函、接访、政策说明、舆论宣传等多种渠道。回函接访主要是针对商会、职业公会的呈书和请愿。政策说明主要是由财政部所得税处和地方所得税事务所的官员来举办，既有接受报刊访谈的，也有主动开招待会与商界进行沟通的。舆论宣传中，政府也有意运用宣传机器和民间报纸来向公众传达明确的税政信息，营造氛围。《中央日报》对于政府的政策和活动，都有详细的报道。1937年1月5日，《中央日报》还报道湖南省各界联合发电拥护所得税开征。[⑤] 1月22日，又报道湖北的自由职业者踊跃缴税。[⑥] 这些报道与商会、职业公会当时的呈请意愿并不相符，背后不能说没有政府的影响。江苏省所得税办事处将所得税各类征收须知、所得税审查委员会组织规程等转发至县商会，均由县商会转达各会员。[⑦] 在抗战爆发后，国民政府颁布过一些补充办法对税法进行修正，但直到1943年才颁行新的《所得税法》及施行细则。[⑧] 在抗战时期的征税过程中，税务行政也存在诸多问题，存在违法乱征的情况，职业团体在这方面也与政府有所交涉，竭力维护纳税人利益。

---

① 中宣：《我们对于所得税应有的认识》，《上海党声》第2卷第16期，1936年9月20日，第349页。

② 《中宣部招待记者报告实施所得税意义》，《中央日报》1936年9月22日，第一张第四版。

③ 《粤党部宣传所得税真义》，《中央日报》1936年9月30日，第一张第三版。

④ 《浙省党部举行所得税宣传会》，《中央日报》1937年1月18日，第一张第四版。

⑤ 《所得税推行顺利湘省各界电京表示拥护》，《中央日报》1937年1月5日，第一张第四版。

⑥ 《鄂自由职业界踊跃交所得税》，《中央日报》1937年1月22日，第一张第四版。

⑦ 《江苏省所得税办事处为知照所得税各类征收须知以部新颁为准事致吴县县商会函》，华中师范大学中国近代史研究所、苏州市档案馆编《苏州商会档案丛编》第4辑下册，第1736—1784页。

⑧ 《所得税法》（1943年2月），《中华民国工商税收史料选编》（直接税·印花税）第4辑上册，第146页。

政府的作为可以表明已意识到所得税的推行需要得到公众的支持，因此在通过立法获取法律合法性的同时，也允许民间各阶层在现有的体制之内进行有序的民意表达。但自始至终，纳税人和公众可以表达吁求，却没有决定税收是否开征或直接修改的制度渠道。在训政体制之下，国民党中央政治会议具有最高立法权，而立法院委员基本是由立法院长提名、中政会表决再由国民政府任命。[①] 立法委员可能依个人专业及政治立场来表达意见，但并没有通过选举制度与民众或职业团体相关联。在法定程序之中，职业团体缺乏可以影响决策的切入点，只能通过吁请或舆论的方式来施加外部压力。就职业团体的行动来看，其对官方政策给予了相当程度的理解。这反映在职业团体一方面进行税则研究，表达意见；另一方面也在进行税则宣讲。商会、同业公会研究税则、协助征收，是希望以参与来达到保护的目的，但客观上起到帮助政府普及所得税知识的作用。

揆之北京政府及南京国民政府的所得税立法实践，其结果不同，而路径有相似。税收的开征权依然握于政府之手，两者都希望通过行政力量强力推行，也都面临着商会等职业团体的反对。相较之下，前者裁厘未定，遭到抵制更强；后者经历酝酿，社会接受度有所提升。职业团体的参与实际上使民意表达更易有序进行，政府可以与团体进行沟通协商，在一定程度上具有团体协约的作用。更值得注意的是，职业团体在表达自身意愿的同时，也在普及所得税知识、推进所得税征收方面做了许多工作。如商会与会计师的合作，商会的所得税咨询，都发挥了积极作用。有些地区在政府征税力量不足的情况下，甚至由商会、同业公会进行包征。民间的税政参与，并不全然意味着与政府的对抗，商人团体、职业公会在与政府的沟通交涉之中，也在增进对于税政的接受程度。

商会和职业公会的税权表达已经体现出纳税人对国家与民众间权利及义务关系的新认知。在国家要求民众纳税的同时，民众也有权利对国家提出相应要求。在关税自主、裁厘加税、开征直接税等重大事件中，各利益相关方的参与互动影响税制改革的进程，也会影响政府与民众的信任关系。

---

① 卞琳对立法委员的产生程序及职权进行过讨论，参见其《南京国民政府训政前期立法体制研究（1928—1937）》，法律出版社 2012 年版，第 68 页。

第五章
税政革新与派系权争下的直接税人事及政治

良税需有良吏。在国家税收征收体系中，税吏或税务人员作为税政的执行者，直接与纳税商民交涉。税务人员如借权谋私，欺上瞒下，又为政府所忌。风评所及，不仅限于自身，还身系国政民心。如何监察税吏，又调适与纳税人利益，是历代政府皆面临的两难之境。税务人员身处此制度困境之中，如何稽征，如何自律，同样事关自身之行政绩效与形象塑造。晚清及至民初，政府重点改进税制，开源拓流，但税收队伍的整顿相对滞后。至南京国民政府时期，税政改革集中推进，符合要求的税收人员却严重短缺，长期恶化的税风未得扭转。

全面抗战时期，国民政府将直接税改革作为增加战时财政收入的中心要政。1936 年，财政部强力推动所得税正式开征，1940 年又开征遗产税。直接税计算复杂，任务繁难，对税务人员的专业及操守有更高要求。财政部对直接税寄予厚望，为改变旧税陈习，树立新税新风，财政部另起炉灶，着手建立新的税收征稽体系。在人事方面，财政部所得税处一改原有以委任、荐任为主的人事制度，而以考试方式选拔大学生学员进行集中训练，择其优者聘为正式税务员或基层干部。观察其时社会舆论对考训制度之评价，早期称赞有加，1942 年后税务控案增多，风评又下。究竟新的考训制度能否一扫旧弊，直接税人员是否具备新精神，既有考训为何税务控案频发，都需要回归考训过程加以考察。

近年学界对税收史的研究更加注重思想、制度与实务的连接，人事作为关联税政诸要素的常规变量，其研究还待深入。就现有研究来看，税务人员作为税政的执行者，其面相还较为片面。[1] 立于纳税人立场，往往指其苛征；在政府角度，不断强化考绩监督。关注考训者，多予肯定；揭发税案者，多予批斥。臧否之间，难免前后矛盾。至于其中的具体原因及其主体本身，反失之详察。要明其得失，关键点可能在于如何理解"税吏"或"税人"的制度处境及职务行为。直接税人事考训的复杂之处还在于，由孔祥熙、高秉坊主导的人事变革还牵涉国民党内的派系权争，甚至与直接税的主要创办人高秉坊的个人命运紧密相关。这显示，被认为是推动税收结构由间接税体系向直接税体系过渡的国家重大税政改革，其实也是国民党内派系角逐的阵地。

一　孔、高关系及直接税人员考训政策

在国民政府规划的直接税改革中，所得税是核心先行税种。在所得税的立法及开征进程中，财政部部长孔祥熙及所得税事务处第一任负责人高秉坊功不可没。他们将所得税改革置于国民政府财政改革的战略高度，对其立法、组织、征稽等尽力筹划，冀图以所得税为基础，建立起新的直接税体系，改变国民政府以间接税为主的税收结构。难得的是，孔、高二人在税政规划及实践方面有着高度共识和默契，孔总揽其事，与上沟通，高勇于任事，重在落实。在组织人事上，二人倾向于建立直属于财政部的垂直征稽体系，税务人员也通过考训任用。无论是在主观上还是客观上，这都使新建立的直接税组织体系难以避免地陷入派系人事纠葛中。

（一）私谊与专业

高秉坊是山东人，其仕途发达，起步于与孔祥熙的交谊。高秉坊毕业于金陵大学，习的是林科，毕业之后即到山东林业部门任职，还撰写过林业方

① 近年对直接税税制及税政的研究过程中，已有不少学者关注到人事考训、税务控案及高层派系权争问题，但多分开而论，在制度与人的结合层面尚需加强。已有研究参见侯坤宏《抗战时期的税务控案》，《财政与近代历史论文集》，"中研院"近代史研究所 1999 年版，第 693—737 页；林美莉《西洋税制在近代中国的发展》，"中研院"近代史研究所 2005 年版；任同芹《南京国民政府时期的税务行政研究》，博士学位论文，华中师范大学，2017 年。

面的著述。之所以转轨到财税部门，与其在金大读书时的老师凌道扬相关。[①] 凌道扬与王正廷是留美同学，王正廷曾担任南京临时政府参议院副议长、工商部部长，长于外交。1922 年王正廷受北京政府任命为鲁案善后督办，凌推荐高秉坊至其办公署担任科长，其顶头上司恰好是孔祥熙。孔、高二人由此相识。后来，孔祥熙一路升迁，高均追随左右，二人之间颇有互信。孔调任青岛电报局局长时，高为总务科科长。1924 年孔任广东革命政府财政厅厅长，高也在手下任职。

到孔担任南京国民政府实业部部长，高担任总务司司长。1933 年 10 月，孔祥熙得到蒋介石的信任，出任行政院副院长兼财政部部长并中央银行总裁。[②] 高秉坊作为孔深为信任的财政干才，被提拔为赋税司司长。1941 年，直接税处改组为直接税署，高担任直接税署署长。1942 年直接税署又接办营业税，职权更重。可以说，直接税署虽为财政部下新设署，但因有孔祥熙的支持及显著政绩，高秉坊在财政部的根基极为牢固。据说，高常出入孔家，曾接送孔令侃上学，但孔令侃、孔令俊与其相处不好，宋霭龄对高的印象也不佳。虽如此，官场和公众仍将高列为孔的亲信及孔系的核心人物，荣辱难免相连。

孔对高的信任，与高本人的行事方式有很大关系。高虽追随孔之左右，但确属能干之才。勇于任事，不畏艰难，对孔的理财工作大有助益。杨铎曾任财政部长沙货物局局长，与高同是孔祥熙的部下。据杨自述，自己常被作为高党。因其在工商部任编辑科长时，高任总务处处长。高案发生时，杨任长沙货物局局长。据杨观察，在工商、实业部时期，高劳怨不辞，深为孔所信赖。但受宋霭龄干涉，高在宋子文任财政部部长后，初只能任赋税司司长。[③] 高秉坊行事善于研究，原主管林业之时，即著有林业著作。后随孔在工商及财政部门任职，复能精研工作，撰写多本税收论著。对于中国当时税政现状及发展思路，有较为清晰的认识。观察孔祥熙的言论，与其主旨基本一致，均主张改善中国以关税、盐税、统税为基础的财政收入结构，将以间

---

① 刘国铭主编：《中国国民党百年人物全书》下册，团结出版社 2005 年版，第 1878 页。

② 郭荣生编：《民国孔庸之先生祥熙年谱》，台北商务印书馆 1981 年版。

③ 杨铎：《高秉坊“贪污案”内幕》，《文史精华》1998 年第 2 期。

接税为主转向增开直接税。同时，在整顿地方杂税方面也达成共识，组建了整理地方捐税委员会。在税收机构的建设、训练税收人才方面，孔对高所提出的主张也多予以支持。

但“成也萧何，败也萧何”，高被目为孔党，孔祥熙在高层派系斗争中的得失未免会波及部下。孔祥熙在 1927 年促成蒋宋联姻后，其政治地位不断上升。1928 年就任工商部部长，后担任实业部部长。1933 年 10 月，又取代宋子文，继任行政院副院长、财政部部长，同时兼中央银行总裁。1938 年，孔更升任行政院长，继续兼任财政部部长、中央银行总裁。杨天石分析，孔祥熙深受蒋之信任，有以下几点原因。其一，孔对蒋绝对忠诚，以蒋之主张为主张，决不和蒋争权。其二，善于理财。在 1933 年宋子文认为财政就要崩溃而辞职之时，孔接任财长整顿财政，救蒋于危难之时。其三，不顾财务制度，蒋要钱就给。王世杰日记中载，外界指责孔舞弊谋私，傅斯年亦致函指责。孔以退为进，表示辞职。蒋命陈布雷将辞信退返，并表示慰问鼓励。早期的反孔风潮被压下去。①

国民党内派系林立，大致可分为地方实力派系与中央政治派系两大系统。金以林将之划分为以地域为基础的政治军事集团和长期追随孙中山的党内领袖及其追随者的派系两类，前者是以地方对抗中央，后者是通过寻求党员支持来掌控部分或全部政权。② 在中央政治派系中，有胡汉民、汪精卫、西山会议派、太子派等，还有以蒋介石为核心的蒋派势力。蒋介石以军权为中心，逐步排挤其他派系，占领党权。蒋介石在 1932 年就任军事委员会委员长，到 1938 年临时全国代表大会上成为国民党总裁，最终确立最高领袖地位。③ 蒋派势力掌控国民党及国民政府的中央权力。但在蒋派之内，亦分为多系。最为核心的是中统和军统，中统由陈立夫把控，背后还有陈果夫控制的中央组织部。军统受戴笠控制，其背后是黄埔系。中统和军统之间为争夺权势，互相倾轧。蒋采取平衡策略，抑此扬彼，维护自身的核心地位。CC 系在“二陈”执掌下，掌控了国民党中央组织部和中统。中央组织部除

① 杨天石：《蒋孔关系探微——读孔祥熙致蒋介石书》，《民国档案》1992 年第 4 期。

② 金以林：《国民党高层的派系政治：蒋介石“最高领袖”地位的确立》，社会科学文献出版社 2016 年版，第 8—9 页。

③ 金以林：《国民党高层的派系政治：蒋介石“最高领袖”地位的确立》，第 8 页。

在1939—1944年由朱家骅担任组织部部长外，基本是由陈果夫独占。在蒋派之内，宋子文、孔祥熙凭借姻亲关系及自身才干，在不同时期均受蒋之重用。

（二）直接税人员考训制度的缘起

直接税人员考训制度始于所得税开征。1936年7月21日，国民政府颁行《所得税暂行条例》，规定所得税按营利事业所得、薪给报酬所得、存款利息所得三大要类，分级累进征收。[①] 与税法颁布同时，财政部组建了直接税筹备处，财政部部长孔祥熙任命其亲信大将高秉坊出任筹备处主任，后改为所得税事务处，在各省市则分设办事处。较早建立的有浙江、江苏、四川、江西、上海、广州、武汉、天津等省市，抗战爆发后主要集中于后方。

所得税机构新建之初，到底是调用原有税务人员，还是另行招募，孔祥熙及高秉坊对此早有预案。孔祥熙不希望将直接税与原有的统税、营业税混合一处，他提出："办理新税，必要有新精神，才能得到效果，所以用人方面，均须限定资格，经过考验训练和严格的铨选，绝不使有因循敷衍的习气。"[②] 之所以另起炉灶，训练新人，缘于对现有税收队伍并不满意。1936年8月，他在致广东省财政厅厅长宋子良的函电中就批评说，"查粤省各种捐税，积弊最深，税收人员虽亦不无廉洁之士，而据调查报告，其只知营私舞弊、图饱私囊者实居多数。人民所纳税款，多数悉填私壑，甚至有某项税收，除去开支报销，而公家所得甚微者，其蠹国病民，言之痛心"[③]。税吏以权谋私，私吞税款，不仅侵占公库收入，且增加民众负担。身为财政部部长，孔祥熙深知其弊。新税政，需要有新人事。弃除旧制，改行考试是一可取办法。孔祥熙在1940年时回忆说："二十五年创办所得税之初，本人抱定用人唯一的宗旨是考试训练，决不容有钻营、请托倖进之事。就事业而言，

---

① 《所得税暂行条例》（1936年7月21日），《中华民国工商税收史料选编》（直接税·印花税）第4辑上册，第90页。

② 《所得税的特点及政府筹办的情形》，刘振东编《孔庸之先生演讲集》，台北文海出版社1972年版，第174页。

③ 《财孔电宋子良革除贪污恶习》，《申报》1936年8月22日，第七版。

应该为事求才；就职责而言，应该尊重国家法制。”[①] 在众人眼中，孔祥熙并非廉吏，但在其职掌之内，还是不希望受到人情关系和庸员劣吏的掣肘。

在高秉坊的改革规划中，人事是重要一环。他说：“检讨我国过去新办各税，所以多所创办而少有建树者，即由于办事人的不良。”[②] 所得税不同于以往旧税，“本税原是从学问来的，用专学这门学问的大学生，这证明我们始终没有改变过这种立场”，而这些大学生，不能和以往的税吏同流合污下去，要彻底改革，“第一得从学问上下功夫”[③]。与以往的税类相比，所得税等直接税的计算更为复杂，税务人员需要有更好的“专业学问”。为事求才，纠正税风，是孔、高二人启动考训制度的初衷。

所谓考训，就是考试和训练，以考试来招录学员，以训练来提升业务，通过制度化的途径来控制入职资格，防止任人唯亲。从选贤任能的角度来说，确切中税务人事任用之弊。在后续发展中，又建立起相应的晋升及监察制度，使直接税人事管理制度更加完善。考训制度的建立，系以 1936 年 7 月财政部颁发的《中央直接税税务人员考试规则》和《财政部中央直接税税务人员任用规则》为标志，文件规定通过考试方式选拔大学生为训练班学员，考核合格者方可任用为税务员。[④] 第一期直接税人员训练班亦于同时在南京孝陵卫开设，首批学员有 68 人。为防止 CC 系干预，高秉坊特意聘请黄埔系出身的中央军校教导总队总队长桂永清来担任训育长，在专业学习的同时，实施军事训练。

结合当时税务队伍的实际情况，推行考训制度确为一剂良方。直接税处在开始新税人考训之后，在不少文件中仍批评以前的税务人事制度，从中可以完整了解推行考训制度的原因。1942 年 4 月，直接税处在严禁私相请托的训令中说：

---

① 《高秉坊在考训第八期结业式上的讲话》（1941 年 1 月 18 日），《中华民国工商税收史料选编》（直接税・印花税）第 4 辑上册，第 653 页。

② 高秉坊：《中国直接税的生长》，财政部直接税处经济研究室 1943 年版，第 1 页。

③ 中国人民政治协商会议山东省淄博市博山区委员会编：《中国直接税创始人高秉坊》，中国人民政治协商会议山东省淄博市博山区委员会 1993 年版，第 76 页。

④ 高秉坊：《中国直接税史实》，财政部直接税处经济研究室 1943 年版，第 324 页；《财政部中央直接税税务人员任用规则》（1936 年 7 月），《中华民国工商税收史料选编》（直接税・印花税）第 4 辑上册，第 638 页。

> 过去考试制度尚未普遍推行，各机关主管人员对于用人一端，全凭私人之援引或亲朋故旧以及上游要津之推荐。被用人员能得长官信任者，不论其人之能力如何，事无大小畀予一身，照顾既不能周，以故国多废政。其自上游要津介绍者，则兼领职衔，无所事事，故国多废官。钻营恬不为怪，奔竞视若固常。仕途日杂，品类日卑。其间虽亦不乏经历之员、积学之士，然或信望未孚，或用非所学，亦只委蛇进退，无从建白。又复因主管长官之去留而为工作之久暂，旧官一去，率类而行；新官一来，大小更易。因之公务人员皆存五日京兆之心，悉视公廨为传舍，人事如此，政绩可知。[①]

官员视用人为私相授受的工具，不论职级高低，都深受私人请托影响。职授于上，基层的税务人员也蝇营狗苟，四处钻营，或者以权谋私，敲诈勒索。税务人员的形象，全为败坏。因此，“直接税创建之初，孔部长有鉴于此，首定人事制度，厉行考试训练”，即为改革用人之风。[②] 孙邦治曾任直接税官员。1943 年 11 月，他撰写文章，批评过去的税吏，“大有廉者不为、为者不廉之现象”，素养低下。根源在于“过去税收机关，用人多由保荐，所谓税吏，亲旧居多，腐败之源，悉出于此”[③]。以上言论，反映出原税务人事制度的两大症结：一是任用私人严重，录用不当，才具不堪；二是监察失效，上行下效，贪污成风。在此情势之下，委任或荐任式的人事制度已经漏洞百出。考训制度的设计，是从直接税人员的招募开始，严限资格，重视思想及业务的训练，期望造就新的税人税风。

据国民政府 1929 年颁行的《公务员任用条例》和 1933 年的《公务员任用法》，政府公务人员的任用分为特任、简任、荐任、委任四类。[④] 前三者

① 《直接税处关于任用税务人员必须厉行考试制度严禁私相请托的训令》（1942 年 4 月 23 日），《中华民国工商税收史料选编》（直接税·印花税）第 4 辑上册，第 675—676 页。

② 《直接税处关于任用税务人员必须厉行考试制度严禁私相请托的训令》（1942 年 4 月 23 日），《中华民国工商税收史料选编》（直接税·印花税）第 4 辑上册，第 676 页。

③ 孙邦治：《如何革新税人》，《税人》创刊号，1944 年 1 月 1 日，第 21 页。

④ 《公务员任用法》（1933 年 11 月 13 日），《考试院公报》1935 年第 11 期，“法规”，第 10—12 页。

多用于部院首长及高级官员任命，基层税务官员及人员按例属委任一类，即由各机关依法任命。按国民政府考试制度，公务人员选拔须经考试合格方得任用，考试及铨叙由考试院主持其事。在实际任用中，一般税务干部和基层税员较少经由公务人员考试统一选拔，而以荐任、委任为主，不符标准而私相请托者占有相当比例，资格方面难以把控。用人为治政之基，以考试明定标准，最大的改变是使人才选拔公开化，标准更为客观，可使私相请托者知难而退。

在实施直接税人员考训制度之前，国民党的党、政、军部门通过开设训练班来培养特定人才，其实是常见的做法。CC 系所掌控的中央政治学校主要就是培养训练各类政治及专业人才，但能入其门者，多需有相关派系人脉。在税务方面，财政部税务署就曾于 1932 年在上海开设税务人员养成所，设有补习班和专业班。训练的业务方向主要是统税，又称统税干部训练班。[①] 税务人员养成所招收的主要是在职的税务人员，人数不多，到抗战前夕即停办。在营业税开征的过程中，政府也认识到基层税务人员良莠不齐。四川等地试行过税务人员培训，也试行过考试方法。[②] 到直接税人员考训开始之后，财政部内也还开设有其他税务人员训练班。税务署虽同在财政部下，但主管税类不同，执掌官员不同，人事制度也因而不同。1941 年 12 月，税务署也在重庆设立税务干部人员训练班，[③] 同年还曾与中央政治学校合设普通和高级税务人员训练班。[④] 不过此类训练班多有训练而无考试，或有考试而不严格，实际效果受到很大限制。财政部对营业税人员一直是不满意的，这也是到 1942 年以直接税处为主体来合并征收营业税的原因之一。孔、高另起炉灶当然也存有强化自身派系力量的私心。在训练任用之中，高即因裁撤中统及军统人马而招致严重不满。

考训是要培养“新税人”。何为“新税人”？在考训过程之中，认识也

---

① 《财政部关于税务署筹设税务人员养成所准予备案的指令（1932 年 11 月 21 日）》，《中华民国工商税收史料选编》（货物税）第 3 辑下册，南京大学出版社 1996 年版，第 1967 页。

② 柯伟明：《营业税与民国时期的税收现代化（1927—1949）》，博士学位论文，复旦大学，2013 年，第 103 页。

③ 金鑫等主编：《中华民国工商税收史：税务管理卷》，中国财政经济出版社 1998 年版，第 83 页。

④ 《财政部关于五届九中全会法治决议案办理情形呈（1942 年 11—12 月）》，《中华民国工商税收史料选编》（综合类）第 1 辑下册，第 1872 页。

在不断深化。崔敬伯其时是知名税政研究学者，也担任税务官员。他提倡，要摆脱对于税吏的陈见，“认识财政之新使命与税人之新任务，结束过去税吏之陈页，展开此后税人之新规”，“税务要好人来办！”“好人要来办税！”[①]以“税人”来取代“税吏”，正是在为税务人员正名，是要改变社会对税务人员的偏见。他提出，办税要有税训，就是“廉能勤毅”四个字，在此基础上要发扬四风：学校之风、家庭之风、军队之风、宗教之风，重视学用、团队、纪律和信仰。[②] 受孔、高拔擢的官员孙邦治认为，“过去税收机关，用人多由保荐，所谓税吏，亲旧居多，腐败之源，悉出于此”。税人之道德，在消极方面，不用任何方法得利，保守业务秘密；在积极方面，要能公平征课，奉公守法，要有责任观念和服务精神。[③] 综合来说，就是专业能力和职业操守。

新税、新人和新精神，将税务人员的德行、专业结合，如能有所突破，不失为巩固财基的可取路径。从旧税吏到新税人，既是改善税务人员自身才德修养的方向，也包含着财政部重构税务人员社会形象的努力。

二　从“旧税吏”到“新税人”：直接税人员考训

按直接税人员考训制度的设计，是以考试的客观标准来克服人情请托之弊，其制度的核心是强调税务人员的专业化。所谓“廉能勤毅”，归结起来主要是专业能力和专业精神。训练之后的任用，在理论上亦是以考训表现为标准。所得税各级机构的设立，为新税人的任用提供了职场空间，但对眈眈而视的各派势力而言，考训制度就可能发挥甄别效应，其主导权掌握在主持考训的孔祥熙和高秉坊手中。

（一）直接税考训制度及开班训练

在孔祥熙、高秉坊的主导下，财政部建立起从考试、训练到实习、任用

① 崔敬伯：《新税人之期待》，《大公报》（重庆）1943 年 11 月 9 日，第三版；《新税人之期待（续）》，《大公报》（重庆）1943 年 11 月 10 日，第三版。

② 崔敬伯：《税训与税风》，《税人》第 3 期，1944 年 9 月，第 17—19 页。

③ 孙邦治：《如何革新税人》，《税人》创刊号，1944 年 1 月 1 日，第 21 页。

的全流程制度。制度初定后，财政部又联合考试院将制度法规化，训练班则依相应标准开始招收推进。

（1）考试

1936 年 7 月，在所得税正式确定开征的同时，财政部颁发《中央直接税税务人员考试规则》，规则要求，凡中华民国二十五岁以上四十五岁以下，曾经教育部承认的国内外大学独立学院经济系或财政会计专业学生，有毕业证书者可应高级班考试；凡中华民国二十岁以上三十五岁以下，曾经立案的高级中学、旧制中学、甲种职业学校毕业有证书者可应初级班考试。高级班考试科目有六科：党义、国文、外国语（英、德、日、法各择一种）、经济学、会计和现行税制及其法令。初级班考试科目则分七科：党义、国文、外国语、法制经济大要、商业簿记、经济地理、现行税制法令概要。应试人员通过笔试被录取后进入面试，及格者进行分班训练。两个月期满后，按其成绩分别委派职务。[①] 考试规则将训练班分为初级班和高级班，初级班需由高级中学及职业学校毕业，高级班需自大学财经会计专业毕业。科目测试重在选择财经及法律人才进入初选范围。规则要求，考试合格需经训练及格才可委派职务。

财政部又与考试院协定，经由考试院来颁发正式法规。1937 年 7 月，考试院颁发《特种考试财政部直接税税务人员考试暂行条例》。[②] 在报名资格方面，较前部颁规则更加明确，且在学历及专业方面更有提升。排除了高中学历，直接以专科或大学财经会计专业为限。考试难度也有提高，笔试和面试统合计分。所考试题，涉及财政、经济及统计、会计学，体现对税务人员专业能力的重视。

考试与考核需要有专门组织负责。初由直接税处直接安排，后建立专门委员会。1940 年 8 月，财政部规定设立直接税人员甄训委员会来负责考训事宜。委员会设五至七人，由处长指定或聘请专家担任。[③] 至 1940 年 11 月，

① 高秉坊：《中国直接税史实》，第 324 页。

② 《特种考试财政部直接税税务人员考试暂行条例》（1937 年 7 月），《中华民国工商税收史料选编》（直接税 · 印花税）第 4 辑上册，第 639 页。

③ 《直接税人员甄训委员会组织简则》（1940 年 8 月），《中华民国工商税收史料选编》（直接税 · 印花税）第 4 辑上册，第 646 页。

考试院又对暂行条例进行了修订，改甄训委员会为考训委员会，直属直接税处。[①] 考试由考试院委托财政部直接税处办理，权限仍掌握在直接税机构手中。

那么考试试题难度如何，是否能够体现出财经专业的特长？《上海法学院商专季刊》刊出了1937年财政部中央直接税税务人员训练班的招考试题。试题分党义试题、国文试题、经济学试题、财政学试题、统计学试题、会计学试题六个部分。兹列试题如下。[②]

党义试题：1. 试述廖仲恺先烈之重要政治主张及对于当时革命工作之影响。2. 试述平均地权节制资本之意义及办法。3. 建国大纲中关于财政问题之规定如何并引申其义。

国文试题：1. 生之者众食之者寡为之者疾用之者舒说。

经济学试题：1. 试述中国新倾向政策实施之情形，及采用此种政策之理由。2. 试略述关于工资之重要理论。3. 中国农民之生活程度，较英、美等国农民为低，其主要原因何在？

财政学试题：1. 吾国举办所得税，始于何时？过去失败之原因为何？今日重行举办所得税，其意义安在？实行所得税以后，影响于国民经济及财政又若何？试分别说明之。2. 试述中央收入及地方收入划分之原则，并说明财政收支系统法所规定之划分标准。3. 何谓平均负担学说？何谓租税负担能力学说？何谓最少牺牲学说？此三种是否抵触？

统计学试题：1. 根据中央某机关二十五年度六月份职工俸薪分配表计划自述平均数及标准差。2. 论述指数之意义。

会计学试题：1. 计算纳税额之算法，分级算法。2. 官厅会计与普通会计之区分。

财政学、经济学、会计学、统计学的试题联合测试，无论是题量还是难

① 《特种考试直接税税务人员考试暂行条例》（1940年11月），《中华民国工商税收史料选编》（直接税·印花税）第4辑上册，第649—650页。

② 《财政部中央直接税税务人员训练班招考试题》，《上海法学院商专季刊》第13期，1937年1月30日，第88—90页。

度，对应试者都是一大考验。各学科试题，学科理论与政策实务结合，涉及知识范围既包括一般经济及时政常识，亦包括财税理论、制度和政策。统计、会计试题则考验核算能力。试题中，也有国民党党义理论内容。相较于人情式的推荐，考试显然更具有客观性，其结果也面向社会公开。

（2）开班

财政部直接税处按照人才需求层级，举办有助理员讲习班及初级税务员、高级税务员训练班等不同类型的训练班。因处抗战前后，举办训练班的地点既有南京，也有重庆等地，还有分区设定的训练班，如东南训练班。所训人才，由财政部直接税处统一考核任用。

最早举办税务人员训练班是在南京孝陵卫。1936 年 7 月，直接税处招收了 68 名学员，在孝陵卫举办，由桂永清任训育主任，进行军事训练。第二期也是在孝陵卫，一部分为选调，一部分从大学就业训导班中选拔。当时还不是招考，并不是全部合乎资历。第三期学员亦从大学就业训导班中选拔，只训练两周即分发任用。第四期由各大学保送在汉、湘两处考录，召集所有录取者在重庆训练两周。1938 年 11 月，财政部设立财务人员训练所。第一期也是由桂永清任教育长，用军事方式来进行训练。1940 年停办，1941 年又恢复。第一次为抽调营业税人员，第二次至第五次除抽调现任税员外，新登记大学生参与较多。

后税训班和财训班合并全部改用考训。财训一期算是考训的五期，财政之后是税训班。1941 年 7 月，直接税处发布考训招生，趁暑假将至，各财经会计专业大学生毕业者不少，“大批考训正属其时”。在重庆、西安、赣县、昆明、贵阳、邵阳、桂林、成都等处招考高级税务员 300 名，初级税务员 200 名。7 月 29 日至 30 日笔试，31 日口试。训练期间，高级税务员月津贴 80 元，初级 50 元。[①] 截至 1942 年，主办税务训练班 11 期，考训大学毕业生 1000 余名，分发国内所得税各分支机关。[②]

集中考训人数有限，直接税处又同时分区域办理。1940 年开办了直接

---

① 《直接税处拟在重庆等地招考税务员的签呈》（1941 年 7 月 15 日），《中华民国工商税收史料选编》（直接税・印花税）第 4 辑上册，第 669 页。

② 《派员赴各大学讲授直接税实务办法》（1942 年），《中华民国工商税收史料选编》（直接税・印花税）第 4 辑上册，第 683 页。

税税务助理员讲习班，补充税务员训练之不足。1940 年 7 月，在重庆、南郑、赣县三处各举办一班，各录取 50 名。训练后再分发各稽征机关任用，由各省市直接税局或分局办理之。[①] 与高级税务员相比，助理员的要求和待遇相应降低，助理员主要是到基层税所任职。

为增加人才来源，在江西赣县的讲习班开办后，又扩大为东南区税务人员讲习班。高秉坊在 1940 年 5 月间就与江西所得税委员吴仕汉确定开班事宜，后又派杨亨华来赣襄助。地点设在赣城城内塔下寺。成立筹备处后，分赣县、吉安、丽水、衡阳四处招考，于 7 月间举行考试，聘有地方名流及所得税高级人员担任考试或监试委员。[②] 讲习班有税务生、初级税务员和高级税务员三个级别。在选择时除核查学历，还要考察是否曾经在社会上混染积习，是否有其他工作经历，是否有终身服务的决心。[③] 具体报名情况如表 5 - 1。

表 5 - 1　**财政部东南区直接税人员讲习班招录情况**

	高级税务员			初级税务员			税务生		
	第一期	第二期	第三期	第一期	第二期	第三期	第一期	第二期	第三期
报考人数	7	25	—	558	448	564	368	227	329
取录人数	4	20	—	122	112	199	31	15	56
调训人数	9	—	37	11	30	—	—	—	—
结业人数	13	20	37	90	126	147	28	12	56

说明：初级第三期报考人数系仅就赣县、泰和、上饶三考区统计。

资料来源：徐云：《新税人的摇篮：介绍财政部东南区直接税人员讲习班》，《财政知识》第 2 期，1942 年 6 月 1 日，第 50—53 页。

就三期结业人数统计来看，高级税务员有 70 人，初级税务员有 363 人，

---

① 《直接税税务助理员讲习班简章》（1940 年 6 月），《中华民国工商税收史料选编》（直接税 · 印花税）第 4 辑上册，第 645 页。

② 《直接税处东南区税务助理员讲习班第一期工作报告》（1941 年 5 月 30），《中华民国工商税收史料选编》（直接税 · 印花税）第 4 辑上册，第 656—667 页。

③ 徐云：《新税人的摇篮：介绍财政部东南区直接税人员讲习班》，《财政知识》第 2 期，1942 年 6 月 1 日，第 50—53 页。

税务生为96人。高级税务员因报名人数较少，录取比例较高。初级税务员和税务生部分，准入资格相对较低，报名者众，录取比例较小。高级组第二期学员中，厦门大学有11人，暨南大学1人，北平大学2人，湖南大学2人，上海商学院1人，日本专修大学1人，武昌中华大学1人。[①]

在西安也筹办了讲习班。1942年9月，直接税通过登报招考及令各局遴选保送招录了150名学员。其中，营业税人员100名，招考50名。后经审核，确定有61名参与训练。[②] 高秉坊严禁各省区自办训练，无论是集中训练还是分区训练，都是在财政部直接税处的主导下进行。

后因训练班缓不济急，直接税处又增加了招录办法。其一，派员赴大学授课招录，即直接税处派员前往大学讲授直接税，大学生据意愿填报选修税务研习课，授课时间为一个月。[③] 经直接税处统筹安排，在湖南大学、大夏大学、交通大学、广西大学、重庆大学、复旦大学、朝阳大学、国立广东大学、广东国民大学及湖南商学院十所大学设有直接税讲座。其中，国立广东大学、广东国民大学两校还代办初级税务员讲习班。[④] 其二，税务人员保举。1942年2月11日，财政部出台了《保举税务人员暂行办法》，规定直接税的各级长官和各期考训人员连续服务直接税三年以上者有保举税务员、税务助理员之资格。被保举人的年龄、资历必须合乎规定，要经过实习和考核程序，合格才能正式任用。[⑤] 授课招录和人员保举的办法较为灵活，但招录人员权力较大，可能会增加任用私人的可能。

据各大学的校报刊载，直接税人员招录颇受欢迎，被视为较好的职业去处。1936年8月，南洋公学有3位应届学生、2位往届学生被录取，学校在

① 《高级组第二期学员通讯录》，《财政部直接税处东南区税务人员讲习班第三期结业纪念特刊》1941年11月30日，第75—76页。

② 《孙白琦等关于直接税西安讲习班筹备情形呈》（1942年9月26日），《中华民国工商税收史料选编》（直接税·印花税）第4辑上册，第680页。

③ 《派员赴各大学讲授直接税实务办法》（1942年），《中华民国工商税收史料选编》（直接税·印花税）第4辑上册，第683页。

④ 高秉坊：《中国直接税史实》，京华印书馆（重庆）1943年版，第66页。

⑤ 《保举税务人员暂行办法》（1942年2月11日），《中华民国工商税收史料选编》（直接税·印花税）第4辑上册，第674页。

校刊《南洋友声》上刊登公示祝贺。[①] 厦门大学考取了 3 人。[②] 上海大夏大学考取了 7 人，均为商学院毕业，“均系该院学行优异之高材生”。《大夏周报》在刊出新闻中说，“投考者甚为拥挤，而刘等竟皆获选，真属难能可贵”[③]。在这 7 位同学接受训练之后的 3 个月，校报又刊载消息，“诸同学现均在京听候任用，不日即可分途往各省市工作”[④]。学生投考非常踊跃，有利于择优选材。

（3）训练

训练班主要是用课程训练的方式来进行，包括精神课程、军事课程、税务课程和实习课程。精神课程和军事课程重在“新精神”“新税风”的训练，税务课程和实习课程重在专业理论及实践能力，互为配合。不同层级的税务人员课程难易程度有所不同，但课程内容结构大致如是。

就直接税处东南区税务助理员讲习班的课程安排来看，精神课程包括精神训话、党义研读、总裁言论。税务课程包括所得税、遗产税、印花税、营业税的法规和原理；查账实务、经济调查为直接税实践课程，还有财政学、经济学、会计学、民商法、统计学、公文程式等辅助业务课程。实习课程为分税类实习、经济调查实习、会计统计及查账实习等。军事课程主要是军事学科、讲座、党务活动、小组讨论。[⑤] 课程的核心是“专业”与“精神”训练。专业课程集中在税务业务，特别是法规、统计、核算等基本业务能力。精神课程虽有政治的内容，重点还是在于强调职业伦理、廉洁奉公。

税务生、初级税务员和高级税务员的精神课程都是相同的，辅助业务课程也相似，税务课程的难易稍有区别。训练班的学习方式比较多样。在课程

---

① 《校友苏文熙等考取中央直接税税务人员训练班》，《南洋友声》第 45 期，1936 年 12 月 1 日，第 15 页。

② 《财部中央直接税人员训练班，毕业同学叶绿水等三人考取及格》，《厦大校刊》第 1 卷第 3 期，1936 年 10 月 15 日，第 21 页。

③ 《李秉枢、吴温玉等七人考入财政部中央直接税人员训练班》，《大夏周报》第 13 卷第 2 期，1936 年 9 月 30 日，第 43 页。

④ 《财政部中央直接税人员训练班受训诸同学毕业》，《大夏周报》第 13 卷第 9 期，1936 年 11 月 23 日，第 196 页。

⑤ 《直接税处东南区税务助理员讲习班第一期工作报告》（1941 年 5 月 30 日），《中华民国工商税收史料选编》（直接税 · 印花税）第 4 辑上册，第 656—667 页。

及讲座之外，还有小组及工作会讨论。讲座内容广泛，内容涉及税务、政治、精神及青年修养等各方面问题。兹列部分讲座者及讲题如表5－2所示。

表5－2　**直接税处东南区税务助理员讲习班第一期讲座安排情况（1941年5月）**

讲述者	讲题
曹聚仁（国立暨南大学教授、知名记者）	中国经济杂话、国际现势之分析
彭朝钰（三民主义青年团江西支团部书记）	中国青年与三民主义青年团
刘家树（江西省党部委员）	南太平洋风云中之越南问题
胡宝图（西岸盐务办事处硝磺总处处长）	国防资源之硝磺
杜廷绚（江西裕民银行总经理）	战时财政与金融
杨绰庵（江西省建设厅厅长）	青年的修养与服务方法
陈熙乾（中央通讯社江西分社主任）	税务与宣传
胡莲舫（中正大学教授）	从现代教育制度谈到个人终身职业
陈宝莹（江西军管区司令部政治部主任）	青年修养问题
蒋经国（江西第四行政区专员）	中国青年应有的认识与责任
瞿荆洲（江西裕民银行副经理）	财政与金融之关系
王佩蘅（西岸盐务办事处处长）	“廉能勤毅”大意与盐务概况
周学谦（第九战区经济委员会秘书）	经济作战
熊漱水（江西省地政局局长）	土地税
刘恺钟（江西省参议会秘书长）	财务人员必具之修养
龚履端（江西省政府秘书）	现代青年对政党应有之认识
李镜仁（中央银行南昌分行经理）	金融与储蓄
萧纯棉（江西省政府委员）	直接税之时代精神
万继勋（江西高等法院首席检察官）	抗战前后之司法

资料来源：《直接税处东南区税务助理员讲习班第一期工作报告》（1941年5月30日），《中华民国工商税收史料选编》（直接税·印花税）第4辑上册，第656—667页。

按学员的描述，财政部东南区直接税税务人员讲习班的训练较为严格，班风也堪称严整。1942年，有名叫王心中的学员在一篇文章中写道：“这群年轻的战士，从床上爬起来，整理内务，打绑腿，穿上戎装，洗脸，四点十分升旗，好似紧急集合，不到三分钟，齐整的队伍便屹立在‘廉、能、勤、毅’税训四个大字的面前。清新的头脑，饱满的精神，接受新税革命新精神的洗礼。”作者所在班级是高级税务员组第五届训练班，共有 47 位大学生，42 名男生，5 名女生，毕业院校包括厦门大学、中山大学、复旦大学、湖南大学、国民大学、福建学院助勤商学院等校。在专业方面，基本上是来自经济、会计、银行系的学生。学员的课程、讨论和训练的时间安排都比较紧凑。① 此类个人化的叙述颇具文学色彩，青年大学生的朝气和激情跃然可见。军事化的训练虽然严格辛苦，不过青年人的斗志得到激发。

直接税税务人员训练班的考训工作受到税务官员的肯定。姚肖廉在《财政知识》上发表文章说，“崭新之直接税人，应刻苦耐劳，发扬踔厉，淬砺志节自居，以移风易俗之责任，使优良严肃之直接税税风，发扬为中国整个税风”②。训练班为了加强职业伦理修养，有的还组织有进修会。东南区直接税人员讲习班的进修会会员一共有 566 人。③ 经过训练，学员对直接税的属性和自身的职业使命的认识有所提高。在训练班和早期直接税机构的封闭环境内，的确形成了较为积极向上的新税风。

（4）选用及考升

与考试制度相应，财政部在 1936 年 7 月就颁发了《财政部中央直接税税务人员任用规则》，规定了试用及任用程序。依规则要求，入训人员在期满合格后，分别委派作为试用员，试用期为三个月。在此期内，高级月津贴为八十元，初级为五十元。试用期满经考核后补实。成绩低下者，试用期可延展三月。再不胜任者，开去职务。补实人员按所列等级，等叙支俸。④ 财

① 王心中：《陶熔青年税人的洪炉——财政部东南区直接税税务人员讲习班巡礼》，《财政知识》第 6 期，1942 年 7 月 1 日，第 58—59 页。

② 姚肖廉：《直接税之税人——介绍直接税之人事制度》，《财政知识》第 2 卷第 2 期，1942 年 12 月 1 日，第 57 页。

③ 《新税人给炼成了》，《财政知识》1942 年第 6 期，第 53 页。

④ 《财政部中央直接税税务人员任用规则》（1936 年 7 月），《中华民国工商税收史料选编》（直接税·印花税）第 4 辑上册，第 638 页。

政部在1941年制定有实习章程，将实习程序加以制度化。[①] 据学员倪镇回忆，实习成绩考核划分相当细致。实习课程为法令讲习结合税务实践，进行培育。“考核成绩，分工作、操行、学识三大项”，各细项最高分数为五分。表内还有评语、拟任职务、审查结果等栏。评语要求具体，以便核派职务。[②] 在每个环节完成后，都有相应考核。直至试用合格，方才正式委派职务，成为在册税务人员。

直接税人员任用重在专业，也设立了合理的职业晋升机制。依据设定，直接税人员的职级是官、职分开。官名即依主管岗位而定，如局长、课长、股长等；职名即为税务员、会计员、统计员等类。同时，官、职虽然分开，但需要有较高专业职级，才能担任相应官位。高级税务员及初级税务员被视为一种法定资格，此资格需经“考取训练实习，始能取得”。各员薪俸，分为官俸和职俸，官俸按资历高低而定，职俸按其任职而定。无职务时，职俸停止。薪俸可依照资格，按年功晋加。[③] 任用规则第四条规定依考核成绩，循资推升。第五条规定如有贻误公务，非经查实不得免职或降级。[④] 依此程序，入职者在获任后可从不同级衔开始税务生、助理员、初级和高级税务员的职业生涯。到1943年11月，直接税处正式颁布考升规则，规定税务人员可以通过考试方式提升职级。[⑤] 税务人员即使未能提拔官衔，但也能通过资历积累和工作业绩来申请考升。如此就打通了普通税务人员的晋升通道，有助税务人员走专业化之路。

综合而论，直接税处最初确立的是考试、训练和任用的基本制度，到后来不断完善，将考训与晋升相连接，从而使直接税人事考训与管理流程前后贯通。从招录学员的出身来看，不少非官宦的普通人家子弟也有进入。初入

① 《直接税税务人员实习章程》（1941年），《中华民国工商税收史料选编》（直接税·印花税）第4辑上册，第673页。

② 倪镇：《旧中国直接税的回顾》，政协文史资料委员会编《文史资料存稿选编》（经济）上册，中国文史出版社2002年版，第86页。

③ 高秉坊：《中国直接税史实》，第62页。

④ 《财政部中央直接税税务人员任用规则》（1936年7月），《中华民国工商税收史料选编》（直接税·印花税）第4辑上册，第638页。

⑤ 《财政部直接税处的工作人员考升规则》（1943年11月），《中华民国工商税收史料选编》（直接税·印花税）第4辑上册，第701—705页。

培训班的大学生还未受旧习沾染，在训练之中也体现出较为积极向上的精神状态。业务能力与职业伦理并重，有益于学员才德并蓄。考训制度符合税务改革走向合理化、科学化的趋势，入选学员和社会舆论对之都持肯定态度。

（二）“新税人”的分派任用及职业表现

直接税机构的架设自所得税开办始在全国铺开。在财政部层面，下设所得税处。至各省区，设立所得税办事处，再下设各征收所。后改组为直接税处及直接税署，相应在省区设区局，市县设分局及所。因机构初立，人手分派，尤为不足，有些偏远省区或市县合设局所。省市级的所得税主管官员，主要由财政部及所得税处选定，基层税所干部及办事人员以调任及选用考训学员组成。

在税务主管官员层级，孔、高基本都是选拔的财税类专家或者从财务系统内抽选的官员组成。此类官员有些早已参加财政部整理地方捐税委员会，有的则已被聘为所得税处筹备人员。所得税所任用的办事处及省区级官员大致有两类。其一，财税学者，如张淼、区兆荣、梁敬錞、崔敬伯等。区兆荣、崔敬伯均曾留学海外，归国在大学任教。张淼也因发表税法研究文章而受孔祥熙关注。这些学者由学转仕，专业精通，在税制初创时期，可发挥重要引领作用。其二，调任财税官员。张秀升原司关税，祝步唐原司统税，关吉玉亦司统税，但大多精于税务研究，任职表现良好，得孔、高信任，转任所得税职务。① 分派各地时，“各该委员酌带合格学员各三五名”，以此作为建立所得税征收机构的最初班底。②

财政部和直接税处直接主办的训练班学员由总处统一分配，地方所办训练班则在辖区内简派任用。高级税务员经过历练可以担任中高层级的税务官员，初级税务员则担任基层税务干部或税务干事。考训学员在实习结束之后，即匆匆奔赴各地，成为建立直接税组织体系的重要力量。成都直接税机构从1937年征所得税时开始组建，负责人为文自佳。初建时为川西区分处，1939

① 《高秉坊请补派皖豫赣闽四省所得税委员的签呈及部长批示》（1937年1月22日），《中华民国工商税收史料选编》（直接税·印花税）第4辑上册，第608—612页。

② 《高秉坊请遴选人员赴各省市筹办开征所得税的签呈及部长批示》（1936年11月16日），《中华民国工商税收史料选编》（直接税·印花税）第4辑上册，第605页。

年改为成都区分处。1941 年，川康直接税局成都分局列为特等局。根据成都局的情况，“现在厉行考训制度以后，所有从前学用脱节之弊，业经完全矫正，而变为学用一致之功能”[①]。浙江省所得税处1936 年12 月在杭州成立，开始仅6 人，后来补充学员，陆续增加，“虽经迭次考训甄录，仍感不敷”[②]。委任官员与考训学员协同分派各地，成为各地早期机构建立的主干队伍。

在 1942 年直接税与营业税合并征收之前，直接税人员主要依赖于考训供给，全国机构也仅 200 余处，人员 2000 余人。到直营合并后，“直接税机构之新名称突增七倍以上，直接税之新人员突增五倍以上”[③]。为避免不合格人员混入直接税署，财政部对营业税人员进行核查评估，对不合格者予以淘汰。1943 年，财政部又推动直接税与货物税机构合并，改组为税务管理局。税务部门合并基本是由直接税机构主导，以便统筹税务行政。到 1943 年，财政部计考训高级税务员十二期共 2860 人，初级税务员十一期共 3394 人。此外，还有一些地方举办的训练班，其时合并营业税之后的人员有 15596 人。考训在职人员计占约 38% 。[④] 考训制度为直接税的顺利开征提供了基本的人员保障。

根据财政部 1945 年核定的各区局等级及编制情况，各地的税务人员缺口极大。按照分级规定，仅省区局的人员即需 1620—2057 人。[⑤] 在区局之下，设有分局，亦按区域分等。一等分局是 100—180 人；二等分局是 50—100 人；三等分局是 30—60 人；四等分局是 25—40 人。[⑥] 如按上述标准配备，需要税员在 3 万人左右。各局实际配备人数，多未达此标准。

直接税人员考训极大提升了税务人员的专业素养。以高级税务员为例，按直接税处的统计，考训 12 期总计培养了高级税务员 2694 人，其中第 11、第 12 期人数最多。按毕业专业而论，经济系毕业者占据过半，依次为商学

① 邹守愚：《成都直接税分局生长的概况》，《税人》第 2 期，1944 年 3 月 29 日，第 111—115 页。

② 张淼：《七年来之浙江直接税》，《浙江税务》创刊号，1943 年 10 月 10 日，第 6—12 页。

③ 高秉坊：《中国直接税的生长》，第 23 页。

④ 高秉坊：《中国直接税史实》，第 66 页。

⑤ 《财政部关于核定各区局等级与设置地址并颁发区局员额编制表等的代电》（1945 年 10 月 22 日），《中华民国工商税收史料选编》（直接税·印花税）第 4 辑上册，第 632 页。

⑥ 《财政部关于核定各区局等级与设置地址并颁发区局员额编制表等的代电》（1945 年 10 月 22 日），《中华民国工商税收史料选编》（直接税·印花税）第 4 辑上册，第 632 页。

系、会计银行系、法律系。这与考试规则所确立的专业范围是一致的，改变了以往税务人员学用不一甚至不学无术的状况。其情况如表 5－3 所示。

表 5－3　直接税高级税务员学历统计　（单位：人）

期别	总计	经济系	会计银行系	商学系	法律系	其他
一期	52	30	13	9	—	—
二期	50	14	3	4	9	20
三期	13	13	—	—	—	—
四期	26	21	—	5	—	—
五期	33	33	—	—	—	—
六期	5	5	—	—	—	—
七期	30	26	3	1	—	—
八期	151	119	12	20	—	—
九期	67	55	6	6	—	—
十期	74	63	3	5	3	—
十一期	568	421	32	47	68	
十二期	1625	1071	143	284	107	20
总计	2694	1871	215	381	187	40

资料来源：高秉坊：《中国直接税的生长》，《税人》创刊号，1944 年 1 月 1 日，第 11 页。原表合计为 2695 人有误，应为 2694 人。

从各地税局反映的情况来看，考训学员初入职场，虽有经验不足之处，但适应提升很快，专业能力和职业操守还是颇受肯定。按萧良材所评：“各局所任用之职员，殊无一定标准。或则由各方推荐而来，或则招考各校毕业学生，施以相当训练，量材录用，勉应当前环境。”① 考训学员分派各地，基层税所的税务稽核及查征效率得到提高。福建省在 1937 年元旦之时成立了所得

① 萧良材：《培养直接税税人之我见》，《税人》创刊号，1944 年 1 月 1 日，第 116 页。

税办事处，由张淼和史家麟分任正、副委员。初立之时，人员不多，“办事人员十余人，内中数人，是总处派来的第一期直接税训班学员，担任经济调查工作”。到3月，直接税处又派来第二期学员多人。[①] 参加工作的多是大学生，“手头比较干净”“风气也较好”。即使有贪污，“也只是个别的人偷偷摸摸干一两下而已”[②]。陕西办事处的税务人员，除税训学员外，低级职员多由考取而来，“虽报酬微少，然工作能力尚优”“税训学员均颇努力”“全体同仁富有团体精神”“均能体认新税之精神”[③]。陕西宝鸡直接税局于1937年设区分处，“税务人员，均系受过专业训练的青年”，办事比较认真，不徇私情，“大有一扫恶习之气概”[④]。甘肃事务处税人“精神亦均振作，对于本职率能负责”[⑤]。考训学员所受过的专业和精神训练在征收过程中得到体现。直接税处弃旧有税员不用，招录考训新学员的办法取得成效。

表5－4　**直接税在职人员统计**　（单位：人）

期别	高级	初级	总计
一期	52	17	69
二期	52	65	115
三期	13	207	220
四期	26	123	149
五期	33	48	81
六期	5	87	92

---

① 王绍兴：《十年来福建直接税机构与人事之递嬗》，《闽区直接税通讯》第1卷第6期，1946年7月1日，第15页。

② 陈骑涂：《福建的直接税》，载中国人民政治协商会议福建省委员会文史资料研究委员会编《福建文史资料》第13辑，中国人民政治协商会议福建省委员会文史资料研究委员会1986年版，第125页。

③ 《财政部关于发交祝步唐视察陕甘宁青报告书的指令》，《中华民国工商税收史料选编》（直接税·印花税）第4辑下册，第1320页。

④ 王璋：《忆宝鸡直接税》，中国人民政治协商会议陕西省宝鸡市委员会文史资料研究委员会编《宝鸡文史资料》第6辑，中国人民政治协商会议陕西省宝鸡市委员会文史资料研究委员会1988年版，第215页。

⑤ 《财政部关于发交祝步唐视察陕甘宁青报告书的指令》，《中华民国工商税收史料选编》（直接税·印花税）第4辑下册，第1320页。

续表

期别	高级	初级	总计
七期	30	67	97
八期	151	40	191
九期	67	287	354
十期	74	1140	1214
十一期	568	1120	1688
十二期	1625	—	1625
总计	2696	3201	5895

资料来源：高秉坊：《中国直接税史实》，第69页。按高在《中国直接税的生长》中的统计，第二期为50人，合计为2694人。

在抗战时期，后方基层查征所的运行状态如何？可以从四川永顺查征所的状况进行探究。该查征所主管五县的直接税征收，初始有7人，后来增加至10人，再又裁去4人。至营业税移交后，又裁去了2人。查征所人员少，任务重。基层对于直接税并不理解，抗税较为强横，“保靖素为强蛮之地，税务人员在那里丧命的有好几个，但今年却战胜了。由去年10万元许的营业税，增课到60余万元”。永顺学术研究会的张尔谋曾至所探访，描述所见：“查征所的人员，大半陌生了，所址已迁在一栋新式而精致的房屋里，黄色的外墙上，悬挂着一块堂皇的全衔匾，旁边还贴着一张联谊平剧社的白纸。踏进草坪，突有八块大园木板呈现，书写着斗大的‘直接税永顺查征所’八个艺术字，一字形分列装订在楼上的栏杆上，这是最引人注目的。”进门的左边是一间大办公室，有七八个商人正和几位税人争论核课，“气氛特别紧张而热烈”。1946年，查征所为了完成税收任务，派当时还在任的张尔谋与商民舌辩，成功说服商会协助征税。当年成绩较为显著，所利税征课能达200万元之额，而前一年仅7万元。营业税较上年增加十余倍。契税方面，一个半月的时间，收到了100余万元。[①]基层税负沉重，税务机构建立了，但完成预算仍比较艰难。

① 野蒙：《活跃的青年税人——永顺直接税查征所访问记》，《金融汇报》第28期，1946年10月16日，第12—13页。

整体上看，在早期直接税分支机构建立过程之中，考训人员成为基本班底。财政部统计，直接税收入在关、盐、货、直四税总收入的比重，1937年为2.6%，1938年为6.3%，1939年为6.6%，1940年为12.4%，1941年则为12.1%。[①] 在征收成本方面，按1936年到1941年的征收费平均数计算，关税占所征税类的9.39%、盐税占10.53%、货物税占7.425%、直接税占4.95%。直接税在总税额中所占比例不断提升，而其征收成本并不高。

三　制度的裂缝：1942年直营合并后的税务控案

古语有云，"百年累之，一朝毁之"，新税风的建立不易，但风评由好转坏却很快。1942年在直接税的人事制度建设上是一个重要节点。根据官民各方观察，在此之前，直接税人员出身考训，机构精简，管理严格，虽不能完全杜绝弊案发生，但风气尚好。到1942年，直接税合并营业税机构，人事规模迅速扩大，税务控案迅速增加。按孔祥熙的战时财政管理办法，在借债、发钞、募捐之外，"尚须有安全持久之租税为主干"[②]。增税是维系国家信用、支持借债之柱石，以成绩卓著之直接税机构来合并营业税、货物税正是其统一税政、增加税收的重要计划。到1943年，又以直接税机构为主合并货物税机构，结果反使税风更趋恶化。目前的研究对人员训练和税务控案多是分开而论，还缺乏关联分析。如前后连接，可以对直接税人事制度有更深入的认识。

（一）税务控案

1942年前后的这一变化，财政部在监察之中就已发现。财政部对初期的考训成绩是比较满意的，自直接税创办，起初"因稽征分立，税制完善，复以用人选才采取严格考训，符合新税、新人、新精神之旨趣，故颇得社会人士之期许与一般舆情之赞助"。唯1942年以后，"各省业务进展甚速，需才迫切，考训取材既感供不应求，且复缓不济急，于是放任就地网罗，遂致

① 《财政部统计处租税收入统计分析》，《中华民国工商税收史料选编》（综合类）第1辑下册，第3107页。

② 《抗战以来政府对于财政金融之重要措施及今后财政金融政策》（1939年10月），刘振东编《孔庸之先生讲演集》，台北文海出版社1972年版，第242页。

资历参差，人品不易，抑自营业税接收归并后，员额骤增，管理难期周密”①。人员规模急剧扩大带来管理的失效。孔祥熙在 1943 年直接税业务会议上称：“直接税在过去五年中，同人均能以廉洁和平见称于时。本年接管营业税以后，各地控诉检举之案，在九月以前达二百六十五起之多。”② 他警示考训学员，“你们都是青年，都是大学生，假如就是这样顺流而下，不久一般人可以将税吏税棍的名称加诸你们身上”③。财政部高层已经意识到，接管营业税后，大量原有税务人员旧习难改，严重冲击了好不容易建立起来的直接税新税风。

基层税务官员的观察也证实了财政部的判断。王璋回忆说，“直接税多年惨淡经营之优良传统竟与货物税局之恶习同流合污，风气愈来愈坏，社会关系愈演愈烈，机关单位代人说情者屡见不鲜”④。原本财政部是希望以直接税署来强化对营业税、货物税的管制，结果反受同化影响。基层税局的实际情况也反映出税局合并带来的人事乱象。陕西宝鸡税局“1942 年征收遗产税，课税项目繁多，人员复杂，贪污勒索，时有发生。原有考训人员，渐升为税务负责人，新招收人员，多系各机关介绍，良莠不齐，思想混乱”，加上物价飞涨，“贪污舞弊，敲诈勒索之风盛行”。到 1943 年，“税局需人孔急，财政部招收武功学院与西北大学一部分毕业生来宝鸡分局实习，内有少数不良分子，品质恶劣，惯于投机倒把，拉拢奸商，接收礼物，借权谋私”⑤。合并之后，固然有大量非考训人员延续旧习，违法取利，但是新招收的人员也有借机敛财的情况。安徽的情况也大致如此，“税务人员隐私舞弊，花样翻新”⑥。从表面上看是人员混杂，实际上是征管制度存在大量漏洞，加以经济恶化，税务人员得以上下其手，营私舞弊。

---

① 《叶干初视察湘桂鄂粤等省的报告》，《中华民国工商税收史料选编》（直接税·印花税）第 4 辑下册，第 1354 页。

② 《孔祥熙在直接税处年度业务会议上的讲话》，《中华民国工商税收史料选编》（直接税·印花税）第 4 辑下册，第 1538 页。

③ 孔祥熙：《检讨与策勉——第六届直接税业务会议开幕训词》，《税政月刊》第 1 卷第 3—4 期 1944 年 3 月，第 32—33 页。

④ 王璋：《忆宝鸡直接税》，《宝鸡文史资料》第 6 辑，第 218 页。

⑤ 王璋：《忆宝鸡直接税》，《宝鸡文史资料》第 6 辑，第 217 页。

⑥ 倪韶九：《安徽直接税始末》，载中国人民政治协商会议安徽省委员会文史资料研究委员会编《江淮工商》，安徽人民出版社 1987 年版，第 160 页。

财政部及地方税务人员多都将直接税税风恶化归咎于1942年的直营合并及1943年的直货合并，故有必要对合并后的税务情况进行分析。正如批评所指，税风恶化的直接表现就是税务控案明显增加。抗战时期，一些直接税税务控案进入行政调查及法院诉讼程序。结合控案的档案记录，或可深入过程，探明税务人员谋私取利的潜在“技巧”和制度漏洞。

侯坤宏先生整理了台北“国史馆”典藏“财政部档案”中的税务控案案卷，分析了直接税控案的类型、发生原因、处理结果，是目前为止对抗战时期税务控案问题讨论最为详尽的研究成果。[①] 本书不拟重复侯文的研究结果，重点结合涉案人员的主体特征及违法方式来分析税务人员究竟是如何利用制度漏洞伺机取利的。在此选取财政部档案中的56个案例来加以讨论，如表5－5所示。

据孔祥熙在业务会上所言，财政部在1942年直营合并最初数月接获控案即达200余个。此处所列56个税务控案仅为局部，案件的信息并不完整。但本书分析不在于强调其代表性，而主要是从中了解控案主体的群体特征和违法方式，探究其中存在的制度漏洞。

就地区而言，战时征税区主要限于后方，以四川最为集中，加上陕西、甘肃、宁夏、青海、西康等地和湖南、河南的局部。在直接税征收体系中，营业税、所得税和遗产税为主要税类，涉案者以营业税相对较多。所涉及税局层级，基本是县市基层税局或税所，至低达到乡镇征收所。基层税员直接与纳税人交涉，核定税额，经手税款，位低而权重，监管不易，客观上使基层税局成为税务控案的重灾地。

再分析提告或举报者。税务控案由提告或检举触发，再进入法院或者上级监察程序。在56个案例中，其中商人控告税务人员者30个，税局职员提告税局领导或税务员者有19个，税局监察控告所属职员者4个，其余类型3个。商人作为纳税人，提告税务人员违法情况较为普遍。违法者直接损害商人利益，引发商民不满与反弹。税局职员举报领导或同僚，属税局内部控告。职员提告有多例是离职税员提出，在任多顾及利益，离职之后反能

① 侯坤宏：《抗战时期的税务控案》，《财政与近代历史论文集》，“中研院”近代史研究所1999年版，第693—737页。

表5－5　抗战时期部分税务控案简表

序号	税区及省份	受控者	类型	案情	处理结果	资料来源（台北“国史馆”藏财政部档）
1	财政部官员	财政部视察李如霖	公款招待	福州商民代表鲁山密控其视察闽省税务时沿途受银行及税务局所欢宴招待，费用由各机关分配		《福建省财政厅秘呈财政部》，1942年7月，资料号：254－2219
2	西康省	康定直接税分局助理员高昌明	借款勒索	向庄其等商号借款经商，逾期未还		《康定杨照华上高处长电》，1942年11月，资料号：252－311
3	西康省	甘孜查征所出纳员孙炳宣、通司李仁真	欺诈商民	商民桑巴森陇控其伙同营私，欺诈商民	调局查看	《西康省甘孜县绒坝贫白里村夷商桑巴森陇呈》，1945年2月，资料号：252－366
4	浙江	温岭直接税分局税助员周明	私吞税款	私收林杏梅户遗产税16万元，侵吞14万元		《黄西翰电直接税署李署长》，1945年6月，资料号：251－1316
5	河南	前邓县分局长程廉泉，所连成张村分驻所主任税助员魏毓桐		湖北郧县“不平人”举报程存税款150余万元，魏收税款30万元，后谎报损失		《财政部直接税署密训令豫鄂区直接税局》，1945年7月，资料号：252－405
6	河南	洛阳分局税务县助理王锡九、实习员高一轻等	受贿	在庆和商行查获伪造营业账，受贿20000元	查实撤职	《财政部河南直接税局洛阳分局呈直接税处》，1942年7月，资料号：252－404－1
7	河南	内乡县查征所主任张雪谷	挪用公款	职员李克定等控告其挪用公款，克扣薪饷，经商放贷	查实免职	《财政部河南税务管理局呈财政部直接税局》，1943年11月，资料号：252－414
8	河南	内乡县查征所主任姜百芳	贪污挪用	商民傅春明等控其受贿减税，侵吞税款，任用私人		《河南省内乡县西商民傅春明等呈财政部》，1944年11月，资料号：252－421
9	广西	广西直接税局贺县分局长黄卓芳	冒领薪津	冒领员工薪津及平价米		《财政部直接税署密令督察高玉峰及所附原呈》，1943年3月，资料号：248－009

续表

序号	税区及省份	受控者	类型	案情	处理结果	资料来源（台北“国史馆”藏财政部档）
10	湖南	芷江营业税查征所主任李润吾	侵吞税款	伙同三合记牙行经理包征1942年营业税1.7万余元，仅缴库1000元		《国民政府军事委员会致财政部快邮电及其附件》，1943年12月，资料号：254－1884
11	湖南		谋杀致死	衡阳分局江东查征所主任李瀚因挡人财路致被杀弃尸	谋杀者未查明	《李龙时英呈财政部》，1943年12月，资料号：254－1880
12	湖南	衡山直接税查征所主任唐永贞	贪污滥征	商民萧尹等控其私设关卡，中饱税款		《欧阳瀛等呈财政部》，1944年5月，资料号：254－1878
13	四川川康直接税局	绵竹直接税分局局长傅伯钦	侵吞税款	委托油业公会理事长代征营业税，包缴8000元	被撤职	《直接税署、人事处合签》，1945年4月，资料号：254－1309
14	四川川康直接税局	涪陵分局局长蒲金厚	受贿	每月收受建国平剧院贿款5000元，凯歌电影院贿款2000元		《重庆卫戍总司令部致财政部直接税处快邮代电》，1944年4月，资料号：252－329－1
15	四川川康直接税局	乐山分局局长郑家祐	滥收礼金	乐山商民控其假结婚之名强迫商人送礼	税署查属正常人情	《赵广茂上康宁路直接税处电》，《财政部直接税处致人事处函》，1943年6月、9月，资料号：252－310
16	四川川康直接税局	成都分局局长陈仲谊、职员唐宗寿等	内部纠纷	分局职员唐任贤控其舞弊营私，唐受排斥		《唐任贤呈财政部直接税处税务总处》，1944年5月，资料号：252－327－1
17	四川川康直接税局	成都分局税务生陈汝伦	索贿私吞	分局控其非法诈取长城公司法币2000元，又索贿4万元以隐瞒上税，未成	判刑5年，缴2000元	《财政部川康直接税局成都分局呈财政部直接税处》，1943年11月，资料号：252－327－1
18	四川川康直接税局	广元分局查征员马玉璋、填票员罗光远	离职人员提控	被原信职查征员罗选青控告	查实诬告	《财政部直接税处指令川康直接税局》，1943年3月，资料号：252－333

续表

序号	税区及省份	受控者	类型	案情	处理结果	资料来源（台北“国史馆”藏财政部档）
19		古蔺查征所主任袁廷鑫	离职人员提控	被所裁职员控私吞税款	查实诬告	《财政部东川税务管理局叙永直接税分局呈》，1944 年 11 月，资料号：252－351
20		旺苍查征所主任左崇明	离职人员提控	前职员赵树藩、康思良曾因私吞税款受惩，报复举报	查实诬告	《赵树藩等签呈》，1944 年 11 月，资料号：252－305
21		纳谿直接税查征所主任詹俊	侵吞公款	原革职职员梁继成、卞鸿光等 6 人控其侵吞公款，不法经商	查实诬告	《财政部东川税务管理局呈财政部》，1943 年 7 月，资料号：252－353
22		南充分局局长李玠	下属控贪污	下属职员陈灼等联名控其贪污渎职		《东川税务管理局南充直接税分局呈》，1944 年 6 月，资料号：252－332
23		泸县前任分局局长侯仲桓	挪用各款	职员刘监初控其任用私人，挪用保证金及印花税款		《财政部直接税署训令督察陈仲谊》，1945 年 7 月，资料号：252－307－1
24		古蔺查征所征收处查征员罗学愚	苛征	商民张志安控其拦道过征，营私舞弊		《财政部东川税务管理局呈财政部直接税处》，1944 年 3 月，资料号：252－351
25		绵阳分局局长周辉远	贪污	职员控告其贪污违法八大罪		《财政部直接税署密训令督察邵祖兰》，1944 年 3 月，资料号：252－349
26		铜梁县分局职员周纯龈	私吞税款	大庙镇纸商代表胡建三等控其侵蚀印花税款，殃及行商		《胡建三等呈四川营业税总局》，1944 年 5 月，资料号：252－340
27		开县直接税股长王先祥	私吞税款	商民谭锡昆控其伪收税款；行商萧卓杰控其盗卖运单舞弊		《开县镇安乡商民谭锡昆呈财政部直接税署》《财政部东川税务管理局呈财政部直接税署》，1944 年 5 月，资料号：252－342

续表

序号	税区及省份	受控者	类型	案情	处理结果	资料来源（台北“国史馆”藏财政部档）
28		潼南县查征所主任李发第	侵吞税款	商民代表萧世刚控其侵吞税款，渎职贪污		《财政部东川税务管理局呈财政部直接税署》，1944年6月，资料号：252-349
29		邛崃分局蒲江查征所所长张涛	勒扣津贴	职员控告其勒扣米金		《陈杰超呈》，1942年11月，资料号：225-1234
30		仪陇查征所主任李爱吾	虚报贪污	催征员岳硕修等6人控其私刻图章，捏报薪津		《财政部川康直接税阆中分局呈财政部直接税处》，1942年12月，资料号：252-1308
31		仪陇查征所主任袁鸿谟	以公谋私	商民卢平池控其借公营私		《财政部东川税务管理局》，1944年2月，资料号：252-352
32		大竹分局局长王官炤	贪污公款	雇员邱天极等控其涂改税票，侵蚀公款	上级查实法办	《财政部东川税务管理局呈》，1944年10月，资料号：252-338
33		阆中直接税分局局长杨成全	利用税款投机	乡镇查征员孟济洲等控其利用税款抵发公粮，出场货运证单，放税款吃高利贷	上级查实法办	《孟济洲等告密》，1946年4月，资料号：254-1233
34		江油分局青川查征所主任陈泽源	冒领公款	职员余绍鑫控其握存税款，买卖鸦片，冒领公款	税署查实撤职	《青川查征所余绍鑫呈》，1945年10月，资料号：252-269
35		岷县税务征收局局长龙之鸿、课长张家训	勒索	商民雷勋章等控其违法营私，鱼肉商民		《田福麟呈税务署快邮代电》，1944年3月，资料号：225-328
36		万县直接税局局长焦宗华	贪污税款	商民代表程鼎新等控其贪污自肥，因分赃不平被分局货运登记室主任谢侠公刺伤		《万县商民代表程鼎新等呈财政部》，1942年12月28日，资料号：254-1246

续表

序号	税区及省份	受控者	类型	案情	处理结果	资料来源（台北“国史馆”藏财政部档）
37		双流直接税查征所主任陈濬夫	贪法税款	商民刘三兴等联控其征过道补助税不给收据		《双流商民刘三兴等呈》，1942年12月，资料号：254－1246
38		巴中县江品镇征收员陈季武、陈子寿	勒索贪污	木商文显明等人控其勒索中饱，非法贪取		《重庆市临时参议会致财政部直接税署公函》，1944年8月，资料号：252－398
39		蓬安查征所主任蒲骏	勒索	士绅商民控其留难货船，勒索行商，吸食鸦片	上级查无实据	《财政部东川税务管理局呈财政部直接税署》，1944年1月，资料号：252－345
40		渠县营业税查验所主任王光谦及张联兴	勒索贪污	木船业同业公会控其留难勒索，完税不给税票		《渠县木船业同业公会呈》，1942年9月，资料号：254－1266
41		叙永直接税局局长王永君	重税苛敛	百货公会理事长严质君等控其重税苛敛		《中国国民党四川省执行委员会公函》，1943年10月，资料号：252－309
42		篷溪县征收处主任徐实	勒索	叙永士绅吕文光等控其勒索，每月索洋2万元		《叙永县士绅吕文光等呈财政部》，1944年4月，资料号：252－389
43		南县查征所主任吴自传	贪污	南县士绅杨芷言等11人联控其贪污17万元，三青团王管之等7人控其吸食鸦片		《苏世昌、苏炳中、马世中等呈财政部》，1945年1月，资料号：254－1706
44		西充县查征所主任何钧涛	违法贪污	西充县商会理事长李星甫等控其吞蚀印花税。后又有各乡镇长计32人联名控告其违法贪污		《财政部直接税署致西川税务管理局代电》，1944年4月，资料号：252－348；《四川省西充县各乡镇公所呈财政部》，1944年4月，资料号：254－1315
45		江油分局税务股股长张伯勤	苛征营私	中坝镇山货业、菸业、酱园业、糖食业、盐业、纸铜业等公会主席联控其违法营私，垄断苛扰		《江油县中坝镇山货商业同业公会呈直接税总处》，1944年8月资料号：252－337

续表

序号	税区及省份	受控者	类型	案情	处理结果	资料来源（台北“国史馆”藏财政部档）
46		奉节直接税分局局员丁灿碧、梁纬广、张玉梅等	勒索贪污	绸缎疋头业同业公会控其借调查1942年所利得税名义勒诈钱财	丁反控	《财政部东川税务管理局呈财政部直接税处》，1943年12月，资料号：252－325
47		川康区达县分局局长王占祚	挪用公款	商民周顺之等控其伙同税务股长金瑞廷贪污，挪用公款		《周顺之等密呈财政部直接税处》，1943年3月，资料号：252－328
48		郫县直接税分局局长陈若霖	挪用公款	该局停职税务助理员李轩、计核股长王邦德先后控其挪用薪饷	上级查证属实	《财政部直接税署令川康区直接税局》，1945年8月，资料号：252－336
49		川康区江津分局第四征收处佐理员陈致中	擅权谋私	江津分局呈报其擅设囤船，私收税款	予以免职	《财政部川康直接税局江津分局呈财政部直接税处》，1942年6月，资料号：252－303
50		绵阳直接税分局办事员倪烈逊	私吞税款	分局控其截留税款13万余元	法办追缴	《西川税务管理局绵阳直接税分局呈》，1944年7月，资料号：252－314
51		资中直接税分局甘露乡征收处征收员万昌黎	私吞税款	分局控其侵吞税款1.56万元	税署移送法办徒刑15年	《财政部直接税署呈》，1945年2月，资料号：254－1297
52		璧山分局驻青森关征收处税务助理员万泽中	勒索	重庆卫戍司令部电检查哨人赃俱获，勒索商民刘润卿1万元	重庆法院讯办	《财政部东川税务管理局呈财政部直接税署》，1945年5月，资料号：252－314
53		重庆市营业税第六区查征所查账员阮公亮	勒索	被控连续勒索商人	重庆法院徒刑15年	《重庆实验地方法院刑事判决书》，1945年1月，资料号：252－320
54		自贡直接税分局局长潘德桓、事务股股长李华山	投机	布纱公会理事长王子和控其套购平价布	军法执行判刑2年	《军事委员会军法执行总监部判决书》，1945年1月，资料号：252－339

续表

序号	税区及省份	受控者	类型	案情	处理结果	资料来源（台北“国史馆”藏财政部档）
55	甘宁青区	甘宁青区税务局平凉分局固原办公处主任史星辉	受贿	收受皮货商人贿送黑紫羔羊长皮袍两件，逃避生羊皮5000张之税款		《国民政府军事委员会致财政部快邮代电》，1943年1月，资料号：255－334
56	陕西	耀县直接税分局局长刘自修	挪用公款	该分局事务股长景绍周控告其任用私人，挪用公款		《景绍周呈直接税高署长函》，1944年7月，资料号：248－005

说明：因台北“国史馆”新规，难以查阅原档，承蒙侯坤宏教授惠赠个人研究资料，使笔者得以窥其全貌，在此特表诚挚谢意。为便于了解案件全貌，特注上档案之案卷号。

“快意恩仇”。税局控告所属职员或上级监察发现的案例则数量寥寥，反映系统内的制度监察较为薄弱。商人举报的违法问题主要是贪污受贿、勒索中饱，内部控告的违法问题主要是侵吞税款。税务人员的社会信任度不高，同时税局内部争权夺利也很严重。

在受控者方面，依其职级，上自财政部监察，下至最为基层的助理员，都有卷入。在56个案例之中，受控的县直接税分局局长和查征所主任竟然达到30余位，股长及课长亦有数位。分局局长及查征所主任为所在局所负责人，大权独揽，缺乏同级及上级监管。不仅敢于收受商民贿赂、勒索取利，而且还有诸多侵吞税金、任用私人等类行为。一般之办事员或者助理员犯事者亦复不少，有的是协同违法，公然大胆，形成“窝案”，如广元分局查征员马玉璋、填票员罗光远，伙同舞弊谋私。基层负责人滥权谋私，上行下效，带坏基层税风。

在税务控案的成因方面，侯文分析主要有违法经商、催征缉私招怨、侵吞税款、接受贿赂、滥收礼金、挡人财路、离职人员提控、争夺权力8项要因。[①] 此处其实已经点出了违法取利的方式，所取之利具体来说就是“贿金”和“税款”。“贿金”是接受商人贿赂，即商人提告所涉及的接受贿赂、

① 侯坤宏：《抗战时期的税务控案》，《财政与近代历史论文集》，“中研院”近代史研究所1999年版，第693—737页。

滥收礼金等。商人为何要行贿，主要还是受税务人员随意估交、勒索的威压，转而通过行贿方式合谋减少税收负担。在直接税机构负责征收的税类中，所得税是按营利、薪资及利息所得征收，营业税是按资本征收，都面临着税基和税额的核算问题。遗产税因为未建立完善的户口和财产登记，隐匿转移资产和逃税漏税情况也很严重。[①] 因为真实账务情况不易掌握，在实际执行过程中，税务人员的主观态度直接影响着税额估算的数额。在基层税所，税务员更是大权在握，商家不敢得罪。至侵吞“税款”，反映的是税款管理中的征收监督问题。税所既征收税款，也保存税款，基层税所负责人得以有作案时机。甚至一般税务人员也兼有征、收职责，往往欺瞒上级和纳税人，私吞税款。此类案情之所以被揭发，主要是商人和内部职员举报。政府在战时推动“公库”制度，实施征、管分离，但在基层实施仍存问题。

税务控案的处理方式很值得关注。因档案资料并不完整，仅部分案件有处理结果。依审理程序，可分为两类。一类是进入行政程序，由上级税局或直接税署派员调查。如查证举报属实，实施撤职或移送法办。查证属诬告者，则予以撤销。另一类是进入司法程序，商民控告或税局移交法院者，即由法院依法进行判决。如侵吞税款一类，法院判处较重。相较而言，行政调查受内部干扰较多。通过法院诉讼来处理控案，有利于案件的公正查处。抗战时期加强处理贪污案件，有的税案受贿数额不多，但判处刑期较长，其本意也是借此震慑全体税务人员。

（二）制度裂缝

那么，税务控案与税人考训究竟有何关联？财政部直接税部门内部指称1942年直营合并冲击了“新人、新税、新精神”的考训之风，言中之意，也就是认为未经考训的旧税员违法的可能性更大。就现有税务控案信息，尚难准确分辨究竟是旧税员还是新税人所为。但比归责于旧税员或新税人更为关键的问题是，直营或直货合并之后，直接税人事制度就适用于全体税员。即使新税人能够奉公守法，但为何无法纠正原有税员的旧习气？如原有税员纷纷谋私取利，很难相信新税人能够一直依赖道德自觉来坚持职业操守。税务

① 魏文享：《国民政府之遗产税征稽及其逃税困境（1940—1949）》，《历史研究》2019年第2期。

控案中显示，基层税所负责人及普通税务人员均有违法舞弊的可能，而其投机取利之法，则充分利用了税额核算、税款征收和税务监督环节的漏洞，或与纳税人私下交易，强索贿赂，或欺瞒上级，私吞税款。财政部虽通过行政监察和司法诉讼的方式来实施惩戒，但仍属事后程序，其效率都受到限制。显然，直接税人事管理制度要完全贯彻到税收征稽过程中，还存在诸多障碍。

财政部推进直接税人员考训，希望以此清除旧习气，树立新精神，确切中税务人事之弊。考训制度的创设意义在于，以专业资格和训练成绩作为准入标准，防止任人唯亲和请托说情，推动了税务人员选择标准的公开化和客观性。同时，以考训为基础，财政部完善了直接税人员的任用、考升、监督制度，保障了入职者的成长空间。国民政府财政部以考训人员为班底，建立起直接税征收的组织机构体系，基本完成了直接税预算任务。

直接税人员考训制度开辟出税务人员的"专业化"发展道路。署名黄曦龄的作者撰文称，"税务工作是一种近乎专业的工作""欲使税政清明，税收畅旺，必须实施'税务人员的永业化'"[①]。"永业化"核心即专业化。孙邦治也说，"办税人员应为一种事务官吏，终身事业，不可随政潮去留，时常更换。应特定保障之制度，逐年加薪，以厚其俸给"[②]。黄曦龄和孙邦治的观点体现出对税务工作的专业属性及税务人员的主体利益的关注。查考直接税从考训到考升的人事制度架设，实际上也体现出专业化的导向。其一，以考试作为专业能力和入职资格的评价标准，防止人情干预。其二，实施官职分开和分级任职制度，使新税人能够以专业及经验为职业根基。其三，实施考升铨审制度，开放新税人的职业晋升通道。其四，实施由直接税总处主导的督查制度，新税人非有重大过失不致去职。在制度之外，财政部给予直接税人员的薪资亦优于其他税类。从制度通道上，新税人入职之后，如能专心税务，不违法乱纪，可以依据工作业绩和资历升职。这对青年大学生有着重要的吸引力。一位名叫杨克己的税务员在1943年叙述自己的经历时说："我投身直接税界的动机，是羡慕直接税的人事制度，有一个优良的基础。只要你肯努

① 黄曦龄：《税务机关人事制度述评：献给准备从事直货两税工作的青年同志》，《金融汇报》第11期，1946年6月19日，第8—11页。

② 孙邦治：《如何革新税人》（1943年11月25日），《税人》创刊号，1944年1月1日，第22页。

力，不违背章法，使你可以永远为一件事业去奋斗，终身服务，没有后顾之虑。”[①] 这一说法是从税人的角度回应了“永业化”的观点。

到抗战之后，直接税人员考训制度扩展为普遍意义上的税务人员特种考试制度，税务人员的专业化有了更完善的制度保障。1945 年 11 月，财政部颁发了《财政部税务机关人事管理办法》，对 1942 年的暂行办法进行了修正，其要义是引入文官分级管理办法，“各等税务员，均依照文官官等官俸，依法铨叙任职”[②]。1947 年 1 月 28 日，考试院修正公布《特种考试税务人员考试规则》，规定考试分为高级和初级两级，并分别设关务、盐务、货物税、直接税四组，统一进行税务人员考试选拔。[③] 税务人员特种考试使税员选拔得以统筹进行，其考试重心也不只是限于考训，人事管理流程更为健全。可以说，直接税人员考训制度及实践为税务人员特种考试制度的建立奠定了基础。

再回到税务控案问题来检视制度与实践之间的落差。1942 年是直接税风评由好转坏的节点，到抗战胜利之后，整体税风仍呈恶化之势。从表面来看，是直接税合并了大量未经训练的营业税、货物税人员导致税风恶化，但更深层次的问题，不全在于税员的新旧之分，而在于直接税考训制度为何未能经受冲击。严格来说，考训制度虽在制度上设定了税务人员的长期职业道路，但其实践绩效最为显著者，仍在于入职资格的控制。大量旧税员加入直接税之后仍然旧习难改，有其本身素养原因，还有一关键原因是直接税人事管理制度与征稽管理制度之间存在隐性的制度裂缝。

结合税务控案案情分析，制度裂缝主要存在于以下方面。其一是税额核算中的制度裂缝。税额核算是直接税征收中至为重要的专业技术环节。直接税多按资本及收益多寡计税，分级累进，计算复杂。商家账簿隐而不公，且账簿规则不一。在政府方面，缺乏对纳税人经营和财产状况的信用统计，对照清查十分不易，税局有时不得不借助于商会和同业公会协同征税。在实际查征过程中，税务人员把握着较重的税收裁量权，可能借机勒索或收取贿

① 杨克己：《我为什么投身直接税界——并介绍直接税人事制度》，《财政知识》第 3 卷第 4 期，1943 年 10 月，第 38 页。

② 金鑫等主编：《中华民国工商税收史：税务管理卷》，中国财政经济出版社 1998 年版，第 60 页。

③ 《特种考试税务人员考试规则》（1947 年 1 月 30 日），《法令周刊》第 10 卷第 5 期，1947 年 1 月 29 日，第 5—7 页。

赂，欺瞒税局及纳税人。其二是税款征管中的制度裂缝。就税务控案中所见，基层税所负责人及税员敢于私吞税款，是利用了税款管理中的稽经未能完全分离的漏洞，即稽征与经收未能完全分开。事实上国民政府为防止税吏私吞税款，已在推动公库法的建立。1938 年 6 月，国民政府颁布《公库法》，次年又颁布《公库法施行细则》。依制度要求，税务人员不得经收税款，税款需送交承担公库职能的银行、邮政机构或其他委托代理机构。但就实施状况而言，地方公库的管理仍存问题。税款经征与经收的分离仍不够彻底，导致税务人员有机可乘。[①] 此外，商家税额核算及地方税额预决算的情况不够公开透明，税所负责人或税员方能借机欺上瞒下，私吞税款。其三是税务监管中的制度裂缝。税案之所以被发现，主要是商人和退职人员举报，税务系统的内部监管制度流于空转。直接税署建立有督察制度，颁布有督察办法，[②] 但征税范围广阔，难以普遍监控。事后的行政和司法处理虽具威慑力，但成本与效率不成比例，内部督察还需与社会监督结合才能更好发挥作用。以上制度裂缝的存在或因制度设计本身存在纰漏，或受制于社会环境未能切实执行，使税收人事管理难以落实到税收征稽过程之中。不少税务人员放弃职业上的晋升之路，转而铤而走险，上行下效，以权谋私。

抗战时期及战后的政治与社会经济环境亦使税务人员更易于短期牟利。战时经济恶化，投机成风，官场贪腐现象严重。责其临财不苟，自非易事。在征纳关系方面，所得税、遗产税本是因应抗战财政之需而设立的临时税，但在抗战之后依然延续，变成了常规税。在失去民族主义的税收心理基础后，征收更为困难。欧美国家在“一战”时期有意扩展直接税作为战费来源，但在战后则由军事转为民生与建设，增加了民众对于税收的认同。国民政府则主要视直接税为增税工具，导致与纳税人关系的恶化，对税务人员而言也更增挑战。归纳而言，税务人员的专业化发展道路，还需要与税收征稽制度及税政生态环境紧密结合，加强过程监管，防堵制度裂缝，方可使“新税、新人、新精神”得到切实贯彻。

---

① 万立明：《南京国民政府时期国库制度的演进》，《江苏社会科学》2006 年第 3 期；任同芹：《南京国民政府时期的税务行政研究》，博士学位论文，华中师范大学，2017 年，第 140—151 页。

② 《加强税务督察办法》（1943 年 3 月 6 日），《中华民国工商税收史料选编》（直接税 · 印花税）第 4 辑下册，第 1289 页。

四　贪官还是能吏：所得税创办人高秉坊贪污案解析

高秉坊是所得税的创办人，后所得税处改组为直接税署，高任首任署长，更有甚者称为“直接税之父”[①]。高深得原财政部长孔祥熙之信任，私谊深厚。孔、高二人在直接税问题上颇有共识，合力推动所得税、遗产税的立法开征。在高的主导下，直接税署整合了营业税、印花税征收机构，位高权重，声誉渐隆。高案爆发之后，不仅控辩双方角力，且引发舆论高度关注，被称为“重庆胜利前夕所审判的一件轰动全国的贪污案”“昔日红极一时的高秉坊，到此成了万人唾骂的贪官”[②]。报纸连篇报道，各方立场不一。法院起诉高以“一丙保证金”贪污自肥。[③] 高秉坊否认挪用税款及贪污案由，认为个人是CC系、军统与孔祥熙派系之争的牺牲品。公众舆论视高为孔祥熙一党，在财政部、司法部则有些官员对高表示同情。各方在评价高秉坊个人时，也指向案情所及之幕后派系关系。

与这一时期的众多贪污案不同的是，高平日并非纨绔子弟或无能贪官的形象，而是作为税务干才为官方和公众所熟知。在高案的贪墨事实认定、量刑标准方面，控辩双方都存在激烈争论。高案由死刑改判为无期，又引发舆论上的轩然大波。那么，高被查处究竟是因为派系之争，还是因为贪污自肥，改革税政是否隐含着厄运的必然？透过围绕高案的无数明争暗战，或可深化对抗战时期直接税改革进程的理解，也可对抗战胜利前夕陪都重庆之吏治状况及政治生态加以探析。

（一）所得税保证金案发及案情控辩

高秉坊被查处后，无论是官场还是民间，都极为关注。在查办之前，高知上

---

① 越古：《直接税之父——高秉坊》，载中国人民政治协商会议山东省淄博市博山区委员会编《中国直接税创始人——高秉坊》，中国人民政治协商会议山东省淄博市博山区委员会1993年版，第147页。

② 《轰动陪都的高秉坊案》，《中国政治内幕》第4辑，1948年5月25日，第188—190页。

③ “一丙保证金”，即一时营利事业所得税一类丙项的简称，按持货估计总值，预征税款25%，如果在五个月内不申报纳税，逾期即将原缴纳保证金拨充税款上缴国库。后大多按20%征收。此保证金于1940年4月开征，目的是防止商家拒税逃税。

峰已派人在查核账目，去职可能难免，但估计没有想到会遭起诉并初审被判死刑。高究竟有无贪污事实，抑或是否其罪当死，需先从案情控辩出发加以厘清。

案件确定由重庆实验地方法院主理审判，法院院长是查良鉴。1945 年 5 月 3 日，检方提起公诉，指称高滥用职权、营私舞弊、贪污公款。5 月 25 日，法院举行公审。审判长为李懋萱，检查官为于凤坡。高秉坊以直接税署署长、重庆营业税处处长职级被提起公诉。经高妻唐蕴奔走，请动著名律师章士钊担任辩护。同批被控的还有重庆直接税分局事务科长袁文祥、重庆市营业税处出纳股长赵世璧、重庆市营业税处合作社经理姚遐龄，均为高之直接部下。此时营业税合并到直接税署征收，高因此也担任重庆市营业税处的处长。公诉方认为有共谋犯罪事实，因此并案起诉。起诉书陈述犯罪事实归纳如下：

> (1) 一时营利事业所得纳税保证金拨充办法、一丙保证金利息余额支配标准，均未呈请财政部核准。
>
> (2) 依限清理税款者，为数寥寥，创办伊始，毫无规章，以致全国一丙保证金收支数额，漫无可考。
>
> (3) 高秉坊乃利用职权，营私舞弊，经核其在职期间随意计提、拨用税款保证金，任意开支，藉以图得不法利益。①

起诉书的核心内容是关于“一时营利事业所得纳税保证金”的征收及其使用问题。一时营利事业所得税是 1942 年开征的新税，在原有的所得税之外，针对一时营利商人征收，目的是增加新税源。从税基上讲，其实有重复征税之嫌，商人逃税严重。高秉坊主导的直接税署自行制定了《税款保证金收付办法》、《税款保证金补充办法》、《一时营利事业所得纳税保证金拨充办法》、《一丙保证金利息余额支配标准》等政策，以预缴保证金的办法来防止商人逃税，同时进行货物登记。② 公诉方认为，高秉坊身为署长，擅自制定保证金规则，收支管理混乱，有专权之嫌。更为关键的是，高及其部

① 《高秉坊贪污案重庆实验地方法院检察官起诉书》，《法律知识》第 1 卷第 6 期，1947 年 4 月 15 日，第 27—28 页。

② 焦超然编：《现行直接税法令解释汇编》，财政部川康直接税局万县分局 1943 年版，第 143 页。

下随意提拨保证金现款，侵占公款，倒卖物资黑市出售，贪污获利，数额巨大（具体款项下文将与辩护书对比列举）。[①]

检方综合上列行为，认为高秉坊违反《惩治贪污条例》第二条第六款，第三条第二款、第六款。袁文详提用一时保证金近200万元存入中国工矿银行私人账户，赵世璧、姚遐龄均提用一时保证金50万元存入金城银行私人账户，违反《惩治贪污条例》第三条第六款。罪证确实，合依刑事诉讼法第二百三十条第一项起诉。《惩治贪污条例》是国民政府1940年6月颁布的，其前身是1938年的《惩治贪污暂行条例》，目的是加强对军人、公务人员经济犯罪的惩罚，澄清吏治，维系抗战民心。较之刑法规定，条例更为严厉。第二条规定：对违背职务行为而要求期约或受贿等七种行为之一者，处死刑、无期徒刑或十年以上有期徒刑。第三条规定：凡是犯有盗卖侵占或窃取公有财物，克扣或扣留不发属于职务上应发的财物，利用主管或监管的事务直接或间接图利等七种行为之一，处死刑、无期徒刑或七年以上有期徒刑。[②] 高秉坊等属公务人员，随意提拨保证金图谋私利，触犯《惩治贪污条例》，应依罪定刑。

章士钊律师出庭辩护，辩护意旨书分两个层面：其一是关于违法性质及适用法条；其二是事实之辨正。[③] 在违法性质方面，章士钊针对检方认为高违反《惩治贪污条例》第二条第六款，第三条第二款、第六款的指控进行反驳。章认为，按《惩治贪污条例》第二条第六款之擅提公款罪名必要具备：有图得之故意；违背法令之规定；擅提公款之行为；所提之款确系公款四个条件。高提借保证金一部分系为维持员工生活，一部分系为维持业务税收，无图不法利益之意旨，并非贪污。高所制定之《税款保证金收付办法》系根据业已呈准行政院及财政部备案之《战时直接税税务组织计划暨工作纲要》及《一时营利事业所得税稽征办法》而来，同时依《直接税处组织法》规定，直接税处（直接税署）有权特许提借税款保证金之权。针对第三条

① 《高秉坊贪污案重庆实验地方法院检察官起诉书》，《法律知识》第1卷第6期，1947年4月15日，第28—29页。

② 《惩治贪污暂行条例》（1940年），中国第二历史档案馆编《中华民国史史料长编》第61辑，南京大学出版社1993年版，第839页。

③ 《高秉坊贪污案重庆实验地方法院检察官起诉书》，《法律知识》第1卷第6期，1947年4月15日，第28—29页。

第二款罪责，主要事实是仁裕钱庄十万元化名存入问题，章认为并非被告化名存入而是经办人汪松联存入，不能以侵占公有财物论罪。至第三条第六款罪责，章认为控方指被告利用运送税票车辆购买廉价物品倒卖及购买纸张售与黑市牟利证据不足，时间、货物、合伙商号等均不清楚。①

在违法事实层面，章士钊对检方所列证据提出怀疑，认为应区分行政过失和刑事罪责，不可全以刑事论罪。在控辩双方的交锋之中，高秉坊也有供认及自我辩护。此处将三方观点及证据列表对比，以明判断，如表5－6所示。

表5－6　高秉坊贪污案公诉方、辩护方及被告三方观点对照

时间及问题	公诉方	辩护方	被告供认及自辩
重庆区保证金提取及是否计息及用途问题	自1940年4月至1944年6月共收一时保证金10395179.1元，退还2604183.81元，实存770余万元并未于5月后缴入国库。分存重庆银行及亚西实业银行，前者并不计息，后者计息八厘。“令该银行享受利益，揆诸情理，已觉有违。”经查重庆区结存770余万元，但该署前后提用达7154370元，多为逾期之款	本案被告提借一丙保证金一部分系为维持员工生活（如发放米代金，合作社资金，员工眷属生产合作社购物费用），一部分系为维持业务税收（如拨支办公经费，购置办公房屋宿舍趸船，训练税务人员及发奖金购买办公纸张文具等）。被告自己固无图不法利益之意思	高秉坊供认两行计息差别，依公库法应送存公库代理银行及邮政，高称国家银行不肯办
1942年4月，重庆银行提10万元转存汪松隐账户问题	经本院饬员查明，并无汪松隐其人，足证化名图利	并非被告化名存入，实系经办人员以提款单与汪兑换现金后由其存入，职员汪漱素证言。无侵占事实	
1943年11月，重庆亚西实业两银行提一时保证金60万元向民治纺织公司购毛线交财政部妇女工作队出售图利	法院函请会计师出具报告，且查妇女工作队隶属妇女指导委员会，非该署机关。队长为高妻唐蕴充任。高利用该署卡车购廉价物品交工作队出售获利，此为“中统”调查报告查实	不知究在何时？被告曾利用运送税票车辆购买廉价物品，又不知所谓廉价物品，究系何种货物？至于暗交合伙商号出售一节，既未指明牌号，复未加以调查或传案质讯，被告亦无货物交与财政部妇女工作队出售	

① 《高秉坊贪污案重庆实验地方法院检察官起诉书》，《法律知识》第1卷第6期，1947年4月15日，第28—29页。

续表

时间及问题	公诉方	辩护方	被告供认及自辩
1944 年 3 月，提 400 万元保证金分电长沙、衡阳、曲江各局购买纸张及日用品利用税票车辆运回重庆假借合作社及合股商号或妇女队名义出售	经证人陈刍供述，直接税署在湖南及广东购物资用款 400 多万元系在一时保证金项下开支，有购买物品券可任。法院函请"中统""军统"调查结果，"由江西湖南等地运回官推道林热料各种纸张，名为印制印花税票，实际系大部分售与黑市牟利自肥"。"至直接税署在湖南运纸卖与京华印书馆重庆印刷厂，均属事实。"	被告所买公用纸张，除一部分运到柳州，因战事被焚毁，一部分因纸商无法交货，换成油墨纸，日甚一日迄今尚未运到，有卷可查，已如前述外，其余运来之纸张，明明存在京华印书饮料及綦江分局，现尚未用，纸张俱在，事实可查	高称为供应署处办公及合作社之需要
1941 年 6 月 11 日提 3 万元	均未注明用途，任意开支，藉以图利。经会计师王逢辛等就重庆及亚西实业两银行之账册稽核属实	今之三万元者，等于战前少为十二元，多不过二十四元耳，以此区区之数图利，为利又属几何	
1944 年 5 月 25 日提 100 万元	均未注明用途，任意开支，藉以图利。经会计师王逢辛等就重庆及亚西实业两银行之账册稽核属实		
1944 年 6 月 24 日提 100 万元	均未注明用途，任意开支，藉以图利。经会计师王逢辛等就重庆及亚西实业两银行之账册稽核属实		
袁文祥于 1944 年 3 月重庆银行提 40 万元	转存入中国工矿银行私人账户。复于 4 月 4 日及 26 日，分别存入公库支票 1076844. 87 元、527580 元。已有中国工矿银行之账册可证		
赵世璧于 1943 年 8 月向重庆银行提用一时政保证金 50 万元	存入金城银行私人账户，被告供认		赵世璧供明："金城银行我私人有户头，公家款存在我户头上，因取用方便。"

续表

时间及问题	公诉方	辩护方	被告供认及自辩
姚遐龄 1944 年 5 月 9 日向重庆银行提用一时保证金 50 万元	存入金城银行私人账户，被告供认		姚遐龄供称，金城银行我私人户头，50 万元是合作社周转金

资料来源：据起诉书、辩护书及补充辩护书整理而成。

检方核查了直接税署及一丙保证金的账目，列出提用违规款项。就违规类型而言，有化名转存、公款私存、购售物资、任意开支等方式。检方经会计审计、司法调查、证人证词、银行查账等方式，认定被告存在滥用公款、贪污谋利事实。在调查方面，值得注意的是，重庆地方法院不仅运用了会计师审计，而且还有中统之调查报告。从辩方观点来看，并没有否认检方所提出的质疑款项，但对提款用途及性质提出不同意见，有些用款的细节也提出质疑，认为指控不实。章士钊认为，直接税署征收一丙保证金是出于税政需要，提拨保证金主要是用于职员生活及办公所需，并非图谋私利。在抗战形势下，帑库窘乏，“凡各官署生活补助费，分粮或米代金，不能按时接配”“此提用保证金之迫于万不得已，为当时情势之所必至”“推之买取毛线，扩充员工福利，统购用纸，预防经费超支，义取为公，事同一律，通共伦类，有何不可。乃起诉书不问内容如何，遽以利用职权，营私舞弊定罪”。高安排提拨，实有不得已之处。章士钊引同类判例，“将国家岁入，拨充他用，纵属违法处分，究行意图不法所有有别，其所负责任，不涉及刑事范围，何况本案保证金之所拨充，尚不得以违法二字龇龇之者乎”“本案被告高秉坊实无贪污行为，应以刑事诉讼法第二百九十二条第一项论知无罪之判决，以示大公。”① 归纳而言，高之提拨行为系行政过失，而非刑事罪责。

初审控辩已可见案件之关键节点：高秉坊存在随意提拨保证金行为已属无疑，但是究竟是行政过失，还是贪污公款，控辩双方定性完全不同。检方认为触犯惩治贪污条件，辩方实际上是做无罪辩护。案件审理之中，高在庭

① 章士钊：《高秉坊贪污案补充辩护意旨书》，《法律知识》第 1 卷第 7 期，1947 年 5 月 1 日，第 18—19 页。

上并未有过多自辩。但对于自己被查处及审判，高对检方所举罪证不予承认，更否认有贪污行径。

高案初审系公开审讯，到场还有不少官员及报纸记者。沈钧儒亦到场旁听。初审之后，又进行两次审讯。至6月30日，正式宣判。重庆实验地方法院判决书裁定：高秉坊连续意图谋利，截留公款，处死刑，褫夺公权终身；姚遐龄对于主管事务直接图利，处有期徒刑十五年，褫夺公权十年。[①]法院依照惩处贪污条例，采取重判。

高被判死刑，大出其本人意料。据传，高听到法官念完简短的判决书之后，当庭晕倒，经法警扶出，押回监牢。[②] 就是章士钊也觉得不可思议。章认为司法不公，高之行事虽有违规之处，但属行政过失，罪不至死。高妻唐蕴得知判决结果，惊慌失措。高秉坊提出上诉，要求再审。高妻再请章士钊继续辩护。章士钊认为，案情受派系干预，已非辩护所能解，拒绝再担任辩护律师。后请动中央大学法律系教授戴修瓒担任辩护律师。在当事人之外，司法院院长居正召司法行政部部长谢冠生、重庆地方法院院长查良鉴，对之表示不满。[③] 7月20日，重庆将案卷移送最高法院。

8月21日，最高法院第一分院发还重庆更审。更审审判长是法院推事李坚夫。9月22日开庭，未公开。9月20日及1946年1月12日重审，1月24日再公开审讯。检方指控依旧，戴依理诉辩。经过调查，认为指控非实，所述林森路致祥号及陕西街祥和号为申请人合股之大商店，经查生活费独资经营香烟、土烟摊贩，资本仅2万元，并无合股。其妻唐蕴在长寿县开工厂之事，经委长寿县查证，未得证实。所述直接税职员朱庆才对高、汪勾结事，但经查并无朱庆才其人。[④] 戴依然为高做无罪辩护。

更审结果发生变化。1946年1月29日宣判，"高秉坊连续对于主管事务直接图利，处无期徒刑，褫夺公权终身，其余部分无罪"[⑤]。宣判之时，

---

① 《重庆实验地方法院刑事判决》，《法律知识》第1卷第7期，1947年5月1日，第19页。

② 《贪官高秉坊能被大赦吗?》，《京沪报》创刊号，1946年3月17日，第4页。

③ 高秉坊：《冤狱回忆》，载中国人民政治协商会议山东省淄博市博山区委员会编《中国直接税创始人——高秉坊》，第170页。

④ 高秉坊：《冤狱回忆》，载中国人民政治协商会议山东省淄博市博山区委员会编《中国直接税创始人——高秉坊》，第172页。

⑤ 《高秉坊贪污处无期徒刑，姚遐龄徒刑二年五月》，《申报》1946年1月30日，第一版。

高妻亦伫立庭外，高着长袍，意态颇安详，与一审之时大为不同。当李审判长宣读判文时，高抄手低头沉思，并无张皇之色。[①] 5 月 10 日，由重庆法院看守所转至四川省第二监狱。

由一审死刑，到二审无期，高性命得保。从控辩情况来看，提款为事实，高本人亦未否认。但对提款是否用于图谋私利，还是用为员工福利及公务，控辩双方有根本分歧。这直接影响到高案的适用法条及量刑定性。控方举出证据，但仍有较多漏洞。辩方在更审之时，对涉及合股、开设工厂等事进行核实，澄清部分事实。但是，为何在一审被判死刑，二审又判无期？究竟是更审辩护之功，还是有其他影响判决的因素存在？在案件审理过程之中，各方都是何态度？这都需要转向法庭之外来寻求答案。

（二）案外的公众舆论及问题焦点

法庭上的控辩主要围绕违法证据及适用法条展开，但无论是当事人高秉坊，还是检察官、主审法官、律师，甚至“围观”之官员及公众，都对案件有着主观认识与解读。高秉坊被撤职查办恰在孔祥熙留美辞职之后，高又一向被视为孔党，高被重判究竟是依法断案，还是借力打力，带给各方无限的遐想空间。

高案一出，媒体关注，“高秉坊案开审时重庆的法院盛况空前，大家想赶来一看高秉坊的庐山真面目。可惜法庭临时挂了免看牌，连新闻记者都未便一饱眼福。《大公报》记者不择手段，竟然在门口缝里探视写成高案特稿，于是天机泄露，毕竟使大家知道些大概情形，而当时有兴赶来看高秉坊的观众，唯有败兴而返了”。“但人们所以打紧高秉坊案而不肯放松了他，其主因还在黄金作祟，谁叫他非法‘拾黄金’呢!”[②] 媒体关注，既是因为高的身份，又因为贪污案系社会关注的热点。法院进行新闻管制，反而激发了社会上的传言。

在确定 6 月 23 日续审之后，官方机构及官方媒体可获准前往旁听，但

---

① 《高秉坊处无期徒刑》，《大公晚报》（重庆），1946 年 1 月 29 日，第三版。

② 寿山：《黄金案主角：高秉坊还在笑么?》，《图文新型综合趣味图画周刊》1946 年第 1 期，第 2 页。

也要申请旁听证方才能够入庭。在6月20日前后，军政部部长办公室调查组、重庆市磁器口商业同业公会申请23日之旁听证，得到地方法院许可。[①] 1945年6月21日，中央银行、财政部、商务日报社也分别向法院索取旁听证5张、2张、3张。[②] 中国国民党军政部特别党部也致函法院，表示要派员前往旁听请核发旁听证。[③] 此时虽实行新闻控制，但仍可申请旁听证获得直接信息，公众可由此渠道对案情有较多了解。由此可见，高案舆论影响极大，且受到国民党党政甚至军方机构关注。

到二审之时，重庆地方法院关闭旁听。这一禁令引发媒体的反对，《大公报》晚刊发表言论对此加以批评。1945年10月24日，地方法院电达国民党中央宣传部请示应对策略，国民党中宣部表示，此因误解法条所致。法院按战务秘密原则处理诉讼是否公开事宜。[④] 政府对于更审之时的旁听管制从侧面说明此案的敏感性，但也导致媒体报道案情难以完整，细节难以知晓，公众对于案情的猜测揣度更为严重。赵超构在其文集中提及此事，国民党和法院拒绝更审旁听是像是在保护贪污，“高秉坊案重审，各报形容高的神气，有的是满面春风，有的是眉头开展，面色红润。这完全是胜利者的风采。另一面据各报记载，高案开审时，所有各报记者要求旁听均被拒绝，记者多人均被法警逐出。这是新闻自由的又一次失败。许多人希望新闻自由可以监督官吏战胜贪污，但请看事实：一个落网贪污嫌疑犯尚且可以压倒整个舆论界，又有谁敢惹那些未落网的好汉呢？新闻自由毕竟还是敌不过贪污自由呵”[⑤]。这样的说法显然是国民党中宣部和法院未曾料到的，高与一审时完全不同的神情被认为是胸有定案，对于改判结果早有知晓。新闻媒体不能入庭旁听，被认为是强权保护压制新闻自由。从这些方面也可以看到高案的复杂性。

---

① 《军政部部长办公室调查组、重庆市磁器口商业同业公会关于请检赐审理高秉坊贪污案旁听证致重庆实验地方法院的函》，重庆市档案馆藏，资料号：0110－0004－00382，第30—31页。

② 《重庆实验地方法院、中央银行监事会、财政部国库署稽核室、商务日报社关于中央银行监事会等索要审理高秉坊贪污案旁听证的函》，重庆市档案馆藏，资料号：0110－0004－00382，第26—29页。

③ 《重庆实验地方法院、中国国民党军政部特别党部宣训科关于中国国民党军政部特别党部索要审理高秉坊贪污案旁听证的函》，重庆市档案馆藏，资料号：0110－0004－00382，第14页。

④ 《中国国民党中央执行委员会宣传部、重庆实验地方法院关于高秉坊案件拒绝旁听的往来代电》，重庆市档案馆藏，资料号：0110－0004－00300，第16—18页。

⑤ 赵超构：《赵超构文集》第3卷，文汇出版社1999年版，第128页。

在高案审理过程中，报刊时有评说报道。如将案外舆论与庭上控辩结合，或可对高案起因及其判决症结有更全面的了解。在法庭之上，高主要就事实自辩，然内心深处，实为自己喊冤。在高看来，自己孜孜于税制改革，成效卓著，但却因孔祥熙受到牵连，成为CC系及军统、中统打击孔祥熙的筹码。高在自述中回忆说：

> 我自参加国民革命，开始工作即回乡主办林业，继而协助孔祥熙办理鲁案，以及任职实业部，推行国货展览、工业试验，莫不勇于任事。其后任职国民党政府财政部，初任赋税司长，一九三四年执行第二次全国财政会议议决各案，废除苛杂，举办土地陈报，推行县市预算，又创办所得税，逐步发展为中国直接税。而不料竟因此在孔、陈两大家族争夺财权的斗争中，以采用直接税考训用人制度，得罪了CC系首脑陈果夫，做了替罪羔羊。陈果夫利用CC系掌握的中统特务，捏造假证据，诬控贪污，伺机进谗于蒋介石，谓我植党营私，遂得径由侍从室密令财政部将我撤职查办。然后挟制法官，煽动舆论，先置我于狱，初判极刑，复判无期徒刑。要不是解放，即今不死于狱中，迄今当亦得不到自由。[①]

高写这份回忆是在1965年。1949年后，新政府对其案件进行查证，未得实证。重其专业才能，中南税务局聘请他赞襄税务。高对贪污罪名耿耿于怀，认为沉冤难雪。他的这段话，对他和孔家的关系及为何得罪CC系都说得很明白。直接税署自训人马，得罪了控制用人权的CC系。同时，CC系为打击孔祥熙，因此借抗战时期反对贪污的民意，借一丙保证金案来判其重刑，以此截断孔祥熙复出的后路。

在辩护律师章士钊看来，高之行事虽有违规之处，但没有直接或间接图利之事实，无贪污行为，所负责任不涉及刑事范围。章士钊在案情辩护之外，还对高在抗战财政方面的功绩大加颂扬，认为于法于情，不应判其重罪。其言如下：

---

① 高秉坊：《冤狱回忆》，中国人民政治协商会议山东省淄博市博山区委员会编《中国直接税创始人——高秉坊》，第159页。

> 抗战军兴，国家严惩贪污，别计条例，而所适用之法理，不能有二于此。必如前汉诏狱之只许失入，不许失出，谅非当时立法者之用心。查被告躬预一国计政，夙夜在公，二十余载，直接税为所手创，惨淡经营，且复十年，为国家递增岁入由年五百万元至年七十五万万元以上，此税制今后萧规曹随，当历久而不衰。假定该员不幸为天下之大谬，综其有功抗战劳勋，仍不可没，此人之成就，既已崭崭若是，而以人之心度人，何至其平生全无自重觉念。①

章士钊对高的贡献评价甚高。抗战军兴，国家财政为重要基础，高主持直接税改革，增加抗战财政，功不可没。以此干才，仅因违规而处重罪，有失立法之初衷。这也是高案与其他贪污案不同之处。当时舆论也认同高的才干。上海的《海星》在案结后刊文称，“轰动陪都之高秉坊渎职贪污一案，业已判处无期徒刑。按高为财部直接税署署长，我国之有此机关，一切制度与组织，皆高所首创，其人盖一专家也”②。章士钊在一审辩护失败后，拒绝再为辩护，是认为高案判决并非在于案情本身，而是取决于案外。

检方起诉高贪赃枉法，并引1940年修订的《惩治贪污条例》作为断案量刑依据，从重处罚，将高案视为打击贪污的重案之一。这与公众憎恨贪污的情绪相契合。高案起诉之后，公众大多拍手叫好，认为是政府整顿吏治的重要成绩，“那时的确人心为之一振，认为法律究竟是神圣的，而各地的大小报纸也都大大地颂扬政府当局打老虎的本领。这样一来，中国澄清吏治的前途似乎的确豁然开朗起来”③。抗战时期公务人员贪污现象极为严重，民众对之深恶痛绝。不明就里的公众对高之死刑，当然要表示庆贺。到高由死刑改判为无期，在高秉坊一方仍然鸣不平，但公众却认为是枉法放纵的结果。高现在又复活了，说明“贪赃枉法者的神通广大，确令人心寒发指

① 章士钊：《高秉坊贪污案补充辩护意旨书》，《法律知识》第1卷第7期，1947年5月1日，第18—19页。

② 张仁：《高秉坊贪污案秘闻》，《海星》（上海）第4期，1946年3月12日，第4页。

③ 张帆：《高秉坊的复活》，《读者》第3期，1946年1月15日，第42页。

的”[①]。《读者》上有文章以打老虎来比喻高案：“打老虎毕竟是谈何容易，非特老虎有爪有牙，会把打老虎的人生吞活剥，当点心嚼掉，而且有时候甚至连被打得遍体鳞伤，注定要一命呜呼了的老虎，也会突然复活呢。”高案由死刑改判无期，“大概这是由于政府的爱惜人才吧”。因为章士钊大律师曾引经据典地说高秉坊是“国家有用的人才”。主审高案的李懋宣庭长之被贬到璧山法院去了，“因为他摧残有用的人才而且不通世故”。作者还说，高由处死而复活的历程，“如镜子照出了中国政治乌烟瘴气的真相，照出了大小官吏们墨黑的良心，也照出了整个中国死症的所在”“高秉坊之类，官做大了，钞票自然也刮了不小数目”[②]。作家张恨水1945年时正居重庆，据他目睹，高初审被判死刑时，民众莫不叫好，二审改判无期，大失民望。张还写了几首听包公戏诗来讽喻时事：“反映人心鼓板前，放粮断狱美如仙。无非大嚼屠门意，转觉愚民太可怜。”[③]

章士钊的评价与公众舆论对高案的认知完全不同。在章眼中，高是税务干才，有功于国家。在公众眼中，官场贪污习气浓重，高也难保清白。高案复判，公众反而认为是“贪赃枉法者的神通广大”，吏治腐坏，公众信任度极低。在高入狱之后，高的妻子四处营救，聘请律师，疏通关节。高妻曾至财政部向次长鲁佩璋求情，企免一死，鲁告以无法。高妻情急之下，也在财部拍案大叫，“其中除了石狮子，那一个干净的”，语惊四座，而鲁仍关门默然以对。[④] 无论实情如何，高案查处是符合公众对整顿吏治的期待。高案一审被判死刑，二审改为无期，坊间均认为是贪污者神通广大。在高一方，高妻四处奔波，仍觉求告无门，舆论关于贪污压倒法治的想象显是有所放大。

结合高案审判过程之中及结案后的各方评议，公众舆论更关注的是高案背后的权争及惩治贪污的政治意义。从坊间传言来看，高之自述并非自说自话。《海星》（上海）1946年载高案秘闻，称闻陪都来人谈及此案内幕：

---

① 张帆：《高秉坊的复活》，《读者》第3期，1946年1月15日，第42页。

② 张帆：《高秉坊的复活》，《读者》第3期，1946年1月15日，第42—43页。

③ 转引自杨群一编《诗话今说》，贵州科技出版社2012年版，第146页。

④ 《财政部的沧桑：鲁佩璋与高秉坊》，《海星》（上海）第10期，1946年4月23日，第9页。

> 高秉坊为孔祥熙之亲信，其任直接税署署长，出孔氏之推荐，当孔氏尚未下台，俞鸿钧任财次时代，高之公事，往往不经俞手，直接呈孔核阅，凡署内高级职员，胥经考试后，始量才录用，由政府大员或亲友介绍者，则一例视为雇员，因此开罪若干人士。某次，更因琐屑小事而获咎于陈果夫氏，地位遂渐见动摇。高旋又奉命办理“货运登记”，擅自以所征收之巨额款项，移作别用，当时高曾对人言，此举纯为同人谋福利而已，不谓有人竟以此密呈主席，时陈果夫方任侍从室主任，即批“严惩”二字，高遂入狱。[①]

此言印证了高的说法。高为孔祥熙之亲信，不仅官场所知，就是社会公众也广为知晓。孔祥熙本人的政声并不好，贪污之名在外。此时因美储券套购案滞美不归，辞职下台。高既开罪俞鸿钧，又得罪陈果夫。高案查处审判中，亦有多项证据表明中统的直接干预。高案被查，是有人检控。在法院，出席的检举人是周光亚、方仲豪二人。方、周二人均为中统人员，方还是徐恩曾的第三房妻子费侠的湖北同乡，是中统专员。[②] 高的部下吴天培在回忆中也说，高案是经检举告发查处的，“由蒋介石侍从官直接交办，经审计部及中统、军统专案调查，由重庆实验地方法院检查官提出公诉”[③]。陈果夫时任侍从室第三室主任，而在检方提交的证据中，亦说明系由中统、军统查证。

主导审理的司法行政部部长谢冠生、重庆实验地方法院院长查良鉴，在人事脉络上都有 CC 系背景。谢冠生是浙江嵊县人，早年震旦大学毕业，后至法国巴黎大学获得法学博士学位。谢也是知名的法学家，在 1937 年被委任为司法行政部长，直至 1948 年为梅汝璈所替任。[④] 司法行政部掌控着法院

---

① 张仁：《高秉坊贪污案秘闻》，《海星》（上海）第 4 期，1946 年 3 月 12 日，第 4 页。

② 赵毓麟：《中统我见我闻》，载中国人民政治协商会议江苏省委员会文史资料研究委员会编《中统内幕》，江苏古籍出版社 1987 年版，第 213 页。

③ 吴天培：《高秉坊事件始末》，《巍巍歌乐山——沙坪坝文史资料》第 18 辑，中国人民政治协商会议重庆市沙坪坝文史资料委员会 2002 年版。

④ 吴斌：《法苑撷英——近代浙籍法律人述评》，华中师范大学出版社 2012 年版，第 206—207 页；查良鉴：《谢冠生二三事》，《时代文摘》1982 年 11 月号，第 6—10 页。

设置、法官任免、监督检察官，核准执行死刑等司法权政。司法行政部与司法院之间的隶属关系多次变更。1928 年司法行政署改部，本属司法院。到 1931 年又划归行政院，1934 年又复归行政院。到 1942 年，司法行政部再次改隶行政院。行政院管辖司法行政部，削弱了司法院的司法权的独立行使。谢冠生又属 CC 系人马，并不受居正直接管控。查良鉴也是刑法学的名家，得谢冠生赞许，曾委任他担任四川第一高等法院的检察官。1943 年，英、美等国废除不平等条约后，国民政府确定陪都重庆法院为实验法院，以作为推行法治、改良司法的示范。

在高去职之后，原直接税署副署长李锐扶正。但为时不长，一年之后，直接税署长即由王抚洲担任。王抚洲是河南正阳县人，早年毕业于国立北京法政专门学校。1921 年赴美，入华盛顿大学，后入俄亥俄州立大学获工商管理学硕士学位。归国任东北大学教授，著有《工业组织与管理》一书，由商务印书馆出版。王抚洲得戴笠信任而由学入政，委其担任财政部货运管理局副局长。戴笠对其“才识品德，素所钦迟，以局务全部付托，授以代行之权”。1944 年，出任河南省财政厅厅长，兼田粮处处长。田赋超收，为各省之冠。“蒙极峰嘉奖，许为贤能。”高被查处后，王即由财政厅长任上奉调财政部任职，历充直接税署署长、钱币司司长、盐务总局局长等职。[①] 王抚洲能够由河南省财政厅长跃至财部署长，显系戴笠超擢。

案内控辩与案外舆论对比，可以看到案件焦点不仅在于犯罪事实的认定，而且也与派系利益相关。在高看来，自己之所以成为派系斗争的目标，与税政改革之中的人事及利益冲突相连。舆论之中，高案也并不单纯，而是与官场贪污的整体状况联结在一起。各方对高的看法，存在矛盾之处。

（三）税政革新中的派系冲突

在高秉坊看来，中统背后主导查处自己，固然因为是要打击孔祥熙，也是因为自己在税政改革的过程之中得罪了 CC 系。这一观点是否得以证实，需要反观高的改革措施加以考察。

---

① 《王抚洲先生行述》，“国史馆”编《“国史馆”现藏民国人物传记史料汇编》第 1 辑，台湾“国史馆”1988 年版，第 91—93 页。

南京国民政府初立，宋子文在任财政部长之时，在国地税收划分、关税自主、裁厘加税等方面已经取得明显成就，只是仍然入不敷出，无法满足蒋介石的军事之需。宋又不愿屈从蒋的独断专裁，予取予求，将财政部当成蒋的钱袋子，因而去职。孔祥熙在1933年接替宋任财政部长之后，改变了应对方略，唯蒋之令是从，同时又整顿税收，扩展财源，赢得蒋的信任。在税务改革方面，孔祥熙重用高秉坊，清理地方税收，开征直接税，改进税务行政，统一税收机构，中央税权大为增强，取得了不错的政绩。

孔、高联手推进的税务改革，涉及人事变动较大的也是在直接税改革之中。高初任财政部赋税司司长，在1936年推动所得税开征，就任所得税处主任。所得税是直接税中最为核心的税种，此后又开征遗产税，归并营业税、印花税，直接税的数额节节上升，直接税机构之职权相应增重。据1940年调查，全国设有省处凡十四处，分处七十四处。[①] 1940年3月国民政府公布《直接税处组织法》。1943年3月，国民政府公布修订财政部组织法，设定财政部下属国库署、直接税署、关务署、税务署、总务司、公债司、地方财政司、盐务总局、钱币司等。1944年3月，直接税处改组为直接税署，高秉坊为首任署长。下设五科六室，五科分别为所得税税务、遗产及印花税税务、营业税税务、财产租赁所得税税务、税务行政事务等。

在直接税的开征及推行过程中，孔祥熙、高秉坊坚持“新税、新人、新精神”的原则，招募新的税收人员，通过训练、考核等方式来提升税务员之素养，再加以任用。孔祥熙提出，“办新税，决以新人才、新精神办之。用人概须经过考选，并加以保障，尤注重青年之训练，以利用其朝气奋发之精神，而不使有庸沓之习气滥竽其间”[②]。1938年，崔敬伯提出了“四风理论”，即学校之风，重研讨；家庭之风，重亲爱；军队之风，重纪律；宗教之风，重信仰。[③] 高秉坊更是大力提倡“新税新人”，试图通过训练来剔除税吏污名旧习，确立新的税收风气，改善税收绩效。为了达到这一目标，孔、高合作，建立了一套直接税人员的考用制度。直接税人员的招聘与任

① 饶廉江：《我国所得税之征收》，《直接税月报》第1卷第10期，1941年10月1日，第2页。

② 孔祥熙：《推行所得税问题》，载张淼编《中国现行所得税释疑》，财政部浙江所得税办事处1938年版，第204页。

③ 崔敬伯：《学术与财政》，《财政学报》创刊号，1942年11月15日，第15页。

用，必须经过考训程序，达到相当资格方才予以录用。

在所得税开征之后，财政部即与考试院合作制定规章。1937 年 7 月，考试院专门出台了《特种考试财政部直接税税务人员考试暂行条例》，规定其考试资格：中华民国公民，年在二十二岁以上三十五岁以下；公立或经立案之私立大学、独立学院或专科学校会计、经济、财政、商业各学科毕业得有证书者；或教育部承认之国外大学及学校毕业得有证书者、同等学力经高等检定考试及格者。考试分笔试与面试两部分，笔试有国文、宪法、经济学、财政学、统计学、会计学，此外还有面试。[①] 考试合格，方能进入培训班受训。培训班亦非借用国民党的中央政治学校等机构，而是由财政部单独创办。最早的训练班在 1936 年所得税开征时就已开始。第一期是在南京孝陵卫举办，为严明纪律、提升素养，高秉坊特请全国学生军训教导总队长桂永清兼任税训班训育主任，依军队方式对中央直接税税务人员进行训练。[②] 抗战时期，直接税处搬到重庆渝城山王庙，训练营曾在重庆青年会训练。

桂永清是黄埔系一期毕业，又是复兴社的干将，是蒋的嫡系。桂曾往德国学军事，在军事训练方面颇有手段。1933 年 6 月，桂永清受任“中央军校教导总队”总队长，到 1936 年 10 月又授陆军中将衔，官场得意。抗战爆发前，还任第七十八师师长、首都警备副司令全国学生军训教导总队长。[③] 按桂永清的履历，与税务并无干系。为何财政部创办训练班，要请桂永清任训育主任？据高秉坊的部下杨铎说，高办税训班，与 CC 系陈果夫发生直接矛盾。陈要求孔放弃办税训班，高坚决不同意，并请桂永清来当挡箭牌。[④] 这里提到，财政部办税训班，得罪了陈果夫。陈果夫是国民党中央组织部长，1938 年又任中央政治学校教育长，1939 年任军事委员会委员长侍从室第三室主任。中央政治学校是国民党培训人才的重要基地，也是 CC 系掌控党内人事的重要平台。据说，陈曾向孔祥熙建议，税务干部可由中央政治学校输送。财政部训练人才弃政治学校于不顾，反而另起炉灶，引起陈的忌恨

① 《特种考试财政部直接税税务人员考试暂行条例》（1937 年 7 月 15 日考试院公布），《中华民国工商税收史料选编》（直接税 · 印花税）第 4 辑上册，第 639—640 页。

② 高秉坊：《中国直接税史实》，财政部直接税处经济研究室 1943 年版，第 64 页。

③ 汪新、刘红：《南京国民政府军政要员录》，春秋出版社 1988 年版，第 87—89 页。

④ 杨铎：《高秉坊“贪污案”内幕》，《文史精华》1998 年第 2 期。

是极有可能的事情。高请桂永清来当训育主任，也是存有保护自身的用意。在国民党内，通过办训练班、办学校来建立派系势力也是常见的做法。朱家骅为 CC 系竞争，在 1939 年担任中央组织部长后，也曾举办党务讲习班和战地干部训练班，扩张个人势力。[①] 孔、高通过税训班来提拔人才，就可以抵制 CC 系的人事干预。

因应直接税的征收需求，通过训练来提升税收人员的专业素养，这一举措得到蒋介石的认可。1938 年，财政部在重庆川东师范设立了训练所，按考试院颁行的暂行条例公开招考，实施组训。所长孔祥熙，财务人员训练仍与直接税一样，请桂永清派军官来实施军事训练。受训人员分会计、银行、税务三组。直接税署还委托浙江、陕西、江西等省的直接税局举办过初级税务员训练班，以满足各地的征税需要。到 1943 年 7 月，直接税高级税务员考训班 12 期，计有 2600 余人。初期考训班有 11 期，计有 3300 余人。仅依训练班培养数量有限，直接税处还派税务干部或资深税务员到大学讲授，吸引品学兼优的大学生入职。又与复旦大学、朝阳大学、交通大学、重庆大学、广西大学等大学设办训练班，还与国立广东大学、广东国民大学两校合办初级税务员讲习班。高还训令，各级长官对所属人员详加考核，其不称职者，准予报明停职，嗣后补充人员并应切实遵照《特种考试直接税税务人员考试暂行条例》办理，不得稍违。[②] 直接税的税务人员分实习、助理员、初级税务员及高级税务员。为激励晋升，财政部颁布税人考升办法，职、官分离，可通过考度谋求官阶晋升。[③] 针对权贵请托，孔、高二人早有预案：同意报考，但亦得接受考训。如不符条件，则照样剔除在外。只是宣示如此，实际仍难执行。

真正为 CC 系不满的，并不是一般税务人员的考选，而是地方税局要员的任用。直接税署是在所得税处的基础之上逐步建立起来的，是新设机构，空职很多。高在组建各地机构之时，基本上是任用新人，尤其重视学有所长

---

① 郭绪印编：《国民党派系斗争史》，上海人民出版社 1992 年版，第 601 页。

② 《直接税处关于补充人员应按特种考试条例办理的训令》（1943 年 3 月 26 日），《中华民国工商税收史料选编》（直接税 · 印花税）第 4 辑上册，第 691 页。

③ 《财政部直接税处工作人员考升规则》（1943 年 11 月），《中华民国工商税收史料选编》（直接税 · 印花税）第 4 辑上册，第 701 页。

的财税专才。如崔敬伯早年在英国伦敦大学经济学院毕业，1932 年归国后在中法大学、燕京大学、北平大学任过教。他时常在报刊上发表财税文论，引起高的注意。在所得税筹备过程中，特聘他担任财政部所得税筹备委员会特邀研究员，在 1938 年提任川康直接税局的局长。① 梁敬錞 1919 年赴美入哥伦比亚大学，后转至伦敦大学经济学院，习经济，1921 年获硕士学位。回国任教北大，并入司法部为参事，参与商法起草。1933 年任宁夏高等法院院长。1935 年返南京，见知于孔祥熙，奉命草拟所得税条例，并试办上海所得税，贡献尤多。② 高在任用税务官员的过程中，既重专才，也注重其派系立场，希望以此来强化自己的权力基础。在统一税政的思路下，直接税机构强力扩充，又先后合并过营业税、货物税的征收机构。1942 年，营业税划由直接税处征收，营业税机构并入直接税机构。直接税原有机构全国仅 200 余处，原有人员 2000 余人，接受营业税之后，“直接税机构之新名称突增七倍以上，直接税之新人员突增五倍以上”③。直接税处加强管束，严肃税纪，控案有所减少。营业税机构也进行裁撤合并。④ 在营业税合并到直接税署时，四川营业税分局中的六个分局长，被高撤了五个。⑤ 据高自己回忆，中统局局长徐恩曾派员持函说情：四川省营业税务分局中有六个分局长担任着中统的任务，商请保留。高回复：“直接税税务人员需有一定的资历，合格的一律留用，不合格的就无法通融。”没有答应，后来这六个分局长有五个被撤，只留任一个分局长，由江津调到永川。全国营业税人员经审核调剂，裁汰的有 800 多人。⑥ 据其所述，章士钊曾约请财部次长谈话，说及侍从室交代不仅止于查案，还令查高植党跋扈。可惜，关于此事章士钊并未留下文字。

---

① 崔敬伯：《崔敬伯财政文丛》，中央编译出版社 2015 年版。

② 《梁敬錞先生事略》，“国史馆”编《“国史馆”现藏民国人物传记史料汇编》第 1 辑，“国史馆”1988 年版，第 346 页。

③ 高秉坊：《中国直接税的生长》，财政部直接税处经济研究室 1943 年版，第 23 页。

④ 包超时：《中央接管营业税之经过及一年来整顿之概况》，《直接税月报》1942 年第 4—6 期，第 31 页。

⑤ 杨铎：《高秉坊“贪污案”内幕》，《文史精华》1998 年第 2 期。

⑥ 高秉坊著，张元彪整理：《高秉坊自述》，载中国人民政治协商会议山东省淄博市博山区委员会编《中国直接税创始人——高秉坊》，第 159 页。

1943年，财政部又推动直接税与货物税机构合并，改组为税务管理局。但直、货两税人事不和，到1945年仍予分开设局征收。在合并过程中，人事有较大调整。如1942年10月贵州税务局与直接税局合组税务管理局，以原直接税局局长毛龙章为局长。1942年11月湖北直接税与货物税合并，由吴仕权任局长。这两省试办后，后方各省相继推行。四川所设的东川税务局，代理局长是崔敬伯。西川税管局是方东，云南是孙东明，浙江是张淼。全国共有17个局，人选以直接税局长继任为多，如东川、宁绥、陕晋、贵州、福建、浙江、江西、广西、湖南。[①] 崔敬伯、张淼等，均深得高之信任。

公诉书中所提"一丙保证金"，是为保障一时营利事业所得税征收的非常之举。所谓一时营利所得税，是针对各省境内无固定牌号或临时贩销货物之一时营利事业商人征收。依《一时营利事业所得税缴纳办法》，行商应于每次营业开始时，向当地所得税征收机关办理申报登记手续。一时营利事业商人在移运货物时，如遇查验需出登记证呈验。[②] 此税开征，税务申报与货运登记同步，带有跟货寻税的特性，既可增加税收所得，也是物资控制的重要方法。为防范商家逃税漏税，税局要求在当地有固定之住所和地商须经当地两家纳税住商担保方可领取行商购销证。未领购销证之行商及未取得购销证或登记证的住商，在运销货物时需由当地店商担保纳税，或者预缴货值百分之二十以为税款保证金。在此状况下，愿意为他人作保的商家极少，一些税务人员乘机登记空头住商牌号，提供虚设担保取利。行商所缴保证金，也极少愿意取回。因核定税款后，商家可能还要补交欠款。如此，"保证金源源不断缴纳，结算保证金者则绝无仅有。税务稽征人员将过期的保证金户头，沟通亲朋，冒名结算，核定一点点税款，退出大部分保证金，尽入私囊"[③]。本为预防逃税的措施，成为舞弊谋私的渊薮。1943年税务督查员李如霖在对浙江、安徽、福建、广东等地进行调查后发现，"对保证金之收取，以前各地不同，即在浙省境内亦有百分之二十与百分之十五之别。年来虽经

① 参见张琼《南京国民政府时期直接税署研究》，硕士学位论文，华中师范大学，2014年，第40页。

② 财政评论社编：《战时财政金融法规汇编》，财政评论社1940年版，第209页。

③ 胡先传：《直接税舞弊种种》，载全国政协文史资料委员会编《文史资料存稿选编》（经济）上册，中国文史出版社2002年版，第121页。

统一，概照百分之二十征收，但货价之估计仍各地不一。有照原价课征，有照经过地点市价，亦有推算运售地点价值者，标准纷歧，莫衷一是。至直接税局对所利得税与营业税之课征，除少数根据账簿核算者外，大都出以估计，各地所采标准尤其高低不一，非特商民时有不平之感，即税局本身亦易滋流弊"①。严格来说，一时营利所得税主要是考虑增加战时税收，税制本身并不合理，既有重复征税之嫌，又手续烦琐，阻碍商贸流通。保证金管理混乱，税局及税务人员从中取利，贪污勒索，时见报端。无论是直接税署还是地方各税局所收缴的一丙保证金数目庞大，税局收缴保证金，商人以之转嫁于消费者，税吏得此保证金，复以之为作祟市场的资本，更属病民!② 从这个角度来说，一丙保证金滥用状况其实已为社会所知。中统如欲打击高秉坊，由此入手是很正常的事，也是回应商民的诉求。

高在直接税人事任用中，重视专业考选，希望以此来澄清税治，符合税收革新的长期目标。新税、新人、新精神的提倡，严格的考选制度，的确招揽了一些专才，也一度借由宣传渠道得到社会好评。但是，高对于如何监控税吏滥权谋私也没有更好的办法。虽然推行了公库制度，但税务控案仍然很多，尤以直接税纠纷最为集中。③ 在人事更替过程之中，还触动税收体系中原有的派系力量。开征一时所得税并征收保证金，也是防止逃税的无奈之举。在当时税收征稽能力有限的情况下，所得税的征收初采申报查账法，后来又采简化征稽办法，统一标准，由商人评议，再行照缴。到1945年，又恢复申报查核制度。征收保证金是防止商家偷税漏税的可取办法，但是在实行过程之中，税局权力过大，缺少监察，最终成为税吏滥权的黑洞。直接税署及地方税局随意支用保证金亦给了中统可乘之机。

高入狱之后，有人拟联挽叹。一联以高的身份自挽：想老夫费尽心思，创新税，造新人，满以功大无妨亏小节，卒遭刑典。愿尔辈善自奋

① 《财政部秘书处摘抄李如霖视察浙皖闽粤税务报告函》（1943年5月1日），《中华民国工商税收史料选编》（综合类）第1辑上册，第1611页。

② 《轰动陪都的高秉坊案》，《中国政治内幕》第4辑，1948年5月25日，第190页。

③ 侯坤宏：《抗战时期的税务控案》，《财政与近代历史论文集》，"中研院"近代史研究所1999年版，第693—737页。

勉，改旧念，涤旧非，须知山颓从兹失依恃，慎免愆尤。一联以旁观者身份嘲讽：新人办税，新法敛财，内惑贪妻，外蝇婪属，身后谁为歌薤露。前辙可循，前车已远，上有好者，下必甚也，门旁桃李笑春风。[①] 创新税，造新人，是高在主持直接税改革训练新人时的口号。讽刺其新人办税、新法敛财，是说高虽有办理新税之功，但借此谋私，判刑入狱是咎由自取。小报《海晶》上也发表对联：小吃馆，高秉坊；花柳病，林柏生。[②] 林柏生是汪伪政府的高官，抗战胜利后曾随陈公博逃往日本，后被押解回国，1946 年在南京被处死。小报以此讽刺高的命运。社会小报冷嘲热讽，道尽公门荣辱事。

（四）改判背后的同情力量及高层较量

在对高案的来龙去脉有所了解之后，有必要再回探一审与二审之间的尖峰时刻。高被判死刑，中统予孔系以致命一击，又获得公众反贪舆论的支持。但在国民党高层，仍有同情高秉坊的力量存在。

在高案一审之后，据传时任司法院长居正就将司法行政部部长谢冠生、重庆法院院长查良鉴召至院中大批一顿。他在 1945 年 7 月 3 日的日记中写道："高秉坊判死刑，张参政难先以讽刺语气贺我，又发一顿牢骚，并面告谢冠生，如实验法院如此告人，司法前途不堪设想。原余去西北早有此心，因此两事而离开重庆之心愈急意强耳。"[③] 居正是国民党元老，是早期西山会议派的骨干。西山会议派与蒋为争夺国民党正统曾对立相争，但在 1927 年后与蒋合作。居正自 1932 年至 1948 年一直担任司法院院长，虽扮演分权制衡的角色，但在蒋总揽军权和党权的情况下，其权限受到制约。居正认为高案量刑过重，明显受案外因素影响。[④] 居正批斥谢冠生，是因其掌控着重要职权部门司法行政部。查良鉴出任重庆地方法院院长，高秉坊案是他在任上所面临的重要考验。据其亲友的回忆，查良鉴在处理高案时的坚决态度为

① 千诺：《高秉坊挽联》，《大光明》第 8 期，1946 年 4 月 23 日，第 11 页。

② 《巧对》，《海晶》第 5 期，1946 年 3 月 21 日，第 7 页。

③ 谢幼田整理：《居正日记书信未刊稿》第 1 册，广西师范大学出版社 2004 年版，第 63 页。

④ 沈钧儒：《沈钧儒文集》，群言出版社 2014 年版。

其赢得惩贪声誉。[1] 但在居正看来，高案证据尚有推敲之处，判死刑有失实验法院的法治声名。居正的态度与章士钊较为相近，认为从司法公正而言，高虽有失，但罪不至死。居正身为司法院长，却对司法极度失望，日记中感叹“做一日和尚撞一天钟”，极夜不得安眠。[2]

高妻唐蕴在高秉坊被判死刑后四处奔走，托人说情。唐蕴找到山东老乡丁惟汾和自己的湖南同乡程潜。[3] 丁惟汾是山东日照人，也是国民党元老，1931—1934 年曾任国民党中央执行委员会秘书长，1932—1937 年又出任监察院副院长。国民政府迁都重庆后，丁赴渝任国防最高会议委员。丁在党内有一定声望，但并无实权，与蒋的关系在不即不离之间。丁惟汾联合山东旅渝同乡会的秦德纯、孔德成等联名呼吁，呈请高院改判。秦德纯是山东沂水人，出身于保定军校，1940 年任军法执行总监部副总监。1944 年，担任兵役部次长，次年冬又调任军令部次长。1946 年，任国防部次长。[4] 孔德成是孔子后裔，曾任国民党政府孔子奉祀官。丁惟汾希望以此增加舆论压力，影响高院判决。程潜是陆军一级上将，当时还是军事委员会委员长、武汉行营主任，位高权重。至于丁惟汾、程潜等如何进行说服，据现有材料还难知见。

初审之时，沈钧儒也曾前往旁听。沈钧儒是中国民主政团同盟的组建者之一，当时代表全国救国联合会参与国民参政会任参政员。法院院长查良鉴特意在初审之后问他的意见，沈钧儒回答说如高秉坊庭上的辩诉，则审讯者应具有财经知识，否则恐生误会。[5] 沈所以有此言，是因审判长李懋宣在庭上表现不佳，对于财经问题缺乏经验。沈钧儒也不赞同死刑判决。

值得注意的是，工商界也有同情高秉坊的声音。吴蕴初等工商企业家及

---

① 查良鉴的生平参见魏文华《一个少壮实干的司法官——地方法院院长查良鉴》，《现实》1947 年 7 月 25 日，第 19—20 页。蒋连根：《自称“渺小”的大法官——堂哥查良鉴》，载《江南有数人家：金庸和他的家人们》，人民日报出版社 2013 年版，第 177—187 页。查良鉴是金庸的堂哥。蒋在写作这本书时，走访了金庸及其亲友，其中提到查良鉴处理高案的情节。

② 谢幼田整理：《居正日记书信未刊稿》第 1 册，第 63 页。

③ 杨铎：《高秉坊“贪污案”内幕》，《文史精华》1998 年第 2 期。

④ 秦德纯：《秦德纯回忆录》，传记文学出版社 1981 年版。

⑤ 高秉坊、张元彪整理：《冤狱回忆》，载中国人民政治协商会议山东省淄博市博山区委员会编《中国直接税创始人——高秉坊》，中国人民政治协商会议山东省淄博市博山区委员会 1993 年版，第 165 页。

经理人对法院审案中的事实认定提出疑问。在一审之后，他们通过重庆市工商局呈文最高法院，请慎重复判。呈文中曰：

> 今日凡欲涉足我国之外人，尤以资本技术赞助我国建设工业之友邦人士，对于我国之法律及法官审案情形等更为特别注意。苟我法官审案均能善无残守，根据真实事实，确绝证据判断案情，而以引法律条文又能刑当共罚。不枉不从，则自然信任，不仅尊重我国之刁法，且为乐于与我经济合作，如若不然，一经对我刁法最生疑虑，为将影响将来之工业投资与技术合作。查市实验地方法院审理财政部直接税署前署长高秉坊判处死刑一案，据后载庭审情形，法官对被告律师所提辩诉及辩护等理由及事实，既未加反驳，似未予注意。第二庭法官临时提出之新事实，未准律师请求，予被告以提出反证申辩之机会，而判决却指合营商之政祥、祥和等商号，竟经营何业，资本若干，何人主持，高之资本几何，均未明白宣布，似此案情尚有更事调查推究之为要。①

呈文对法院审判过程之中对事实未加严格认定表示质疑，认为在犯罪证据调查方面仍有深入必要，并担心由此影响法律信任，不利于和国外的合作。此文虽是以工商局的名义上呈，但实际签名者却都是内迁陪都的知名企业家，其名单如表5－7所示。

表5－7　　**工商界人士呈请最高法院慎重复判高秉坊案名单**

姓名	职位	地址
吴蕴初	天原化工厂总经理、全国工业协会理事长、国民参政会参政员	林森路二号
李烛尘	久大精盐公司总经理、重庆市公董协会理事长	保安路
胡厥文	新民机器厂总经理、迁川工厂联合会理事长	五四路三号
潘仰山	豫丰纱厂经理、国货厂商联合会理事长	

① 《市工商局关于请慎重复判高秉坊上最高法院的呈》，重庆市档案馆藏，资料号：0273000101288000002。

续表

姓名	职位	地址
仇秉敷	纱商公会理事长、重庆市商会主席	东升楼一号
周锦水	华成电器厂总经理、全国工业协会理事	南岸后央街七十号
高功懋	恒顺机器厂经理、第一区机器董公会常务理事	林森路
陶桂林	馥记镔工厂总经理、迁川工厂联合会常务理事	美丰四楼
薛旺剑	久利实业公司总经理、迁川工厂联合会常务理事	南岸虞新生院一号
李祖谦	中国化学实业社经理、国货厂商联合会理事	临江路 71 号
熊荫村	宝星实业公司总经理、国货厂商联合会理事	陕西街宝元渝
陈容贵	中国南洋烟草公司经理、本市工业协会理事	林森路 16 号
徐佩蓉	迁川工厂联合会监事、冠生园经理	民权路 70 号
沈云峰	茅二区印刷工业同业公会常务理事	莲花池西街五号
章剑慧	茅二区棉纱同业公会常务理事新纱厂经理	民族路特区号
厉无咎	茅二区机制面粉业同业公会理事	民族路特区号
陈涤清	光华化学制革厂董事会	美丰方楼 23 号
张树霖	轮渡公司总经理、西南实业协会副总干事	林森路
吴味经	中国纺织公司总经理、西南实业协会副总干事	炮台街二郎庙十号
黄流尘	宝元渝百货公司协理、百货业公司理事	陕西街

资料来源：《市工商局关于请慎重复判高秉坊上最高法院的呈》，重庆市档案馆藏：资料号：02730001012880000002。

领衔者如吴蕴初、李烛尘、胡厥文等，均为工商界名宿，所创办企业在行业内有重要影响。其余列名者也多为知名企业家或经理人，所属企业如恒顺机器厂、中国化学实业社、南洋烟草公司、冠生园、中国纺织公司等，皆为中国实业界一时之选。工商界人士列名者大多还担任着迁川工厂联合会、国货厂商联合会、全国工业协会、各行业同业公会、西南实业协会等经济社团的职务。按照常理，高秉坊等推动直接税改革，其中主要部分是营利事业所得税，征税对象即工商企业。直接税署后又合并营业税，该税亦是企业主要税负之一。作为税政制定者的高秉坊，为何能够得到作为纳税人的企业家的说情。在呈文中，吴蕴初等对其缘由有所说明："高秉坊身任直接税署长，在地位上为收税人，蕴初等从事工商业，在地位上为纳税人，利害实属对立，且既非来故，又无友情，在人事关系上更鲜往来。战后我国经济建设需要友邦赞助，外资外材能源源而来，胥视我国环境是否适合以为断，刁法一项至关重要，对业经引起各方注意之高案，似更应郑重审理，秉公决断，以期罪当刑平，折服中外，用敢不当冒昧签请。"[①] 吴蕴初等人所提意见，显然不能以通常说情看待。正如呈文所言，高为税务官员，吴蕴初等为纳税人，利益实处对立。工商界人士对案情提出质疑，是认为事实认定存在漏洞，如模糊判决，于我国法律信任不利，影响战时与外商之合作。

在同情力量中，除丁惟汾、程潜等人的私谊请托色彩较重外，居正、沈钧儒、吴蕴初等与高并无直接的利益与人情关系，所论主要立足于案情与司法，也未并将之与孔祥熙连带批判。与普通公众舆论相比，他们对于高秉坊个人及案情的了解较公众更为全面，判断更为理性。居正身居司法院院长要职，法理应用了然在胸。他们的质疑说明，案情认定存有问题。

孔祥熙去职之后，接任者为俞鸿钧。俞鸿钧在抗战前任上海市市长，赴重庆后担任财政部次长。俞到财政部任职得到过孔祥熙的帮助。1941 年 8 月，俞任中央信托局局长。蒋介石看中俞的财经专长，在 1944 年 11 月任命他为财政部部长，取代孔祥熙。俞虽参与调查高秉坊，但并无直接利害冲突。在高被判死刑之后，财政部中对高抱有同情心理的人很多。在高生死攸关的重要时刻，财政部针对案中指控事实也进行了调查。俞将调查结果汇成二十一条呈送蒋介石，并呈请最高法院慎重裁决，具体调查情况如表 5－8 所示。

① 《市工商局关于请慎重复判高秉坊上最高法院的呈》，重庆市档案馆藏，资料号：02730001012880000002。

表 5－8 财政部内部调查情况汇总

编号	检控事项	事项说明	结款状况
1	1942 年 4 月 22 日提借 10 万元	垫发抢征奖金，事前均有收据。12 月移作垫购唐宁路 14 号职员宿舍	1944 年垫款缴库，房屋经审计部验收
2	1942 年 12 月提借 30 万元	15 万元连上 10 万元垫购宿舍及地皮。15 万元垫付直接税分局员工消费合作社基金	
3	1943 年 6 月 11 日提借 3 万元	该署并无提款命令，无核准通知书	查此款系磁器口直接税查征所提取
4	1943 年 6 月 22 日提借 12 万元	该署核准增垫重庆分局合作社基金	1944 年 12 月由重庆分局清理归垫
5	1943 年 7 月 29 日提借 50 万元	系垫发忠县等十七个分局合作社基金	报部有案，有核发清单，款已归还
6	1943 年 7 月 23 日提借 10 万元	系垫支重庆分局海棠溪训练班税务人员经费	1944 年 1 月重庆分局经费领到呈报归还有案
7	1943 年 8 月 12 日提借 55 万元	系垫付海棠溪办公房部分价款，又 1944 年建康宁路 14 号新宿舍挪用	1944 年 12 月到款归垫
8	1943 年 11 月提借 60 万元	系垫付直接税员工家属生产合作社基金，购买纺织毛线	1944 年还款，文书案卷可查
9	1944 年 1 月 17 日提借 190 万元	系垫付重庆直接税分局公园路职员宿舍价款	款领到已归还
10	1944 年 3 月 10 日提借 15 万元	系垫付日用物品管理处办公室公用品价款	清单俱在，款已归还
11	1944 年 5 月提借 160 万元	系垫付重庆市营业税处员工消费合作社基金 50 万元，又垫付该处超支经费 50 万元，又垫付重庆直接税分局超支经费 60 万元	均有账据，款已归还
12	1944 年 6 月 24 日提借 50 万元	5 月 10 日垫付重庆营业税处超支经费	有账据，已归还

续表

编号	检控事项	事项说明	结款状况
13	1944年3月27日提长沙征收局200万元	预购办公纸张	遵照前部长官邸会议指示，已运到者存在，损失者有卷，证件均送法院，款已归还
14	1944年3月17日向广西郁林分局提借50万元	购公用煤炭	遵照前部长官邸会议指示，有定货单据，款已归还
15	1944年4月向皖北太和分局提借324350元	垫付员工消费合作社买制服呢、毛巾线袜	有分配清单账据，款已归还
16	1944年4月17日向衡阳征收局提借50万元	预购办公用品垫付曲江分局代购蜡纸	遵照前部长官邸会议指示，有分配记录可查，款已归还
17	1944年4月15日向衡阳分局提借120万元	订购印单法令书纸	遵照前部长官邸会议指示，款已归还
18	1944年5月25日，向长汀征收局提借143106元	垫购纸运费	补发核准书，因购运困难未办，款即归垫
19	浙江审计处函称财政部妇女工作队在浙购买挑花布提借45万元	该署并未授权浙江直接税局提供保证金，至妇女工作队所托浙江直接税局局长张淼代购麻绣手工样品，系自行委托，价款包装及关税消费税等计132472.9元	系该队面交该局秘书王道平手收，无在浙提借45万元之事
20	贵州审计处报向贵阳征收局提借1706610元	该署无案可查，亦未填发核准通知书。唯至1945年2月及4月始据该征收局两次所列账单，系11月抢救湘贵黔各撤退人员税票所需汽车油料修配所用计120万元	系该局自行提用，数字不符，正电查中。此条移交后任处理，该前署长实无在黔提借174万元之事
21	1944年6月17日向浙江平阳分局提借80万元	系前署电知浙江省局预购办公文具纸张，电知需用款电报即汇，未令提垫保证金	后向平阳分局先行提垫，于6月17日补发核准，后战事紧张，已饬该局退售归垫

资料来源：高秉坊：《冤狱回忆》，载中国人民政治协商会议山东省淄博市博山区委员会编《中国直接税创始人——高秉坊》，第167—170页。这一资料的来源未在法院档案中查到，此项证据还需要以更多旁证。

财政部的调查说明分项列举款项用途及收支状况。所控1000余万元的贪款，仅有30万未说明账目清单，但用途也是公用。调查说明两个问题。其一，高案所控滥用款项，并非用于谋私，而是耗于公用。公用内容包括购买办公用品、垫付员工福利、用于合作基金、税训班费用等。其中，绝大多数款项是用于员工福利和办公费用。其二，高案所控款项的收支回款情况。据财政部所查，绝大多数账目均有清单可查，有垫有还。财政部的说明正是针对高院的指控。从法律上讲，财政部内部调查难以作为呈堂证供，但这表明财政部内部对高持同情态度。同时，呈书送达蒋介石和最高法院，也可能影响到判决结果。

俞鸿钧的这份调查报告书虽未得确认，但在重庆档案馆的法院档案中，笔者发现了一份题为"平心而论高秉坊生活及工作"的文件。因案卷不全，未见落款。按其措辞语气，应属财政部直接税署内人员所写。按时间判断，应在1946年7月间，即复审之后。[①] 报告历数高主政直接税之功绩，称赞高选人唯贤，重视训练；领导下属，赏罚分明。尤其提到，因物价飞涨，员工生活入不敷出，高在不违法原则下，订立考绩晋薪制度，提拨周转金，供应员工生产合作，或准予借俸津。呈文认为："高前署长，立身行事，待人接物，颇有分寸，无可指疵，虽未能谀为税圣，至少应非税蠹。若论现行直接税之得失，在种种条件不甚适合之我国，似不能过于求全责备，盖方在初期，向无成轨，刱草创即逢寇祸，国内环境瞬息万变，一切规章，自难任意伸缩更张，立符现实，而拟定原则，逐步立法，又非一人或一部门之主権。"语外之意，高功在税政，关心属员生活，虽然政策有瑕疵之处，但并非主观之过。所用款项，"确系因公急需，始行筹垫，与税款保证金收付补充办法第五条甲项之规定并无不合，所提各款，先后归垫，有财部造送直署一丙保证金归还明细表可证，无丝毫舞弊情事"。呈文指控的串通舞弊、假公济私、违法提用、违法存放等情被逐条批驳，"若高氏之被议，启览情节，胥为部属生活所种因，经费支绌情势之所迫。万一毕生难邀平反，而历年追随奋斗之员工，受惠既深，知情最切，一丝一缕皆高氏牺牲之代价"。就受惠于高之员工角度来看，高被判无期仍属

① 《平心而论高秉坊生活及工作》，重庆档案馆藏，资料号：02730001012880000065。

重判，而高之所以入狱，皆因部属生活及经费支绌所迫。

高改判入狱之后，部下仍记其开办直接税之功。1947 年 7 月，冀察热区直接税局北平分局杨翼谋在致谭子薪的信函中说，在 7 月 1 日直接税节时曾举办纪念仪式庆祝，“惟本税开办人高先生春如尚在囹圄”，中途遥阻，不克前往面尉，请谭子薪代为致意。[①] 直接税节是高秉坊在 1941 年确定的，每年 7 月 1 日进行宣传，“全国各机关举行纪念并扩大宣传，以促进国民之深刻认识”[②]。谭子薪之职位不详，应是高去职之后仍在直接税署任职，时常前去探望高秉坊。高入狱之后，其妻及七个儿女生活困难，直接税署及分局同人还筹集救济款项。1947 年 6 月 10 日，江西直接税局的张济美、胡光传等致函谭子薪，表达对高秉坊的问候之意，言语中称为“高师”。函中还说联系诸多同人汇款资助高秉坊，数额近百万。[③] 又有四川宜宾直接税分局同仁葛廷韶、王明衣、洪克振、余先达、薛理轩、刘浦成、杨培仁等 84 人等共捐款 101 万元，寄送高妻唐蕴。捐款多者 3 万，少者 5000。函中说：“奠新税之宏碁，开财政之大业，懋勋卓绩，海内共知，大功告成，忽罹奇祸，凡我同仁均为惋惜嗔闻。”[④] 谚言“人走茶凉”，高在入狱之后，仍深受部下尊重，且众多职员汇资救济妻小，亦不枉其创办直接税的功业。高在《新税历程》中也有感叹：“三年来每逢七一节（直接税开办日），辄承旧友契好，赐函慰问，且捐廉俸，助余生计，情深谊重，感愧良殷。”[⑤] 不论外界评价如何，高在任职期间对直接税员工多方照顾应可肯定。从这个角度看，所得税保证金用于员工福利并非虚言。

又有说高案被判死刑后，孔祥熙曾设法关说。但是因失去蒋的信任，不敢直言，于是找了美国驻华大使赫尔利来劝蒋。赫尔利的理由是，判高死刑

---

① 《关于请代向高秉坊慰问致谭子薪的函》，重庆市档案馆藏，资料号：0273－0001－01288，第 166—167 页。

② 《直接税处关于规定直接税宣传日的训令》（1941 年 6 月 5 日），《中华民国工商税收史料选编》（直接税・印花税）第 4 辑上册，第 39 页。

③ 《关于将各员资助名单抄上请转达及高师原文已递交各员传阅致谭子薪的函》，重庆市档案馆藏，02730001012870000060。

④ 《关于汇上款项请接纳致高秉坊的函》，重庆市档案馆藏，02730001012880000022。

⑤ 谭子薪、张森：《高秉坊与中国所得税》，载全国政协文史资料委员会编《文史资料存稿选编》（经济）上册，中国文史出版社 2002 年版，第 80 页。

有违人权法治。蒋顾及国际影响，最后改变主意。[①] 不过在蒋的日记之中，并未记载此事。孔祥熙、赫尔利的私人记录中，也都未提及。从私人关系上讲，赫尔利与孔祥熙交好，存有这个可能。倒是中统的态度，在复审之前尚未发现有直接干预。在复审之时，更审审判长改由法院推事李坚夫担任，检举人方仲豪、周光亚并未到场。李没有什么派系背景，方、周二人在更审时均未出席。更审判处高秉坊无期徒刑，最终定谳。高即使改判，中统已达到控告目的。

高秉坊贪污案爆发，在时机上是因为中统的检举与查证。中统与孔系之间，一直存在争斗。此时孔祥熙失势，高秉坊成为打击孔祥熙的重要着力点。高在税政改革之中，推行税务人员考训，调整高级税务官员，撤销多位中统和军统派系的人马，亦被中统忌恨。但不论原因如何，中统查处高秉坊贪污案却顺应了公众舆论的呼声。中统既行检举，又搜罗证据，还通过司法行政部及地方法院的人事安排，确认高借权谋私，由此判处死刑。纵观全案，中统力量虽然没有明面出手，但隐然可见。高指责中统干预案情，应属事实。

高自认为是中统出于派系利益而查处自己，但他却忽视了社会舆论及蒋的态度。抗战时期高级官员的贪污腐化，深受民众痛恨。在直接税署及地方税局中，税务控案也连续不断。蒋最为痛恨贪污与结党，中统报告之中提及高不仅借权谋私，还指称其用人唯亲。中统的行动得到蒋的认可，查处令由侍从室下发且指责高有若干罪行，决定了高的生死。公众媒体对案情是非难以探知，却多为高被判死刑叫好。孔祥熙亲信林世良走私一案，蒋钦点判处死刑。对照来看，一审判处高死刑并非无前例可循。高虽被改判，但仍属被查处的贪污重案。蒋的侍从室高级幕僚唐纵在日记中提到，“更新人事，肃清贪污。盛世才、孔祥熙之被撵下台，此为近年来舆论抬头之第一次现象。高秉坊贪污案、黄金舞弊案、程泽润失职案，亦为近年来稍快人心之事”[②]。

---

① 《高秉坊贪污案》，载巴图《民国经济案籍》，群众出版社 2001 年版，第 36—45 页。

② 公安部档案馆编：《在蒋介石身边八年——侍从室高级幕僚唐纵日记》，群众出版社 1991 年版，第 527 页。

在一审案情控辩中，检方和被告各执其理，事实上双方均有漏洞。章士钊为高辩护，强调高为税务能吏，有功于抗战，也强调其挪用款项并非用于谋私，而是出于同人福利和公务，但是即使是用于公利，所得税保证金滥用也是事实。章士钊针对证据提出的疑问，但多事理推测，较少实际的财务审计与证明。检方提交的证据也并不充分，且法院主审法官表现不佳，被沈钧儒等批评缺少财经专业知识。可以明确的是，保证金的收取和滥用属于事实，究竟是用于私利还是公利，就直接决定了高案判决时的法律适应尺度。倾向于前者，判处死刑罪有应得；如属后者，则量刑过重。在这个重要时刻，同情高秉坊的力量开始进行说服工作。同情者可分为三个类型。一是出于私谊，如山东旅渝同乡会的丁惟汾等，因与孔、高交好，故而出面游说。二是强调司法公正，如居正、沈钧儒，还有迁川工商团体的吴蕴初、李烛尘、胡厥文等。他们主要是认为判处死刑，量刑过重，有违法治。三是财政部直接税署同人，如俞鸿钧进行之内部调查，直接税同人的呈书辩解，都说明高虽有滥用保证金行为，但主要用于税务办公和员工福利。税署同人受其恩泽，故而出面说情。在高入狱之后，更是捐款救济其妻及子女生活。这在其他贪污案中，绝难有见。此类意见上呈法院，也有可能上达天听，最终枪下留人。复审改判无期，高秉坊得以保命。但是，公众舆论却对之极为失望，甚至认为是国民政府反贪失败的典型。可见，对于高案的理解，民众与高层的角度截然不同。

在高案查处及追溯过程中可见，直接税改革受制于派系政治和人事关系。国民党内派系林立，互相争斗。蒋在确立其最高领袖地位之后，依然防范地方实力派及其他非蒋势力。在蒋派之内，中统、军统、黄埔系及孔、宋势力争夺不休。蒋难以强力统驭，转采平衡战术，抑此扬彼，以维护自身之中枢独裁地位。高秉坊是推行直接税的功臣，但无论是自身的仕途升迁，还是税改政策的推行，都需要依赖于孔祥熙的权势才能得以实现。高被公认为孔的心腹和智囊，与孔荣辱相关。孔、高合力，是直接税改革得以推行的重要人事因素。在孔因美债案下台之前，其实二人都享受到直接税改革所带来的政声和荣誉。一丙保证金问题及直营合并后的税务控案，不仅反映直接税署的直接管辖混乱，亦造成地方的保证金收支不明，高作为直接税署署长，负有直接责任。初期倡导“新税人”“新税风”颇有成效，到后期基层税吏滥政谋私的情况渐趋严重。从情理上讲，高为员工福利而挪用款项受刑，获得居正、章士钊及署内员工的同情，但如从严肃法纪的角度而言，用于部门利益并未改其随意支配公用款项的事实。革新需依赖于派系力量的支持，孔、高又运用税政改革的权力来扩充势力，最终使自己也身陷权争旋涡之中。

第六章
全面抗战时期所得税的法律建构与税法推行

在所得税的立法史上，1936 年 7 月国民政府颁布的《所得税暂行条例》是首部得到全面实施的所得税法令，开启了国民政府系统构建直接税体系的进程。兹后，过分利得税、租赁所得税等陆续开征，进一步扩展了所得税的来源范围，提升了其在战时财政中的税收价值。1943 年，更为全面的《所得税法》得以颁行。在组织体系上，财政部以所得税处为基础组建了直接税署，将本属间接税的营业税并合到直接税体系之中，也说明直接税的改革计划取得一定成功。从税法结构上看，所得税正式法令包括条例、细则及须知三个部分，详细规定了所得税征纳的各个环节，也是征税者和纳税人核算税款的准则。在战时秩序下，国民政府根据实施情形，又对税法多次进行修订，以强化征稽效率，防止偷逃税款。值得注意的是，税收法令推行并不只依赖官方的政策宣讲，商会、会计师公会从纳税人团体及市场业务的立场出发，在税法知识的公共化方面发挥重要中间作用。

一　所得税法令及其战时修订

税收的立法和修订往往是在政府与商民间的博弈过程中逐步调适完善的，政府需要平衡征纳双方的利益，考量税收制度与征收实践的落差，以此缓解纳税商民的积郁之气，亦加强税政监管。《所得税暂行条例》及与之相应颁行的施行细则、纳税须知构建起所得税的基本征纳准则。在征收实践过程中，政府根据征收绩效、商民反应及财政、经济形势，又多次对之展开修订。

(一) 1936 年《所得税暂行条例》

财政部初拟的《所得税暂行条例》草案经过中政会审核、立法院修正，较原定条款有所调整。

在征收范围上，暂行条例第一章第一条规定所得税针对三类所得征收。第一类是营利事业所得，包括公司、商号、行栈、工厂或个人资本在2000元以上营利之所得；官商合办营利事业之所得；属于一时营利事业之所得。不论官营或私营工商业，皆被纳入课征范围。资本起点是2000元，在此之下的小本经营不需纳税。第二类是薪给报酬所得，包括公务人员、自由职业者及其他从事各业者薪给报酬之所得，这部分即为个人劳动所得，公务人员、自由职业者仍是重点对象。个人所得的起征点是月薪30元，月薪在此之下者不需纳税。第三类是证券存款所得，即利息所得，包括公债、公司债、股票及存款利息之所得。按条例第三章第七条所列计算方法，第一类所得，以纯益额计算课税；第二类所得，均按月平均计算课税，无定期或一时所得以该月所得额计算；第三类所得以每次或结算时付给之利息计算。①

与1914年及1921年所得税条例相较，1936年暂行条例将营利事业所得与利息所得分开，单独列出证券存款所得一项为第三类。第三类单列有其合理之处，债券、存款利息的收入性质不同，多被视为非劳动所得，其税率及征收方式皆不同。在三类所得中，营利法人所得未限制特定行业，仅有资本额限制，实质上成为面向工商业的普设税收。较原来分列行业的规定更为简洁，也使税收更具有普遍性。不过，农业、田地池沼类收入未列入其中。在个人薪给所得部分，1936年条例同样强调对公务人员及自由职业者征税，但是并未限定于此，而是包括各行各业之从业者。所得税开征后，自1927年开始向公务人员征收的所得捐相应取消，纳入薪给报酬所得范围。月起征点为30元法币，按年计为360元，税基相应扩展。在利息所得部分，未将国债排除在外，而是将公债、公司债、股票及存款全部纳入利息所得范围，

---

① 《所得税暂行条例》(1936年7月21日)，《中华民国工商税收史料选编》(直接税・印花税)第4辑上册，南京大学出版社1994年版，第90页。

税收基数虽有增加，但对政府公债发行会有不利影响。暂行条例设定的三类所得虽暂时将农业所得等排除在外，但基本将法人及个人所得的主要纳税主体囊括进来，虽设定有起征点及税率级差，但是并不针对特定人群征税，而是具有普遍性和平等性，使之成为面向国民的无差别税收。是否承担税负及承担税率如何，不是根据行业、职业、身份、地位、消费来进行判断，而是以收入所得标准来取舍。由此，纳税主体与国民义务之间得以建立起更紧密的税收关系。

减免税条款体现了一定的政策倾向。《所得税暂行条例》第二条规定，不以营利为目的的法人所得可以免税。在第二类所得中，军警官佐、士兵及公务员因公伤亡之恤金及小学教职员薪给、死亡者劳工及无力生活者之赡养费用等均免税。第三类所得中政府的公共财政资金存款、公务员及劳工的法定储蓄金、教育慈善及公益团体之基金存款、教育储金年利息未达 100 元者，免除利息所得税。[①] 免税条款倾向于非营利的救济、教育经费，有促进社会公益的用意。税法还特别对军警士兵、公务员及小学教师的恤金、收入、储蓄等予以减免，也有维系其公共服务精神的目的。

营利事业所得是所得税最为主要的征收标的。在税额核算及税率分级方面，是按所得类型设定，实行全额累进税率，标准有资本额与所得额两种方式。依第三条和第四条规定，第一类所得中的公司、行号等营利所得及官商合营所得，是按照所得与资本实额之比例而定。所得合资本实额百分之五未满百分之十者，课税千分之三十；所得合资本实额百分之十未满百分之十五者，课税千分之四十；所得合资本实额百分之十五未满百分之二十者，课税千分之六十；所得合资本实额百分之二十未满百分之二十五者，课税千分之八十；所得合资本实额百分之二十五以上者一律课税千分之一百。用所得与资本比的方式来作为分级标准，可以体现盈利能力与企业规模的对应关系。但如资本较小而盈利较高的企业，其实际负担则会提高，对于成长型的企业未必有利。一时所得是按超额累进税率计算，所得

① 《所得税暂行条例》（1936 年 7 月 21 日），《中华民国工商税收史料选编》（直接税·印花税）第 4 辑上册，第 90 页。

在一百元以上即须纳税。在五千元以上者，每增一千元之额，递加课税千分之十。一时所得设定最高税率，最高以千分之二百为限。[①] 所得额是净所得额，按暂行条例依第七条规定：第一类所得额是按纯益额计算，亦即营收额扣除成本之净利，会计周期是一年。施行细则第十五条规定："计算第一类所得，应就其收入总额内减除营业期间实际开支、呆账、折旧、盘存消耗、公课及依法令所规定之公积金，以其余额为纯益额。"[②] 净所得额是总所得扣除企业在运营过程中的实际成本及损耗，这就涉及企业的资本利润及收入会计报表。如由企业申报，存在虚报成本的可能。税局如需核算，则需要耗费巨大的行政成本。在所得税的征收中，核算始终是最关键的环节。

个人薪给报酬所得实行超额累进税率。按条例第五条规定，个人所得分为十级，最高级以上限定税率。个人所得的起征点是法币 30 元，起征点以上就增加部分课税。每月平均所得自三十元至六十元者，每十元课税五分，相当于是千分之五；每月平均所得超过六十元至一百元者，其超过额每十元课税一角，相当于是千分之十。此后，每增加一百元，税率增加千分之十。至平均月收入四百元至五百元，税率累进加高，达到千分之六十；每月平均所得超过五百元至六百元者，其超过额每十元课税八角，相当于千分之八十。达到六百元至七百元者，税率提升到千分之一百。每月平均所得超过七百元至八百元者，其超过额每十元课税一元二角；每月平均所得超过八百元以上时，每超过一百元之额，每十元增课二角，至每十元课税二元为最高限度。超过额不满五元，超过部分免税；五元以上者，以十元计算。值得注意的是，税法中是要求按平均月收入，即无论是按月计薪或按年计薪，均需按月平均计算课税。无定期者，是按各该月所得额计算。[③] 按施行细则第十七条规定，个人所得可以扣缴业务上所必需之房租、报酬、车旅费及其他必要

① 《所得税暂行条例》(1936 年 7 月 21 日)，《中华民国工商税收史料选编》(直接税·印花税) 第 4 辑上册，第 90 页。

② 《所得税暂行条例施行细则》(1936 年 7 月)，《中华民国工商税收史料选编》(直接税·印花税) 第 4 辑上册，第 98 页。

③ 《所得税暂行条例》(1936 年 7 月 21 日)，《中华民国工商税收史料选编》(直接税·印花税) 第 4 辑上册，第 90 页。

费用。这一规定适用于开设事务所的自由职业者，对于受雇佣从业者的个人薪资所得还缺少必要的生活费用扣除。[①] 个人所得税的主要征稽对象，仍然是以公务人员、自由职业者为主。在实际征收中，官营事业及公司的雇员、银行职员也是重要纳税人群。此类人群的收入较易查核，征收程序相对简单，可通过单位代征方式征缴。

证券公债存款利息所得税的核算方法相对简单，系按固定比例税率征收。条例第六条规定：第三类所得应课之税率为千分之五十。按第七条规定，是由利息发放机构在每次或结算时直接代为扣除。在细则第二十七条中，也有此规定。

在缴纳程序方面，三类所得税在制度上是采用申报制。第一类的营利所得应于每年结算后三个月内报告，第一类的一时所得应由发放者或义务人自行报告。第二类亦由发放者或义务人按纳税期限报告。第三类则在扣缴之后一个月内呈报。申报人向税局报告之后，税局应派员调查，确定应纳税额，再发放纳税通知。施行细则第二十八条规定："扣缴所得税者，于扣缴税款时，应通知纳税义务人，并将税款向当地经收税款机关缴纳之。"[②] 这一规定，是要求税局征税需履行告知原则。纳税义务者接通知后，应在限期内向税收机关缴纳。如有申诉，需于 20 日内叙明理由。如仍有不服，可申请审查委员会审查。如查实有误，可予退税或补税。为便于纳税人申请及处理纠纷，暂行条例第十七条有设立审查委员会的规定。审查委员会设委员三人至七人，为无给职，由财政部于当地公务员、公正人士及职业团体职员中聘任之，任期三年。审查委员会在各市县或征收区域设置，主管机关或其代表列席。审查委员会相当于此前规定之调查委员会，主要负责税额核实及纠纷处理。营利事业所得多由商会代表参与，个人所得税方面则并无特定代表。归纳可见，法定征收程序是以纳税人自行申报和税局查征为主要环节，但在实际征收中，纳税人的自觉性和税局的行政能力均难企及，故而又衍生出诸多实用的征稽技术。

---

① 《所得税暂行条例施行细则》（1936 年 7 月），《中华民国工商税收史料选编》（直接税·印花税）第 4 辑上册，第 98 页。

② 《所得税暂行条例施行细则》（1936 年 7 月），《中华民国工商税收史料选编》（直接税·印花税）第 4 辑上册，第 98 页。

暂行条例增强了对偷逃拖欠税款行为的惩罚力度。为督促个人及企业按照申报，第十八条规定：不依期限报告或迨于报告者，主管征收机关得科以二十元以下之罚锾。如一直隐匿不报或虚伪报告，“除科二十元以下之罚锾外，并将移请法院科以漏税额二倍以上五倍以下之罚金。其情节重大者，得并科一年以下有期徒刑或拘役”。第二十条规定：欠缴税额全部或一部分逾三个月者，科以所欠金额百分之三十以下之罚金；欠缴税额全部或一部分逾六个月者，科以所欠金额百分之六十以下之罚金；欠缴税额全部或一部分逾九个月者，科以所欠金额一倍以下之罚金。① 1937 年 7 月，财政部还颁布了《所得税罚锾暂行办法》及《所得税奖励金暂行办法》，处罚拖欠行为，奖励代征扣缴机关。② 在罚金之外引入司法程序，使税局在行政处罚无效之后，可以获得国家司法机器的支持。司法的惩戒不限于追欠，可能涉及刑拘甚至产权处理，这无疑增强了惩戒的权威性。只是启动司法程序追查的时间及经费成本极高，税局轻易不会施用。

《所得税暂行条例施行细则》在 1936 年 8 月公布，补充规定关于境内外之征税标准问题、不同税类的核算方法、扣税及减免条件等。此时关于所得的概念已无太多争议，都认同取纯所得的标准。计算第一类所得，其营业内之实际开支、呆账、折旧、盘存、公债金等可以减除，以纯益进行计算。第二类薪给所得中，公务员、自由职业者及各业从业者之薪给、年金、报酬及其他金钱之给予，均应纳税。所可扣减者，包括房租、业务使用人薪酬、舟车旅费及其他业务直接必需费用。在实际执行过程中，扣减情况更为复杂，不同行业、职业纳税人提出许多诉求，税局只能通过行政及司法解释的方式进行处置。

营利事业所得税的核算对会计账簿提出较高要求。无论是纳税人申报还是税局核查，都要有规范科学的会计账簿方才有据可查。细则第二十四条还规定：第一类所得之申报人于申报时，应提出财产目录、损益

① 《所得税暂行条例》（1936 年 7 月），《中华民国工商税收史料选编》（直接税·印花税）第 4 辑上册，第 90 页。

② 《所得税罚锾暂行办法》（1937 年 7 月）及《所得税奖励金暂行办法》（1937 年 7 月），立信会计师重庆事务所编《直接税法令汇编》，立信会计图书用品社 1943 年版，第 64—65 页。

计算书、资产负债表或其他足以证明其所得额之账簿、文件。因为所得税的开征，公司、商号不得不开展大规模的账簿改良，会计师及会计师事务所的业务因而兴盛。[①] 甘末尔委员会提出中国不宜马上推行直接税，账簿不清即重要原因。会计师参与企业会计改良及税款核算代征，有助于推动税法落地实施。在征收方法上，为求简便，第一类营利所得由业务负责人自行申报缴纳，一时所得由支付机关扣缴；第二类薪资所得由付酬机关或雇主代为扣缴，无雇主者自行缴纳；第三类利息所得由付息机关代扣。这一规定，主要是为便于征稽，提升效率，但与税局直征的原则存在矛盾。

为便于各类纳税人明了征纳程序及核算方法，财政部在 1937 年 5 月 31 日还配合公布了三类征收须知：《第一类营利事业所得税征收须知》《第二类薪给报酬所得税征收须知》《第三类证券存款所得税征收须知》。第一类须知共二十六条，规定了纳税本店与分店关系，如何核算资本及公积金，如何核算成本及损耗，清理解散如何纳税等问题。此外，还附有资产估价及折旧方法，以便核算分级标准。第二类须知共二十二条，对各业从业者范围、可扣缴开支、薪酬计算方法详加规定，并附有每月纳税额计算表。第三类须知共二十三条，规定了公债、股票、存款、股息之利息所得计算方式及教育、劳工等储备金的免税条件。[②] 征收须知主要是从纳税人的角度补充了条例和细则之不足，在各类所得及税额的核算技术上规定得更为详细。

到 1939 年，国民政府财政部对《所得税暂行条例》《所得税暂行条例施行细则》及须知进行修订。修改内容有以下几个方面。其一，起征点，个人薪给所得起征点由 30 元改为 50 元。其二，第一类甲、乙两项所得税率分级有所调整，降低了税率。所得合资本实额百分之五未满百分之十者，原课税千分之三十，修订为千分之十五；所得合资本实额百分之十未满百分之十五者，原定课税千分之四十，修订为千分之二十；所得合资本实额百分之十

---

① 魏文享：《近代职业会计师与所得税法的推进》，《人文杂志》2013 年第 3 期。

② 《第一类营利事业所得税征收须知》《第二类薪给报酬所得税征收须知》《第三类证券存款所得税征收须知》（1937 年 5 月），立信会计师重庆事务所编《直接税法令汇编》，立信会计图书用品社 1943 年版，第 13—33 页。

五未满百分之二十者，原定课税千分之六十，修订为千分之三十；所得合资本实额百分之二十未满百分之二十五者，原定课税千分之八十，修订为千分之四十。[①] 战时物价上涨较快，将个人所得税起征点调整到50元是合理的做法。降低第一类营利事业所得的税率，则有利于减轻战时企业的税收负担，也可以说是对工商界呼吁减轻税负的回应。

（二）1943年《所得税法》

所得税开征之后，绝对税额增长迅速，政府对之益发重视。经过多年实践，税法中存在的问题也逐步显露出来。马寅初1939年撰文指出条例"施行已逾二年，种种缺点，尽行暴露"，实在有修正之必要。[②] 同时，抗战时期社会经济形势发生重大变化，需要调整税法来适应时局。[③] 梁佐燊所言，税法"实施之初，对于税制之规定，自以简便易行为要义，均称之为'暂行条例'，而不叫做'法'，盖'法'有永久性质，更改较难，而条例则含有试验性质，可以根据实施经验随时修正"[④]。1943年，政府颁布新的《所得税法》，这意味着所得税法律地位的提升，也是对其财政、社会价值的认可。

在征税类型及范围方面，1943年《所得税法》并没有做新的调整。所得税依然按三类开征，包括营利事业所得、薪给报酬所得和证券存款所得。在起征点方面，营利所得仍维持2000元未变，薪给所得部分起征点由1936年的30元调高到100元。营利所得按纯益额计算，薪给按月平均额计算，利息所得在结算时计算。

在税收级距及税率方面，新税法有较大调整。1936年暂行条例中，第一类营利所得甲、乙两项只分五级课征，起征标准是所得合资本实额百分之五未满百分之十者，即需课税千分之三十。至第五级所得合资本实额百分之

① 《所得税暂行条例》（1939年6月），国民政府财政部编《所得税章则汇编》，国民政府财政部1939年版，第1页。

② 马寅初：《所得税暂行条例应即修正之理由》，《财政评论》第2卷第3期，1939年9月，第1页。

③ 《所得税法》（1943年2月），财政部直接税处编《财政部直接税处各类税法汇编》，直接税处服务社1943年版，第1页。

④ 梁佐燊：《新所得税法与过分利得税法的研讨》，《税政月刊》第1卷第1期，1943年12月，第3页。

二十五以上，一律课税千分之一百。1943 年新税法增加级距到九级，起征点提高，级差增多，但是税率整体增加。第三条第一款规定：所得合资本实额百分之十未满百分之十五者课税百分之四，超过原来的千分之三十的税率。此后分级累进，至所得合资本实额百分之二十五未满百分之三十者课税百分之十。原税法至此税率不再提升，但新税法在此之上继续增加税级。最高税率提升至百分之二十，远远超过此前的千分之一百。1936 年暂行条例与 1943 年新税法对比如表 6－1 所示。

表 6－1　　**第一类营利事业所得税（甲、乙两项）税率比较**

税级	1936 年旧税率		1943 年新税率	
	所得合资本实额按百分比	税率	所得合资本实额按百分比	税率
1	5% 至未满 10%	3%	10% 至未满 15%	4%
2	10% 至未满 15%	4%	15% 至未满 20%	6%
3	15% 至未满 20%	6%	20% 至未满 25%	8%
4	20% 至未满 25%	8%	25% 至未满 30%	10%
5	25% 以上	10%	30% 至未满 40%	12%
6	—	—	40% 至未满 50%	14%
7	—	—	50% 至未满 60%	16%
8	—	—	60% 至未满 70%	18%
9	—	—	70% 以上	20%

资料来源：《所得税暂行条例》（1936 年 7 月），《中华民国工商税收史料选编》（直接税・印花税）第 4 辑上册，第 90 页；《所得税法》（1943 年 2 月），财政部直接税处编《财政部直接税处各类税法汇编》，第 1 页。

在第一类丙项所得方面，原暂行条例规定第一类丙类一时所得起征点 100 元，100 元至 1000 元征千分之三；1000 元以上未满 2500 元者征千分之四十；2500 元以上未满 5000 元者课千分之六十。所得在 5000 元以上者，每增 1000 元之额，递加课税千分之十，最高税率为千分之二百为限。新税法对丙项所得可按资本额计算者依甲、乙同率计算。不能按资本额者依所得实额，税率分级增至14级，起征点提升到200元，所得在二百元以上未满二千元者课税百分之四。此后分级累加，所得在十万元以上未满二十万元者课税百分之二十八，所得在二十万元以上者课税百分之三十。分级增加有利于税负分担，但高阶税率增加幅度较大，如属二十万元以上大额一时所得，税收额度明显增加。

第二类薪给报酬所得亦有调整，起征点提到100元。计算方法，仍然采超额累进制。原分十级课征，新税法改为十七级。标准是按月薪计算，在会计年度内，计算月平均收入。在一百元者，按千分之一征收。此后每五百元或一千元分级，至高者每月平均所得超过五千元至一万元者其超过额每十元一律课税三元。从税率上讲，分级增加，对低收入者有利。新旧税率对比如表6－2所示。

表6－2　**第二类薪给报酬所得税新旧税率比较**

税级	旧税率		新税率	
	每月平均所得（元）	超过额每十元课税率（元）	每月平均所得（元）	超过额每十元课税率（元）
1	30—60	0.05	满100	0.10
2	60—100	0.10	100—200	0. 20
3	100—200	0.20	200—300	0.30
4	200—300	0.30	300—400	0.40
5	300—400	0.40	400—500	0.60
6	400—500	0.60	500—600	0.80
7	500—600	0.80	600—700	1.00
8	600—700	1.00	700—800	1.20
9	700—800	1.20	800—900	1.40

续表

税级	旧税率		新税率	
	每月平均所得（元）	超过额每十元课税率（元）	每月平均所得（元）	超过额每十元课税率（元）
10	每月平均所得超过800元以上的，每超过100元之额，每10元增课2角，至每10元课税2元为最高限度	1.40—2.00	900—1000	1.60
11			1000—1100	1.80
12			1100—1500	2.00
13			1500—2000	2.20
14			2000—3000	2.40
15			3000—5000	2.60
16			5000—10000	2.80
17			10000以上	3.00

资料来源：《所得税暂行条例》（1936年7月），《中华民国工商税收史料选编》（直接税·印花税）第4辑上册，第90页；《所得税法》（1943年2月），财政部直接税处编《财政部直接税处各类税法汇编》，第1页。

第三类证券存款所得仍采比例制。旧条例一律课以5%的比例税，新税法为了扩张国家资本，对于政府及非政府发行之证券及所存款项采区别政策：政府发行之证券及国家金融机关之存款储蓄所得，税率为5%；非政府发行之证券及非国家金融机关之存款储蓄所得，税率为10%。其后立法院又将新税法关于第三类证券存款所得做出修正，规定凡“证券及金融机关之存款储蓄所得”，税率一律改为5%。

罚则方面，提高了罚款数额，以惩处拖欠及逃税行为。原暂行条例规定不依期限报告者科二十元以下罚锾，隐匿不报者除罚款外，还可以处二倍以上五倍以下罚金。依新税法规定，逾期不报者，得科五百元以下罚锾。欠缴税额使其逾期的惩罚明显加重，暂行条例定为欠缴3个月、6个月及9个月者，分别处以30%、60%及一倍以下罚金。新税法规定的欠缴期是1个月、2个月及3个月，相应处罚是科1倍、2倍及3倍罚金，并可强制执行及追缴。税务机关在行政处罚之外，还有司法起诉的权力。

《所得税法施行细则》在1943年6月经行政院核准，在7月9日由财政部公布。1936 年细则有 43 条，新法细则大幅增加至 83 条。除同样补充规定纳税人范围、所得类型、减免条件、缴纳程序等内容外，所增加者主要是关于三类所得的核算方法及会计准则，还有经收制度等方面的规定。原暂行条例及细则中对此亦有规定，但并不细致，造成征稽时无据可依，逃漏严重。施行细则对此补充规定，有利于税额核算。在营利所得方面，计算尤为复杂。欲知纯益额及确定税级等级，需要明确资本额、成本额、所得额、减免额、计算时间等，不同行业均有差异。一时所得也需要了解资本及支付情况，以便扣缴。在薪酬所得方面，薪酬的范围、减免的项目、计算时间、扣缴方式等，也都在细则中有明确规定。申报期限由原定纳税义务人年终结算后三个月，缩短为一个月。一时所得、薪给报酬、利息所得，税法中都强调通过扣缴方式来征收所得税。在报缴及经收方面，细则规定各类之自缴所得税由纳税义务人自行向国库分支库或其所委托之经收机关缴纳，各类之扣缴所得税由扣缴负责人向国库分支库及其所委托之经收机关缴纳，以继续推行经收分离。扣缴机构和负责人可以获得税额千分之五的奖励金。① 因新税法在年中颁行，依惯例不征过往，但国民政府要求全年税额均依新税率计算，遭到全国商民反对。

实际情况较法律规定更为复杂。为应对纳税人的疑问及解决征收中的问题，财政部还出台了大量专项政策及法令解释。此外，还制定了《确定资本额办法》《资产折旧调整办法》《呆账限制办法》《税款保证金收付办法》《审核营利事业特种费用标准》《邮票代缴所得税款办法》《教育储金免税办法》《所得税退税暂行办法》《所得税科罚充奖规则》等各类规定。各类法令解释条文甚多，尤以资产评估及成本、支出核算最为复杂。② 如此烦琐的文件规定，有助于完善所得税的法律体系，但也说明准确核算所得税确是一项耗时费力的工作，对政府的税务行政能力是极大挑战。

比较而言，新税法希望努力平衡财政主义与民生主义的关系。从战时财政的需求而言，政府修改税法的主要目标，是希望提升税收征稽效率，提高

① 《所得税法施行细则》(1943)，财政部直接税处编《财政部直接税处各类税法汇编》，第 9—32 页。

② 《所得税法令解释》，《中华民国工商税收史料选编》（直接税 · 印花税）第 4 辑上册，第 105—125 页。

税收收入。因此，在增强惩罚力度、提高高额税负等方面有明显调整。同时，也从社会经济实情出发，提高个人所得税起征点，增加分级，重征一时所得及高收入所得，包含抑制社会贫富差距及能力负担的原则。不过，结合商人团体及自由职业者的诉求，可以发现所提修正建议仅有少量被鉴纳，如上海市商会提出的免除对股票利息所得、各行业职员存储金、著作人报酬所得和各项保险所得等课税的请求，战时重庆市商会、各同业公会提出的将“自由之赠与”和“资本利息所得”部分列为正常的损耗等建议均未被采纳。① 财政效率优先，仍是战时财政政策的首要目标。

二　战时所得税体系的扩充

在第一次世界大战期间，欧美各国通过在所得税的基础上加征利得税，极大提升了战时财政筹款能力。“二战”爆发后，欧美各国做技重施，再次运用这一强有力的税收工具来筹集战费。国民政府在成功开征所得税后，适应战时财政及市场需求，亦开征了过分利得税、财产租赁出卖所得税等新税目，扩展了所得税的税收体系，展现所得税的弹性优势。

（一）非常时期过分利得税

无论是过分利得税，还是租赁出卖所得税，在税收性质上仍属于所得税。只不过因多在战时针对超额所得开征，所以称为“过分利得税”。英国所称之战时超额利得税（Excess War Profits Tax），美国所称之超额所得税（Surtax）及战时胜利税（Victory Tax），均属其列，该税是名副其实的战时税。

抗战全面爆发后，中央及地方财政皆承受重压，不得不多方寻找税源。在1938年10月财政部正式公布《非常时期过分利得税条例》之前，一些省份已在尝试征收战时利得税。江西省战时收入锐减，支出倍增，省政府因之

① 《关于拟具修正所得税税则意见书上立法院的呈（附意见书）》，1938年9月，重庆市档案馆馆藏，资料号：00840001004350000002。

举办战时利得税，利源目标是商人因战事发生后商品价格陡涨出售所得之利润。[①] 云南在1937年9月29日公布《云南省征收战时利得税暂行章程》，宣称："战时利得税之征收限于对外抗战期间，一方面充实省库作抗战经费，另一方面调节物价，安定人民生活。"[②] 四川省政府表示，为长期抗战、安定后方、平抑物价起见，在成都、重庆及各重要城市办理战时利得税。[③] 各省将战时利得税作为地方税，以充实地方财政，同时也注意到利得税在调节物价方面的重要作用。

此时学界及公共舆论亦赞同开征战时利得税。陈长蘅认为，"值此国家民族危急存亡之最后关头，政府之关、盐、统等税均已损失过半，遗产税之征收一时又难望收效""凡有营利事业及有财产租赁者，能多纳一分非常时期过分利得税，即可以保障其营业及财产之安全"[④]。这符合其时的财政实情。史维焕则重视利得税的社会政策效应，抗战时期后方物价上涨，房租地价为甚，"目击工商业及地主房东中有骤获暴利者，发国难财之怨声四起""创办战时利得税与平抑物价之要求，几成普遍希望"[⑤]。由此观察，过分利得税主要是由工商业承担，其基础是营利事业所得税。从战时经济形势及社会心理分析，征收利得税符合公众对于社会公平及民族利益的期待。

学界所论，涉及对所得税和利得税的差异性判断。利得税属于所得税，这一点并无疑义，但其本身仍具备独特的财政及社会政策效应。日本学者小川乡太郎的《社会问题与财政》一书早在1924年就由商务印书馆出版中译本，该书中明确提出"战时利得是私人因战争或与战争关联而得之利益"，这种所得与平常状况的普通所得不同，是"景况利得"，又可称为"偶然利得"。景况利得"不是经济主体劳力的结果，不过因战争的一个社

① 《赣省征收战时利得税》，《银行周报》第21卷第44期，1937年11月9日，"国内要闻"，第1页。

② 《云南省征收战时利得税暂行章程》（1937年9月29日），《云南省政府公报》第9卷第87期，1937年11月3日，第7页。

③ 《省府举办战时利得税》，《四川月报》第11卷第4期，1937年10月，第72—76页。

④ 陈长蘅：《论非常时期过分利得税之应从速开征》，《时事类编》第26期，1938年11月16日，第54—55页。

⑤ 史维焕：《工商业界及地主房东对于征收非常时期过分利得税应有之认识》，《中山半月刊》第1卷第4期，1938年12月25日，第20—22页。

会变故发生而得，所以它的性质是一种不劳利得”[①]。战时过分利得不是正常的资本或劳动来源，而是战时物资短缺及供需变动所带来的战时暴利，是“景况利得”，会引起社会的不公和矛盾。因此，不仅不值得鼓励，而且要予以压制。这一观点在战时财政官员及学者的论述之中得到认可，“景况利得”这一概念也多被引用。财政部所得税处驻浙江办事处负责人张淼认为，一般企业在平时有普通利润率，到战时与战争相关之生产事业可获取巨额利润，远超平时应得，为过分利得，“是纯粹的景况利得，受战事之赐而来，不仅与平时获得的收益不同，即与非常时期之一般的利得亦不同”[②]。从伦理、财政及社会政策等不同角度分析，均应征收。他还列举了欧美各国的征收情况：英国1916—1921年战时利得税的税收占比分别是7.4%、23.7%、32.8%、34.4%、28.7%、19.3%；意大利1917—1921年的税收占比分别是2.9%、9.7%、13.6%、13.4%、17.0%；法国1917—1921年的税收占比分别是10.1%、23.5%、14.5%、18.4%、17.8%。[③] 后来在其所著的《中国所得税制度》一书中，张淼亦有总结：“过分利得，乃企业者因非常时期各种影响而获得超过一般企业所应得之利益。”具体而言，过分利得产生的原因有四：战时战争消耗增加需求、战事发生生产及运销受损、战时人口迁移、海外输入断绝。[④] 马寅初持相同观点，且认为利得税不能与所得税混合征收，而应独立核算。战时利得是“纯粹景况利得”，所得税以能力负担为原则，过分利得以意外利得为标准，他还主张对迁入后方工厂及重大损失营业免税。[⑤]

战时财政状况紧急，开征利得税的共识迅速进入政策及立法层面。在国民参政会第一次会议上，即议决举办战时利得税，交由立法院与财政部

① ［日］小川乡太郎：《社会问题与财政》，甘浩泽、史维焕译，商务印书馆1924年版，第250页。

② 张淼：《征收非常时期过分利得税之意义与实施要点》，《浙光》第5卷第2号，1938年11月16日，第1页。

③ 张淼：《征收非常时期过分利得税之意义与实施要点》，《浙光》第5卷第2号，1938年11月16日，第2页。

④ 张淼：《中国所得税制度》，正中书局1943年版，第91页。

⑤ 马寅初：《论战时过分利得税》，《经济动员》第11期，1938年11月15日，第515—516页。

分别拟定原则，提交国防最高会议。[①] 在立法院拟订的立法原则草案，过分利得税应单独举办，不与所得税合并。草案说明中特别介绍了欧战中各交战国举办利得税的情况，认为所得税与利得税二者范围不尽相同，多寡难定，不易变更所得税，利得税有寓禁于征的意义。征收事务由所得税机构统一办理，税收纳入中央公库。由战区内迁之工厂及受重大损失之营业，暂予免税。[②]

国防最高会议通过了税法原则六条，交由财政部起草法案，正式定名为"非常时期过分利得税"。1938 年 10 月 28 日，财政部草案经立法院通过，由国民政府颁布，拟从 1938 年 7 月 1 日开征。条例规定：（1）凡公司、商号、行栈、工厂或个人资本在二千元以上之营利事业、官商合办之营利事业及一时营利事业，其利得超过资本额 15% 者；（2）财产租赁之利得，超过其财产价额 12% 者。以上两种情况又各自分为 6 级税率，从 10% 至 50% 不等。过分利得税自 1938 年 7 月 1 日起计算开征，每半年征收一次，由所得税征收机关兼办。对于由战区迁入内地的工厂，其因战事遭受重大损失的营利事业和财产租赁的过分利得，可暂予免税。[③] 税率情况如表 6-3 所示。

表 6-3　**1938 年过分利得税条例规定的税率**

公司、商号、行栈、工厂或个人资本在二千元以上之营利事业、官商合办之营利事业及一时营利事业利得	
利得额超过资本额幅度	税率
超过 15% 至 20%	10%
超过 20% 至 30%	15%
超过 30% 至 40%	20%
超过 40% 至 50%	30%

① 《孔祥熙在一届二次国民参政会所作财政报告》（1938 年 10 月 30 日），《中华民国工商税收史料选编》（综合类）第 1 辑下册，第 1783 页。

② 《本院委员史尚宽等起草非常时期过分利得税法原则草案提案》，《立法院公报》第 98 期，1937 年 11 月，第 30—34 页。

③ 《非常时期过分利得税条例》（1938 年 10 月 28 日），《中华民国工商税收史料选编》（直接税·印花税）第 4 辑上册，第 495—498 页。

续表

公司、商号、行栈、工厂或个人资本在二千元以上之营利事业、官商合办之营利事业及一时营利事业利得	
利得额超过资本额幅度	税率
超过 50% 至 60%	40%
超过 60% 以上	一律课征 50%
财产租赁利得	
利得额超过财产价额幅度	税率
超过 12% 至 20%	10%
超过 20% 至 30%	15%
超过 30% 至 40%	20%
超过 40% 至 50%	30%
超过 50% 至 60%	40%
超过 60% 以上	一律课征 50%

资料来源：《非常时期过分利得税条例》（1938 年 10 月 28 日），《中华民国工商税收史料选编》（直接税·印花税）第 4 辑上册，第 495—498 页。

财政部特意解释开征缘由："征收过分利得税，实系以非常时期之过分利得为对象，其目的在使一般商人在此全面抗战期中享有过分利得者，对国税尽较大之贡献，实践有钱出钱之原则。一方面增加国家税收，充裕抗战经济，且过分利得为时会所造成，前方将士浴血抗战，后方人民反因战事而享厚利，甚或抬价居奇，影响国民经济。于情于理，殊属不平。对于此种人加其纳税义务，正所以调和社会之不平，取缔垄断行为。未获有利得，及利得并未达到过分程度者，则予免征，故负担颇为公允。我国社会舆论以此种优良税制，在欧战时各国采用者，不乏先例，曾一再建议主张早日开征。"① 国民政府主席林森也曾对开征过分利得税问题专门发表了讲话："现在我国对日为民族的生存、国家的独立而抗战，前方许多将士在拼命奋斗，许多难民也在流离失所、无家可归的时候，而后方工商各业，有的借此获得意外过

① 《财政部解释征过分利得税意义》，《申报》1938 年 12 月 22 日，第 13 版。

分的财富，有的竟然高抬时价，以致货物价格比平时高至一倍或数倍或十余倍不等。”这种过分利得，“既因国家抗战的缘故而得来，自然也应该对国家纳税而支出，把过分利得的一部分缴交国库，去做抗战经费一部分的财源才合理”①。财政部以社会政策效应来作为开征的理由，这在法理上及事实上均是成立的。战时投机囤积及黑市交易现象的确严重，政府因此也在不断加强经济统制，竭力稳定市场秩序。

在立法过程之中，政府对商人困难有所关注，但显然远未达到商人的期望。重庆商会特派代表与高秉坊、关吉玉等官员见面，呈送十点修正要求。（1）过分利得之计算，在会计制度及财产登记均不完善之时极为困难。（2）暂行条例于 10 月 28 日颁布，不应于 7 月 1 日起征，而应从 1939 年 1 月 1 日起征。（3）请降低营利事业税率为 5%，至高不超过 30%。（4）请将资本利息及公益捐等列为合理开支。（5）资本额计算及财产折旧与所得税条例标准不同，计算上易生分歧。（6）公积金不得并入资本计算及财产折旧不予扣除，不合内地商情及会计原理。（7）结算后缴税期限太短，不合商业习惯。（8）施行细则中扣除必要费用范围不明。（9）第六条规定上半年已纳税款超过全年应纳税额时，超过部分应予追还，应定明追还。（10）公益慈善文化事业财产因租赁所得滋息应予救济。② 商会原本是希望暂缓开征，不得已退而求其次，转而在核算标准上寻求减负方法。

财政部回应，第七、第八、第九项“尚属不无理由，于拟订细则时自可酌量采纳”③。政府同意过分利得税自 1939 年 1 月 1 日开征。至 1939 年 9 月，施行细则公布，实际征收是在 1940 年。原来自行开征的省份如四川、云南、江西、湖北、湖南等所创办利得税、战时商业捐均停止，统归中央所得税机构接办。行政院还通令各地商会推行过分利得税，称“旨在调节变态

① 林森：《征收非常时期过分利得税以增加抗战的财源》，《林主席抗战言论集》，独立出版社 1937 年版，第 34 页。

② 《渝商会请修改利得税》，《四川经济月刊》第 11 卷第 1、2 期，1939 年第 1、2 月份，“四川经济”，第 23—25 页。

③ 《渝商会对利得税意见财部准予变通办理》，《四川经济月刊》第 11 卷第 1、2 期，1939 年第 1、2 月份，“四川经济”，第 25 页。

之国民经济，并平衡战时国民负担。依据超额累进之标准，以实现有钱出钱、有力出力之原则"①。

到 1940 年 3 月，直接税处颁布《一时营利事业计征利得税暂行办法》。1943 年 2 月，将过分利得税条例修改为《非常时期过分利得税法》，主要针对营利事业所得征收过分利得税。《非常时期过分利得税法》针对营利事业的超额利润征税。第一条规定："凡公司、商号、行栈或个人资本在二千元以上之营利事业、官商合办之营利事业及一时营利事业，其利得超过资本额百分之二十者，除依所得税法征税外，依本法加征非常时期过分利得税。"利得税按超额累进征收，利得额超过资本额百分之二十至百分之二十五者按其超过额征收百分之十，此上共分十一级，利得额超过资本额百分之二百以上者按其超过额一律征百分之六十。② 营利事业所得起征点提高至 20%，财产租赁所得提高至 15%。利得税是在原所得税基础上加征税负，且加征比例较高。利得税开征后，超额所得部分的税收负担大幅上升。

（二）财产租赁出卖所得税

在非常时期过分利得税的设计中，本已包含了财产租赁所得部分，但与普通所得税及过分利得税相比，财产租赁所得税的税收属性仍有所区别。在不同类型的收入来源中，第一类营利事业所得对应的主要是利润，第二类薪给报酬所得对应的主要是工资，第三类证券存款所得对应的主要是利息，过分利得对应的主要是战时营利事业的超额所得，而财产租赁所得对应的主要是土地、房屋等不动产的租金收入。易言之，已经开征的所得税征收的所得范围中，缺少财产所得。因此，为强化财产租赁及出卖所得税的征收，政府考虑对之进行单独立法。

在战时状态下，土地、机器、舟车、机械等出租及倒卖业务频繁，获利颇高，税源丰厚，也是引发政府特别关注的重要原因。1942 年 11 月，财政部拟定《财产租赁出卖所得税草案》，送交立法院审议。1943 年 1

① 《行政院通令推行过分利得税》，《商业月报》第 20 卷第 11 号，1940 年 11 月 30 日，"经济简讯"，第 6 页。

② 《非常时期过分利得税法》（1943 年），《财政部直接税处各类税法汇编》，第 33 页。

月，国民政府正式公布实施《财产租赁出卖所得税法》二十一条，随后于7月间颁行细则。[①] 随着该法的出台，所得税的体系囊括了营利所得、薪给所得、利息所得、过分利得和财产所得五个部分，其分类征收范围进一步扩展。

税法第一条规定："凡土地、房屋、堆栈、码头、森林、矿场、舟车、机械之租赁所得或出卖所得，均依本法征收所得税。"征收类型即分财产租赁所得和财产出卖所得两类。在租赁所得方面，所得在三千元以上需纳税。所得之计算以每年租赁总收入减除改良费用必要损耗及公课后之余额为所得额，改良费用及必要损耗之减除额以租赁总收入额百分之二十为标准。税级分为四级，所得额超过三千元至二万五千元者就其超过额课税百分之十；所得额超过二万五千元至五万元者就其超过额课税百分之十五；所得额超过五万元至十万元者就其超过额课税百分之二十；所得额超过十万元者每增十万元就其超过额递加课税百分之五，最高递进至百分之八十为限。[②] 在财产出卖所得方面，规定自五千元起征，农用土地另有标准，超过一万元起征。出卖所得在五万元以内者，就超过额征收百分之十。如超过五万元，则分十级累进。所得额超过五万元至十五万元者就其超过额课税百分之十四。此后，每增长十万元、十五万元、二十五万元不等，税率分别为百分之十四、百分之十六、百分之十八、百分之二十、百分之二十二、百分之二十五、百分之三十、百分之三十五、百分之四十、百分之五十不等。所得额超过二百万元以上者，超过额均按百分之五十课税。租赁出卖所得按自缴和扣缴两种方式征收，呈报及扣缴都有时间限制。罚则与新所得税法相同。此项所得，也由所得税机关全权负责征收。[③] 与正法相应，财政部还制定了《财产租赁出卖所得税法施行细则》配合实施。[④]

在税法出台后，直接税署负责人高秉坊对开征缘由及目的有较为详细的解释。他直接指出，财产租赁出卖所得税开征的最重要目的，仍是增加财政收入，"战时财政与社会经济至目前已转入紧急阶段，充实财政为当前最迫

① 《财产租赁出卖所得税法》（1943），《财政部直接税处各类税法汇编》，第39页。

② 《财产租赁出卖所得税法》（1943），《财政部直接税处各类税法汇编》，第39页。

③ 《财产租赁出卖所得税法》（1943），《财政部直接税处各类税法汇编》，第40页。

④ 《财产租赁出卖所得税法施行细则》（1943），《财政部直接税处各类税法汇编》，第44页。

切之工作”。在原因方面，重点又转移到社会政策上。一是“完成直接税体系，均衡国民负担”，现有所得税覆盖利润、工资、利息，但地租性质之所得还不在范围之内。二是供应抗战财政，争取民族生存，“国家原为保护人民而设，国民必须依法纳税，乃应尽之天职”。三是防范财富集积与兼并，消除社会危机，“社会财富集积兼并之结果，物价高涨无已，国计民生，交受其害”，征收租赁出卖所得，可以“寓没收租税之中，不采没收手段，而易以和平租税政策，可谓意义深长”。四是“稽征手续简便，税率和平宽大”，主要表现在免税点极高，财产租赁所得超过三千元者，农业用地出场所得超过一万元者，其他财富所得超五千元者才开始征税。累进自百分之十起，累进至百分之八十为止。五是“广事宣传开导，博取舆情赞助”①。与过分利得不同的是，财产租赁出卖所得主要是针对固定资产收入，这部分利源中的绝大部分并未包括在普通所得和过分利得中。无论是在伦理上还是法理上，都有开征的必要。为解除税务人员对于该税性质的疑惑，高秉坊还撰有告同人意见书，内容主旨与上相同。②

高秉坊还结合欧美各国的财产税征收情况，说明征收财产租赁出卖所得税的必要性。欧美各国，工商经济发达之后，国民财富积累渐多，将财产税纳入所得税或开征专项财产税是明显的趋势。英国所得税分为五类，关于财产方面的有土地、房屋等财产所有人之所得课税。以租金为准，由租户申报，可予租金中扣除。法国所得税中，也有关于房屋所得、土地所得、动产所得的课税。德国财产方面所得包括资本财产所得、出租不动产及权利之所得、终身年金所得、财产出卖临时所得等。美国设置普遍财产税，不论动产与不动产皆课税。日本财产税包括有地税、不动产租赁、利息所得等。他认为：“财产所得之负税能力自远较勤劳所得为可靠而且久。一国租税来源，应多取之于富有财产之人，其理至明。”在战时开征，不仅是财政需要，而且是社会政策和管制经济的需要。③

① 高秉坊：《财产租赁出卖所得税之要旨》，《税务知识》第6期，1943年8月20日，第13页。

② 高秉坊：《为推动财产租赁出卖所得税告同仁书》，《广东税务》第1卷第2期，1943年11月15日，第1—2页。

③ 高秉坊：《我国财产租赁出卖所得税之开征与推行》，《财政学报》第1卷第5期，1943年7月15日，第17页。

法令出台后，与其他新税一样，从战时财政需求及社会公平立场出发者，多予赞同；从纳税人及长期经济发展立场出发者，多予批评。赖武成在《税人》上发表的文章认为，开征财产租赁出场所得符合抗战需求，又可以平均国民负担，完善所得税的收入来源，“为要抗战建国，树立经济建设强固之基础，故增加以土地、房屋、堆栈、码头、森林、矿场、舟车、机械等八种为对象之所得税之征收，以期各项国民经常所得，普遍开征，以示公平”。同时他也提出，开征之困难在于人民缺少深刻认知、负担沉重、地方特殊环境、税捐繁复、对象广泛、租赁单位无精确统计等问题。[①] 与普通所得及过分利得主要重在动产收入征税不同，财产租赁出卖所得首先要调查房产、土地、堆栈、码头等不动产的租赁和售卖情况，同时还要对其原价、市价进行合理评估。房主与地主则多表示反对，认为增加了社会负担。四川、湖南两省参议会还曾电请政府停征或缓办，亦有提出将土地列于税法之外，避免与土地税、田赋重征。[②]

政府决心已定。1943 年 5 月，财政部直接税处发布《为推动财产租赁出卖所得税申告同仁书》，要求税务人员依据新税法，履行稽征任务，供应战时财政。[③] 成都、重庆的直接税局为了开征新税，在政策宣传、申报材料、不动产查核造册等方面做了许多工作。如在 1943 年 12 月调查成都市有房屋单位 10 万户，租赁估计占 50%。在 9 月举办商业调查，查定税额 200 余万元，纳库数为 20%。在出卖所得税方面，截至 1943 年 12 月，出卖申报单位计 149 户，另有 300 余户在催报中，查定税额达 130 余万元。[④]

经政府努力，在开征营利事业所得、薪资报酬所得、证券存款利息所得三类分类所得后，又适应战时财政需要，开征了非常时期过分利得税、财产租赁及出卖所得，形成了五大分类所得的所得税体系。前三项为正常时期之所得体系，后两项主要针对战时超额得利及有产者之租赁买卖行为征税。在战时状况下，虽遭遇不少商号及有产者的反对，但公众舆论却多表示支持。

---

① 赖武成：《财产租赁出卖所得税之实务》，《税人》创刊号，1944 年 1 月 1 日，第 58—62 页。

② 金鑫等编：《中华民国工商税收史：直接税卷》，第 84 页。

③ 金鑫等编：《中华民国工商税收史：直接税卷》，第 85 页。

④ 赖武成：《财产租赁出卖所得税之实务》，《税人》创刊号，1944 年 1 月 1 日，第 62 页。

所得税体系的扩充，为抗战财政扩展了新的税源。从制度上来说，其法律体系亦趋于完善，尤其是关于所得税会计及核算方面，渐趋精细。政府在注重合理化的同时，更为急切的是如何提高税收征稽效率。

三　职业会计师与所得税法令的推行

晚清以来所得税立法筹议已久，但对民众及纳税商民而言，仍属于新税。无论是从税收知识还是税收心理层面，了解及接受新税都有个渐进过程。国民党及政府自然不遗余力，不断宣讲税法，强调抗战建国、为国纳税的国民义务，但实际推行，显然并不能单倚官方宣传。商会和职业会计师从市场、社会路径的集体行动，对于税法的合理化、公共化发挥着重要作用。商会立足于纳税人立场，全方位参与税法的立法、修订、调查、征收等各个环节，各主题所论均有涉及。职业会计师及会计师公会则身兼二任：作为纳税人团体，会计师公会积极维护会计师群体的利益，就薪给报酬所得税问题展开交涉；作为执业者，会计师及公会将所得税开征视为行业发展的重要机遇，积极投身到税法宣讲及实践过程之中。商会与会计师公会的联合，可以说是纳税人与业务受托人间的市场合作，同时也有探索税法推行市场和社会路径的实践意义。

（一）会计师对所得税的研究与讨论

近代职业会计师的制度自 1918 年北京政府颁布《会计师暂行章程》开始建立。以上海为中心，职业会计师的人数在缓慢增长。作为新职业，会计师的职责并不为社会所了解，早期会计师的业务并不发达，许多人需要通过兼职来维持事业和生计。不过，在会计师本身，大多对于职业前景抱有乐观态度，认为会计师与社会经济发展密切相连，随着经济进步，职业市场空间必会因此而打开。

在会计师的法规之中，规定会计师可办理组织、管理、稽核、调查、整理、清算、证明及鉴定各项事务，亦可得“代办纳税及登记事务，并得代撰关于会计及商事各种文件”。在 1935 年修订的《会计师条例》中，同样将此列入业务范围。[①] 对于纳税人特别是法人而言，有些税种计算方式繁复，办理耗费时日，委托会计师专业办理，可以节约成本与时间。但在 1936 年所得税正式开办之前，会计师关于税收代办方面的业务并不多。倒是所得税及营业税开办之后，会计师的市场生存状况才发生根本改观。

事实上，会计师对于税务市场的热情正是在所得税开征的刺激下点燃。所得税法刚刚颁布时，立信事务所的会计师李鸿寿就撰文说，“所得税条例暂行条例将于十月一日施行，余不禁为吾国会计前途喜”[②]。其所喜者，所得税与一般税种不同，所得税既对个人征收，也对企业征收，范围极广。且所得税采用累进制，按资本及营利所得征收，还涉及减免、退税、避税的各种方法，计算极其复杂。同时，所得税对企业会计制度的规范性要求极高，如果会计制度混乱，核算不准，纳税额度也会相应变化。利益相及，许多企业都需要聘请会计师改进会计制度。正是基于这两点，李鸿寿对于所得税的欢喜之情溢于言表，丝毫不为自身需承担新税而担心。在会计师后来的回忆之中，也提到以所得税为代表的直接税的促进作用。奚玉书说：“直接税开征以还，会计师事业，更有进步。良以工商业纳税额之决定，必先求得正确之盈余，否则所得额即陷于不确，而发生多缴或少纳国税之事，因此工商业对于会计师感觉深切需要。”[③] 金子玉于 1939 年在贵阳设征信事务所，为工商界查核账务，设计制度，排解纠纷，颇著声誉，“举凡会计制度之设计，常年帐目之检查，纳税事务申报，公司行号之登记注册，开始委托会计师办理，会计师业务于焉开展”[④]。所得税开征对会计师来说的确如久旱之甘霖，久盼之福音。

会计师看到新税政带来的巨大商机，纷纷投入对所得税法条款的研究之中，以为迅速到来的税收业务奠定学术基础。就笔者查阅文献来看，在北京政府时期，虽然社会对于所得税议论纷纷，会计师发表相关言论倒并不多见。或因此时会计师制度初立，人数尚少，且多关注于簿记改良的问题。彼

① 《会计师条例》（1930 年 1 月 25 日），《立法半月刊》1930 年第 3 期；《会计师条例》，蔡鸿源主编《民国法规集成》第 56 册，黄山书社 1999 年版，第 249 页。

② 李鸿寿：《所得税之实行与会计改进之关系》，《立信月报》第 2 期，1936 年 9 月 15 日，第 1 页。

③ 奚玉书：《会计师事业》，贵州省会计师公会编辑委员会编《贵州省会计师公会周年纪念特刊》贵州省会计公会 1943 年版，第 5 页。

④ 陈伟：《一年来之贵州省会计师公会》，《贵州省会计师公会周年纪念特刊》，第 2 页。

时所得税征收条件也并不成熟，会计师对之所抱期望不大。但到所得税正式开征前后，商机触手可及，会计师们简直是思如泉涌，发表所得税著作文论的数量迅速爆发。为明示起见，兹将这1936年、1937年会计师及事务所的研究成果如表6－4所示。

表6－4　**会计师和事务所关于所得税的部分论著（1936—1937）**

序号	题名	作者	发表刊物或出版机构	时间
1936年发表的部分论著				
1	《我国目前能否施行所得税之商榷》	童蒙正会计师	《银行周报》	第12卷第18期，1936年5月12日
2	《开征所得税后一般商人对于会计上应有之认识》	徐永祚会计师	《银行周报》	第20卷第41期，1936年10月20日
3	《中国现在实行的所得税》	谢霖会计师	《光华大学半月刊》	1936年第3—4期，1936年12月8日
4	《所得税之原理》	施仁夫会计师	《立信月报》	第5期，1936年12月15日
5	《所得税之会计方面问题》	丁佶	《立信月报》	第5期，1936年12月15日
6	《计算营利所得税时资本实额之确定问题》	陈文麟会计师	《立信月报》	第4期，1936年11月15日
7	《对于我国新颁所得税法规之意见》	潘序伦	《立信月报》	第4期，1936年11月15日
8	《所得税征课会计制度论》	朱符远会计师	《会计季刊》	第2卷第3期，1937年1月1日；第3卷第1期，1937年7月1日
9	《所得税第一类营利事业所得之会计原理研究》	王逢辛会计师	《会计季刊》	第2卷第3期，1937年1月1日
10	《所得税与职员花红之相互计算法》	李鸿寿会计师	《会计学报》	第1卷第1期，1936年8月15日
11	《所得税之实行与会计改进之关系》	李鸿寿会计师	《立信月报》	第2期，1936年9月15日
12	《所得税实施后若干会计问题之讨论》	潘士浩会计师	《会计杂志》	第8卷第2期，1936年8月1日

续表

序号	题名	作者	发表刊物或出版机构	时间
13	《英国现行所得税》	袁际唐会计师	《银行周报》	第12卷第19期，1936年5月19日
14	《所得税暂行条例释义》	郭卫	上海法学编译社	1936年10月
15	《所得税》	吴广治	中华书局	1936年9月初版，次年连续两版
	1937年发表的部分论著			
16	《所得税会计论》	袁际唐、陈德容	——	1937年3月初版
17	《会计师协会对所得税第一类征收须知草案意见呈财政部文》	全国会计师协会	《新闻报》《信托季刊》	1937年1月20日；第2卷第2期，1937年4月1日
18	《所得税实行后应编新复利年金表之建议》	李鸿寿会计师	《银行周报》	第21卷第5期，1937年2月9日
19	《所得税中之折旧问题》	李鸿寿会计师	《会计学报》	第1卷第3期，1937年2月
20	《公司清算时法定公积应否补纳所得税问题》	李鸿寿会计师	《立信月报》	第4卷第5期，1941年5月1日
21	《致财政部所得税事务处函陈述对于第一类营利事业所得税征收须知草案应行改正各意见》	潘序伦等	《会计学报》	第1卷第3期，1937年2月
22	《所得税中分期付价销货之研究》	袁际唐会计师	《复旦学报》	第5期，1937年6月30日
23	《中国现在实行的所得税》	谢霖会计师	《文摘》	第1卷第2期，1937年2月1日
24	《美国现行所得税》	袁际唐会计师	《信托季刊》	第2卷第1期，1937年1月1日
25	《为我国所得税几个重要问题作答》	潘序伦会计师	《立信月报》	第8期，1937年3月15日
26	《所得税与工商管理之关系》	潘序伦会计师	《立信月报》	第8期，1937年3月15日

续表

序号	题名	作者	发表刊物或出版机构	时间
27	《所得税法施行后的工商界在会计上应加注意》	李文杰会计师	《立信月报》	第8期，1937年3月15日
28	《所得税法规及报告表格式汇编》	正则会计师事务所	正则会计师事务所	1937年
29	《所得税法令分类汇编》（修正增订）	王逢年、童逊瑗会计师	大信法律会计事务所	1937年3月
30	《中国自由职业会计制度兴所得税简易中式会计制度　所得税法规及报告表式汇编》	谢霖、陈德容	正则会计事务所	1937年6月
31	《所得税原理及实务》	潘序伦、李文杰	商务印书馆	1937年2月初版，3月再版
32	《所得税与会计》	徐永祚、陆善炽	徐永祚会计师事务所	1938年10月

这一目录并不完整，但涵括了当时最主要的《立信月报》《会计学报》《会计杂志》《银行周报》等会计及金融学术期刊。撰文者有潘序伦、徐永祚、李鸿寿、谢霖、袁际唐等。其中，以立信会计师事务所为主体的会计师群体关于所得税的讨论极为集中。1936年，《立信月报》更将第4、第5期办为所得税专号，发表所得税讨论文章近10篇，涉及所得税原理、会计、疑问、建议等方面。这显示，在所得税开征之际，会计师对所得税征收问题的整体关注。研究成果的发表时段虽然集中，但有些深度论述显然并非短时间可以做到。在所得税的酝酿过程中，有些会计师已未雨绸缪。

在所得税应否征收的问题上，会计师持积极态度。其中主因，在于所得税开征可以带来大量会计业务。会计师李鸿寿撰文说："盖所得税施行以后，我国会计定可趋于正确也。"他所说的"正确"是针对现有公司簿记制度存在诸多不正确之处而言。按税法规定，"如存货之估价，固定资产折旧之摊提，客户欠帐之摊提，应收未收应付未付在决算时均应整理"，"皆足以证明施行所得税后能促进会计之正确，盖有正确之会计，始有公平之课税也"。

会计制度如不规范，则所得核算不准，核算不准则纳税必有偏误。[①] 所得税作为直接税，采累进征收制，也利于平衡税负。童蒙正、徐永祚分别在《银行周报》上发表文章，认为所得税征收时机日渐成熟，以累进制征税有利于税负公平。潘序伦也讨论所得税与工商界之关系。潘序伦在《立信月报》所得税专号上发文肯定“所得税在现代赋税制度中，为一种最公平最合理之良税”，但“所得税一方面为公平普及确实而有弹性之良税，同时在施行上则较他税为繁复”，税法制定及征收不易。他就所得税之分类问题、所得税之免税问题、所得税之税率问题、所得税之计算问题、所得税之报告问题全面提出意见。[②] 正是基于对职业前景的乐观期待，职业会计师对所得税的会计实务问题进行了全面而细致的研究。

职业会计师的执业能力系以专业学识为基础。在所得税问题上，会计师无疑应具更精深的研究。如前表所列，潘序伦、徐永祚、李文杰、陆善炽、李鸿寿、袁际唐、陈德容、施仁夫等会计师对所得税原理、所得税历史、所得税会计实务都有深入讨论。如袁际唐、陈德容合著的《所得税会计论》，是根据自己授课讲稿编成，讨论所得税会计的范围征课演变发展、所得税法及中国、英国、美国所得税会计实务。书中还附有钱永铭、金国宝、李权时、谢霖等人作的序。[③] 最为集中的是所得税的会计实务，这直接关系到会计师如何参与所得税的计算及征收问题。所得税的征收原理及条款的解释方面，谢霖、施仁夫、潘序伦、李文杰等有所研究。潘序伦、李文杰合编的《所得税原理及实务》主要叙述赋税及所得税原理、西方国家所得税制度及我国施行所得税的现制等问题，书中还附录暂行条例、施行细则、征收须知、疑义解释及各类所得税报告表及扣缴清单格式，便于阅者了解中国所得税的制度环境及报缴办法。[④] 该书由商务印书馆出版后，市场反响良好，“第一版两日即售完”，极受欢迎，迅即再版。售价为一元两角，为普及税

---

① 李鸿寿：《所得税之实行与会计改进之关系》，《立信月报》第 2 期，1936 年 9 月 15 日，第 1—2 页。

② 潘序伦：《对于我国新颁所得税法规之意见》，《立信月报》第 4 期，1936 年 11 月 15 日，第 1—6 页。

③ 袁际唐、陈德容：《所得税会计论》，维新印刷公司 1937 年印行。

④ 潘序伦、李文杰编：《所得税原理及实务》，商务印书馆 1937 年版。

法起见，特价照七折计算，供不应求。[①] 此外，会计师还就企业营利所得税中的资本额、税率等问题进行细致讨论。在《立信月报》的所得税专号上，潘序伦发表《各工商厂号在所得税法施行前亟应有之准备》，提请工商界注意改良不完备之簿记、设立正确之簿记、迅速估定资本数额，呈请注册或呈请变更注册。[②] 陈文麟会计师发表《计算营利所得税时资本实额之确定问题》，讨论所得税计算资本的基数问题。[③] 李鸿寿会计师发表《施行所得税与会计上估价问题之关系》，主要讨论资产估价、财务决算与税额计算之问题。[④] 在《立信月报》第5期续所得税专号中，还发表了施仁夫编译的《所得税之原理》、丁佶的《所得税之会计方面问题》。[⑤] 会计师对于税法的细致研究为其参与政策讨论、宣讲税法奠定了学术基础。

针对普通纳税人的报税需要，会计师还编辑出版有税法解释及纳税指南一类的书籍。王逢年、童逊瑗、辛景文会计师及正则会计师事务所都编印了所得税法条款的解释等，有利于企业或个人纳税人据此对税负加以评估。到后来所得税法修订之后，公信会计师事务所编印了《所得税征收须知》，徐维城、边铁华合编了《所得税报税须知》，由天津诚信会计师事务所于1941年印行，主要解释所得税法令，介绍商家报税的手续、方法及改良账簿等。[⑥] 到1940年以后，还有会计师继续对所得税进行深入的学术研究，如谢霖所著的《所得税及遗产税》，实际上是他的讲稿汇集。[⑦] 杨昭智编写的《中国所得税》则辑入所得税法令及会计师协会、银行学会的研究结果，还有工厂、商号对所得税应有之准备等内容。[⑧]

---

① 潘序伦、李文杰编：《所得税原理及实务》，商务印书馆1937年版。

② 潘序伦：《各工商厂号在所得税法施行前亟应有之准备》，《立信月报》第4期，1936年11月15日，第13页。

③ 陈文麟：《计算营利所得税时资本实额之确定问题》，《立信月报》第4期，1936年11月15日，第7—10页。

④ 李鸿寿：《施行所得税与会计上估价问题之关系》，《立信月报》第4期，1936年11月15日，第10—12页。

⑤ 施仁夫编译：《所得税之原理》，《立信月报》第5期，1936年12月15日，第1—12页；丁佶：《所得税之会计方面问题》，《立信月报》第5期，1936年12月15日，第13—21页。

⑥ 徐维城、边铁华编：《所得税报税须知》，诚信会计师事务所1941年版。

⑦ 谢霖：《所得税及遗产税》，成都四川省训练团1940年版。

⑧ 杨昭智：《中国所得税》，商务印书馆1947年版。

值得注意的是，会计师或协会还根据自身研究，直接致书财政部，提出修改建议。如潘序伦代表会计师协会，向财政部所得税事务处陈述对于第一类营利事业所得税的修改意见。袁际唐等还介绍了美国的所得税制度。

所得税开征，涉及广泛，社会关注度极高。在税法颁行前后，工商界、经济学界、银行界、会计师界及社会民众对此都有不同的解读及讨论。相较于其他界别群体而言，会计师更关注直接的执业实务。因此，会计师对于所得税原理、纳税程序、税法条款的解释，更具有政策说明与社会答疑的功能。不仅直接关系到会计师所得税业务的学术基础，也影响到工商界及社会对于税法的理解。

（二）会计师与商界的合作与建言

职业会计师对所得税的深入研究为其与商界合作讨论税收实务奠定了学术基础。会计师冀望扩展业务，商界则借助于会计师来加强对所得税条款的认识，以评估各行业因应所得税的技术方略。上海市商会为商界团体领袖，同样位于上海的立信会计师事务所则为会计界的翘楚，二者分别就所得税暂行条例之条款进行了细致研究并交换意见。

上海市商会为应对所得税问题，组织成立了所得税问题研究会，参与者除会员代表外，还吸收了会计师及经济学者。1937 年 1 月，上海市商会所得税问题研究会召开专门会议讨论税法，连续讨论长达六个月之久。1 月 25 日，商会邀请立信会计师事务所的会计师潘序伦、李文杰等前往演讲，解释所得税法及其计算细节，“参加讨论者，包括镇江、无锡、嘉兴诸地商会，及上海市商会所属各同业公会，计一百二十七单位，代表一百九十五人。聚集各地各业领袖于一堂，并有徐永祚会计师及严谔声先生参加讨论”。会议成效显著，就所得税法则及其会计问题形成议案四十余件。[①] 会计师与商界代表共同探讨所得税问题，有利于双方了解各自观点，并对税法条款进行深度解析。事实上也正是如此，潘序伦、李文杰等因对所得税有较为独立的研究成果，此时对比商会讨论所得决议，系统提出更明确的建议。

---

① 潘序伦、李文杰：《上海市商会所得税问题研究会议决案之总检讨》，《立信月报》第 7 期，1937 年 2 月 15 日，第 1 页。

1937年2月，潘序伦、李文杰在《上海市商会所得税问题研究会议决案之总检讨》一文中对会计师之议案与商会议决案作一对比，评其优弊，并在商会演讲中详细阐发其主张。[①] 此处不拟就税务细则之得失进行讨论，只列出商会议决案与会计师意见的异同之处。潘序伦、李文杰的这一成果在相当程度上也代表了立信会计师事务所的整体意见。

潘序伦将商会与立信意见相同之议决案、立信完全同意商会议案、立信提请商会参考之议案、立信与商会意见不同之议案各点分类说明。商会与立信意见相同之议决案各点：（1）营利事业所得，请改照第二类薪给报酬所得所用之超额累进制课税，并将累进级数增加；（2）公积金不应只以三分之一并作资本实额，应并入全数；（3）公积金不应只以法令规定者为限，并作资本实额，一切公积金如准备金盈余滚存，均应作为公积金；（4）证券存款利息所得税，应改用累进制，决议保留；（5）薪给报酬税率，累进太速，级数太少，应酌加级数，缩短距离；（6）请增关于“强制储金”及“生命保险金”之免税规定。商界和会计师在这些问题上存在共识，其中关于累进制、增加累进级数、公积金问题等方面，有利于减轻纳税人的负担，也有利于促进税收公平。

商会议案中提出的有些意见，立信的议案表示完全赞同，其中涉及起征时间、起征点、起征基数、账簿问题、扣减问题等，分列如下。

> （1）营利事业所得税，请自1937年2月起征。（2）营利事业获得起征点，请从合资本实额百分之五，提高至百分之十。所列两条本于纳税义务人之立场，请求政府在培养税源之原则下，予以宽免，自应加以赞同。（3）征收须知草案第十二条第五款“房屋工厂仓库机械工具器具及船舶等修理费用足以增加其原有价值或效用者”，删去“或效用”三字。增加效用虽与维持效用之含义不同，然究尚未达于增加价值之境地，况因增加效用之结果，当年收益可望增加，不应认作资本支出，自属正当。（4）证券所得征税，在股票只限于股息，不及红利。此在第

① 下述各项议案条款均引自潘序伦、李文杰《上海市商会所得税问题研究会议决案之总检讨》，《立信月报》第7期，1937年2月15日，第1—10页。

三类征收须知草案第二条已有明文规定。(5) 商店活期往来存款，与固定存款不同，应免征其利息所得税。请在第三类征收须知第四条中“分支店间”下加：“以及其他工商业”七字。(6) 各业应援银钱业例，对于扣缴所得税，请给还五分之一之手续费，以贴公允。(7) 薪给报酬起征点，请提高至每月五十元。(8) 小额扣缴税额，请准变通，每半年扣缴一次。(9) 独资店主或股东自兼经理，应就实际状况，自行酌定薪给。(10) 资本主自兼经理，因营业方面之需要，而支出之应酬交际等费，如有帐单，可作开支。(11) 独资连家商店，店帐与家帐应分开。(12) 各业应规定通用账簿，以资一律。(13) 请商会速组织各业会计制度设计委员会。(14) 审查委员会应速成立，并延聘商会及各同业公会代表参加。(15) 所得税事务处调查所得税时，应随时会同各业公会办理，以免纷扰。以上七案，或就扣除数加以确定，或于会计制度加以重视，或于调查审查程序，贡献意见。敝所同人均甚赞同。(16) 照条例细则及征收须知严格解释，地方政府及团体会同出具之借据，不能视为地方政府发行债票之一种，于发息时扣除所得税。(17) 上级政府，每有以公债券交地方政府向各银行抵借款项，以作各该地方需用，并指定该项公债之中签票款与息金为摊还借款本息之用。则地方政府领取是项公债息金，应予退税。(18) 抚恤金养老金赡养费之息金，请在暂行条例第二条第三类中，增加一款，准予免纳所得税。(19) 存货作价方法，已在资产估价方法内订有规定。所谓时价，应包含同业规定之衡平价在内。(20) 所得税不包括在公课范围之内。所得税以就年度所得课税为其基本原则，得为减除之公课，指所得税以外对于国家或地方之捐税而言。衡以各国立法例及施行细则第十五条之文义，应作如此之解释。

这些条款或为推迟征收时间，或为提高起征数额，或为明确扣减免税，目的是减轻商家负担，避免重复征收。会计师对此表示支持，表明在会计实务上是可以实现的。

还有些问题是商会议决案中未涉及的问题，会计师立于专业的立场，特意提出供商会参考。主要包括：

> （1）请解释营造厂营利事业所得，系照包工结算，抑照全年营业结算。（2）家庭生活负担之减免，应予规定。（3）征收须知草案第十二条第三款“自由之捐赠”应将公益慈善者除外。（4）呆账除营业期间实际损失者外，应包含决算时应收账款中合理预测之损失，请在资产估价方法第十九条，加列“合理预测之呆帐损失”一项。（5）呆账折扣，请在开支项下增加“合理预测之呆帐损失”一项。

立信与商会意见不同或另补充之议案：

> （1）请停止营业税之征收。此案研究会已决议暂行保留。（2）商店官利请准列作实际开支。（3）征收须知草案第十二条第四款“营业上扩充或改革设备之费用”应将“或改革设备”五字删去。（4）依据施行细则第十二条第二项解释，个人一时营利事业所得，交易所经纪人可以扣除，店号所做者，不宜扣除。第一类征收须知第廿二条之规定似与抵触。　（5）存款利息所得税已被扣缴，自应从总收益内扣除。（6）商店有房地产，不问系本业收入，抑副业收入，均须算入收益总额内课税。（7）不以房地产为营利目的之法人，投资房地产而有所得，该项所得，可否于计算纯益时，将其扣除，议决应由有关系者各自办理。上列两案议决要点，第六案谓须算入收益总额内课税，而第七案则又谓应由有关系者各自办理，意义不甚一致。（8）论件工资，系以件为单位，一件或非一人所造成，现行条例无规定，不课税。（9）定额之膳宿费舟车交际费，不应照薪给报酬论。（10）著作权版税应免税。（11）商誉即营业权，可在十年内提净。（12）商店记账，应得保留实收实付制。

这些问题都比较细致，在施行细则之中亦不详细，但如不明确清除，在计算之时也易造成混乱或重复征收。

职业会计师与工商界共论税法可使其对税法的研究与工商界的实际需求结合起来。潘序伦代表立信就商会所得税议案提出的全面意见极其细致。

在征税起点、税率、收益与支出之项目、损益之扣除方式、减税免税之条件等方面均提出极其专业的建议。对于商会关于降低税额税率、组织审查委员会、规范征税行为等举措表示支持。会计师还提出在所得税开征后，应废除营业税，并提出许多可行的避税技巧。在所得税正式开征后，上海市商会组织了所得税问题专门委员会，对于所得税暂行条例施行细则及各项征收须知进行深入研究，立信会计师事务所的潘序伦、李文杰两位会计师均被聘为委员。[①] 就会计师的立场而言，基本支持工商界的利益诉求，希望在税法合理化的情况下，尽量减轻工商界之税务负担。1937 年 2 月，上海市商会根据所得税专门委员研究所得，将所得税第一、第二、第三类征收须知修改意见函达财政部所得税事务处，希望政府部门能够“分别照改，以利推行”[②]。

职业会计师也将研究修改意见上呈财政部，期望政府部门能够修订完善税法。1937 年 2 月，立信事务所的潘序伦等会计师向财政部呈送《致财政部所得税事务处函（一）》《致财政部所得税事务处函（二）》，集中呈述对于第一、第二类营利事业所得税征收须知草案应行改正各意见。[③] 上海市的会计师公会、律师公会、医师公会等自由职业团体还联合呈请，修改所得税暂行条例第二类薪给报酬之税率及将自由职业者之纳税申报改为每年办理一次二事。2 月 27 日，立信会计师事务所李文杰律师代表律师公会搭中国航空公司福特机飞京，分赴立法院、行政院、财政部、实业部、司法行政部请愿，事毕当日夜半返沪。[④]

会计师与商界的联合举动不仅有助于增强舆论声势，立于其专业立场，其呈请行动也更具有说服力。事实上，在中央政府颁布税法后，所得税征收

① 《潘李两会计师担任市商会所得税委员会委员》，《立信月报》第 7 期，1937 年 2 月 15 日，第 29 页。

② 《上海市商会请修改第一类所得税征收须知草案》，《信托季刊》第 2 卷第 2 期，1937 年 4 月 1 日，第 200—201 页；《上海市商会请修改第二类所得税征收须知草案》，《信托季刊》第 2 卷第 2 期，1937 年 4 月 1 日，第 201 页。

③ 潘序伦等：《致财政部所得税事务处函（一）》，《立信月报》第 7 期，1937 年 2 月 15 日，第 11—16 页；《致财政部所得税事务处函（二）》，《立信月报》第 7 期，1937 年 2 月 15 日，第 17—21 页。

④ 《会计学校近讯》，《立信月报》第 7 期，1937 年 2 月 15 日，第 29 页。李文杰是律师公会会员，也是会计师公会会员，在立信事务所执业，主要是执行与会计相关的法律事务。

部门也聘请会计师进行政策解释与业务培训。国民政府在后来修订所得税条例之时，也部分吸取商会和会计师的意见。[①]

（三）税法知识的宣讲与会计人才的培养

在所得税条例颁行之后，职业会计师还应商会及工商企业之邀，赴各地演讲，讲解所得税会计的相关问题。以立信会计师事务所为例，潘序伦、李文杰、陈文麟、秦彦钊等会计师屡屡接受各地商会、同业公会之邀，频繁发表演讲，成为宣讲税法、培养会计人才的重要推力。

潘序伦、李文杰在所得税方面研究精深，其学识深受商界信任。不仅受邀参加商会的讨论活动，还频繁出席各地工商团体的所得税说明会。1936 年 10 月，潘序伦先后应上海联青社及青年会之邀请，演讲所得税问题。李文杰曾在市商会商业职业学校及中华国货产销合作协会午餐会演讲所得税问题。[②] 同月 19 日，应金城、大陆及四行储蓄会之约，潘序伦、李文杰在古柏公寓大礼堂演讲所得税问题，并出席上海针织业同业公会所得税研究委员会。李文杰于 11 月 10 日出席上海电器制造业同业公会会员大会，演讲所得税法施行后工商业应有之准备。[③] 11 月 19 日及 24 日，潘序伦分别出席上海橡胶业同业公会及钟表业同业公会，演讲所得税之施行问题。12 月 9 日，李文杰出席百货商店业同业公会演讲所得税问题。[④] 1936 年 12 月 18 日，李文杰在中华国货产销合作协会演讲对于破产法及同业公会法草案之批评，颇多积极建议意见。[⑤] 12 月 28 日晚，潘序伦应上海商社之邀请，对 180 余名同业公会之代表，演讲"所得税的会计问题"，列举各项问题多达数十则。

在所得税法全面生效后，潘序伦等人受邀演讲更加频繁。1937 年 1 月 5 日晚，潘序伦及陈文麟应上海北市米业公会之请，演讲所得税。首由陈对现

---

① 关于所得税开征之际不同界别的讨论意见及其对于税政修订的相关影响，涉及问题较多，笔者拟另撰文专题讨论。

② 《本所消息》，《立信月报》第 3 期，1936 年 10 月 15 日，第 9 页。

③ 《其他消息》，《立信月报》第 4 期，1936 年 11 月 15 日，第 17 页。

④ 《其他消息》，《立信月报》第 5 期，1936 年 12 月 15 日，第 24 页。

⑤ 《本所消息》，《立信月报》第 6 期，1937 年 1 月 15 日，第 17 页。

行所得税法作一概括之解释，继由潘讲述“目前各业对于所得税应有之准备”，并由听众提出许多实际问题，潘序伦均逐一详细解释。[①] 1937 年 1 月 25 日下午，潘序伦、李文杰应上海市商会之邀，在该会所召集之所得税实际问题研究会演讲，后又受聘担任研究会委员。1 月 27 日晚，潘、李二人又在铁业同业公会聚餐会上演讲。2 月 1 日，李文杰应上海市商会江湾分事务所之邀，前往该镇各商店代表讲解所得税法施行后商人应注意之事项。[②]

常熟县商会举行所得税研究会，由商会主席聘请立信陈文麟会计师于 18 日、19 日两天演讲所得税问题。讲题为“商界对于所得税应有之必要准备”及“旧式帐之缺点及改良方法”，“听讲者甚为拥挤”。各业代表认识到改革记账方法、申报资本等均已属急不容缓，米业公会、米厂业公会、豆饼业公会、绸布业公会即时商请陈文麟分别出席各同业公会继续演讲。[③] 2 月 20 日，无锡县商会举行春宴，特邀潘序伦、李文杰、秦彦钊三位会计师演讲各项所得税问题，“所到各业代表共三百余人，计有纱业、丝业、布厂业、银行业、米业、典业、绸布业、百货业、旅栈业、堆栈、面粉业、南货业、山货业、银钱业、烟兑业、酒酱业等，此外尚有锡钟高级商业学校学生亦到会听讲”。江苏宜兴县商会为使各界明了所得税之意义及征收情形起见，则会同溧阳县商会合邀三位会计师于 21 日至会演讲，听者有宜兴县各业公会代表沈鼎年、徐炳林、潘宴清、吴廉清、吴善友等，及溧阳商会傅收成、章洪湛、吴启仁等共 300 余人，首由宜兴县商会主席郁驯鹿致欢迎词，即由三人演讲，历时三个小时。[④]

在无锡及宜兴商会，潘序伦演讲的主题是工商企业的创立资本、雇用员工的薪酬、建筑厂房之资金及折旧、借款与贷款、解散与清算等所得税相关问题，“在法律规定之范围，应尽量节省其所得税，在政府只望纳税人将应纳之税照数缴纳，并不希望其法外多纳，但纳税人在营业期

---

① 《本所消息》，《立信月报》第 6 期，1937 年 1 月 15 日，第 17 页。

② 《潘主任、李文杰两会计师讲演所得税问题》，《立信月报》第 7 期，1937 年 2 月 15 日，第 28 页。

③ 《本所潘会计师等至无锡宜兴常熟等县演讲所得税问题》，《立信月报》第 8 期，1937 年 3 月 15 日，第 19 页。

④ 《本所潘会计师等至无锡宜兴常熟等县演讲所得税问题》，《立信月报》第 8 期，1937 年 3 月 15 日，第 19 页。

中，为各种行为因不明法律规定，而生错误，往往不免有法外多纳之事，此应留意免除者"[①]。李文杰的演讲主题是所得税法施行后工商界在会计上应加注意之事项。他建议，工商界在税法开征后应当"改良不完备的簿记，设立统一正确的会计制度""切实整理资产负债的记录，并估定其正确价额，再可分数项讨论之""注意研究所得税法的内容""申报是否吸收存款及资本"等项。在所得税方面，需特意留心支付存款及贷款利息之所得税。不定期支付金与业务上经手人及定期支付薪给报酬与业务使用人时，不要忘记代扣所得税，银行往来存款及其他贷出款项利息的所得税等。在决算时，则需注意总店与分支店会计的合并，应收未收、应付未付、预收预付各项的整理，存货的估价，固定资产的折旧，呆账的剔除，无形资产的折除，开办费的摊提，结算报告及纳税的截止期等问题。[②] 这些细节对于企业规范财务制度、节约缴税额度都十分重要，是很实用的节税办法。

面向商人团体及工商人士的演讲活动一直持续。1937 年 3 月 23 日至 4 月 1 日，应宜兴县商会邀请，陈文麟前往演讲所得税及改良簿记问题。讲演后还与工商人士有热烈讨论。4 月 11 日，又至嘉定县商会演讲改良旧式簿记方法。[③] 4 月 23 日，又至南翔商会演讲所得税问题。[④] 3 月 25 日，潘序伦应上海扶轮社之邀讲演所得税，"听众约百余人，均系中外闻人，工商巨子"[⑤]。立信会计师李文杰在同年 4 月也有密集的演讲安排：4 月 25 日早，立信会计学会；4 月 25 日晚，立信会计补习学校所得税会计第 1、第 2 班研究会；4 月 26 日晚，木材业同业公会；4 月 30 日晚，市民联合会所得税会计讲习所；5 月 5 日晚，钢条旧铁业同业公会。主题均为"新近修改的所得税征收须知"[⑥]。

---

① 潘序伦：《所得税与工商管理之关系》，《立信月报》第 8 期，1937 年 3 月 15 日，第 6 页。

② 李文杰：《所得税法施行后的工商界在会计上应加注意的事项》，《立信月报》第 8 期，1937 年 3 月 15 日，第 8 页。

③ 《陈文麟会计师分应宜兴及嘉定县商会聘请讲演所得税》，《立信月报》第 9 期，1937 年 4 月 15 日，第 22 页。

④ 《演讲消息》，《立信月报》第 10 期，1937 年 5 月 15 日，第 23 页。

⑤ 《潘主任在扶轮社讲演所得税》，《立信月报》第 9 期，1937 年 4 月 15 日，第 21 页。

⑥ 《演讲消息》，《立信月报》第 10 期，1937 年 5 月 15 日，第 23 页。

会计师关于税法的研究不仅受到工商界的重视，也受到政府部门的认同。1937 年 3 月 8 日，潘序伦赴实业部讲演所得税问题，听讲者有实业部部长、次长及司长以下全体职员三百余人。[①] 同时，潘序伦亦介绍各界对于所得税制度的批评，内容包括：我国所得税不采用综合制度，而采用纯粹的分类制度，把所得分成三类各别纳税，历之纳税人的全部纳税能力，不能表现，而累进税率之运用，亦成偏跛，所以不能达到真正公平的目的。不劳所得，即证券存款利息所得，课税甚轻（只百分之五），而劳力所得，即薪给报酬所得，课税反极重（最高额为百分之二十）。第三类证券存款利息所得税，不适用累进率，而第一类营利事业所得和第二类薪给报酬所得反适用累进甚速的税率，亦是轻课不劳所得和重课劳力所得的一种不公平的表现。第二类所得税不设家族负担减免的规定，也和能力纳税主义不合。公司股票的股利所得税，和公司本身的营利所得税，实为重复课税。所提意见都是个体及机构纳税人最为关切及不满之处。[②] 对会计师来说，政府合理征税，工商界减轻负担，如此才能促进经济持续发展，会计师的业务发展也能够长足进步。故以潘序伦为代表的会计师于税法普及如此着力，且对于政府与工商界双方的税务问题均有透彻研究。财政部所得税事务所广征专家担任研究事宜，潘序伦正在受聘之列。[③]

会计师及事务所在培养所得税会计人才方面亦功绩显著。培养之方式有二：其一，会计师事务所与商会、同业公会合办所得税讲习班，对象为会员企业之会计人员；其二，会计师事务所附设会计学校举办所得税培训班，广招政府及企业会计人员。与商人团体合办之讲习班更贴近行业要求。1937 年 2 月 23 日，上海木材业同业公会所得税会计班开课，由潘序伦、李文杰、李鸿寿主讲。3 月 6 日，上海电器制造业同业公会所得税讲习班结束。上海电机丝织业同业公会所得税会计讲习班 3 月 16 日开课，由潘序伦、李文杰、陈朝俊主讲。[④]

在会计学校方面，立信在培养所得税会计人才方面卓有成效。1936 年 9

---

① 《潘主任在实业部讲演所得税》，《立信月报》第 8 期，1937 年 3 月 15 日，第 18 页。

② 潘序伦：《为我国所得税几个重要问题作答》，《立信月报》第 8 期，1937 年 3 月 15 日，第 1 页。

③ 《潘主任受任所得税事务所特约研究》，《立信月报》第 8 期，1937 年 3 月 15 日，第 18 页。

④ 《所得税问题之演讲》，《立信月报》第 8 期，1937 年 3 月 15 日，第 20—21 页。

月，立信会计学校添设所得税科，“冀于短时期内，使工商业及自由职业团体之主管及会计人员，对于所得税方面之各种理论及其实施与计算方法，均有相当之了解，以免明年1月1日施行时，发生种种疑难”[①]。立信的会计夜校部也增开所得税科班次，于1936年10月22日起正式上课，由潘序伦校长亲自授课，每周两次，“入学学员达一百余人，大多为工商界正副经理、会计主任及其他高级职员，内中并有多人系英、美留学生”。因报名踊跃，又增设一班。12月1日开课。[②] 会计学校在11月23日开第二班，入学者共45人，“多系担任学校会计者”。同时所得税第二班亦于12月5日开课，所用讲义，计分十讲，由校长潘序伦及李鸿寿会计师分别担任主讲。[③] 立信函授学校还发布招生广告，立信会计学校创立之目的，“即在以最迅捷最经济之方法，教授全国工商界之会计员及簿记员以必要之智能；所有各项普通或专门之簿记会计科目，无不具备，以便选习，务使入学者能编制正确之决算表册，计算正确之所得数额，而免纳税上之种种困难；并为期入学者之普及起见，学费规定极低，为期入学者之得益起见，批改课卷，极迅速而认真”。为协助政府推行所得税起见，“敬告全国各工商机关及其现任簿记会计人员，从速派员或自动报名入学，以应急需”[④]。

在所得税开征前后，职业会计师对所得税的研究较为全面。其中，既有针对普通民众的社会答疑，也有针对工商界的会计实务；既有着眼于会计师自身执业细节的，也有着眼于纳税人需要的程序说明。在研究之中，会计师既注重对减轻税负、平衡税收问题的分析，也注重对所得税条例及细则的解释。应该说，在立场方面，会计师并非完全偏于政府或者商界，而是期望所得税制能够公平合理，既不过度加重纳税人的负担，也能够得以顺利推行下去。会计师的作用，正在于通过自身的执业行为来服务于纳税人，也便于政府的税收征稽。以立信会计师事务所为代表的会计师与上海市商会合作，讨论税法得失，确立建言方向，对于从纳税人角度来评估税法的合理性有重要

① 《本所消息》，《立信月报》第3期，1936年10月15日，第9页。

② 《其他消息》，《立信月报》第4期，1936年11月15日，第17页。

③ 《其他消息》，《立信月报》第5期，1936年12月15日，第23页。

④ 《为所得税事敬告全国工商机关及其簿记会计职员》，《立信月报》第4期，1936年11月15日，第18页。

作用。更值得重视的是，在政府税法宣传有限，工商界对于税法尚存疑问的情况下，会计师与各地商会、同业公会联合，向工商人士宣讲解释税法条款，这对于普及税法知识、树立科学税法观念来说具有正面作用。会计师的此类行为，并不是受政府所指派，但实质上却是政府推行税制的一大助力。政府税务部门本身也聘请会计师解释税法，也是尊重会计师在所得税会计方面的专业地位。会计师和各行业公会合作，或者自办会计人才培训班，都将所得税会计作为重要教学内容，这在改进企业会计制度、规范所得税征收环节都有正面效应。

职业会计师也在事实上感受到所得税带来的商机。1936 年所得税暂行条例颁行后，立信事务所增聘多位会计师，以应对增加的业务量。1936 年 10 月，曹廷荣、钱素君、秦彦钊、龙兆骧及武书麟五位会计师加入，原因即在于“近以国内工商业逐渐恢复，而政府实行所得税法，亦多待会计师之协助，为业务上之便利起见，共同加入本所为兼任会计师，共同执行职务”①。此外，11 月，又有熊菊龄、王雨生及王维因三位会计师加入立信。②因会计业务好转，立信会计学校之职业介绍工作也更加繁忙，“各工商企业，因受币制改革及各地农产丰收之影响，复兴颇速，且所得税法全部实行在即，各业所有会计制度，亟须加以整理改进，故委托本校介绍簿记会计人员者，较前更多”。因就业机会增多，不仅此前登记需要介绍职业之同学已先后得业，就是“夜校、晨校、函授学校历届毕业同学，几达五千余人，其中如尚有失业而要求介绍职业者，可请即日向本校教务处先行登记，其果成绩优良，品性端正者，自当尽先为之介绍”③。这较所得税开征前之情形，无疑有绝大转机。立信会计师事务所在业务广告中也明列承办项目：“甲、呈请纳税，凡各公司、厂号、行庄之营利所得税，各自由职业者之薪给报酬所得税及其他税款，本所均可代为申报及缴纳；乙、呈请免税，凡本国工厂所出商品，如系机器制造之仿造洋式货物，则可呈请政府免除重征及免征出口税，本所均可代为呈请。”④《立信月报》上亦刊文表达对所得税开征的乐观

① 《曹廷荣会计师等加入本所执行职务》，《立信月报》第 4 期，1936 年 11 月 15 日，第 16 页。

② 《熊菊龄等三会计师加入本所执行职务》，《立信月报》第 5 期，1936 年 12 月 15 日，第 23 页。

③ 《本校历届毕业同学公鉴》，《立信月报》第 4 期，1936 年 11 月 15 日，第 21 页。

④ 《本所承办业务项目》，《立信月报》第 6 期，1937 年 1 月 15 日，第 7 页。

之情："自所得税施行以来，各界对于会计制度方面，颇为注意，均纷纷委托本所代为设计改良者，至于委托本所代为申报资本及审查帐目者，更为众多，由此可知所得税之施行，足以促进一国会计之进步，良非虚语也。"①国家注册而立于民间独立地位执业的会计师向被视为近代财务制度与市场信用建立的重要依托，其参与所得税之研究、建言与宣讲既拓展了职业市场，也以其专业学识推动所得税常识的普及，促进税制的合理化。

① 《其他消息》，《立信月报》第7期，1937年2月，第29页。

第七章 华洋如何同税：所得税征稽中的外侨纳税问题

鸦片战争之后，西方主要资本主义国家藉不平等条约之保护，在中国陆续开辟通商口岸及租界，实施商品及资本输出政策。与此相应，英、法、美、德、日、俄等国短期或长期寓华的侨民迅速增加。早期侨民以外交官员、传教士、商人为主，随后工商雇员及自由职业者也纷纷来华淘金谋生。甲午战后，清廷允许外商在华设厂，各国竞相扩张实业，外侨在华就业群体更趋扩大，且在租界形成相对完备的市场和职业体系。依英、法、美等国税法成例，外国人在其本国获取收入且居留达一年以上，应与国民同等纳税。然在中国，西方各国借口《南京条约》《天津条约》及各专属条约特权，仅缴纳百分之五的关税及减半之子口税，对中国政府开征的印花税、营业税、所得税、统税等概予抵制，严重破坏税权平等和对等原则。自清末至民初，中国历届政府与西方各国多有交涉，除关税自主略有所成外，其他税类一直拖延未决。到1936年国民政府开征所得税时，华洋不同税问题全面引爆。不仅过去外侨逃税问题引发舆论普遍关注，也使所得税开征成为根本解决外侨纳税问题的重要节点。

一　条约特权与西方各国对中国税收的拒诿

在晚清民初，政府在制定所得税法时其实已经注意到外侨纳税问题。

1911年度支部拟订《所得税章程草案》[1] 及1914年北京政府在前草案基础上参酌日本章制制定的《所得税条例》所采标准涉及居所和所得来源，并未限定国籍，这意味着在中国居住一年以上之外侨须照章纳税。[2] 1920年7月，政府设所得税筹备处，要求各省开征。[3] 此时政局混乱，商会联合自治团体频繁表达抗税意见，所得税未取得实质推进，对外侨征税也暂未提上议程。

（一）西方各国对所得税的抵制

1936年7月，立法院通过《所得税暂行条例》。同年10月1日，公务人员薪给报酬所得税率先开征。1937年1月1日，营利事业及存款利息所得也全面开征。[4]《所得税暂行条例施行细则》第二条规定：驻在中华民国境内各国外交官之所得，免予征税；第三条规定：在中华民国境内居住未满一年之外国人，其所得之来源不出自中华民国境内者，免予征税。言中之意是，除外交官和居住不满一年、所得来自国外者可免税外，其他职业的侨民及一年以上居住者、所得源自中国者，均须纳税。外交官免税是为国际治外法权之通例，其他职业侨民并不在免税行列。细则第四条强调，免税规定是采“国际相对主义”，外国对于中华民国有同一待遇者方能适用。[5] 西方各国在其本国对包括华人在内的外侨征税，依理在中国自应纳税。1936年9月，财政部长孔祥熙在向国民党中央党部的报告中就对外侨征税问题也有详细说明。他说：“所得税是以普遍、公平为原则，所有居住国境内的本国人和外国人，都应该一律课税，已经成为各国的通例。”中国的所得税立法及施行细则是参酌英、法、美等国成例，采相互主义原则对在华外侨征税，

---

① 金鑫等编：《中华民国工商税收史纲》，中国财政经济出版社2001年版，第42页。

② 北京市档案馆编：《民国时期北平市工商税收》，中国档案出版社1998年版，第517页。

③ 《反对所得税》，《申报》1920年11月20日，第十一版。

④ 《所得税暂行条例》（1936年7月21日），《中华民国工商税收史料选编》（直接税·印花税）第4辑上册，第90页。

⑤ 《所得税暂行条例施行细则》（1936年8月），《中华民国工商税收史料选编》（直接税·印花税）第4辑上册，第99页。

“相信在华外侨也能一本平等互惠的精神，接受我国良好的新税制”[①]。按法条规定及官员解释，国民政府征收所得税采用的是属地与课源相结合的方法，除具有豁免权的外交官外，均应与中国国民同样纳税。

《所得税暂行条例》刚一公布，国民政府财政部、外交部就开始着手与外国交涉。1936 年 8 月，财政部咨请外交部，要求照会各国，转饬各在华侨民照章纳税。财政部以为：“我国在外侨民，亦曾向所在国政府缴纳所得税，预料各友邦对我国征收其在华侨民之所得税，亦必一致予以协助。”[②] 这一想法显然过于乐观，外交部在收到咨请后，就提醒财政部，“我国征收各项捐税，外侨往往坚辞抗拒，延不缴纳……现在营业税、印花税两税交涉尚未就绪，而所得税又将开始征收，闻沪上外侨已纷纷集议，表示反对，将来征收外侨所得税时，势必发生冲突”[③]。在外侨纳税的原则问题未得解决之前，增开新税激化了已经存在的争议，也使所得税成为解决这一系列问题的新焦点。

外交部实时将照会及税法翻译档送交各国驻华使馆，要求各国同意中国征收所得税。9 月 22 日，财政部直接税筹备处处长高秉坊到上海招待新闻界，向社会报告中央举办所得税经过，同时分访各国使馆，请求协助推进。[④] 9—10 月，各国回复陆续到达，结果令人失望。依各国态度，可分为以下几类。

一是明确反对，主要是日本、法国和美国。日本的态度不难理解。在第一次世界大战后，日本在华的政治、经济及军事力量不断增强。1931 年之后，更占据东北，策动所谓华北五省自治，准备发动全面侵华战争。征收所得税有助增强中国政府的财政能力，日本自然是竭力反对。日本在回复中称：“日本政府对于贵国向日本侨民课赋所得税绝难承认。”[⑤] 中国政府对日

① 孔祥熙：《在中央党部纪念周作关于所得税的报告》，《中华民国工商税收史料选编》（直接税 · 印花税）第 4 辑上册，第 12 页。

② 《外侨缴纳所得税》，《中央日报》1936 年 8 月 9 日，第一张第四版。

③ 《外侨所得税征收》，台北“国史馆”藏国民政府外交部档案，资料号：020000038105A，第 4 页。

④ 《征收外侨所得税美国首致答复照会》，《中央日报》1936 年 9 月 23 日，第一张第四版。

⑤ 《高秉坊等为外侨拒纳所得税案的签呈及孔祥熙批示》（1936 年 11 月 9 日），《中华民国工商税收史料选编》（直接税 · 印花税）第 4 辑上册，第 909 页；《外侨所得税征收》，台北“国史馆”藏国民政府外交部档案，资料号：020000038105A，第 62 页。

本的态度早有预料，也未将日本视为主要交涉对象，后续交涉主要以英、法、美、德等国为主。

在欧美诸国中，法国反对最力。法国政府复照认为："根据《天津条约》第四十款，本国侨民不受此种义务之约束。除转呈本国政府决定外，本使提出一切保留并请转知财政部令饬所属避免对于此事发生误会。"[①] 查《天津条约》第40款规定如下："日后大法国皇上若有应行更易章程条款之处，当就互换章程年月，核计满十二年之数，方可与中国再行筹议。"[②] 法国借其中更易条款需再行筹议之语不承认中国政府新定税法。法国又据1858年《中法天津条约》第23条和《中法通商章程善后条约》第7条，强调法国侨民受领事裁判权保护，不受中国法律管辖，应免除其他内地捐税。[③] 那么，这两项条约是否赋予了法国免税特权呢？且观条约内容加以检视。《中法天津条约》第23条规定："大法国货物，在通商各口已按例输税，中国商人即使带进内地，经过税关，只照现例输税，不得复索规费。按今税则是有准绳，以后毋庸加增。倘有海关书役人等不守例款，诈取规费、增收税饷者，照中国例究治。"[④]《中法通商章程善后条约》第7条规定：洋货运销内地或法商从内地收购出口，只纳子口税百分之二点五，不纳厘金税。[⑤] 这两项条款规定法国在缴纳现有关税及子口税之后，不需缴纳厘金及其他相似的通行税种，但并未排除征收其他税种的权力。法国以此为据，实际上是将关税问题上的税率协定权转换成了普遍意义上的税收协定权，以"不得复索规费"的条款作为堵截中国的口实。但所得税等新税并非重复征收的"规费"，而是引进自西方的通行税种，与厘金、关税完全不同。

在美国方面，美国驻华大使约翰逊（Nelson Trusler Johnson）在接受中国照会后，即电告美国政府。至9月下旬，使馆正式派员向中国外交部答复

---

① 《高秉坊等为外侨拒纳所得税案的签呈及孔祥熙批示》（1936年11月9日），《中华民国工商税收史料选编》（直接税·印花税）第4辑上册，第909页。

② 《中法天津条约》，王铁崖《中外旧约章汇编》第1册，生活·读书·新知三联书店1957年版，第104页。

③ 钱江译：《外侨果有权反对所得税乎》，《浙江财政月刊》第10卷第6期，1937年6月15日，第80页。

④ 《中法天津条约》，王铁崖《中外旧约章汇编》第1册，第104页。

⑤ 《中法通商章程善后条约》，王铁崖《中外旧约章汇编》第1册，第133页。

照会，“奉本国外部指令以为此项条例对于本国侨民不能适用”[①]。理由是所得税并未明列于1903年的《中美通商行船续订条约》之中，所以不能明确表示支持。[②] 按当时中国与英国、美国、日本均据《辛丑条约》续签有通商行船条约。美国同意中国可以征收出产、销场和出厂等税，但因彼时所得税尚未规划，并不在其列。[③] 美国借此予以推脱，诚属强词夺理。与法国一样，美国其实也不愿放弃已在事实上拥有的免税特权。

二是观望拖延，主要是英国、荷兰、葡萄牙和西班牙等国。英国以《南京条约》《天津条约》为依据，认为侨民受领事裁判权保护，在协定税率下，中国无权向侨民征税。[④] 英国是将治外法权加以泛化，由司法而扩展至征税领域，从而实现对中国租税主权的分割。只是在交涉之中，英国的态度相对和缓。1936年2月27日，英国大使在递交国民政府之备忘录中说明：英政府准备在可能之范围内，使英国在华侨民缴纳经营及合法租税，但此项租税，须为向全国人民征收，且由全国人民缴纳，非专为歧视英人而设者。在华英商会长曾表示赞同中国征收所得税。但在8月20日，据《字林西报》载：英商会长马锡尔又完全否认表示赞同之语，再次强调须全国人民一致遵行为原则。[⑤] 与法国、美国稍有不同的是，英国承认中国有开征所得税的权力，又设置华洋内外一体同征的前提，以税权平等的堂皇理由避免自身成为率先征税的对象，体现出更加灵活的外交立场。荷兰、葡萄牙、西班牙等国在华经济所占比例和侨民数量较少，对中国政策征收所得税一事反应较为平淡，表达了与英国相似的无差别立场。

三是未予拒绝，但要求延迟，以德国、奥地利为主，俄国态度也相近。前面所列是与中国签订有不平等条约的国家，德国和奥地利在第一次世界大战中成为战败国，战后放弃对华领事裁判权及治外法权。因此，不能以治外法权作为避税理由。当然，德、奥也不愿意直接将税款送给中国。德国强

---

① 《高秉坊等为外侨拒纳所得税案的签呈及孔祥熙批示》（1936年11月9日），《中华民国工商税收史料选编》（直接税·印花税）第4辑上册，第909页。

② 《征收外侨所得税美国首致答复照会》，《中央日报》1936年9月23日，第一张第四版。

③ 《中美通商行船续订条约》，王铁崖编《中外旧约章汇编》第2册，第187页。

④ 《中英天津条约》，王铁崖《中外旧约章汇编》第1册，第96页。

⑤ 楚声：《征收外侨所得税》，《钱业月报》第16卷第9期，1936年9月15日，第17页；“China Income Tax Concessions”, *The North China Daily News*, August 20, 1936, p. 9。

调："中国政府从前曾有对于德国人民无差别待遇之保证，希望仍本此旨办理。"[①] 虽未明确反对，但不愿意成为先交税的"吃亏者"。俄国在十月革命之后，宣布放弃在华外交特权，在最初的交涉中既未表反对，也未表支持。[②] 到 1925 年，苏俄也颁布政策免除暂时留俄之外国人所得税。[③] 在此后的交涉之中，苏俄并未有意为所得税问题设置障碍。

整体上看，在条约国家中，法国、美国和日本是主要的抵制国家，英国、荷兰等国态度稍缓。各国所持理由可归结为税收协定、领事裁判及无差别待遇三项内容。外交部对各国态度已有预期，财政部仍难以接受。财政部长孔祥熙致函外交部称，"依照国际法通例，凡住居我国国境之人民，不分国籍，均应有遵守住在地法律之义务"，外侨纳税应予免税的条款，在施行细则内均已明白规定，"尤不容其横生异议，希外部依约法法令，分别驳复"[④]。财政部的压力来自国内，"外侨纳税问题，如不解决，不特税收受其损失，且必致以不公平之结果，滋生非议"[⑤]。在政府与以商会、自由职业者公会为代表的纳税人团体进行交涉的过程中，纳税人确将外侨不纳税列为暂缓税政的理由之一，公众舆论对此也持激烈批评态度。财政部为平息舆论不满，不得不向外交部施加压力。

（二）西方各国拒税之源流

在进一步讨论外侨纳税问题交涉之前，宜对西方外侨纳税问题加以回顾。其原因在于，此次交涉不仅涉及所得税这一单一税种，而且与外侨纳税问题的整体解决相关，而其症结，亦可从过往交涉中加以探究。

如以税类而分，西方商民需向中国缴纳的税收包括两大部分：以关税及子口税为主体的通过税；以印花税、所得税、营业税、统税等为主体的直接

① 《高秉坊等为外侨拒纳所得税案的签呈及孔祥熙批示》（1936 年 11 月 9 日），《中华民国工商税收史料选编》（直接税·印花税）第 4 辑上册，第 909 页。

② 朱偰：《外侨与所得税——我国租税主权之试金石》，《东方杂志》第 33 卷第 22 号，1936 年 11 月 16 日，第 25 页。

③ 《苏政府对于暂时留俄之外国人免征所得税兹照译报载请查照由》，1925 年 5 月，台北"中研院"近史所档案馆藏北洋政府外交部档案，资料号：03－19－095－07－001。

④ 《外侨所得税征收》，台北"国史馆"藏外交部档案，资料号：020000038105A，第 59 页。

⑤ 《外侨所得税征收》，台北"国史馆"藏外交部档案，资料号：020000038105A，第 81—83 页。

税。西方各国希望保持关税特权，同时避免繁苛的内地税。[①] 直接税是依税收普遍原则及对等原则征收，亦同步向在境内的外国侨民及公司、商号征收。在所得税问题爆发之前，双方的明争暗战一直存在，所得税只是更加激化了中外之间的税权争议。

印花税是早期华洋同税问题争议的核心税种之一。印花税是民国初年开征的新税，也被认为是程序相对简单、较易征收的税种，但自开征伊始就遭到西方各国抵制。1912 年，政府公布了印花税法。[②] 税法颁布后，财政部即将之译成外文送交外交部照会各国，希望同步实现对洋商征税。根据 1913 年 6 月外交部致财政部的函复中介绍的情况，英、法、美等国外交团经聚议一次，一度赞成洋商亦应认缴此税。但这一赞成是有条件的：中国人先办理，才能推及洋商。到印花税正式在国内推行，外交部再次照会各国公使转饬侨民缴纳，各国公使又会衔答复，“表示异议，认为不能施行于本国人民”。到 1915 年，葡萄牙政府的态度有所松动，曾电令在华葡商遵照办理。[③] 至于全面实质的外交交涉，则因欧战而陷入停顿。

北京政府无法强制开征印花税，除了外交上的弱势，还因外侨多聚居于租界之内，欲征而不得。在“一战”结束后，北京政府财政部避难就易，转而将对租界内华人征收印花税作为重点。1918 年，财政部拟订《租界内华人实行贴用印花办法》，规定凡居于租界之华人应依 1912 年及 1914 年修正的印花税法纳税。[④] 外交部照会各国公使“转饬各租界领事实力协助，俾利进行”。即使是对租界华商征税，公使团仍不置可否，日本则明确反对。公使团又提出强制修改意见六条，要求改工部局警察为外国警察负责检查，工部局可分配罚金。[⑤] 1919 年 11 月，财政部根据公使团意见修改了征收办法，规定租界内华人应贴用印花，检查委托该管外国警察官执行，罚金由工

---

① 曹英：《晚清中英内地税冲突研究》，湖南师范大学出版社 2008 年版。

② 《印花税法》（1912），段导清、潘寿民编著《中国印花税史稿》上册，上海古籍出版社 2007 年版，第 221 页。

③ 段导清、潘寿民编著：《中国印花税史稿》上册，第 78 页。

④ 《订定租界内华人实行贴用印花办法》，《司法公报》1919 年第 114 期，第 65 页。

⑤ 李向东：《抗争的变曲：〈租界内华人实行贴用印花办法〉评析》，《历史教学》2013 年第 10 期，第 16 页。

部局取之一半。[①] 政府让渡了税收检查权，单独对租界内华人征税，本就违背税收的普遍公平原则。外人依然逍遥税外，引发商民严重不满。上海总商会表示，“各国现行法令，凡关于捐税之收纳，无论本国与外国商民，皆一体办理，断无如大部现订印花办法之偏苦者。穷其弊之所极，势不至尽驱华商而皆为洋商不止”[②]。天津、汉口总商会也都表达抗议。财政部要求商民顾全大局，履行国民纳税义务。不过因中国税务机关没有在租界内的征税执行权，再加上商会反对，租界华商仍拒贴印花票。

除分税类的单独交涉外，中国政府也尝试通过国际交涉来解决租界外侨拒税问题，这主要集中于1921年至1922年的华盛顿会议上，亦称太平洋会议。此次会议由美国主导，主要目的是划分第一次世界大战后美、英、日等国在远东和太平洋的势力范围，包括调整各国在中国的利益冲突，实际上是巴黎和会的继续。中国也参与了太平洋会议，希望借机废除不平等条约，维护领土之完整及政治与行政之独立。中国提出议案主题包括关税自主、治外法权、租借地、势力范围与特殊利益、驻华军队、警察、客邮、无线电、山东问题及中日条约等，要求“行政自由上所受限制须立即废止”[③]。外侨纳税问题也包含在议题之中，是中国政府希望解决的重要主题。在1922年2月北京政府外交部关于太平洋会议的说帖中，可以看到政府对此问题的态度。外侨纳税涉及中国租税权完整问题，其症结在于各条约国存有租界及领事裁判权特权。但是，“一国人民入他国之领土即必遵守其国之法律，因亦即必征纳其国家之租税”“深望各国友邦允于界内遵照吾国国税法例，务使旅居外侨一律按法纳税”。说帖还提出中国现行之印花税、烟酒税、所得税可由租界之工部局代收。[④] 外侨拒税影

---

① 《财政部关于租界内华人实行贴用印花办法训令》（1919年11月14日），中国第二历史档案馆编《中华民国史档案资料汇编》（第三辑·财政二），江苏古籍出版社1991年版，第1517—1520页。

② 《上海商会反对租界华商贴用印花税办法电及财政部复电》（1919年11月19日），天津市档案馆、天津社会科学院历史研究所、天津市工商业联合会编《天津商会档案汇编（1912—1928）》第4分册，天津人民出版社1992年版，第3900页。

③ 黄惟志：《华盛顿会议纪事（上）》，《东方杂志》第19卷第1号，1922年1月10日，第65—85页；《华盛顿会议纪事（下）》，《东方杂志》第19卷第3号，1922年2月10日，第55—70页。

④ 《外侨纳税问题》，1922年2月，台北“中研院”近史所档案馆藏，资料号：03－12－009－01－027。

响到中国政府推行税制以解决财政的困境，“同一领土上而因国籍之不同即可免除其担负，同一国民而因居所之别即可藉口以逍遥”。因此，外交部提出：“愿各友邦将此等阻碍撤除，使中国政府之租税权得以推行无阻也。”中国旧税收入不足，欲开新税又受到束缚，商务实业不能发达，亦会影响各国在华商务，“各友邦如欲得维持中国之商务实业，势不能不于中国之财平衡点与以相当之援助。而最急之援助，即当解除以上之缚束，使租界内之中外人民一律纳税，即铁道附属地亦应特声明，中外人民同一负担义务方为合理”[①]。政府将租税权问题与各国在华利益连接，希望以此增加说服力。中国政府认为，“在完全独立之国家，其行政权完整无缺者，未有租税权竟生有如何之阻碍”。是以中国政府提议：凡外侨在中国领土者，无论其为租界内或租界外，均应与中国人民同一服从中国政府公布之税法。[②] 遗憾的是，中国问题虽为会议中心议题，但在美、英、日等国把持之下，中国并无话语权。为解决山东问题，中国在治外法权、租界问题等议题上不得不采妥协政策。太平洋会议废约失败，租税权问题受制于外交困境的局面未能打破。

此后，北京政府继续推动修约运动。在 1925 年的关税会议上，外长王宠惠曾代表中国政府表明态度：“外人竟借口他们居住在租界内，或借口他们未奉本国政府的训令，而拒绝履行他们的义务。”中国提议取消这些障碍，行使完全的征税权。[③] 通过关税会议，各国承认中国享有关税自主权，允许中国在 1929 年实施国定税则。1926 年，还在收回上海会审公廨方面取得进展，在公廨设立临时法院来管理租界内的民刑案件。[④] 到 1927 年，借助于北伐战争中的民众运动的力量，中国收回汉口和九江的英租界。但是，在外交格局上，不平等条约体系和租界特权依然存在。

南京国民政府建立之后，将废除旧约和改订新约作为外交重心。1928

① 《外侨纳税租税权完整问题》，1922 年 2 月，台北“中研院”近史所档案馆藏，资料号：03 - 12 - 009 - 01 - 024。

② 《向旅华外侨推行各项税捐提议案》，1922 年 2 月，台北“中研院”近史所档案馆藏，资料号：03 - 24 - 029 - 07 - 001。

③ ［美］威罗贝：《外人在华特权和利益》，王绍坊译，生活 · 读书 · 新知三联书店 1957 年版，第 366 页。

④ 张丽：《上海公共租界收回会审公廨始末》，《史林》2013 年第 5 期。

年 7 月，国民政府就改订新约发布宣言，同时将关税自主和废除领事裁判权作为交涉核心议题。1928 年 7 月 25 日，美国与国民政府签订《整理中美两国关税关系之条约》，承认关税自主权。[①] 经过艰难交涉，日本在 1930 年才放弃协定关税权。国民政府颁布《海关进口新税则》，关税自主得以全面实现。但是，各国承认中国关税自主，却并没有承认国民政府的完全租税主权，外侨缴纳印花税、营业税等问题仍需单独进行外交协商。在领事裁判权的问题上，各国顽固抵制中国要求，虽在移审权等方面有所退让，但未完全废除。[②] 1931 年 4 月，外交部拟订《管辖在华外国人实施条例》，要求凡侨居中国之外国人享有领事裁判权者，"应一律遵守中国中央政府及地方政府依法颁布之法令、规章"[③]。同时，国民会议也通过了废约宣言。孰料"九一八"事变骤发，国民政府急需西方各国支持来应对危局，在 12 月 29 日宣布管辖条例暂缓施行。解决外侨纳税的外交通道相应冻结。1932 年 4 月，上海公共租界工部局聘请英国人费唐（Richard Feetham）提交的报告书出炉，报告建议推迟租界交还中国，遭到中国官民强烈反对，但这实际上代表了西方国家对租界问题的态度。[④]

至于印花税、营业税等涉外税种，在推行过程中都遭遇各国抵制。1928 年 1 月，国民政府财政部致函外交部称，"推销租界印花，外领尚持反对"，希望通过外交途径推动印花税征缴。[⑤] 3 月，外交部训令特派江苏交涉员郭泰祺会同财政部驻沪办事处与领事团切实交涉，要求依据 1919 年所颁行的贴用办法征缴印花税。[⑥] 经反复协商，租界华人纳税稍有起色，但洋商纳税

① 《整理中美两国关税关系之条约》，王铁崖《中外旧约章汇编》第 3 册，第 629 页。

② 关于废除不平等条约的具体过程，请参见王建朗《中国废除不平等条约的历史考察》，《历史研究》1997 年第 5 期。

③ 《管辖在华外国人实施条例》（1935 年 5 月 4 日），《外交部公报》第 4 卷第 2 号，1931 年 6 月，第 9—12 页。

④ ［英］费唐：《费唐法官研究上海公共租界情形报告书》第 2 卷，工部局华文处译，工部局华文处 1932 年版，第 288 页。

⑤ 《财政部咨推销租界印花呈》，《外交部公报》第 1 卷第 1 号，1928 年 5 月，"法规"，第 61—63 页。

⑥ 《洋商贴用印花税案》（1928 年 3 月 15 日），《外交部公报》第 1 卷第 1 号，1928 年 5 月，"法规"，第 60 页。

仍停滞不前。[①] 福州、厦门之税务交涉员曾尝试照会各领事，要求洋商“一切单据簿约均须一律遵贴印花”，各国领事多置之不理，洋商“尚难完全就范”[②]。国民政府并未获得更好的优待。1929 年 8 月，上海市政府与公共租界工部局单独商定公共租界内推行印花税办法三条。[③] 在协约中，工部局承认印花税法在公共租界可以适用，但因各国政府没有承认，所以不能强迫外侨去贴用印花。[④] 租界壁垒依然难以攻破。到 1935 年，国民政府颁发新的印花税法，正式照会各国要求侨民一体遵守，各国答复声明印花税法不能适用于本国侨民。法国以《天津条约》为据加以反对，认为印花税并未列于条约之中，法侨不受中国法律管辖。英、美态度相对和缓，实际上也是消极抵制。各国说辞反复以治外法权作为推阻的借口，其立场较北京时期并未松动。

在营业税的问题上，西方各国及外商企业也持抵制态度。1928 年，财政部全国裁厘委员会议决营业税办法大纲，规定各地厘金裁撤后，即开征营业税，作为地方财政的抵补。到 1931 年 6 月，立法院公布了《营业税法》，规定对于内外企业一体征税。各国使领向中央及地方提出抗议，外侨拒绝纳税。法国引用《天津条约》第 40 款的规定，表示没有营业税缴纳义务。英国和美国较和缓，但对营业税的税率及征收方法批评较多。[⑤] 外商拒纳营业税，同样影响到国内商界的纳税意愿。上海市各业同业公会担心，在未实现对外商征税前，不应只对华界或华商征税，否则华商更处劣势。[⑥] 1934 年 11 月，广州商会也称，如外商不遵税章，华商将予抵制。[⑦] 林美莉、柯伟明的

① 贾德怀：《民国财政简史》上册，商务印书馆 1946 年版，第 164 页。

② 《财政部咨福建印花税局呈》，《南京国民政府外交部公报》第 1 卷第 1 号，1928 年 5 月，“法规”，第 66 页。

③ 许持平：《外侨抗税问题》，《外交评论》第 8 卷第 3 期，1937 年 4 月，第 46 页。

④ 钱江译：《外侨果有权反对所得税乎》，《浙江财政月刊》第 10 卷第 6 期，1937 年 6 月 15 日，第 80 页。

⑤ 许持平：《外侨抗税问题》，《外交评论》第 8 卷第 3 期，1937 年 4 月，第 47 页。

⑥ 《沪市各业拥护中央推行营业税交涉》，《工商半月刊》第 3 卷第 11 号，1931 年 6 月 1 日，“国内经济”，第 9—10 页。

⑦ 《广州外商拒缴营业税》，《银行周报》第 18 卷第 46 期，1934 年 11 月 27 日，“国内要闻”，第 3—4 页。

研究显示，营业税同样难以实现内外平权。[①]

显见，在条约体系之下，西方列强在事实上排除了中国政府对外国侨民的自主征税权。中国开征各项新税，只要涉及外侨，均需征得外国政府同意，租界内华商纳税亦受连带影响。在法理之外，租界作为国中之国的事实存在成为外侨避税的堡垒。在上海公共租界的管理体制中，领事团处于掌控大权，处超然地位。纳税人会议掌握征税预算监督权，工部局掌握行政管理权。中国政府既无权到租界内查核征税情况，也无法对违法行为实施惩戒。在租界之内，华商与洋商均须向租界当局纳税，所纳税赋主要是地税、房捐、执照捐、广告捐及码头捐等。[②] 根据小滨正子的研究，就实际数量而言，华人负担的租界税数额及比例是在不断增加的，到 1927 年前后甚至超越外人，华人的参政权亦据此得以扩大。[③] 较华界而言，租界的税类比较简单，且以不动产税为主，经营者的税收负担较华界为低，这也是租界繁荣的重要原因之一。由华商在印花税、营业税问题上的反应可知，中外税负不均不仅是经济民族主义的表达，也是华商在经营中的实际感受。

外侨拒绝向中国政府纳税，既不合"国际惯例"，也不合法理，但西方各国长期以来已经视特权为当然，不愿放弃到手的经济利益。租界的存在，亦使避税有了坚固的壁垒。拒纳所得税，又一次拉开了中外税权交涉的序幕。

二　外国侨民在华从业及外商经营状况

为何西方各国无视国际通行的税收对等原则，以不平等和无差别待遇为旗幌拒绝向中国纳税？其所维系的不仅是特权，还有遮掩在背后的庞大经济利益。国民政府的内政、外交部门及学者曾对侨民人数、外国资本状况有过

---

① 林美莉对外商拒纳营业税的情况进行过讨论，叙及租界外商拒纳，华界亦持观望态度。此种情形，在上海、天津、广州、汉口均有。柯伟明也以上海为例对涉外营业税问题进行讨论。参见林美莉《西洋税制在近代中国的发展》，第 43 页；柯伟明《南京国民政府税收现代化的挫折——以涉外营业税为中心的考察》，《理论界》2011 年第 7 期，第 115 页。

② ［英］费唐：《费唐法官研究上海公共租界情形报告书》第 2 卷，第 288 页。

③ ［日］小滨正子：《近代上海的公共性与国家》，葛涛译，上海古籍出版社 2003 年版，第 196—200 页。

统计，但并没有完整细致地评估纳税数额。国内舆论关注的中外税负不公问题，主要围绕企业营利所得税展开，但具体程度如何也还缺少讨论分析。

就侨民的总体规模来说，西方各国在华侨民的数量增减与其在华政治及经济势力的变化大致对应。早期在华侨民以英、法、德为主，到甲午战争后日本等国的外商数量增速更快。与此同时，租界的社会服务业也发展起来，以医师、律师、会计师、记者、教师等为主体的自由职业者群体不断扩大。到20世纪初，日本、俄国、美国侨民增长最为迅速。[①] 据中国海关1925年在华外侨及商号的统计数字，享有治外法权特权的有254000人和7473家商号，不享有治外法权特权的有83235人和1270家商号。在享有治外法权的总数中，98.4%为日本人、英国人、美国人、葡萄牙人和法国人。[②] 西方各国的态度与其在华侨民规模及经济力量直接相关。按侨民的职业分类，在税收范围内者大致有三类：其一，在华从事经营及进出口贸易的商人；其二，在租界或通商口岸执业的自由职业者、公司雇员；其三，在中国政府或公私机构中担当雇员者。属个人薪资所得者，应由个人缴纳薪资所得税；属企业营利所得者，应由商号缴纳营利所得税。证券利息所得税本应由财产所有人承担，但是实际征收需要经过银行扣缴，外资银行态度直接影响到征税结果。

（一）外侨自由职业者及雇员的收入情况

外侨自由职业者多持本国职业证书在华执业，主要是在租界和通商口岸服务于本国侨民。随着职业声誉及市场空间的提升，业务也扩展至华界。外侨在华创办的公司、洋行还有其他营利机构中，也聘请大量侨民作为雇员。中国的官方机构和公私事业聘任洋员的情况也极为常见。在中国的海关、盐务稽核署、邮政局、电报电话局等政府机构及洋务企业中，自晚清时起就聘请洋人担任顾问或技师。到南京国民政府实施关税自主后，

---

① 《我国之总人口与外国旅华之人数》，《东方杂志》第20卷第17号，1923年9月10日，第136页；育干：《旅华外侨之现状》，《东方杂志》第24卷第15号，1927年8月10日，第38—41页；内政部年鉴编纂委员会编：《内政年鉴》第2册，商务印书馆1936年版，第C468—470。

② 中国治外法权调查委员会编：《英汉对照调查治外法权委员会报告书》，商务印书馆1926年版，第7页。

海关洋员有所减少。在教会大学及医院中，来自欧美的侨民亦复不少。自由职业或受雇于外人企业者，税政部门难以征税。领取中方薪资者，则成为税政部门打破外侨纳税僵局的重点。在所得税开征后，此类洋雇员也是最早纳税的外国人。

政府曾对自由职业者的就业状况有过调查，但缺乏连续性。据1936年实业部的统计，自由职业者（即统计所称的知识工人）合计有847人，其国别、职业及收入统计如表7－1所示。

表7－1　**1936年实业部知识工人（专业人员）情况统计**

统计类型	数量分布	合计
国别统计	美国313人，英国133人，德国127人，俄国55人，法国35人，日本33人，加拿大47人，其他国家100余人	约847人
职业统计	教授217人，学院教员256人，工程师22人，律师79人，专科学校教员40人，技师19人，中学教员59人，学校职员27人，政府顾问13人，邮政40人，助教5人，医师36人，电政13人，机械师19人，其他2人	847人
收入统计	50元以下者8人，50—99元者25人，100—199元者74人，200—299元者103人，300—399元者75人，400—499元者92人，500—599元者57人，600—699元者25人，700—799元者16人，800—899元者24人，其余还有大量从业者月薪在900元以上，高者甚且达6000余元	847人

资料来源：《在华外国知识工人之统计》，《中国国民党指导下之政治成绩统计》1936年5月，第67—69页。这一统计未说明具体的时段，数字也存在不完整处，但从收入的层级分布来看，都远超纳税标准。

此统计除开了传教士、外交人员及一般工商业从业者，但从与一些省市的统计数字对比来看，仅及部分，远非全部。按所得税暂行条例之规定，月薪30元以上即须纳税，绝大多数在纳税标准之上。一些省市对外侨的职业分布及收入、财产状况也有所统计，此处列举天津、河南、北平、昆明、青岛等地的情况，如表7－2所示。

表 7 – 2 **部分省市外侨职业及收入状况调查**

统计区域及时间	国别分布及数量	职业分布
河南省（1935 年 1 月）	外侨合计 335 人，意大利有 100 人，美国有 94 人，英国有 39 人，加拿大有 44 人，其他国家等人数较少	传教士 268 人，医师 22 人，技师 8 人，从事商业者 9 人，从事交通运输者 4 人，教师 19 人，公务人员 1 人，无业者 4 人。在一年以内者 49 人，三年以内者 70 人，五年以内者 63 人，10 年以内者 21 人，15 年以内者 43 人，20 年以内者 21 人，20 年以上者 47 人，其余年份不详
北平市（1936 年）	3614 人	务农者 3 人，教师 8 人，工者 78 人，经商者 384 人，从事交通运输者 39 人，公务人员 150 人，自由职业者 391 人，人事服务 92 人，其他 1276 人，无业 1193 人
天津市（1931 年）	641 人	传教士 14 人，经商者 424 人，医业从业者 5 人，机关服务者 107 人，修工 7 人，跳舞业者 28 人，无业 56 人
宁波市（1927 年 7 月）	84 人	英国 37 人，美国 30 人，法国 12 人，丹麦 3 人，意、俄各 1 人。外侨皆每户系传教及经商
昆明市	1937 年外侨 37 人（不包括缅甸、越南）；1940 年达 132 人，邻侨增多	蒙自关等税务司人员、传教士及铁路洋员，此外是商人、医护、教师
青岛市	1930 年日侨在华就业及经商者 2500 户	1930 年日本在青岛居留民从事会社、银行及商店工作者 1500 户，从事官吏、宗教、教育、医务者 500 户，从事贸易及贩卖者 300 户，各种工业者 200 户。银行会社职员在 1931 年时为 1060 人，工商业者在 1935 年时有 5942 人
重庆市	外籍传教士在 1937 年时有 85 人	1940 年 6 月，在重庆外商有 48 人。1943 年 12 月，全市外籍人员有 457 人，在重庆政府机构任职外籍人员有 42 人

资料来源：《河南省各县外侨统计》（1935 年 1 月），《河南统计月报》第 2 卷第 4 期，1936 年 4 月，第 50 页。原文按居住时间统计的人数与总人数不合，可能有时间不详者；《平津两市外侨户籍统计》，《冀察调查统计丛刊》第 2 卷第 2 期，1937 年 2 月 15 日，第 14 页；《县公署查报外侨人数》，《申报》1925 年 7 月 20 日，第十一版；罗群、黄翰鑫：《论抗战前后外侨在云南昆明的分布与管理》，《抗日战争研究》2012 年第 4 期，第 5—13 页；青岛市志办公室编：《青岛市志・外事志/侨务志》，新华出版社 1995 年版；《重庆居留外侨调查表》，1943 年 6 月，重庆市档案馆馆藏，资料号：0053 – 0010 – 00137，第 1—14 页；《关于填报中央机关外籍人员资料调查的呈、代电》，1943 年 12 月，重庆市档案馆馆藏，资料号：0061 – 0001 – 00025，第 106—108 页。

欧美在华外侨除传教外，就业经商的情况相当普遍，自由职业者所占比例也较高。另据日本对德国在华经济的调查，1940 年德国在华侨民有 3811 人，经营包括汽船、空运、铁路投资、电机、洋行、化工、食品、建筑、印刷、金融投资、借款等。[①] 外侨通过在华就业赚取薪资，有一些也在华置产兴业。河南省的侨民所拥有的财产包括现金 7682440 元，房产 101 间，地产 222 亩。[②] 虽然统计中未列明薪资数额，但受雇于外人公司者，多按其本国薪资标准计酬。在中国政府或公私机构任职者，也多佣金丰厚。

上海是近代外侨聚居第一繁华地。上海 1843 年开为商埠，同年设立英租界。1848 年设立美租界，1849 年设立法租界。到 1863 年，英租界和美租界合并成立公共租界。1870 年，在公共租界有外侨 1666 人，其中航业及水手 412 人，商人 245 人，领事人员 90 人，工程师 60 人等，还有会计师、医生、工程师，有部分外侨是倾向于定居型的。[③] 据 1935 年公共租界的统计，在区内 38915 名外国人中，有明确职业者计有 17000 余人，[④] 如表 7 - 3 所示。

表 7 - 3　**上海公共租界外国人职业与人数统计（1935 年）**　（单位：人）

职业	农业	工业	商业	银行保险	交通运输	自由职业	行政人员
人数	14	3346	3848	440	450	1695	2036
职业	海陆军人（现职不计）	写字间办事员、速记员	家务	艺术家、技艺家、运动员	杂项包括失业	—	—
人数	435	2153	1853	777	21868	各业合计	38915

资料来源：上海市通志馆年鉴委员会编：《上海市年鉴》，中华书局 1936 年版。

至所得税开征前，上海外侨的职业结构中从事工商业及与之相关的雇佣

① 中国第二历史档案馆编：《中德外交密档（1927—1947）》，广西师范大学出版社 1997 年版，第 490—493 页。

② 《河南省各县外侨统计》（1935 年 1 月），《河南统计月报》第 2 卷第 4 期，1936 年 4 月，第 50 页。

③ 王立诚：《近代中外关系史治要》，上海人民出版社 2012 年版，第 88 页。

④ ［美］马克·威尔金森：《上海的美国人社团（1937—1949）》，载熊月之、马学强等选编《上海的外国人（1842—1949）》，上海古籍出版社 2003 年版，第 87 页。

工作者明显增多。当然，这一统计中并非只有欧美外侨，但在外侨群体中，欧美外侨的收入要明显高于其他国家。以美侨为例，1936 年上海居住着大约 3700 名美国人，主要是在上海电力公司、美孚石油公司以及上海电话公司工作，还有一些是在制造工厂以及银行、保险、法律和饭店等服务行业就业，美国人在上海还开设有相当多的贸易公司。这些公司大多效益良好，其员工收入多达到纳税标准。[①] 上海法商电车电灯公司利润高昂，收入优渥，是外商的明星公司之一。据 1936 年的统计，法商电车电灯公司在上海雇用了约 80 名欧洲人，法国人 40 名，俄罗斯和葡萄牙人各 15 名左右。[②] 自由职业中，医师、会计师是收入较高的行业。1933 年上海医师在工部局登记者约有 260 人，未登记者也约有三四十人。[③] 据朱席儒、赖斗岩的统计，至 1935 年时，在华外籍医生有 752 名，占全国登记医师的 14%。[④] 在会计师方面，上海会计师公会所定 1936 年前后的公费标准，每小时十元，每四小时为一天，每天公费四十元，这个标准在实际执业中有些难以达到，但会计师的收入一般来说还是不错的。[⑤] 外侨会计师相较更高。此外，在华印度人和越南人的数量也不少，但多在公共租界和法租界任巡捕或承担家政，人数有千人以上，收入不高，极少实业投资。

因政府对外侨之职业及收入均缺乏统计，难以判断其准确的纳税数额，但根据欧美侨民之职业分布及企业之经营状况，达至纳税额者应不在少数。1943 年，日本曾对其占领下华北的日本人应纳税的情况有所统计，或可作参考。据横滨正金银行资料所载，北京个人所得税有 3342206 元，天津 4619995 元，济南 1181348 元，青岛 1868700 元，此外还有塘沽、唐山、张店、开封、威海卫、太原等市，合计有 135888536 元。法人所得税北京有

---

① ［美］马克·威尔金森：《上海的美国人社团（1937—1949）》，载熊月之、马学强等选编《上海的外国人（1842—1949）》，第 87 页。

② ［法］居伊·布罗索莱：《上海的法国人：1948—1949》，牟振宁译，上海辞书出版社 2014 年版，第 57 页。

③ 庞京周：《上海市近十年来医药鸟瞰》，《申报》1933 年 1 月 23 日第 13 版。

④ 朱席儒、赖斗岩：《吾国新医人才分布概观》，《中华医学杂志》第 21 卷第 2 期，1935 年 2 月，第 147 页。

⑤ 魏文享：《“自由职业者”的社会生存：近代会计师的职业、收入与生活》，《中国社会经济史》2016 年第 2 期。

812500 元，天津有 3530350 元，济南有 756754 元，青岛有 3187500 元，还有上列其他地区，合计有 8914214 元。[①] 个人薪资所得税及企业营利所得税合计达 1200 余万元，说明在沦陷区日本的侨民数量和经济实力都有急剧增长。日本此时的征税业绩说明对外侨征收所得税有其经济根基。

（二）外国对华投资及经营状况估计

营利所得税主要针对企业征收。外国在华投资较难确定单家企业的资本利润及所得税额，在此主要是从整体上对其规模进行评估。通常以与生产活动的相关性将外国在华投资分为直接投资和间接投资。直接投资主要是工农业、交通运输业、矿业和服务业等实业投资。间接投资主要是外国政府或银行对中国政府的借款、银行和保险业等金融投资。在甲午战前，西方对华投资以直接投资为主，主要集中于交通航运业、进出口贸易、公用事业等领域，数量在 100 余家。[②] 在甲午战后，直接投资与间接投资都有大幅增长，垄断性公司、银行的数量增加。政府借款此时数量迅增，多是由外国银行团出借，利率高昂。无论是直接投资还是间接投资，其中绝大多数符合《所得税暂行条例》中营利事业所得的征税条款。

以国别而论，外商投资在甲午战前以英国、法国为主，此后美国和日本增长很快，俄国在“一战”之后增加迅速。据民国初期的统计，1912 年在华外人公司计有 2328 家，1921 年增至 9511 家，欧美国家以英国、美国、法国居其前，近邻以日本、俄国为主。英国公司的数量一直保持较高水平。变化最为显著的是日本，在“一战”时借机占得青岛及旅顺之后，在华侨民增加更为迅速。到 1922 年，公司数量竟达 6000 余家。[③] 另据《中外经济周刊》的统计，在华外国商行在 1912 年时美商有 133 家，英商有 592 家，日商有 733 家。到 1920 年，美商达到 409 家，英商是 679 家，日商是 4278 家。到 1925 年，美商是 488 家，英商是 718 家，日商是 4708 家。[④] 两者统计数

① 傅文龄编：《日本横滨正金银行在华活动史料》，中国金融出版社 1992 年版，第 962 页。

② 这一统计数字并不一致。孙毓棠的估计，甲午战前外国投资在华创办的工业企业约 88 个，参见孙毓棠主编《中国近代工业史资料》第 1 辑上册，科学出版社 1957 年版，第 242 页。

③ 《在华外侨人数与公司之统计》，《外交公报》第 18 期，1922 年 12 月 1 日，“考镜”，第 19—20 页。

④ 《外人来华之缘起及统计》，《中外经济周刊》第 223 号，1927 年 8 月 6 日，第 5—6 页。

字有所出入，但结构趋势大体相似。

在中外经济关系的研究中，外人在华资本规模、外国在华企业是否利用了帝国主义特权是重要的讨论议题，对其程度也存在不同看法。按营利事业所得税的计算标准，资本额起征点是2000元，西方在华企业多在标准之上。1928年，刘大钧选择对英、美、法、德等国在华投资的数百家商号进行调查统计。英国商号414家（上海、香港），资本额合计约15.72亿元，平均每家资本在300余万元。日本商号143家，资本额7.48亿元，平均每家资本额500余万元。[①] 美国经济学家雷麦（C. F. Remer）受纽约社会科学研究会和太平洋国际学会的委托对中国的外人投资情况进行详细调查。据他估计，1914年外人在华投资约16.5亿美元，其中英国占投资总额之37.7%，俄国是16.7%，德国是16.4%，日本是13.6%，法国是10.7%，美国是3.1%。到1931年，外人在华投资总额约达33亿美金，英国是36.7%，日本是35.1%，俄国是8.4%，美国是6.1%，法国是5.9%，德国是2.7%。[②] 据吴承明的估计，在民国初年时外国在华资本约合15亿美元，到第一次世界大战时增加到近23亿美元，到抗战前达到近43亿美元。[③] 另据许涤新、吴承明的测算，1936年民族资本的关内总额是74744万元，东北是91530万元；外国资本的关内总额是501174万元，东北是426667万元。[④] 不同口径的统计都说明外国在华资本规模庞大，其税额必非总外小数。不过到抗战全面爆发后，外国在华企业资本大为减少，只占到全国资本的7.8%。1947—1948年，国统区民族资本总额是545789万元，外国资本额是111650万元（均按1936年币值计算）。[⑤]

通常认为，外国在华企业在资本技术方面优势明显，且利用了帝国主义特权，而中国企业则运用经济民族主义与之对抗。高家龙强调外国在华企业和中国企业的企业家精神的重要性。[⑥] 但无可否认，西方各国一直拒绝向中

---

① 刘大钧：《外人在华投资统计》，中国太平洋国际学会1932年版，第5、16页。

② ［美］雷麦：《外人在华投资》，蒋学楷、赵康节译，商务印书馆1957年版。

③ 吴承明编：《帝国主义在旧中国的投资》，人民出版社1955年版，第3页。

④ 许涤新、吴承明主编：《中国资本主义发展史》第3卷，人民出版社2003年版，第776、761页。

⑤ 许涤新、吴承明主编：《中国资本主义发展史》第3卷，人民出版社2003年版，第776、761页。

⑥ ［美］高家龙：《中国的大企业：烟草工业中的中外竞争（1890—1930）》，樊书华、程麟荪译，商务印书馆2001年版。

国政府纳税是其维持竞争力的一个有利因素。从赵新安对1927—1936年中国宏观税负的评估可以发现，宏观税负是逐步上升的，税收的年平均增长率为10.97%，而同期GNP（Gross National Product）的年增长率仅为2.56%。[①]在税收增长中，印花税、营业税、所得税等都是新增税种，西方各国在华企业都未向中国缴纳。在租界之中，西方侨民及企业主要也是缴纳不动产税。

营利事业所得税需要计算企业的利润。中国缺乏对西方在华企业利润状况的统计，有些学者是对平均利润率进行测算。据杨德才的估计，1872—1932年在华直接投资的外国企业所获利润率大多在5%—20%。利润率达到25%或在其上的大约占总数的13%。[②]王利华认为外商投资保持了一定利润率，但并不惊人，[③]但这只是平均测算，且在统计方面极不完整。一些重点外企的盈利状况较为良好。如法国东方汇理银行1898年在上海设立分行，业务不断扩大，“很多年过去了，东方汇理银行繁荣兴旺，并未出现无谓的动荡。人们说，在该机构的大厅里，笼罩着一种大教堂般的寂静。这家银行的财富一部分受惠于上海的活力，其成功也应归功于公司职员的经验”[④]。上海花旗银行在1933年至1940年盈利良好，兹摘录其月度业务记录：

> 1933年10月，本月盈利再次令人满意，也像过去一样，主要是由于买卖外汇所致，一般贸易仍继续停滞。1934年10月，本月盈利非常好，主要是外汇买卖收益非常令人满意。1934年12月，本月盈利不多，由于白银奇缺，需要外汇作为业务资金。1935年1月，盈利不乐观，比以前更悲观。1935年2月，净利较上月增加，放款利息提高，利息收入较多。1935年7月，盈利大有改观，外汇收益增加。1935年9月，本月盈利令人满意，买卖外汇赚钱较多。1936年4月，盈利26000美金。1940年1月，净盈利200420美元。1940年2月，净盈利140176美元。从年度统计看，1934年上海花旗银行盈利为846549美元，1935年为

① 赵新安：《1927—1936年中国宏观税负的实证分析》，《南开经济研究》1999年第6期。

② 杨德才：《近代外国在华投资：规模与效应分析》，《经济学》（季刊）2007年第3期。

③ 王利华：《近代外人对华投资的影响因素剖析》，《南开经济研究》1997年第2期。

④ ［法］居伊·布罗索莱：《上海的法国人：1948—1949》，牟振宇译，上海辞书出版社2014年版，第51页。

431558 美元，1936 年为 444145 美元。1937 年合计为 180855 美元。1938 年是 213672 美元。[①]

按所得税分类，花旗银行应按第一类甲项纳税。花旗总行的资本在 1902 年为 50 万美元，后扩充至 300 万美元，到 1927 年扩充为 7500 万美元。[②] 与此同时，花旗银行在海外的分行数量也达到数十家。据现有材料，未能查到上海分行的资本实额。依最低档条款，“所得合资本实额百分之五未满百分之十者，课税千分之三十”[③]。按这一标准计算，1934 年应纳所得税为 253964. 3 美元，1935 年为 129467. 4 美元，1936 年为 133243. 5 美元，1937 年为 54256. 5 美元，1938 年为 64101. 6 美元，这几年应纳所得税合计为 635033. 3 美元，花旗银行在华避税的隐形收益堪称惊人。

归纳而言，西方在华企业的准确盈利状况虽难以查明，但从其在华投资规模、平均资本额来看，税基极为可观。一些居于垄断地位的外商企业，盈利也超出一般公司。换言之，条约国家抗拒纳税，使中国遭受重大的税收损失，同时也加剧了中外竞争的不公平性，中国商民的抗议并非无的放矢。

（三）外国在华银行及存款情况

证券存款利息所得的征稽需存户申报，但用户一般不会主动呈报，而需要通过银行予以核验代征。早期在华设立银行者，以英、俄、德、美、法、日等国为主，如 1857 年麦加利银行在上海设立分行，汇丰银行于 1865 年在上海设立分行。中日战争后，日本的横滨正金银行、英国的有利银行、俄国的道胜银行、法国的东方汇理银行、德国的德华银行都陆续在华营业。此后，美国的花旗银行、比利时的华比银行、荷兰的荷兰银行也都在中国设立多家分行。

---

① 中国人民银行金融研究所编：《美国花旗银行在华史料》，中国金融出版社 1990 年版，第 758—759 页。

② 中国人民银行金融研究所编：《美国花旗银行在华史料》，中国金融出版社 1990 年版，第 15—30 页。

③ 《所得税暂行条例》（1936 年 7 月 21 日），《中华民国工商税收史料选编》（直接税 · 印花税）第 4 辑上册，第 90 页。

外国在华银行的数量及资本额是在不断增加的。1925 年，中国银行有 141 家，主要是在民国之后成立的。外籍银行中，合办的有 17 家，单纯的外籍银行有 46 家。[①] 到抗战前，外国在华银行合计有 53 家，英国 5 家，美国 6 家，法国 4 家，日本 32 家，还有其他德、意、俄等国较少，分行共计有 153 家，合计资本额有 1，508，946，055 元。[②] 1936 年，在上海一埠外商银行总分行之家数共 27 家。[③] 据 1936 年东亚研究所调查，在华外商银行的存款共有 35300 多万美元，其中英国汇丰银行占总数的 43%，麦加利银行占 17%，花旗银行占 12%，三家合计占存款总额 72%。[④] 这些存款主要是外商企业、关盐税款以及中国豪富存款等。关盐税款在关税自主前，多放于外国银行，在自主后存于中央银行。

值得注意的是，外籍银行的存款除属外人部分，还有中国存款。宗贤俊估计，“确信吾国富翁、官僚、军阀之存款于外籍银行者不在少数”。外籍银行能吸收到这些存款的原因除了其不受中国政府干涉，较少风险，也可能与来源有关。他还提到：“前数年日人曾云，中国富翁在汇丰银行定期存款在二千万元以上者五人，在一千五百万元以上者有二十人，在一千万元以上者有一百三十人。如加入百万及数十万各户，其数实可惊人。汇丰如是，其他银行存款，亦必有相当之数。”这一数字难以核实，但大致上可以看到存放于外国银行的存款数量不容忽视。[⑤] 陈其鹿曾在中央大学及浙江省政府任职，对外商在华经营有专门的研究。他认为，无论是从税额还是税权的角度而言，均应对洋商存款利息所得征收所得税，“税法如仅及于华人而不及于外人，则有背乎公平普遍之原则，又华商各银行所收受之存款，其总数约在 27 万万元左右，此 27 万万元左右存款每年所付之利息，其数非鲜，亦为重要之所得”[⑥]。可惜的是，外国银行对中国政府的征税令同样置若罔闻。1937 年 3 月，美国花旗银行表示，根据美国国务院指示，在华美国公司或个

① 宗贤俊：《外籍银行在我国之势力》，《经济学季刊》第 2 卷第 3 期，1931 年 9 月，第 38—39 页。

② 侯刚：《战前列强在华投资之研究》，《福建省研究院研究汇报》第 1 号，1945 年 12 月，第 77 页。

③ 朱斯煌：《在华之外商银行》，《银行周报》第 21 卷第 19 期，1937 年 5 月 18 日，第 29 页。

④ 中国人民银行金融研究所编：《美国花旗银行在华史料》，第 590 页。

⑤ 宗贤俊：《外籍银行在我国之势力》，《经济学季刊》第 2 卷第 3 期，1931 年 9 月，第 48 页。

⑥ 陈其鹿：《所得税暂行条例草案之研究》，《中央银行月报》第 4 卷第 10 号，1935 年 10 月，第 2162 页。

人无缴纳存款利息所得税的义务，拒绝配合征稽利息所得税的要求。[①] 中国银行亦不愿先行纳税。1936 年 10 月 26 日，天津、重庆银行公会呈财政部在外商未一律奉行前，华商银行未便先办存款利息所得税。[②]

西方各国对侨民经营状况的统计也很欠缺，美国驻华机构在 20 世纪 30 年代曾试图对美商在华情况进行统计，但美商不愿意填写任何形式的表格。[③] 但从薪资、经营及存款利息所得三个部分来看，外侨所应缴纳的税额体量极为庞大。正因利益相关，西方各国政府及侨民均不愿主动纳税。当时税政人员对洋商逃税印象深刻，"这些洋商对于中国税收，除关税外，一概不理……他们也不理睬直接税局的税务人员，这是叫'硬逃税'。直接税局对这班洋商毫无办法"。所以当时税务人员流行一句话："洋大人、二大人都惹不了。"直接税收每年庞大的税入预算任务，"除了洋大人、二大人、地头蛇外，完全落到民营工商业者身上，连夫妻老婆店在内的公司、厂号全部负担繁重的税收"[④]。如果不能取消不平等条约，华洋同税势必难以实现。

三　华洋同税与税权自主：公共舆论及外交交涉

再回到国内抗议及外交交涉现场。西方各国在回复照会中重申条约特权以阻挡中国税政，所持理由在征收印花税、营业税过程中早已反复引用。老调重弹，殊无新意。在中国政府面临战争压力、努力推动所得税开征之时，西方各国拒税再次加剧了中国商民的不公平感。

（一）公共舆论之批评

在《所得税暂行章程》颁行后，以商会、自由职业者公会为代表的纳税人团体强烈要求政府暂缓征税，同时对外侨持续逃税表达不满。1936 年 7

① 中国人民银行金融研究所编：《美国花旗银行在华史料》，第 600 页。

② 《请缓征存款所得税，经财部批复不准》，《申报》1936 年 10 月 26 日，第四版。

③ 仇华飞：《20 世纪 30 年代美国在华经济活动若干问题研究》，上海市档案馆编《上海档案史料研究》第 9 辑，上海三联书店 2010 年版，第 9 页。

④ 郑君可：《解放前上海的税收制度》，上海政协文史资料委员会编《上海文史资料存稿汇编》（经济金融）第 4 辑，上海古籍出版社 2001 年版，第 168—169 页。

月，鄂、鲁、苏、浙、粤、赣、豫七省商会联合会，与上海、南京、青岛、汉口、济南、镇江、广州、南昌、开封、长沙、太原、芜湖、杭州、闽侯十四市县商会向政府请愿要求暂缓征收所得税，华洋不同税被列为暂缓理由之一。上海总商会在提交财政部的意见中对外商是否能一体纳税表示极大怀疑："所得税之征收，虽有外人亦一律照征之说，但以最近租界工厂检查协定，领团议决之事为例，可知彼等凭借其治外法权，将来征税，断不能及于外侨。再以上海租界，迄今不能照征营业税为例，可知将来所得税之开办，非但不能征及外侨，并恐不能征及租界之商人。其结果徒足为渊驱鱼，助长租界之繁荣，促成资本之逃避。"① 上海商会呈请政府，"尚须为外交上之折冲，必须办到无论外侨，无论租界，一律开征，庶于国计民生，不致受重大弊害"②。商会联席会议还推派代表赴南京请愿，行政院及财政部虽派员接洽，但没有同意商会的暂缓要求。

西方各国回复照会内容很快为中国国内媒体所悉。各国无视国际对等原则，以条约特权拒绝中国政府的征税要求，引发中国舆论的严厉批评与关注。

财经及法律学者基于法理分析，对外侨拒税之危害进行深入讨论。学界的关注焦点不仅在于所得税，还将之与中国租税主权相关联。著名经济学者朱偰在《东方杂志》上就外侨纳税问题发表专论。他认为："所得税之能否成功，全视吾国租税主权能否充分行使于领土以内，易言之，即视外侨是否纳所得税以为断定。"③ 到 1937 年 1 月 1 日，三类所得税全面开征。一些学者继续从法理角度对外侨拒税加以批评。许持平在《外交评论》上发表文章认为，在国际法上，征税是行政主权的组成部分，但在中国，各国侨民除缴纳关税、地税等少数捐税外，拒绝缴纳中国政府依法征收的一切税负，"几十年来中国政府征税权的行使，都因此遭受莫大阻碍"④。所得税征收是

① 《工商业请缓办所得税》，《银行周报》第 12 卷第 29 期，1936 年 6 月 28 日，"国内要闻"，第 1—2 页。

② 《工商业请缓办所得税》，《银行周报》第 12 卷第 29 期，1936 年 6 月 28 日，"国内要闻"，第 2 页。

③ 朱偰：《外侨与所得税——我国租税主权之试金石》，《东方杂志》第 33 卷第 22 号，1936 年 11 月 16 日，第 25 页。

④ 许持平：《外侨抗税问题》，《外交评论》第 8 卷第 3 期，1937 年 4 月，第 41 页。

否成功，关系到租税主权能否完整实现。换言之，如能解决外侨缴纳所得税问题，营业税、印花税等问题自然迎刃而解。

一些学者还从外交及征税策略上给国民政府提出建议。财政学者贾德怀曾至欧美考察财政，对各国所得税法知之甚深，各国多以课源法为主不问国籍征税。他建议，第一类宜用申报法，第二类除外交官免税外，其余应采申报与课源法。[①] 经济学者朱偰的建议堪称详尽。他拟定了具体的实施步骤：先以外交交涉，再以个别谈判，由易至难，分步征收。他拟定的征收方案有以下要点：薪给报酬所得由公务人员率先实行；证券存款所得可由吾国银行采课源法征收；官商合办如商股有外侨股份可先行征收营利所得；外侨自由职业者及企业如在租界之外者，当先行征收；租界之内以外交交涉征收。[②] 朱偰所拟定的步骤及方案是根据实际税务行政能达到之领域来渐次推进。从此前的经验来看，这样的分步策略可以避免冲突，具有一定的合理性，但最后问题的症结仍然在租界。

特别值得注意的是，此时中国国内在讨论所得税问题时，已经关注到西方国家的外侨征税政策，并与其在中国的拒税情况相比较。冯仲会撰文研究了英国所得税制度，指出无论国籍为何，只要在英国有财产营利收入均须纳税。[③] 朱偰在关于外侨纳税问题的论述中，也介绍了德国、英国、美国、法国的所得税法，各国对侨民征税均不论国籍。[④] 这些研究文章发表在《钱业月报》《东方杂志》等经济专业期刊或公共报刊之上，有助于中国纳税人及公众了解西方国家在侨民纳税问题上所持的双重标准。西方各国对此心知肚明，在拒税之时，始终回避对等主义这一国际公认的征税规则，对中国政府、学者及纳税人的批评不作正面回应。

在纳税人方面，商会、自由职业者公会作为集体代言者，持续向政府表达诉求。此时所得税开征木已成舟，于是转而建议献策，推动外侨应依法纳

---

① 《贾德怀谈征收外侨所得税》，《申报》1937 年 3 月 28 日，第九版。

② 朱偰：《外侨与所得税——我国租税主权之试金石》，《东方杂志》第 33 卷第 22 号，1936 年 11 月 16 日，第 30—31 页。

③ 冯仲会：《英国所得税研究》，《钱业月报》第 16 卷第 9 期，1936 年 9 月 15 日，第 19 页。

④ 朱偰：《外侨与所得税——我国租税主权之试金石》，《东方杂志》第 33 卷第 22 号，1936 年 11 月 16 日，第 25—28 页。

税，以维税负公平。1937 年 5 月 9 日，上海市商会分电行政院、财政部，提请政府注意“同一版图之内，而纳税咨务划分两截，将使狡黠者假托藉民，恣其诪张为幻，殊于新税进行，大有妨碍”。商会建议根据外交关系的不同类型，采取更有针对性的交涉措施。商会将不同国家外侨分为三类：一为未订约之国家；二为已订有平等新约之国家，此两类毫无问题；三为尚未放弃旧约之国家，此类依约亦当推行。如外侨遇民刑诉讼时，“由其本国官审理，并未赋以比照外交官待遇，豁除其向所在国纳税之义务，应请钧院（部）依据国际惯例，责成主管官吏认真办理，庶足以保主权而维税制”①。按商会的分析，外侨纳税的主要障碍是与中国签订有不平等条约的西方国家。即使依领事裁判权之规定，侨民的纳税义务也是与诉讼审判分开的，中国的税政部门应履行职责，直接向侨民征税。所提征税策略先易后难，与经济学者所提方案均有合理之处。1937 年 7 月 3 日，天津市商会所得税审查委员会发布宣言，宣言称天津为国内第二大商埠，商民负担多达五十余种，再加以所得税，不堪重负，“若无法同时举办，不独有失普遍公平之原则，恐其结果，华界商家或相率迁入租界，以图规避”。商会期望中央及地方政府俯加垂察，促其实现。②

（二）外交交涉的挫败

国民政府也在尝试调整交涉策略。1936 年 11 月 9 日，财政部直接税处处长高秉坊认为应采各个击破方案，只要有一国同意开征，即可全国推开。高秉坊将突破口定在英国，他认为：“近来中英交谊方益辑睦，英使来照既未拒绝，可否咨复外交部，对于日、美、法等国来照，仍请其相机据理力争，并另密电驻英郭大使接洽。”如果英侨纳税可行，美、法等国也必易于就范。高秉坊将此意见呈交财政部长孔祥熙。14 日，孔祥熙批示曰：“此事在目下我国中日国际交涉艰难时期，应慎重将事。不宜对于我方感情好者，令其为难。且即使其勉强答应，在我未能对于日、美人民行使此法时，其余

①《商会电请院部交涉外侨报缴所得税》，《申报》1937 年 5 月 10 日，第九版。

②《所得税审查委员会要求对租界一律实行征收所得税宣言》（1937 年 7 月 3 日），《天津商会档案汇编（1928—1937）》下册，第 2080—2081 页。

各国仍可援引最惠国待遇，使我无法办理也。目下最好办法，只好利用外交途径交涉抗议，俟到相当时机，再普遍一律施行，以免待遇不平等之失。”[①]孔祥熙直接否定了高秉坊的提议。他认为在日本侵华的威胁下，中国须维持与英国友好外交，不可因小失大。

在外交遇阻的情况下，财政部在职权范围内采取了分步征收的方案，就税务行政易达及易协商的国家侨民实施。其一，对在中国政府机关服务之外籍人员之薪酬所得及外侨购买中国证券利息之所得征税。外籍雇员主要是在海关、盐务稽核署、邮政局、电报电话局等机构，其薪资由中国政府发放，因此征税较为便利。如在1937年2月，管理中和（荷）庚款水利经费董事会在发放外籍工程师邬尔梅的薪水时拟免扣所得税，后经呈请行政院核示，财政部查实要求在中央及地方机关受聘之外籍人员，应按第二类公务人员薪给报酬之所得征税。该工程师系南京市雇用人员，其薪金来源属中国政府支配，应依法纳税。[②] 其二，对无领事裁判权国及无约国籍之公司商号开征。上海所得税办事处严格执行了这一策略，一方面与享有领事裁判权之各国驻华外交代表交涉，另一方面向无领事裁判权及无约国籍之公司商号通函催令报缴，函催商号约有六百余家。办事处同时函请各该国驻沪领事，晓谕所属侨民遵办。[③] 非西方的无约国家在华侨民所占比例极少，并未引起明显外交反应。西方国家中的德国、意大利虽与中国已废除不平等条约，但对率先纳税仍持消极态度，只有苏联的配合度稍高。1937年7月，上海所得税办事处与上海市警察局为便利督促俄侨报缴所得税，商定办法：由上海所得税办事处派员常驻俄侨公共联合会，凡俄侨对于报缴所得税手续及法令未能明了者，可就近向该处请求解答指示；凡俄侨请求上海市警察局注册或发给执照时，须先向上海所得税办事处请发证明单证明；关于所得税应行申报或报缴

---

① 《高秉坊等为外侨拒纳所得税案的签呈及孔祥熙批示》，《中华民国工商税收史料选编》（直接税·印花税）第4辑上册，第909、910页。

② 《核议中和庚款水利外籍工程师薪给报酬所得应照章扣缴所得税之经过》，《财政公报》第107期，1937年2月1日，第40—41页；《关于征收和籍工程师邬尔梅所得税事》，1937年6月，台北“国史馆”藏，资料号：020000038107A，第20页。

③ 《沪所得税办事处课征外侨所得税》，《中央日报》1937年6月22日，第一张第三版；《上海所得税办事处进课外侨所得税》，《申报》1937年6月12日，第十版。

事项，业据新办呈验后，方准办理。[①] 办法由上海市警察局、所得税办事处联合通知，同时还译成俄文，刊登在上海出版的俄侨报纸《柴拉报》上。[②] 据《申报》报道，在7月2日，就有400家苏联侨商表示将补纳该年度上半年的所得税。[③] 俄侨在哈尔滨、天津、上海聚居较多，苏联对华政策的改变使俄侨缴税取得进展，这可以说是国民政府在外侨纳税问题上取得的初步成果。

在其他地区，财政部派出的所得税征收机构也在努力交涉。1937年4月20日，广州所得税办事员区兆荣拜访各国领事，详细解释征税规则。据报道，"结果极圆满，各领事即面允分领侨商，遵章缴税"[④]。但据后续观察，各领事只是口头敷衍，并没有实际行动。可知的是在同年7月，福建所得税办事处发出通告，促厦门外侨籍民照章纳税，日本明确表示反对。[⑤] 比较苏联和西方条约国家的不同态度，可见在外交上未达成一致意见的情况下，税政部门无法采取强制征税措施，只能以通函、劝告的方式进行"柔性"执法，难以产生实际效果。

令税政机关意外的是，在租界工作的华人纳税状况有所好转。据《申报》报道，一些在上海租界外人机构中供职的华人雇员"自动前往纳税者，日见众多，彼等尊重法律与爱国之精神，颇能激起一般人之责任心"。就到所得税驻沪办事处接洽纳税与自动缴纳的个人而言，有英商四海保险公司的任作吾、英陆战队的华员陈振亚、英商济业银公司的陈其均等人。此外，法商美益洋行与华海洋行华员皆前往所得税处接洽纳税手续。[⑥] 这一情况与租界华商缴纳印花税时的避让态度是有区别的。在租界外人机构中的华人雇员，对外侨无视中国租税主权的不公正现象有着更直接的感受，纳税的国民意识反而得到激发。

财政部也在催促外交部尽快取得进展。1937年3月，财政部在发给外

---

① 《办事处商警察局征俄侨所得税》，《申报》1937年7月2日，第十五版。

② 关于俄侨《柴拉报》的情况请参见褚晓琦《〈上海柴拉报〉考略》，《社会科学》2007年第10期。

③ 《苏联商户四百家纳所得税》，《申报》1937年7月3日，第十三版。

④ 《驻粤各国领事决令侨商缴所得税》，《中央日报》1937年4月21日，第一张第四版。

⑤ 《厦门外侨拒绝缴纳所得税》，《申报》1937年7月7日，第十版。

⑥ 《侨华外人自动缴所得税》，《申报》1937年4月3日，第十五版。

交部的咨请中说："现在各类所得税开征已久，国内各界，对于新税推行，极为踊跃，但外侨纳税问题，如不解决，不特税收受其损失，且必致以不公平之结果，滋生非议。"[①] 内外税负不均，使所得税推行的合法性面临质疑。上海市商会、浙江省全省商联会、浙江省农会、工会等团体，"纷纷电请积极交涉，各使外侨一律纳税，以昭公允，而维主权"，外侨纳税"实有万难再延之势"[②]。财政部也建议外交部个别接洽，避免一体交涉。

外交部选择与态度较为缓和的德国、英国进行单独沟通。1937 年 4 月，外交部、财政部分别与德、英两国大使就所得税问题进行密谈。谈话被定位于"私人接洽性质"，在外交上"自不发生拘束力"[③]。不过因此也少了许多外交辞令，可以更为直接地表达各自态度。

与德国大使陶德曼的密谈在 1937 年 4 月 16 日下午 4 时举行，地点是在外交部。中方代表是外交部部长王宠惠，此外还有德方的参事劳德士，中方的秘书系段茂澜。陶德曼直接表示，德国放弃治外法权须缴纳所得税，而享有治外法权的侨民反不缴纳，"似此不免待遇有所偏私，而德人以与中国友好，转受惩罚，殊非事理之平"。这一观点与此前的回复照会是一致的。王宠惠则以 1921 年中德协约中关于两国人民应纳之税不得超过所在国本国人民所纳之数的规定和 1928 年的中德条约中关于互相承认最惠国待遇的条款予以反驳，认为德国侨民应该纳税。双方围绕德国侨民是否纳税的法理及政策依据展开激烈争论。德国大使始终认为英、美、日等国如不纳税，单独要求德国侨民纳税有失偏颇，"余意德侨并非不承认此税，如其他居华外人皆一律缴纳，德人自无异议"。王宠惠认为在外交立场，"实无通融余地"[④]。治外法权本不合理，各国均应缴纳，德国也不应例外。德国大使强调可向国内转达中国政府意见，但不能表示同意。在此次会谈前，财政部常务次长徐堪曾与陶德曼讨论此事，徐强调"问题不在何国侨民得享免税权利，而在如

---

① 《外侨所得税征收》，台北"国史馆"藏外交部档案，资料号：020000038105A，第 81—83 页。

② 《外侨所得税征收》，台北"国史馆"藏外交部档案，资料号：020000038105A，第 81—83 页。

③ 《财政部关于同德英大使交涉外商外侨缴纳所得税问题致外交部密函》（1937 年 5 月 11 日），《中华民国工商税收史料选编》（直接税·印花税）第 4 辑上册，第 912 页。

④ 《王部长会晤德国大使陶德曼谈话纪录》（1937 年 4 月 16 日），《中华民国工商税收史料选编》（直接税·印花税）第 4 辑上册，第 913—916 页。

何向各国侨民征收所得税”，陶德曼即以德侨不应受差别待遇为辞。[①]

与英国大使许阁森的谈话是在4月16日上午11时进行的，地点是财政部政务次长室。中国代表是财政部常务次长徐堪。英国大使开始就称：“近来中国政府各种税捐，种类繁多，而实行征收总不能一致。……且华人中逃避此税者，不知凡几，欲望外人一律缴付自极困难。”徐堪提到英国曾表示对中国合法税捐表示支持，所得税为最公平的税收，希望英国予以配合。英国大使表示：“只须中国人民与中国侨民同样缴纳，英侨亦可照缴。”他认为华人既尚未一致缴纳，向英侨征收仍系歧视。对徐堪期望英国为他国侨民作一创导的说法，英国大使不以为然，“他国侨民不纳此税，英侨亦难单独缴付”[②]。

在财政部、外交部与英、德大使密谈之中，两国都不愿当纳税的“先行者”。担心此例一开，不仅自己利益受损，也会引发他国不满，其他税类也会接踵而至。与此前不同的是，德、英两国在密谈中基本没有以条约特权作为理由，但不约而同以无差别待遇为借口。1937年5月5日，德国正式照会中国政府，“如果在此等情形下单对德国人民迫使缴纳，则形成对德国人民的差别待遇”[③]。同月，广州所得税处报告，英国总领事吉洛斯（F. S. Gillos）表示奉驻华英大使训令，英侨暂宜不纳税。捷克领事表示各无领事裁判权国之侨民均应同等纳税方为公允。[④] 1937年6月，上海所得税处分访驻沪各无领事裁判权国及无约国领事谈话，奥地利、德国、苏联、波兰、芬兰等国均表示他国如缴纳自无问题，条约国拒税使无条约国的纳税工作也陷入困境。[⑤]

---

① 《与德国大使陶德曼会谈》，台北“国史馆”藏，《外交部档案》，档号：020000038106A，第3—6页。

② 《徐次长会晤英国许阁森大使谈话纪录》（1937年4月16日），《中华民国工商税收史料选编》（直接税·印花税）第4辑上册，第916—917页；《与英国大使谈话纪录》，台北“国史馆”藏国民政府外交部档案，资料号：020000038106A，第38—41页。

③ 《与德国大使陶德曼会谈》，台北“国史馆”藏国民政府外交部档案，档号：020000038106A，第22页。

④ 《广州所得税处区委员函报访晤驻粤各国领事情形》，台北“国史馆”藏国民政府外交部档案，资料号：020000038106A，第48页。

⑤ 《上海所得税处分访驻沪各无领事裁判权国及无约国领事谈话纪录》，台北“国史馆”藏国民政府外交部档案，资料号：020000038106A，第39页。

财政部为免贴人口实，努力推动国人一致纳税。财政部要求各地商会劝导商民纳税，孔祥熙在致天津商会的函件中也说，“现正由部会同外交部分别向各该国驻华使馆商洽进行中”，在此进行期间，“凡属国人尤应整齐步伐，普遍纳税，以增强外交之力量”①。天津商会在陈述税负困难之时，也要求政府加强租界征税。天津商会组织所得税审查委员会在1937年7月2日召开会议，发布宣言并推代表与政府交涉，提出津市有英、法、日、意四国租界，“所得税诚属法良意美，但对于租界内之营利者，若无法同时举办，不独有失普遍公平之原则，恐其结果，华界商家或相率迁入租界，以图规避”②。在外人掌控租界管理权的情况下，税政部门除号召华商纳税，也没有更有效的办法。

到1937年7月，日本全面侵华，时移世变，外交交涉也基本停顿。此时中国本国国民的所得税已经全面推行，主要是采用课源与申报结合的方式进行。征收过程之中，官民之间亦多争议，外侨拒税仍是实现税收公平的重要阻碍。

（三）“二战”后期废除治外法权与税收主权的收回

所得税问题上的华洋同税难以实现，其根源在于不平等条约及不公正的治外法权。自北京政府时期以来的修约运动一直未能取得实质进展，关税自主权又被单独剥离，由此导致关税自主虽然实现，但租税主权并不完整。政府税务部门试图征收涉外税源，又遭遇领事裁判权及租界的实际障碍。不仅外人据此以逃税，不少华人亦遁入其中，结果不仅华洋不同税，租界内外的华人也不同税。税制及税务行政方面的准备亦不充分。国民政府采取的是课源与申报结合的办法，但对外国在华企业、就职侨民均缺乏权威全面的统计，在申报法之下指望外侨向中国纳税显然不现实。税政部门对国内工商业者尚可以通过商会、同业公会包税方式来回避麻烦，对外侨从业者则因列强之阻挠，反而无从着手。结果政府只能就中国政府中的洋雇员进行征税，以

① 《财政部命津商会劝导商民缴纳所得税》（1937年6月18日），《天津商会档案汇编（1928—1937）》下册，第2080页。

② 《所得税审查委员会要求对租界一律实行征收所得税宣言》（1937年7月3日），《天津商会档案汇编（1928—1937）》下册，第2081页。

俄、德等放弃治外法权的国家作为交涉重点，希望实施“天元一击”、各个突破，但法、美等国强调条约问题，英、德等国则强调无差别待遇，又使国民政府的意图撞壁无功而返，国民政府的税法权威及征税信用受到严重损害。

政府在弱势外交的格局下，完全寄托于外交协商，希望征得西方诸国的同意然后开征，税权行使极为被动。结果，因担心外交关系受损，交涉之中瞻前顾后，心志不坚。不仅租界无法征税，对华界内的外侨和租界内的华人征税也乏善可陈。事情的后续发展不容乐观。1937 年 7 月 7 日，抗战全面爆发，国民政府的国防开支骤升。在抗战前期因战事不利，丧失华北及东南大部领土，财政支出更为紧张。为缓解压力，内迁重庆的国民政府又陆续开征非常时期过分利得税、特种过分利得税，至 1940 年又开征遗产税，在直接税税制的建设方面取得重要进展。但是，征税对象主要还是中国国民，在华外侨仍难征税。况且东北、华北及东南半壁江山沦陷，征税实属鞭长莫及。

世界政治军事局势的变化使外侨纳税问题变得益发敏感。相较于外交军政大计，纳税问题退居其后，不再是外交重点。1939 年 9 月，第二次世界大战全面爆发，中国与英、法、美的外交关系更为接近。到 1942 年 1 月，中国与美、英、澳、加等 26 国结成反法西斯同盟。在这种情况下，中国政府尝试重提废约。1941 年 10 月，蒋介石对来访的美国共和党领袖威尔基（W. Willkie）明确提出废除不平等条约的要求。[①] 世界反法西斯战争的严峻形势及中国战场的地位，使英、美等国不得不考虑中国的意愿。1943 年 1 月，中国驻美大使魏道明与美国国务卿赫尔（C. Hull）在华盛顿签署了《关于取消美国在华治外法权及处理有关问题之条约》。同日，国民政府外交部部长宋子文与英国驻华大使薛穆（H. J. Seymour）在重庆签署了《关于取消英国在华治外法权及处理有关问题之条约》。[②] 文件声明：美国和英国均放弃

① 秦孝仪主编：《中华民国重要史料初编——对日抗战时期》第 3 编第 1 册，中国国民党中央委员会党史委员会 1981 年版，第 759—760 页。

② 《关于取消美国在华治外法权及处理有关问题之条约》，王铁崖《中外旧约章汇编》第 3 册，第 1256 页；《关于取消英国在华治外法权及处理有关问题之条约》，王铁崖《中外旧约章汇编》第 3 册，第 1262 页。

在华领事裁判权、通商口岸特别法庭权、沿海贸易与内河航行权及一切特权。此时，上海公共租界和法租界为日本所占领，但是在法律上，新约已经意味着租界主权被中国收回。截至1943年，中国与巴西、比利时、挪威、加拿大、瑞典、荷兰等国签约废止其在华特权，法国、丹麦、瑞士、葡萄牙等国在战后宣布废约。

国际形势变化及外交进展又给外侨纳税问题的解决带来时机。不平等条约的废除使外侨纳税不再面临治外法权的障碍，在废约刚有所成之时，国内就有利用这一契机来推进战时税制的声音。朱偰主张中国政府应化危机为转机，推进税制的公平实施，“所得税开办之初，因日人之阻梗，法国之抗议，租税主权，未能推及国内外之外侨，所得税之推行，未得视为成功。今抗战开始，所有日侨，既已退出国外，而同情于吾国抗战之外侨，如英、法、美、苏等国侨民，决不致反抗吾国所得税。若有少数国家侨民，出而反抗，则可强制执行，非达目的不止”。他还说：“战时财政，正为革新税制，推行租税主权之好机会，国内既少阻力，国际亦可谅解，财政当局，决不可一误再误，坐失机宜也。”[①] 不仅学者有这样的想法，直接税处也有类似打算。1943年7月，直接税处处长高秉坊就上呈孔祥熙说：“近年来，本处遵奉钧座稳和办理之旨，对于外侨均以善言相劝，正义相责，徐图就范。其遵章缴纳者固不乏人，而借口条约避税如初者实居多数。”在改立的新约中，规定“各种租税之征收，不低于所给本国人民之待遇”，高秉坊从自身职责出发，认为可以借此推进纳税工作。他呈请财政部转请行政院令外交部与各国使馆接洽，通知各国侨民遵章报缴。不料财政部部长孔祥熙在7月26日批复中说：“此时非通商时期，无税可征，不必徒滋纷纭，惹人恶感，本案可暂缓。”[②]

高秉坊在其位谋其事，其建议并不为错。孔祥熙着眼时局，认为此时外侨纳税并非优先事项。这实际上是一直以来外侨纳税问题面临的困境：单纯从纳税问题来看，政府须推进外侨纳税来广纳财源，维护税制公平，实现租

① 朱偰：《中国战时税制》，财政评论社1943年版，第22页。

② 《直接税处关于中美中英新约签订后外侨外商纳税问题呈及孔祥熙批示》（1943年7月20日），《中华民国工商税收史料选编》（直接税·印花税）第4辑上册，第927—928页；《所得税局计划开征外侨所得税》，《申报》1943年7月17日，第三版。

税主权。但纳税所涉及的治外法权问题，并非财政及税务部门所能解决。每至推进的节点，国际政治局势发生重大变动，遂致税务部门劳而无功，国民政府也不得不在外交事务中将此暂时搁置。此时已经废除治外法权，而孔祥熙仍不主张征税，并不是否认税权，而是税收之利让位于外交之利，不愿影响与英美联合作战。此外，租界多为日本所占领，大量侨民因战乱而回国，税务行政难以企及也是重要原因。

在抗战光复之后，国民政府回迁南京，各项税制又有修正推进，政府也以外侨所得税来弥补内战开支。[①] 至于战后外侨纳税究竟多少，因缺乏官方统计数据难以准确评估。不过，报刊上倒有相关报道。《中央日报》刊载据财政部的统计，“上海外国银行公司今年所缴纳之所得税，现已达一千余亿元。至国人在沪所办银行公司之所得税，刻正在征收中”[②]。不论数额如何，外侨纳税之政治及外交障碍已经清除。因租税主权收回，外侨原来同样抗拒的印花税、营业税等税类也得以顺利开征。至实际成效，则受税政部门执行能力及国内政经局势之影响。

在近代殖民化及全球化浪潮下，西方各条约国在华侨民及在华投资持续增加，但在关税及子口税之外绝少纳税，对中国政府所开印花税、营业税、所得税等竭力逃避。关税自主运动的重点在于关税的税权自主及税率调整，外国企业及侨民在中国国内应纳的其他税类并未同步解决。外侨是否纳税直接影响到国内税政的推行，国民政府在建立现代财税制度的过程中，需收回租税主权来实现华洋同税，内外平权，同时为财政收入扩展来源。外侨缴纳所得税问题的交涉，直接关系到对外侨普遍征税能否实现。

西方各国之所以能够无视国际通行之对等原则，拒税门外，根基在于条约制度及外交强权。具体而言，是将本应限于外交官员的治外法权扩展至普通侨民，将限于司法领域的领事裁判权延伸至收税权，又将关税协定权放之于普遍税类，租界的事实存在则为避税提供现实堡垒。1914 年 3 月，美国公使芮施恩在对美国政府的报告中坦白了这一点。他说：“在华外人的治外法

---

① 《为奉院令嗣后向外侨收税捐应依条约规定不得强征法定税捐以外之捐款转饬遵照由》（1948 年 4 月 19 日），《河北省政府公报》第 4 卷第 12 期，1948 年 5 月，第 3—4 页。

② 《沪征所得税》，《中央日报》1947 年 6 月 28 日，第二版。

权解释为包含了完全豁免主权政府通常对居留其境内的人们所征收的一切捐税，这种倾向当然是既不符合公平原则，也不符合正当政策。”不过他也提到，如果不小心翼翼地保卫外人的权利，外人就会时常受到不合理的和不能忍受的捐税负担。[①] 这说明西方国家对中国税收状况极不满意，担心繁重的苛捐杂税加诸到侨民身上。在关税交涉中，西方各国始终将裁厘作为前提条件即由此因。

国内舆论直指西方各国借口治外法权侵夺中国租税主权，商会和自由职业者公会等纳税人团体指责外侨逃税危害民族产业发展，破坏税则公平。国民政府受制于国际外交形势及商民诉求，试图采协商方式推进，结果屡屡碰壁。国民政府在推进直接税时宣扬的税收普遍、公正原则受到破坏。华人商民亦进入租界避税，也对税务行政带来挑战。在中国与西方的税权较量之下，更为实质的是隐藏在背后的庞大税基及税利。外国侨民在华就业以从事工商业及自由职业者为多，其收入多在纳税标准之上。在华投资规模庞大，平均资本额也较华资为高。在帝国主义特权向经济资本的转化之中，外侨拒税使之得以减少在华经营的税收成本。中国商民对中外税负不平等的指责，确有事实依据。国民政府要达征税之目的，在税务行政的范围内显然难以企及，除对在中国公私机构之外人征税略有所成外，华洋同税未能实现。直到第二次世界大战爆发后，国际形势发生变化，中国与西方条约国家外交政治关系得以重构，中国政府亦收回税收主权。但在外侨纳税的外交障碍解除后，国民政府顾及战时对外关系，并没有立即全力推动外侨纳税，在抗战之后才实质推进。

在税收与外交的交互关系中，国内税政受制于租税主权。在条约体系未被完全打破之时，即使有德、俄等国放弃特权，国民政府仍难以取得全面的外交突破。从实效而言，针对租界华商征税及受中国公私机构雇佣之外侨征税取得进展，其成绩值得肯定。同时，西方列强在税收问题上的傲慢不仅激发出民族主义的抗议，而且推动了中国商民纳税人意识的觉醒，以商会、同

① ［美］威罗贝：《外人在华特权和利益》，王绍坊译，生活·读书·新知三联书店 1957 年版，第 365 页。

业公会、职业公会为代表的纳税人团体的集体行动也对税务交涉有所推动。[①] 值得注意的是，租界税收以不动产为主，西方各国拒税固然因为不愿放弃利益，但美国公使的报告提到担心外人会承受不合理的税收，这一看法与国内商民的呼吁其实有一致之处。在所得税开征过程中，国内商民频繁呈请暂缓开征，要求政府裁减苛捐杂税再征新税。商民希望中外平权，华洋同税，其背后也包含对税收合理化的期待。在外交阻碍解除之后，国民政府亟应解决苛捐杂税问题，方能巩固税基避免逃税，在此基础上提升其税务行政及财政治理能力。

---

① 魏文享：《作为纳税人团体的商人组织》，《近代史学刊》第15辑，社会科学文献出版社2016年版，第21页。

第八章

“法外之法”：抗战时期所得税的实征策略

重大决策的成败往往取决于实施过程中的关键细节。所得税立法确立了税政的法理基础及制度路径，战时财政政策调整强化了直接税的战略地位，但具体推行环境及实施进程显然要较法令条文复杂得多。在所得税征收中，有一突出现象是税收稽征并非全遵正式立法而行，而是按部门实务政策，因时因地因势而变。即使是正式立法，也在不断查缺补漏。究其原因，宏观上战时财政、经济形势不断恶化，政府既需发掘战时财源，又要实施经济统制，稳定物资供给及市场运行；微观上，税局和纳税商民在具体征纳过程中始终存在“征”与“逃”的明争暗战。税法初定时，确立的是以纳税人自行申报和税局直接查征为主的报缴制度，实际执行之中，商民为逃税避税，腾挪移转，计谋百出；税局为减小成本，提升效率，围追堵截。由是，财政部及直接税部门先因后创，推出了“迳行决定”、“货运登记”、“简化稽征”、代征代扣等应变实征之策，同时还“借力打力”，要求商人团体发挥协征之责。经由一系列征稽技术安排，政府增进了税收征稽绩效。但与“良税”初衷相比，经过以效率优先为原则的程序简化，原本确立的纵向直征体系事实上却向代征代扣的“委托—代理”制方向发展。

一　法定征稽体制及其困境

按《所得税暂行条例》及《所得税法》规定程序，所得税是由纳税人依不同收入来源分类自行申报，再由直接税部门实施查征。与间接税多从价或从量征收不同，所得税的税源信息核查和税额数量核算极其复杂。对税局来说，是否能够解决查征过程中的信息不对称和税务行政能力不足的问题，直接关系到征收行动的成败。战时政治、军事及经济形势变化万端，所得税机构设置严重不足，纳税商民的逃税行动，益发增加了税局的征稽难度，迫使税局在回应商民抗议的同时，不得不在正式法令之外，寻找务实应对之策。

（一）纵向直征体系

所得税自引介及立法时起，就被纳入中央税收体系，为防止地方截留及逃税，在北京政府的征稽体系建构中，曾尝试建立类似于关税、盐税的中央直征体制。具体做法是由财政部主导建立中央及地方专门征稽机构，实施垂直管理，税款直接进入中央公库。北京政府在划分国地税收系统之时，对于拟征新税也倾向于采取此策。国民政府在财政统一上取得进展，但在财政部内仍各税分立，国税未合归一处。所得税新立之时，为避免受旧税习气影响，另立门庭，建立了以所得税事务处为核心的纵向直征体系。按孔祥熙和高秉坊的策略，是以此为基础，来扩张直接税体系。后来的走向，也是按此路线图进行。

在所得税正式开征之前，国民政府财政部原已设立直接税筹备处。到1936年7月，因仅所得税率先开征，改为所得税事务处，直属于财政部。首任事务处主任，是财政部长孔祥熙的得力干将高秉坊。按财政部的规划，“欲使本税成为税收主要之泉源，则尤非有一健全完整之全国稽征网，不足以言稽征严密”[①]。事务处在地方以三级制为原则设立直属分支机构，每省设一省局，省内划区设分局，分局之下的县或主要市镇设查征所。如因交通或战事等问题不能单独设立省局或分局者，可以暂时并合设立。所有人事、督察、管理之权归于财政部所得税事务处，地方的稽征权主要集中于分局层级，查征所负普遍稽征之责，直接面对纳税人，如此构建起所得税稽征网的各级网点结构。[②] 省局的职责主要是统筹监督。省局多设于省会或中心城

① 《全国稽征网建设案》（1941 年 1 月），《中华民国工商税收史料选编》（直接税 · 印花税）第 4 辑下册，第 1398 页。

② 高秉坊：《中国直接税史实》，财政部直接税处经济研究室 1943 年版，第 30—31 页。

市，分局多设在县城或域内经济中心。查征所包括货运检查和普遍稽征两类，前者设于商运要道，后者设于市镇中心。至于偏远地区，或并合设立征稽机构，或委托地方政府代理。与事务处差不多同期成立的有上海办事处，苏皖（兼辖南京）、鲁豫（兼辖青岛及海卫）、浙赣、广东、湖北、湖南、川康滇黔、陕甘宁青新、福建等办事处多在年底成立。河北、察哈尔、绥远、平津、山西、广西等省市至次年方才成立。卢沟桥事变后，平津、河北、察哈尔、山西、绥远等省市相继陷落，税务停顿。后南京、浙江、安徽、江苏、山东、上海等地大部沦为战区，所得税主要税源区基本丧失，稽征重心逐步向西北、西南大后方转移。财政部遂将川康滇黔办事处分解为川康、云南、贵州三个办事处，以强化后方组织力量。[①]

所得税人事由孔祥熙、高秉坊统一选派调任，中央及各省主要负责人除调任一些信任的原税务官员外，还选调了一些学者出身的官员。此外，主要通过考训制度来选任各级税务人员，以此推动税务人事的专业化建设。按照规设，高级、中级官长须具有高级税务员或税务司资格，初级官长须有高级或初级税务员资格。资格是按照直接税人员考训或者评审所获得的职业分级资质，包括高级税务员、税务员、初级税务员、税务生等层级。资格又与学历对应，高级税务员、税务员须有大学学历，初级税务员须有高中学历，税务生须有初中学历。[②] 实际执行过程中，资格把控很难如此严格分明，而是在不断放宽，以解决基层税局人员短缺的问题。

财政部所得税事务处及各省区办事处的负责人统称为委员，部内事务处设主任委员，地方办事处为委员（见表8－1）。各自分理其事，可随时换区轮任，但均为事务处直派，“此项委员并非指定省市之官，仍为部内所得税事务处高级官长之一员”。按高秉坊的观点，“部中之事务处，俨然一集权之委员会，部处与省市成为一体，内外情形，彼此离谱，无销隔阂。而省与省间，局与局之间，对于税务推展，技术改进，以及减少弊端各方面，均有莫大功效”。各地分设机构及派驻人员均非所在地方政府的属员，而是由所

① 高秉坊：《中国直接税史实》，第32—33页。

② 高秉坊：《直接税的生长》，第14—15页。

得税事务处统一调配，“由部处集中管理，各省市处委员无自由用人之权”①。

表 8-1　**各省区所得税办事处首任委员情况**

委员姓名	地方办事处	就任时间	备注
梁敬錞	上海办事处	1936 年 10 月	1937 年 10 月改任甘肃财政厅厅长。上海陷落后，由秘书陈声聪等负责
翁之镛	江苏办事处	1936 年 12 月	1938 年 3 月改任经济部秘书，由孙超烜接任
张森	浙江办事处 福建办事处	1936 年 12 月	浙江连任七年 兼任福建委员，1937 年 1 月由张萃接任，再由陈振骅继任
张焌	山东办事处	1936 年 12 月	山东沦陷调任云南委员，连任七年
唐敢	湖南办事处	1936 年 12 月	连任七年
宁恩承	湖北办事处	1936 年 12 月	1938 年 7 月调任贵州委员，陶洁卿继任
区兆荣	广东办事处	1936 年 12 月	1939 年 11 月改任驻美领事
关吉玉	川康滇黔办事处	1936 年 12 月	1938 年 10 月专任川康办事处委员。1939 年 3 月崔敬伯接任
陈端	甘宁青新办事处	1936 年 12 月	1940 年调部，武渭清继任
王世鼎	安徽办事处	1937 年 1 月	安徽沦陷后调任贵州委员
陈振骅	江西办事处	1937 年 1 月	调任福建后，由吴仕汉接任
祝步唐	河南办事处	1937 年 1 月	连任七年
黄钟岳	广西办事处	1937 年 3 月	11 月辞职，由韦赓唐继任
孙白琦	陕西办事处	1937 年 5 月	连任七年
杨天受	冀察办事处	1937 年 2 月	沦陷后撤销
张次岳	山西办事处	1937 年 1 月	沦陷后撤销
张秀升	绥远办事处	1937 年 2 月	沦陷后撤销

资料来源：高秉坊：《中国直接税史实》，第 30—32 页。

① 高秉坊：《中国直接税史实》，第 59 页。

1940年创办利得税、遗产税及接办印花税后，改所得税事务处为直接税处，各省市办事处为直接税局。到1941年第三次全国财政会议，又有统一税务行政之议。1942年，直接税合并征收营业税。1944年3月，改组为直接税署，下设各科分管辖办各税。在此过程中，所得税的全国稽征网也逐步得以扩展。1942年直营合并后，"各省市原有机构以接收之实数计，共有1447个局所，工作人员10455人之多……直接税之新机构突增七倍以上；直接税之新人员突增五倍以上"。基层税局特别是查征所的数量不断增长，有利于增进所得税的征稽效率。但与此同时，"'新人新税新精神'之信条，已陷入名存实亡危境中"，形势急切，人员迅增，虽经甄别，仍难以使新税风得到长久保持。①

不同地区的战事状况也影响到税政推进的正常进度。1938年10月广州退守后，所得税广东办事处就移设遂溪，后财政部裁撤广东办事处，分设韶关、潮梅、肇雷三个区分处，直属于财政部所得税事务处。到1942年7月，广东省经过努力，仍然设立了14个分局和74个查征所。② 川康地区设立的分局及查征所合计有146个，位居省区第一（见表8－2）。③

表8－2　**直接税处下设各省分局所设置情况（1941年6月）**

序号	省局或办事处	分局	查征所	备注
1	川康直接税局	32	114	成都营业税分局一处列分局内
2	浙江直接税局	30	22	
3	甘宁青新直接税局	12	90	
4	福建直接税局	12	53	

① 高秉坊：《中国直接税史实》，第39—40页。

② 《财政部广东直接税局所属分局所一览表》，《广东直接税导报》创刊号，1942年12月，第27—29页。

③ 国民政府行政院编：《国民政府年鉴：1943—1946》第1册，国家图书馆出版社2011年版，第157、161页。

续表

序号	省局或办事处	分局	查征所	备注
5	广东直接税局	14	66	
6	江西直接税局	8	45	
7	广西直接税局	8	50	
8	云南直接税局	6	27	查征所二十所系营业税代办所
9	湖北直接税局	3		
10	湖南直接税局	10	32	营业税三分局列分局内
11	贵州直接税局	18	14	贵阳营业税处列分局内
12	陕西直接税局	19	47	营业税十区局列分局内，三十所列查征所内
13	河南直接税局	12	55	
14	江苏直接税局			
15	皖南办事处	8	9	
16	皖北办事处	18	17	
17	重庆市营业税处			
总计		210	641	

资料来源：《财政部直接税处省分局局所一览表》（1941 年 6 月），魏文享主编《民国时期税收史料汇编》第 1 册，国家图书馆出版社 2018 年版，第 453 页。

与所得税全国稽征网的延伸相对应，财政部也以所得税开征为契机，大力推动公库网的建设。过去税款的征收、经收不分，在定额、征收、报解过程之中，税务机构及税务人员的权限过大，缺少监督，易于欺上瞒下，私截款项。高秉坊批评说：“过去税务机关之积弊太多，而税款之自收自解，实为重大弊端之源。”[①] 因此，所得税征收实行经征分离制，即征稽和经收绝对分开，通过严密的会计制度予以监察，防止中饱拖延。经征分离的基础是公库制度。依 1939 年 10 月国民政府公布的《公库法》，所有税收均由纳税人直接缴库，税局禁止收存税款。所得税经由中央银行代理，再由中央银行

① 高秉坊：《中国直接税史实》，第 40 页。

委托其他银行及邮局收款。据1941年的统计，国库分支库及经收机关合计有1208处，其中川康有230处，浙江有113处，福建有99处，陕西有98处，其余各省数量不等。[①] 川康直接税局辖下的泸县万源查征所因地处偏僻，由川康局委托邮政分局及合作金库作为代理公库。[②] 1941年12月，浙江丽水设定由农行龙泉、松阳两办事处代理公库。[③] 据1942年的统计，所得税经收机构计有中央银行53处，中国银行196处，交通银行116处，其他银行89处，邮局2379处，共计2800余处。[④] 此后，随着国民政府推进力度加强，公库网的覆盖区域和密度都在不断增加。

纵向直征体系的弊端在于层级太多，自上而下的政令传导往往不断弱化，自下而上的税情民意则易被遮掩。财政部及直接税处为保持政令畅达，严肃税纪，试图通过强化督察制度来解决这一管理难题。所得税初征时，财政部及直接税处即不断派员视察各地，但多属临时派任性质。至1941年12月，直接税处开始实施《税务联防督察办法》，按照税区管辖范围，将全国同样分为若干督察区，在各省区、分局所在地设立督察办公室或据点。依办法规定，派驻督察是分期分段进行的。第一期分别以重庆分局、贵阳分局、衡阳分局、吉安分局、宝鸡分局为中心，在分辖税区内各重点城市及地区分段设立据点。第二期以粤北分局、洛阳分局为中心设立分段据点。合共七段，每段各派督察一人，并派税务员及助理员一至二人。督察职责包括税务联防督征、各段货运及物价之联络、纳税单位之抽查、会计出纳之稽核、人员工勤之考核、社会舆论之探询等。督察报告分定期及特别两种，函封密启，分呈各省局局长及直接税处处长。[⑤] 至1943年2月，直接税处将全国调整为八个督察区，增补督察，提高职权，统一编配，分区执

① 国民政府财政部编：《直接税五年报告统计图表》，魏文亨主编《民国时期税收史料汇编》第2册，第6页。

② 《川康直接税局请从速委托万源合作金库或邮局代库以利收纳由》，1942年10月，中国第二历史档案馆藏，资料号：2-2390（27），第1页。

③ 《浙江丽水直接税分局呈请由农行龙泉、松阳两办事处代理公库》，1941年12月，中国第二历史档案馆，资料号：2-2390（37），第6页。

④ 高秉坊：《中国直接税史实》，第79页。

⑤ 《税务联防督察办法》（1941年12月5日），《中华民国工商税收史料选编》（直接税·印花税）第4辑下册，第1281—1283页。

行。八区分别为：川东区，办公室设于重庆；川西区，办公室设于成都；黔滇区，办公室设于贵阳；湘桂区，办公室设于衡阳；赣粤区，办公室设于曲江；闽浙区，办公室设于南平；陕豫区，办公室设于西安；甘宁青新区，办公室设于兰州。[①] 1943年3月，直接税处又颁布《加强税务督察办法》，训令各地执行。

从执行情况看，督察巡视相当频繁。1941年10月，直接税处派高奇视察云南、贵州、广西、浙江、江西、广东、福建、湖南各省局，查核会计人员组织情况、账簿报表情况、会计报表上报情况等。如有人员不称职者，可以会商主管长官予以调整。同月，叶乾初被派赴各地视察各省局工作机构设置及人事情况。[②] 1942年6月，直接税处派视察汪漱素、委员刘不同、督察陈梦虬、课长孙邦治、督察高志远、督察陈述虞、税务员廖俊、视察吴我怡、督察刘鸿照等分别视察各地税政，视察职责包括税务调查、税款纳库、人事配备、税纪检查等方面。[③] 1943年4月，派孙超烜视察东、西川税务管理局。按其工作计划，春季重点是普查纳税单位、整理货运登记资料、考核税务人员等。四至六月重点是所得税、利得税的普遍催报催缴，财产租赁出卖所得的调查登记及报缴等。[④] 10月，派李玠视察东川区税务协助抢征情况。为增强督察权威，直接税处特许其有临时代理各分局所长及各级职务之权，有随时撤免税务人员的专断之权。[⑤] 至1944年2月，直接税处以督察区域过于辽阔，交通、经费及人员不足，难以兼顾，以省管理局辖区为督察区，将全国重新划分为十七个督察区，分派督察一至二

① 《直接税处税纪视察工作纲要》（1942年6月），《中华民国工商税收史料选编》（直接税·印花税）第4辑下册，第1285页。

② 《直接税处派高奇视察滇黔等省直接税局会计事务的训令》（1941年10月30日），《中华民国工商税收史料选编》（直接税·印花税）第4辑下册，第1279页；《直接税处派叶乾初视察滇黔等省局机构人事的训令》（1941年10月30日），《中华民国工商税收史料选编》（直接税·印花税）第4辑下册，第1280页。

③ 《直接税处税纪视察工作纲要》（1942年6月），《中华民国工商税收史料选编》（直接税·印花税）第4辑下册，第1285页。

④ 《直接税处派孙超烜等视察东西川税务管理局税纪的训令》（1943年4月），《中华民国工商税收史料选编》（直接税·印花税）第4辑下册，第1292—1294页。

⑤ 《直接税处派李玠等视察东川区税务协助抢征的密令》（1943年5月），《中华民国工商税收史料选编》（直接税·印花税）第4辑下册，第1295页。

人，直接对总处负责，相应颁布了新的督察工作纲要。[①]

纵向直征还有一层含义是税局直接查账，直接稽征。按税法规定，税局直接征收税款本为法中之义。但往往因查征困难，税务行政能力不足，历来有包税、代征的做法。进入近代，商人包税被视为旧俗恶习受到批驳，但在实行之中，商人团体包税及代征情况极其普遍。在营业税的征收中，政府往往与商会签订团体包税协议，取其便利。在所得税的征稽中，税法规定程序是商民自行申报、税局查账征收，其最为关键也最为困难的环节是如何核查账簿，确定商民真实所得。商家账簿不全，或者造假，给税局查账造成极大障碍。政府一面联合商会推动商家改良簿记，一面协同会计师公会推行“打击假账运动”，促进了税法的普及及簿记科学化进程。但就整体而言，假账和查账问题，始终是所得税稽征面临的最大技术难题。

通过在组织及制度上建构起纵向直征体系，财政部希望能够做到所得税的直征直管，既防止地方截留税款，也能控制偷税漏税，监察税风税纪。

（二）“征”与“逃”的暗战

无所不在的逃税现象，考验着所得税稽征网的运作。就法律层面而言，逃税分为两种：其一，合理之避税，即运用颁行税法中所存漏洞及救济条款，谋求躲避或减小税收负担；其二，恶意之逃税，即蓄意隐藏税源或欺骗税务机关，谋求减轻税收负担之举。前者合规，后者违法。此处所论，主要是恶意逃税方面的问题。逃税往往有主客观方面的原因，难以全部以法律或道德的标准来衡量。因为征纳双方在信息不对称的条件下，逃税行为的选择和实施也具有差异性。如制度存有漏洞，征稽能力不足，逃税的成功率将大为提升。财政部虽建立起所得税纵向直征体系，但仍不足以防止逃税事件的发生。

关于所得税征收的困难，理论上的讨论极多。在实征过程中，发现的问题更是千端万绪。1942 年 2 月，所得税处派员视察甘宁青新税区后的督察报告指出，所得税征收一为外面困难，一为内部问题。外部在于，“有若干

① 《直接税处检发 1944 年度督察工作纲要的训令》（1944 年 2 月），《中华民国工商税收史料选编》（直接税 · 印花税）第 4 辑下册，第 1296 页。

纳税义务者，依恃特殊势力，不遵守国家法令，以致本税不克顺利推行”。税局税源调查困难，“调查工作不能得有力之协助切实严查，遂使大贾富商及一时营利者逍遥法外，逃漏国税，国库损失，良民不平，公平合理贻为笑柄”。内部在于，一人兼办数事，“人不能因才治事，事不能因人而理”，登记资料不全，查核应对无方，损伤税誉。① 10月，财政部在检查直接税处后出具的工作报告中亦指出，“征收所得税及过分利得税最大困难为逃税问题，商人账簿伪造者不少，生意成交根本不上账者亦多，查考极为困难。较为有效方法为用特务人员密查，但又难免不滋生更大流弊。据估计假账几在二分之一以上，影响税收不为不大”。分税类言之，“遗产税推行未久难言成绩；印花税遗漏甚巨，检查难周；利得税及所得税逃税行为更属普遍”②。报告之中已经点出了逃税的主要原因。在税局方面，税法规定不详、查核能力不足、税务人员勾结舞弊是主要因素。在纳税人方面，不愿自行申报，账簿造假普遍，资本及营收信息真假难辨。税法所定之申报查征制的推行遇到极大障碍，甘末尔委员会对簿记问题、纳税观念的预判符合实情。

直接税核算复杂，类型多样，逃税者大有各显神通的空间。包超时的《中国所得税逃税论》分析所得税逃税有经济、税制法令、政治社会方面的原因，逃税的方法包括资本方面、成本方面、收入方面、支出方面等，逃税的影响包括对库收、税制、国民道德之影响。③ 王启华说，“适法之逃税者，纳税者之逃税行为，在利用法律上之专门技术，窥隙趋避，以求曲合于税法之规定，而谋租税负担之减轻或免除也”。所用的理由，如用家属之名，分领所得之权，以谋超额税之减除；或无息贷款于人，彼此另作谅解；或投资免税公债，以期整个纳税义务之免却。④ 按照所得税中关于起征点及分级税额的规定，尽量用合法合情的办法来降低标准，维持在较低税负等级。违法之逃税者，多隐藏所得不报，或虚伪呈报，甚至贿赂税务官吏，“纳税者之

① 《吴我怡视察甘宁青新区直接税分处税务报告》（1942年2月5日），《中华民国工商税收史料选编》（直接税·印花税）第4辑下册，第1335页。

② 《财政部检发视察直接税处工作情况的报告》（1942年10月6日），《中华民国工商税收史料选编》（直接税·印花税）第4辑下册，第1345—1346页。

③ 包超时：《中国所得税逃税论》，财政部直接税处经济研究室1943年版。

④ 王启华：《所得税逃税问题之研究》《财政评论》第6卷第6期，1947年12月，第67—68页。

此项逃税行为有反于法律之规定，应受严格之制裁也”①。据税务人员回忆，最为明显者为外商逃税及权贵逃税。外商逃税涉及治外法权问题，政府一直交涉无果。权贵逃税中，所谓“硬逃税”属依势拒税，明目张胆；所谓“软逃税”则可能是暗中勾结，营私舞弊。逃税能够实现，取决于政府征稽能力与纳税人的逃税能力。在逃税成本可以预期的情况下，纳税人的逃税意愿将会放大。税务人员的选择性执法，亦将加剧逃税的程度与范围。

逃税不能仅从法律和道德的角度加以评判，更要关注到商民的实际负担。千家驹对此有所分析，“我国之所以不能立即实行对个人征课的综合所得税，是有客观的原因存在的，即我国产业发达（展）落后，社会组织不密，资产既无调查，所得亦无登记，对人征课自属困难”。就企业经营而言，营利事业所得税与营业税，工厂所得税与出厂税并没有本质上的区别（自然课税方法是不同的）。因此工业界认为现行直接税颇有损害产业之嫌。迁川工厂联合会在宣言中称：“所得税及过分利得税，原期以个人所得及利得为课征之对象，始能达均平财富的目的，若以产业组织为对象，则损害组织之发展者多，而影响个人之财富者微。”所得税、营业税与出厂税，存在重复课征问题，削弱了纳税人对所得税的信任度。千家驹指出，“个人所得除公务员人员薪给可以截源法征收外，其它真正有纳税能力者，反无任何直接税负之可言”，在制度上存在逃税黑洞。②

在此并非否认有积极纳税者，在战时有大量个人、公司或商号的确抱持支持抗战的心理，主动报缴各类税款。有的虽因故延迟，但能主动申请补缴或者报请延期，也是税法意识的体现。1943 年 11 月，贵阳电厂向税局申请补报 1943 年以前各年营利所得及过分利得税。③ 1943 年 11 月，天原公司报请延迟纳税。原因是 1942 年度公司账面虽有盈余 700 余万元，应纳所得、利得两税共计 400 余万元。因虚盈实税及现金问题，公司呈请延迟，未获批

① 王启华：《所得税逃税问题之研究》，《财政评论》第 6 卷第 6 期，1947 年 12 月，第 68 页。

② 千家驹：《当前的直接税问题》，《财政知识》第 3 卷第 1 期，1943 年 7 月，第 9—12 页。

③ 《贵阳电厂补报营利所得及过分利得税案》（1943 年 11 月），台北“国史馆”藏资源委员会档案：003 - 010404 - 0711。

准。但因税款无着，只能不断申请展期。[①] 此类情况，都不是恶意逃税。财政部所要防止的，是大规模的恶意拖欠或逃税行为。为清除这一顽疾，财政部和税局在扩展组织、修改税法、强化督查之外，还颁布诸多实务政策，从征、纳、管多个方面强化税务征管。

其一，税法宣传。1936 年所得税开征后，国民党中央特刊发《（国民党）中央为举办所得税告全国公民书》，系统说明所得税的性质、意义及国民之纳税义务与责任。该书强调，所得税是有益于社会发展的良税，战时缴纳所得税是国人爱国的表现，“所得税是为复兴民族的需要而创办，是为健全国家财政基础而创办，国人如果真诚爱国，盼望国家强盛，也就得努力推行这种良税”[②]。何廉认为，“实行所得税本身就是一种公民的教育和训练，因为实行所得税可以使人民知道这种税制的良好”。实行所得税是否成功，要看人民能不能合作，如果得不到民众之合作，“逃税是很难防止的”[③]。政府也通过各种媒介，宣传税法，提倡国民的纳税义务。在抗战建国的特殊时期，此类宣讲有助于激发爱国心和纳税意识。纳税人对于税收的权利和义务关系的认知并非仅基于单一税收进行判断，也不是仅存在于税收层面，而是涉及对政府的施政能力与绩效的综合认知。

其二，账簿改良。企业的会计簿记改良从北京政府时期就在不断推进，到所得税开征，簿记改良成为税务之需要。政府、商会联合会、会计师公会，努力推动簿记改良进程。柏绍志在关于所得税逃税问题的论述中，也提出应使各商号普遍立账，“凡其资本在若干元以上，其营业规模较大，事实上可以立账者，须先将账簿送请登记盖印，否则不予核发登记证”。为防止商号账簿不实，可以规定债权债务以征收机关登记盖印之账簿为准。同时，还要研究办法以控制货物运销，防止逃税。稽征人员亦应熟悉稽征技术，明察精审，以免漏纵。如遇纳税人困难时，可以允许分期

① 《天原电化厂公司请缓缴所得、利得税案》（1943 年 11 月），台北“国史馆”藏资源委员会档案：003 -010404 -0706。

② 《（国民党）中央为举办所得税告全国公民书》，《中央周报》第 429 期，1936 年 8 月 24 日，“专载”，第 1—3 页。

③ 何廉：《国人对于所得税应有之认识》，《广播周刊》第 109 期，1936 年 10 月 24 日，第 16 页。

缴纳税款。[①] 不过这些办法要实行不易。孙邦治的《中国所得税查账学》讨论了所得税的原理、查账技术、查账性质、分税类的调查方法、所得税计算、查账报告编制等内容，以防逃税之弊。[②] 强调应从会计查账业务出发，来对纳税状况进行核实。

其三，奖励告密。中国商家向来视财务为不传之密，账簿即使经过改良，但在明账之外复有暗账。商家如不主动申报，税局根本无从查核。在此情况下，财政部对各税类征收均以重视奖励告密来解决信息不对称问题。在直接税方面，遗产税严重依赖告密，所得税、印花税也在告密奖励之列。1937 年 7 月，财政部颁布了《所得税罚锾暂行办法》及《所得税奖励金暂行办法》。1940 年 12 月，直接税处又颁布《过分利得税告密人赏金暂行办法》，规定可予告密人逃税额百分之十为奖励。[③] 1943 年 11 月，直接处制定《直接税告密规则》，规定“对于所得税、过分利得税所得额不依期限报告，忽于报告，隐匿不报或为虚伪之报告者，开业、歇业及清理不遵章申报，及增减资本额固定住商不请领住商登记者”，告密人可密函寄当地直接税主管长官。告密人信息会受到保护，且可按逃税额度提成赏金。[④] 告密法对于申报制具有一定的救济作用，但并非常规办法。所得额的财务信息极为隐秘，不似遗产税需经死亡申报、葬礼仪式等外在信息显露，告密法的直接作用并不明显。

其四，司法追欠。战时所得税法令的修改之中，已经强化了司法处罚条款。在各地追查拖欠税款的过程中，也多有采用。但实践过程中，税局也发现，如经司法机关裁定，须经判决诉讼程序，“正式起诉必须预付诉讼费，倘欠税过巨，则预交之诉讼费必多”，“借使诉追，又须俟判决确定方能执行，而一案判决，动须累月。商人重利，即乘诉案未决之机，以应纳未纳税

---

① 柏绍志：《营利事业所得税逃税问题之研究》，《贵州直接税通讯》第 22 期，1947 年 4 月 1 日，第 6—7 页。

② 孙邦治：《中国所得税查账学》，国民政府财政部直接税处经济研究室 1943 年版。

③ 《过分利得税告密人赏金暂行办法》（1940 年 2 月 26 日），《直接税月报》第 1 卷第 8 期，1941 年 8 月 1 日，第 71 页。

④ 《直接税告密规则》（1943 年 11 月 7 日），《新税政》第 2 卷第 5 期，1942 年 11 月 30 日，第 21 页。

款充作营利之资，展转效尤，刁风更长”[①]。司法诉讼较行政处罚更具权威性，但时间和经费成本过高。且单个纳税主体拖欠，大多数额有限。不到迫不得已，税局不会将程序移转到司法轨道上来。此外，也有地方动用警力来协助征税。遇有征税冲突或纠纷，也可能动用司法程序。1940 年 9 月，四川什邡县商民因要求免税未成，聚众殴击江油分处派驻的税务员，幸得商会主席报请县警局救回。商民复假借民意罢市要挟，经县长处置，不久复业。税局对主犯提走司法诉讼，要求追究责任，主犯逃避。[②]

以上是税局为掌握税源信息、增进纳税意愿而长期推行的措施。此外，如加强部门协作、实施所得调查、物价调查等举措，也有助于封堵逃税缺漏。但所得税体系不断扩展，主体及来源不一。税局在征收过程中发现针对不同分类所得，不能局限于正式法令，还必须对症施剂，因势利导，方能适时应变。

二 营利事业所得税的征稽

在所得税的分类结构中，营利事业所得税是重中之重。按税法规定，各类公司、官商合办企业及一时营利所得，均须缴纳营利事业所得税。非常时期过分利得税，在本质上是针对营利事业的超额所得税，纳税主体均为各类公司、商号。财产租赁及出卖所得税中，如果租赁及出售主体是公司、商号，同样也具有营利所得税的性质。从产业来源上讲，营利事业所得税的产业基础主要是工商业，主体即各业商人。营利事业所得税核算是以资本额和所得额为标准，其信息来源是各公司、行号的申报材料及企业账簿。在商家有意隐匿所得逃欠税款、征收机构力量不逮的情况下，税局事急从权，法外施法，采取了“迳行决定”、货运登记、简化稽征等多种实用征稽技术。

① 《国民政府关于由法院追缴利得税的训令》（1942 年 1 月 20 日），《中华民国工商税收史料选编》（直接税·印花税）第 4 辑上册，第 510 页。

② 《财政部呈送四川什邡县所得税督察员黄大晋办理不善酿成罢市有关文书》，1941 年 2 月，中国第二历史档案馆藏，资料号：11 -9658，第 3 页。

(一)“迳行决定”

不得不承认，财政部在立法之时就已经预料到申报查征必然受阻，因而在各类所得税的征收方式之中，均预留有救济条款。在营利所得税方面，暂行条例中的“迳行决定”成为“法外之法”的最初依据。

1936 年《所得税暂行条例》第十二条规定：主管征收机关对于所得额之报告，发现有虚伪、隐匿或逾限未报者，得迳行决定其所得额。[①] 税局如认为申报材料不实或未报，可以不需纳税义务人申报及同意，“迳行决定”其资本额及所得额，纳税义务人不得更改。这一条款赋予税政机关主导应变之权。在行政能力不足、账簿资料不全的情况下，迳行决定，可以提升征税的效率。迳行决定的标准，由税政机关根据同行业的平均所得情况或参考往年所得情况判断。

税法初行时，税局并未启动这一条款。到 1939 年 7 月，所得税办事处通令全国各稽征处：“查第一类营利事业所得税之征收，商人每利用资本二千元之限制，故意匿报，企图逃税。其匿报之法，或在账面上造作不及二千元资本之不实记载，或将资本之一部改列为收受之存款，或盈余滚存，务使资本不达二千元之数。其作伪之术，尤极巧妙。虽严密查账，有时并不易发现。”办事处令，可按其营业情形及上年度、本年度平均资本周转，迳行决定其资本额为二千元，依率征课。[②] 由此，正式启动了这一条款。遇有利得额与所得额不尽相同时，税局亦可迳行决定。[③] 原本法令规定遇有隐匿及伪报者方可采用，所得税处允许税局按平时营业及周转情况迳行决定，明显扩大了这一救济条款的使用范围。为了增强威慑力，直接税处训令：“凡在纳税义务人逾期未报或作虚伪之报告及有忽视法律责任，或未能提供完全证据等未合法之手续之行为，而为征收机关采用迳行决定方法核定税款者，应一

① 《所得税暂行条例》(1936 年 7 月 21 日)，《中华民国工商税收史料选编》(直接税·印花税)第 4 辑上册，第 90 页。

② 《所得税办事处通令杜防逃税匿报资本》，《商业月报》第 19 卷第 7 号，1939 年 7 月 31 日，第 7—8 页。

③ 《所得税处解释过分利得税疑义》，《商业月报》第 20 卷第 7 号，1940 年 7 月 31 日，第 6 页。

律不准适用宽恤。”[①] 此外，还特别规定迳行决定不可申请复审。1940 年 4 月，所得税处在回复江西办事处关于纳税人对迳行决定税额不服而要求依法复查的呈请时，明令不得复查，以示惩戒。所得税处将此案发布各省，要求各地依例而行。[②] 这等于是取消了正式法令中商民的复核申诉权。税局的用意，既是增强威慑，也是为避免程序往复。

结果，税局为完成预算任务，无论是否存在隐匿，都倾向于采用迳行决定之法，引发商民抗议。1942 年 8 月，重庆丝绸呢绒布商业同业公会向重庆市商会呈报，财政部川康直接税局重庆分局在征课 1941 年度税额时，“无论其有无虚伪隐匿之事实，概采迳行决定方法。而其迳行决定之纳税额，往往超过原申报额所应纳之税款若干倍以上”。公会认为，“直接税渝分局无论申报是否不实，概采迳行决定方法，揆诸法理，似有滥用迳行决定权之嫌”。公会要求主管机关明令，必须申报人确有不合税法规定时方可采用，采用时得开明理由，纳税义务人可申请复查。重庆市商会将此提交各团体联合工作会报，各业公会纷纷响应。商会将各公会意见呈报经济部，要求限制税局的迳行决定权。[③] 经济部将此转财政部，财政部向重庆直接税局调查案情。9 月 28 日，重庆直接税局呈报三点意见。一是“逃税为商人之惯技，抗战以还以物价之上涨，大都暴利致富，故愈富者逃税之心愈切。利得税开征后，此风愈演愈烈”。逃税者伪造单据、报表、事实，税局“稍一不慎，便遭混珠之欺”。二是黑市价格为公开之秘密，“商人见利忘义，阳奉阴违，无不以黑价交易而以官价记帐是务”。商人以黑价获利，以官价逃税，查账核税颇感棘手。三是商人申请复查的主要目的或是施行狡辩，或是缺乏现金，或是缓交税款增厚财力。分局认为，“并无滥用迳行决定权职之处”[④]。财政部据此复电经济部，拒绝了重庆市商会的请求。

商会并不放弃。1943 年 7 月，在重庆市商会的内部会议上，蓝玉枢、卓

① 《直接税处指示利得税宽恤办法》，《商业月报》第 20 卷第 10 号，1940 年 10 月 31 日，第 8 页。

② 《所得税事务处解释以迳行决定征收的利得税不得要求复查的训令》（1940 年 4 月 23 日），《中华民国工商税收史料选编》（直接税 · 印花税）第 4 辑上册，第 504—505 页。

③ 《经济部反映重庆直接税分局滥用迳行决定权与财政部往来文电》（1942 年 8—10 月），《中华民国工商税收史料选编》（直接税 · 印花税）第 4 辑上册，第 889—891 页。

④ 《重庆直接税局呈》（1942 年 9 月 28 日），《中华民国工商税收史料选编》（直接税 · 印花税）第 4 辑上册，第 891—893 页。

德全等五人提出“营业税及所利得税课征机关，对于‘迳’行决定权之采用多失平允”，请财政部予以纠正。9月，重庆市商会越过直接税处，将此呈报财政部。11月，财政部批复，“所得、利得税之核定，系以商号账册及原始单据为计算标准。惟一般商号每有伪造账册，或记载不实，以销货多而入账少，或以黑市售出，以限价入账，以图逃漏税款”。财政部认为，“如不迳行决定，则商人尽可伪造帐册或记载不实”“稽征机关不能不依实在交易课税，否则狡猾商人可乘机逃税，殊失征课公平之本旨，而使真正合法商人或维护限价商人反受其累”。财政部对商会诉求税额问题，只称可分期缴纳，驳回了诉呈。[①] 财政部对商家账簿及所报信息持普遍怀疑态度。逐项核查，耗时费力。事实上，产销紧张、物价上涨以及相应的物资、物价管制政策，的确使商人账簿作假的现象越发严重。商会抗议的是迳行决定不合税法，有损税收公正公平，且税局裁量权过大，往往过高估计所得额，使商人蒙受更高损失。无论从法理还是事实角度，将本应在特殊情况下采用的临时救济措施普遍化是存在问题的。

1944年4月，在四川省临时参议会第二届第二次大会上，程愚等议员提出，“直接税为国家良税”，迳行决定权是为发现虚伪隐匿等事，“惟近来各直接税局查征人员，对于资本及营业盈亏情形皆不详加查核，只看营业额即以意为估计，估计之额超出甚巨，甚有超过资本数倍者。既未查得隐匿虚伪之事实，全以臆度科责缴纳，实有失立法之初意”。提案并举例说，查征人员不顾商民限价售货事实，常照黑市课征。货物由沦陷区抢运后方，查征人员斥为不合法。利息费用及正当开支应更支者，也意为挑剔。所估税额过巨，商民无力缴纳，移转法院追缴，耗时费力，损害正当营业。提案认为，“迳行决定权系属一种心理上之裁判，稍一不慎即有武断之嫌。若尽量扩展，实为病国病商之忧”。请财政部转饬直接税局，严令限制其使用范围。财政部回复称，“径行决定原为控制虚伪、隐匿及逾期不报之商人而设，如办理不善，易滋流弊，自应限制采用。如不得已而采用时，亦应遵照估计税额标

① 《重庆市商会致财政部呈》（1943年9月），《中华民国工商税收史料选编》（直接税·印花税）第4辑上册，第749—752页。

准切实审议办理，以期折服"。各税局办理操切之处，务须纠正。[①] 到此时，财政部不得不承认迳行决定流弊扩大，应予限制。

在战时秩序下，迳行决定有利于提高征稽效率，也可尽量避免烦扰商家营业。商家抗议的根源，其实在于决定权单方面操诸查征机构或税务员之手，估算缺少规范性和科学性。杜岩双在 1944 年著的《中国所得税纲要》中总结，避免滥用迳行决定，需要严格其法定先行条件。如要纳税人折服，仍应遵守合适的标准与方法。遇有相关案件之后，税局应派定人员从事调查，调查应以被估计商号所营业务之市场及商情为标准。[②] 换言之，税局对商家的估算应建立在对行业市场信息的全面了解基础之上，也应符合法定程序，不可随意主观臆断。

1944 年 6 月，财政部及直接税处放弃迳行决定之法，转而采取简化稽征办法，引入商人团体参与估算调查及税款催征。

（二）货运登记与"跟货寻税"

货运登记本有其独立的政策使命。抗战全面爆发后，政府、企业及大量人员内迁，后方物资供应紧张，物价飞涨，与之相随的是囤积居奇、市场投机之风迅起。同时，迫切需要加强对沦陷区的封锁，管制物资输出，抢运抢购，扩大输入，防控走私。财政部、交通部及经济部各司其职，各有行动。财政部设有货运稽查处，交通部设有联运稽核处，后改为货运管理局，经济部设有贸易委员会实施物资购销与统制。后来国民政府为强化战时货物运销的统一管理，1943 年仍在财政部下设立了事权相对集中的货运管理局，分区设站，实施物资抢购和商货登记。[③]

这一政策建立之后，显现出广泛而巨大的市场威力。战时限价政策，调节市场供销，控制走私及黑市交易，掌控税源，均以货运登记为制度基础来付诸实施。"跟货查价""跟货查源""跟货寻税"，皆以货物为标的物。从税收方面而言，无论是工厂还是商号，行商还是住商，生产及购销物资，均

---

① 《财政部关于限制采用迳行决定权的训令》（1944 年 4 月 15 日），《中华民国工商税收史料选编》（直接税・印花税）第 4 辑上册，第 753—754 页。

② 杜岩双：《中国所得税纲要》，财政部直接税处经济研究室 1944 年版，第 430 页。

③ 财政部货运管理处编：《一年来之货运》，中央信托局印制处 1943 年版，第 1 页。

可从货物起运进行全程跟踪。货物售卖获利，则成为税收之源。在统税及所得税的征收中，税局可以通过货运登记来查征价格、货量及收益所得。

所得税事务处在各地设立查征所时，就有设立货运查征站的规划。到战时，所得税、直接税机构派员参与到联合货运检查站，统一办理税务查验事宜。1940 年，财政部颁布《战时税务联防办法》，规定货物之产销、运送、堆存、批购、委托，均须向直接税征收机关登记，征收机关并于各重要通商据点，实施货运检查。财政部同步制定了《战时直接税税务联络稽查计划暨工作纲要》，要求对移动商货与静止商货实施登记，强制货主提供纳税保证。1940 年 12 月，财政部又颁布《修正一时营利事业所得税稽征办法》，分令各省所得税主管机关切实施行。[①] 但各地手续不一，“逃避纳税之诈术日多”。财政部认为，“此项逃漏隐匿之弊端，莫过于货物交易。非充分控制货物之移转，稽核其买卖之数量与价格，不足以言防弊”。因此，要求各地所得税主管稽征机关，以货运登记调查之资料，作为稽征查账的主要根据，“庶于跟货寻税之中，杜绝隐匿逃漏之弊”[②]。浙江所得税办事处负责人张淼分析，“商人鉴于税负之重，百方逃避，偷漏之术，日臻精明，以其穷年作伪之账册，欲期调查人员揭破于一朝，事实困难，不难想象。而一时营利事业者，行止无定所，营业无定时，尤属不易捉摸。其应负税课，稍纵即逝。自非拟具妥善办法，不足以收严密稽征之效”[③]。无论是查征申报，还是迳行决定，都不足以完全消除税局的担心。在货运登记及运销流程中加入税票验证环节可以严密控制行商，防止住商逃税，便利商货通力合作，协助管制物价。

在制度运行过程中，政府还在不断完善登记程序及标准。1940 年 11 月 22 日，财政部颁布《各地进出境货物调查登记办法》六项，凡商号或个人运销货物，均应报请当地所得税机关登记查验，并办理保证纳税手续。[④]

---

① 《修正一时营利事业所得税稽征办法》（1939 年 12 月 2 日），《直接税月报》第 1 卷第 2 期，1941 年 2 月 1 日，第 70—71 页。

② 《财政部颁行战时直接税税务联络稽查办法》，《浙江商业》第 7 期，1941 年 4 月 1 日，第 21—22 页。

③ 张淼：《中国所得税制度》，第 110 页。

④ 《各地进出境货物调查登记办法》（1940 年 11 月 22 日），《直接税月报》第 1 卷第 7 期，1941 年 7 月 1 日，第 45 页。

1941 年 4 月 15 日，国民政府颁布《水陆交通统一检查条例》，规定全国水陆交通，均进行运输检查及货物检查。运输检查由军事委员会运输统制局监察处办理，货物检查由财政部所属海关或货运稽查处办理。财政部可在各地设立检查站，凡货物之进出转口均须检查。[①] 1941 年 8 月 5 日，《直接税商货运销办法》实施，再次强调要强化货运管理，严密税款稽征，充实国用。[②]

根据条例及办法规定，货运登记主要包括以下程序。（1）商货运销登记，包括订购、运输、堆栈、批销等各环节，均须进行登记并从税局取得单据证明。凡商人运销货物，需持有税局所发运销证明单。购销货物应在起运地点登记。凡属仓库堆覆，均应填具各业仓库堆栈登记表，填具进出栈客号货物报告表，报请当地直接税局所登记备查。各货产厂及批发商人，均应按旬填具报告表。（2）行、住商登记。商货登记按商人类型，分为住商、行商和临时三类。住商在每营业年度开始前一月开具商号信息及申请表、纳税保证书，在地向税局登记，换发调查证。行商于开始营业前十五日内开具信息、申请表及纳税保证书向税局换发调查证。各地商会、同业公会需协同办理登记。（3）预缴税款保证金。纳税保证金分为铺保及保证金两类，铺保为申请登记时请具相当资本并得税局认可之商号承任，填具保证书。保证金按货价 25% 缴纳，其中 20% 为所利得税保证金，5% 为营业税保证金。（4）货运沿途设有检查站，税局派员参加统一检查站办理查验各事。登记和查验，均按四联单据法进行。[③] 如此，税局的授权单据就成为商品产运销各环节的必要法律文书。为防止逃税，商人还要预缴税款保证金。此类强制令，在正式法律中均无规定，但在战时却成为必要的控制工具。1942 年 6 月，广东直接税局粤北分局截留了义昌公司运至韶关的钨砂，要求缴纳所得税及利得税，原因是该商未申领住商证。后经出具纳税保证书，方准放

---

① 《水陆交通统一检查条例》（1941 年 4 月 15 日），《国民政府公报》渝字第 353 号，1941 年 4 月 16 日，第 1—3 页。

② 财政年鉴编纂处编：《财政年鉴续编》上册，财政部财政年鉴编纂处 1945 年版，“第四篇 直接税”，第 72—73 页。

③ 财政年鉴编纂处编：《财政年鉴续编》上册，“第四篇 直接税”，第 72—73 页。

行。[1] 从过程可见，如严密实施从货查税，确可加强对税源的掌控力度。只是所得税本以“法人”或“自然人”为主体征收，此时不得不转向为对“物”的控制，处处查证，关关截留，妨碍了商货流通，引起商人的极大反感。

直接税处组织督导队分赴各地巡查。初办时，督导地域以三斗坪至重庆、重庆至宜宾、重庆至綦江各据点为主，后逐步扩展。高秉坊亲任队长，指派队员赴江津、宜宾等地工作，协同各地局所办理登记事宜。驻留各地队员对商业情况、物价变动等均予以报告。[2]

在所得税的分类所得中，货运登记尤其针对的是营利事业所得税中的一时营利所得，即第一类丙项所得。财政部认为，“一时营利商人，无固定停止牌号，行踪飘忽，偷税之术，愈为巧妙。设非设法防止，不特税款损失甚巨，而经济民生，亦将交受其害”，尤需通过货运检查来防止逃税。[3] 一时营利商人需缴纳行商保证金，即一丙保证金，均按货值的25%收取。直接税处专门订立《税款保证金收付办法》《一丙税款保证金利息余额支配标准》《税款保证金收付办法及补充办法》《一时营利事业纳税保证金拨充税款办法》等部门条规，来限定保证金的收取及存管问题。一丙保证金数量庞大，但存管程序却存有漏洞，大量资金未入公库而以机关甚至私人名义存放。1943 年 10 月，国民参政会因一丙保证金问题引起社会不满，向直接税处提出质询。[4] 高秉坊之所以被提起诉讼，问题也是出在一丙保证金上。

货运登记也还存在诸多问题。1943 年 9 月，督察罗纯安列举六点：（1）商人报装货品内容、名称是否属实，经办人员难以详查；（2）货物重量标注不清，按市秤报税易致损失；（3）填发运单位信息不全；（4）货运

---

① 《商矿公司于缴纳矿产税外再课所得利得税放行案》（1942 年 6 月），台北“国史馆”藏资源委员会档案：003－010404－0697。

② 《直接税处颁发〈货运登记督导队组织办法〉的训令》（1943 年 6 月 24 日），《中华民国工商税收史料选编》（直接税·印花税）第 4 辑上册，第 1130—1131 页。

③ 《水陆交通统一检查条例》（1941 年 4 月 15 日），《国民政府公报》渝字第 353 号，1941 年 4 月 16 日，第 1—3 页。

④ 《直接税处关于清理保证金并严禁挪用通电》（1943 年 10 月 6 日），《中华民国工商税收史料选编》（直接税·印花税）第 4 辑上册，第 1134—1135 页。

登记为控制税源之用，少数税局未以现存材料为征课依据；（5）税局填发运单未即时汇寄，致难以查考；（6）接到运单之局所未即时查验货物，各局所之间缺少联系。[①] 程序繁琐，查验仍然耗时费力。安徽屯溪直接税分局呈直接税署，称该区住商至沦陷区抢购物资，经浙江场口新登分局时，该局以购销证未注明资本额不予放行。住商利通商行购纱亦被该局以超过资本额四倍之限制，扣留近一个月。屯溪分局三度联系，仍未松口。直接税署查证后要求予以纠正，“不得任意扣留货物阻难商人”[②]。

因社会各界对货运登记批评之声日涨，同时考虑到后方经济发展需求问题，到1944年，随着《加强管制物价紧急措施方案》的出台，直接税署宣布将现设之检查站及货运登记站在一周内撤销。此后防止逃税，“应与当地商会、公会切取联系，严密办理住、行商登记”，并向海关、邮局、专卖管制等机关抄取资料，不用再发运销购销单据。[③] 1944年6月，直接税署通令废止税款保证金，将存留保证金拨充税款纳库。1945年4月，直接税署清理委员会要求分三期结清保证金。[④]

废止货运登记制度之后，直接税署的税源控制方案也转向依靠社会力量，将商人团体引入稽征体系，这也是随后出台的简化稽征办法的巧妙之处。

（三）商人团体与简化稽征

“迳行决定”与货运登记的征收办法实际上是同步并行的，区别在于针对的是不同的分类所得。一者是通过扩大税局及税务人员的裁量权来提升效率，一者是通过“跟货寻税”来防止逃税漏税，但二者都因为执行过程之中的滥政问题引发商民及公众批评，最终几乎在同一时间被废止。代之而行的，是简化稽征办法。财政部的考量是，将商会、同业公会纳入征收体系之

① 《督察罗纯安关于各地办理货运登记存在问题呈》（1943年9月18日），《中华民国工商税收史料选编》（直接税·印花税）第4辑下册，第1355—1356页。

② 《安徽屯溪直接税分局请纠正浙江场口新登分局》（1944年5月），《中华民国工商税收史料选编》（直接税·印花税）第4辑上册，第1137—1138页。

③ 《直接税署关于撤销货运检查站及登记站的密电》（1944年6月5日），《中华民国工商税收史料选编》（直接税·印花税）第4辑上册，第1139—1140页。

④ 《直接税署抄告保证金清理情形的公函》（1945年4月23日），《中华民国工商税收史料选编》（直接税·印花税）第4辑上册，第1144页。

中，以委托—代理的方式，来解决信息不对称及税务行政能力不足的问题，也缓解商人的抵触抗税情绪。

在正式停止货运登记之前，直接税署已在酝酿试办简征办法。在直接税六届业务会议上，讨论过标准计税问题。1944 年 4 月 19 日，直接税署密电云南税局，认可该局提出的试办公开认缴之策。直接税署还提醒云南税局应增加两成预算，按去年营业情形分配给各业摊缴。税款由商人负责一次缴库。[①] 5 月 14 日，直接税署颁发 1944 年度所利得税简化计税暂行办法，称“营利事业假账目多，本税查账技术尚未普遍精练，查账人力尤感不敷”，虽有查账之名，实为估计，随意核加，弊端丛生。简化办法要求辖区内以上年度营业税额，就本年所利两税预算额比例，计算本年应所利税额。各分局在实行之时，需先将预算案分配给各行业商号，造列清单。再与商会、同业公会会同公开评定，根据营业实情予以调整。公开评定之后，由各商户填具申请书复核再按通知缴纳。[②] 根据这一办法，将原来税局单方认定转为公开评定，商会、同业公会承担分级评定及分摊缴纳的责任，而税局及查征所则不必面对每一纳税个体，避开了复杂的调查、核算和征收环节。税局主要立于组织与监督者的角色，从宏观上掌控计税标准及征收进度。

暂行办法还较为粗略，但已经确立了公开估算认缴和商人团体协征的两大基本原则。直接税署以此为基础，开始制定更为完备的简征方案。无论如何，商会、同业公会都居于关键地位。为了取得工商界的认可和支持，财政部部长孔祥熙、直接税署署长高秉坊及重庆直接税局的官员与工商界多次面谈商讨实施方案。1944 年 5 月 16 日，孔祥熙在胜利大厦会见重庆市工商界各团体领袖，他解释说“非常时期税务稽征应力求简化手续，以节省人力物力，尤以所得税及非常时期过分利得税中之营利事业所得税”。如此，可以避免假账横行及迳行决定带来的不公平问题。整体上看，简征办法在当时情形下符合工商界的利益，与会各团体领袖四十余人均表示支持，“既不违背

---

① 《直接税署关于试办所利得税公开认缴应行注意事项的代电》（1944 年 4 月 19 日），《中华民国工商税收史料选编》（直接税 · 印花税）第 4 辑上册，第 936 页。

② 《三十三年度所利得税简化计税暂行办法》（1944 年 5 月），《中华民国工商税收史料选编》（直接税 · 印花税）第 4 辑上册，第 937 页。

税法，又可便利商民，而稽征机关亦得减除种种困难，原则上均表拥护”[①]。

1944 年 5 月 31 日午间，中国全国工业协会、迁川工厂联合会举办理监事会聚餐会，直接税处处长高秉坊、川东直接税局崔敬伯局长、重庆分局局长包超时应邀出席。高秉坊专门讲解改变稽征直接税所得税办法之拟议与简化稽征办法。[②] 6 月 2 日，高秉坊与西南实业协会代表面议，特别说明了订立简化稽征的原因。他指出抗战军兴，中央财政开支巨大，不得不增高税率，后又实施货运检查，致使民间厌怨载道。现在政府体恤商艰，改订简化稽征办法。税额交同业公会及审查委员会审查后，再核定征收。他指出，“过去黑市流行，而商人账上绝不登记黑市价格，乱造假账以蒙蔽政府，使查账者伤尽脑筋。而应收税款，仅收到三分之一，逃税者占半数以上”。他特别提出，政府将“严密工商登记，加强各同业公会组织，改善簿记，健全法令，从事科学经济调查，以求合理而公平”[③]。简化稽征办法是回应商民诉求，也是为了纠正货运登记之弊，希望商人能够予以支持。对账簿核查及税源调查的难题，则希望通过商人团体及审查委员会之评议来加以决定。商人团体自身参与公开评估，与税局单方面内部评估相比应可更顾及纳税人利益。

讨论会上，商人团体对简化稽征多予赞同。酒精业同业公会代表报告，一区 39 个工厂中有六成停工，开工者亏损严重。电气业公会陈述，因来源断绝，请设法救助，扶助开工。矿工业代表谓小矿多停工，经营难以为继。油业公会称，货物均交日用必需品管理处及复兴公司代销，收益不足成本。肥皂业公会称产品限价议价控制，但原料上涨过快。绸布业公会认为，应考虑到“商人一家老小之最低生活费用”。言外之意，都希望政府能减轻税收负担。也有不少公会明确表示赞同简化稽征办法。零售煤业公会认为，“因向来无账商号亦可同样纳税”，简化可以更为公平。铜铁锡公会表示，可以催收同业税额，“但不便分派”。百货业公会认为，“简化稽征可迅速纳税”，

① 《所得税利得税简化稽征手续》，《中央日报》（重庆）1944 年 5 月 17 日，第三版。

② 《请直接税处高秉坊氏讲解“简化稽征办法拟议原因及实施方法”》，《工业通讯》第 9 期，1944 年 6 月 10 日，第 14 页。

③ 杨慎予记录：《第一、二、五次星五聚餐会——座谈“直接税简化稽征问题”》（1944 年 6 月 2 日举行），《西南实业通讯》1944 年第 10 卷第 1、2 期合刊，1944 年 8 月 31 日，第 26—28 页。

但应多研究技术问题。[①] 从各同业公会态度来看，简化稽征提高了商人团体的税政参与权，税额议定也可能有讨价还价的空间。同业公会对此表示认可，所担心者，在于征收环节的税额摊派。

简化稽征的难点是估算和征收。6 月 10 日，西南实业协会再邀各机关统计人员、经济专家及工矿业负责人研讨简化计算办法，重庆直接税分局局长包超时到会听取意见。有代表提出，将重庆市两万余工商业单位，归纳为五十余业。每业选所用重要的原料二三种，以此数计算利润。[②] 6 月 23 日，财政部将拟定完毕的简化稽征办法正式上呈行政院，再次说明办法是为促进税制公平及商人便利。办法规定，所得额、利得额及纳税额的估算，系以上年查征营业税所核定之销货额、收益额及资本额，与近三年查征所得、利得税后所编制之各业分业标准比率推算而得。办法对一般工商业、行栈、代理业、金融业与厂矿等均分类说明。各业确定标准后，应分业造册，分送商会、同业公会及审查委员会备案。在具体实施方面，实行的是分业摊缴。程序是先由商会召集各同业公会评议确定各业应纳税总额，再由各同业公会召集会员评议各会员税额。各业各商税额公告后，税局再据此通知商号限期缴纳，商号不得请求复查或复核。商会、同业公会应负责催缴，尽力保障税款如期纳库。[③] 正式办法较前更加明确了商人团体的协征摊缴责任。相对税局来说，商会、同业公会对各行业、商号的实力及实况更为了解，可以在一定程度上避免信息不对称所带来的假账困境。税局将本属政府权力的征税权部分委托给商人团体，在节约税收成本的同时，也提高了征收效率。这种团体协征摊缴的方式与战前营业税征收中的团体包征有相似之处。

1944 年 7 月 11 日，行政院会议正式通过了简化稽征办法。[④]《中央日报》报道，全国各地推行简化计税，“一般均极良好，惟广东、湖南、湖北推动略见迟缓”[⑤]。到 8 月底，“税收已渐达普遍征收原则”。四川泸州在

---

① 《直接税简化稽征》，《大公报》（重庆）1944 年 6 月 3 日，第三版。

② 《直接税简化稽征，渝工商界极重视》，《大公报》（重庆）1944 年 6 月 10 日，第三版。

③ 《财政部报送 1944 年度所得税及过分利得税简化稽征实施办法请予备案呈》（1944 年 6 月 23 日），《中华民国工商税收史料选编》（直接税 · 印花税）第 4 辑上册，第 944 页。

④ 《行政院昨会议通过税务简化稽征办法》，《大公报》（重庆）1944 年 7 月 12 日，第三版。

⑤ 《简化稽征情形》，《中央日报》（重庆）1944 年 8 月 18 日，第三版。

1943 年登记纳税商帮只有 58 业，目前增至 80 业。各业单位由上年年底的 853 家，增至目前的 2183 家。税额上，较上年增加 28.9%，而办理简化工作的税务员仅有 6 人。[①] 简征办法在提高效率和节约成本方面成效明显。崔敬伯认为，“所得、利得两税都是以纯收益为征课对象，所依赖之技术厥为查账。但是商人的账簿，什九皆缺，根本不适于查的条件”。同时，稽征人员多属出校未久之大学生，“数量之供给本来不多，稽征之经费又复紧缩，各地之配备自难充分”。简化稽征，属抗战进入最后阶段之迫切需要，“简化稽征精义在于公开求公平，变个案之估计而为集体的评定，完全为的是纳税人的便利”[②]。

简征办法看似解决了税局难以胜任的调查和核算问题，但是并没有解除税局对逃税的担忧。税局将查征权分解给商人团体协助执行，仍会怀疑商人团体共同舞弊。按照过去标准来评估税额的办法，与税局预期的增长目标存在相当距离。有评论说，“不得已至三十三年乃倡行简化稽征之办法，即财政部为补救税收起见，不问账簿记载是否属实，一律按照过去三年间之实际情形，由商会自行摊定税额征收之”[③]。从自行申报到迳行决定，货运登记，再至商人团体协征摊缴，不知不觉之间，所得税征收已经离正式税法愈来愈远。在效率优先原则下，税局对于税源的掌控权趋于弱化。在简征办法开始实施之时，就有关于其背离查征制的批评之声。

关于到底是实行简征还是查征，在本质上是战争财政中如何平衡效率与公平的问题。在战争秩序下，简征制缓解了政府与工商界的税收冲突，得到商人团体的组织支持，为直接税署完成战时预算任务发挥了重要作用。但从长远来看，却严重损害了所得税的税誉，税局也认为会造成制度性逃税。抗战胜利后，财政部一度恢复查征制，结果遭遇工商界普遍反弹，不得已又回归旧制。

① 《简化稽征顺利推行》,《中央日报》（重庆）1944 年 8 月 30 日，第三版。

② 崔敬伯:《论所利得税之简化稽征》,《时事新报》1944 年 8 月 15 日。

③ 宋同福:《论所利得税简化稽征与查帐制度问题》,《财政评论》第 17 卷第 2 期，1947 年 8 月，第 29 页。

三 薪给报酬所得税的征稽

按第二类薪给报酬所得税征收须知，“薪给报酬系指以勤劳、技艺、智能直接换取金钱或可以金钱计算之给予”。按所得属性，营利事业所得税对应的是资本利润，薪给报酬所得税对应的是劳动工资；按主体属性，营利事业所得税系对营利法人征收，薪给报酬所得税是对自然人征收。在国民政府设定的所得税分类结构中，薪给所得是最能体现所得税的对“人”税属性，也是破除传统权贵富人阶层免税特权、减小贫富差距的重要体现。在战时秩序下，财政部对薪给报酬所得税同样寄予厚望，但人口分散，职业及收入情况缺少统计，查征仍然困难。原本税法规定采取自行申报制，各业从业者中的确不乏出于国民责任而主动纳税者，但从总量来看实际申报数量仍有限。从职业范围观察，公务人员和自由职业者仍为主要征纳对象，在征稽方法上则根据不同职业特性，相应采取了机构扣缴制和个人查征制。

（一）机构扣缴制：公务人员纳税

与“迳行决定”条款一样，在1936年暂行条例及1943年修定税法中，明定有税局可通过薪资发放机关扣缴个人所得税的规定。这是为了预防民众不愿申报自缴的救济条款。曾担任过广州财政局局长的麦健曾在讨论暂行条例草案时就指出过，条例应规定第一类甲项所得不能不用申报自缴法外，第一类乙项以及第二类所得应该尽量使用课源扣缴法，“因为用这个方法政府的收税用费可以减少，而有纳税义务者较难逃税”①。按税法规定，从源扣缴就是由发薪机关在发薪之前，先行扣除所得税款，直接上缴国库，而不须通过纳税人逐一申报自缴。

毫无疑问，机构扣缴制最适用的纳税群体就是公务人员。晚清民初所得

① 麦健曾：《新订所得税条例评议》，《国闻周报》第12卷第27期，1935年7月15日，“新订所得税条例评议”，第10页。麦健曾是康有为外孙，其母康同薇，其父为康有为弟子麦仲华。麦健曾在20世纪20年代曾往美国科罗拉多大学留学，归国后曾在国立交通大学任职，在铁路方面卓有研究。又曾任过广州财政局局长，因此对于所得税也有议论。其留学信息参见《悼念王国华先生》，梁实秋《雅舍忆旧》，天津教育出版社2006年版，第225页。

税立法及试行过程之中，公务人员一直是薪酬所得税最为主要的个人征收对象。公务人员收入清晰可查，又有纪律约束，率先纳税，亦可在社会层面发挥示范作用。南京国民政府建立之初，在党务和公务人员中推行所得捐，其原因也在此。根据规定，公务人员包括：各级党部及所属各机关之委员、职员；中央及地方政府及所属机关职员；国立及省市县立学校之职员、教员；官营事业之职员；地方自治机构之人员；其他依法从事公务之人员。[①] 按照职业属性可分为政府、党部、教育、官营事业等系列，其共同特征是领取来自政府公共机构及党务机关财政公库经费的薪资收入。

扣缴程序跳过了个人申报环节，手续大为简化。《第二类公务人员薪给报酬所得税征收须知》规定，“各机关长官于每月发给薪给报酬时，应将其直接所属之公务人员应纳之所得税款分别扣下，按月直接缴送当地中央银行或其所委托之代收税款机关”。再将收据并清单报表寄送征收机关。[②] 到 1939 年 12 月，直接税处制定了更为详细的《第二类公务人员薪酬所得税稽征办法》。机构扣缴分国库、省市库、县库等不同层级展开，各级公库分别对应财政部直接税处、省市办事处及分处、县级查征所。首先由直接税各级机构向对应公库抄录机构名称、属员、公库名称等信息，再将此信息交由相应征收局所，并向各机构发送纳税通知。各机构按期将清单及数额呈报，税款直接缴纳入库。在此过程中，各办事处及税局可随时抽检稽查，催报催缴。[③]

1937 年 4 月，财政部呈行政院饬全国各级公务机关准时纳税。经统计，全国公务机关约计 13000 单位，报缴者最多月份仅 4200 单位。因此请行政院令各级公务机关限期内依法扣缴。如未缴纳者，于发放薪给之时，即行补扣。[④] 此类催税令，曾多次下发。从实施情况看，政府、党务、官营事业及大学等机构响应相对积极。

国民政府文官处在 1940 年 1 月报送的上年所得税清单显示：国民政府

---

① 《公务人员之范围及其薪给报酬所得税额计算方法说明》，1936 年 10 月，中国第二历史档案馆藏，资料号：yc1－0416，第 35 页。

② 《第二类公务人员薪给报酬所得税征收须知》（1936 年 10 月），《财政公报》第 104 期，1936 年 10 月 11 日，第 102—103 页。

③ 《第二类公务人员薪酬所得税稽征办法》（1939 年 12 月 23 日），《直接税月报》第 1 卷第 5 期，1941 年 5 月 1 日，第 54 页。

④ 《财政部呈请政院令饬公务机关如期报缴薪给所得税》，《时报》1937 年 3 月 14 日，第三版。

委员会9月税款为1081.45元，10月为890.05元，11月为827.5元；国民政府文官处9月税款为337.5元，10月为342.1元，11月为368.7元，12月为376.8元。① 湖南省高等法院在开征当月就报送扣缴清单，分列了纳税人职务、所得额及应纳税额。在法院内部，收入差异较大。院长收入达到595元，其余检察官、推事多在200元以上，书记官的收入相对较低，在50元至100元之间为多。所列者均在起征点30元以上，收入在200元以上之官员，纳税额也大多在5元上下。1936年10月合计所得额为8564.84元，纳税合计为117.70元。11月合计所得额为6591.67元，合计纳税为117.25元。具体如表8-3所示。

表8-3 **湖南省高等法院部分公务人员所得税扣缴清单（1936年10月）**

（单位：元）

纳税人	所得类型	所得额	所得税额	纳税人	所得类型	所得额	所得税额
陈长簇	院长俸给	595	23	江之清	检察处书记官俸给	100	0.6
邓静安	首席检查官俸给	400	9.6	杨劭	检察处书记官俸给	90	0.5
徐沐三	庭长俸给	360	8	彭锡嘉	检察处书记官俸给	80	0.4
朱人杞	庭长俸给	300	5.6	颜曹兴	检察处书记官俸给	70	0.3
谢梦龄	推事俸给	260	4.4	李昌煦	视察员俸给	100	0.6
罗缙阶	推事俸给	260	4.4	丁琦行	候补书记官津贴	55	0.2
黄求椝	推事俸给	240	3.8	张靖寰	候补书记官津贴	50	0.15
童栩勋	推事俸给	240	3.8	柳大溶	候补书记官津贴	55	0.2
梁峻	推事俸给	220	3.2	韩鸿钧	候补书记官津贴	45	0.15
洪忠汉	推事俸给	220	3.2	赖焱	候补书记官津贴	45	0.15

① 《国民政府文官长魏怀函财政部所得税川康办事处重庆区分处为国府委员会及本处二十八年九月至十二月份所得税清单请查核》，1940年1月，台北“国史馆”藏国民政府档案，资料号：001-081112-00001-031。

续表

纳税人	所得类型	所得额	所得税额	纳税人	所得类型	所得额	所得税额
饶瀚	推事俸给	260	5	李起猷	候补书记官津贴	45	0.15
赵宣	推事俸给	200	2.6	宋敏之	候补书记官津贴	50	0.15
萧晋瀛	推事俸给	260	4.4	邓护华	候补书记官津贴	45	0.15
王自新	检查官俸给	280	5	张雄伯	学习书记官津贴	35	0.1
陈纲	检查官俸给	260	4.4	张承明	学习书记官津贴	35	0.1
罗芳椟	检查官俸给	240	3.8	夏显康	录事薪水	38	0.1
杨浩	书记官长俸给	220	3.2	何建俊	录事薪水	38	0.1
周荫棠	检察处主任书记官俸给	180	2.2	吴佐商	录事薪水	38	0.1

资料来源：《湖南高等法院公务人员所得税扣缴清单》（1936年10月，部分），《湖南司法公报》第6期，1936年12月31日，第99页。

党务机构方面，以中国国民党中央宣传部扣缴情况为例。该部门纳税人最高薪俸为月薪240元，也属较高水准，其余在百元以上者亦复不少。1939年8月扣缴所得税合计49.20元，10月合计54.05元，11月合计53.20元，12月合计50.27元。与党员所得捐不同，此时税款直接缴入公库，党部本身不再负有管理之责。部分纳税人情况如表8－4所示。

表8－4 **国民党中央宣传部国际宣传部部分公务员所得税扣缴清单（1939年7月）** （单位：元）

纳税人姓名	所得种类	本月所得额	扣缴所得税额
董显光	薪俸	240.00	3.80
江康黎	薪俸	179.20	2.20
曾虚白	薪俸	179.20	2.20
沈剑虹	薪俸	153.60	1.60

续表

纳税人姓名	所得种类	本月所得额	扣缴所得税额
李泽晋	薪俸	153.60	1.60
崔万秋	薪俸	153.60	1.60
陈耀柱	薪俸	153.60	1.60
潘约克	薪俸	153.60	1.60
赵英纶	薪俸	153.60	1.60
马华堂	薪俸	122.40	1.00
孟尔藏	薪俸	122.40	1.00
沃鼎章	薪俸	122.40	1.00
林忠	薪俸	122.40	1.00
唐鲁滨	薪俸	100.00	0.60

资料来源：《国民党中央宣传部国际宣传部公务员所得税扣缴清单》，1939 年 7 月，中国第二历史档案馆藏，资料号：718（4）–7，第 3 页。此处仅录部分月收入百元以上者。

在官营事业部分，包括了邮政、海关、官营银行及其他官营企业。官营事业的官员、职员较一般政府、党务机构人员的收入更高，是个人所得税部分的重要来源。首都电厂在 1937 年 11 月缴交所得税 191.8 元，12 月缴纳所得税共计 214.69 元，均由厂会计室集中扣缴，连同所得税报告表，报送财政部所得税事务处。[①] 邮政储金汇业局在 1930 年于上海成立，在上海、汉口、南京等地设有分局，本属邮政系统，后被纳入金融管理体系。所得税开征后，汇业局也迅速响应征税训令，按期汇缴清单及税款。按 1937 年 4 月的清单，英籍总办麦伦达月薪高达 1125 元，与中国雇员同步扣缴纳税。汇业局局长沈叔玉月薪高达 600 元，其余总局及两分局的高级及中级职员月薪在 150 元以上者有 30 余位。1937 年 4 月，总局及南京、汉口分局的总所得额为 39641.17 元，扣缴所得税为 684.92 元。清单由邮政储金汇业局局长沈叔玉、计核处处长钟启祥呈送所得税上海办事处备案（见表 8–5）。

① 《解缴十一月份飞机捐及所得税》，《首都电厂月刊》第 71 号，1937 年 1 月 1 日，第 196 页；《本厂职员所得税及防空会年费缴讫》，《首都电厂月刊》第 72 期，1937 年 2 月 1 日，第 212 页。

表 8－5 **邮政储金汇业局暨京汉两分局及各办事处部分公务员所得税部分扣缴清单**

(1937 年 4 月) (单位：元)

纳税人姓名	所得种类	本月所得额	扣缴所得税额
沈叔玉	薪津	600	23.60
徐显庄	薪津	580	22.91
麦伦达（英籍总办）	薪津	1125	99.60
王志南	薪津	500	15.60
钟启祥	薪津	500	15.60
张樑仕	薪津	450	12.60
罗曼安尼	薪津	400	9.60
沈坷	薪津	380	8.80
沈育之	薪津	340	7.20
李大复	薪津	320	6.40
倪树荣	薪津	320	6.40
王致敬	薪津	320	6.40
郑圣鉴	薪津	120	1.00
胡巳修	薪津	280	5.00
金怀濬	薪津	280	5.00
王勖甫	薪津	280	5.00
梁澄松	薪津	280	5.00
鲍慷志	薪津	280	5.00
唐世铭	薪津	280	5.00
赵应坡	薪津	240	3.80
何静山	薪津	240	3.80
陈述曾	薪津	210	2.90
童仕英	薪津	200	2.60

续表

纳税人姓名	所得种类	本月所得额	扣缴所得税额
林讬山	薪津	200	2.60
叶宏舒	薪津	200	2.60
卢桂滋	薪津	200	2.60
李钟藩	薪津	180	2.20
王联绶	薪津	180	2.20
林纪戡	薪津	180	2.20
蒋安候	薪津	170	2.00
严时霖	薪津	150	1.60
庄心在	薪津	150	1.60

资料来源：《邮政储金汇业局暨京汉两分局及各办事处公务员所得税扣缴清单总表》，1937 年 4 月，中国第二历史档案馆藏，资料号：yc1 - 0417，第 21—22 页。表中仅列举部分清单，原清单计有十一页。

在学校方面，财政部及直接税处发函教育部及各地教育局，要求协助扣缴所得税。各地教育部门同步训令各级学校，以机构扣缴方式缴纳所得税。按税法要求，公私立小学教职员工可以免税。就文献分析，大学对所得税的支持是比较明确的。以厦门大学为例，1937 年 4 月该校会计室将符合标准的教职员工姓名及税额刊载在校刊上，该月 209.6 元所得税由会计室直接扣缴交付公库。校长林文庆应纳税额 15.6 元，相应收入在 500 元左右。其余纳税较高者在 5 元左右，对应收入在 200—300 元。少者税额在 0.1 元，刚刚达到起征点。表中所列，还有不少知名教授，如表 8 - 6 所示。

表 8 - 6　**厦门大学教职员薪给报酬所得税缴纳清单**　（单位：元）

姓名	税额	姓名	税额	姓名	税额	姓名	税额
林文庆	15.6	林觉世	4.4	崔宗埙	5	杜沧江	0.15
李相勗	6.4	黄启显	2.2	张慎微	0.5	连少鹤	0.15

续表

姓名	税额	姓名	税额	姓名	税额	姓名	税额
徐闻金	8.4	周默道	2.2	王蕴玉	0.1	王守三	0.15
孙贵定	6.8	汤独新	1.6	郑民	0.2	朱晓屏	0.1
周辨明	6.8	金德祥	1.4	李清波	1.4	杜申元	0.1
毛常	5	吴有容	1	张滁新	1.4	林和昌	0.1
佘謇	5	陈天佑	0.5	郑延昌	0.05	林燕亭	0.15
熊正瑾	5	卢嘉锡	0.4	杨银森	0.05	林殖三	0.1
王倘	5	杨佩芬	0.4	蔡如川	0.6	翁云涛	0.1
李庆云	5	颜戊己	0.4	刘有土	0.3	章函而	0.1
陈友松	5	赵修谦	0.4	詹汝嘉	4.4	陈仲芳	0.15
邓承铨	4.4	方宗熙	0.4	廖超照	5.6	陈钦霖	0.1
吴士栋	4.4	陈果杰	0.4	何励生	1.4	陈万晖	0.15
林惠祥	3.8	黄寿庆	0.4	王守仁	1	陈松生	0.1
叶国庆	0.8	李维扬	0.1	杨昌业	1	邬宽斌	0.15
傅从德	0.5	洪福增	0.05	曾郭棠	0.6	郭荫棠	0.15
曾省	0.4	陈德恒	7.2	江再傅	0.6	黄伯寅	0.05
周澄南	0.2	杨振先	5.6	林启超	0.3	庄振音	0.05
张荣昌	0.2	傅文楷	5	高用檪	0.1	蔡泽远	0.1
徐君梅	0.2	朱保训	5	卢希圣	0.15	卢仰儒	0.1
刘椽	5.6	张庆桢	5	石铭勋	0.4	林泉岐	0.1
陈子英	5.6	董家溁	5.6	王懋和	0.4	林丽华	0.1
张怀朴	5	冯定璋	5.6	黄大烜	0.4	张子骧	0.1
方锡畴	5	罗时济	5	洪宝璇	0.15	刘哲衡	0.05
陈世騠	5	林发馨	0.05	郑德霖	0.05	张轶群	0.05
杨善基	5	唐瑞惠	0.15	陈明睦	0.05	王景琛	0.15
月额合计	209.6 元，104 人，平均每人 2.02 元						

资料来源：《教职员薪给报酬所得税应纳税额》，《厦大校刊》第 1 卷第 10 期，1937 年 3 月 1 日，第 18—21 页。

此外，岭南大学自 1937 年 1 月 1 日亦采扣缴方法纳税。岭南大学自 3 月起在薪俸项下将三个月所得税，由会计室扣解。另外医学院及附属医院教职员应纳税额，由医学院将款交会计室汇缴。计一、二、三月份三个月全校教职员应缴所得税总额 600 余元，月均 200 余元。[①] 四川大学在接到四川办事处通知后，即报送人员名单及所得额，按时扣缴所得税。[②] 国立劳动大学校长办公处秘书室通告，该校教职员薪金在 50 元以上者，所得税按月由会计室扣缴办理。[③] 无论公立或私立大学，对于战时所得税的开征都持明确支持态度，扣款纳税行动多公开而迅速。1938 年 9 月 14 日，时任中山大学校长邹鲁获报，附属医院会计员呈报已移交所得税及飞机捐款共计 257.73 元，解交中国航空建设协会总会广州分会暨中央银行广州分行接收。又呈报 1937 年数月所得税清单及 1938 年 6 月税款，原因是此前会计员延迟报缴。他特意批评延迟报税问题，“前会计员奉令交代竟恃应解款项延迟交收，殊属不合。此业务项振刷精神，努力奉公，一洗以前废敝陋习，是为至要”[④]。他还命附属医院保留经收机关发还的收据，以备查验。[⑤]

整体上看，公务人员因有所得捐的缴纳经验，对所得税的支持度也较高。公务人员的登记信息明确，收入确定，以机构扣缴办法稽征实施较为便捷。但机构扣缴是从当月收入中抵扣，如遇薪资不能按时发放，或者地方财政收入不敷，或机构负责人因循懈怠，机构扣缴的效率就会大打折扣。同时，在战争情况下，机构的迁移变动也会影响到税款征稽。在抗战初期的广东，政府机关欠缴第二类薪给报酬所得税的情况也常有发生，如表 8－7 所示。

---

① 《本校教职员应缴所得税总额》，《私立岭南大学校报》第 9 卷第 15 期，1937 年 4 月 15 日，第 214—215 页。

② 《本大学公务人员所得额报告表已由所得税办事处收竣》，《国立四川大学周刊》第 6 卷第 29 期，1938 年 5 月 9 日，第 6 页。

③ 《本校职教员将纳所得税》，《国立劳动大学周刊》第 2 卷第 3 期，1939 年 3 月 16 日，第 44 页。

④ 《国立中山大学关于发还所得税及飞机各捐款收据等情的函》，广东省档案馆馆藏，资料号：020－007－54，第 26—28 页。

⑤ 所得税经收机关需要填写四联纳税收据，一为纳税义务人或纳税代缴机关持有；一为收据存根；一为报查；一为报核。参见财政部财政年鉴编纂处编《财政年鉴续编》上册，“第四篇直接税”，第 63 页。

表 8－7　　1937—1938 年广东省建设厅各机关欠缴所得税一览

机关名称	年份	月份
广东省政府建设厅	1938	4 月份以后
广东建设厅英德硫化铁矿办事处	1938	7 月份以后
广东省政府建设厅水利局	1938	1 月份以后
广东省政府建设厅蚕丝改良局	1937	9 月份以后
广东省政府建设厅禁林局	1938	1 月份以后
广东省政府建设厅西江矿物专员办事处	1938	1 月份以后
广东省政府建设厅湖梅矿物专员办事处	1938	1 月份以后
广东省政府建设厅中山船务管理所	1937	7 月份以后
广东省政府建设厅管理南路专员兼受南路行车办事处	1938	1 月份以后
广东省政府建设厅潮汕渔业区受理所	1938	1 月份以后
广东省政府建设厅北路韩线工程处	1938	1 月份以后
广东省政府建设厅琼崖实业局	1938	1 月份以后
广东省政府建设厅西江舰业受理所	1937	10 月份以后
广东省政府建设厅北江矿物专员办事处	1938	1 月份以后
广东省政府建设厅琼崖公路专员办事处	1938	1 月份以后
广东省政府建设厅广州船舶转运费征收处	1938	1 月份以后

资料来源：《欠所得税一览表》，广东省档案馆藏，资料号：006－006－0143，第 7 页。

从表 8－7 中时间推算，广东省政府建设厅中山船务管理所拖欠薪给报酬所得税款长达 18 个月之久。在整个过程中，所得税征缴机关并没有拿出切实可行的征缴办法，作为广东省财政支持的建设厅各机关也并未受到省政府的制裁。云南在 1937 年上半年，除少数机关遵照扣缴报解，多数机关仍在延宕观望，云南省政府屡次电令催缴。[①] 作为中央税，薪给报酬所得税的

① 《电各机关迅予扣缴报解所得税》，《云南省政府公报》第 9 卷第 69 期，1937 年 9 月 1 日，第 26 页。

征缴需要得到地方政府、各机构单位的认可支持。在征收程序上，机构扣缴实际上也是在税收部门与纳税人之间增加了一个中间委托机构，属于间接征收。在征收过程中，少量机构有公开告知，大多数机构是直接扣缴，少有纳税人参与代缴过程。因纳税人普遍缺乏对税法、税率的了解，到后期税率频繁调整，纳税人并不能完全掌握应纳税款的准确数额，由此可能出现多扣少退或篡改税率的现象。

在法理层面，机构扣缴制与简化稽征一样弱化了政府与纳税人之间直接对等的权利与义务关系，使所得税在商民税收心理上形同摊派。到抗战中后期，后方物价飞涨，货币贬值，领取固定薪资者深受其害。无论是政府官员，还是大学教授，都有大量人员处于生活困境中。西南联大的师生们，也经常食不果腹。为了维持公务人员生活，国民政府还出台了补贴政策。在如此境况下，个人所得税 50 元的起征点就过低了。后方各省市仍在继续以扣缴方式纳税，但各类公私机构拖欠现象急剧增多。

（二）自由职业者及其他个人纳税

在薪酬所得税的征收计划中，自由职业者是公务人员之外的另一重点关注群体。之所以受此“优待”，是因为在一般认知之中，律师、中西医师、会计师、工程师、记者、教师等是具有较高经济收入和社会地位的精英群体，是税源之所在。[①] 同时，自由职业者要取得执业资格，均要通过政府的专业水平认证并在管理部门登录，且要加入在地职业公会方可从业。税收征管机关可方便获得自由职业者的登录状况，难题在于如何获得收入信息。在自由职业者之外的各行各业，不论三教九流，如私立工厂、商号、银行、行栈、作坊之从业者、受雇者，如作家、演员、经纪人等与自由职业相似之自我雇佣者，只要获得了超过起征点的薪资及劳务收入，均在征纳之列。自由职业者及其他从业者在本职勤劳所得外的兼职收入或经营收入，也应纳入营利事业所得范围核算。

按只要有雇佣单位者，税局依然希望以机构扣缴的方式来征税。但私立

① 魏文享：《“自由职业者”的社会生存：近代会计师的职业、收入与生活》，《中国社会经济史研究》2016 年第 2 期。

机构毕竟与公立不同，政府不能通过组织及公库系统来查知薪资信息，也难以强制要求各公司、行号执行代扣指令。在实际运行中，税局采取的是机构扣缴和个人查征相结合的办法，因地因人制宜，多方动员查取税源。在第二类薪给报酬所得税征收须知中，对于自由职业者及其他从业者同样有机构扣缴方面的规定。第十九条规定，雇主发放薪酬时应将应纳之所得税分别扣下，按月直接缴送当地公库机关并掣取收据报送征收机关。第二十条规定，自由职业者及其他从事各业者之所得如设有业务所者，其薪给报酬所得应于每年年终结算一次，就其各月所得平均额填送报告表，所得额可扣除必要成本。[①] 这一规定主要适用于独立或联合开设事务所的律师、会计师、医师、工程师等，其收入主要来自日常执业及事务所之年终利润，每月收入并不固定，年终结算报税更为全面。

到1940年9月，直接税处为严密征收程序，专门针对自由职业者及其他从业者颁发了征收办法。办法首先强调调查，各省市分处及查征所应详细调查辖区工商业及自由职业者的纳税单位，汇总信息清册。[②] 具体条款如下。

第二类自由职业者及其他从事各业者薪给报酬所得税稽征办法

（1940年9月）

第一条 各省市区分处，应就分处驻在地之市县或公私行号、工厂、公司集中地方，先行着手调查登记，逐渐推及其他该管各县。

第二条 各区分处应备置自缴薪酬所得税及扣缴薪酬所得税调查登记簿册为一份，其属于自缴薪酬所得税者，应详载从业者之姓名、业别、住址、业务所或服务所名称，主管官署核发之证照号码等项目。其属于扣缴薪酬所得税者，须查照一类查征单位，详载其使用人之员额薪酬，严密查征。

第三条 各区分处遴派妥员，携同正式证明文件，即向驻在地之市县内保甲办公处及公安机关，分别查明自缴所得税者之业务所名称及各

① 《第二类公务人员薪给报酬所得税征收须知》（1936年10月），《财政公报》第104期，1936年10月11日，第102—103页。

② 《第二类自由职业者及其他从事各业者薪给报酬所得税稽征办法》（1940年9月22日），《直接税月报》第1卷第5期，1941年5月1日，第54—55页。

从业者之姓名等项，以及其他从事各业者之所属单位，填于簿册内，以备查考。

第四条　各区分处于自缴薪酬所得税单位调查完毕后，即行分别填发申报所得额通知单。

第五条　各从业者于接到通知单后，应于五日内向当地所得税主管稽征机关申报其所得额。

第六条　各区分处应就其辖境内各公私行号、工厂、公司，分别通知，对于使用人等薪酬所得照章扣缴其税款，并申报之。

第七条　各区分处应遴选干练人员，向各公私行号、工厂、公司调查其使用人员之薪酬所得，以及变相酬给，作为课税根据。

第八条　各从业者暨公私行号、公司、工厂之负责人，如不依报告或怠于报告者，主管征收机关，应即依照所得税暂行条例第十八条规定处罚之。

从制度而言，是机构扣缴与个人查征并用，纳税人及机构信息调查登记是其关键。办法规定市县内之保甲及公安机关得协助核查姓名及单位。财产和税收的信息登记事务并不限于税局权限之内，还涉及户籍人口管理、财产及产权登记、工商企业注册等诸多政务领域。恰是因政府的预先人口、财产及资本登记不全，使税局征稽缺少主动的信息条件，过度依赖查账又遭遇假账之困。在遗产税开征之后，财政部特别强调加强人口及财产登记，其用意也在此。

在自由职业者纳税过程中，职业公会居于重要地位。无论是事务所，还是从业者个人，均要在职业公会登录方可执业，因此公会掌握着较为全面的信息。税局不断函电律师公会、会计师公会、医师公会，要求协助催缴税款。1942 年，直接税处还训令各分局积极查征各自由职业者。[①] 职业公会也主动召集会员商讨纳税之法，基本仍按税法要求，年终结算，集中汇缴。上海律师公会在 1937 年 6 月 4 日专门开会商讨纳税办法。6 月 27 日，公会要

① 《积极查征自由职业者所得税》，《新税政》第 4 期，1942 年 5 月 30 日，第 9 页。

求全体律师按执业事务所年终集中核算报缴。[①] 天津市医师公会也会议协商，讨论缴纳所得税事宜，要求各医师按时纳税。[②] 上海医师公会还专门聘请会计师，拟定医用所得税表格，以便于报缴。[③]

私营工商企业、行号雇佣的职员、工人、店伙等在城市就业人口中所占比例甚高。税局通过商会、同业公会不断催缴，也希望公司、商号能够代为扣缴。1937 年 8 月，所得税上海办事处致函各业同业公会，要求各公会通知会员，店伙薪酬按月结算者，按每月所得满 30 元者扣缴。按季或半年或一年长支者，就每月平均所得超 30 元者核算，应于支给薪酬时扣缴。[④] 私营工商企业大多对此消极应对。1937 年 1 月，上海机制国货工厂联合会召开会员大会，到会者 300 余人。讨论认为，各厂有月工制，有件工制，有只给薪水者，有于薪水之外，另给膳食、舟车各费者等不同情形。征收细则有雇主代扣之规定，但所得之计算，又属历级性质，计算极其困难，联合会报请当局解释。[⑤] 更实际的问题是各业不同层级收入差距较大，大多数工商从业者收入较低，大多在百元以下。在物价上涨之后，“普通工商职员薪额并未能随比例增加，即以起征税率三十元的收入而论，设使家有年老父母，弱妻子女各一，则五口待哺。衣食住行所需杯水车薪，何从应付呢?”真切的办法是要仿户口调查成例，“速办全国工商各界薪给职业户口登记，详细调查收入与负担情形，确实困苦者，予以‘免税证’”[⑥]。私营企业、行号要集中报缴存在现实困难，而且涉及企业、行号众多，公会不胜其烦。公会所反映者，主要是营利事业所得税的核算和减免问题。

外国在华企业及侨民一直拒绝向中国政府纳税，但在华外国公司、洋行的中国雇员，仍有不少主动报缴。上海办事处开征所得税后，各界前往问询者较多。办事处派员专责办理，多数为本国工商界人士，还有少量侨商。美商吉贝洋行、意商义华洋行、英商保险公司、瑞商连纳洋行、德商裕兴洋

---

① 《律师公会日内开会商讨申报缴纳办法》,《大公报》（天津）1937 年 6 月 5 日，第六版；《津市全体律师下月起纳所得税》,《大公报》（天津）1937 年 6 月 28 日，第六版。

② 《津市医师缴纳所得税》,《大公报》（天津）1937 年 6 月 30 日，第六版。

③ 《上海医师公会拟医用所得税表格》,《医事汇刊》第 9 卷第 2 号，1937 年 4 月，第 118 页。

④ 《所得税上海办事处函告扣缴税款办法》,《立信月报》第 8 期，1937 年 3 月 15 日，第 15 页。

⑤ 《机联会对薪给所得税汇呈政府解释》,《申报》1937 年 1 月 16 日，第十四版。

⑥ 孟昭：《从薪给立场论所得税》,《钱业月报》第 16 卷第 8 号，1936 年 8 月 15 日，第 2 页。

行、基督教会中的美华浸会书局、法商达理会计师事务所等，都有华人雇员主动纳税。[①]

个体纳税者中，应用查征法更多的要数一些艺员及明星。艺员及明星受媒体及公众关注，每有演出，就会见报，税局遂闻讯而至，强令纳税。此外，明星纳税或者欠税之事，本身也具有一定的娱乐效应，易引发公众关注。在报纸上，一直不乏关于美国好莱坞明星逃税事件的报道。1935 年在所得税立法讨论过程中，上海的娱乐业媒体《电声》刊发新闻，美国明星每人每年纳 10 万美元以上者有数十人之多。所列明星包括：卓别林、范朋克、玛琳台维丝、威尔罗杰士、恩哈亭、考尔门、约翰吉尔勃、康丝登泼纳、嘉宝、珍妮盖诺、麦唐纳、罗范丽、李察巴色姆等，“为数洵足惊人”[②]。

到所得税正式开征后，一些著名的戏剧、电影明星成为税局重点关注的对象。1937 年 4 月，税局还专门颁行《艺员所得税征收办法》。第二条规定：“凡艺员有业务上之组织及有雇佣人者，不问其是否受雇或自行出演，均就其所得之薪酬额内，除去业务上必要之开支，以其余额为所得额，使十二个月平均计算其每月之所得额。”第三条规定，受雇之艺员，由雇主扣缴其所得税。第四条规定，自缴所得税之艺员，于每年第一次申报所得额时，应先向所在地所得税办事处，请领艺员缴纳所得税凭证，并核计其该次应纳税额，自向经收税款机关缴纳。第七条规定，艺员每到一地出演申报纳税时，须呈验凭证，经所在地办事处核准，缴纳税款。[③] 无论是独立艺员还是受雇艺员，均须纳税。异地演出，原则上应在演出地报缴。

梅兰芳每有演出就有纳税新闻传出。1937 年 4 月，梅兰芳在南京大华剧院演戏十天，报纸上就有言论讨论究竟是按营业所得纳税，还是按薪酬所得或一时营利所得纳税。梅兰芳获知此事后，主动表示要按自由职业者薪酬纳税，并委托会计师报请所得税办事处批准。之所以如此，是因伶人演出时

---

① 《洋行华职员自动纳所得税》，《新新月报》第 3 卷第 5 期，1937 年 5 月，第 6 页。

② 《好莱坞明星所得税每年达数百万金元之多》，《电声》（上海）第 4 卷第 27 期，1935 年 7 月 5 日，第 543 页。

③ 《艺员所得税征收办法》（1937 年 4 月），立信会计师事务所重庆分所编《直接税法令汇编》，立信会计图书用品社 1942 年版，第 56 页。

间及收入并不固定，照自由职业者年终结算纳税，可更为便捷完整。梅兰芳显然是持为国纳税的心理，以主动积极的态度来缴纳所得税。他还表示拟在上海设一事务所，每半年将所得登记核算，去除一切行头开支后依净所得按月平均报缴。[①]

名伶程砚秋还曾被税局追税。1937 年6 月，程砚秋赴山西演戏十场，计卖得票价 1.45 万元。山西阳曲县营业税局以其未缴纳所得税，发出纳税通知单，程不知何因未予理睬，径赴大同。不想营业税局及公安局联合派员赴大同，在山西大饭店向程当面索催税款。经过再三交涉，“始由程出具二百元兑条一纸，约定于一月内交清”[②]。在这一事件中，税局查税倒是尽心尽力。马连良在长沙大戏院演出得到 1.8 万元报酬，湖南所得税办事处知照马交税。延至 27 日，马离湘北返。湖南办事处电部备案，还请各地协查。湖北所得税办事处接函：“查避税离湘之演员马连良如来鄂时，应请截留归案严办，以重功令，而维税政。”[③] 这些特例事件，显现所得税的全国稽征网启动，仍能有所成就。艺员及明星的媒体关注度高，税源易于探知。但此类征稽，还是具有一定的选择性，税局如能对一些拥有权势的高收入者主动查征，当有助于改变社会对所得税的观感。

舞场的舞女及表演艺人应如何纳税，也受到税局关注。上海大沪娱乐公司曾专门咨询所得税上海办事处，得到答复称：“无论舞女、乐师及表演伶人，凡上列从事各业者，其所得均出于直接从事劳务而来，故不问其是否由舞场所雇佣，或自由营业，亦不问其支给薪俸，抑约定拆账，均应由其收受所得之机关于分派或支付时，照其他从事各业者薪酬之所得，就其每月所得之总额，扣缴所得税。”[④] 办事处认为，舞场营业本身固应缴纳营利事业所得税，但舞女、乐师等在舞场之个人所得，因性质不同，应单独缴纳。在缴纳方法上，办事处还是希望舞场扣缴。税局如此追查，引发舞女的强烈不满：“靠着皮肉脚尖吃饭的姊妹们，将被压出最后一滴血来了。我们希望这

---

① 《梅兰芳缴所得税》，《大公报》（上海）1937 年4 月14 日，第七版。

② 《程砚秋拒付所得税》，《电声》（上海），第6 卷第30 期，1937 年7 月30 日，第1032 页。

③ 《马连良不纳所得税》，《影与戏》第12 期，1937 年2 月25 日，第186 页。

④ 《所得税乐师舞女一律扣缴》，《春色》第3 卷第7 期，1937 年4 月1 日，第5 页。

种‘所得税’能支配于最迫切的用途上才是!”[①] 高台深池，霓虹闪烁，舞女是靠伴舞交际谋生。可能一时所获超过起征点，但社会地位低下，增一分税收则少一分收入，自然有抵触心理。不过，舞女对于税收要用于“最迫切的用途”的呼吁，与其他纳税人一样都蕴含着对税收的国民要求。

与个人所得相关的“贡献一日所得运动”颇值得关注。这一运动在1936年由上海立报社发起，主张贡献一日所得，唤醒国民，协助政府，充实财政。国民党中央对此表示支持，“盖一人一日之所得固属有限，而集中全国人民一日之所得，无异集腋成裘，以之贡献国家，收效必大。且人民以一日所得贡献国家，乃国民对于国家最低限度之牺牲，亦即吾民族自力更生之表，其意义至为重大”。为了将之制度化，国民党中央要求各地党部、政府会同民众团体组织推行委员会，“凡有工资薪给者，应以一日所得贡献国家”。如是公司、商号，“应以一日营业所得或一日营利所得贡献国家”。至于机关、学校、团体，可节省一日办公费。劝募所得款均交各地党部转呈中央财务委员会。运行费用，由各地党政机关筹措。倡议发出后，得到不少个人、机构及团体响应。厦门大学由行政会议各委员发起，于10月在全校教职员工友薪津项下各扣一日所得汇存银行，得513.87元。[②] 上海商会不仅在本地提倡，告知全市各业公会支持，还通电广州、长沙、重庆、杭州、青岛、芜湖、西安等商会仿办。[③]“贡献一日所得运动”不是征税，而是募捐。一日所得，契合了所得税中的所得概念，对强化民众的所得认知有正面作用，由党部来负责管理的方法类似于所得捐。

个人薪资所得税的征收对象涉及不同职业、不同行业，人口既分散，收入又较隐秘。税局采取的是机构扣缴和个人查征相结合的办法，来解决信息收集和税款征稽问题。公务人员和自由职业者仍为其重，在机构行政权力及职业管理权力的辅助之下，得以实施机构扣缴。至于其他行业，机构扣缴法实施效果并不明显，税局运用媒体信息来实施查征，仅对部分职业可产生作

---

① 《征舞女所得税》，《妇女生活》（上海），第4卷第2期，1937年2月1日，第13页。

② 《一日所得贡献国家，本校教职员工友全体响应》，《厦大校刊》第1卷第5期，1936年11月15日，第9页。

③ 《上海市商会倡导“以一日贡献国家”》，《国际劳工通讯》第3卷第11期，1936年11月，第97页。

用。与营利事业所得税中的商人团体代征一样，薪酬所得税中的机构扣缴同样具有委托—代理的特性。在短期内，可以提升征稽效率，但在政府和纳税人之间，楔入了团体、机构等中间组织，从而在一定程度上扭曲了所得税直征的法理意义。

按税法所定，政府与国民、税局与纳税人正面对接，税收的权利和义务关系再无可回避。政府以国民责任和义务要求纳税人，而商民亦以纳税人的权利来要求税局及政府。抗战时期，为国缴税当然是国民义务，如潘序伦所论：“吾民鉴于国家危难之重大，当思如何从各方面输助于国家。而在法律上负有纳税义务之人民，岂忍心逃避其责任乎？”① 但这并非意味着民众放弃了在权利和利益上的诉求。在增加财政收入之时，民众对于税收的支出和用途同样关心。代理扣缴或摊征的方式，在短期内符合征纳双方的利益，但长期却有损税收平等与公平。从财政部在简征与查征之间的摇摆态度来看，政府仍然希望回归查征制，这样才能最大限度地减少逃税漏税行为的发生。

四 证券存款利息所得税的征稽

证券存款利息所得税对应的所得来源是资本利息，按暂行条例规定分为公债、公司债、股票及存款利息四类。债票、库券、凭证或股票均属证券，所获债息、股息等均属利息所得。公私款项存于银行，所获利息亦应纳税。在所得性质是勤劳所得或非勤劳所得的讨论中，利息所得被认为是非勤劳所得，应予重征。在以往研究多认为证券存款利息所得税占比较少，次于营利及薪酬所得税，但事实上在开征最初几年，利息所得税一度高过薪酬所得税。与第一、第二类所得税相较，第三类证券存款利息所得在税源上易于掌握，证券部分由发行机关代扣，存款部分由银行代扣。争议较多的，是如何通过减免来引导社会资金流向。

① 潘序伦：《所得税之报缴与爱国心之表现》，《立信月报》第2卷第4期，1939年5月1日，第1页。

（一）银行代扣问题

在暂行条例及第三类所得征收须知中，已经明确银行可以代扣存款利息所得税。[①] 证券存款利息所得税未使用累进税制，而是采比例制。根据政策解释称，比例对一般薪资存款不利，但是因社会姓名登记不严，以他人姓名或堂名登记者不少，如果实行累进税，存款人可能化名分散存款，反而会造成逃漏。

利息所得税预定于 1937 年 1 月 1 日起征，在此之前，财政部为顺利推动开征，已经与上海银钱两业展开磋商。上海银钱两业原本希望暂缓开征，为政府所拒，不得不对税政表示支持。1936 年 9 月初，上海银钱两业所得税委员会议决一面饬会员行庄准备实施，一面也请政府对外商银行切实征税，以免华商行庄资金逃流。[②] 9 月 15 日，上海、南京两地银行界代表专访财政部，与当时直接税筹备处主任高秉坊及副主任梁敬錞会谈。二人表示理解银钱两业的担忧，承诺派员赴上海讨论代扣手续问题。[③] 20 日，直接税筹备处梁敬錞等赴沪，与银钱两业公会代表面议。梁表示原本拟采调查制，但考虑实施较为困难，决定采“呈报制”，即各行自动呈报，政府再可根据账册调查。[④] 此后，上海银钱两业所得税委员会多次举行联席会议，梁敬錞等也多次参与讨论，双方就代扣代缴问题基本达成共识。梁后来被任命为上海办事处主任。

正式开征之后，财政部函令上海及各地银行公会配合实施。无论公私银行，均应依法限期代扣。上海办事处发函银行公会，要求支票、定期及划拨三种储金，应由银行代扣利息所得税。上海办事处函邮政储金汇业局，要求自 1937 年 1 月 1 日起开始扣缴。[⑤] 上海银行公会拟定《银行扣缴存款利息所得税办法》，请财政部于百分之五利息税中提扣百分之二以手续费名义付给

① 《第三类证券存款利息所得税征收须知》（1936 年 9 月 20 日），《中华民国工商税收史料选编》（直接税·印花税）第 4 辑上册，第 451 页。

② 《存款利息所得税两业请采普遍办法》，《中外经济情报》第 10 期，1936 年 11 月 27 日，第 9 页。

③ 《为所得税问题银界代表访高秉坊》，《大公报》（天津）1936 年 9 月 17 日，第三版。

④ 《梁敬錞等抵沪与银行界会商代征所得税》，《立报》1936 年 9 月 21 日，第二版。

⑤ 《为函请将一月份扣缴之三种储金利息税款迅予报缴由》，1937 年 2 月，中国第二历史档案馆藏，资料号：yc1 -0420，第 40 页。

扣缴银行，以提高银行积极性。财政部认为，百分之二的经手费较法定奖励金数目要高，最终批准提扣百分之一作为经手费，试办一年。① 上海银行公会据此修改了扣缴存息所得税办法，内容如下。

银行扣缴存款利息所得税办法

（1）为保持存户秘密起见，呈准财政部，于将来申报缴税表单时，仅载账号，不列户名。

（2）为优待存户计，将各行应得之经征手续费，尽数拨给存户。自本年元旦起，应付各种存款利息，暂照九六计算。例如存户利息所得为一百元，应纳税五元，此五元中银行应得手续费为百分之一，现准予付税时扣除，其余四元缴解税局。惟银行方面自愿放弃，拨给存户，则存户每百元纳税额为四元。②

上海银行公会担心列报清单会泄露存户秘密，要求不列户名。而关于经征手续费问题，原本是财政部同意付给代扣银行的纳税成本。此时银行公会自愿放弃，贴补给存户，是希望以此减小对存款市场的冲击。财政部为了取得银行的支持尽快获得税款收入，同意了上海银行公会的呈请。据扣缴办法，代扣程序是按以下流程进行。首先各银行需将本行庄信息、存款情况报送所得税办事处，以备查核。储户提取款项时，由银行代扣利息所得税。因银行回拨一成补给存户，实际是按百分之四扣取。银行将税款缴送中央公库，也按百分之四税率入库，获得缴款凭证再连同清单交给办事处。1937年1月，上海银行公会迅速拟订告存户通知书，不仅在报纸上刊载，也向大额存户寄发。内容如下：

上海银行公会代拟各会员银行印发存户通知书

查《所得税暂行条例》已于本年一月一日全面实施，存款利息之

① 《财政部密批上海市银钱业公会主席陈光甫、邵燕山》，1937年1月，中国第二历史档案馆藏，资料号：yc1－0420，第60页。

② 《银行扣缴存款利息所得税办法》，《金融周报》第3卷第5期，1937年2月3日，第27页。

税率为千分之五十，由存款银行扣缴，自应遵照办理。本市银行业同业公会各会员银行为保持存户秘密起见，已呈准财政部于将来申报缴税表单仅载账号，不列户名，并为优待存户计，亦由公会议决将本行应得之经征手费仍尽数拨给存户。即自本年一月一日起，本行应付存户各种存款利息暂照九六计算，而贵户应纳之所得税则由本行总行依率汇缴。凡此区区优待客户及遵奉法令之微忱，当为各存户所共鉴。[①]

杭州银行公会亦将此通知告知会员银行，同等办理。邮政储金汇业局原本按财政部同意标准收取经手费，见上海各银行公议将经手费转予存户，为避免存款流失，也向财政部呈请："本局储户仍征百分之五，有畸轻畸重之象，或将影响本局业务。因此，请与上海银钱业同等办理。"财政部所得税事务处对此表示同意。[②] 如此，银行存款利息所得税的代扣问题以制度方式确定下来，原定一年期限后来也更改为在战事未结束前，准予继续施行。[③]

关于公债库券利息问题，直接税处后来也出台专门办法，规范其报缴程序。1940 年 6 月，直接税处联同中央银行国库局制定了《中央公债库券利息所得税税款缴报办法》。办法规定：（1）中央公债或库券到期利息由国库如期支发者，即由中央银行国库局于接到国库支付书时，就其支付之利息总额，依照规定税率提扣所得税报缴。（2）中央公债及库券不论在市场发行，或向银行抵押借款，其到期应付利息由银行代部垫款支付者，国库应于接到国库支付书时，就其利息总额依照规定税率提扣税款报缴，再为分别归还所垫之款。（3）国库局为政府机关办理报缴中央公债库券利息所得税，依照《所得税暂行条例施行细则》第三十条末项之规定不给奖励金。（4）中央各种债券到期利息所得税，既经国库局统行扣缴，其他原经付及代部垫付各种

① 《代拟各会员银行印发存户通知书》，1937 年 2 月，中国第二历史档案馆藏，资料号：ycl - 0420，第 59 页。

② 《邮政储金汇业局函所得税事务处》，1937 年 2 月，中国第二历史档案馆藏，资料号：ycl - 0420，第 57 页。

③ 《存款利息所得税手续费部令继续施行》，《银行周报》第 23 卷第 36 期，1939 年 9 月 12 日，"国内要闻"，第 7 页。

债券利息之银行，毋庸分别扣缴税款，亦不再给予奖励金。[①] 依条款规定，公债利息由国库局发放息金时直接提扣，而被抵押债券由银行垫付预扣。在利息所得税中，公债库券利息为数甚大。

因财政部和银钱业很早就达成共识，双方也一直保持沟通，代扣代缴制度的实施较为顺利。利息所得税的收入迅速增加，一度超过薪酬所得税。在上海沦陷、政府内迁之后，金融业遭受重创，利息税迅速下降，但征收办法一直延续。

财政部担心影响公平的主要是商号存款问题。普通商号并非银行、钱庄，不符合银行注册章程的规定，无权开设存放款、汇兑、贴现等业务。但是，因过去金融业不发达，商号吸收存款充实资本，存户存款获取利息一直是民间习惯。北京政府时期，政府为避免商号清理引发金融风险，一直采取禁止措施，但并不见效。国民政府及财政部在 1930 年曾通令各省市政府查禁普通商号存款，未见行动。到 1935 年 12 月，财政部考虑利息所得税即将开征，“普通商号假借名义，吸收存款，不独有违法令，且其资金之多寡，与夫储金之如何营业，概不得知。设一旦有亏倒情事，则受害者何可胜计”，再次下令禁止。[②] 按税法规定，银行存款需征收利息税，如果普通商号吸纳存款而可免税，不止税法不公，还会造成银行资金外流，银钱业对此也不断呼吁。

缘此，证券存款利息所得税开征之后，财政部加大了查禁力度。1937 年 1 月，财政部训令上海商会，要求各同业公会报送银行钱庄信息，同时令商会、同业公会将不称银行庄号但仍兼收存款商号的牌名、地址详细调查，于二十日内报送所得税事务处，以便查处征税。[③] 上海商会按办事处要求，启动登记申报。规定在 2 月 28 日之前登记申报，如逾期不报，即以隐匿论，自 1937 年 1 月 1 日起存款利息同样扣缴。[④] 登记者，即按规定税率纳税，同时不得再吸纳新的存款。

---

① 《中央公债库券利息所得税款缴报办法》（1940 年 6 月 5 日），《直接税月报》第 1 卷第 8 期，1941 年 8 月 1 日，第 69 页。

② 《普通商号不准吸收储蓄存款》，《中央日报》1935 年 12 月 6 日，第一张第三版。

③ 《财部令查本市兼收存款商号》，《金融周报》第 3 卷第 5 期，1937 年 2 月 3 日，第 27 页。

④ 《所得税办事处通告，商号存款限期申报》，《新闻报》1937 年 2 月 17 日，第十四版。

三令五申之下，吸纳存款商号有所减少，或由明转暗，但这一现象仍然存在。1940 年 8 月，财政部在《非常时期管理银行暂行办法》中规定：凡经营收受存款及放款、票据、贴现、汇兑或押款各项业务之一，而不称银行者，视同银行。如普通商号有兼营情事者，应严加取缔。① 到 1943 年，财政部再次会同经济部、司法部拟定取缔私人存款办法，规定：凡非经营银钱业之公司行号接收私人存款者，一经查觉，即依修正非常时期管理银行暂行办法第十四条之规定，从严处罚（除勒令停业外，并处其经理人一万元以下之罚金）；私人存款于非经营银钱业之公司行号时，亦认为非法。遇公司行号倒闭或发生债务纠纷时，对于此类存款法律上不予保障。但这一现象持续到抗战光复之后，一直未能禁绝。禁而不绝的后果是，仍有大量资金存放于普通商号，税局难以获得税源信息，但在客观上有利于企业、商号获得资金支持。

银行代扣可以较好地解决华商银行存款利息税问题，但是外国银行对此却加以抵制。外国在华银行吸纳大量华人存款，尤其是花旗银行、汇丰银行等，聚集大量权贵富人存款。1932 年 7 月，有报道称，仅汇丰一行即有二十二个百十万元以上之中国存户，“存款者大半皆为所谓党国要人，及所谓在野名流。每月仅利率一层，亦至钜且大。设以六厘计算，则每月所得，至少在十万元以上，总使最伟大之工厂，亦不消如许之支出。余如花旗等外行，千万左右之存户，亦不在少数”②。同年 9 月，《中央日报》也刊载消息，“中国富豪将现款存于外国银行之总额达廿万万元”③。外国在华银行中，究竟有多少华人存款，目前还缺少全面准确统计。国民政府外交部、财政部自所得税开征时即与欧美各国协商，但各国基本上都持抵制态度。到 1943 年废除各国在华治外法权后，向外国在华银行征收营利事业所得税及代扣利息税的法律和政治障碍方才消除，但在征收方面，仍然不见成效。

---

① 《部令取缔商号吸收存款》，《银行周报》第 24 卷第 44 期，1940 年 11 月 5 日，“国内要闻”，第 1 页。

② 《外国银行之华人存款》，《沪报》1932 年 7 月 13 日。

③ 《中国现在银币共十七万万元，存于外国银行者，总额达廿万万元》，《中央日报》1932 年 9 月 12 日，第三版。

（二）利息税减免问题

利息性质为资本所得，但因主体、用途及数额之别，并不能全部等同视之。同时，在战时状况下，财政部为鼓励储蓄、救济金融，或促进公益、慈善事业，也以利息税为政策工具，因此有不少减免规定。凡各项免税，只以存款之利息为限，凡属证券性质之公债、公司债及股票之利息，一律不适用上述各项免税规定。

按暂行条例规定，各级政府机关存款、公务员及劳工之法定储蓄金应予免税。政府机关存款以中国、中央、交通、农民四行为限。为避免出现个人储蓄借机逃漏的情况，公务员及劳工法定储蓄金需要经过认定。公务员部分，规定是要依公务员储蓄条例办理者为限。《公务员储蓄条例》在1935年前后即开始审议讨论，到1936年通过。该条例授权党政机关可以对公务人员实施强制储蓄，目的在于“养成公务员俭德，并保障其年老生活。无论服务党政各机关人员，概须由其服务机关按其实支薪俸数目，逐月扣出，解存中央信托局”①。存款以最优复率计算，俟退职或死亡时方可领取。这一制度是为了加强对公务人员的保障，具有一定福利性质，但到物价上涨过快时就逐步失去作用。劳工部分，规定是要依1936年公布的《工人储蓄暂行规程》办理。办理申请时，应由存款机关填具免税申请单，附上证明文件，再送交收受存款银行加注印章，转交主管征收机关核准。《工人储蓄暂行规程》是行政院在1936年12月公布的，政策制定之初衷也是通过自我储蓄加强对工人的保障。储蓄主体是工人储蓄会，储蓄会由工厂或工会发起，须报送主管官署认定备案。工人可以加入储蓄会为会员，储蓄分为强制储蓄和自由储蓄两种，均由储蓄会管理委员会送交中央信托局或邮政储金汇业局存储。②

为了彰显政府对教育及慈善事业的支持，法令规定对教育、慈善机构或团体基金存款免税。为避免假借冒滥起见，经过法律认定的教育慈善机构或团体方具免税资格，以向主管官署立案者为限。未向主管官署立案者，不能

① 《公务员储蓄条例》，《中央日报》1936年3月9日，第一张第三版。

② 《行政院公布工人储蓄暂行规程》，《民报》1936年12月25日，第二张第一版。

享受免税利益。教育基金存款时须用机构或团体之户名办理定期存储，用利不动本，且不得变更用途。如果是个人募集的慈善专款，经取得社会公团之证明文件者，经报主管官署批准，也可以免税。[①] 按1937年1月公布的《教育储金免税办法》，教育储金在存款时应将姓名、住址、用途、受教育人姓名、数目、利率、就读学校等填报报经主管征收机关核准，再由税局通知其储蓄银行免扣利息所得税。[②] 个人之教育储蓄年利息如未达一百元，则免于征税。教会慈善基金存额可免税，如以营业为目的之团体资金，仍须照章纳税。[③] 开封三一堂在1935年6月以堂名存入邮政储金汇业局存款1500元，为该堂之基金，请予免税得到批准。[④]

个人间贷借所生利息，最初亦包括在内。1936年10月，财政部要求普通商店及个人间之变相存款、贷款，“如系以贷放生息为目的，其所得之利息亦自应课税”[⑤]。后经审定，“以个人间之贷款，调查既难周遍，稽征至属不易，设事征收，徒滋流弊，为防止苛扰起见，乃决定暂行停止征收”[⑥]。

保险中的人寿保险是否免税，也产生过争议。暂行条例第二条规定，不以营利为目的的法人所得，免纳所得税。上海保险业同业公会上呈称，投保人寿保险者非以营利为目的，受益者是个人，“而于一切重要问题如贫穷、衰老、依赖、疾病、失业、失学、慈善等，莫不仰赖人寿保险为之解决，是则人寿保险所得与不以营利为目的之法人所得，论其性质在社会所尽之功能，实无异致，此人寿保险应予免征所得税之理由一也”[⑦]。

政府还运用利息税减免来推动节约建国储蓄运动，调节战时金融。1938年9月，国民党中常会议决颁行《节约建国运动大纲》，号召公众勤俭节约，积极储蓄，以便于集中资金用于社会建设。1938年11月及次年9月，《节约

---

① 王丕烈：《我国证券存款所得税制度》，《直接税月报》第1卷第3期，1941年3月1日，第4页。

② 立信会计师事务所重庆分所编：《直接税法令汇编》，第57页。

③ 《教会慈善基金免收所得税》，《真光杂志》第36卷第7号，1937年7月17日，第53页。

④ 《河南中华圣公会请免扣存款利息所得税》，1937年1月，中国第二历史档案馆藏，资料号：yc1－0420，第69页。

⑤ 《财政部关于商号及个人间存贷款利息应照征利息所得税咨》（1936年10月30日），《财政公报》第105期，1936年12月1日，第50页。

⑥ 王丕烈：《我国证券存款所得税制度》，《直接税月报》第1卷第3期，1941年3月1日，第2页。

⑦ 《上海保险业同业公会呈立法院文》，《人寿》第15期，1936年10月10日，第25页。

建国储金条例》和《节约建国储蓄券条例》出台，号召民众可按储蓄或购买储蓄券两种方式参与运动。节约储蓄与普通存款的差异主要是限定了存储时间，多以定期为主，利率相应提高。[①] 政府尤其力推民众购买节约建国储蓄券，储蓄券由中央信托局及中国、交通、农民三行及邮政储金汇业局发行，分甲、乙两种类型。甲种储蓄券按票额储蓄领购，期满兑付时另给利息及红利；乙种储蓄券于存款领购时付息，期满按面额兑付。甲种利息是后期支付，乙种利息是预先支付。储蓄券额度分为五、十、五十、一百、五百、一千元六种票面。甲种为记名式，乙种不记名可自由转让。储蓄券利息较普通存款优厚很多，且利率随存款时间延长而递增。两条例规定资金投资于有关国防之生产事业、开垦土地、兴修水利、发展农林、交通事业、发展工矿业、联合产销事业等。[②] 储蓄券的发行方式实际上类似于债券，只不过票面及期限更为自由，更便于普通民众购买。在本息兑付上，更为便捷，可使民众打消对公债担保及偿还问题的担忧。不过，政府为吸引存款，给予利率远高于普通存款，付息成本相当之高。从理论上看，节储券是具有投资价值的，其最大的挑战是物价上涨。

无论是国防最高委员会，还是国民党、国民政府都将节储运动提到极高的政策地位。各级党政机关、四联总处均大力宣讲节储运动之意义。1940年10月10日，国民政府主席林森题词："勤劳节约，社会优良；游资萃集，生产加强；以增民富，以固国防；宏兹愿力，利益孔长。"经济部部长翁文灏发表文章认为战时储蓄有安定物价、支持财政、促进建国的重要意义。[③] 还有不少论者从财政、军事、税收、物价、生产、生计等不同层面论证战时节储的重要性，大体逻辑是以节储支持生产、控制物价，在此基础上财政自可获得更为丰富的税源。在组织上，国民政府在重庆成立了全国节约建国运动委员会，在各省市设立节储团，还派员分赴各地组团劝储。四川、贵州、湖南、广东、西康、陕西等省都成立了节储团。1942年年初，蒋介石专门

① 《节约建国储金条例》（1938年11月），《经济汇报》第1卷第5、6期合刊，1940年1月20日，第90页。

② 《节约建国储蓄券条例》（1939年9月12日），《中央银行月报》第8卷第9号，1939年8月，第1154—1155页。

③ 翁文灏：《战时节约储蓄的意义》，《大公报》（重庆）1940年10月10日，第五版。

发表《为节约建国储蓄告全国同胞书》，指出："我们现在抗战需要，一切的一切，根本只能作自力更生的打算。更因为我们地力雄厚，宝藏丰富，只要有资本，开发起来，一切都咄嗟可致。而且我们有四万万五千万同胞，每人每天节储一分钱，总是轻而易举。一个月便可得一万三千五百万元，一年便可得到十六万万元的巨数。如其每月能节储一元钱，一个月更可得四万万五千万元，一年便可有五千万万元以上。任何有关抗战建国的伟大事业，都可同时并举，迅速完成，绝对没有缓不济急的困难。"蒋指示四行两局全面落实节储要求，承诺"政府将储款投资到这些生产领域，更是负责保本保息，只有获利，决无亏折，保障更属万分安全"①。政府如此全力推进节储运动，足见此时财政与经济已陷入双重困境。税收缓不济急，公债发行不畅，政府通过货币超发来获得资金，已难以避免通货膨胀的负面效应。

财政部和四联总处运用了利息税作为政策工具。财政部报经国防最高委员会核准，通令四行及中行信托局对节储利息所得税予以豁免。1940 年 8 月 22 日，四联总处制定了《奖励节约储蓄办法》，规定如机关团体、各省市县镇分支会、个人推行节约储蓄成绩优良，经考查属实者，可给予奖励。奖励方式包括发给奖状、发给奖章、记名考绩等，认为有必要时可给予奖励金。② 四联总处还发起节储竞争，竞赛时间是 1940 年 9 月 18 日至 1941 年 1 月 28 日，在此期间，凡成绩优良者，由劝储总团、财政部给予相应荣誉及金钱奖励。最为重要的是给予优厚利息，根据四联总处在 1940 年 9 月 5 日颁布的《增高各种储蓄存款利率办法》，利率较原定数额再加提高。③ 在上海，银钱业鉴于工商业游资充斥，运川资金流通不易，因此议定减息，这有利于沪上资金向后方流动。④

与节储资金免利息税相应的是，普通证券存款利息的税率还在提高。1942 年 12 月 16 日，直接税处提出拟将证券存款所得税率提高至百分之十，

---

① 蒋中正：《为节约建国储蓄告全国同胞书》，《福建动员》第 1 卷第 5 期，1942 年 9 月 5 日，第 2—3 页。

② 《协助推行节约储蓄奖励办法》（1940 年 8 月 22 日），《经济汇报》第 2 卷第 7 期，1940 年 10 月 1 日，第 588—589 页。

③ 《增高各种储蓄存款利率办法》（1940 年 9 月 5 日），《经济汇报》第 2 卷第 7 期，1940 年 10 月 1 日，第 589 页。

④ 《金城等各银行减低存款利息》，《申报》1940 年 9 月 29 日，第九版。

蒋介石指示其要区分设定，“所增数目虽不甚大，然于游资之逃避恐不无影响。为期鼓励人民踊跃储蓄，促使法币回笼，并便于劝募公债起见，对于购买政府所发行之各种债券及向国家银行、信托局或邮汇局等存款所得者，均应特予优视，勿增加其纳税率，仍照原规定百分之五征收为宜”，其他非政府之证券、存款、储蓄而所得之税率，仍照修正案增为百分之十。[①] 直接税处给节储资金、公债债息以利息税减免，配合节储券、公债的发行，利息税在一定程度上发挥了调节资金流通的作用。在抗战时期，政府一直在坚持推动节储运动，促进法币回笼，补充财政资金。到 1944 年年初，四联总处还制定了推行储蓄计划纲要及竞赛办法，规划当年完成节储金额 130 亿元。总处将数额分解至各行局，要求贯彻实施。[②] 不过因物价上涨过快，存储资金会面临直接的价值损失，减税和加息的推进办法已经逐步失灵。

每一类型所得均有其特定的纳税对象和税源标的，征收程序也复不同。在三类所得中，证券存款利息所得税的税率相对较高，在上海沦陷之前其收入也较为可观。因采用银行代扣制，华商银行存款利息税的逃税现象较少，主要是有大量私人存款存于外国银行，此外就是商号存款问题。除通过减免来推进慈善、公益及救济事业外，财政部及四联总处有意运用利息税来调节战时金融，推动节约建国储蓄运动，体现出利息税的间接财政价值。

---

① 《蒋中正关于修正证券存款利息所得税税率问题的代电及孔祥熙复电》（1942 年 12 月），《中华民国工商税收史料选编》（直接税·印花税）第 4 辑上册，第 45 页。

② 《节约储蓄竞赛今年总额百三十亿元》，《工作竞赛月报》第 2 卷第 4 期，1944 年 4 月 15 日，第 43 页。

第九章

“良”与“恶”的转换：内战通胀陷阱中的制度异化

道无术不行，术无道不立。抗战时期所得税稽征方式的转变，实际上是在重构政府与商民的征纳关系。抗战胜利后，战时财政本应回归平常体制。此时，国民政府在制度上已经建立起以关税、盐税、货物税、直接税为主的中央税收体系和以田赋、营业税等为主的地方税体系。随着沦陷区的收复，关税及税源区域得到恢复，财政收入结构也有了调整优化的可能。但是，国民党及政府为镇压中共革命，在接收整理的同时，即筹划继续强化税收稽征。1946 年 4 月，政府颁布了新的《所得税法》，将原来分散开征的所得税、利得税、一时营利所得税、财产租赁所得税等分类税全部整合到统一体系中。在此基础上，还开征了综合所得税，将所得税由分类对“物”税推进到综合对“人”税的新阶段。综合所得税的核算更为复杂，推进几无成效。1947 年 1 月，又开征与抗战时期利得税相似的特种过分利得税。分类所得中，薪资所得、利息所得及租赁所得依然征收。在通胀冲击下，其征收难度加大，营利事业和特种过分利得成为最为重要的分类来源，工商业成为最主要的承担者。在具体的征稽方式上，财政部一度在申报查征制和简化稽征制之间犹豫不定，然随内战爆发，又重回战时轨道。财政部相继推出标准计税、估缴预征等实征策略，不仅强化了商会、同业公会的协征角色，而且逐步走向了预征摊派。到 1949 年甚至直接推出由商会、同业公会负责的同业分摊包缴策略。顺沿抗战以来不断简化的稽征策略，可以清晰地看到国民政府为确保税收效率而步步退让，最终放弃所得税最为核心的据账查征和累进级差条款，其良税禀性已失去制度根基。由量变而质变，所得税的社会形象也沦落至与摊派同流。

一　走向综合所得税

所得税体系经过抗战时期的扩充，基本覆盖了资本、工资、利息、财产及偶然所得各种类型。但因在战时不同阶段开征，体系分散，税政不一。1946 年 4 月，国民政府修正颁布了新的《所得税法》。这一税法不仅将各分类所得统合进所得税体系，且宣布开征综合所得税，从而在法律意义上，将所得税由对“物”税推进到了对“人”税的新阶段。只是税收生态并未改善，到内战爆发后，国民党和政府急于筹集战争经费，不得不重新启用简化稽征技术。

（一）1946 年《所得税法》

1945 年 5 月抗战胜利前夕，在国民党第六次全国代表大会政纲政策中，就提出“实施综合所得税，根据人民纳税能力超额累计征课，以发挥‘有钱出钱’之国策”，并准备战后裁撤过分利得税，恢复平时税制。在稽征方式上，拟恢复申报查征制，但不是全面查征，而是抽查百分之五至百分之二十商家，确定各业纯益标准。① 在会议确定的战后税收改革计划中，所得税仍是主要税种，且被列为方案第一项。10 月，国民政府颁布《收复区直接税征免办法》，规定所得税、遗产税、印花税等适用于光复区。营利事业所得税及非常时期过分利得税自 1946 年 1 月时起征，薪给报酬、财产租赁出卖及证券存款利息所得税自各省区征收机构建立之日起征。② 1946 年 7 月，国民政府修正公布了《财政收支系统法》，重新确立三级财政体制，所得税仍列入中央税收项下，在国库收入中居于重要地位。

按照国民党“六大”税改方针，新的《所得税法》在 1946 年 4 月颁

① 《中国国民党第六次全国代表大会政纲政策中有关财政部门实施方案》（1945 年 5 月），《中华民国工商税收史料选编》（综合类）第 1 辑上册，第 281—283 页。

② 《收复区直接税征免办法》（1945 年 10 月），《中华民国工商税收史料选编》（直接税・印花税）第 4 辑上册，第 167 页。

布。与战时相比，新法对原来所得分类进行了并合。营利事业所得仍列为第一类所得，薪给报酬所得、证券存款利息所得一如其旧，分列第二、第三类所得。财产租赁所得被列为第四类所得，并入所得税体系。原来属于第一类的丙项“一时所得”，则被正式列为第五类所得来源，财产出卖所得也并入此类。① 非常时期过分利得税此时仍然单列征收，至 1947 年 1 月更改为特种过分利得税。新法扩大了税基，且加强了对个人高收入者的税款征收。

第一类营利事业所得主要针对公司及营利法人组织。1946 年税法未按资本属性分类，而按公司制度分为两类：甲项是股份有限公司、股份两合公司、有限公司营利之所得，乙项是无限公司、两合公司以及合伙、独资及其他组织营利事业之所得。此种分类与企业制度相对应，更为合理与公平。甲项所得合资本额未满百分之五、乙项所得未满十五万元者，可免除纳税。此外，教育、文化、公益、慈善事业所得全用于本事业者、合作社业务所得合资本额未超过百分之二十者免税。营利所得的甲项，即公司所得仍按所得额与资本额的比例来确定级别，分九级超额累进。从所得额合资本实额百分之五未满百分之十者，课税百分之四，到所得额合资本实额百分之五十以上者，一律课税百分之三十。为支持制造业的发展，税法规定制造业可在相应分级减征百分之十。营利乙项所得分十一级超额累进，从所得税额在十五万元以上未满二十万元者，课税百分之四，到所得税额在七百万元以上者，一律课税百分之三十。起征点随物价大幅提高，最高税率由 1943 年的百分之二十提高到百分之三十。

薪给报酬所得亦分为两类：甲项为业务或技术报酬之所得，乙项是薪给报酬之所得。甲项按年计算未超过十五万元者，乙项按月未超过五万元者，均可免除纳税。此外，公务人员抚恤金、小学教员薪给、残疾、劳工及无力生活者之抚恤金、养老及赡养费免税。甲项在十五万元以上超额累进，所得额超过十五万元至二十万元者，就其超过额课税百分之三。此后每十万元、二十万元或四十万元累加，共分十级，税率相应累进。所得额超过三百二十万元以上者，一律就其超过额课税百分之二十。乙项由五万元起征，分十级

---

① 《所得税法》（1946 年 4 月），《中华民国工商税收史料选编》（直接税 · 印花税）第 4 辑上册，第 168 页。

超额累进。所得额超过五万元至六万元者，就其超过额每千元课税七元，所得额超过六万元至八万元者，就其超过额每千元课税十二元。至最高级，所得税超过二十四万元以上者，一律就其超过额每千元课税一百元。在1943年税法中，薪给报酬未实施分类，百元以上分为十六级征收，最高税率是百分之三十。1946年税法分级由十六级减少到十级，甲项所得最高税率为百分之二十，乙项所得最高税率为百分之十，较原来税率都有所降低。将自由职业者所得与一般薪给相区别，对普通劳动者较为有利。

证券存款所得包括公债、公司债、存款及非金融机关借贷款利息所得。各级政府存款及公务人员、劳工法定储蓄金及教育基金等类存款可免税。利息所得按固定税率百分之十课征。

财产租赁所得是将原财产租赁出卖所得中的租赁部分提列于此，甲项是土地、房屋、堆栈、林场、渔场租赁所得，乙项是码头、舟车、机械租赁所得。甲项所得五万元起征，分十二级超额累进。第一级所得额超过五万元至十万元者，就其超过额课税百分之三。第十二级所得税额超过七百万元以上者，一律就其超过额课税百分之二十五。租赁乙项所得依前项再增加百分之十。

原财产租赁出卖所得中的财产出卖部分归并到一时所得之中，此外还包括营利行商的一时所得和其他一时所得。租赁所得起征点是年所得超过五万元，一时所得起征点是二万元。一时所得按所得额全额累进，共分九级。第一级所得额超过两万元至五万元者，课税百分之六。所得额超过五百万元以上者，一律课税百分之三十。

在五项分类所得之外，个人所得如超过六十万元者，应加征综合所得税。综合所得系以个人为主体，所得来源是合并个人全年各类所得总额，可以扣除必要生活费用。可扣除项目包括：共同生活之家属或必需抚养亲属，每人可扣减十万元；家属中有中等以上学校学生，每人可扣减五万元；已纳各类所得税及土地税。共同生活之家属的直接所得，应按五分之三并入户主内合并计算所得总额。综合所得按超过六十万元起征，超额累进，分十二级征收。第一级所得总额超过六十万元至一百万元者，就其超过额课税百分之五，第十二级所得总额超过五千万元以上者，一律就其超过额课税百分之五十。按这一规定，综合所得税不仅具有按个人计税的“对人税”意义，而且也蕴含按家庭计税的综合负担概念。所提可按户主合并计算总额，隐含有将家庭作为纳税主体及单位的趋势，可更加完整地体现所得税的净所得的标准。只是相关条款过于简略，查核实施相当困难，还有可能成为新的逃税漏洞。综合所得本为高收入者定制，税率累加极快，最高级率达到百分之五十。

在申报缴纳方式上，新税法依然是坚持自行报缴及机构扣缴制。营利事业所得及第二类的自由职业者所得，应于每年度结算后三月内向税局申报。一般薪资所得、利息所得由相应发薪机构、发息机构代为扣缴。财产租赁所得可扣缴，也可自缴。综合所得亦由纳税人于每年5月1日前自行报缴。为便于纳税义务人报告缴纳，税局可于各区乡镇公所或中心小学设联合申报委员会，设委员五至七人，由税局择地方人士聘任，负责审查申报材料及确定税额。1946年7月，财政部颁布《综合所得税联合申报委员会组织规程》，详细规定了主管征收机关在各地设立委员会的程序和方法。① 惩罚条款规定，欠税或逾期一个月，处所欠金额一倍以下罚锾。逾两月，处两倍以下罚锾。逾三月，处三倍以下罚锾，由法院强制执行追缴。

在法律层面上，新税法有所改进。所得分类来源范围扩大，区别了自由职业所得与一般薪资所得，开征了综合所得税，体现了重视发展经济及重征高收入者的趋向。但是，抗战时期一直困扰税政的假账问题、核算问题依然没有解决。税法原则依然强调自行报缴，如果说在抗战时期尚可以国民责任及民族主义来激发纳税人意愿的话，在内战时期则完全缺少民意基础。真正实现税款入库，还需依靠“法外之法”的实征政策与稽征技术。

此时正在筹备中的中华民国商会联合会对此高度关注。1946年5月6日，四川、云南、山东、湖北、江苏等二十四省商会联合会及上海、重庆、南京、天津等六市商会代表在筹备会议上提出了减免税负等方面的提案三十二项。会议议定，提请财政部免征三十四年度所利得税、废除利得税，减免营业税、印花税、货物税等税目，取消苛杂，收复区已在敌伪时期完税者不

① 《综合所得税联合申报委员会组织规程》（1946年7月11日），《直接税杂志》第1卷第1期，1946年10月10日，第23页。

再增税等呈请。[①] 8月22日，财政部驳回了减免呈请。非常时期过分利得税为抗战时期所定，“复员建国需财仍殷，加之物价尚赖平抑，其获有过分利得者，自应依法征税”。因此，暂缓废止。[②] 可见，抗战虽然结束，政府对税收体系也进行整顿并合，但其目的并不是裁减税额，而是要在合理化改革的基础上，获得更高收入，以为内战筹集军费作准备。

1946年6月，国民党及政府撕毁停战协定，开始进攻解放区。原拟废除的“非常时期过分利得税”不久之后即更名为“特种过分利得税”。1947年1月1日，国民政府颁布《特种过分利得税法》，第一条规定利得超过资本额百分之六十者，除征收分类所得税外，还需加征过分利得税。主要行业范围是：（1）买卖业，包括专以贩卖农产品或工业制造品之行商及住商营业；（2）金融信托业，包括银行、银公司、银号、钱庄、信托公司、保险公司、投资公司、地产公司等；（3）代理业，包括代办行纪、居间业等；（4）营造业，包括营造厂、建筑公司等；（5）制造业，包括制造及加工改造之工业与加工业。利得额超过资本额60%至70%者，按超过额课10%，分级累进，利得额超过资本额500%以上，按超过额课60%。1947年2月，还出台《特种过分利得税法施行细则》。[③] 从行业属性上看，基本把生活必需品及服务行业排除在外。贵州区、广西区直接税局电请运输、洗染等业可否免征。财政部直接税署训令，旅馆、娱乐、修理、服装、饮食、洗染、织补、镶牙、补眼、装潢、裱画、浴室、理发、水厂、电厂、摄影、煎药、疏导、驮运等不属课征范围。[④] 上海直接税局申请将内河轮船、出租汽车、民船、民营广播、成衣、西菜咖啡、典当、仓库、酒馆、茶楼、电影院、绸布染商

① 《全国商会联合会筹备会呈》（1946年6月24日），《中华民国工商税收史料选编》（直接税·印花税）第4辑下册，第1791—1794页。

② 《财政部致全国商会联合会筹备会批》（1946年8月22日），《中华民国工商税收史料选编》（直接税·印花税）第4辑下册，第1794—1795页。

③ 《特种过分利得税法》（1947年1月1日），《中华民国工商税收史料选编》（直接税·印花税）第4辑上册，第516—519页；《特种过分利得税法施行细则》（1947年2月8日），《中华民国工商税收史料选编》（直接税·印花税）第4辑上册，第519—522页。

④ 《直接税署关于运输等业征免特种过分利得税的训令》（1947年3月28日），《中华民国工商税收史料选编》（直接税·印花税）第4辑上册，第522页。

业、舞厅、戏剧等四十业列入免税之列，也得到直接税署认可。[①]

可见，在国民政府计划之中，所得税是筹集战争经费的重要来源。而其税收体系，仍保持着战时税收架构。所得税预算中，尤以第一类营利事业所得税为要。在经历长期抗战之后，民众的厌战和抗税情绪上涨，如何达成征收计划，考验着政府在效率和公平之间的取舍。

（二）从简化稽征到标准计税

按1945年5月国民党“六大”的政策所定，政府已有恢复部分查征的打算。到新法颁行，行政院制定了《第一类营利事业所得税暨非常时期过分利得税简化稽征办法》，继续沿用简征制，不同之处是增加了抽查查账的规定。同时，也仍然高度依赖商人团体的协助，行政院训令各地商会从速报缴所利得税。[②]

新的简征办法规定，各同业公会应在每年度开始一个月内将所属会员名册报告于主管征收机关。征收机关根据所得额报告表，“抽查各该业账据簿册完备确实之商号百分之五至百分之二十，决定各该业标准销货毛利率、费用率及资本毛利率、费用率，以推算各该业销货标准纯益率及资本标准纯益率”。无账簿或账据不全之行业可以参照核定行业。确定标准纯益率后，可分级按不同税率纳税。[③] 不出所料，工商界对于抽查账目持反对意见。到1947年1月，财政部对政策进行调整，宣布先期仅在部分重点城市按查账方式征税。在1月13日颁发的年度稽征办法中，要求各纳税义务人在一个月自行申报，各同业公会则将会员名册上报税局。办法还规定，上海、天津、汉口、重庆、青岛、南京、无锡等35个城市，按查账方式调查所得额。1946年资本额未满100万元与销货额未满2000万元，或资本额未满100万元与收益额未满1000万元者，仍依标准计税制调查所得额。此外，公司、

---

① 《应征应免特种过分利得税各行业清单》，《中华民国工商税收史料选编》（直接税·印花税）第4辑上册，第524—525页。

② 《饬转商会从速报缴三十五年度所利得税由》（1946年8月21日），郑成林、刘望云主编《汉口商会史料汇编》第5册，大象出版社2019年版，第192页。

③ 《第一类营利事业所得税暨非常时期过分利得税简化稽征办法》（1946年4月），《直接税杂志》第1卷第1期，1946年10月10日，第23页。

政府所办公营及官商合办事业均按查账方式。[①]

此处，需对简化稽征、标准计税、查账计税作一缕析。按税法规定，所得税之所得额及税额均应依报税和查账程序一对一进行。但因假账问题及行政能力受限，税局方采迳行决定之法及跟货寻税之法。后二者均受商民抵制，在1944年开始采用简化稽征办法。简化程序是依此前所税及纳税额作为参照标准，由商会、同业公会参与公开评税、行业摊税，从而减除了查账环节，提升了征稽效率。严格来说，简化稽征也是标准计税。1944年的标准就是上一年征收营业税时所核定之资本额、收益额、销货额及近三年所得各业之毛利率、纯利率，在此基础上计算每一家商号的标准纯益率、所得额，分业造册，呈报审查委员会及商人团体。[②] 1945年和1946年的所得税，均是依此法办理。这一方法在效率方面颇有成效，但与前几种实征策略一样，批评之声同样不少。财政部也深知其弊，“惟实施以来，利弊互见。节省人力，杜绝个别查账之烦，由商会公开参加评议，获得商人同意，乐于输将，此其利。然弊在税额之分配，近于摊派，而公会商会多为大商家把持，难期公允，标准纯益率费用等，未尽合理。商人更多不设账册，申请估计课税，公开逃税，致使所得税能力负担及弹性诸优点尽失”[③]。政府对于将征税权分解委托给商人团体并不放心，认为其中既存在制度性逃税的可能，也扭曲了所得税的制度初衷，不利于实现所得税的长期目标。

正是在此两难情况下，政府希望回到初始税法所定的查账直征制，扭转过于依赖商人团体的被动局面。全面查账难行则退而求其次，实行局部抽样查账。查账法出台后，引起商会、同业公会的强烈反对。1947年5月，上海市商会致函上海直接税局，要求依然按简化稽征办法进行，免于查账。为解决政府疑虑，商会提出设立各业计税标准审议机构，采用抽查办法重新制定各业计税标准。上海市直接税局考虑本市营利事业所得税查征单位为数在七万家以上，乃“极尽其选可充任查账工作者，难逾百人，计以两人每日查一

---

① 《1947年度第一类营利事业所得税稽征办法》(1947年1月13日),《中华民国工商税收史料选编》(直接税·印花税)第4辑上册，第985—987页。

② 《俞鸿钧在重庆区所得税审查委员会第一次会议上的讲话记录》(1944年8月11日),《中华民国工商税收史料选编》(直接税·印花税)第4辑上册，第54—55页。

③ 行政院新闻局编:《所得税》,行政院新闻局1947年版，第23页。

单位，若以百人从事所项工作，万余单位亦非尽两百日以上时间不足以蒇其事”①。直接税局认为上海市商会意见可取，提议审议委员会聘市政府、参议会、地方法院、审计处、中央银行经济研究处、会计师公会、市商会、直接税局代表各一人组成，由局长充任主任。6月2日，上海直接税局将此意见呈报直接税署，得到许可。

6月14日，上海直接税局制定了查账办法，规定以营业额申报者，各商号在1946年度全年营业总额在4亿元以上者，一律查账。在4亿元以下者，先区划业别，再分业按甲、乙、丙三级抽查不同比例。甲级为3亿元至4亿元，抽查四分之一；乙级为2亿元至3亿元，抽查四分之二；丙级为2亿元以下者，抽查四分之一。按收益额申报在2亿元以上者，一律查账，亦分级抽查。② 7月2日，上海商会拟定抽查办法呈报直接税局，亦获部批同意。商会建议办法如下：（1）按照《卅六年度第一类营利事业所得税稽征办法》，抽检商号百分之五至百分之十，已经查定各业不再查账。商会请尽量予以减少抽查。（2）实施抽查时，由商会及各每一同业公会理监事中推定代表参加抽查。涉及本身时，可予回避。（3）抽查时关于开支、盘存、折旧之计处，应从宽估计。（4）非金融机关借款之存息所得税代扣问题，可指出出贷人者可免代赔缴。③ 商会用意是尽量限定查账范围，以查账来确定行业计税标准，减少征税人员的干扰。同时，商会、同业公会全程参与其中，保持监察及知情呈诉权。

7月12日，上海市直接税局函复商会，同意所请并设立审议委员会。直接税局规定，各业抽查单位数量，以申报单位抽查5%为原则。每业至多三十家，最少不少于三家。各业抽查决定方式：公司组织或非公司组织而账据完备者；各级政府公营事业及官商合办事业。申报亏损者不得列入。无抽

---

① 《上海直接税局对于上海市商会请求采用普遍标准计税及设立审议会之核拟意见》，《中华民国工商税收史料选编》（直接税·印花税）第4辑上册，第1012页。

② 《上海直接税局所利得税查账办法》，1947年6月，台北“国史馆”藏行政院档案，资料号：014-040205-0024。

③ 《为关于卅六年度所利得税改用标准计税办法业就抽查范围内与税局商定四点函达查照由通告各业公会函》（1947年7月9日），《商业月报》第23卷第8期，1947年3月11日，第6页。

查必要及账据不完备行业，采比照办法。[①] 这也是财政部认可的抽查标准，在全国均按此实施。对于已经查定计算标准之行业，上海市商会也呈请一律依标准计税，不应再有调账查核之事。商会同时也通告各业公会，计税标准一经确实，不得再无故变更。[②]

为确定上海纱厂业的三十六年度计税标准，上海直接税局查核了崇信、永安、申新五、公永、中纺、申新六、大通、申新一、统益九家纱厂，核定计销货标准纯益率为31.77%。税局于13日及16日，邀商会及纱厂业代表共同商讨，纱厂业方面提出了成本及资本调整等问题，最后决定该业纯益率为25.92%。按此程序，上海直接税局确定的1947年度七个行业的标准如表9－1所示。

表9－1　**上海直税局核定1947年度所利得税七业计税标准**

业别	资本周转率	销货纯益率	业别	资本周转率	销货纯益率
药材商业	24%	4.76%	眼镜商业	765%	11.53%
酒菜馆商业	24%	6.81%	化妆工业	24%	10.49%
北货商业	24%	5.38%	汽灯工业	24%	7.89%
西服商业	24%	11.77%	煤商业	24%	5.85%
茶叶商业	24%	8.68%	酱酒商业	24%	8.26%
卷烟厂工业	24%	6.35%			

资料来源：《沪直税局核定所利得税七业计税标准》，《公信会计月刊》第11卷第6期，1947年12月，第144页；《三十六年度所利得税各业计税标准比率》，《公信会计月刊》第11卷第5期，1947年11月，第112页。

根据上海直接税局的说明，计税标准是销货标准纯益率，其计算方法如下：（1）此次标准计税，系采用销货标准纯益率；（2）销货标准纯益率之求得，系根据已查账之各业商号，销货数与纯益数字之比，得出其平均数字之比率；（3）以销货标准纯益率乘销货额，即得出纯益额；（4）所得税根

① 《上海直接税局公函》（7月12日），《中华民国工商税收史料选编》（直接税·印花税）第4辑上册，第1014—1015页。

② 《标准计税查定后不应再行查账》，《新闻报》1947年12月4日，第五版。

据纯益数乘税率，即得应纳所得税额。设该商号为股份有限公司、股份两合公司、有限公司，则以纯益与资本额之比，以决定适用税率而计算其所得税；（5）利得税以纯益与资本相比，以求出应用之税率，然后根据公式，计算利得税额；（6）设有其他收益商号，其他收益加入销货额中计税。先根据已查账之各业商号，销货数与纯益数字之比，得出其平均数字之比率。再以销货标准纯益率乘销货额，即得出纯益额。①

1948 年采取估缴政策后，基本的核算方法仍是标准计税法。1948 年 8 月，财政部训令该年度仍采标准计税。资本之标准比率，以各业资本额为计算依据。在核算前，应将各营利事业之资本额，按财政部 1948 年 4 月 14 日训令所发全国趸售物价总指数予以折算。② 上海直接税局确定的 1948 年的行业计税标准如表 9－2 所示。

表 9－2 **上海直接税局决定 1948 年度十七业所利得税计税标准（1948 年 12 月）**

业别	资本周转率	销货纯益率	业别	资本周转率	销货纯益率
锡纸工业	24%	6.35%	照相商业	24%	6.36%
轮船装卸商业	不计	5.64%	软本商业、雕刻器具、板箱作业	未查定	未查定
杂铁商业	17.42%	9%	桂圆商业	24%	5.38%
客庄商业	未查定	未查定	土布商业	24%	7.52%
宰猪商业	以劳务取报酬，免取利得税		箔商业	24%	4.73%
镌商业	24%	4.98%	旧西服业	10.29%	6.73%
茶行商业	24%	4.76%	木商业	24%	8.61%
皮革鞋料商业	24%	5.62%	茶楼商业	24%	6.81%

资料来源：《沪直接税局决定十七业所利得税计税标准》，《公信会计月刊》第 12 卷第 1 期，1948 年 1 月，第 15 页。

① 《上海直接税局所利得税标准计税说明及其实例》，《公信会计月刊》第 11 卷第 3 期，1947 年 9 月 15 日，第 51 页。

② 《重庆直接税局转发直接税署关于采用标准计税各业资本额应按物价总指数换算的训令》（1948 年 6 月 7 日），《中华民国工商税收史料选编》（直接税 · 印花税）第 4 辑上册，第 303 页。

这一办法保持了原来简化稽征的优点，同时也通过部分查账来缓解税局的疑虑。严格来说，是原有简化稽征与查账征税的结合。由此，使简化稽征办法过渡到了标准计税阶段。这一计税标准，与此前的按旧例数额为标准实有很大不同，可使计税标准随物价相应变化，税额可以随之增长。税局通过部分查账，也可以避免因不了解具体信息而受商人团体摆布，加强了对征收过程的监察。因此，财政部也放弃了对查账制的坚持，顺应民意，同意采取普遍标准计税。

无论是查账法还是标准计税，最大的挑战均来自物价变动和假账问题。1947 年 3 月，国民政府颁行《所得税法免税额及课税级距调整条例》，规定免税额和税率可随物价进行年度调整，适应社会经济形势变化。① 条例选定以主要城市平均趸售物价指数、中央机关核定公务员生活补助费增加指数、主要城市月平均房租指数、主要城市月平均生活费指数作为调整税率的参照，指数系随物价变动，以之为参照可以使税率与之形成联动效应。具体调整频次是按年度计算，第一次以 1946 年 4 月 16 日所得税法修正颁行之日起。所谓主要城市，即指选定上海、重庆、天津、广州、汉口五地作为指数采集对象。具体来说，第一类营利及第五类一时所得，是参照五地月平均趸售物价指数平均数之增加比而定。第二类甲项所得为国防最高委员会确定之中央机关公务员生活补助费该区加权平均数之增加百分比，乙项所得则按实得数之增加百分比确定。第四类租赁所得按五地月平均房租指数平均数之增加百分比调整。综合所得是参照五地月平均生活费指数平均数之增加百分比。第一类甲项按增加百分比之半数调整，其余按增加百分比全数计算。第一项甲项所得以所得额合资本实额 1% 为单位，第二类乙项所得以所得额 1000 元为单位，其余各类所得均按 10000 元为单位，四舍五入计算调整级距。② 每届调整期限，财政部会公布各类所得税免税额及分级税率。因物价水平不同，有些税率还是分区设定。但是，因物价上涨过快，原定一年的调整期限亦无法维持。在 1947

① 《所得税法免税额及课税级距调整条例》(1947 年 3 月)，《中华民国工商税收史》(直接税卷)，《中华民国工商税收史料选编》(直接税·印花税) 第 4 辑上册，第 200 页。

② 《所得税法免税额及课税级距调整条例》(1947 年 3 月)，《中华民国工商税收史料选编》(直接税·印花税) 第 4 辑上册，第 209、210 页。

年4月首次调整后，不到半年，就于9月份再次调整，综合所得税的免税额竟提升至3000万元。后来因物价变动过快，政府觉得这种办法也太过拖延。财政部规定在每年开征前拟定免税额及课税级距。薪资所得及一时所得的起征额变动更为灵活，规定每年4月、7月和10月均可调整一次。过度的通货膨胀直接破坏了税收的正常征稽制度，亦影响到税收的实际财政价值。

二 恶性通胀中的制度异变与征纳冲突

1947年下半年，随着解放军转入反攻，国民党军队在战场上不断溃败，政治及军事危机加剧。为了挽回颓势，国民政府更加强化了对财政资源的整合与搜刮。在争取美援、发行货币之时，依然不断提高税收预算。在所得税方面，财政部及直接税署再次变更稽征方式，由标准计税转向预征估缴。估缴之数，是按六倍征收，这引发了商民的新一轮抗议。

（一）“六倍预征估缴”

为避免预征估缴有违法之嫌，国民政府再一次修订了税法。1948年4月，新修订的《所得税法》公布。此次修法将税法与细则合二为一，依然按营利事业所得、报酬及薪资所得、利息所得、财产租赁所得、一时所得五大分类所得及综合所得并行征收，但核算方法、征收方式出现重大变化，再度简化与加负是其突出特征。

新订《所得税法》改变此前设立起征点再实行超额累进的计税方式，分类所得基本改为全额累进制。第四条规定：第一类营利事业所得课百分之五至百分之三十全额累进税率，属公用、工矿及运输事业者，可减征百分之十。第二类甲项技艺报酬征百分之三，乙项定额薪资征百分之一，超过规定数额再加征百分之二至百分之四超额累进税。第三类利息所得征百分之五，第四类财产租赁所得征百分之四，第五类一时所得征百分之六。只有综合所得仍按超额累进征收，征百分之五至百分之四十。至各类所得起征额及课税级距，由财政部拟定调整办法，另呈行政院核定公布。征收标准需按主计处公布的生活费指数或趸售物价指数，于每年四月及十月进行调整。[①] 不少分类原按累进税率计算，现改为比例制，可以减少在物价及标准不断调整时期的核算困难。

最大的变化是营利事业所得税的预征估缴。新税法的税法章则结构与此前不同，并非按征收流程进行规范，而是以不同分类所得为中心实施设计。在征收方式上，依然强调申报自缴和机构扣缴相结合，且特别对营利事业及个人之会计账簿及文据提出要求，以便于进行资产估价及所得核算。但这只是法律原则上的，真正关系到征收实效的是第二章的第七十四条："财政部为适应国库需要，得拟订估缴税款办法，呈请行政院核定，由当地主管征收机关于每年三月十五日以前估定暂缴税额。填发缴款书，送达纳税义务人，限于一个月内分期缴纳。纳税义务人对于暂缴税款，不得请求变更。"[②] 这一条款解除了此前税法对于查账征税的原则性坚持，直接将本不符合税法精神的估缴列为正式法条，打开了政府根据财政需要随时调整预算额度及征收方式的法律通道。

财政部迅速出台了《卅七年度营利事业所得税六倍估缴办法》，要求照1946 年纳税额六倍计算当年税款。财政部要求，各省直接税局自 2 月 15 日至 3 月 15 日一个月内，将税额通知纳税人，限于缴款书送达后 30 日缴纳之。纳税人如逾期不缴纳税款，应送法院处罚。按逾期日数处税额 20% 至300% 之罚锾。[③] 财政部还与司法行政部协商，"为便于处理违反一切直接税法之案件，将在各地法院附设简易法庭，专理有关逃税及违章等案件，今后对此定加严惩处"[④]。这也意味着行政惩罚威力渐失，专设简易法庭处置逃税事件，可以缩短司法程序的处置时间。

按六倍征收，且是年初预征，此法前所未有，全国商民哗然，各地商会纷纷呈诉。1948 年 2 月，《银行周报》发表社论，指出实行估缴不符合公平

---

① 《修正所得税法》(1948 年 4 月 1 日),《中华民国工商税收史料选编》(直接税 · 印花税) 第 4 辑上册，第 267 页。

② 《所得税法》(1948 年 4 月修订),《钱业月报》第 19 卷第 5 号，1948 年 5 月 15 日，第 66 页。

③ 《本年度营利事业所得税估价缴纳办法》,《银行周报》第 32 卷第 7、8 号合刊，1948 年 2 月 23 日，第 46 页。

④ 《所得税法正修正中，将在各地法院设简易法庭》,《征信新闻》(北平) 第 243 号，1948 年 1 月 23 日，第三版。

合理的原则，六倍估征与纳税人实际盈亏必不一致。更兼通货加速贬值，工商业虚盈实亏，难以承负。[①]《银行周报》的社论基本代表了上海银行公会的观点。3月9日，上海银行公会、钱业公会及信托公会发表联合意见，认为金融业并无实物交易，仅恃存放利率之差额，难以与其他各业同样以六倍估缴。三公会请市商会转陈税署，但未获批准，公会表示宁愿接受查账。[②]上海保险业同业公会也表示反对，"百业凋零，该业会员，实无法负担"[③]。4月15日，上海纱商业等112个公会请减低估缴倍数，被财政部严词批驳，要求遵照规定缴纳。[④] 4月28日，上海钱业公会再次呈请免除，未能获准。[⑤]上海系最为重要的税源地，面临商界的联合抗议，财政部部长俞鸿钧亲赴沪上，与市商会及各公会当面协商，最终达成协议：估缴倍数不变，税款可分期缴清。税额二亿元以上者，可分为六月十五日、二十五日两次呈缴。二亿元以下者，六月十五日前一次呈缴。逾期不缴者，再依法办理。[⑥]

在北平，六倍估缴同样遇到很大阻力。1948年年初，北平直接税局及商会商定以上年全年税额为基础，以九倍计算为1948年全年应纳税额。4月底前先交六倍，下半年再交三倍。如认为不能承担者，可暂按六倍缴纳，申请查定。纯损无盈余者在4月度前先按六倍暂缴，下半年再申请查定退款。1948年所得税起征纯益额改为5000万元，不足者免征，免征者需要查账认定。各会员全部需造明清册送呈。[⑦] 商会希望通过时间上的缓冲，来减小税负压力。物价飞涨之下，延期税款的实际价值会迅速缩减，拖延实际上成为避税的有效策略。

---

① 《估缴营利事业所得税》，《银行周报》1948年2月，第32卷第7、8号合刊，1948年2月23日，第3页。

② 《银钱信托业对卅七年营利事业所得税六倍预缴之意见》（1948年3月30日），《银行周报》第32卷第17期，1948年4月26日，第37页。

③ 《六倍估缴所得税，保险业表示反对》，《纺织新闻》第332号，1948年5月25日，第2页。

④ 《财政部对所得税估缴倍数之解释》（1948年5月17日），《银行周报》第32卷第24期，1948年6月14日，第52页。

⑤ 《函各庄为三公会会呈本年度所得税请免六倍估缴奉批未准》（1948年4月27日），《钱业月报》第19卷第5号，1948年5月15日，第97页。

⑥ 《六倍估缴营利事业所得税，官商间已获协议》，《现代经济通讯》第142号，1948年5月13日，第3页。

⑦ 《直接税局及市商会商定所得税报缴办法》，《征信新闻》（北平）第312号，1948年4月17日，第五版。

按财政部的解释，实行六倍估缴的目的是“为谋应征税款提前缴纳，以供国家开支”。依1946年缴税六倍计算，是参照了1948年度预算增加倍数及物价情形，从低计算。1948年度国家岁入总预算较1947年增加20.5倍，营利事业的所得税与利得税两项税收预算增加14倍，1947年全国物价总指数较1946年增加12倍。财政部认为，按六倍估算并不高。1948年4月，财政部直接税署在回复江苏武进县商会的函中，更明确表达了这一看法：“现值动员戡乱时期，卅七年度岁出预算暨各项税收，均增加甚巨。且卅六年之物价，亦较卅五年上涨甚多，各业利润，无不随同增加。兹仅按六倍估计先缴，于各业负担，尚无影响。其确因多缴而应予退税者，复规定加给利息，足证政府体恤商艰。”① 根本原因，仍在于战争。财政预算随军事支出迅增，税收亦不得不增加。

法定估缴程序首先是估定暂纳税额。上年已核定税额者按六倍估定先缴，新设商号按全年盈余为实收资本额之六倍按21%税率计算，税额当为资本额的12.6%，规定新设商号仅按实收资本额的12.6%估定。再由税局通知纳税人，2月15日至3月15日一个月内将税额通知纳税人，限于缴款书送达后30日缴纳之。纳税人如逾期不缴纳税款，应送法院处罚。再由纳税人照估定暂缴税额先行缴纳，到年度结算实际税额核定后，仍按规定期限申报核定。最后直接税局实施多退少补，利息由中央银行给付。② 由此，政府可以预先收得一年税款。纳税商民在年终结算后，虽可申请退补，但亦限在一个月期限内完成。超过期限，则取消退补资格。再加以物价飞涨，退补即使完成，税款币值亦大受损失。上海市直接税局在1948年6月通告工商各业：税款满2亿元者，应于5月15日前一次缴纳；在2亿元以上者，应于5月15日前缴交一半，其余在6月15日前缴清。上海直接税局和市商会通知上海130多个同业公会，要求遵照规定办理。③ 估缴办法的实施主要依赖商人团体的协助，上海还更加重视规模较大企业、商号的估缴情况。根据财政部调查，华北、天津、太原等地，西北之西安、宝鸡，东

① 《阐述估缴制度的意义》，《江苏直接税通讯》第18期，1948年4月16日，第2页。

② 《本年度营利事业所得税估价缴纳办法》，《银行周报》第32卷第7—8号，1948年2月23日，第45页。

③ 《所利得税六倍估缴》，《银行周报》第32卷第23期，1948年6月7日，第50页。

南之晋江、龙岩、浮溪，西南之桂林、嘉兴与华中之芜湖、衡阳等地，据报多数商店业已如限缴库。至上海、无锡等地商会所请减低估缴倍数，全被部批驳回。[①]

六倍预征估缴涉及的不仅只是税负问题，还有法理上的冲突。财政部特意收集了各方面对估缴问题的反映，从中更全面深入了解各方态度。归纳而言，舆论对于估缴问题有九大疑问：（1）不切实际。政府认为物价上涨，商人盈利增加，但生产成本、进货价格及各项开销均上升，“今武断地按六倍征收，未免与事实背”。（2）无力负担。商民认为工商业表面上似有盈利，“但是世富人贫，外强中干”。工商业经营危机严重，“实应速谋挽救，何况再事增重不合理的负担”。（3）不合公平。商人营业因人因地而异，按上年税额估缴，与实际不符。（4）盈虚实税。现行税法以货币数量为基础，在账面上虽有盈利，实际币值跌落，“于周转能力日就剥削之情势下，账面有盈底子亏损者，尚须负担征税之剥削，实类雪上加霜”。（5）于法无据。1948年税法修正后，特种过分利得税法已明令废止，但六倍预缴以上年为基数，并未除去过分利得部分，“显与政府废止之命令不符，是此项办法于法无据”。（6）违背宪法。所得税法是经立法院制定，经国民政府公布的正式法律，法令规定是申报纳税。行政院所发布之估缴办法，“完全属于命令性质，而发布之命令又完全变更所得税法各条之规定，显系以命令而变更法律，从而违背宪法”。（7）双重负担。各行业为完成六倍估缴，势必重息借贷垫付税款。稽征办法所谓多退少补须到查账后方可完竣，“恐一年尚不能竣事，是各业坐赔借款完税之一年利息，实不胜双重负担”。（8）违反税理。所得税符合能负原则，“所得多的多课，所得少的少课，没有的不课”。如今有无所得，一律六倍估缴，违反了所得税原理。（9）银钱业不胜负担。银钱业不若其他各业之由实物交易，仅持存放款息金之差额应付一切开支。但以1947年与1948年一年间放款利率之比较，“只为一角三分五与一角九分五之距离，不独一倍未足，遑论六倍估计”[②]。

---

① 《财政部财政金融参考资料关于所得税估缴问题稿》（1948年7月），《中华民国史档案资料汇编》（第5辑第3编·财政经济）第1册，第710页。

② 《财政部财政金融参考资料关于所得税估缴问题稿》（1948年7月），《中华民国史档案资料汇编》（第5辑第3编·财政经济）第1册，第708—709页。

所称舆论意见，从内容上看主要是商会和各业同业公会的观点。有的通过函件上呈，有的藉由媒体发声。归纳起来，商民主要是从税收负担及税收法理两个方面反对六倍预征估缴。在税收负担方面，商人反映物价上涨及供需紧张虽增加盈利，但是成本上升、虚盈实税，削弱了企业的获利空间。预交税款，到一年后一个月内完成退补，几不可能，事实上承担双重税负。银钱业非实物交易，受物价上涨冲击较大。其中，虚盈实税的问题尤为争论焦点。① 在税收法理方面，所得税制的精义在于公平及能负原则，不论实际经营情况如何而普遍预征估缴，违背了所得税原理。同时，在废除特种过分利得后仍依原标准六倍纳税，政策上存在矛盾。行政院所发估缴办法为行政命令，并未经民意机构同意，有违税收法定原则。在商民看来，税收负担与经营状况是紧密联络在一起的，严重的通胀冲击了各行业发展的市场基础。同时，舆论反映之法理冲突，说明商民并未放弃对税收权利及法定原则的坚持。

财政部的解释仅有两条：(1) 以过往物价衡量三十六年度各地物价较三十五年度平均增加均在十五倍左右，各业盈余增加更多。(2) 以六倍为从低估计。银钱业盈余来自存款息金之差额及汇兑保险信托等业务，差额与收入随物价上涨倍加，获利素称丰厚，税负能力在各业之上。财政部归纳的各方建议亦有两条：(1) “今后吾国健全财政制度之建立，胥维直接税是赖。而直接税之推行，端在纳税与征税道德之树立，故为将来之财政制度计，应认真修改税法，使之适合实情，以祛除纳税人畏惧之心理，并杜绝征纳两方侥幸希冀之作风。目前不苟即复之局势，适足启纳税人畏避之心，征税诛求之渐，实为异日建立健全财政制度之莫大障碍”；(2) “工商业情绪鼎沸，政治风纪败坏，亦殊非提倡法治恢宏国信之道，权衡利害，实不宜再事苛扰”，政府认识到应改善税法。② 政府并没有回应商民在法理上的诉求，仅从物价角度来评估企业、商号的盈利情况，认为六倍征收已是较低税负。所提建议，强调关注商民税收心理，严正税政风纪，

---

① 关于抗战时期的盈虚实税问题，林美莉对政府及工商界的讨论进行了研究。这一问题，到内战时期更为严重。参见林美莉《西洋税制在近代中国的发展》，第277—279页。

② 《财政部财政金融参考资料关于所得税估缴问题稿》（1948年7月），《中华民国史档案资料汇编》（第5辑第3编·财政经济）第1册，第710页。

改正完善税法，但这并不能从根本上减轻工商业的现时税收负担，显见是避重就轻。

六倍预征，不仅使商民承担空前负担，而且要实现稽征，依标准计税已不及执行。此令之后，标准计税名义仍存，但事实上却是委由商会、同业公会摊缴代征。

（二）同业分摊包缴

势变不由人，原本政府竭力避免的分摊包缴不久即成为营利所得税的主要稽征方式。政府虽在财政上依然保持强势出击的态度，但可供选择的方案已经不多。

1948 年 8 月 19 日，为了抑制通胀坏局，重整财政体系，国民政府颁布《财政经济紧急处分令》，宣布实施币制改革，300 万法币可兑 1 元金圆。8 月 26 日，政府颁布《整理财政补充办法》，对税收征稽办法进行调整。补充办法规定，营利事业所得税自 1948 年起分上、下半年征收，限期缴纳。征收标准，依上半年各业营利实部估定。营利事业的起征额调整为每年 150 金圆，税率分十一级，第一级在 150 金圆至 250 金圆者，课税 5%。第十一级所得额在 10 万金圆以上者，就超过额课税 30%。在薪资报酬所得方面，业务及技艺所得起征额为年入所得额满 480 金圆者，税率为比例制 3%。固定薪资者为月入 40 金圆，分 4 级征收。财产租赁所得为年所得满 80 金圆者，税率 4%。一时所得起征额为每次所得额满 40 金圆者，税率 10%。[①] 但是，金圆券也走上了法币旧辙，且崩溃更快，税收增加的步伐难以追及货币贬值的速度。

迫不得已，1949 年 2 月，政府再次抛出新的改革方案。2 月 25 日，包含财政、金融及进出口贸易三部分自救大计的《财政金融改革案》出台。涉及财政者八条，比较关键的变化有以下几点：（1）军队薪饷、副秣费以银元为标准计算；（2）从速编制年度施政方针及预算；（3）改订财政收支系统，将田赋及原属中央之土烟、土酒、特种营业税划归地方，并在不妨碍中央税原则下放宽地方征课税捐之限制；（4）停止粮食征借；（5）海关进

① 《整理财政补充办法》（1948 年 8 月 26 日），《中央日报》1948 年 8 月 27 日，第三、四版。

口税仿海关金旧制，以关元（1 关元 =0.4 美元）计算；（6）货物税中棉纱、火柴、水泥、卷烟、食粮等集中生产就厂征税者，照规定税率征收实物；（7）盐税照货物税办理，必要时政府可办理部分官理官运；（8）“直接税中之营利事业所得税，尽量采取同业分摊包缴办法，就各地各业情况估定税额，责成各同业公会限期催收缴纳，以资简捷。”在第八条中，将同业分摊包缴明定为查征办法。关于金融者，核心条款是允许黄金白银自由买卖流通。关于进出口贸易者，主要是要求出口货物所得之外汇及侨汇均应全部交由中央银行办理结算。①

该方案在 2 月 23 日由立法院通过后，财政部部长徐堪即在举办广州记者招待会上进行公开说明。徐堪直陈方案是为解决军事及财政问题而定。财政方面的第一、第二项是要保障军政各费支出，改用银元计算是为避免通胀影响。第三、第四项是为充实地方财政，减轻民众负担。第四至第八项，意在增加中央税收收入，杜绝延迟取巧之弊。② 这样的解释难以取信于民。《银行周报》发表社论，认为改革案“表面看之增裕税收，减缩发行，放宽贸易限制，似乎是对症之药，如加细察，除为财政目的外，对于整个经济的改善，无论从哪一点言，不知有何效益之处。而所谓财政的目的，又不过增重人民的负担而已”③。这一评论直指改革案的本质。以银元为标准核算军需，以美元为标准来设立关元，以实物方式来征收货物税，都是为了规避通胀对军事财政造成的冲击，但对金圆券来说却是釜底抽薪。政府自身对金圆券的不信任，加剧了市场的恐慌心理。允许地方自主开征税捐，动摇了政府一直以来整顿裁减地方苛杂的立场，会导致地方苛杂的泛滥难制。从工商界的评议来看，对方案持批评态度。有论者认为，“方案的精神以增加财政收入为中心，以工商业为对象”，照公布的措施很难达到平衡预算、稳定币值的目的。也有观点认为，方案不仅救不了

① 《财政金融改革案》（1949 年 2 月 25 日），《金融周报》第 20 卷第 9 期，1949 年 3 月 2 日，第 10 页。

② 《徐财长对财政金融改革案之书面说明》（1949 年 2 月 24 日在穗央行招待记者会发表），《浙江经济月刊》第 6 卷第 2 期，1949 年 2 月 28 日，第 33—34 页。

③ 《泛论财政金融改革方案》，《银行周报》第 33 卷第 10、11 期合刊，1949 年 4 月 14 日，第 1 页。

金圆券，还加剧了民众负担，沉重打击了生产。[①] 工商界的反应已经预示和注定了新方案的失败。

《财政金融改革案》不仅更改了关税、盐税、货物税的计量单位，推动货物税征实，财政方面的第八项条款更是再次变更了营利事业所得税的征稽方式。1949 年 3 月 11 日，财政部根据这一条款，制定了《卅八年度营利事业所得税稽征办法》，内容合计共十条。第二条规定：1949 年度营利事业所得税分上下两期征收，上半年为上期税款，依据 1948 年下半年税额定之；下半年所得征课之税款，按同年上半年税额确定。1948 年的税额，即指六倍估征之数。为了落实“同业分摊包缴”办法，办法第三条要求各工商同业公会应于 3 月 31 日及 7 月 31 日前，将同业名称、地址、负责人、姓名、销货额（收益额）及商况等级，造具清册呈报主管稽征机关。主管稽征机关接到清册后，应即就各业营业情况，并参酌当地商会或工业会意见，估定各业应纳税额，通知各同业公会。第四条要求各公会接到通知后，应于七日内召开理监事会评定会员应纳税额，造具清册呈报，经税局核准，即交同业公会送达各会员，限于十五日内迳缴国库。纳税义务人如要申请，亦需先将税款全部缴清，并于纳税限期过后二十天内申请复查。为鼓励同业公会积极参与征缴，第十条规定如果同业全数依限期缴纳，可按会员缴税总额给予公会千分之一的奖励金。[②]

按照新的办法，原本简化的稽征程序再度简化。政府直接将信息收集、税额评定、税款分摊、款项收缴的权限委托给商会、同业公会进行。商会主要参与行业税额分解环节，按行业分解之后，再交由同业公会付诸实施。商人团体的税政参与权利大增，但这并不是对抗的权利，而是承担的摊派包缴职责。政府唯一的目的，在于“简捷”，意为提升征稽效力，尽快实现税款入库。实际执行中，就是同业公会查报会员情况、呈报信息的环节，后来也被认为是多余的。3 月 16 日，上海银行业是由银行公会通告各行庄，“对于

① 凌云岐：《方案解决不了问题》，《银行周报》第 33 卷第 12、13 期合刊，1949 年 3 月 28 日，第 24 页。

② 《三十八年度营利事业所得税稽征办法》（1949 年 3 月 11 日），《银行周报》第 33 卷第 16 期，1949 年 4 月 18 日，第 49 页。

所有申报表件，一律改送公会，以便将来统筹办理”[①]。3 月 19 日，上海商会呈报直接税局说，“由各公会查报会员销货额、收益额及商况等级，并召开理监事会，就每一会员所得，评定其税额一事，按照目前情形，似属不易办理”。依商会意见，可由商会与税局参照各业商况，直接估定税额即可。[②]这一建议得到税局认可。

同业分摊包缴延续了简化稽征办法中的效率优先原则。在税局和商人团体的合谋下，所得税制最核心而又最费时费力的所得核算、分级累进及申报审议条款被去除。政府彻底放弃了一度犹豫而想坚持的查账措施，以适应恶性通胀之下的税政生态和商民心理。表面看来，似乎两得其利，但却完全脱离了所得税的公平、能负禀性。舆论评议所见，已认识到分摊包缴对于所得税制的严重损害。有署名文光斗者发文分析，政府之所以采取分摊包缴，原因有三：其一，“使税收确实可靠，并杜绝延迟缴款之弊”；其二，“减少查账的麻烦，节省征收的费用”；其三，可以防止弊端，杜绝中饱。由同业公会分摊包缴，可以随时根据物价情况调整税额。[③] 如单以财政需求及现实而论，分摊包缴有合理之处，但这一临时简化措施的制度代价也是相当明显的。文光斗主要也列举了三点问题。其一，“使直接税变质成了间接税，使所得税变质成了营业税，在税制史上算是开倒车的行为”。这一见解直指要害。所得税定位为直接税，按所得能力承担税负，现在取消查账，不论是否有纯所得，改由商人团体按营业状况估定，且预征预缴，形同摊派。所得税“要真正的公允，则舍查账莫由”，如以摊缴而定，“即使还是所得税其名，究竟不免已变成营业税其实了”。商家完全可以通过提高售价，转嫁税负。其二，必使负担更趋不平等，同业估缴难以解决能力大者与能力小者、甲地商民与乙地商民间的不公平问题。这一判断符合实情，行业之间、地区之间的经济发展水平无有差异，按照分摊方式本可减免者难以减免，所得更高者仍按平均水平缴纳。其三，中饱舞

① 《银行营利所得税实施包缴分摊制》，《金融日报》1949 年 3 月 16 日，第一版。

② 《印发卅八年度营利事业所得税稽征办法征求意见由》（1949 年 3 月 19 日），《工商法规》第 2 年第 16 号，1949 年 3 月 30 日，第 341 页。

③ 文光斗：《营利事业所得税稽征办法之改变》，《工商天地》第 4 卷第 3 期，1949 年 3 月 20 日，第 4 页。

弊行为还可能增加。之所以有此判断，是因为预算额度层层分摊，“全国的预算分配于各省市，各省市的预算分配于各县市，各县市的预算分配于各行业，各行业的预算分配于各单位，此种层层分配的决定，既没有具体确实的准绳，则主持共事者的上下其平，讨价还价的机会就更多，舞弊中饱的机会也更是容易”①。负责分摊的办税人员或者商会、同业公会负责人主观决定权限极大，很难避免以权谋私行为。

稽征方式的变化的确会扭曲税收制度的本意。在同业分摊包缴办法出台后，方宝荪在《大公报》上也发文评议说，“可惜政府标榜了三民主义的旗帜，对优良的税制，却不能严格地去彻底实行。尤其是在胜利之后，营利事业所得税的课征方法，一忽儿简化稽征，一忽儿是查账核税，一忽儿又是估缴税额，变之又变。不论商号有没有所得，一律要他照估计的税额缴纳，迹近摊派，这是违反所得税的原则。尤可恨者，是苛扰了小商人，便宜了大商人。弄到老虎灶、大饼店都有缴纳所得税的资格。反之，豪门富商则可以凭恃特权，处处设法逃避应纳的税款。像去岁监委纠举扬子企业公司缴纳所得税的细微，就可以明了这批资本家对纳税义务的看待。他们是只顾自身的壮大，私人财富的增加，巧取豪夺，投机剥削，无所不用其极，使社会上贫富间的距离，愈益远大。国计民生，败坏到这个程序，他们应负相当的责任”②。从抗战时期的简化稽征，到内战时期的标准计税、预征估缴、分摊包缴，所得税的稽征程序在不断简化，而其制度效应及社会形象也在不断恶化。如果说抗战时期的简化尚有民族主义支撑的话，内战时期的摊缴就已经发生了从量变到质变的改变，使所得税的属性完全异化。他也指出：“驱所得税走上分摊包缴的道路，这是舍本逐末的办法，更失尽所得税的原意。况且租税的分摊包缴，其流弊之多，不待细述。所以这个方案简直将所得税的地位由良税而变成劣税，所得税的征收由公平

① 文光斗：《营利事业所得税稽征办法之改变》，《工商天地》第 4 卷第 3 期，1949 年 3 月 20 日，第 4—5 页。

② 方宝荪：《所得税在中国的前途——兼论财政金融在改革方案中关于租税部分》，《大公报》（上海）1949 年 3 月 4 日，第二版。

而变成苛征，违背了实行民生主义的历史使命。”① 商民反映税负过重，舆论认为富人逃税，反映出在估缴及分摊的稽征制度之下，真正获益的大商人、大企业与普通商民的利益已发生分化。普通商家大多经营难以为继，不少具有特权的商人巨富仍可逃税。从这个角度分析，政府通过分摊包缴在短时间内达到税款入库的目的，但却丧失了对税源的把控。

国民政府及财政部训令各地政府机关、税局及商会，迅速实行分摊包缴。各地商会接令后，也通过同业公会层层下达。无奈到达基层商号之后，商人大多消极应对，且较多拖延。1949 年 4 月，政府对财政金融改革案予以修订，停止随赋征借粮食，提出兴办财产税，但仍坚持采用同业分摊办法征收营利所得税。② 在南京、上海相继被解放军攻克后，国民党及政府南迁广州。在西南、华南等少数省份，国民政府依然强行继续征收营利事业所得税。国税署还训令重庆直接税局实施同业公会分配催缴。③ 9 月 14 日，财政部颁布稽征补征办法，要求各地分业订定标准，估定税额。无同业公会的行业或商号，主管机关可将之列入相关业别。④ 此时政府几乎完全放弃直征查征，冀望依赖于商会、同业公会来获取渐趋枯竭的税源。

（三）“弱者的武器”

政府税务行政能力虽然有限，但在与商民的征纳关系中，政府全面掌控着立法权、征稽权及使用权，商民虽有抗议交涉，但其实缺少制度化的参与渠道及制衡办法。除通过个体或联合的请愿、呈请、通电行动表达意愿外，也极少采用激烈的抗税行动。即使面临六倍预征估缴的重负，商人团体在吁请之外，依然协助实施分摊包缴。不过，可以明显看到，商人对营利所得税的抵制心理在不断加强。商人及商人团体虽难与政府进行政治、法律层面的

① 方宝荪：《所得税在中国的前途——兼论财政金融在改革方案中关于租税部分》，《大公报》（上海）1949 年 3 月 4 日，第二版。

② 《财政金融改革案全文，立法院第十五次会议修正通过》，《申报》1949 年 4 月 17 日，第一版。

③ 《重庆直接税局转发国税署对本年所得税改由同业公会分配催缴的训令》（1949 年 4 月 16 日），《中华民国工商税收史料选编》（直接税 · 印花税）第 4 辑上册，第 1039 页。

④ 《1949 年下半年度第一类营利事业所得税稽征补充办法》（1949 年 9 月 14 日），《中华民国工商税收史料选编》（直接税 · 印花税）第 4 辑上册，第 1041—1043 页。

正面对抗，但仍在通过“弱者的武器”，借各种非正式的、隐藏式的逃匿技术，进行集体或个体式的逃税、避税，从而削弱了政府的各种强化稽征措施。

其一是不断呈请减免税款。所得税自开征日起，工商各界及相关纳税人就不停呈请减免、缓征或停征。在税法修订过程中，部分意见被财政部采纳。但实征策略多变，而税额负担不断加重，商民吁请之声也从未停止。如要求减免内迁工厂之税负，关于资本、成本及收益核算标准，关于战时必需品行业的税收减免，关于过分利得额的核算等，均事关公司、行号之税收成本。商家多依据相关减免条款规定，经商会、同业公会提出申请，希望税局能够酌予减少。除少数呈请有正面回应外，多数都被拒绝。抗战胜利后，各地商会、同业公会频繁电请缓征或免征 1945 年的所得税、利得税、营业税等，均未获应允。如湖南省岳阳县等地商会请免征湖南省 1945 年的直接税，撤销土布税。福建省各界请免纳营业税。[①] 安徽区直接税局呈请豁免三十四年度所得税、利得税。[②] 广西省宜山县商会也电呈免征营业税及所得税、利得税一年。[③] 江苏省、四川省商会联合会均呈请免除三十四年度所得税、利得税。[④] 上述呈请，多被拒绝。商人本希望税负能够迅速下降，回复平常状况。战争再起，商人这一愿望彻底落空。到实施标准计税，商会也呈请尽量减少查账，从低估算。此外，关于征收标准、减免条款等的运用，商会、同业公会及商号的各类呈请更是不计其数。

商人、商会呈请减免并非只针对所得税，实涉及所有正税及苛杂。自 1946 年至 1948 年，贵州省呈免征各类苛捐杂税停征各县所设苛捐；云南省各界也频繁呈请豁免税额，撤销特税；江苏省各界请免营业税、所得

① 《各省捐税（一）》（1946 年 5 月—1948 年 12 月），台北“国史馆”藏国民政府档案，资料号：001 - 081000 - 00001 - 000。

② 《何培元电呈国民政府为请令安徽区直接税局豁免三十四年度所利得税》，1946 年 5 月，台北“国史馆”藏国民政府档案，资料号：001 - 081000 - 00001 - 027。

③ 《广西省宜山县商会电呈国民政府为请免征营业税及所利得税一年》，1946 年 6 月，台北“国史馆”藏国民政府档案，资料号：001 - 081000 - 00001 - 059。

④ 《江苏省商联会电呈国民政府为请豁免三十四年所利得税》，1946 年 8 月，台北“国史馆”藏国民政府档案，资料号：001 - 081000 - 00002 - 033；《四川省商会联合会电呈国民政府为请援例免征三十四年度所利得税》，1946 年 6 月，台北“国史馆”藏国民政府档案，资料号：001 - 081000 - 00003 - 016。

税、利得税，撤除杂捐。[①] 商人不断呈请，让政府不胜其烦。财政部训令，营利事业所利得税之紧急措施业经国防最高委员会核定通令施行，“各地商人过去每多联名请求减免，或为某项问题之要求拖延纳税时间。兹为切实执行紧急措施办法，节省公文往返时间，并使税款迅速纳库起见，拟请规定嗣后商人如向各地主管机关请求减税、免税、缓征、缓缴或要求继续实行简化稽征办法、拒绝查账等等，其所递文件，除合税法规定外，一律不批示”。要求各省市政府、全国商联会、全国工业协会、各省参议会等，一体知行。[②] 商人在呈请之时，往往停纳税款。在政府看来，此举有故意拖延之嫌。

但六倍估征出台后，各地商会的呈请抗议更如潮浪卷起，财政部均严词驳回。江苏全省粮食商业同业公会联合会于 1948 年 4 月呈财政部，以粮食行商一时所得税在未完成立法程序前于法无据，应向行商直接征收，不应责由行号代征。请饬停征。财政部严词批驳：粮商在异地采购销售，如具有主管征收机关发放之所得税登记证可免征，否则应征收。农民自产自销可免，粮贩所得应课征。[③] 无锡商会申请认定征财产租赁所得税，财政部批示，财产租赁所得税与房捐，所得税与营业税在性质上并不重复。财产租赁所得在性质上属资本所得，应加重征税，亦予驳回。[④] 天津商会在 3 月 21 日呈电财政部，“天津工商业因遭敌摧残，历经八载，膏血殆尽，现在原料缺乏，成本加高，产品滞销，又以交通梗塞，贩运艰难，工商业均处危机深伏”。商会经会员大会议决，请“念津市环境特殊，准将六倍估缴办法收回成命”，依实际营利所得课税。[⑤] 兹后，天津商会将各业公会意见汇呈市直接税局，强烈反对六倍估缴方案。部分诉求情况简列如表 9－3 所示。

---

① 《各省捐税（二）》（1946 年 7 月—1948 年 5 月），台北“国史馆”藏国民政府档案，资料号：001－081000－00002－000。

② 《江苏省商联会为商人申请缓免征税者如不合税法一律不予批示由致吴县县商会电》（1947 年 4 月 1 日），《苏州商会档案丛编》第 6 辑下册，第 980 页。

③ 《粮食业联合会请免征粮食行商一时所得税，财政部严词批驳》，《江苏直接税通讯》第 19 期，1948 年 5 月 16 日，第 3 页。

④ 《无锡县商会请停征财产租凭所得税，财政部批示不准》，《江苏直接税通讯》第 19 期，1948 年 5 月 16 日，第 3 页。

⑤ 《津商会痛陈工商业濒临崩溃请收回六倍估缴所得税成命致财政部电》（1948 年 3 月 21 日），天津市档案馆等编《天津商会档案汇编（1945—1950）》第 5 辑，第 1152 页。

表 9－3　　天津商会汇呈各业公会无力缴纳六倍所利得税申请情况汇总（1948 年 5 月）

行业	理由
图书南纸商业公会	本业属文教事业，现因来源滞涩，成本加高，市间购买力薄弱，勉强支撑，对六倍缴税力有未逮
油漆颜料商业公会	本业会员咸以津市交通梗塞，上年营业无己，开销甚大多有不能支持，再课以得税万难负担
电料商业公会	以交通梗塞，同业会员 500 余家中歇业已达 300 余家，六倍征借所利得税无力照缴
干鲜果品业商业公会	本业以各地交通不便，货源稀少，交易无多，各商均感无力负担
金银首饰商业公会	本业自 1947 年 2 月经济紧急措施实行后，业务即行停顿，得利毫无，何能担任如此重税
酱料制造工业公会	本业会员工厂 79 家，均已交通阻滞，受原料上升影响，资本不敷周转，无力负担六倍征借之巨数
磁品业商业公会	货源来源困难，毫无销路，已入无形停业状态，实难担负巨额税款。请当局调查准按所得税实额纳税
眼镜商业公会	本业售品并非日用必需，赖门市零售，交通阻塞，顾客寥寥，有倒闭可能，请予展期或分期缴纳
糕点商业公会	用人较多，开支浩大，市面疲惫，月末有数家倒闭，请先行查账，按照实际所得纳税
果子商业公会	同业数百家，以市面萧条，物价飞涨，出口滞销，几至不能维持现状，无力如数缴纳，请予核减
植物油制炼工业公会	本业会员以交通不便，原料缺乏，开工日少，停工日多，对缴纳六倍税款实感无力，请予核减
砖瓦工业公会	陷于停顿，并以成本激增率多，无力开工，因存货不能售出，无力负担，请查账以明实际
丝绸呢绒纱布商业公会	上海与天津不分畛域同一课征全税，请予变更，以恤商艰
竹漆檀木商业公会	本业货物系农业必需品，现农村不靖，交通梗塞，货物无法销售。六倍重税，无力担负，请予核减

续表

行业	理由
杂货商业公会	近因销售不畅，开支浩繁，无力担负重税
织染工业公会	现因铁路破坏，原料缺乏，生产锐减，生活指数与电费增加，各厂有停顿之虞。六倍征税，实感无力
旅店商业公会	现因开销随物价之膨胀而激增，复因交通破坏而旅客甚稀少，营业不振，请求核减
电木工业公会	本业产品滞销，维持与歇业两俱为难，请求核减税额
第八区机器工业公会	本业以交通梗阻，原料缺乏，销路滞塞，工资步昂，大半无形停工，无力缴纳重税
玻璃镜商业公会	交通阻塞，无大宗销路，门市寥寥，每日入不敷出，六倍税款难以担负，请减轻税额或分期纳税
照相材料商业公会	本业商号 20 余家以时局不靖、交通阻塞，营业日颓。又因外汇管制，输入困难，无力担负
洗染商业公会	本业系手工洗染，因物价高涨，开支浩繁，均勉强支持，并无盈余。请收回成命，并请查账定税
铜铁器材商业公会	货物滞碍，又以物价飞涨，购买力弱，营业惨淡。六倍税款无力缴纳，请先行查账
典当商业公会	本业以物价波动当利限制，商号皆在停顿中。六倍无力遵办，请迅速按号查账，此合理合法办理
衣商业公会	因当业不景气，估衣来源已绝，又以物价倍增。六倍予征苦难接受，请查账以实在核税合理办理
国药商业公会	津市为药材聚散之处，因各地来源断绝，倒闭者不少。请先行查账，再核定税额，以恤商艰
木器家具业公会	本业经售非必需品，自交通不便，生意凋敝达于极点，歇业者出兑者日见不鲜
汽水工业公会	自交通梗阻，销路大减，营业不振，年前歇业者已有东亚等 7 厂，本业又有季节性，请公平核减
印刷工业公会	本业系加工事业，因物价飞涨，印件稀少，倒闭者甚伙。六倍征税，无力负担

续表

行业	理由
纸商业公会	本业以时局不靖，交通阻断，来源仰赖外国，自外汇管理输入困难，成本大而利润微，无力负担
牛羊肉商业公会	本业多系小贩，自沧县及津东各县陷落，来源缺短，营业衰落，六倍之税无力担负
猪栈商业公会	本业因过去许多难题，营业衰落，难以负担
布商业公会	本业系门市商店，因邻封交易断绝，城市购买力双薄弱，生意萧条，委难担负
帽商业公会	本业九成以上为小手工业，出口全仗推销外埠，上年以还四路不通，陷于停顿。无力负担
拆卸旧物料公会	本业商号，接通函者均表示无力负担
钟表唱机商业公会	预征六倍，无力缴纳，请准由各商号申请查账翔实核算
烟商业公会	生产减少，积存无多，交通断绝，往购困难，歇业者日多，请详查真相
席商业公会	本业系妇孺之手工业，每月所得甚微，无力担税
自行车商业公会	自行车倾销偏于乡镇外县，近以交通梗阻，营业多呈停顿，六倍之利得税难以照交
煤商业公会	因物资统制，对外贸易停顿，同业只有门市零星售卖，公议请按商号实际查定照办
饭馆商业公会	因物价激涨，成本加重，生意惨淡，请照实际账目稽征

资料来源：《津商会汇呈各业公会无力缴纳六倍所利得税并声请先行查账户名简表》（1948 年 5 月 20 日），天津市档案馆等编《天津商会档案汇编（1945—1950）》第 5 辑，第 1153—1156 页。

就所涉行业而言，各行业都有呈报，既有商业公会，也有工业公会。所列原因，最为集中的还是苛捐杂税繁重，货币急剧贬值，价值变动过快，市场购买力孱弱，生意凋敝。原料、雇工迅速上涨，生产难以为继。根据各业反映，工业方面如汽水业、自行车业、印刷业、机器织染业、机器工业等，停业歇业状况较为普遍。在商业方面，煤业、果子商业、国药业等，亦因货源难以保障，经营陷入困境。商家提出的解决办法是：宁愿接受查账，请政府按实际账目稽征。按商会向来所为，一直是强烈反对查账的。在所得税征稽中，税局一直欲查而不得。此时愿意主动接受查账，反映经营确有难以为继之虞。值得注意的是，粮业、绸布棉纱、化学材料、五金、钱业、进出口贸易等业确表示愿缴六倍，不愿查账。[①] 据此数业性质窥测，粮食、布料为日常必需，进出口涉及物资流通，化学材料、五金及钱业也属天津市之重要行业，其实际经营获利可能并不差。商会将各业意见呈报财政部、直接税局，不出意外，依然被拒。1948 年 5 月 29 日，天津直接税局转发财政部令，要求商民按令纳税，以免干罚。[②]

从立法到开征，商人主要还是利用舆论压力，来诉苦陈情。是否采用，全取决于政府和税局。国民参政会中，部分工商代表或绅商人士也有提出减税申请，但呼声微弱，难见实效。抗战时期，权力高度集中于国防最高委员会。到内战时期，又组织了“戡乱委员会”。政府也采取了一些经济救济措施，但财政的要旨，首先仍是满足军事需求。

其二是拖延税款。税法对于申报、审议、缴纳等程序，均有限期规定。实行简化及分摊包缴后，相应限期还有缩减。税局不断催征，希望尽早交款入库，补充战争经费之急需。柏绍志在关于营利事业所得税逃税问题的研究中说，“营利事业所得税系总计全年之营业所得而为征课，税额自不免较大，一次缴纳，筹措当较吃力，一般因而感觉所得税乃一笔甚重之负担，逃税之念，于是发生。至于税款核定后，以难于一次筹缴而拖延不纳者，亦所在多有，欲谋稽征方法之改善，此亦不容忽视也”[③]。商人应对的方略，是“拖”字诀。1946 年吴县分局承担所得税款 11. 5 亿元，辖区有太仓、昆山、吴江、吴县四县，议定由吴县担负二分之一，其他三县共同分担二分之一。承担者主要是城区商会会员及城乡各区域商会会员。原定 10 月中旬纳库，难以完成，只能申请延期。[④] 到通货膨胀日益严重，拖欠税款不仅是对税收负担的

---

① 《津商会汇呈各业公会无力缴纳六倍所利得税并声请先行查账户名简表》（1948 年 5 月 20 日），天津市档案馆等编《天津商会档案汇编（1945—1950）》第 5 辑，第 1153—1156 页。

② 《天津直接税局转发财政部命商民速按六倍估缴所得税以免干罚代电》（1948 年 5 月 29 日），天津市档案馆等编《天津商会档案汇编（1945—1950）》第 5 辑，第 1159 页。

③ 柏绍志：《营利事业所得税逃税问题之研究》，《贵州直接税通讯》第 22 期，1947 年 4 月 1 日，第 5—7 页。

④ 《吴县县商会为复本县三十四年度所利得税情形由致武进县商会函》（1946 年 10 月），《苏州商会档案丛编》第 6 辑下册，第 964 页。

消极抗议，还是减小实际成本的避税策略。

面临商家故意拖欠，税局依据所得税法的惩罚条款，可以提请法院执行。在江苏，1947 年的所得税已经征收，“所有该年度各类所得税滞纳单位，应即送请法院强制执行追缴，毋得稍延”。江苏直接税局将欠税案件送交法院，进行司法追欠，但一旦进入司法程序，同样耗时费力。[①] 在贵阳，也有关于拖欠税款案件统计如表 9－4 所示。

表 9－4　**贵阳地方法院刑事裁定违反遗产税利得税法部分案件统计**

受控者	案由	判决
袁祖禹、何镜清	违反遗产税法案	逾限定期不完清税额，应扣押其财产，并自逾限之日起至纳税之日止，依其父应纳税额计算利息缴库
大光明洗染店	违反利得税法案件	未于限定期内缴清税款，处罚款 30040 元
福兴隆	违反利得税	未于限定期内缴清税款，处罚款 7300 元
徐复兴	违反利得税	未于限定期内缴清税款，处罚款 33000 元
郭王氏	违反利得税	未于限定期内缴清税款，处罚款 26000 元
香雅酱园	违反印花税	未依规定贴用印花，处罚款 240 元，三日内缴清
维生化学浆糊社	违反印花税	未依规定贴用印花，处罚款 480 元，三日内缴清
徐原顺	违反利得税	未于限定期内缴清税款，处罚款 75000 元
金城美发厅	违反利得税	未于限定期内缴清税款，处罚款 124130 元
兴义米厂	违反利得税	未于限定期内缴清税款，处罚款 160000 元
长山木行	违反利得税	未于限定期内缴清税款，处罚款 68000 元
建国石印局	违反利得税	未于限定期内缴清税款，处罚款 110000 元
顺昌号	违反利得税	未于限定期内缴清税款，处罚款 160000 元
吴兴号	违反利得税	未于限定期内缴清税款，处罚款 18000 元

① 《卅六年度各类所得税滞纳单位，送法院强制执行》，《江苏直接税通讯》第 19 期，1948 年 5 月 16 日，第 3 页。

续表

受控者	案由	判决
瑞丰服装店	违反利得税	未于限定期内缴清税款，处罚款 130000 元
新光服装店	违反利得税	未于限定期内缴清税款，处罚款 15020 元
湘邵商行	违反利得税	未于限定期内缴清税款，处罚款 41360 元
新生饭店	违反利得税	未于限定期内缴清税款，处罚款 11227 元
鼎新制革厂	违反利得税	未于限定期内缴清税款，处罚款 19400 元
张英银	违反利得税	未于限定期内缴清税款，处罚款 20000 元
永兴	违反利得税	未于限定期内缴清税款，处罚款 17200 元
集友实业社	违反利得税	未于限定期内缴清税款，处罚款 72000 元
长沙合记清溪阁	违反利得税	未于限定期内缴清税款，处罚款 31000 元
松林饭店	违反利得税	未于限定期内缴清税款，处罚款 16940 元
何伯益	违反利得税	未于限定期内缴清税款，处罚款 25000 元
成德五金号	违反利得税	未于限定期内缴清税款，处罚款 108000 元
锦昌绸号	违反利得税	未于限定期内缴清税款，处罚款 177138 元
荣鑫裕	违反利得税	未于限定期内缴清税款，处罚款 60000 元
兴义米厂	违反利得税	未于限定期内缴清税款，处罚款 1630007 元

资料来源：《袁祖禹、何镜清等违反遗产税法案》，《贵州直接税通讯》第 15 期，1946 年 12 月 15 日，第 8 页。

即使实行同业公摊包缴，随着通胀急剧恶化，策略性拖欠益发普遍。文光斗分析，“因为年来在通货继续膨胀之下，而营利事业所得税的征收，本期的税额是要以上期的所得额为计算根据，所以无形中就使税收打了一个折扣。何况纳税商人在各额查定之后还要一再拖延，截留这笔应纳的税款去经营孳息，于是滞纳的风气又盛行一时，是折扣之外再加折扣，这对税收的损失真是不可以数计了”①。倒也有同业公会宣布拒绝缴纳不合理税款。汉口

① 文光斗：《营利事业所得税稽征办法之改变》，《工商天地》第 4 卷第 3 期，1949 年 3 月 20 日，第 4 页。

市剧场商业同业公会宣布，“平时除应纳政府税捐外，举凡义演公演或社会救济等捐款，无不响应”。“本会前为遵汉政府限价，业经亏累甚巨，近复以物价一再上涨，营业步入惨淡时期，演职员工最低生活亦无法维持。”经公会联席会议决定，嗣后一切义演公演，或非应纳之税捐款等，不予接受。[①] 恶性通胀全面冲击了正常的市场经营活动，使商家难以安心本业经营，货币贬值也削弱了税收的财政价值。税局通过法律方式起诉欠税商号，要求在限定期限内缴清税款，同时处以罚款。商家正常税款尚无法缴纳，罚款则更难以承担。

其三是实物交易。从所得税的发展进程可知，所得税制的确立，技术基础在于可以通过账簿查账来测算实际所得额，从而避免单纯以财富之外在形态来加以判断。从分类所得到对人综合，所得的计量测算尤为重要。而所得额之测算，在于货币经济之崛起，由此方可按统一普遍的货币价值设定税率等级，评估税负能力。内战时期，法币通胀率远超抗战时期。莫钟驌评议说，抗战之后，“钞票愈做愈多，而物资却愈做愈少”。预算难以平衡，物资紧张，工商界遭遇困难，并不亚于抗战之时。凡此种种，“工商界大都认为法币不断贬值，原投资本时在亏损之中，谈不到实在所得。对营利事业所得税之征收，甚感担负过重，若照税法严格执行，工商业即将不复生存”[②]。在货币急剧贬值情况下，“所得”颇难计算，经营亦难以为继。民间交易为逃避贬值风险，开始采用美元计值或者以货易货。经过金圆券改革的掠夺，民间拥有的外汇及金银多被搜刮，美元难以实现对等及多边交易，可作为底码标准，实际交易中以货易货逐渐流行。1949 年年初，因金圆券在不足五月内快速贬值，昆明货价普遍上升三十倍以上，“大家对于纸币的信仰，仍旧难予挽回”“市面恢复以货易货的古时交易，更给金圆券莫大的打击”。不少货物交易以棉纱作为涨跌的标的。[③] 此类现象，在各地不断增加。

甚至政府征税也开始征收实物。1949 年 2 月出台的《财政金融改革方

---

① 《汉口市剧场商业同业公会为一切义演公演或非应纳之税捐款致汉口市商会函》（1948 年 12 月 6 日），《汉口商会史料汇编》第 5 册，第 793 页。

② 莫钟驌：《营利事业所得税之研讨》（1948 年 6 月 30 日），《中华民国工商税收史料选编》（直接税・印花税）第 4 辑下册，第 1806 页。

③ 《昆明物价猛涨，流行以货易货》，《金融日报》1949 年 1 月 12 日，第二版。

案》规定货物税改征实物，引发工商界全面抗议。[①] 全国工业总会在 3 月 5 日致电财政部，请予撤销。商人所担心的，一是税收征实增加商人负担，病商扰民，“当此本位币值不断贬落之际，征实不啻变相加税”；二是税收征实在会计账目处理上手续繁杂，过程又难以控制，“当此物价转瞬即变之际，政府安能确保经手人员必无勾结弊混情事”[②]。虽然这一抗议主要是针对货物税，但大量交易采取实物交易，也使相应行业的所得税估缴失去货币标准。

其四是“暗账”投机。账簿问题一直是所得税核算的关键难题。账簿不全，账簿造假，使税局难以查账，即使查账也难得实情。商家造假账，不仅在于逃税，更要规避物资管制和物价管制政策，将资金及货物用于黑市交易，获取更高超额利润。在抗战时期，假账问题已经逐步演化为较为普遍的“暗账”问题。所谓“暗账”，主要是指商号、企业设立内部私密账簿，记录真实资产及负债情况，隐而不显，自记自用，是以为“暗”。在账簿类型上，与“暗账”相对应的是“正账”，亦即“明账”。正常情况下，明账既供商家自身记录账务，备股东或董事会查询，亦是企业债权清理及政府核算税额的重要凭据，具有证明商家财务信用的制度及法律效力。但“暗账”的存在，使“明账”成为假账。而如何在账目上“明修栈道，暗度陈仓”，其实需要极其细致的账法设计，明账与暗账之间，亦会存有交叉关联，既维持明面上的借贷平衡，又实现企业的实际账目管理。

与普通的假账现象不同，战时“暗账”的隐藏对象主要不是债权人或股东，而是政府和税局。其目的是逃避战时的直接税征稽，规避战时的经济统制政策，从而减少经营成本，获得投机利润。纺织企业裕华公司原设厂于武汉，抗战内迁后先后在重庆、成都建厂，被称为渝厂、蓉厂。[③] 渝厂于 1939 年 2 月开工生产，其账簿分为明、暗两套。一套为明账，是对外公布的

① 《全国工业总会电请撤销原案：实物征税一旦实施，民族工业立即崩溃》，《烟业日报》1949 年 3 月 7 日，第二版。

② 《全国工业总会电请撤销原案：实物征税一旦实施，民族工业立即崩溃》，《烟业日报》1949 年 3 月 7 日，第二版。

③ 关于裕华公司暗账问题的系统研究，请参见刘赛赛《战时经济秩序下裕华纺织公司的“暗账”问题研究（1939—1949）》，硕士学位论文，华中师范大学，2021 年。

假账，公司内部称其为A账或甲账；一套为暗账，详细记录，对内公开，被称为B账或乙账。刘赛赛分析，裕华渝厂暗账初期并不健全，仍以正账为主。正账之中，往往采用抬高生产成本、提高原料价格、虚构开支等方式，压低实际盈利数字。[①] 这一做法，在当时的民营纱厂中具有普遍性。崔敬伯批评说："随着变态经济的发展，假账风气，弥漫于社会各方面。造假账不仅奸商，在正当商人中，亦所不免。这种现象多少受战时心理的支配。"[②] 1942年冬，重庆市会计师公会曾推动"扫除假账运动"，但这只是从会计师角度来进行职业规范，难以改变商家的市场行为。到1943年政府实施花纱管制政策后，"暗账"主要对付的已不只是税收问题，更偏向如何管制政策，防止通胀损失。裕华的暗账系统不断调整，以更好掩盖企业实际投机活动。裕华董监事会订立放款自身所办的永利银行、囤购不在统制范围内之出口货品、购买美金储蓄券、购置不动产及尽快发放奖金等策略，[③] 尽量不保留法币资产及现金，而以持有物资、不动产及外汇作为保值手段。企业的经营重点，已经逐步由生产转为防止资产贬值。事实证明，裕华的这一举措是成功的。1941年渝厂暗账进入的原棉达10000多担。1943年裕华蓉厂开工用的15000担棉花，即由广元存货经暗账拨付的。[④] 抗战期间，经暗账购入原棉共达20万担。[⑤] 据企业管理人员回忆，渝蓉两厂的暗账收入主要都用于购买外汇、黄金，订购机器，以期保值增值。[⑥]

到营利所得税征稽由申报查账制改为"迳行决定""跟货寻税""简化稽征"，税局对于商家账簿的信息依赖已在逐步下降。1942年11月，财政部、经济部联合颁行《非常时期商业帐簿登记盖印暂行办法》，要求商家的

---

① 刘赛赛：《战时经济秩序下裕华纺织公司的"暗账"问题研究（1939—1949）》，硕士学位论文，华中师范大学，2021年。

② 崔敬伯：《论所利得税之简化稽征》，《时事新报》1944年8月15日。

③ 《民国三十二年二月二十四日董监会议》，《民国三十二年六月十三日董监会议》，《公私合营裕华大华纺织公司裕华公司服务类董事会议案（内部）》，武汉市档案馆藏：LS109－1－313。

④ "访问李玉之记录（1962年6月28日）"，《裕大华纺织资本集团史料》编辑组《裕大华纺织资本集团史料》，湖北人民出版社1984年版，第394页。

⑤ 中国人民政治协商会议四川省委员会文史资料研究委员会编：《四川文史资料选辑》第40辑，四川人民出版社1992年版，第161页。

⑥ "徐节庵回忆录未刊稿（1960年8月14日）"，《裕大华纺织资本集团史料》编辑组《裕大华纺织资本集团史料》，湖北人民出版社1984年版，第470页。

日记账和总分类账应将账簿呈送主管官署登记加盖蓝印，主管官署和税务机关进行账簿检查时需依限提交。未依规定登记者，可处罚资本额百分之五以内之罚款。如无蓝印，不可以账簿主张权利或免除义务。[①] 严格来说，这一办法就是针对商家设立明暗账。从裕华公司的账簿设计来看，明暗账设置也具有一定的规范性和技巧性。单纯以盖印许可的办法，难以达到防止假账的目的。到抗战胜利后，花纱管制政策一度取消，裕华生产迅速恢复。但到内战爆发后，通胀日趋严重，裕华再度对暗账系统进行了整合。刘赛赛分析了1947年7月裕华联合总管理处成立后的统一暗账计划。[②] 总管理处将蓉厂的暗账系统加以扩充，“查三公司外账过去记载方式各有不同，即渝蓉两厂会计组织亦有差异，兹为便于勾稽起见，拟一律依照蓉厂成法将内外帐为连系之记载以资统一”。[③] 如此，资金统一调度更为方便，也更为安全。

在标准计税制度下，税局需以抽检方式核验商家账簿，一直遭到商家抗议。到实施同业分摊包缴之后，营利所得税由同业公会估定，已不需通过查账验真。如同抗战后期一样，暗账的主要作用又转换到掩盖市场投机活动之上。刘赛赛根据档案存留的不完全记录，分析了裕华如何在暗账遮掩下，以走私、购汇及避税活动为其积累下丰厚利润。将1946年至1948年的正、暗账盈余对比，可见暗账所录盈利远超明账，如表9－5所示。

表9－5　　**裕华纺织公司1946—1948年正（A）、暗（B）账盈利比较**

年份	1946年（法币）	1947年（法币）	1948年（金圆券）
盈利总额	14，403，989，553.82	214，606，105，780.71	40，501，950.93
正（A）账	1，478，558，074.71	39，624，543，915.34	16，961，097.32
暗（B）账	12，925，431，479.11	174，981，561，865.37	23，540，853.61

① 《非常时期商业账簿登记盖印暂行办法》，《经济部公报》1942年第5卷第23—24期，第14—16页。

② 刘赛赛：《战时经济秩序下裕华纺织公司的“暗账”问题研究（1939—1949）》，硕士学位论文，华中师范大学，2021年6月。

③ 《民国三十六年六月十八日第三次董监会议：公私合营裕华大华纺织公司裕华公司服务类董事会议案（内部）》，武汉市档案馆藏：LS109－1－313，第120页。

续表

年份		1946 年（法币）	1947 年（法币）	1948 年（金圆券）
比率	正账（A）占比	10.26%	18.46%	41.88%
	暗账（B）占比	89.74%	81.54%	58.12%

资料来源：B 账盈余数据来源于《裕华纺织公司乙账盈余支配表》，1951 年 7 月，LS109－1－271，武汉市档案馆藏，第 250—252 页。A 账盈余数据来源：1946 年来源于《裕华纺织公司账略》，LS108－0－918，武汉市档案馆藏，第 93 页；1948 年来源于《裕大华资本集团裕华纺织公司业务报告书》，LS108－0－919，武汉市档案馆藏，第 150 页。更为全面的账法分析参见刘赛赛《战时经济秩序下裕华纺织公司的"暗账"问题研究（1939—1949）》，硕士学位论文，华中师范大学，2021 年。

裕华为实现保本增值，采取的办法是以纱易花（棉花），购买黄金、白银，以及大量收购花、布、纱等实物。① 到金圆券改革后，政府加强对贵重金属及外汇的严格管制，裕华公司投机外汇、黄金及物资的道路都被堵塞。这使投机交易、实物囤积与企业生产之间的资金及物资流动链条断裂，企业经营反而陷入全面困境。

现在企业档案及史料中留存的暗账记录并不多，具体账法及运作情形还有待探究。从裕华的例子观察，作为必需品生产企业，裕华占有物资优势。企业设立暗账，固然是为了逃税，但到内战时期，因为恶性通胀的压力，迫使企业不得不借助于外汇及黄金投机来实现资产保值，在相当程度上也偏离了企业的主业。从其他行业来看，有银钱业因暗账被举报查获而被媒体报道的情况。1947 年 6 月，中国工矿银行因前后两任总经理私设暗账而被金管局查获。发现该行通过设立暗账存留资金，用于囤积居奇，"各暗账日计表各科目余额，共存 48 亿元"，远超规定账册所列业务之上。该行订立有会计处理暂行办法，要求各分支行全部设立暗账。金管局查获后，勒令该行停

① "访问姚应征记录（1962 年 9 月 5 日）"，《裕大华纺织资本集团史料》编辑组《裕大华纺织资本集团史料》，湖北人民出版社 1984 年版，第 570 页。

业。[1] 1949年9月，汉口祥和盛、福利两钱庄“旧习不改，仍设暗账”，送交法院议处。[2] 银钱业设立暗账，参与投机交易，会削弱政府金融及市场管制的力度。暗账被查获的案例极少，但战时设立暗账的商家必不少。在战时的税收加征及市场管制政策下，商家做假账、立暗账，除了逃避税收，更是以此进行有计划的投机活动。在税收之外，通胀下的货币贬值是商家设立假账的最大因素。物价飞涨之下，市场投机收益远超正业收入。在商会、商家普遍呈诉经营困难而要求减税、救济之时，仍有商家以囤积物资和购买外汇而获巨利。更需注意的是，类似裕华这样的工业企业，其正常的生产经营也离不开投机收入的支持，这说明企业经营的外在税收环境、货币环境已全面恶化，迫使企业不得不各显神通，突破战时管制来维系运营。

其五是闭门歇业。按商家经营状态，有注册、开业、歇业、停业、清算等不同状况。歇业是指企业或商号停止营业，不再经营。歇业有主动歇业与被动歇业之分，前者是经营者因故不再持续经营，歇业注销；后者则是迫于经营压力，难以为继，不得不闭门歇业。停业可指临时停业，也可指因违法等原因被勒令停业。按税法规定，歇业商家亦应清缴所欠税款，但事实上难以执行。六倍预估之后，商家呈请歇业者渐增。至1948年8月19日金圆券改革之后，各地闭门歇业者更是倍增无减。按日常工商登记情况，有开有关实属正常，但在短时期之内大量商家歇业，则说明市场环境严重恶化。面对难以负荷的税收，不计其数的摊派，关门歇业成为最后的选择。政府为维持市面，还限制商家歇业申请。以下据报刊所载，选择部分城市及部分行业情况列举，如表9－6所示。

表9－6 **各地商家歇业情况**（1948—1949）

区域	歇业情况	资料来源
梧州	向以出口为主体，当前虽有百余家，但倒闭和歇业已有几十家，商场上充满了不景气。	《梧州出口市场倒闭歇业达数十家》，《大公报》（香港）1949年9月21日，第五版

① 《工矿银行暗账案查结》，《立报》1948年9月15日，第二版；《设立暗账套用行款兼营囤积，工矿银行罚令停业》，《经济通讯》1948年7月30日第776期，第一版。

② 《汉口两家钱庄暗账查实究办》，《大公报》（上海）1949年9月25日，第六版。

续表

区域	歇业情况	资料来源
重庆	商会所属各业都在日趋凋敝，申请降低营业税。营业税倍由53倍增至125倍。代表反映，商业濒死，饮食尚且无着，何能担负巨额营业税。七十多家颜料厂关闭了四十多家，国药业五百多家倒闭了百余家，照相业从153家减少到108家。 26家烟厂歇业。 重庆制革业倒闭十之七八。	《商业经营不易，停业歇业方兴未艾，税捐繁多难予负荷》，《大公报》（重庆）1949年6月14日，第三版；《烟厂歇业》，《大公报》（重庆）1949年5月20日，第三版；《重庆制革业倒闭》，《大公报》（重庆）1949年5月25日，第三版
成都	成都市场混乱，商店借口无货关门歇业。 成都烟厂60余家倒闭，因卷烟税提高。	《成都市场依然混乱》，《新闻报》1948年8月31日，第二版；《蓉卷烟税提高后六十余烟厂歇业》，《大公报》（重庆）1949年8月14日，第三版
贵阳	受大局影响，人心虚弱，百业萧条。原有31家银行，广西、兴文、大川、易业，正计划歇业者及裁减者还有多家。 贵阳银楼业全部歇业。	《蒋管区残景贵阳百业衰敝》，《大公报》（香港）1949年6月11日，第七版；《贵阳银楼业已全部歇业》，《大公报》（重庆）1948年10月12日，第三版
青岛	时局紧张，金圆券迅速贬值，青岛工商业已走上了绝路。近一月，商家向社会局报请歇业如过江之鲫，达300余家后，社会局开始限制。 上月青岛倒闭商店166家。	《上月青岛商店倒闭一六六家》，《新闻报》1949年3月6日，第五版；《青岛工商业纷请歇业，当局现已开始限制》，《大公报》（上海）1949年5月23日，第一版
武汉	工商业已陷入瘫痪状态，工厂八九停工，商店约五人巡视一歇业，全市58家银钱行庄有14家正式停业，27家在申请停业。 武汉物价与银元黑市如烈马奔腾，市场萧条，门可罗雀。金号倒闭4家，卷烟停工30余家，米厂无米相继歇业。	《武汉物价如烈马奔腾市场萧条歇业多》，《申报》1949年4月16日，第二版；《汉口工商业陷入瘫痪》，《新闻报》1949年5月7日，第一版
南京	南京著名餐厅大鸿楼门庭冷落，亏损5000余万元歇业。	《客少门庭冷大鸿楼歇业》，《中央日报》1949年4月17日，第三版
兰州	兰州入春后商业均呈不景气现象，购买力弱。商会调查各业破产歇业达80余家，银元价格破4万元大关。	《兰州商业不景气》，《和平日报》1949年4月10日，第五版

续表

区域	歇业情况	资料来源
广州	广州因金融波动，工商业面临绝境。百货滞销，市内大小工厂无法维持，宣布停工者占百分之九十。官营士敏土等厂亦歇业，工人失业达二三万人之多。 一月内倒闭百余家。	《穗市大小工厂百份（分）之九十歇业》，《竹秀园月报》（复兴版）第22期，1949年6月1日，第26页；《穗商业萧条，一月内倒闭百家》，《大公报》（重庆）1949年7月18日，第二版
上海	上海银楼业180多家，先后歇业。 纱厂成本高，原料缺，无法支持。	《沪银楼业先后歇业》，《大公报》（香港）1948年12月7日，第五版；《上海工业萧条》，《大公报》（香港）1949年3月19日，第一版
蚌埠	蚌埠百货商店歇业三十余家。 绸布业全部歇业。	《蚌埠百货商店歇业三十余家》，《新闻报》1948年10月19日，第二版
苏州	苏州银楼今起歇业。	《苏州银楼今起歇业》，《新闻报》1948年9月27日，第一版
开封	复员后民穷财尽，无力负担，又不允许歇业，商号卖货底准备逃走。 摊派频繁，无力负担，开封商店酝酿集体歇业。 开封各商店歇业500家。	《开封商业日暮途穷》，《大公报》（天津）1948年8月26日，第五版；《摊派频繁无力负担》，《益世报》（天津版）1948年8月26日，第四版；《益世报》（天津版）1948年2月25日，第二版
长沙	长沙梁织厂全部歇业，千余工人失业向总工会请愿。 市商会登记调查，一月来全市米厂倒闭41家，金饰店如余太华、李文玉等老店倒闭6家，纱店倒闭23家。	《长沙染织厂全部歇业》，《申报》1948年7月13日，第二版；《长沙商业倒闭风炽》，《金融日报》1949年5月24日，第二版
济南	济南商店纷纷歇业，5月申请歇业商号达56家，未经申请歇业者6家。 济南商号歇业多，四月歇业300余家，摊派过重，营业不振。	《申请歇业，济南商店纷纷歇业》，《大公报》（天津）1948年6月21日，第五版；《济南商号歇业多》，《大公报》（天津版）1948年5月25日，第五版
保定	春节后歇业者达200余家。	《营业萧条开支浩繁保定商店穷于应付》，《益世报》（天津版）1948年3月17日，第四版
九江	九江倒闭商店60余家。	《九江一片倒闭声，倒闭商店达六十余家》，《和平日报》1949年4月28日，第二版

从原因来看，部分行业商家歇业是因税负过重，摊派过多，还有大量商家是因为货源短缺、原料涨价以及市场购买力孱弱，由此导致生产难以维持，资金难以周转而歇业。而其致病之根，仍在通货膨胀。法币崩溃之后，金圆券又更快陷入困境。政府为了维持市面，有商家提出歇业而不予允许。表面观察，营利事业所得税或者某单一税收并不是商家歇业之主因，但是属于中央税的所得税、货物税，及内战时期回拨地方的营业税，均以工商企业、商号为征收对象。再加以内战时期各地城防捐、治安捐、自卫特捐、慰军费等类摊派苛不计其数。在 1949 年 2 月财政金融改革案中，政府又全面放开，地方可以自主开征税捐，税负同样落在工商业肩上。上有重重税负重压，下有通胀釜底抽薪，由此导致绝大多数行业、商号经营难以为继。少量特权商人、企业从中投机取利，大发战争财，而财政部宣扬之“有钱出钱、有力出力”的税收原则已被完全打破。

1949 年 7 月，财政山穷水尽之际，政府再次更改币制，宣布以银元为本位，以银元券取代金圆券。其兑换比例，是 5 亿金元换 1 元银元。与之相应，1949 年 9 月 7 日，国民政府对所得税的起征额及分级税率再次进行调整。[①] 此时的税法修订已经没有意义，在国民政府的财政收入之中，税收所占比例已经不断下降，银行借款、债务收入和政府摊派成为主要的收入来源。税收结构的这一非常态变化，已经揭示出国民政府通过强化直接税来支撑内战财政计划的彻底失败。

从税法上的申报查征制及组织上的全国稽征网建立，国民政府致力于推进以所得税为主的直接税体系，改变战时财政结构。从完成预算情况而言，所得税征稽取得一定成就。在税法上，也由分类所得税向综合所得税过渡。但所得税从最初的良税之誉到内战时期的恶税形象之转变是如何造成的，显然并不单纯只是从税收负担的角度就可以解释。所得税的制度核心在于查账直征及分级税率，这一环节最为繁杂也至为关键。在抗战全面爆发后一开始，为规避假账影响，提高稽征，申报查征就让位于“迳行决定”和机构扣缴之法。兹后营利所得及过分利得税又转向货运登记，跟货寻税，再转向

① 《所得税法》（1949 年 9 月 7 日），《中华民国工商税收史料选编》（直接税 · 印花税）第 4 辑上册，第 320 页。

商人团体协助实施的简化稽征法。至内战时期，更加猛烈的通胀浪潮全面冲击着税收生态和营收环境，政府再次更改稽征方案，采同业分摊包缴来征收税款。在效率与公平之间，财政部也曾犹豫摇摆，最终仍以尽快实现税款入库为最高目标。无论是营利所得还是薪给报酬所得税的扣缴，均经由委托—代理机制完成。所得税制度并不是被自身税负压倒，而是被国民政府发动内战、实施通胀的短视政策扭曲了。政府为筹集战争经费，对冲通胀压力，越过税法条款，法外施法，最终导致其良税禀性被异化，征纳关系也严重恶化。

第十章

战时财政体系下所得税的征收绩效及比较分析

所得税被称为“战争税”，原因在于其能力原则和税收弹性结合，在战时能够迅速发挥出明显的税收增量及信用保障效能。国民政府在全面抗战爆发之前迅疾推行所得税，也是为优化税收结构，支持战时财政，延续军事型的借贷财政体系。政府也以所得税为基干，建立并扩充了直接税体系。为提升稽征效率，也施展百般解数，简化稽征程序。在抗战胜利后，本应回归平常财政，但为发动内战，国民党和政府又重启了战时税收动员。抗日战争与内战是不同性质的战争，纳税人的税收心理也自不同。学界关于所得税及战时税收的征收绩效也已有所评估，但主要是总量核算，相对简化。对于所得税的区域结构、分类结构、产业基础等，还需更具化的考察。在宏观上，关于所得税的税收和财政价值，更需结合财政收入结构进行比较评析。通常认为，国民政府加诸商民之上的战时税收负担过重，这也反映在商会及商民的频繁抗议之上。如果置于第二次世界大战的视野下观察，可以发现英、美等国亦启动战时财政动员体制，即以战时所得税和利得税为中心，迅速提升政府的税收能力和借贷能力，并以适度通胀调节金融，促进战时生产。这一经验在第一次世界大战及此前历经检验，在“二战”之中再次发挥威力。国民政府对各国战时财政极其关注，其时学界也有研究，但过往关注并不充分。客观而言，并不可将战时财政的重责完全承放于所得税或任一单一税种之上，亦不可全以西方国家标准来判断国民政府的财政动员体制。但通过所得税分类结构、战时税收结构、财政收入结构的国际比较，仍可更全面认识所得税的征收绩效、财政价值及国民政府由借贷财政走向通胀财政的关键症结。

一　中国所得税的战时征收绩效

所得税的征税对象包括个人及不同经营主体，分类所得来源包括营利所得、薪资所得、利息所得、非常利得、一时所得及租赁出卖所得等。到1946年，又开征了综合所得税。在不断扩充征稽范围的同时，也意味着所得税与产业经济、国民所得产生了更为密切的联系。因之，评估所得税的征收绩效，除考量其纵向变化，讨论税源变动及税务部门的稽征技术外，更要分析其分类结构特征。

（一）历时变化

所得税作为政府推行直接税的先锋和主干，总量频繁变化，但整体上仍在恢复、扩展，体现出一定的税收弹性。抗战时期所得税在政治及舆论上得到社会支持，承担着巩固战时财政的重任，完成预算情况相对较好。到内战时期，随着民众税收心理及经济形势的恶化，完成预算变得极为艰难。

所得税开征之时1936年的预算为法币500万元，此后仅1938年有所下调外，其余年份都在不断增加。从绝对数量看，增长幅度极快。但如考虑到通胀因素，仍未脱离基本经济情势。关于所得税的统计，行政院、财政部、直接税署均有不同相关报告。或以预决算形式公布，或以政策公告。高秉坊、张保福、杨昭智等在其个人著述中也各有列表统计。预算数字大体一致，但实征或决算数字稍有出入。在此，主要以《财政年鉴三编》中的国家预决算及财政部二级预决算数据为主，对所得税的时序变化加以整理，如表10－1所示。

表 10 – 1　**历年所得税预算与实征比较（1936—1948）**　（单位：元）

年度		所得税	过分利得税	综合所得税	法币发行指数	重庆主要商品批发物价指数
1936	预算	5000000	—	—	—	—
	实征	6487271	—	—		
1937	预算	25000000	—	—	100	100
	实征	20116762	—	—		
1938	预算	12500000	—	—	164	104
	实征	8231298	—	—		
1939	预算	30000000	—	—	304	177
	实征	29263667	—	—		
1940	预算	39000000	24000000	—	558	1094
	实征	46926679	29273082	—		
1941	预算	60000000	70000000	—	1071	2848
	实征	80959358	85438639	—		
1942	预算	170000000	240000000	—	2440	5741
	实征	168338666	270360616	—		
1943	预算	700000000	1000000000	—	5346	20033
	实征	919136697	1106322715	—		
1944	预算	1782730000	2160606000	—	13436	54860
	实征	1616111376	1830733946	—		
1945	预算	2600000000	3100000000	—	39484	179500
	实征	2375608960	2382583709	—		
1946	预算	40000000000	5000000000	11000000000	264180	268763
	实征	63267317521	30856673683	4178007542		
1947	预算	780000000000	200000000000	—	2353704	4010700
	实征	809381209000	260708504670	—		
1948 年上半年	预算	6000000000000	—	—	47070539（8 月指数）	132500000（截至 7 月）
	实征	5385961868000	—	—	—	

续表

年度		所得税	过分利得税	综合所得税	法币发行指数	重庆主要商品批发物价指数
1948 年下半年	预算	61200000 金圆	—	—	—	（金圆）8 月为 100；12 月为 1015
	实征	95102000 金圆	—	—	—	

资料来源：（1）本表主要综合了《财政年鉴三编》上册，“第三篇　计政与公库”中国家总预决算及财政部二级预决算中的数字。关于所得税、利得税的准确征收数额，不同统计口径均有差异。行政院新闻局所编《所得税》（1947 年印行）、高秉坊著《中国直接税史实》及张保福著《中国所得税论》中有少量年份的数字不同。本表也综合了《中华民国工商税收史料选编》（直接税・印花税）（第 4 辑下册，第 1697 页）中的若干年份数字。（2）1937—1945 年的重庆主要商品批发物价指数来自吴冈《旧中国通货膨胀史料》，上海人民出版社 1958 年版，第 165—170 页；1946—1949 年的重庆批发物价指数来自中国科学院上海经济研究所、上海社会科学院经济研究所编《上海解放前后物价资料汇编（1921—1957 年）》，上海人民出版社 1958 年版，第 195 页，指数取每年 12 月份数字。

结合数量及征稽制度的变化，可将 1936 年 10 月所得税开征至 1938 年 10 月武汉沦陷定为初征阶段。所得税开征后不久，抗日战争即全面爆发。在日军猛烈攻势之下，国民党军迅速丧失了华北和东南部分省份。俟因武汉陷入危境，继迁至重庆。此时大片国土丧失，税源随之锐减，所得税之征收绩效直接受到影响。关税、盐税、货物税受损也极为严重，失其太半，这反过来对所得税造成更大压力。政府迅速扩展分类所得税，开征遗产税，希望以直接税弥补间接税缺失。

从武汉沦陷至 1943 年新法颁行可视为所得税在后方的奠基与扩展阶段。税政机构在西部后方努力建立和充实了征稽组织体系，在沦陷区的坚守区域也继续推行税政。1939 年至 1941 年，所得税预算增加的幅度不算很大。到 1943 年，不仅颁布了新所得税法，还颁布了《非常时期过分利得税法》《财产租赁出卖所得税法》，扩大了征稽范围，预算和实征数额都有大幅增长。这一时期所得税稽征主要是采取“迳行决定”及“跟货寻税”政策，从完成预算的角度而言，稽征方法取得一定实效。

在直接税体系中，所得税和利得税是主干。1940 年、1941 年，所得税在直接税中的占比分别达到了 53.39%、44.67%，如再加上利得税，占据绝对比例。到1943年因营业税合并到直接税征收，所得税、利得税占比有所下降。遗产税征收效果并不好，在直接税中位居末位，反而是印花税较为稳定。如表10－2所示。

表10－2 **财政部二级预决算中直接税及各分类税目所占比例（1940—1945）**

（单位：元）

税类			1940年	1941年	1942年	1943年	1944年	1945年
直接税	所得税	数额	46916679.90	80959358.71	168338666.68	658524558.72	1616111376.11	2375608960.46
		占比	53.39%	44.68%	15.89%	18.25%	19.03%	19.23%
	利得税	数额	29273082.94	85438639.04	270360616.79	749692959.16	1830723946.07	2382583709.89
		占比	33.31%	47.15%	25.52%	20.77%	21.56%	19.29%
	遗产税	数额	1900.00	286558.42	2560282.87	55664432.81	125444412.98	276629616.19
		占比	0.02%	0.16%	0.24%	1.54%	1.47%	2.24%
	印花税	数额	11677355.68	14522499.44	26759381.00	278362837.02	1066618996.78	2197855431.25
		占比	13.29%	8.01%	2.52%	7.71%	12.55%	17.79%
	营业税	数额	—	—	591272499.58	1866847154.10	3854202533.56	5118672872.33
		占比	—	—	55.82%	51.73%	45.38%	41.44%
总额			87869018.52	181207055.61	1059291446.92	3609091941.81	8493101265.50	12351350590.12

说明：所得税1936年开征是营利事业所得、薪给报酬所得、证券存款利息所得，至1941年又开征财产出卖所得、财产租赁所得。利得税全称是非常时期过分利得税，有营利利得税、租赁利得税。表中百分比为笔者所加。

资料来源：根据财政部财政年鉴编纂处编《财政年鉴三编》上册，第三篇第二章第46—74页，财政部二级预决算整理而成。

到抗战胜利后，国民政府本应回归平常财政。1946年新《所得税法》颁布，政府对所得税进行了整合，一度裁减了非常时期过分利得税。但在内战爆发后，迅速向战时税制调整。值得注意的是，这一时期所得税的征收绩效与内战军事进程、战时货币政策的关联度急剧上升。国民党和国民政府在军事上愈败退，税源区域愈减少，对税收和财政的需求愈强烈。国民政府一直想平衡税收和通胀，但因缺少借贷手段，最终完全偏向了通胀财政一侧。到1948年金圆券改革时，财政、经济和货币系统已近崩溃。预算和实征之间，存有差距。考虑到此时物价快速上涨，等税款入库时其实际价值已大为缩减。在此，以 1947 年直接税各税类的预算、查征及纳库数量作一对比，如表 10－3 所示。

表 10－3　　**1947 年度直接税预算与税收比较（截至 1948 年 1 月）**（单位：元,%）

税别	预算数	查征数	纳库数	查征占预算百分比	纳库占预算百分比
总计	1512592000000	1514177840770	1173609398681	100.1	77.6
综合所得税	11000000000	6951661430	4178007542	63.2	38.0
所得税	780000000000	729775500837	558907050031	93.6	71.7
利得税	200000000000	260708504670	137008223755	130.4	68.5
地价税	21140000000	950246970	789094733	4.5	3.7
土地增值税	8050000000	998445110	961331361	12.4	11.9
遗产税	30000000000	35231203031	10366974553	117.4	34.6
印花税	300000000000	415304411124	412339597987	138.4	137.4
院辖市营业税	80000000000	16281118450	9624110284	20.4	12.0
特种营业税	82000000000	46532651631	38632487691	56.7	47.1
惩罚赔偿及其他	402000000	1444097517	802520744	359.2	199.6

资料来源：《中华民国工商税收史料选编》（直接税・印花税）第 4 辑下册，第 1710—1711 页。

查征数反映了税局的税务行政效率，查征率高相应纳库率也会提升。从纳库比例看，直接税各税类中，除印花税成绩较好，其余皆不理想。所得税和利得税的纳库比例是较高的，新开征的综合所得税却远不如预期。综合所得税弥补了原有分类所得的不足，能够真正以人为主体来衡量其全部所得，对于平衡贫富差距有重要意义。在当时情况下，要实现对综合所得税的全面核算稽征极为困难。所得税之外，地价税、土地增值税及遗产税征收也遭遇到较大阻碍，这严重制约了政府通过加征所得税、财产税来提升税收能力的企图。

（二）地区分布

所得税在不同区域的征收成绩，受人口分布、产业经济及时局变动等因素影响较大。从全国范围来看，东南沿海地区、通商口岸城市及各地的省会中心城市，税源丰富，是所得税机构征稽的重点区域。所得税初征时，重点在上海、南京、成都等中心城市建立办事处，再以此为基础来建立分支查征机构，正是为提高征收效率。不意所得税刚刚开征，抗日战争就全面爆发，华北及东南国土大片沦陷，大量人口及工厂内迁，征收重心也随之转至后方各省市。在沦陷省份，在江苏、浙江、福建等地还有局部保留征稽机构，继续履行征税职责。西南及西北各省，则加强建立基层查征机构，使所得税的征收数额恢复增长。兹将 1940—1946 年的所得税分区情况列于表 10－4。

表 10－4　　所得税分区统计（1940—1946）　　单位：元

区别	1940 年度	1941 年度	1942 年度	1943 年度	1944 年度	1945 年度	1946 年度
上海	3876313.26	3069469.70	—	—	—	23581021	25020079815
天津	—	—	—	—	—	3101806	1910548258
重庆	—	—	—	—	—	698666167	1116951708
汉口	—	—	—	—	—	87023	1596685918
青岛	—	—	—	—	—	—	1116241777
成都	—	—	—	—	—	338226894	—
江苏	83079.14	57772.14	4583.11	—	—	3548359	4508152843
山东	—	—	—	—	—	—	840939652
云南	1179276.25	2147873.88	7614029.31	37588820.53	104441893.80	245877477	1416470830
冀察热	—	—	—	—	—	—	2264717835
川康	20264116.34	38015464.25	91123618.07	—	—	657089955	2131884477
东川	—	—	—	232407317	508710332.74	—	—
四川	—	—	—	101891558	319754412.41	—	—

续表

区别	1940 年度	1941 年度	1942 年度	1943 年度	1944 年度	1945 年度	1946 年度
闽浙	—	—	—	—	—	191202802	—
福建	1774083. 39	2364592. 11	6149942. 72	42672284. 72	59640018. 73	—	853660668
浙江	2968964. 08	4007425. 55	4075020. 78	34240920. 40	30593190. 11	—	2747831486
陕西	2358991. 81	4585744. 33	18734404. 02	—	—	—	1440156860
陕晋	—	—	—	78305949. 06	191247888. 43	445490768	—
甘青	—	—	—	50320886. 30	107256525. 50	—	—
宁绥	—	—	—	4477918. 11	9797750. 24	—	—
甘青宁新	1638716. 60	2537315. 47	6736862. 04	—	—	244458218	938259429
晋绥	—	—	—	—	—	—	629470703
湘桂黔	—	—	—	—	—	392317870	—
湖南	1458129. 02	2459174. 13	11310843. 96	58834916. 97	21164633. 25	—	756284521
广西	2048592. 09	5956242. 84	25961539. 34	95662058. 03	62096809. 11	—	431242014
贵州	751569. 92	1927597. 61	6202507. 76	34863534. 73	74462646. 16	—	625336111
粤赣	—	—	—	—	—	110743915	
江西	1498220. 24	3504250. 64	7155901. 83	38129489. 30	32299829. 80	—	705480540
广东	693949. 41	1542324. 72	10140368. 40	66996617. 52	38628678. 06	—	2721926145
鄂豫	—	—	—	—	—	133420534	—
湖北	332627. 09	710697. 97	2716531. 47	13401246. 64	34069473. 11	—	—
河南	593573. 90	1371826. 92	3382213. 16	46184219. 76	61053499. 23	—	—
安徽（包括皖南与皖北）	5455018. 22	799089. 86	2286852. 92	55029645. 31	34393695. 55	—	1119043900
辽安	46975220. 76	75056862. 12	203595218. 89	990947382. 94	1698614276. 10	—	2985645980
吉北	1458129. 02	2459174. 13	11310843. 96	58834916. 97	21164633. 25	—	456735061
总计	2048592. 09	5956242. 84	25961539. 34	95662058. 03	62096809. 11	3493387814	60164171967

资料来源：1940 年至 1942 年的数据来自《财政年鉴续编》上册，“第四篇　直接税”，第 9—10 页；1943 年至 1944 年的数据来自《中华民国工商税收史料选编》（直接税·印花税）第 4 辑下册，第 1699—1700 页；1945 年至 1946 年的数据来自《财政年鉴第三编》上册，“第四篇　直接税”，第 8—10 页。1945 年至 1946 年税区范围有变化。若干年份及地区数额不详。

按照税区划分，税源丰富的省份或城市都是单独设立税区，征收机构较少和税源稀少区域，则合设税区。1936 年及 1937 年，税收主要以上海、江苏、浙江、广东等地为主。到国民政府西迁后，川康、贵州、云南、广西、陕西、甘宁青新等地成为税源地。按 1940 年至 1946 年的统计，川康、四川成为主要的税源地，排名靠前。到抗战胜利后，上海、天津、汉口等城市及江苏、浙江、广东等省份所占比例迅速提高。原来后方各省市则因人口及工厂回迁，税源减少，税额占比有所下降。

在利得税部分，因系就所得的超额部分追加征税，其税源分布与所得税大体一致。但利得税重在超额利润，与不同地区营利事业的利润率及规模企业数量有较大关系，如表 10 - 5 所示。

表 10 - 5　**利得税收入分区统计（1940—1946）**　（单位：元）

局别	1940	1941	1942	1943	1944	1945	1946
江苏	—	7428.99	—	—	—	1283033	1423804216
浙江	4421273.74	7051740.31	10404295.83	45322466.44	49518609.55	—	—
安徽	—	—	—	37443563.58	37284951.85	—	679260129
湖北	236232.31	143609.69	808120.71	16958377.77	42664003.04	—	112203330
河南	427979.87	912516.73	5164009.2	69289467.54	75188718.99	—	599008807
鄂豫	—	—	—	—	—	146224655	—
川康	8730890.41	21284305.55	112456324.57	—	—	528219582	1022104169
东川	—	—	—	223038682.00	575250939.20	—	—
四川	—	—	—	115246937.97	361161196.51	—	—
福建	2141174.14	3462467.96	14309936.28	70922953.31	86050267.10	—	—
江西	1915401.05	5233972.08	18290262.87	52772896.72	41512741.44	—	380621006
粤赣	—	—	—	—	—	131591331	—
广东	236704.04	1876532.75	1016742.61	64657468.97	29817389.99	—	2314373833
广西	3614147.74	7182765.14	61968031.60	151413012.43	78934237.83	—	267048151

续表

局别	1940	1941	1942	1943	1944	1945	1946
云南	34194.21	807419.62	12216324.85	33464333.78	85577291.57	218511727	22423331
冀察热	—	—	—	—	—	—	1759234702
湖南	—	—	—	74440717.66	29487983.98	—	—
贵州	849445.28	3454806.16	14327757.02	52661885.74	94017237.54	—	—
湘桂黔	—	—	—	—	—	361827284	—
陕西	3389932.43	6935098.52	45069734.37	—	—	—	—
陕晋	—	—	—	135460640.44	269541084.70	—	—
晋绥	—	—	—	—	—	—	591966144
甘宁青新	1277278.31	3408782.03	11849340.97	—	—	264621238	516629235
甘青	—	—	—	68514472.51	120678123.72	—	—
宁绥	—	—	—	8364642.02	17381431.28	—	—
上海	146117.08	274104.92	—	—	—	—	—
重庆	—	—	—	—	—	878530302	1139345357
成都	—	—	—	—	—	394603844	—
汉口	—	—	—	—	—	—	27568093
天津	—	—	—	—	—	—	3038893076
总计	29226131.64	66099751.08	359320782.96	1219972517.88	1998065485.45	3750179208	30692891606

资料来源：1940 年至 1942 年的数据来自《财政年鉴　续编》上册，“第四篇　直接税”，第 13 页；1943 年至 1944 年的数据来自《中华民国工商税收史料选编》（直接税·印花税）第 4 辑下册，第 1699—1700 页；1945 年至 1946 年的数据来自《财政年鉴　第三编》上册，“第四篇　直接税”，第 11—13 页。1945 年至 1946 年税区有变化。若干年份及地区数额不详。

各省市的所得税征收情况，现有统计并不完整。后方的省份和重庆、昆明、西安、成都、贵阳等大城市，在战时成为主要的税源地。重庆市在所得税初开征的两年，数额增长很快。1937 年实收 670209.65 元，到 1938 年增长到 3132631.31 元，是上年度的 4.67 倍。[①] 重庆市钱庄业在 1944 年度应所得、利得税合计 700 万元左右，依照 30 家同业分配，最高为 30 万元。[②] 据直接税负责人谈，重庆市利得税报缴情况较好，1943 年"大部分商号俱经查竣缴纳，惟尚有极少数商人仍未申报"，正分别清查。[③] 陕西省历年税收比较，1936 年 10 月开征。如以 1936 年征收指数为 100，1937 年达 2350，1938 年为 1835，1939 年达 19267，1940 年达 55417，1941 年达 101573。征收成本在 1937 年为 8.22%，1939 年为 2.48%，1940 年为 2.67%，1941 年为 3.13%，1942 年为 2.46%。[④]

所得分类之中，营利事业所得位居其首。在内迁影响下，成都经济步入战时繁荣期。据所得税处调查，1938 年商户在 1 万元以上，而资本在二千元以上者，不过数百户。资本在二千元以下者，合计有 9364 户，资本在二千元以上至万元以下者有 460 户，资本在万元以上十万元以下者 283 户，资本在十万元以上者为 21 户。[⑤] 到 1939 年，商号资本超二千元者由 631 户增加到 732 户。各业资本，以特商为多，占 26%；其次为疋业，占 21%；再次为百货、医药等，各占 6% 左右。在 1937 年内，成都各商号获得有限，各商缴纳所得税之总款在 197136 元。到 1938 年，增至 512429 元，至 1939 年达至 814600 元。[⑥] 承担所得税较多的是特业、疋头业、百货业、金银业、银钱业。有的行业经营单位虽多，但规模较小，获利不高，缴纳税额相对较少。整体上看，成都 1939 年所得税的纳税额增长幅度与纯利大致相近，如表 10－6 所示。

---

① 《二年来重庆市之所得税》，《银行周报》第 24 卷第 12 期，1940 年 3 月 26 日，第 2—3 页。

② 《卅三年重庆钱庄业所得税及利得税》，《金融周报》第 13 卷第 6 期，1945 年 11 月 14 日，第 11 页。

③ 《渝市利得税征收概况》，《经济汇报》第 8 卷第 12 期，1943 年 12 月 16 日，第 123 页。

④ 孙白琦：《直接税在陕西》，1943 年 7 月 1 日直接税节纪念刊，第 24—26 页。

⑤ 孙邦治：《成都市二十八年度工商营利事业概况》，《直接税月报》第 1 卷第 3 期，1941 年 3 月 1 日，第 61—62 页。

⑥ 孙邦治：《成都市二十八年度工商营利事业概况》，《直接税月报》第 1 卷第 3 期，1941 年 3 月 1 日，第 64—74 页。

表 10-6 成都 1938 年至 1939 年度营业及所得税纳税情况比较 (单位：元)

名称	1938 年度	1939 年度	增加数额	增加倍数
资本总额	8715826.16	14914432.15	6198605.99	1.71
销货总额	32712646.98	81459452.93	49286805.95	2.53
毛利总额	6934814.60	21827367.75	14892553.15	3.15
纯利总额	5257546.25	9310817.29	4053271.04	1.77
所得税总额	512429.95	814600.00	302170.05	1.59

资料来源：孙邦治《成都市二十八年度工商营利事业概况》，《直接税月报》第 1 卷第 3 期，1941 年 3 月 1 日，第 74 页。

浙江大部沦陷，在税局努力下仍有所获。1936 年纳库数为 39919.73 元，占全国所得税利得税的 0.60%。1937 年，分摊预算数为 930000 元，纳库数为 69968.98 元，受战争影响，未能完成预算目标。到 1938 年分摊预算数为 100000 元，纳库数为 312066.54 元，占全国所得税比例为 3.63%，超额完成预算。1939 年预算数为 1501100 元，纳库数为 2319210.98 元，占全国所得税额的 7.72%，占比不断上升。到 1940 年，预算数为 7500000 元，纳库数为 7246598.85 元，离预算稍有距离。① 金华为浙东商业中心，人口增多。各地大宗商品除农产品外，火腿、植物油、药材、烟草、砂糖等出产较大。战前物价相对稳定，抗战时期，商品购销运输困难，货价猛涨。区内税源，兰溪、金华、永康三县为重点。税局人员到 1941 年 3 月人员配备才到位，工作人员 8 人，4 人办理内部工作及兰溪县抢征，4 人轮流分派各县抢征，结果尚属良好。该年度 1—10 月，营利事业所得税申报单位合计为 841 个，查定为 766 个，累计纳库数为 2135843.99 元。②

广东在 1937 年仅收税款 9.4 万余元。1939 年略有好转，收取 12.9 万余元。1940 年，各地商业及金融方面有所恢复，税收增加。1941 年改组成立了广东直接税局，年终纳库数达到 120 余万元。1942 年 1—9 月，直接税合

① 《历年浙江省所得税统计表》，《浙光》第 8 卷第 11 号，1941 年 10 月 1 日，第 13 页。

② 《浙江省金华区二十九年度营利事业统计报告》，《直接税月报》第 1 卷第 8 期，1941 年 8 月 1 日，第 45 页。

计为44331508元，其中所得税为6641130元，利得税为12677716元，遗产税为6041元，印花税为712747元，营业税为24222441元，罚没收入为71433元。[①] 1942年所得税预算为7000000元，利得税预算为11800000元，实收所得税12012038元，利得税22406717元，均超额完成。[②] 安徽南部被划为皖南税区，据统计，在1939年休宁县纳税单位13个，征所得税3431.25元，利得税1692.87元。歙县18个纳税单位，所得税309.86元，利得税763.55元。黟县4个纳税单位，所得税4079.24元，利得税5797.18元，再加上绩溪、祁门、太平等地，合计46单位，征得所得税11689.43元，利得税8370.64元。[③] 邵阳税区位于湖南西南，辖邵阳、新化、安化等11县，人口460余万。安化茶叶、锡及锑矿产等丰富，造纸工业较发达。初时征税集中在邵阳，后派员至武冈、新宁等县。1940年查定所得税41000余元，利得税为161103.23余元，纳库数为138851.55元，1941年查定数为689511.34余元，纳库数增至555567.58元。[④] 从统计看，县级区域纳税单位较少，规模企业更少，所得及利得收益有限。

抗战胜利后，随着国土光复，所得税的税源区域大为扩展，来源更为丰富，所得税区域结构相应发生转移，如表10－7所示。

表10－7 **1946年度所得税收入分类报告** （单位：元）

税区	总计	营利事业	薪给报酬	证券存款	财产租赁	一时所得
总计	809381163	625597727	26591749	83337359	23936346	44917939
上海	442294948	385635322	20402993	35853615	403018	—
天津	32775611	25389670	813445	4831026	136556	1604914

① 《五年来粤省直接税概况》，财政部广东直接税局《广东直接税导报》创刊号，1942年12月，第23页。

② 广东省直接税局编：《广东直接税局卅一年度工作报告》，广东直接税局1942年版，第14页。

③ 《皖南特产调查》，《直接税月报》第1卷第12期，1941年12月1日，第38页。

④ 萧谭时：《湖南邵阳区二十九年度营利事业统计报告》，《直接税月报》第1卷第12期，1941年12月1日，第43页。

续表

税区	总计	营利事业	薪给报酬	证券存款	财产租赁	一时所得
汉口	29211733	17335444	344144	4597365	121299	6813481
青岛	11165159	6171691	264391	974262	1307963	2446853
重庆	12249208	8996228	267114	2632675	314710	38481
广州	32210198	31441940	180421	143473	440533	3831
江苏	41511574	24744318	1539477	10208557	4058579	960643
广东	10520873	6619700	384362	845181	1846468	825162
浙江	26070408	16201057	568023	6291488	2431699	578141
辽安	38332949	32652627	254213	423946	1369914	3632240
川康	14104228	8111357	101708	2581307	1872526	1437240
冀察热	16107646	8667172	283870	4583025	1180037	1393542
吉北	5018190	4032916	46626	20172	57364	861112
豫鲁	15148893	6801054	55243	1906041	1631350	4755205
安徽	10196327	5708254	308828	881728	1005550	2291967
云贵	10013866	8385312	45093	237553	447970	897938
陕西	11686434	6117553	149426	2379666	1294168	1745671
湖南	11143913	6094793	188568	902900	1337848	2619804
湖北	8775679	2949700	125437	317776	306917	5075849
江西	6287774	4014318	57786	802053	573670	839947
福建	7795707	4902051	59064	652435	372171	1809986
广西	4181243	1657704	69864	115952	391870	1945853
甘青宁新	6145084	4061012	48832	576614	663825	794801
晋绥	6433523	3906534	32821	578549	370341	1545278

资料来源：《三十五年度所得税税款收入报告表》，《中华民国工商税收史料选编》（直接税·印花税）第4辑下册，第1707页。

说明：原表总计为809381209，薪给报酬为26591839，均有误。

各地内部分类结构也有所不同。上海作为全国经济中心，公司、行号最为集中，又是自由职业者聚集之地，营利事业所得和薪酬所得税几占半数。其余如江苏、天津、浙江、广州等，也是重点税区。西部各省市在人口及产业回迁后，稽征绩效占比迅速下降。

（三）分类结构

在全面抗战时期，所得税初期是按营利事业所得、薪给报酬所得及证券存款利息所得三类征收。至1943年，又增加租赁出卖所得、非常过分利得，扩展为五类所得。1946年增加了综合所得税，但仍以分类所得为主体。不同分类所得税对应着不同的所得来源，也反映着国民经济和国民所得对所得税的支持程度。

根据财政部直接税署统计室的统计，第一类所得除在1936年及1938年因初次开征及战时内迁问题稍低，其余年份多在50%以上。1940年之后，上升到绝对优势。1942年及1943年达到80%以上。利息所得居其次，在1940年以前占比在40%以上，到此之后，随着营利所得迅速上升，利息所得占比迅速下降，但整体上占比仍超过薪酬所得。薪酬所得在开始两年较高，到1938年之后，迅速下降。1941年后，降至5%以下。历年各类分类所得情况如表10-8所示。

在1936年首次征收时，利息所得和薪给报酬所得占比较高，营利所得仅占极少部分。这与三类所得开征时间不一致相关，也可能与营利所得筹备较为繁杂有关。营利所得以申报制为主，利息所得和薪酬所得则主要依扣缴制进行。1937年，营利所得迅速上升，利息所得仍维持高位。到1938年，营利所得又急剧下降，薪给报酬所得亦下降，而利息所得占绝对优势。这与战时内迁有直接关系，国土丧失和工厂内迁，直接影响到营利所得的征稽，而利息所得因主要由银行等机构代扣，资金由银行转移，反而损失较少。1939—1940年，政府加强西部及大后方的税收征稽，兼以内迁工厂复工，人员内迁增加，税额又渐渐恢复，且超过战前。这两年，营利所得首次过半，利息所得仍居高位，而薪酬所得税则明显下降，此后长期维持在5%左右的水平。1941年之后，营利所得继续快速上升，显示后方经济恢复已有明显成就。到1942年直营合并后，所得税的征收机构数量大增，亦提升了

表 10－8　**各分类所得税占所得税总税收百分比比较(1936—1947)**　(单位:法币　千元)

类别	统计	1936 年	1937 年	1938 年	1939 年	1940 年	1941 年	1942 年	1943 年	1944 年	1945 年	1946 年	1947 年
所得税	总额	6487	20116	29214	8231	49119	81755	207945	990947	1698614	3493349	63065406	762731791
营利事业所得	税款	1187	6745	14540	1587	24569	52190	154182	842537	1443838	2542420	43320000	610586046
	占比	18.3%	33.5%	49.77%	19.28%	50%	63.8%	74.1%	85%	85%	72.7%	69%	80%
薪给报酬所得	税款	2072	2397	2322	660	2832	5263	8669	18284	29851	79806	4546292	16441373
	占比	31.9%	11.6%	7.95%	8.1%	5.8%	6.4%	4.3%	1.8%	1.8%	2.3%	7.2%	2.1%
证券存款所得	税款	3228	10974	12352	59.84	21718	24302	45093	60107	102099	310029	9166635	71869734
	占比	49.8%	54.9%	42.28%	72.7%	44.2%	29.8%	21.6%	6.0%	6.0%	8.9%	14.5%	9.4%
财产租赁所得	税款	—	—	—	—	—	—	—	37178	56470	304238	4173078	22690415
	占比	—	—	—	—	—	—	—	3.7%	3.3%	8.7%	6.6%	3.0%
财产出卖所得	税款	—	—	—	—	—	—	—	32840	66357	256856	968637	—
	占比	—	—	—	—	—	—	—	3.4%	3.9%	7.4%	1.6%	—
一时所得	税款	—	—	—	—	—	—	—	—	—	—	890761	41144223
	占比	—	—	—	—	—	—	—	—	—	—	1.4%	5.3%

资料来源:《历年各类分类所得税占所得税总税收百分比比较表(1936—1947)》、《中华民国工商税收史料选编》(直接税·印花税)第 4 辑下册,第 1716 页;张保福编《中国所得税论》,第 105 页;《直接税的生长》,财政部直接税处 1943 年版,第 6 页;高秉坊《直接税问题》,中央训练团党政高级训练班 1943 年版,第 6 页。张保福的统计与上表稍有出入。张保福所列 1943 年、1944 年的额度中,未列出租赁出卖及非常过分利得税。高秉坊在《直接税的生长》一书中,所记所得税 1936 年至 1939 年度数字与上相同,1940 年所得总数为 46940752.15 元,第一类所得为 25192463.13 元,第二类所得为 2174175.46 元,第三类所得为 19574113.56 元;1941 年所得总计为 77573440.32 元,第一类所得为 48598322.42 元,第二类所得为 4968119.89 元,第三类所得为 24006998.01 元;1942 年所得总额为 203595218.89 元,第一类所得为 161906767.67 元,第二类所得为 6705064.81 元,第三类所得为 34983386.41 元。

征收效率。及至 1943 年、1944 年，营利所得增至八成以上，利息所得和薪酬所得相形之下，所占份额极少，合计未超过百分之十，所得税事实上成为工商企业所承担的税种。

纵向分析，在三类所得中，营利所得增长最快，到后期在所得税总收入中占有绝对比例。利息所得在最初几年占比较高，到 1940 年后急剧下降。薪资所得，只在前两年时占比较高，此后一直下降。从各年合计占比来看，1936—1944 年，营利事业所得占所得税总额的 83.59%，居首位。利息所得居其次，占 13.32%。薪给报酬所得占 3.08%，占比最小。抗战时期的个人所得税主要体现在薪给报酬上，还没有实行综合所得。从稽征方法上看，主要是将公务人员、公营单位人员、教师、自由职业者等列为主要征税对象，大量的个人非薪酬收入并未纳入其中。薪酬所得税采取单位扣缴制，也以政府部门、学校等为主，在企业和商号之中的扣缴制并未得到真正实行。薪给报酬所得税占比过低，使所得税“有钱出钱、有力出力”的征收原则未得到落实。如与英、美各国比较，可以发现西方所得税收入中，个人所得税部分占比极高，甚至超过营利事业所得税。所得税中利得税效应明显，综合所得未发挥作用。所得税和利得税相加，在 1943 年合并营业税前，占绝对比例。

如再将大类所得加以细化，还可以更清晰看出税源分布情况。关于这方面的统计并不完整，在此仅以 1936 年、1937 年的数字作一说明。据财政部所得税处的统计，在第一类营利事业所得税中，1936 年一时营利事业反而较高，正常的公司、行号征收情况不佳。到 1937 年，正常经营所得的征收方有大幅增长，占据主要地位。一时营利仍在高位，官商合办事业部分所得有限。在第二类薪给报酬所得税部分，公务人员是绝对的纳税主力，因采单位扣缴法较易避免逃税。而自由职业者、其他各业从业者的征收成绩较差，税源信息的获得及查征，仍然是问题的关键。第三类证券存款利息所得部分，公债利息位居首位，存款利息居于第二位，股票及公司债的利息居其后。从这一统计中，可以明确了解到薪给报酬所得税部分，非公务人员存在大量逃税漏税现象，如表 10 – 9 所示。

表 10－9　　1936 年至 1937 年各分类所得明细　　（单位：元）

所得类别	1936 年度	1937 年度
公司行号等营利事业	5766. 89	5301012. 58
官商合办营利事业	—	68461. 04
一时营利事业	1180703. 65	1300951. 57
公务人员	1832341. 31	1869326. 75
自由职业者	4445. 70	22194. 14
其他从事各业者	235479. 28	454913. 06
公债利息	2481063. 48	9019150. 61
公司债利息	11897. 71	36104. 50
股票利息	13829. 42	289074. 96
存款利息	721743. 70	3556142. 24
行政收入	—	577. 00
共计	6487271. 14	21917908. 45

资料来源：财政部所得税事务处编《两年来所得税推行概况》，财政部所得税事务处 1938 年版，第 18 页。

前述统计再次确认了营利事业所得在所得税中的核心税源地位，而为数不多的薪给报酬所得税主要限于对公务人员征收。莫钟骕利用直接税署的统计数字，核算了营利事业所得税在所得税、直接税及“关盐货直”四大税类中分别所占的比例。统计情况如表 10－10 所示。

表 10－10　　营利事业所得税的税收占比情况统计（1936—1947）

年度	占所得税之比例	占直接税之比例	占关盐货直税之比例
1936	16. 67%	16. 67%	0. 14%
1937	35. 00%	35. 00%	0. 96%

续表

年度	占所得税之比例	占直接税之比例	占关盐货直税之比例
1938	12.5%	12.50%	0.21%
1939	51.73%	15.73%	2.86%
1940	48.98%	26.09%	3.25%
1941	63.41%	28.11%	5.22%
1942	74.04%	13.12%	4.55%
1943	85.07%	18.65%	10.08%
1944	85.04%	15.31%	4.25%
1945	72.77%	10.17%	2.15%
1946	68.70%	20.39%	3.42%
1947	77.91%	35.52%	5.93%

资料来源：莫钟驌《营利事业所得税之研讨》（1948 年 6 月 30 日），《中华民国工商税收史料选编》（直接税·印花税）第 4 辑下册，第 1803 页。

营利事业所得在所得税中占绝对地位，在直接税中所占比例也较高，但在四大税类之中，所占的比例则基本在 5% 上下，仅 1943 年达到 10.08%。如以 1937 年营利事业所得税为指数基准 100，相应同年物价指数设为 100。物价指数自 1937 年的 100 膨胀到 1938 年的 127，1941 年达到 1258，1943 年达到 12559，1947 年达到 3530363，相应税收指数自 1937—1947 年分别为 100、11、100、69、59、58、96、49、23、168、255。[①] 营利所得税的税收实际增长额实际上落后于物价指数，物价上涨严重影响到税收的实际财政价值。

从地方上的征收情况来看，亦以营利所得税、存款利息所得、财产租赁

① 莫钟驌：《营利事业所得税之研讨》（1948 年 6 月 30 日），《中华民国工商税收史料选编》（直接税·印花税）第 4 辑下册，第 1806 页。

所得居其前，其主要税收负担，由工商业承担。在浙江省 1940 年的所得税分类清单中，营利事业所得以商号正常经营所得为主，占据所得税总额的 84.56%。薪给报酬也是以公务人员为主，纳库比例虽高，但数量有限，仅占 2.87%。证券存款利息所得部分，以存款利息所得为主，公债利息此极低,[①] 如表 10－11 所示。

表 10－11　**浙江省 1940 年所得税利得税分类**　（单位：元）

类别	项别	申报单位	查征单位	税课税额	纳库税额	总额占比
合计		18079	20888	3296605.96	2906555.69	100%
营利事业所得	小计	5439	8259	2855378.54	2457813.02	84.56%
	公司商号营利所得	4274	6932	2426529.38	2170127.37	
	官商合办营利事业所得	5	5	45150.75	45150.75	
	一时营利事业所得	1160	1322	383698.41	242534.90	
薪给报酬所得	小计	6953	6922	76544.11	83469.91	2.87%
	公务人员薪给报酬所得	5660	5649	64298.42	71621.01	
	自由职业者薪给所得	178	163	324.06	350.46	
	其他从业者薪给所得	1115	1110	11921.63	11518.44	
证券存款利息所得	小计	5687	5707	365583.31	365252.76	12.57%
	公债利息所得	7	7	353.20	3056.24	
	公司债利息所得	—	—	—	—	
	股票利息所得	21	21	5563.88	5548.53	
	存款利息所得	5659	5679	359666.23	35664799	

资料来源：《二十九年浙江省所得税利得税分类表》，《浙光》第 8 卷第 11 期，1941 年 10 月 1 日，第 13 页。

安徽区在 1946 年的征收结构中，查征总额一项，营利事业所得占 48.1%，财产租赁所得占 27.7%，一时所得占 10.5%，利息所得占 11.3%，薪资报酬所得占 1.7%。在纳库总额中，营利事业占比 44.4%，财产租赁占

① 《二十九年浙江省所得税利得税分类表》，《浙光》第 8 卷第 11 期，1941 年 10 月 1 日，第 14 页。

21.5%，一时所得占15%，存款所得占15.9%，薪资所得占2.7%。[1] 兹列安徽区直接税局1946年的征收情况如表10－12所示。

表10－12　**安徽区直接税局1946年度各类所得税征纳数统计**　（单位：元）

税别	全年预算	查征数		纳库数	
		金额	占预算比	金额	占预算比
综合所得	158720600	408925	0.26%	306075	0.19%
营利所得	452600000	478194758.82	105.7%	296339359.75	65.5%
薪给所得	139000000	1726584.14	1.2%	16511433.28	11.9%
利息所得	151900000	111953668.54	73.7%	105097605.23	69.2%
一时所得	226299400	104582954.91	46.2%	100375602.08	44.4%
财产租赁	95500000	275966818.59	289.0%	143963471.53	150.7%
财产出卖	33700000	6472918.04	19.2%	5633289.71	16.7%
总计	1257720000	994845885.29	79.1%	668226836.58	53.1%

资料来源：财政部安徽区直接税局编《财政部安徽区直接税局三十五年度工作报告》，“附表6”。原表核算预算占比数字有误，据实际数据更正。

综合观察，所得税各类所得虽均已开征，但收益差异极大。在全面抗战时期，营利事业所得居于绝对核心地位，其次为利息所得。薪资所得远低于营利所得，主要限于公务人员薪资，大量个人所得逃逸在外。个人所得税部分，缺少过分利得税的设计。到内战时期，基本仍维持这一结构，营利事业所得税是主干，综合所得征收不利。这显示，所得税的税收负担主要由工商业承担，而真正拥有大量个人财产、所得的富有人群，则未纳入“有钱出钱、有力出力”的范围。这对于所得税的公平性及成长性，都会产生明显的制约效应。

① 财政部安徽区直接税局编：《财政部安徽区直接税局三十五年度工作报告》，财政部安徽区直接税局1947年版，“所得税征纳数统计图”。

二 “二战”中英国的所得税与战时财政

如以“二战”为界点，各国财政大体上是按战前财政、战时财政、战后财政三个阶段展开。各国参战时间有先后，但都不约而同实施了战时紧急财政政策，综合运用了税收、公债和货币工具来筹集战费。无论是反法西斯同盟还是法西斯轴心国家，都在尽力强化税收能力和借贷能力。英国在战前的财政收支较为平衡，且建立了成熟的战时税收及公债机制，这为其战时财政方案的顺利实施奠定了基础。

（一）战时英国的税制调整及所得税政策

经过第一次世界大战的刺激和检验，所得税在世界范围内实现制度扩散。在战争结束后，西方各主要国家经济严重受损，债务沉重，仍然需要坚强的税收支持。所得税税率虽较战时有所下调，但随着经济恢复，所得税又呈上升之势。1929—1933 年，发源于美国的世界经济危机冲击了整个资本主义世界，欧美各国纷纷扩大财政开支，实施赤字财政，加强政府对经济的政策干预。所得税在维系财政能力和调节收入分配方面具有重要作用，因之继续受到各国重视，制度不断得到完善，财政地位更加显要。

据国民政府财政部的比较统计，1929—1934 年，世界各主要国家的所得税的税收占比大多在 20% 左右。澳大利亚在 1929 年所得税及财产税占比为 22. 7% ，1934 年为 20. 3% 。奥地利 1929 年所得税及财产税占比为 27. 7% ，1934 年为 20. 3% 。法国 1929 年所得税及财产税占比为 31. 7% ，1934 年为 28. 6% 。德国 1929 年所得税及财产税占比为 27. 8% ，1934 年为 25. 7% 。日本 1929 年所得税及财产税占比为 33. 3% ，1934 年为 30% 。英国和美国的占比更高，英国 1929 年的占比为 45. 4% ，1934 年为 40% ；美国 1929 年的占比为 65. 7% ，1934 年为 33. 2% 。① 据朱偰的统计，所得税在英、

① 财政部财政年鉴编纂处：《财政年鉴》下册，“第十五篇 世界财政概况”，第 2525 页。1929 年系用决算数字，1934 年系各国预算数字。国民政府对世界各国特别是西方各主要资本主义国家的财政、税收状况保持着长期关注。在财政部财政年鉴编纂处所编辑的《财政年鉴》《财政年鉴续编》《财政年鉴三编》中，均引用大量外文文献，对各国的财政状况进行全面介绍。其中，也有较为系统的统计数据。

美、法、意等国的单一税收占比中排于首位，德国和日本的所得税占比居于第二位。英国所得税在“一战”后占比快速上升，到1937年度占到税收总额的41.7%。①

在“一战”后及大萧条时期，所得税的社会政策取向更受重视。而在支出方面，所得税为各国政府推动公共建设工程，实施救济、解决就业提供了税收收入和信用保证来源，正可反映其民生价值。在大萧条时期，各国所得税收入有不同程度下降，但在1933年后又呈上升之势，如表10-13所示。

表10-13 “二战”前各国所得税及财产税收入数目（1929—1935年）（单位：百万）

国别	货币单位	1929年度	1930年度	1931年度	1932年度	1933年度	1934年度
英吉利	镑	297	328	367	315	284（预）	271（预）
美利坚	金元	2410	1860	1057	747	864（预）	1265（预）
阿根廷	皮梭	14	14	15	68	73（预）	74（预）
澳大利亚联邦	镑	14	16	16	13	11	—
奥地利	希令	385	373	342	321	276（预）	263（预）
比利时	法郎	3418	2618	2459	2219	2715（预）	2760（预）
保加利亚	利佛	979	948	675	596	491（预）	539（预）
法兰西	法郎	14871（预）	14593（预）	13642（预）	10082（预）	11485（预）	11945（预）
德意志	马克	1663	1777	1634	1102	817（预）	—
印度	罗比	171	163	178	178	184（预）	—
意大利	利拉	5192	5004	4896	4027	4113（预）	4511（预）
日本	日元	345	344	265	241	250（预）	—

① 朱偰：《所得税发达史》，第144页。

续表

国别	货币单位	1929 年度	1930 年度	1931 年度	1932 年度	1933 年度	1934 年度
荷兰	基尔德	214	207	174	158	109（预）	—
新西兰	镑	5	5	5	4	3（预）	—
波兰	士罗笛	903	806	664	583	582（预）	595（预）
葡萄牙	爱司克多	506	460	489	489	457（预）	—
西班牙	丕赛他	1013（预）	1057（预）	1052（预）	1070（预）	1166（预）	—

资料来源：财政部财政年鉴编纂处编：《财政年鉴》下册，“第十五篇　世界财政概况”，第 2529—2531 页。货币单位用原文标注。除标注预算外，其余数字均为决算数字。年度为会计年度标准。

英国是实施所得税筹集战费经验最为丰富的国家。英国税制分内地税、关税及国产税两大系统。内地税系统包括所得税（Income Tax）、超额所得税（Excess Income Tax）、遗产税、印花税、国防捐（National Defence Contribution）、过分利得税等，以直接税为主。关税及国产税系统包括关税、国产税、汽车捐（Motor Vehicle Duties）。租税外收入包括出售作战剩余物资、特种贸易收入、无线电执照费、皇家土地收入等。经常岁出包括用于支付国债利息及经理费的确定基金费（Conoslidated Fund Services）、供应费、行政费、军费及其他基金费等。大萧条时期英国的所得税收入有所下降，但到 1935 年后，欧洲局势逐步紧张，在扩军备战之中，所得税再次显现能量。到 1937 年，英国国会通过国防公债法案（*Defence Loans Act*），授权政府可以在之后的五个会计年度内举债 4 亿镑以供军需。① 与之相应，政府开始推行加税政策，方法是提升税率及扩大税率边界，如表 10 - 14 所示。

① Great Britain. Paliament, House of Commons, *Defence Loans*: *A Bill to Amend the Defence Loans*, Oct 1937, Bills, Great Britain. Parliament.（Session 1938 - 1939）, House of Commons, 2007, republish.

表 10 - 14　　“二战”前英国税收分类情况（1933—1939）　　（单位：百万镑）

类别	1933—1934 年	1934—1935 年	1935—1936 年	1936—1937 年	1937—1938 年	1938—1939 年
所得税	228.9	228.9	238.1	257.2	298.0	335.9
超额所得税	52.6	51.2	51.0	53.6	57.1	62.5
遗产税	85.3	81.3	87.9	88.0	89.0	77.4
印花税	22.7	24.1	25.8	29.1	24.2	21.0
国防捐	—	—	—	—	1.4	21.9
关税	179.3	185.1	196.6	211.3	221.6	226.3
物产税	107.0	104.6	106.7	109.5	113.7	114.2
汽车税	5.2	5.1	5.0	5.3	34.6	35.6
其他税收	2.6	3.1	2.1	1.7	1.7	1.6
赋税总额	683.6	683.4	713.2	755.7	841.3	896.4
邮政纯益	13.1	12.2	11.7	11.0	10.5	9.6
邮政基金	—	—	—	0.1	0.8	1.4
皇家土地	1.2	1.3	1.4	1.4	1.3	1.3
零星债款	4.7	4.4	4.9	4.5	5.2	5.7
杂项收入	22.1	15.1	21.7	24.6	13.5	12.9
非税收入总额	41.1	33.0	39.7	41.6	31.3	30.9
经常岁入总额	724.7	716.4	752.9	797.3	872.6	927.3（原文有误）

资料来源：财政部财政年鉴编纂处编《财政年鉴续编》下册，“第十五篇　各国财政概况”，第3页。

收入中，以所得税、消费税（关税及物产税）为主。1938 年度，所得税的税收占比为 37.5%，超额所得税占比为 7.0%，遗产税为 8.6%，关税为 25.3%，物产税为 12.7%，所得税和超额所得税占据绝对地位。这一数字与英方统计基本一致。据英国财政部统计，1938 年度所得税和超额所得合计占比为 44.5%，关税是 25.2%，消费税是 12.7%，遗产税为 8.6%，汽车捐是4.0%，印花税为2.4%，其他税收为2.7%。[①] 英国的所得税覆盖范围较广，按其五大分类，涉及土地家屋所有之所得、土地使用所得、公债利息及年金所得、工商营业及自由职业者所得、公务员及其他从业者薪资所得等。在个人所得部分，规定个人减免额未婚者为100镑，已婚者为180镑。税率在1933年为每镑纳税5先令，1934年为4.6先令，1935年为4.6先令，1936年为4.9先令，1937年为5先令，1938年为5.6先令。个人年综合所得超过千镑者，除按标准课税，还要纳超额累进税。1939年的税率是2001—2500镑者，每镑加课1.18先令，与所得税合并税率为6.78先令。此后，每500镑或1000镑、2000镑、5000镑累加。超过50000镑以上者，加征9先令，相当于超额所得最高征到90%。[②]

1939年9月，欧战全面爆发。英国国会通过信任投票（Vote of Credit），授予政府自由支配财政之权。同月，财政部提出战时紧急预算案，重点是增加税收和公债收入，同时将支出总额提至19.33亿镑，其中国防费用为12.49亿镑。[③] 此后随军事支出增长，税收和借债同步倍增，显示出极强的收入弹性。

进入战时状态后，英国采取以下措施提高租税收入。一是普遍提高税率，尤其是所得税、遗产税、汽车捐等税类税率。所得税是英国主要税种，在战前所占比例就较高。到战时，更提高税率。1939年增为7先令，1940年增为7.6先令，同年再增为8.6先令，1941年增至10先令，即标准税率达到50%。各项减免标准相应降低，扩大纳税人群范围。1934—1938年，年平均收入为2.716亿镑，到1939年迅速提高，1942年达到10.068亿镑，到1944达到13.168亿镑，1945年达到13.613亿镑。英国遗产税采总遗产税，战前税率由1%累进至50%。战时修正，提高为1%累进至65%为止，1946年又修正为到75%。汽车捐战前年征仅500余镑，到战时增加税率，每年均在3000万镑之上。1940年及1941年达到3800余万镑。1945年达到4300余万镑。

二是战争税，主要是超额所得税、国防捐。英国所得税采分类综合所

① Martin Daunton, *Just Taxes: The Politics of Taxation in Britain*, 1914 - 1979, Cambridge University Press, 2002, p. 175.

② 财政部财政年鉴编纂处编：《财政年鉴续编》下册，“第十五篇　各国财政概况”，第6—7页。

③ 财政部财政年鉴编纂处编：《财政年鉴续编》下册，“第十五篇　各国财政概况”，第17—18页。

得税，先分类征收，至年终再按减免规定退补，并计算综合所得税。超额部分，征收超额所得税。税率累进，所得税率按照单身者、夫妇无子女、夫妇有子女、夫妇有二子女等不同类型设定。单身者 120 镑以上纳税，税率 1.3%，后面不断累进。到 2000 镑者，纳税 8.6%。至 2500 镑以上，需缴纳超额所得税，即所得税缴纳 1106.26 镑，超额税为 50.00 镑。到 7000 镑，所得税为 2856.26 镑，超额所得税为 731.50 镑。夫妇无子女者起征点为 160 镑，超额亦从 2500 镑开始。夫妇有子女者起征点为 220 镑，超额为 2500 镑；夫妇有二子女者起征点为 270 镑，超额为 2500 镑；夫妇有三子女，起征点为 325 镑，超额为 2500 镑。1940 年 7 月，将超额所得税税率提高到 100%，即战时各业过分利得，全部收归国家所有。1941 年预算案中，对其用途进行调整，可提出 20% 于战后发还企业，用于战后重建。战时公司过分利得部分，不得分红，但可以购买公债，或作为资本投入再生产。①

国防捐（National Defence Contribution）也是一种利得税。1937 年开征，用于军备开支。开始较少，后增加很快。1937 年仅得 140 万镑，1938 年就到 2200 万镑，1939 年到 2700 万镑。到 1940 年又开办了过分利得税（Excess Profits Tax）与国防捐并行征收，1940 年国防捐及过分利得税合计达到 9600 万镑，1941 年达到 2.69 亿镑，1942 年达到 3.77 亿镑，1943 年增为 5 亿镑，1944 年为 5.1 亿镑。战争胜利后减少，1945 年为 4.66 亿镑，1946 年为 3.25 亿镑。② 具体结构参见表 10 - 15。

将 1945 年的数据提出与英方数据对比。据英国财政部的统计，1945 年所得税和超额所得税合计税收占比为 42.77%，遗产税占比为 3.76%，关税占比是 17.82%，国产税（消费税）占比是 16.91%，汽车捐占比是 1.35%，印花税占比是 0.78%，国防捐及过分利得税占比是 14.58%，与《财政年鉴三编》所载基本相符。所得税体系发挥支撑作用，再辅以关税及消费税，英国的税收保持了较好的增长动能。③

① 财政部财政年鉴编纂处编：《财政年鉴续编》下册，“第十五篇　各国财政概况”，第 10—13 页。

② 财政部财政年鉴编纂处编：《财政年鉴续编》下册，“第十五篇　各国财政概况”，第 13 页。

③ PP1945 - 6 xv, *Finance Accounts of the UK*, for the year ended March 31th, 1946, pp. 12 - 13.

表 10－15　　**英国战时历年各项税收统计**

（单位：百万镑，均为实收数）

税类 年度	1934—1938 平均数	1939	1940	1941	1942	1943	1944	1945	1946
所得税	271.6	390.1	523.9	769.7	1006.8	1175.0	1316.8	1361.3	1110.0
超额所得税	55.1	69.8	76.1	74.9	75.4	80.0	73.3	69.1	80.0
遗产税	84.7	77.7	80.8	90.9	93.3	100.0	110.9	120.3	140.0
印花税	24.8	17.1	15.7	14.1	15.3	17.0	17.0	25.1	29.0
国防捐 过分利得税	11.7 —	26.9	24.1 72.1	21.9 247.2	30.6 346.9	500.0	33.3 477.1	35.5 430.8	325.0
其他内地税	—	1.5	1.0	0.9	0.9	1.0	0.8	0.7	1.0
内地税合计	447.9	583.1	793.7	1219.6	1569.3	1873.0	2029.2	2042.8	1685.0
关税	208.2	262.1	304.9	378.4	459.5	525.3	579.3	569.8	595.0
国产税	109.7	157.9	224.1	325.6	425.3	450.2	470.0	540.8	592.0
关税及国产税合计	317.9	420.0	529.0	704.0	884.8	975.5	1049.3	1110.6	1187.0
汽车捐	17.1	34.1	38.0	38.4	28.5	25.0	29.0	43.2	45.0
总计	782.9	1037.2	1360.7	1962.0	2482.6	2873.5	3078.5	3196.6	2917.0

资料来源：财政部财政年鉴编纂处编：《财政年鉴三编》下册，“第十四篇　各国财政概况”，第17—18页。原表分年份合计及总计数字多项有误，据分项数据校正。

整体上看，所得税、超额所得税、遗产税、国防捐，均为直接税。英国采取降低起征点、提高税率的方式，来增加税收来源。同时，对于个人及公司的超额所得，采取了极为严厉的征收政策，几乎全交由政府实施财政控制。这一取向，使所得税能够达到向真正高收入者征税的目标，控制发战争财者的私人财富积累。1939—1945 年，英国国内税166.47 亿镑，发行了国内公债152.37 亿镑，外债仅从3.1 亿增至3.7 亿镑。战时税收加征计划的成功，为英国政府实施战时借贷政策建立了信用基础，使“英国为世界上最伟大的借债者”①。

（二）英国的战时借贷和货币发行

英国有较为健全的借贷体系，国债本息有确定基金作为信用担保按期支付。英国公债按类别分为确定公债（Funded Debt）、定期公债（Unfunded Debt）、流动公债（Floating Debt）、年金公债等，此外还有外债。所谓确定、定期或流动，实际上是长期、中期和短期之别。英国公债以中长期债券为主，可以缓冲年度财政负担。1933 年，国债总额为 76.44 亿镑，其中确定公债为 33.76 亿镑，定期公债为 23.85 亿镑。1938 年，国债总额上升到 80.26 亿镑，其中确定公债为 33.65 亿镑，定期公债为 27.74 亿镑。② 整体而言，英国在战前政府收支及借贷信用较好，且形成了以所得税为基础的战费筹集运作机制。

进入战时状态后，租税收入与债款收入同步增长。税收在提供增量财源之时，也为债券发行提供了信用保障。就统计来看，英国的战时租税和公债政策极为有效，二者合计为政府提供了主要财政支持，如表 10－16 所示。

表 10－16 英国战时历年度岁出岁入总数比较 （单位：百万镑）

年度	岁出			岁入			借入款
	总计	国防及军事费	其他支出	总计	租税收入	其他收入	
1926—1935 年平均数	834	114	720	829	704	125	3
1939—1940（实收实支数）	1817	1141	676	1049	1017	32	768
1940—1941（实收实支数）	3884	3220	664	1409	1359	50	2475
1941—1942（实收实支数）	4776	4085	691	2074	1962	112	2702

① Sir Keith Hancock, *Financial Policy*, 1939－1945.（*History of the Second World War*, *United Kingdom Civil Series*）, London: H. M. Stationary Office and Longman's, Green and Company, 1956, pp. xv, 608.

② 财政部财政年鉴编纂处编：《财政年鉴续编》下册，“第十五篇 各国财政概况”，第 11 页。

续表

年度	岁出			岁入			借入款
	总计	国防及军事费	其他支出	总计	租税收入	其他收入	
1942—1943（实收实支数）	5637	4840	797	2820	2483	337	2817
1943—1944（实收实支数）	5799	4950	849	3039	2948	91	2760
1944—1945（实收实支数）	6063	5125	938	3238	3135	103	2825
1945—1946（实收实支数）	5484	4410	1074	3284	3197	87	2200

说明：国防及军战费（Defence and War）包括普通国防费及战时国防费。借入款主要是公债。

资料来源：财政部财政年鉴编纂处编：《财政年鉴三编》下册，“第十四篇　各国财政概况”，第2—3页。

在税收与公债的增减中，有两个时间节点值得注意。第一个节点是1940年度，债款收入超过了租税收入。英国在启动战时财政方案后，公债政策迅速见效，体现出极高的战时应急效力。第二个节点是1943年度，租税收入的增速在初期低于债款收入，但到这一年，又反超债款收入。且直至1945年战争结束之时，增速不减，相应之下，债款收入在1944年达到顶峰后即呈下降之势。这说明，英国的租税收入体现出极强的弹性和持续性，政府不需要过度长期依赖公债及货币政策来汲取财政资源，可以尽量避免严重通胀带来的负面效应，这对于维持战时生产具有重要意义。

根据国民政府财政部所编的《财政年鉴三编》中的归纳，英国战时公债的借款来源主要有四个方面。一是预算以外之基金。预算以外的多余基金，用以购买政府短期证券。二是小额储蓄。用优惠利率吸收存款，如国民储蓄券。三是证券市场的巨额投资。大部分公债如国民战债、三厘储蓄公债、财政部公债，多由各金融机构、公司或个人购买。四是银行及贴现市场之流动资金。英国所发公债以内债为主，大部分由确定基金保障偿还，债信良好，民众购买积极，如表10－17所示。

表 10－17　　**英国战时发行公债统计（1939 年 9 月—1946 年 3 月）**　　（单位：镑）

公债名称	数额
三厘整理公债	240000000
三厘国防公债	240000000
三厘定期年金	1121506000
三厘战债	302527000
二厘半国民战债	3409622000
三厘储蓄公债	2779092000
一又四分之三厘财政公债	326843000
三厘国防公债	962454000
国民储蓄券	1227278000
租税准备库券	647679000
其他公债	
外债	208595000
内债	155812000
流动公债	
国库券	3305065000
短期借款	455500000
财政部银行借款	1559000000
总计	16940973000
减除偿付战前债务	692352000
战时预算不足数借债总数	16250358000
美国租借法案借取外债	161290000
战时借款总计	16940973000（原表 16942710000 有误）

资料来源：财政部财政年鉴编纂处编：《财政年鉴三编》下册，“第十四篇　各国财政概况”，第 20—21 页。

在税收、公债之外，英国还使用了货币工具。在发行方面，英格兰银行实施了战时增发政策。1939 年战前英格兰银行发行纸钞约为 5.5 亿镑，保证准备金为 3 亿镑，其余为现金准备，市场流通额约为 5.2 亿镑。“二战”爆发后，政府将准备金移至外汇平准基金账，同时将保证准备发行额由 3 亿镑提至 5.8 亿镑，发行额逐步增加。1943 年 4 月，保证发行额增至 10 亿镑，较战前有大幅增加,[①] 如表 10 - 18 所示。

表 10 - 18　**战时英格兰银行纸币发行额（1939—1943）**　（单位：百万镑）

项目	1939 年 8 月	1940 年 8 月	1941 年 8 月	1942 年 4 月	1943 年 4 月
纸币发行额	550.0	630.2	680.2	780.0	1000.2
纸币流通额	518.5	611.8	666.3	767.1	943.5
银行部纸币存额	31.5	18.4	13.9	13.3	56.7
证券总额	139.6	182.5	186.3	192.0	163.7
公共存款	27.2	18.3	26.5	8.8	17.8
银行存款	89.6	115.9	108.3	127.9	131.9
其他存款	36.6	49.5	49.1	51.2	54.2
存款总额	153.4	183.7	183.9	187.9	203.9

资料来源：财政部财政年鉴编纂处编：《财政年鉴续编》下册，“第十五篇　各国财政概况”，第 31—32 页。

纸币发行有所增长，但幅度可控，适应了战时的财政及经济需要。政府还实施战时存款鼓励政策，加强资金流动。在外汇方面，英国实施了外汇管制。1939 年要求凡居住在英国者，须将外汇及黄金售予财政部。次年，又限定了国际贸易支付的币种。英国同样重视通过发钞来增加收入，但因有税收、公债支持，通胀率得到控制。

① 财政部财政年鉴编纂处编：《财政年鉴续编》下册，“第十五篇　各国财政概况”，第 31—32 页。

1945 年德国战败后，英国财政压力骤减。停战约半年后，财政支出迅速下降。政府也开始实施减税和减债政策，减轻社会负担，回归平常财政。

三　“二战”中美国的所得税与战时财政

美国的所得税制度历经反复，确立较晚，但得益于美国在南北统一之后的经济快速发展，获得了良好的产业基础和成长空间。在“一战”结束之后，所得税成为联邦收入中位居首位的租税来源，在相当程度上提高了联邦政府的财政能力。以所得税为基础，联邦政府的财政能力大为扩充。在 20 世纪的战争中，美国都是通过税收、贷款和发行货币等方式来实施政策组合，筹集资金。[①]

（一）联邦所得税的战时扩张

“一战”时，美国通过《战争税收法案》迅速提高了税收收入。战后，美国财政回归平常体制，所得税转为常设税种。美国所得税初不及关税，但在“一战”之后长期居首位。1922 年在联邦税收中占比达到 42%，1926 年为 54%，1931 年为 50%，1933 年下降为 27.7%，1934 年又回升到 30.2%。[②] 战后的长期经济繁荣，使美国的世界经济强国地位得到巩固，存留的大量债务亦未形成大的风险。潜在的威胁来自于过度投机的“经济泡沫”、日益扩大的贫富差距和不断上涨的物价。1929 年的大萧条是资本主义经济危机的集中爆发，不仅严重冲击了美国的经济秩序，而且从美国蔓延到欧洲，引发了世界政治军事格局的重新调整。

到罗斯福新政时期，政府开始采用凯恩斯主义，扩大公共财政开支，实施公共建设和失业救济，政府赤字维持在高位。1932 年，岁入为 20.05 亿美元，岁出为 49.47 亿美元，赤字为 25.29 亿美元。1933 年岁入为 20.79 亿美

① ［美］斯坦利·L. 恩格尔曼、罗伯特·E. 高尔曼：《剑桥美国经济史》第 3 卷上册，高德步等译，第 300 页。

② 朱偰：《所得税发达史》，第 145—146 页。

元，岁出为43.25亿美元，赤字为17.83亿美元。1936年赤字为45.49亿美元，1937年赤字为13.34亿美元，1940年赤字达到36.11亿美元。[①] 在支出方面，1939年前国防费虽逐年增长，但幅度不大。到1939年德国入侵波兰，美国宣布中立，同时开始着手加强战备。到1941年太平洋战争爆发，才全面进入战时财政阶段。分析战前美国的税收结构，在国内税和关税之外，于1936年增加了就业税（Employment Tax）。国内税包括所得税、遗产税和酒税、烟税、印花税、制造品消费税等其他杂项税收，所得税仍为最大单一税种，且更加注意收入调节，社会政策色彩越发浓厚。关税主要是针对进口货物征税，出口则不征税，在收入中占比较小。就业税包括社会安全税、联邦老年保险税、失业保险税、运输业税、就业税等。各类税收情况如表10-19所示。

表10-19　**美国参战前税收收入情况（1933—1940）**　（单位：百万美元）

年度	所得税	其他国内税	关税	其他收入	岁入总额
1933	746	858	251	225	2080
1934	818	1823	313	162	3116
1935	1099	2179	343	179	3800
1936	1427	2086	387	216	4116
1937	2163	2170	486	210	5029
1938	2640	2648	359	208	5855
1939	2189	2469	319	188	5165
1940	2125	2640	349	273	5387

资料来源：财政部财政年鉴编纂处编：《财政年鉴续编》下册，“第十五篇　各国财政概况”，第41页。会计年度至每年6月30日。

① 财政部财政年鉴编纂处编：《财政年鉴三编》下册，“第十四篇　各国财政概况”，第27页。

从表10－19可见，所得税已呈快速上升之势。政府通过提高税率、降低免征点等方式，扩大了所得税的征收范围。美国的个人所得税、公司所得税均分普通所得和超额所得两部分征收。据1939年的《联邦税收法案》（*Federal Revenue Act of 1939*），普通所得税率为4%，免税点为独身者每年1000美元，已婚者每年2500美元，子女每人可免除400美元。凡个人所得超过4000美元，应加超额所得税。公司纯所得在5000美元以内者，税率为12.5%；在5000美元至20000美元者，为14%；在2万美元至2.5万美元者，为16%；在2.5万美元以上者征18%。[①] 1940年5月，德国入侵法国后，国会通过税收法案，降低个人所得税起征点，提高消费税，提高个人所得税的税率及企业所得税率。将超额利润税率由25%提高到50%，公司税最高税率提升到24%。[②] 美国的所得税结构特点是个人所得税占明显优势，公司所得部分如不计入超额所得税，仍要低于个人所得税，如表10－20所示。

表10－20　**美国参战前所得税分类情况（1933—1940）**　（单位：百万美元）

所得类别	1933	1934	1935	1936	1937	1938	1939	1940
个人所得税	353	419	527	674	1091	1286	1029	982
公司所得税及超额所得税	394	400	579	753	1082	1337	1149	1139
所得税总额	747	819	1106	1427	2173	2623	2178	2121

资料来源：财政部财政年鉴编纂处编《财政年鉴续编》下册，“第十五篇　各国财政概况”，第43页。会计年度至每年6月30日。本表统计数字与前表有差异，但极为接近。

1941年9月的税收法案将已婚者和单身者个人所得税起征点分别降低到1500美元和750美元，将个人税率范围扩大，公司税率提高到31%。1942年税收法案（*The Revenue Act of 1942*）将已婚者和单身者免税标准降低

① Roy G. Blakey and Gladys C. Blakey, “Federal Tax Legislation, 1939”, *The American Economic Review*, Vol. 29, No. 4, Dec. 1939, pp. 695－707.

② Arthur H. Kent, “The Revenue Act of 1940”, *California Law Review*, Vol. 29, No. 2 , Jan 1941, pp. 160－184.

到1200美元和500美元，税率范围再度扩大。还征收了5%的胜利税，公司税率提高到了40%。超额利得税率最高税率从60%提高到了90%。①

在战时，个人所得税增幅明显。纵向比较，1945年财政年度个人所得税达到184亿美元，是1940年11亿美元的16.7倍，增幅惊人。其次是超额所得税部分，1940年后增加很快。企业所得税的部分，反低于个人所得税总额，如表10－21所示。

表10－21　**美国所得税和过分利得税情况（1940—1946）**　（单位：亿美元）

自然年度	个人所得税	企业所得税	超额所得税	财政年度	个人所得税	公司所得税	总税收收入（包含其他国内税及关税）
1940	14	21	4	1940	11	10	69
1941	38	37	34	1941	16	18	92
1942	88	43	79	1942	32	47	151
1943	144	45	114	1943	65	96	251
1944	162	44	105	1944	202	153	478
1945	171	42	66	1945	184	164	502
1946	161	86	3	1946	161	122	435

资料来源：［美］斯坦利·L. 恩格尔曼、高尔曼：《剑桥美国经济史》第3卷上册，高德步等译，第310页。

再据美国统计部门的数据，可以发现除大萧条时期所得税有明显下降外，其余年份均在持续增加。到1935年后，增速加快，而在1941年后更成倍提升。在公司所得税和个人所得税的比率上，战前二者极为接近，前者略占优势。在公司超额所得及不当得利税开征后，公司所得税一直较占优势。

① ［美］斯坦利·L. 恩格尔曼、高尔曼：《剑桥美国经济史》第3卷上册，高德步等译，第307页。Roy G. Blakey and Gladys C. Blakey，"The Federal Revenue Act of 1942"，*The American Political Science Review*，Vol. 36，No. 6，Dec 1942，pp. 1069－1082.

1929年，公司所得税在所得税总额中的占比是53%，个人所得税是47%。1932年是59.5%，个人所得税是40.5%。1938年公司所得税占51%，个人所得税占49%。1939年公司所得税是52.9%，个人所得税是47.1%。但进入战时状态，随着起征点下调及边际税率扩大，个人所得税增加极快。1942年公司所得税是59.2%，个人所得税是40.8%。1944年公司所得税是44.7%，个人所得税增至55.3%。1945年公司所得税是45.7%，个人所得税达到54.3%。从1944年开始，个人所得税超过公司所得税。如表10－22所示。

表10－22　**美国联邦政府所得税收入结构（1929—1945）**　（单位：美元）

年度	公司所得税（Coporation Income Taxes）				个人所得税（Idividual Income Taxes）	总额
	公司所得税总额	普通所得税（Normal and Surtaxes）	超额所得税（Excess Profits Tax）	不当得利税（Unjust Enrichment Tax）		
1929	1235783256	1235733256			1095541172	2331274428
1930	1258414466	1268414466			1146844764	2410259230
1931	1026392699	1026392699			833647798	1860040497
1932	629566115	629566115			427190582	1056756697
1933	394217784	394217784			352573620	746791404
1934	400146467	397515852	2680615		419509488	819655955
1935	578675485	572115002	6560483		527112506	1105787991
1936	753029820	738520530	14509290		674416074	1427445894
1937	1088087022	1056909068	25104608	6073351	1091740746	2179827768
1938	1342717850	1299932072	36569042	6216736	1286311882	2629029732
1939	1156280509	1122540801	27056373	6683335	1028833796	2185114305
1940	1147591931	1120581551	18474202	8536178	982017376	2129609307
1941	2053468804	1851987990	192385252	9095562	1417655127	347112931

续表

年度	公司所得税（Coporation Income Taxes）				个人所得税（Idividual Income Taxes）	总额
	公司所得税总额	普通所得税（Normal and Surtaxes）	超额所得税（Excess Profits Tax）	不当得利税（Unjust Enrichment Tax）		
1942	4744083164	3069178346	1670408040	4401768	3262800390	8006888544
1943	9668956103	4520851710	5146296099	1808294	6629931989	16298888092
1944	14766796477	5284145852	9482216901	433724	18261005411	33027801888
1945	16027212826	4879715381	11147317450	179995	19034313374	35061526200

资料来源：United States，Bureau of the Census，*Historical Statics of the United States，1789 – 1945*，Vol. 789，edition 945，p. 304。表中数据与《财政年鉴三编》中所载稍有差异，但极为接近。

美国雇员的年均收入在1941年为1492美元，1942年为1778美元。个人所得税免征点的降低，扩大了纳税人群，如表10 – 23所示。

表10 – 23　**“二战”期间美国个人所得税应纳税人数（1939—1945）**

（单位：百万人）

年份	应纳税人数	年份	应纳税人数
1939	3.9	1943	40.2
1940	7.4	1944	42.3
1941	17.5	1945	42.6
1942	27.6		

资料来源：［美］斯坦利·L. 恩格尔曼、高尔曼：《剑桥美国经济史》第3卷上册，高德步等译，第308页。1943年以前应纳税人数是以净收入为基础，1944年后是以调整后的总收入为基础。

美国在第二次世界大战中税收收入中约有75%来自个人和公司征收的直接税及超额利润税。在1000—1999美元的个人收入税率为10%，超过100万美元的税率为90%。税收收入占到了GNP的21.6%。[①] 所得税发挥主

① ［美］斯坦利·L. 恩格尔曼、高尔曼：《剑桥美国经济史》第3卷上册，高德步等译，第310页。

干税收作用，成为美国在“二战”时期建立以税收为基础的战费筹措机制的核心要素。

（二）美国的战时税收与公债

美国正式宣战后，军事支出急剧提升。在支出之中，1941 年的战争与安全费（War and Security Expenditures）占比 49.3%，1942 年达到 80%，1943 年为 92.2%，1944 年为 92.9%，1945 年达到 89.6%，1946 年为 74.6%。1941—1946 年平均战争与安全费为 86.3%，与作战有主要关系的费用（Mainly Related to War）占 7.6%，普通政费为 6.1%。战争与安全费包括有军火、战争人员训练、交通运输、薪饷、给养、维持费及其他。[①] 1941 年赤字为 51.03 亿美元，1942 年赤字达到 195.97 亿美元，1943 年赤字为 558.97 亿美元，1944 年赤字为 495.45 亿美元，1945 年赤字 539.48 亿美元。到战后，军事支出减少，赤字也迅速下降。1946 年赤字降为 219.8 亿美元，1947 年赤字降为 22.93 亿美元，1948 年赤字为 2.02 亿美元，逐步回归平衡。[②]

在增加所得税的同时，其他税收也同步增长。政府全面提高各类税收的税率，扩大征收范围，增收效果明显，如表 10 - 24 所示。

表 10 - 24 **美国战时各项租税收入统计** （单位：百万美元）

税别	1941 年度	1942 年度	1943 年度	1944 年度	1945 年度	1946 年度	合计
所得利得税	3469.6	7960.5	16093.7	34654.4	35173.1	30884.8	128236.1
个人所得利得税	1416.2	3216.4	6505.0	19779.2	19145.8	18331.2	68393.8
公司所得利得税	2053.5	4744.1	9588.7	14875.7	16027.2	12553.6	59842.8
其他租税	4290.8	5430.0	6384.8	7473.5	9096.9	9874.0	42550.0
各种国内税	2966.9	3847.1	4552.6	5291.0	6949.4	7724.8	31331.8
就业税	932.0	1194.0	1507.9	1751.2	1792.7	1713.7	8891.5

① 财政部财政年鉴编纂处编：《财政年鉴三编》下册，“第十四篇 各国财政概况”，第 30 页。

② 财政部财政年鉴编纂处编：《财政年鉴三编》下册，“第十四篇 各国财政概况”，第 27—28 页。1946 年及以前为实收实支数，1947 为预算数，1948 年为估算数。

续表

税别	1941 年度	1942 年度	1943 年度	1944 年度	1945 年度	1946 年度	合计
关税	391.9	388.9	324.3	431.3	354.8	435.5	2326.7
总计	7760.4	13390.5	22478.5	42128.4	44270.0	40765.8	170793.6

资料来源：财政部财政年鉴编纂处编《财政年鉴三编》下册，“第十四篇　各国财政概况”，第 62 页。合计数字若干有误，据年度数据修改。

从税类收入来说，所得利得税居绝对优势，国内税其次，就业税和关税占比极小。个人所得税 1941 年为 14.16 亿美元，1942 年为 32.16 亿美元，1943 年为 65.05 亿美元，1944 年为 197.79 亿美元，1945 年为 191.45 亿美元，1946 年为 183.31 亿美元。[①] 公司所得税包括普通所得税与超额所得税。1941 年，两税合并征得 20.53 亿美元，1942 年为 47.44 亿美元，1943 年为 95.88 亿美元，1944 年为 148.75 亿美元，1945 年为 160.27 亿美元，1946 年为 125.53 亿美元。[②] 所得税及超额所得税在战时六年中共收入 1282.37 亿美元，占六年岁入总额的 70.2%。其他国内税部分，1941—1946 年共收入 313 亿余美元，占岁收的 17.1%，包括股票税、遗产税、酒税、烟税、印花税、货物出厂税、货物零售税等。可以说，与英国一样，美国税收之中所得利得税是战时租税得以增收的关键。

以税收为基础，联邦政府的公债发行大获成功。自 1942 年 11 月至 1945 年“二战”结束，美国专门发行战争公债计有八次。第一次战债是在 1942 年 11 月，第二次、第三次是在 1943 年，第四次、第五次、第六次是在 1944 年，第七次是在 1945 年。1945 年还有一次胜利公债。美国的战时公债发售日期短，多未超过一个月，仅第七次和胜利公债达到 40 天。因为政府债信卓著，“故每次发行时人民均争先抢购，每于发行开始后数日内即认购逾额”。战时发行八次，每次实销额增多超出预定。胜利公债预定 110 亿美元，实销 210.44 亿美元。第七次战债，预定 140 亿美元，实

① 财政部财政年鉴编纂处编：《财政年鉴三编》下册，“第十四篇　各国财政概况”，第 38 页。

② 财政部财政年鉴编纂处编：《财政年鉴三编》下册，“第十四篇　各国财政概况”，第 38 页。

销为263.13亿美元。第六次战债，预定140亿美元，实发216.21亿美元，[1] 具体情况如表10－25所示。

表10－25　1942至1945年美国战时八种公债发行预定额与实销额比较

（单位：百万美元，%）

债名	项目	合计	戊种储蓄公债	其他证券	公司及其他投资者	商业银行
第一次战债	预定数额	9000	—	—	—	5000
	实销数额	12947	726	867	6267	5087
	百分比	143.9	—	—	—	101.7
第二次战债	预定数额	13000	—	—	5500	5000
	实销数额	18555	1473	1817	10186	5079
	百分比	142.7	—	—	185.2	101.6
第三次战债	预定数额	15000	3000	2000	10000	—
	实销数额	18944	2472	2905	13567	—
	百分比	126.3	82.4	145.3	135.7	—
第四次战债	预定数额	14000	3000	2500	8500	—
	实销数额	16730	3187	2122	11421	—
	百分比	119.5	106.2	84.9	134.4	—
第五次战债	预定数额	16000	3000	3000	10000	—
	实销数额	20639	3036	3315	14288	—
	百分比	129.0	101.2	110.5	142.9	—
第六次战债	预定数额	14000	2500	2500	9000	—
	实销数额	21621	2868	3014	15739	—
	百分比	154.4	114.7	120.6	174.9	—
第七次战债	预定数额	14000	4000	3000	7000	—
	实销数额	26313	3976	4765	17632	—
	百分比	188.0	99.4	156.8	251.9	—

① 财政部财政年鉴编纂处编：《财政年鉴三编》下册，“第十四篇　各国财政概况”，第70—71页。

续表

债名	项目	合计	戊种储蓄公债	其他证券	公司及其他投资者	商业银行
胜利公债	预定数额	11000	2000	2000	7000	—
	实销数额	21144	2204	4572	14368	—
	百分比	192.2	110.2	228.6	205.3	—

说明：第一次战债戊种储蓄公债、其他证券及公司投资三项，无分类预定数。第二次战债亦无分类综合预定数，仅有合计预定数。若干年份占比有误，据实额计算改。

资料来源：财政部财政年鉴编纂处编《财政年鉴三编》下册，“第十四篇　各国财政概况”，第70—71页。

美国公债可分为储蓄公债（Savings Bonds）和国库公债（Treasury Bonds）两种。储蓄公债销售了810.51亿美元，其中短期债券为359.05亿美元，戊种储蓄公债（Series E）计有199.42亿美元，是数额最大的两种债券。国库公债共销727.42亿美元，二厘半公债最多，有341.73亿美元，次为二厘公债为223.64亿美元，再次为二又四分之一厘公债计114.53亿美元。从承销对象来看，以非银行投资者（Non－Bank Investors）为主，战时销售公债1568.93亿美元，非银行投资者占到1467.26亿美元。属商业银行（Commercial Banks）承销者仅101.66亿美元。非银行投资者中，以公司及其他投资者为主，总计为1034.7亿美元。公司购买534.64亿美元，保险公司为221.21亿美元，储蓄银行为124.32亿美元，各州地方政府计81.61亿美元，商人与经纪人为42.01亿美元，建筑与贷款社团及储蓄与贷款社团计有18.69亿美元，国库投资账户计12.19亿美元。个人及合伙商号（Individual Partnerships and Personal Trust Accounts）为432.56亿美元。[①] 美国的公债发行成绩较英国更好，不仅超额实销，而且利率还不断降低。1931年后，总数增加，利息反而下降。1916—1934年，年利率平均在3%至4%以上，从1935—1942年降为3%以下，到1943—1946年更降为2%以下。这表明战时公债受到美国民众和债券市场的支持，“美国政府债信卓著，虽以较低利率发行公债，人民仍踊跃认购”[②]。

---

① 财政部财政年鉴编纂处编：《财政年鉴三编》下册，“第十四篇　各国财政概况”，第70—71页。

② 财政部财政年鉴编纂处编：《财政年鉴三编》下册，“第十四篇　各国财政概况”，第71页。

在货币政策方面，联邦储备银行采取适度的增加发行政策。1940 年 6 月，货币流通额为 78.48 亿美元，1941 年 7 月为 101.63 亿美元，1941 年 12 月为 111.6 亿美元。[①] 同时，美国人在战时的税后实际储蓄率较高，为政府调节资金创造了条件。1941—1945 年，私人储蓄率达到了 GNP 的 23.4%。[②] 而联邦储备银行以低收益率来维持短期国债市场，长期债券则稳定在 2.5%，这在一定程度上抑制了私人资金过度购买债券。但即使如此，美国的战债发行仍然达到目标。

因此，美国通过所得税、超额所得税及胜利税的所得税体系，建立起战争税收的分类根基。同时，以降低免税标准、扩展边际税率的方式，扩大了纳税人群，也实现了对个人及公司的超额利润征税。在分类来源中，个人所得税总额超过企业所得税总额，说明美国所得税达到了对富有者征税的财政目标。所得税的成功为公债发行创造了良好的财政和市场环境，美国的战债能够超额发行，并不全以爱国主义为号召，而与其本身的信用及投资价值密不可分。美国的货币政策发挥了良好的战时资金调节和融通功能，在有限度的通胀下，通过对储蓄、债券的平衡，为战时财政体制的运作发挥重要作用。《剑桥美国经济史》中认为，第二次世界大战中，美国财政支出中有 42.5% 的支出来自税收，超过了第一次世界大战时的 24.5%，33.7% 来自政府公债，23.8% 来自货币创造。“无论是从相对的还是绝对的条件来说，突出的问题都是税收的作用的增强。”[③] 纵向比较，美国在独立战争时，直接税占政府支出的 13.1%，债务和货币收入占 86.9%。内战时联邦军支出中，直接税仅占 9.3%，债务和货币收入占了 90.7%。到美西战争时，直接税急剧上升到 66%，债务及货币收入仅占 34%。但战后直接税下降，到“一战”时直接税占 24%，“二战”时直接税提高到了 41%。[④] 所得税和直接税的成功加强了联邦政府的财政能力。

在英、美等反法西斯国家之外，法西斯国家阵营的德国、日本在战时除

---

① 财政部财政年鉴编纂处编：《财政年鉴续编》下册，“第十五篇　各国财政概况”，第 68 页。

② ［美］斯坦利·L. 恩格尔曼、高尔曼：《剑桥美国经济史》第 3 卷上册，高德步等译，第 311 页。

③ ［美］斯坦利·L. 恩格尔曼、高尔曼：《剑桥美国经济史》第 3 卷上册，高德步等译，第 305 页。

④ Goldin, “War in American Economic History”, *The Encyclopedia of American Economic History*, Vol. 3, New York: Scribner's and Sons.

大肆掠夺占领区的资源和财富外，在其本土也采用了税收、债券及货币等各种筹款工具。德国的所得税亦分个人所得和公司所得，在类型上包括了农林收入、工商收入、自由职业收入、薪俸收入、资本财产收入、不动产租赁收入等，覆盖各类所得范围。在1939年实施战时经济法之前，税收已有大幅增长。1932—1933年，所得税为5.43亿马克，工资税为7.49亿马克，公司税为1.06亿马克，财产税为3.3亿马克。1937—1938年，分别增长为22.19亿马克、17.6亿马克、15.53亿马克、3.66亿马克。[①] 到1939年9月，规定凡所得在2400马克以上，按原缴额增加百分之五十。1939年8月底，公债约为374亿马克。到1941年8月底，公债约为1110.7亿马克。德国在各占领区内，还利用原有银行体系，增发各该国纸币供德国使用。日本一直阴谋对华发动侵略战争，不断增加军费预算。1931年，日本岁入总额为15.31亿日元，租税收入为7.35亿日元，官产收入为4.72亿日元，公债和借款收入为12.02亿日元，其余为印花税及杂项收入等。其中，所得税收入为1.44亿日元，在税收总额中的占比为19.64%。到1937年，日本岁入总额为29.14亿日元，租税收入为14.31亿日元，官产收入为3.67亿日元，公债收入为6.05亿日元。其中，所得税为4.78亿日元，税收占比上升到33.41%。1940年，日本所得税达到战时最高点，为14.88亿日元，在税收总额中的占比达到了40.75%，几接近于英国的水平。[②] 第二次世界大战中，反法西斯同盟国家和法西斯轴心国都全面开启了战争动员模式，各国延续了一战战费筹措经验，且更加重视所得税及战时超额所得税的征集。在此基础上，更加主动运用公债和货币工具。不过，各国因税收能力、金融体系、国民所得有别，战时财政收入结构及其持续性仍存在差异。

四　从借贷财政走向通胀陷阱

财政部主要官员对于“二战”中欧美国家的税收结构及政府借贷其实

① 财政部财政年鉴编纂处编：《财政年鉴续编》下册，“第十五篇　各国财政概况”，第89页。工资税、所得税及公司税都是所得税。工资所得税为勤劳所得，所得税为勤劳所得之外的个人所得。

② 日本銀行統計局编：《明治以降本邦主要経済統計》，東京：並木書房1966年版，第132、136頁。

比较了解。经过了战前的实践，政府对税收、公债及货币工具的综合运用及各自优劣也都了然于胸，但各国经济基础、税源结构和财政体制不同，决定其路径和效果也有差异。在全面抗战爆发之前，国民政府财政虽然赤字严重，但在关、盐、统三税支撑和法币政策的加持下，政府公债经过整理，借贷信用仍勉强得以维系。自“九一八”事变后，国民政府相继失去东北、华北大部分领土的控制权。在进入全面抗战阶段，又在短时间之内丧失东部沿海及中部部分省份等核心税源区域，税收能力被严重削弱。不仅如此，经济及金融中心上海的沦陷，使政府的公债市场几被摧毁。政府不得不在后方重建税收体系，并尝试维系债信。但军费紧急，不得不依赖发行一途。在抗战胜利后，这一恶化趋势并未得到扭转，反在国民党发动的内战之中变得更加不可收拾。直接税原本是政府期待的战时增量财源，其税收及财政支撑效力如何，固然取决于其征稽效率，但是否达到了“有钱出钱、有力出力”的战费筹集目标，其税收及财政价值究竟如何，仍需加以比较讨论。

（一）抗战财政中的结构失衡

1937 年 7 月，抗日战争全面爆发后，国民政府脆弱的借贷平衡被打破。战时财政，第一要务是满足军事开支需求。论其项目，包括军务费、国防建设费、粮食费、军事运输费、紧急拨付款等项。国民政府既要增兵备战，又要购买大量军火物资，军费支出迅猛增长。在国民政府各项开支之中，军政支出、债务支出、紧急支出占比较高，而紧急支出，主要也是用于军事，如表 10 - 26 所示。

军事支出原本在国民政府支出结构中占据高位，此时更加提高。焦建华对比了军事支出与财政赤字的数额，1937—1945 年，财政赤字分别是 153.2 亿元、87.2 亿元、227.9 亿元、387.3 亿元、883.3 亿元、1925.1 亿元、4194.4 亿元、13872.6 亿元、68536.7 亿元，占国库支出比例分别是 73.30%、74.63%、76.12%、71.88%、88.19%、71.35%、68.45%、78.95%、87.16%。他认为，这一比例，与军事支出占比极为接近。[1] 国民政府的军事支出是否远超出其他国家呢？看英国的数据，1926—1935 年，

① 焦建华：《中华民国财政史》下册，叶振鹏主编《中国财政通史》第 8 卷，第 810 页。

表 10－26　**抗战时期国民政府国库支出结构（1937—1945）**　（单位：法币元）

财政年份		1937	1938	1939	1940	1941	1942	1943	1944	1945
年度支出总额	数额	2091324145	962267676	2797017948	5287755417	10003320313	24511126757	58815766724	171639200747	1185067294227
	占比	100%	100%	100%	100%	100%	100%	100%	100%	100%
军事支出	数额	1387558618	491616384	1536598126	3773367120	4880834390	11148057337	22961267775	44006919641	191119855662
	占比	66. 35%	59. 73%	54. 94%	71. 37%	48. 79%	45. 48%	39. 04%	25. 63%	15. 73%
党政支出	数额	138768165	78030290	201709514	310751264	545356244	1914636870	3217745340	15215209680	99726464344
	占比	6. 63%	6. 68%	7. 21%	5. 88%	5. 45%	7. 80%	5. 47%	8. 87%	8. 20%
债务支出	数额	373683787	241976844	546006381	346046915	1386023537	2569893281	3492956023	5219857228	7016785560
	占比	17. 87%	20. 70%	19. 52%	6. 54%	13. 86%	10. 48%	5. 94%	3. 04%	0. 58%
建设支出	数额	167768329	136490542	368185990	557062729	985598345	2269659884	3315496227	12513315014	24816079466
	占比	8. 02%	11. 68%	13. 17%	10. 53%	9. 85%	9. 26%	5. 64%	7. 29%	2. 04%
省市岁出	数额	23545246	14153616	54498319	115037304	233788862	1831522879	3394020233	6301837745	—
	占比	1. 13%	1. 21%	1. 95%	2. 18%	2. 34%	7. 47%	5. 77%	3. 66%	2. 47%
粮食支出	数额	—	—	—	—	1458340387	3109864038	8589969298	13869129743	—
	占比	—	—	—	—	14. 58%	12. 69%	14. 60%	8. 07%	—

续表

财政年份		1937	1938	1939	1940	1941	1942	1943	1944	1945
中央公务人员生活补贴	数额	—	—	—	9882280	71854501	526152541	1347310174	—	—
	占比	—	—	—	0. 19%	0. 72%	2. 15%	2. 29%	—	—
其他支出	数额	—	—	25857940	37045695	162510166	112880797	1104895376	1358336674	—
	占比	—	—	0. 92%	0. 69%	1. 62%	0. 47%	1. 88%	0. 80%	—
紧急支出	数额	—	—	64163678	138562110	279013881	1028459130	11392106278	73204595022	862388609195
	占比	—	—	2. 29%	2. 62%	2. 79%	4. 20%	19. 37%	42. 64%	70. 98%

说明：1937 年建设费用包括经济水利交通等；军政各费包括军务国防非常军费等。1939 年其他支出包括国有事业资本、救灾准备金、存放金、暂记付款。其他支出包括营业投资及增资支出、退还以前年度岁入款岁出款、管制物资及平定物价支出。1945 年紧急支出中包括有军费支出、事业费、党政及其他各费，还有债务费。其中，军费占紧急支出中的 76. 89%，事业费占 18. 14%，债务费占 0. 16%。

资料来源：根据财政部财政年鉴编纂处编《财政年鉴三编》上册，“第三篇　计政与公库”，第 131—150 页。

其国防及军事费占岁出的平均比例是 2.87%。到 1939 年，急剧提升，当年占比为 62.79%。1940 年度国防及军事费的岁出占比为 82.9%，1941 年为 85.5%，1942 年为 85.8%，1943 年为 85.4%，1944 年为 84.5%，1945 年为 80.4%。[①] 美国在 1941 年的战争与安全费占总支出的 49.3%，此后至 1945 年，分别为 80%、92.2%、92.9%、89.6%。[②] 这说明，为了应对人类有史以来规模最大也最为惨烈的第二次世界大战，各国的确将整个财政体系及经济体系都转向了战争需求。国民政府的军事支出比例，并不比英、美高，甚至单从统计数字上看还稍低。

借贷财政的支出中，有一显著标志是债务费支出较高。战前，国民政府的公债本息支出占比极高。到抗战后期占比反而下降。这不是因为不用借债了，而是政府无处可借，同时也因大量银行借款的存在，压低了债务费的占比。英国和美国战时借取发行大量公债，不过因两国大多是中长期债券，且债息较低，在战争期间的还债负担并不高。国民政府的建设支出被严重挤压，最高年份 1939 年不过占 11.95%，低者仅占 2% 左右。如除开军事支出，英、美的建设支出部分同样处于极低水平。

军事经费需求量大，时效性强，但大片国土沦陷，税源丧失，原本的主干税种关税、统税和盐税都受到严重冲击。抗战内迁之后，政府财政只能依赖于四川、陕西、贵州、云南等经济落后的后方省份。1937 年，关、盐、统三税实收总额有 4.1 亿元，1938 年为 1.92 亿元，1939 年有 4.32 亿元，1940 年为 1.18 亿元。[③]

再分析国民政府的收入结构。1937—1945 年，国民政府收入可分为税收收入和非税收收入两大部分，税收收入包括关税、盐税、统税、所得税、遗产税、印花税、过分利得税、营业税等。在非税收入部分，包括政府规费收入、国有事业营利收入、专卖收入，最重要的是债款收入和银行垫款收入。各类收入对比情况如表 10－27 所示。

税收收入方面，政府既开征新税，又整合旧税。在陆续开征了遗产税、

① 财政部财政年鉴编纂处编：《财政年鉴三编》下册，“第十四篇　各国财政概况”，第 1—2 页。

② 财政部财政年鉴编纂处编：《财政年鉴三编》下册，“第十四篇　各国财政概况”，第 30 页。

③ 杨荫溥：《民国财政史》，中国财政经济出版社 1985 年版，第 106 页。

非常时期过分利得税、租赁及出卖财产所得税后，直接税迅速成长为关税、盐税和统税之后的第四大税类，成效显著。后又将营业税、印花税合并征收，强化了直接税征收体系。统税部分，扩展为货物税，征收范围扩大。经过努力，税收收入有所增加。在不包括银行借款的占比统计中，税收占比尚在不断提升。1937—1939 年，分别占国库收入的 55.27%、67.13%、65.33%。1940 年，遭遇大的挫折，税收占比为 20.14%。到 1941 年恢复至 50.88%，1942 年为 49.86%，1943 年为 59.64%，1944 年为 80.75%，1945 年为 46.97%。从这一比例看，如无借款，税收仍然发挥着主要财政来源的作用。但如加上银行借款的数额，税收的财政价值就大幅下降。1937—1945 年，税收在含银行借款的国库收入中的占比分别是 21.42%、18.10%、15.98%、5.17%、6.20%、10.92%、19.86%、8.75%、7.96%。较战前相比，税收的财政占比急剧下降。最低年份，甚至仅有 5.17%。政府的主要财政收入已经不是依靠税收收入，而是非税收收入。英国的岁入结构中，1926 年至 1935 年，税收的岁入（包含债款）平均占比是 84.6%，居绝对比例。1939 年至 1945 年，英国的税收在包含债款收入在内的总岁入中的占比分别是 55.97%、34.98%、41.08%、44.04%、50.08%、51.7%、58.29%。[①] 毫无疑问，战时英国税收收入与债款收入极为接近，且在战争后期还超过半数，体现出极强的增长潜力。国民政府的税收增量不足，是制约国民政府财政能力及债务信用的直接原因。

从税收结构上观察，在关税和其他商税受挫的情况下，所得税、利得税和遗产税增加了战时税收收入。从占比上看，其基本位居关税、盐税、统税之后，居于第四位，成绩值得肯定。问题是，关税、盐税、统税及至收归中央征收的田赋、营业税，其税收弹性不足，又易于加重企业经营和民众生活的成本，如要再寻求税收增量，还是要强化直接税稽征。与英、美相比，中国的战时所得税稽征过重依赖于营利事业所得税，个人所得税征收额度占比过小，不利于向战时获得超额所得的个人征税。在不同分类所得的税率方

① 财政部财政年鉴编纂处编：《财政年鉴三编》下册，“第十四篇　各国财政概况”，第 1—3 页。根据表中数据计算而得。

表 10－27　　**抗战时期国民政府国库收入统计(1937—1945)**　　(单位:法币元)

年份	类目	税收收入	税外收入	债款收入	专卖收入	以上合计	银行借款	本年共收	上年存转	收入总计
1937	数额	450507662	108377844	256184500		815070006	1195349169	2010419175	91979039	2103398124
	不含借款比例	55.27%	13.3%	31.43%		100%				
	含借款比例	22.41%	5.39%	12.74%		40.54%	59.46%	100%		
1938	数额	211471957	85127977	18401981		315001915	853484872	1168486787	12074071	1180560785.8
	不含借款比例	67.13%	27.02%	5.85%		100%				
	含借款比例	18.10%	7.28%	1.58%		26.96%	73.04%	100%		
1939	数额	483609126	231843610	24801829		740254565	2310588876	3050843441	11908544	3062751985
	不含借款比例	65.33%	31.32%	3.35%		100%				
	含借款比例	15.89%	7.6%	0.81%		24.30%	75.70%	100%		
1940	数额	266848007	1050415487	7614804		1324878298	3834389552	5159267850	26573437	5425001887
	不含借款比例	20.15%	79.28%	0.57%		100%				
	含借款比例	5.17%	20.36%	0.15%		25.68%	74.32%	100%		

续表

年份	类目	税收收入	税外收入	债款收入	专卖收入	以上合计	银行借款	本年共收	上年存转	收入总计
1941	数额	667233319	516857582	127289620		1311380321	9443376044	10754756365	137246472	10892002837
	不含借款比例	50. 88%	39. 41%	9. 71%		100%				
	含借款比例	6. 20%	4. 81%	1. 19%		12. 2%	87. 80%	100%		
1942	数额	2807153230	1103530910	362719902	1357157188	5630561230	20081760984	25713322214	888682524	26602004738
	不含借款比例	49. 85%	19. 6%	6. 45%	24. 1%	100%				
	含借款比例	10. 92%	4. 29%	1. 41%	5. 28%	21. 9%	78. 1%	100%		
1943	数额	12169299124	1191872348	3886167181	3156234414	20403573067	40857349974	61260923041	2090877982	63351801023
	不含借款比例	59. 64%	5. 84%	19. 05%	15. 47%	100%				
	含借款比例	19. 86%	1. 94%	6. 35%	5. 16%	33. 31%	66. 69%	100%		
1944	数额	30848750634	1863396963	1988899463	3503855407	38204902467	140090726923	178295629390	4536037300	182831666690
	不含借款比例	80. 75%	4. 88%	5. 2%	9. 17%	100%				
	含借款比例	17. 31%	1. 05%	1. 11%	1. 96%	21. 43%	78. 57%	100%		

续表

年份	类目	税收收入	税外收入	债款收入	专卖收入	以上合计	银行借款	本年共收	上年存转	收入总计
1945	数额	99983808579	47811416983	62818602289	2269226158	212883054009	1043257040104	12561400941134	10297810480	1266437904650
	不含借款比例	46.97%	22.45%	29.51%	1.07%	100%				
	含借款比例	7.96%	3.81%	5%	0.18%	16.95%	83.05%	100%		

说明：1942 年前，专卖收入计入税款收入之中，数量相对较小。

资料来源：根据财政部财政年鉴编纂处编《财政年鉴三编》上册，“第三篇，计政与公库”，第 130—148 页。

面，中国并不比英、美高。英、美通过不断降低免税额和增加边际税率，在尽量扩大税收来源范围。中国的所得税因通胀原因不断调整起征点，但因中等收入群体比例不高，作用有限。在超额利润或超额所得方面，中国的税率实际上较英、美为低。英国的最高税率部分，将超额所得全部征收，美国也达到了将近九成。国民政府对过分利得税的征收最高在50%，遗产税的征收成绩也不理想。因此，直接税体系虽建立起来，但最为核心的所得税、财产税还未达到战时财政目标。各税类之税收占比情况如表10－28所示。

表10－27中统计比例有二，一为无借款之比例，一为有借款之比例。所谓借款，即为银行垫款，是政府在正常财政收入不足情况下，向银行临时支借的款项。其实质是经由中央银行发行纸币，加大了货币投放量。在不计借款的情况下，所得税占税收比例最高为1941年的6.10%，最低为1945年的0.94%。在计入借款的情况下，所得税占税收比例最高为1940年的3.29%，最低为1945年的0.16%。利得税的占比稍高，如所得税与利得税相加，平均占比在5%左右。横向与间接税中的关税、盐税、统税或货物税、营业税比较，仍居其后，但超过烟酒税、矿税、印花税、遗产税。在税收结构中，利得税是居第五位的重要税收。所得税的税收地位已可明定，但其财政效应究竟如何，还需要结合政府的宏观财政收入结构来加以分析。政府如何平衡税收、公债及货币发行，恰当运用不同属性的政策工具，实际上关系到财政的可持续性问题。

非税收入方面，政府通过专卖、公债及其他收入等来获得。严格来说，专卖及包括公营事业、募捐、援助等获得在内的其他收入，对于税收有弥补作用。公债在不含借款的总收入中的占比，除1937年达到31.43%，1945年达到29.51%，1943年达到19.05%外，其余年份均不超过10%。同时期，英、美公债发行不仅平均占比达到30%以上，且以中长期债券为主，收入稳定，短期平摊债务成本较低。

非税收入中，先论债款收入。在抗战期间，国民政府继续发行公债，也借得部分外债。公债仍多以税收担保。具体发债及担保情况如表10－29所示。

就公债用途来看，包括军需国防类公债、粮食库券、建设公债、赈济公债等。军需国防公债包括救国公债、二十七年国防公债及二十八年、二十九年、三十年军需公债，同盟胜利公债亦属军需性质。军需国防类公债占据绝

表 10－28　**抗战时期国民政府国库收入中税收情况（1937—1945）**　（单位：法币元）

年份	类目	税收收入	所得税	印花税	过分利得税	遗产税	关税	盐税	统税	菸酒税	矿税	营业税及特种行为营业税
1937	数额	450507662	18739594	4695512			239227023	140954419	32036692	14455439	2398983	
	不含借款比例	55. 27%	2. 30%	0. 58%			29. 35%	17. 29%	3. 69%	1. 77%	0. 29%	
	含借款比例	22. 41%	0. 93%	0. 24%			11. 89%	7. 01%	1. 50%	0. 71%	0. 12%	
1938	数额	211471957	8222727	2595622			127861584	47480686	5610054	8625636	107066	5988（特种营业）
	不含借款比例	67. 13%	2. 61%	0. 82%			40. 59%	15. 07%	4. 96%	2. 74%	0. 34%	
	含借款比例	18. 10%	0. 70%	0. 23%			10. 94%	4. 06%	1. 34%	0. 74%	0. 09%	
1939	数额	483609126	27315215	4816078	18578		345938168	61245297	22260782	19694087	2320921	
	不含借款比例	65. 33%	3. 69%	0. 66%			46. 37%	8. 27%	3. 01%	2. 66%	0. 31%	
	含借款比例	15. 98%	1. 91%	0. 16%			11. 34%	2. 01%	0. 73%	0. 64%	0. 07%	
1940	数额	266848007	43618119	7160187	24912692	3220	37767239	79971234	货物取缔 24395759	货物出厂 46441704	2075919	
	不含借款比例	20. 15%	5. 17%	0. 54%	1. 88%		2. 85%	6. 04%	1. 84%	3. 51%	0. 16%	
	含借款比例	5. 17%	3. 29%	0. 14%	0. 48%		0. 73%	1. 55%	0. 47%	0. 90%	0. 04%	
1941	数额	667233319	80028229	16017444	70144427	205771	15260396	296141838	62864668	120695341	5221582	248045（特种营业）
	不含借款比例	50. 88%	6. 10%	1. 22%	5. 35%	0. 02%	1. 16%	22. 58%	4. 79%	9. 21%	0. 40	0. 02%
	含借款比例	6. 20%	0. 75%	0. 15%	0. 65%		0. 14%	2. 75%	0. 59%	1. 12%	0. 05%	

续表

年份	类目	税收收入	所得税	印花税	过分利得税	遗产税	关税	盐税	统税	菸酒税	矿税	营业税及特种行为营业税
1942	数额	2807153230	197068396	25988928	291967555	1237793	159819889		273303062	308559153	24396009	609706542 415137
	不含借款比例	49.85%	3.50%	0.46%	5.17%	0.02%	2.84%		4.85%	5.48%	0.43%	10.83% 0.01%
	含借款比例	10.92%	0.77%	0.10%	1.13%	0.01%	0.62%		1.06%	1.20%	0.10%	2.37%
1943	数额	12169299124	760886018	355011068	884131961	14671022	276677383	食盐附加 1202410075	1278284734	657202191	66348374	1785371312 57108187
	不含借款比例	59.64%	3.73%	1.74%	4.33%	0.07%	1.85%	5.89%	6.27%	3.13%	0.32%	8.75% 0.28%
	含借款比例	19.86%	1.24%	0.58%	1.44%	0.02%	0.62%	1.96%	2.09%	1.07%	0.11%	2.92% 0.09%
1944	数额	30848750634	1145249979	1062771029	1189242930	49623430	493987916	13439046973	2929488183	2045604607	186233973	3031677382 45048951
	不含借款比例	17.31%	3.00%	2.78%	3.11%	0.13%	1.29%	35.28%	7.67%	5.35%	0.49%	7.94% 0.12%
	含借款比例	8.75%	0.64%	0.60%	0.66%	0.03%	0.28%	7.54%	1.64%	1.15%	0.11%	1.70% 0.03%

续表

年份	类目	税收收入	所得税	印花税	过分利得税	遗产税	关税	盐税	统税	菸酒税	矿税	营业税及特种行为营业税
1945	数额	99983808579	2009265910	3140283960	1832817620	21096888	3321169523	2799876155	货物税		740000281	7317903626
								48925392758	23144361518			10951048
	不含借款比例	46.97%	0.94%	1.48%	0.86%	0.05%	1.56%	1.32%	10.87%		0.35%	3.44%
								22.98%	1.84%			0.01%
	含借款比例	7.96%	0.16%	0.25%	0.15%	0.01%	0.29%	0.22%			0.06%	0.58%
								3.88%				

说明：

（1）1938 年 7—12 月 6 个月的国库收支。1942 年起营业税及特种行为营业税项下，按税额及占比分上、下两栏，营业税收占比均较高。营业税系在 1942 年收归中央税收，此前属地方税种。

（2）过分得税即非常时期过分利得税，1940 年开征。

（3）1940 年无统税项，按货物出厂税和货物取缔税开征，表中数字是合计，出厂税是 46441704 元，取缔税是 24395759 元；1940 年的统计税款中还有专卖收入，计 501933 元，不含借款占 0.04%，含借款占 0.01%。

（4）1941 年的统计税款中有专卖收入 406578 元，不含借款占 0.03%。

（5）1942 年的统计中增加了土地税收入 516201979 元，不含借款占 9.17%，含借款占 2.11%。战时消费税为 399418787 元，不含借款占 7.09%，含借款占 1.55%。1942 年的专卖收入从税款收入中剔除单列，为 1357157188 元，不含借款占 24.1%，含借款占 5.28%。1942 年未列盐税，全纳入盐专卖收入中，数额为 1180060887 元，不含借款占 20.95%，含借款占 3.59%。

（6）1943 年的统计中，还有土地税 4013269963 元，不含借款占 19.76%，含借款占 6.55%。盐专卖的收入是与专卖收入一起单列的，不在税款之内。

（7）1944 年的统计中，还有土地税 3392492138 元，不含借款占 8.88%，含借款占 1.9%。盐专卖的收入是与专卖收入一起单列的，不在税款之内。

（8）1945 年的统计中，还有土地税 6326478811 元，不含借款占 2.87%，含借款占 0.5%。食盐专卖取消，改征盐税，纳入税款，战时食盐附税继续保持。

资料来源：财政部财政年鉴编纂处：《财政年鉴三编》上册，“第三篇　计政与公库”，第 130—148 页。根据该篇中各年度预决算数字汇总。

对多数。就担保品来看，主要是以国库收入和税收收入作为首要保障。相对于笼统以国库收入担保而言，具体税目收入担保更为可靠。在盐税、统税、烟酒税之外，所得税金额收入被用于 1938 年国防公债担保。此外，田赋征集粮食、国外贷款的担保比例不断上升，意味着国民政府已无充足明确收入，用于信用保障，日益严重的通货膨胀已损害到法币的市场价值。

在外债方面，国民政府主要向反法西斯同盟国家苏联、美国、英国及法国借款。按类型划分，包括易货借款、铁路借款、购货借款和金融借款等类。美国自 1939 年至 1942 年有六次对华借款，其中，桐油借款 2500 万美元，钨砂借款 2500 万美元，金属借款 5000 万美元，华锡贷款 2000 万美元，平准基金借款 5000 万美元，信用贷款 5 亿美元。除信用贷款未指定担保外，其余多以农矿产品担保，平准借款由中央银行偿还。合计借款 6.7 亿美元，实际使用 6.02 亿美元。[①] 此时的外债借款对于中国平衡财政、维持信用有重要意义。

严格来说，抗战时期国民政府的公债仍然提供了一定的财政支持，借贷体系仍在艰难运转。但相对战前来讲，其财政占比已经大幅下降。1937 年至 1945 年，其占比分别是 31.43%、5.85%、3.35%、0.67%、9.71%、4.29%、5.84%、4.88%、22.45%。如果包含银行借款，债款收入的占比分别是 12.74%、1.58%、0.81%、0.15%、1.19%、1.41%、6.35%、1.11%、3.81%。与同期英、美等国相比，这一比例极低。内债之中，不少公债足量发行，少数超量发行，如国防公债、军需公债等。但利息仍然高昂，公债多以较大折扣发行。这说明，政府公债信用仍然低落，政府遂不得不依赖于银行的承购摊销来达到目的，公债主要在银行体系之内消化，给金融业带来巨大风险。

最后，再分析银行借款问题。在四行总处的报告中也说，“公开出售公债券所得的借款弥补不了多少财政赤字，故而最主要的财政来源就是银行贷

① 财政科学研究所、中国第二历史档案馆编：《民国外债档案史料》第 11 卷，档案出版社 1991 年版。吴景平教授对抗战时期外债有系统研究，参见《抗战时期中国的外债问题》，《抗日战争研究》1997 年第 1 期。

表 10－29　**国民政府全面抗战期间内债统计情况（1937—1944）**　（单位：法币元，未注明者）

债券名称	发行日期	发行定额	实发行额	利率	担保品	担保分类
救国公债	1937.9	5 亿	4.92 亿	4 厘	国库税收	国库税收 发行 6 亿 实发 5.171 亿
民国二十七年赈济公债	1938.7	1 亿	0.251 亿	4 厘	中央救灾准备金及国库税收作保	
民国二十九年军需公债	1940.3	12 亿	12.49 亿	6 厘	国库收入	国库收入 发行 117.75 亿法币，英镑 1000 万，美元 5000 万 实发 118.086 亿法币，英镑 987.49 万，美元 4598.95 万
民国二十九年建设公债	1940.5	英镑 1000 万 美元 5000 万	英镑 987.4994 万 美元 4598.9550 万	5 厘	国库收入	
民国三十年建设公债	1941.3	12 亿	12 亿	6 厘	国库收入	
民国三十年军需公债	1941.2	12 亿	11.846 亿	6 厘	国库收入	
民国三十二年同盟胜利公债	1943.6	30 亿	30 亿	6 厘	国库收入	
民国三十二年整理省债公债	1943.7	1.75 亿	1.75 亿	—	国库收入	
民国三十三年同盟胜利公债	1944.7	50 亿	50 亿	5 厘	国库收入	

续表

债券名称	发行日期	发行定额	实发行额	利率	担保品	担保分类
民国二十六年整理广西金融公债	1937.12	0.17 亿	0.17 亿	4 厘	中央在广西盐税年拨120万	税类担保 发行17.17亿法币，美元1.5亿，英镑1000万 实收17.08亿法币，关金99000110，英镑9132340，美元48151613
民国二十七年金公债	1938.5	美元1亿 英镑1000万 美元5000万	关金99000110 英镑9132340 美元48151613	5 厘	盐税收入作保	
民国二十八年建设公债	1939.4	6亿	6亿	6 厘	国营事业营利及盐税项下加征建设专款担保	
民国二十七年国防公债	1938.5	5亿	4.98 亿	6 厘	所得税全部收入担保	
民国二十八年军需公债	1939.6	6亿	6亿	6 厘	统税及烟酒税收入	
民国三十年粮食库券	1941.9	谷1733636市石 麦206667市石	谷6762252市石 麦598451包	5 厘	田赋征实粮食担保	田赋征实 发行谷麦共计73980339市石
民国三十一年粮食库券	1942.9	谷11380036市石 麦240万市石	谷10463198市石 麦1200910包	6 厘	田赋征实粮食担保	
民国三十二年粮食库券	1943.7	谷2313万市石 麦2313万市石	—	5 厘	田赋征实粮食担保	
民国三十三年四川省征借粮食临时库券	1944	粮食1200万市石	粮食1200万市石	5 厘	田赋征实粮食担保	

续表

债券名称	发行日期	发行定额	实发行额	利率	担保品	担保分类
民国三十一年同盟胜利美金公债	1942.5	美元1亿	美元99805028	4厘	美国贷款5亿美元内作保	国外贷款 美元1.1亿,法币10亿 实收1.098亿,法币6.096亿
民国三十一年同盟胜利公债	1942.7	10亿	609650100	6厘	英国贷款5000万镑内作保	
民国三十年滇缅铁路金公债	1941.7	美元1000万	美元1000万	5厘	铁路营利,国库补足	事业营利 发行及实收1000万美元
民国三十一年第1期土地债券	1942.3	1亿	1亿	6厘	—	—

资料来源：千家驹编《旧中国公债史资料（1894—1949年）》，第375—377页。

款”[①]。在国库收入统计中，银行借款是政府直接向中央银行及其他国家银行借出现金。银行借款，与公债有本质不同。公债系以信用担保，以未来税收来偿付本息。银行借款虽由政府以国库收入作保，但在很大程度上等于是自我借贷，其本质就是发行纸币，以通胀来弥补财政赤字。由 10 – 27 可见，银行借款在国库总收入中占比极高。1937 年至 1945 年，其占比分别是 59. 46%、73. 04%、75. 74%、74. 32%、87. 81%、78. 1%、66. 69%、78. 57%、83. 05%，平均占比达到 75. 19%。再据杨荫溥在《民国财政史》中的统计，1937 年银行借款是 12 亿元，1938 年 9 亿元，1939 年 23 亿元，1940 年 38 亿元，1941 年 94 亿元，1942 年 201 亿元，1943 年 409 亿元，1944 年 1401 亿元，1945 年 10483 亿元。从 1937 年至 1945 年，银行借款合财政赤字的比重平均为 98. 5%。最低是 1937 年的 77. 7%，最高为 1939 年达到 109. 5%。[②] 每年呈数倍甚至十倍上涨增长极为迅速，赤字主要由银行借款补足。

银行借款来源有二。其一，银行的储蓄存款。为了增加银行储蓄，早在 1938 年 11 月，国民政府就公布了《节约建国储金条例》，规定储金由“四行二局”经收。储蓄存款法币 1 元起存，可随时存入，存满五年可计提本息。普通存款由储户自主确定，建国储金可投资于国防工业、农工矿业、交通等事业。至 1939 年 9 月，政府颁行《节约建国储蓄券条例》。储蓄券分甲、乙两种，根据存储周期不同可获得不同利息回报。11 月，国民党中央宣传部与金融界联合组织全国节约建国储蓄运动委员会。次年，四联总处组织成立了全国节约建国储蓄运动劝储委员会，在各地设立分会。[③] 通过劝储运动，银行吸收了大量存款。据《中华民国统计年鉴》统计，1937—1945 年合计储蓄存款为 8670482 万元，普通存款为 61645326 万元，合计达 70315808 万元。[④] 但到后期，因通货膨胀过于严重，存款易造成实际价值流失，劝储更加不易。

---

① ［美］阿瑟·N. 杨格：《抗战外援：1937—1945 年的外国援助与中日货币战》，李雯雯译，于杰校译，四川人民出版社 2019 年版，第 435—438 页。

② 杨荫溥：《民国财政史》，第 163 页。

③ 关于节约建国储蓄运动的详细情况，参见方霞《抗战时期后方的节约建国储蓄运动》，《抗日战争研究》2009 年第 3 期。

④ 主计部统计局编：《中华民国统计年鉴》，中国文化事业公司 1948 年版，第 261—263 页。

其二，发行法币。四联总处1942年的年度报告中说："四行垫付库款，大部分依赖钞券之发行。"当年11个月内共增发127亿元，约为国库支出数额的六成五，并为国库垫款数之八成，其余二成用普通存款暨储蓄存款以为抵补。[①] 按照发行法币程序，四行如需印制，需先由财政部请求发行，核准后由中央信托局或部派监督省行印制。印成后交发行准备管理委员会保管，银行再向财部请准领发，同时缴纳法定数额之准备金。准备金由发行委员会管理，中央银行代存。[②] 法币发行，原以金银及外汇为准备金，汇率与英镑、美元挂钩。政府在借贷政策难以延续的情况下，如欲发行法币，需修改发行准备办法。1939年9月，国民政府财政部颁布《巩固金融办法纲要》，规定可加入短期商业票据、货物栈单、生产事业之投资（股票）充之，允许银行可以将公债债券、银行借款单据作为发行准备金。同时，准备金改六成为四成。如此，打开了无限量发行法币的政策闸门。财政部在分析报告中将通胀分为三个阶段：第一阶段是1937年6月至1939年6月，增长较缓；第二阶段是1939年6月至1940年年底，转趋急剧；第三阶段是1941年起，增速猛烈。[③] 杨培新在《中国通货膨胀论》中，将战时法币膨胀分为三个阶段：慢进通货膨胀时期，1937年至1938年年底，发行指数由100升至164。此时，物价上涨轻微。通货膨胀转剧时期，1939年至1941年年底，发行指数由164升为1076。因沿海失守税收减少，发钞大增。通货膨胀狂烈时期，1942年至1945年，指数由1076增至28289，增加25倍。[④] 以下对国民政府在全面抗战时期发行法币的情况列表说明（见表10－30）。

在巨量的纸币投放之下，税收、公债收入的财政占比急剧下降，政府财政形成了严重的通胀依赖。在抗战初期，税收、公债尚能维持，通胀也相对较轻。到1940年之后，因国土沦陷，关税、盐税及统税等主要税源丧失，公债的税收担保也受到极大限制。原来统一公债及复兴公债所定原则，难以付诸实施。通货膨胀急剧提速，也是自1940年年底始。税收能力的削弱

① 《四联总处三十一年度重要工作报告》，《中华民国货币史资料》第2辑，第353页。

② 《财政部1937—1941年对四行业务分析报告》，《中华民国货币史资料》第2辑，第289页。

③ 《财政部1937—1941年对四行业务分析报告》，《中华民国货币史资料》第2辑，第290页。

④ 杨培新：《中国通货膨胀论》，生活书店1948年版，第5—6页。

表 10 - 30　　全面抗战时期国民政府法币发行统计（1937—1945）①

年份	月份	法币发行额（十亿元）	指数（1937 年 6 月 2 日）
1937	6	1.41	—
	12	1.64	1.16
1938	6	1.73	1.23
	12	2.31	1.64
1939	6	2.70	1.91
	12	4.29	3.04
1940	6	6.06	4.30
	12	7.87	5.58
1941	6	10.70	7.59
	12	15.10	10.71
1942	6	24.90	17.65
	12	34.40	24.40
1943	6	49.90	35.38
	12	75.40	53.46
1944	6	122.80	87.07
	12	189.50	134.36
1945	1	202.90	143.86
	3	246.90	175.05
	6	397.80	282.04
	9	674.20	478.01
	12	1031.90	731.62

资料来源：吴冈编：《旧中国通货膨胀史料》，上海人民出版社 1958 年版，第 92—95 页。据中央银行发行局材料编制。

① 关于法币的发行数量统计，财政部及当时不少财经学者都有统计，数字稍有差异，但趋势大体一致。美国财政专家杨格亦根据四联总处及中央银行资料有所统计。本书列表采用吴冈据中央银行发行局材料编制的发行数额及指数表。

严重打击了政府债信及社会对法币的信心。英、美在战时亦运用货币政策，且有一定增发，但发行量尚未引起物价的恶性上涨。政府的货币政策主要重视发挥储蓄及金融市场的作用，维持税收、公债及金融市场的平衡。在税收和公债基本能够支持战费支出的情况下，英、美并不需要过度运用发行手段。相形之下，其他如德、意、日等国对于发行的依赖程度较高。

随着政府主要财政收入由税收、公债转为银行借垫款，政府财政也由借贷财政转向了通胀依赖。需要强调的是，抗战时期的法币发行，为战时财政作出重要贡献，而通胀成本，主要由民众承担。

（二）国共内战中的通胀陷阱

1945 年 8 月，中国终于取得了抗战的胜利，原本近乎崩断的财政收支状况暂时获得了调节的时间。随着沦陷国土不断光复，国民政府掌控的税源区域范围不断扩大，关税、盐税、货物税及直接税收入均有长足增长。此外，还接受了大量日伪政府资产。在政府财政中，还存留部分外汇收入及租借物资。美国评估，在对日战争结束时，“中国所持有之外汇数量，实为其有史以来之最巨者。在战争结束时，中国政府之主要国库资金，即为其空前大量之黄金美汇存储”。[①] 随着抗战结束，军事支出下降，政府财政具备回归平衡的条件。

但国民政府在战后不久即发起内战，导致国民经济继续陷于通胀之中。据马歇尔的观察，“日本投降时，中国一般情势，颇露曙光；乃十六个月后，中国竟为急剧之通货膨胀所困，其外汇准备金已耗去一部分，而国内复兴以及经济开发工作则迄未认真着手”[②]。国民政府不顾民意厌战，执意发动内战，迅速消耗了为数不多的财政资源。

从支出方面看，因国民党很快在 1946 年发起内战，导致财政继续沿战争轨道脱序而行。在政府支出中，军事支出仅在 1945 年稍有下降，其余年份均居高不下。1946 年，国防支出为 59.6%，1947 年为 54.8%，1948 年上半年占 68.4%。行政支出占第二位，1946 年为 28.5%，1947 年为 29.7%，

---

① 《一九四五年至一九四七年马歇尔将军赴华之任务》，载美国国务院编《美国与中国之关系——特别着重于一九四四年至一九四九年之一时期》，国民政府外交部译，国民政府外交部 1949 年版，第 82 页。

② 《一九四五年至一九四七年马歇尔将军赴华之任务》，《美国与中国之关系——特别着重于一九四四年至一九四九年之一时期》，第 130 页。

1948 年上半年为 23.7%。第三位是经济开发及建设支出，1946 年为 11%，1947 年为 14.3%，1948 年上半年为 5.2%。第四位是善后复兴及救济支出，1946 年为 8.0%，1947 年为 4.9%。第五位是债务费支出，1946 年为 0.6%，1947 年为 1.2%，1948 年上半年为 2.6%。债务支出占比较战前及战时大为下降，实际上反映出此时公债发行不畅。[①] 焦建华综合了张公权、千家驹、杨荫溥、狄超白及财政部的不同统计数字，认为军费实际开支较估算为高，应在 83.3% 左右。[②] 从支出结构上看，政府财政仍是军事型财政，不同的是，原本是为民族抗战，在此时则是内战性质。

军事和行政费用占比过高，导致财政赤字不断创出新高，甚至高出抗战时期的赤字比率，迫使政府不断寻求税外收入。据张嘉璈的测算，1945 年支出预算为 2638 亿元，实际支出为 23408 亿元。1946 年，支出预算为 25249 亿元，实际达到 75747 亿元。另据杨荫溥的估计，1946 年、1947 年、1948 年上半年的实际支出分别为预算的 2.8 倍、4.4 倍及 3.5 倍。赤字率直线上升。焦建华对比了财政部长俞鸿钧、中央银行总裁张嘉璈和当时报纸杂志的估算。俞鸿钧估算 1946—1948 年的赤字分别是 77%、62.5%、60.9%。张嘉璈的估算是 62.1%、67.6%、66.3%。报纸杂志估算的是 70.2%、70.7%、76.5%。根据杨荫溥的评论，认为媒体测算得更为可靠，准确的财政赤字可能达到 80%。[③] 到了 1948 年下半年，9—12 月的平均赤字率也在 78%。[④] 再据张嘉璈的估算，1948 年 9 月收入为 108854000 金圆，支出为 343414000 金圆，赤字为 69%；10 月，收入为 145090000 金圆，支出为 282833000 金圆，赤字为 49%；11 月，收入为 172410000 金圆，支出为 674944000 金圆，赤字为 75%；12 月，收入为 446747000 金圆，支出为 2649609000 金圆，赤字为 83%。[⑤] 如将赤字率与军费对比，可以发现过度的军事开支正是财政严重失衡的直接原因。

---

① 张公权：《中国通货膨胀史（1937—1949 年）》，杨志信译，文史资料出版社 1986 年版，第 102 页。

② 焦建华：《中华民国财政史》下册，叶振鹏编《中国财政通史》第 8 卷，第 1074 页。

③ 焦建华：《中华民国财政史》下册，叶振鹏编《中国财政通史》第 8 卷，第 1069 页。

④ 杨荫溥：《民国财政史》，第 171—172 页。

⑤ 张嘉璈：《通胀螺旋：中国货币经济全面崩溃的十年：1939—1949》，于杰译，中信出版社 2018 年版，第 191 页。

收入结构方面，较抗战时期又有较大变化。按项目而分，可分为租税收入、税外收入、债款收入及银行垫款四大部分。其中，租税收入包括税款收入和专卖收入。税外收入包括接收的大量公营事业、罚款及赔偿、国外借款及物资、出售黄金收入等。债款收入包括内债和外债收入，还有征借实物收入。按其收入类型，租税收入、税外收入和债款收入可划入非通胀收入，而银行垫款则是通胀收入，具体情况如表 10 – 31 所示。

表 10 – 31　**国民政府收入结构统计（1945—1947）**　（单位：法币千元）

科目及年度	细目	1945	1946	1947
租税收入	合计	114941370	1181343690	9146039949
	税款收入	112645636	1180823440	—
	专卖收入	2295734	520250	—
	占总收入比例（含借款）	4. 90%	12. 51%	22. 36%
税外收入	罚款及赔偿收入、规费、财产孳息、公有营业、公有事业、财产权利、捐赠、国外借款购入物资及黄金售价收入等	1076313277	1657333458	2870027565
	占总收入比例（含借款）	45. 84%	17. 56%	7. 02%
债款收入	合计	62823335	15959218	1819178366
	内债	62728784	1728838	1068002881
	外债	94551	12747574	548610018
	征借实物收入	—	1482806	202565466
	占总收入比例（含借款）	2. 68%	0. 17%	4. 45%
银行垫借款		1058641023	5513669879	27075033189
	占总收入比例（含借款）	45. 09%	58. 41%	66. 18%
总额		2312719005	8368306245	

资料来源：中国人民银行总行参事室编：《中华民国货币史资料》第 2 辑，第 868—869 页。

租税收入呈逐步上升之势。其原因在于，沦陷区收复后，国民政府迅速进行税源接收，并推进新税制。关税、盐税、货物税和直接税都有不同程度增长。同时，又继续推动专卖制度。租税收入在1945—1947年的总收入中占比分别为4.89%、12.51%、22.35%，国民政府的税收能力有所恢复。但相对巨大的岁出及赤字而言，税收占比过低。据杨荫溥的统计，1946年税收占岁出的比例是16.5%，1947年为22.4%，1948年上半年为14.7%，平均占总支出比为15.6%。[①] 到1948年，税收收入在收入中所占比例更趋降低。

在税收结构中，关税、盐税及统税等合计占比较高。但随着国民党在内战中节节败退，税收收入也在降低。根据张嘉璈的统计，就单一税种看，统税及货物税上升，而原来居前两位的关税和盐税相对下降。直接税体系包括印花税、所得税、遗产税等，维持在20%左右。具体情况如表10-32所示。

表10-32　**1945—1947年国民政府的税收收入结构**

税目	1936—1937年	1945年	1946年	1947年
关税	47.8%	4.1%	25.9%	26.9%
盐税	25.8%	52.7%	19.1%	13.9%
统税	25.8%	23.0%	34.0%	36.9%
间接税合计	99.4%	79.8%	79.0%	77.7%
直接税合计	0.6%	20.2%	21.0%	22.3%
总计	100%	100%	100%	100%

资料来源：张嘉璈：《通胀螺旋：中国货币经济全面崩溃的十年：1939—1949》，于杰译，第181—182页。其数字依据主计处统计。

公债收入在此时进一步降低。从比例上看，1945年至1947年，公债收入在总收入中的占比分别为2.67%、1.69%、4.46%，较抗战前及战中的比例都急剧下降，意味政府几乎丧失借贷能力。内债发行情况如表10-33所示。

---

① 杨荫溥：《民国财政史》，第189页。

表 10－33　　　　　　　**1946—1949 年国民政府内债统计情况**

债券名称	发行日期	发行定额	实发行额	担保品	利率（年息）
民国三十五年第二期土地债券	1946.9	3 亿元	3 亿元		6 厘
绥靖区土地债券	1947.3	0.1 亿石	0.1 亿石		
增发三十一年同盟胜利美金公债	1946.10	4 亿美元	0.8 亿美元	美国贷款 5 亿元项内拨付基金	4 厘
民国三十六年短期库券	1947.4	3 亿美元		国营生产事业、接收中纺公司及仓库码头作保	2 分
民国三十六年美金公债	1947.4	1 亿美元		中央银行外汇基金担保	6 厘
民国三十七年短期库券	1948.12			国库税收担保	月息 185 厘
民国三十七年整理公债	1948.10	金圆 5.23 亿		国库税收担保	5 厘
民国三十八年黄金短期公债	1949.2	黄金 200 万市两		政府库存黄金拨存半数余由美援运用委员会购足拨付	月息 4 厘
民国三十八年整理美金公债	1949.4	1.3 亿美元	1.36 亿美元		

资料来源：千家驹编《旧中国公债史资料（1894—1949 年）》，第 378 页。

值得注意的是内国公债发行的类型。内债发行共计有 9 笔，发行法币 3 亿元，美元 9.36 亿元，黄金 200 万市两，谷麦 1000 万石，还有金圆券、银元券 8 亿余元。美金公债是以美金存款或现款缴购，美金以外之外币则按中央银行牌价折算，黄金可按财政部规定折合率购买。评论认为，此举可以汇聚黄金美钞，充实外汇基金。① 其原因在于，在通货膨胀条件下，发行国币

① 盛慕杰：《论美金债券之发行》，《经济周报》第 4 卷第 14 期，1947 年 4 月 3 日，第 24 页。

债券会迅速贬值，而美元、黄金和粮食却可以抵挡通胀，有更高的财政价值。在担保方面，除民国三十七年（1948）短期库券及整理公债是以国库收入作保，其余是以外汇基金、库存黄金、美元贷款及国营事业收入作保，显示法币已基本丧失其市场信用。但在物价飞涨之下，民间也倾向于囤积黄金及保留美元，不愿购买公债。《经济通讯》上发表文章《又发美金公债了》，质疑"政府的信用已经扫地无余，今天难道有人保证国民党政府真正守信，当还本付息时不再假借什么借口，再来一次献金吗?""到今天，人民再不相信政府还有什么信用了！这一次美金公债的发行，其失败的命运可说是已经决定了"①。

外债以美债为主。按类型分为美债、美援、战后剩余物资三个部分，从不同口径统计多数额不同。据俞鸿钧报告，至1948年1月，美援达到15亿美元。据刘秉麟统计，战后国民政府所接受的外国借款及援助物资合计4484298223美元，再加上战后借款及租借物资，合计达到46.24亿余美元。② 杨荫溥认为，截至1948年6月，国民政府所得借款及物资净值达到42.58亿美元。③ 其中，有1.73亿美元是信用贷款，其余是以售让、赠与或援助方式支持的。此外，还有加拿大贷款两笔，交由政府及民生公司购买器材及船只之用。美国此时借予外债是以镇压中国共产党革命政权为目的，未要求有明确税收担保。从财政上而言，美金外债可以加强国民政府的外汇基金来源，对其稳固货币政策仍有一定的作用。

在抗战之后的财政来源中，还有一个重要部分就是敌伪物资及产业接收。在政府的非通胀收入来源中，此项收入在1945年位居第一。在1946及1947年，这部分收入仅次于租税收入。此外，还有财产物资出售及营业盈余，最终却成为国民党发动内战的财政砝码。

税收、公债和产业接收充实了政府的非通胀收入，也是政府平衡财政的重要条件。随着内战军事消耗不断扩大，只能借助于银行垫款来弥补财政不足。这是延续了抗战时期的通胀政策，但已经失去民族主义的税收心

① 《又发美金公债了》，《经济通讯》第2卷第11期，1947年3月29日，第326页。

② 刘秉麟：《近代中国外债史稿》，生活·读书·新知三联书店1962年版，第262—264页。

③ 杨荫溥：《民国财政史》，第205页。

理支持。在政府收入中，银行垫借款急剧增高。银行垫借款包括有银行通过储蓄发放的借款，但最为主要的部分仍是发行货币，如表 10－34 所示。

表 10－34　**抗战及战后的财政赤字、银行垫款及货币发行量**（单位：百万法币）

年份	赤字	银行垫款增量	货币发行增量
1936—1937	（78）	0	0
1937—1938	1276	1194	397
1938 年下半年	854	854	666
1939	2057	2310	1982
1940	3963	3834	3580
1941	8693	9443	7266
1942	18881	20081	19227
1943	38413	40857	41019
1944	133186	140090	114082
1945	1106696	1043257	842471
1946	4697802	4687802	2694200
1947	29329512	29329512	29462400
1948（1—7 月）	434565612	434565612	341573700

资料来源：张嘉璈：《通胀螺旋：中国货币经济全面崩溃的十年：1939—1949》，于杰译，第 165、188 页。

在 1945 年内，货币发行尚保持克制。到 1946 年，开始成倍增长。到 1947 年，通货膨胀更趋恶化。1947 年发行量是 1946 年的 9 倍，而 1948 年是 1946 年的 20 余倍。这一增速远超抗战时期，最终后果是法币急剧贬值。如表 10－35 所示。

表 10－35　　抗战后法币发行数量及与指数比较（1945—1948）

年份	法币发行（亿元）	发行指数一（1937 年 6 月 =1）	发行指数二（1945 年 8 月 =1）	上海物价指数（1937.1—6 =1）	法币购买力指数（1945.9 =1）
1937 年 6 月	14	1		1	
1945 年 8 月	5567	395	1.0	346（1945.9）	1（1945.9）
1945 年年底	10319	732	1.9	885	0.39100
1946 年年底	37261	2642	6.7	5713	0.06065
1947 年年底	331885	23537	59.6	83796	0.00413
1948 年 8 月 21 日	6636946	470705	1192.1	4927000	0.0007

资料来源：杨荫溥：《民国财政史》，第 208—209 页。

1946 年 3 月，国民政府制定《紧急措施办法》，准备举办财产税、征收交易所税及交易税、举办特种过分利得税。与此相应，国民政府颁布了新的所得税法、遗产税法，增加直接税收入。[①] 1946 年 7 月，又颁布了《财政收支系统法》，恢复三级财政建制，完善公库制度，统一收支管理。整体上讲，仍是加强中央税权。在征收方面，也通过简化稽征提升效率。但税款不济，通胀风潮已难以控制。1948 年 5 月，中央银行发行局局长梁平呈中央银行总裁，以钞券供不应求，拟在国内各印厂秘密筹印万元关金券，原交英、美各印钞厂的均改印大额关金券。5 月的报告中称，国库署来函，称经常支出 48.8 万亿，各项税收作抵 18 万余亿，嘱中央银行垫拨 30 万亿。[②]

在美国政府的观察中，国民政府的财政经济已濒于崩溃。财政部美籍顾问杨格在关于通货膨胀的意见书中说，中国财政崩溃并非不可避免的，“中国惟一避免的机会，是尽速消除内部的分歧，紧缩开支和利用大部分非膨胀性款项。只有迅速的、坚定的、严厉的行动，才有避免财政崩溃的可能”。美援及出售物资，只能延续而不能解决通胀。他明确指出，“无限制地发行

① 《行政院为加强经济复员订定紧急措施办法的报告》（1946 年 3 月 17 日），中国第二历史档案馆编《中华民国史档案资料汇编》（第 5 辑第 3 编·财政经济）第 1 卷，江苏古籍出版社 1997 年版，第 12 页。

② 中国人民银行总行参事室编：《中华民国货币史资料》第 2 辑，第 542 页。

纸币决不应再继续。中国的税收比支出的十分之一还少，而非膨胀性的收入，在四月份内，只约百分之十五。在廿五年前，欧洲继物价狂涨后的通货膨胀，其非膨胀性的收入，约相当于今日的中国。这不仅促成增发纸币，而最突出的是使人民丧失信心，而更促进物价的上涨”。物价疯狂上涨，严重破坏了政府的财政和政治信用，而作为国家财政基础的税收的效用也不断消解，“税款的收入，其价值在征收和支用之间迅速萎缩。货币疯狂贬值，就使得平衡预算成为不可能，必须用一切搜刮来维持政府的存在”①。作为长期参与国民政府财政金融改革的财政专家，杨格的观察有其学理依据。货币贬值和物价上涨，完全破坏了任何平衡财政的努力。在魏德迈致杜鲁门总统的中国情部报告中也明确提出，“通货极度膨胀的主要原因是国家预算长期不断的不敷。现在的税收，加上国营企业的利润，仅及政府支出的三分之一，而支出约百分之七十五，预算中日渐多的部分是靠发行新币弥补。国民党中国目前最迫切的经济需要，即是缩减军事预算”②。

但在蒋介石的眼中，筹集战费才是重中之重。军事支出不减，纸币印刷难停。经济改革方案和经济紧急方案的制定，并没有刹停通胀大潮。中国共产党在战场上不断取得胜利的时候，也敏锐观察到国统区财政经济的致命缺陷，“经济改革方案及经济紧急措施方案一样，其真正作用是为特权者制造发财机会”。黄金政策，使黄金流入豪门、官僚及奸商之手；物价管理，成为贪官污吏敛财的利器；生产贷款多为豪门官僚攫取，用于囤积居奇。“经济改革方案意味着更无限的通货膨胀，将造成更大的经济危机。我们从这个方案中得到的深刻印象，那就是政府今后不再侈谈平衡预算，对于通货膨胀将要继续前进，迎头赶上。因为政府已经发现我们经济的病症在生产不足，而生产之所以不足，实由于金融之不够滋养，这个方案是信用膨胀的灯塔，我们大家等待光明吧。”③ 中国共产党的判断切中要害。到 8 月 19 日，蒋介

---

① 《财政部美籍顾问杨格关于通货膨胀的意见书》，《中华民国货币史资料》第 2 辑，中国人民银行总行参事室编，第 536—538 页。

② 《魏德迈中将致杜鲁门总统的报告》，中国现代史资料编辑委员会编《美国与中国的关系》，中国现代史资料编辑委员会 1957 年版，第 727—728 页。转见中国人民银行总行参事室编《中华民国货币史资料》第 2 辑，第 539 页。

③ 《人民日报》（晋冀鲁豫）1947 年 9 月 17 日。

石以总统令颁布《财政经济紧急处分令》，废除法币，发行金圆券，同时实施限价政策。金圆券改革，标志着国民政府的通胀财政也走到了尽头。

（三）国民所得与税收负担

所得税建基于“所得”之发现，在分析其税收制度及财政价值之后，仍要回归到“所得”本身，来讨论所得税与一国经济发展和国民所得之关系。按塞里格曼所论，所得税兴起于工商经济时代，资本主义经济的发展推动了社会财富的增加，方使所得税具有了较为坚实的产业和税源条件。所得税在制度扩散的过程中，从早期的财政主义而逐步转向社会政策取向，即在于所得税在调节社会分配和贫富差距方面的作用得到政府和民众认可，其公共性不断增强。近代中国所得税制度在筹设过程中，无论是政府还是舆论，也都强调其税收再分配效应。所得税的稽征成绩如何，除了在于税制设计和行政效能，还要比较国民所得的基础及其负担能力。

所谓“国民所得”，是一现代国民经济账户统计的概念。在巫宝三、刘大中的研究中，实指“National Income”，其时译为“国民所得”，即为“国民收入”，是指一国物质生产部门劳动者在一定时期内所创造的价值总和，是社会总产值扣除生产资料消耗后的剩余部分。衡量国民收入，通常用“GDP”（国内生产总值）和“GNP”（国民生产总值）来加以表达。这两大概念应用到现代国家的经济管理之中其实相当之晚。在大萧条时期，为了应对国民经济核算及管理的需要，由美国经济学家克拉克·沃伯顿（Clark Warburton）、西蒙·库兹涅茨（Simon Kuznets）等人提出，用之测算各国经济增长水平及开展国际比较。在克林·克拉克于1940年出版的《经济进步之条件》之国际比较中，已经对中国的国民收入进行估算。[①] 中国关于国民所得的研究大体与西方同步。1946年，刘大中所著的《1931—1936年的中国国民收入》出版[②]，次年巫宝三著的《中国国民所

---

① 邹进文：《民国时期的中国国民收入研究——以刘大中、巫宝三为中心的考察》，《武汉科技大学学报》（社会科学版）2019年第1期。

② Ta－chung Liu, *China's National Income, 1931－1936*, “An Exploratory Study”, Washington, D. C.: Brooking Institution, 1946.

得（1933年）》[①] 出版，由此开创了近代中国对国民所得问题研究之先河，也引发其时学界的热烈讨论。大量关于欧美及日本等国国民所得、GDP的相关研究被译介进来，也有诸多学者开展比较研究。库兹涅茨本人在1946年来华考察，曾对巫宝三、刘大中的成果加以讨论。此后，张仲礼对中国绅士收入的研究，刘大中本人在1965年出版的《中国大陆的经济：国民收入与经济发展，1933—1959》一书，都可以说是这一研究取向的延续。[②]

至20世纪80年代后，随着罗斯基、麦迪森、彭慕兰等关于工业革命和大分流问题讨论的扩展，学界对于历史上GDP的关注度不断升温。刘佛丁、王玉茹、刘巍、陈昭、陈争平、李伯重、李稻葵、杜恂诚、管汉晖、刘逖等学者都对中国不同时期的GDP问题展开讨论，推动这一议题走向深入。[③] 因资料数据及统计方法问题，关于GDP的研究也存在不少争议。但在具备相应数据的历史时期，如将GDP或国民所得问题与经济发展水平、民众收入情况、阶级阶层结构、职业行业状况、人口就业状况等相关联，仍可获得一些新的认知。所得税与国民所得问题紧密相关，其税源基础正在于"所得"。从国家层面看，反映的是国民总所得；从企业或个人看，反映的是公司所得或个人所得。所得额的分布结构，税收与所得额的比值，可以反映税收的经济基础及国民的税负能力。

在国家层面，国民所得反映的是国家的总收入水平。因政府缺少系统数据，现有各类估算也并不完整。巫宝三估算1933年国内的国民所得是199.46亿元。其中，农业占到61%，商业为12.6%，制造业为9.1%，运输交通业为4.6%，住宅为4.6%，公共行政为3.2%，自由职业为1.6%，其余为矿冶、营造、金融业等。[④] 巫宝三和刘大中的估算标准稍有不同，二者

---

① 巫宝三：《中国国民所得（1933年）》两卷本，上海中华书局1947年版。

② 张仲礼：《中国绅士的收入——〈中国绅士〉续篇》，费成康、王寅通译，上海社会科学院出版社2001年版。该书英文版于1962年由华盛顿大学出版社出版。Ta－chung Liu and Kung－chia Yeh，"*The Economy of the Chinese Mainland*：*National Income and Economic Development*，*1933－1959*"，Princeton：Princeton University Press，1965.

③ 倪玉平等：《中国历史时期经济总量估值研究——以GDP的测算为中心》，《中国社会科学》2015年第5期。

④ 巫宝三等：《中国国民所得（1933年）》上册，第11页。

计算的国内净产值存在40%的差异。[①] 王玉茹认为，1937年后由于连续战争，国民收入明显下降。按1936年币值折算，国民生产总值由1936年的258.01亿元降到1949年的189.48亿元，人均收入由57.34元下降为34.98元。[②] 这一数据弥补了学界对1936年后国民收入的认知。刘巍和陈照对1887—1936年中国经济总量进行了国际比较。以1887年为指数100对中、美、英、日四国实际国民收入加以转换，50年间日本增长最快，平均增长率为3.35%；美国次之，平均增长率为2.48%；中国居第三位，1936年的国民收入是1887年的2.48倍，平均增长率为1.836%；英国平均增长率为1.502%。如以1929年不变价格与汇率核算，1887年中国的实际国民收入是54.82亿美元，美国是215.3亿美元，英国是108.4亿美元，日本是23.73亿美元。到1929年，中国是117.17亿美元，美国是903.08亿美元，英国是200.44亿美元，日本是75.07亿美元。到1936年，中国是136.15亿美元，美国是849.65亿美元，英国是228.42亿美元，日本是123.35亿美元。美国的国民收入是中国的7.7倍，日本的经济总量也接近中国。[③] 如按人均收入计算，则差距更大，如表10-36所示。

表10-36　1929—1936年中美英日各国人均收入及与中国的比值情况

（以1929年不变价格与汇率计算）　（单位：美元）

年度	中国	美国		英国		日本	
1929	24.04	738.74	30.7倍	438.88	18.3倍	118.71	4.9倍
1930	24.85	650.79	26.2倍	433.95	17.5倍	118.19	4.8倍
1931	25.52	589.79	23.1倍	401.64	15.7倍	120.24	4.7倍
1932	26.13	480.60	18.4倍	402.32	15.4倍	119.55	4.6倍
1933	25.92	461.28	17.8倍	418.35	16.1倍	122.71	4.7倍

① 关永强对此有辨析，巫宝三估算包括国内净值和国际净所得，刘大中估算的是国内净产值和国内生产总值。参见关永强《1933年中国国民所得再考察——浅析巫宝三与刘大中估算的差异》，《财经问题研究》2017年第3期。

② 王玉茹：《论两次世界大战之间中国经济的发展》，《中国经济史研究》1987年第2期。

③ 刘巍：《1887—1936年中国总产出的国际地位——与美英日三国的比较分析》，《广东外语外贸大学学报》2013年第2期。

续表

年度	中国	美国		英国		日本	
1934	23.55	507.33	21.5 倍	461.59	19.6 倍	134.12	5.7 倍
1935	25.33	589.65	23.3 倍	463.33	18.3 倍	135.08	5.3 倍
1936	26.80	660.27	24.6 倍	495.70	18.5 倍	175.79	6.6 倍

资料来源：刘巍：《1887—1936 年中国总产出的国际地位——与美英日三国的比较分析》，《广东外语外贸大学学报》2013 年第 2 期。

1929 年，美国的人均收入是中国的 30.7 倍，英国人均收入是中国的 18.3 倍，日本人均收入是中国的 4.9 倍。到 1936 年，与美国的差距有所缩小，美国人均收入是中国的 24.6 倍，英国人均收入是中国的 18.5 倍，日本人均收入是中国的 6.6 倍。[①] 相比之下，无论总体国民收入，还是人均收入，中国都远远落后于英国和美国。根据王玉茹的研究，如以 1930 年的中国城市生活指数为 100，1937 年生活费指数为 107.73，到 1939 年为 179.37，到 1940 年为 385.31，1941 年为 648.91。[②] 生活费用不断提高，而人均收入还呈下跌之势，大量民众入不敷出，这也意味着中国的所得税税源基础极为薄弱。这一数字并没有涉及抗战时期，但战时中国经济跌落，英、美经济在战时仍保持着一定程度的增长。在抗战时期，国内就注意到英、美等国税收与国民所得的比率问题，并对之进行译介，如表 10－37 所示。

表 10－37　　1929—1941 年美国、英国税收与国民所得之比率

年度	美国（百万美元）			英国（百万英镑）		
	税收	国民所得	税收占国民所得比率	税收	国民所得	税收占国民所得比率
1929	9759	79438	12.3%	854	4384	19.5%
1930	10266	72340	14.2%	875	4318	20.3%

① 刘巍：《1887—1936 年中国总产出的国际地位——与美英日三国的比较分析》，《广东外语外贸大学学报》2013 年第 2 期。

② 王玉茹：《近代中国物价、工资和生活水平研究》，上海财经大学出版社 2007 年版，第 88 页。

续表

年度	美国（百万美元）			英国（百万英镑）		
	税收	国民所得	税收占国民所得比率	税收	国民所得	税收占国民所得比率
1931	9300	60123	15.5%	901	3889	23.2%
1932	8147	46546	17.5%	895	3844	23.3%
1933	7501	44358	16.9%	879	3962	22.2%
1934	8773	51052	17.2%	886	4238	20.9%
1935	9371	55700	16.8%	915	4530	20.2%
1936	10498	63790	16.5%	959	4850	19.8%
1937	12300	67544	18.2%	1017	5200	19.6%
1938	—	66100	—	—	4595	—
1939	—	—	—	—	—	—
1940	—	79800	—	—	5585	—
1941	—	99100	—	—	6338	—

资料来源：《英美税收与国民所得比较》，《中外经济拔萃》第2卷第9期，1938年9月30日，第66—70页。原文 *Taxes and National Income*，“the National City Bank of New York Monthly Review”，July 1938，the Data From National Industrial Conference Board Studies on “Cost of Government in the United States”。

由表10-37可见，税收在国民所得中的占比控制在20%以下。这里核算的是税收总额，包括了关税、所得税及相关的消费税等。这意味着，国民所得的富足，为税收提供了更好的来源。在第二次世界大战时期，英、美两国的税收支出占比较“一战”时大幅提升，税收与公债发挥了绝对财政支柱作用，即与两国发达的社会经济发展水平相关。在1938年度，英国战费支出占国民所得的比率为9.06%，到1939年为19.01%，1940年为57.64%，1941年为52.23%。战费急剧增长，国民收入仍能支持。[①] 美国因本土未受战争波及，国民所得仍保持增长态势。1939年为725亿美元，1941年为1038亿美元，1942年为1365亿美元，1943年为1682亿美元，1944年为1823亿美元，1945

① 《各国国民所得及政府支出数额表》，《中外经济统计汇报》第6卷第1期，1942年7月，第3页；王钧译：《国民所得与各国战费》，《国民新闻周刊》第32期，1942年6月7日，第7—8页。

年为1828亿美元。个人所得从1929年的851亿美元增至1945年的1716亿美元。[①] 雄厚的国民所得及较高的人均收入，才是英、美政府能够获得高额税收的根源，其所得税及超额所得税的征收也因此具有更好的经济基础。

公司、商号是国民政府征收所得税的主要对象。所得税的纳税主体包括公司和个人，不论是何种所得，最后均应综合归并到相应主体之上。只不过因国民政府对公私财产、所得缺少系统统计，各分类所得多分开稽征，综合所得额难以探知。按前文分析的分类税收结构，国民政府征收的所得税是以营利事业所得税最为主要，无论是普通营利所得，还是过分利得税、一时所得税等，财产租赁所得及证券存款利息所得的相关部分，均应归属于公司的范围之内。测算公司所得税的税负情况，需要根据资本额、纯利额来确定其所得额和纳税税率，在此基础上核算所得税数额和其纯利占比情况。根据税法所定税率表，不同资本、纯利之公司、商号对应不同税率，落实到某一区域，营利事业一项，对近代公司的资本总额虽有测算，但资本分级及所得情况，还缺少系统数据。在企业史料中，纳税材料也较为少见。在此主要根据各地直接税局的税务统计，对一些地区的各行业所得税征稽情况加以讨论。

以成都为例，在人口及产业内迁的刺激下，成都经济呈现出战时繁荣状况。公司、商号的数量和规模，在1939年都较以往有所增加，如表10－38所示。

表10－38　**成都各业所得税能力比较表（1939年）**

业别	单位（个）	资本额（元）	纯利额（元）	所得税额（元）	纯利额合资本额比例	所得税额合纯利额比例
特业（其他）	58	4019976.67	1220479.00	181770.69	30.36%	14.89%
疋头业	157	3219544.46	2281083.49	227368.69	70.85%	9.97%
百货业	43	1028482.67	819216.36	80643.83	79.65%	9.84%
医药业	62	917223.04	512128.49	52926.34	55.83%	10.33%
公用业	1	793937.72	108552.92	4346.16	13.67%	4.00%

① 李崇淮：《美国国民所得之分析》，《商学研究》（上海）复刊第7期，1948年7月1日，第8页。

续表

业别	单位（个）	资本额（元）	纯利额（元）	所得税额（元）	纯利额合资本额比例	所得税额合纯利额比例
烟酒五味业	49	653817.85	164903.16	13056.72	25.22%	7.92%
银钱业	14	639250.00	569067.81	56614.42	89.02%	9.95%
五金业	21	415985.51	178025.32	18024.40	42.80%	10.12%
化学品业	22	317842.74	191114.61	19109.86	60.13%	9.95%
钟表业	9	311175.94	110759.73	11075.98	35.59%	10.00%
建筑业	48	231601.54	105698.26	10239.75	45.64%	9.69%
文化业	43	230722.11	164464.29	16526.83	71.28%	10.05%
食品业	49	212630.88	155150.01	11169.79	73.66%	9.20%
金银业	11	751900.00	109215.22	28255.55	60.04%	25.87%
服饰业	13	135800.00	140592.53	14035.99	103.53%	9.98%
橡胶皮货业	20	126973.94	78002.29	7661.96	61.43%	9.82%
电料业	16	118932.45	43618.73	4204.28	36.68%	9.64%
旅馆业	19	115300.03	42623.06	4088.58	36.97%	9.59%
木器瓷器业	14	105822.65	38572.09	3167.25	36.45%	8.21%
美术业	13	104333.87	617180.88	6658.56	591.54%	1.08%
粮食业	2	94920.00	18872.36	1447.75	19.88%	7.67%
娱乐业	5	77471.61	36831.86	3352.19	47.54%	9.10%
油业	4	29400.00	9966.10	70.41	33.90%	0.71%
一时营利业	6	12475.00	4224.34	426.95	33.86%	10.11%
纺织业	31	314932.00	430776.65	42999.27	136.78%	9.98%
矿产业	2	8000.00	4271.60	412.80	53.40%	9.69%
共计	732	14988452.68	8155391.16	819655.00	—	—

资料来源：孙邦治：《成都市二十八年度工商营利事业概况》，《直接税月报》第1卷第3期，1941年3月1日，第69—72页。根据文中纯益合资本及所得税纳税能力表综合而得。原表中的比例级分类合计数额有误据实际数据修改。

特业、疋头业、百货业、金银业、医药业、钟表业等，都是实力较雄厚的行业。成都商号纯益合资本占比未满5%的有4个单位，5%—10%的有

18 个单位，10%—15% 的有 31 个单位，15%—20% 的有 36 个单位，20%—25% 的有 52 个单位，25%—30% 的有 69 个单位，30%—40% 的有 109 个单位，40%—50% 的有 86 个单位，50%—60% 的有 74 个单位，60% 以上的有 300 余单位。[①] 纯利额合资本额比例较高，与获利增加和资本额规模较小有关，反映成都各业经营普遍较为景气。而按所得税与纯利的比例，各行业中占比最高不超过 11%，绝大部分行业在 9% 左右，如表 10－39 所示。

表 10－39　　　　**成都各业负担利得税情况比较（1939 年）**

业别	单位（个）	纯利额（元）	过分利得税额（元）	利得税额合纯利额比例
特业（其他）	58	4005697.64	511987.72	12.78%
疋头业	157	2024441.83	498278.29	24.61%
百货业	43	712808.84	211377.66	29.65%
医药业	62	430488.60	72001.31	16.73%
纺织业	31	390829.44	74673.28	19.11%
公用业	1	—	—	—
烟酒五味业	49	69830.73	12934.54	18.52%
银钱业	14	466382.83	128103.18	27.47%
五金业	21	139647.38	18539.60	13.28%
化学品业	22	159898.74	26448.02	16.54%
钟表业	9	100376.10	9600.19	9.56%
建筑业	48	76803.99	12780.08	16.64%
文化业	43	133092.16	27754.72	20.85%
食品业	49	76244.18	19430.20	25.48%
金银业	11	215404.80	29061.84	13.49%
服饰业	13	85357.02	23635.14	27.69%
橡胶皮货业	20	58811.63	13767.76	23.41%

① 孙邦治：《成都市二十八年度工商营利事业概况》，《直接税月报》第 1 卷第 3 期，1941 年 3 月 1 日，第 70 页。

续表

业别	单位（个）	纯利额（元）	过分利得税额（元）	利得税额合纯利额比例
电料业	16	28160.30	2868.46	10.19%
旅馆业	19	26352.06	4021.87	15.26%
木器瓷器业	14	24099.09	4796.68	19.90%
美术业	13	42043.83	9991.00	23.76%
粮食业	2	15868.30	104.83	0.66%
娱乐业	5	31653.58	5281.90	16.68%
油业	4	—	—	—
一时营利业	6	4042.32	314.62	8.53%
矿产业	2	2981.30	669.89	12.39%
共计	732	9310817.29	1718152.28	—

说明：本表纯利额与同文中所载“所得税纳税能力表”中数字不一，但各业户数不一，可能是统计时间不同所造成的差异。

资料来源：孙邦治：《成都市二十八年度工商营利事业概况》，《直接税月报》第1卷第3期，1941年3月1日，第72—73页。

利得税作为超额所得税，税收负担超过了所得税。成都各业中，高者如服饰业、银钱业、百货业、食品业等，达到20%—30%及以上，其余行业大部分也在10%以上。如以原纯利额为基数综合分析所得利得两税，税负排名靠前的行业基本上是生活必需品和提供服务的行业。在战时，这些行业物价上涨最为明显，获利增加，达到缴纳过分利得税的标准。简单平均计算，成都各业的所得税、利得税占纯益额的比例是26.16%。如按商家数量平均，每家商号纳税约为3460元。

再看浙江金华税区的情况。因处敌后，金华的经济形势较为严峻。据1940年税局的统计，各业纯利合资本率情况，在资本额一倍以上者为服饰业、建筑业、五金业，在资本额60%以上者有百货业、粮食业、电料业、医药业等，同样体现出与民生生活必需产品的相关性。资本周转方面，油业最高，年度之内有35次之多。服饰、建筑、烟酒、食品、五金等业均在6

次以上。各业获得以矿业毛利最优，电料业、化学品业、医药业、银钱业毛利均较丰厚，如表 10－40 所示。

表 10－40 **浙江省金华区 1940 年度营利及所得税纳税能力对比**

业别	单位（个）	资本额（元）	毛利额（元）	纯利额（元）	所得税额（元）	纯利额占毛利额比例	所得税额占纯利额比例
银行	15	452700	98312.31	58491.84	3489.85	59.49%	5.97%
纺织	27	109800	80576.84	48144.15	4303.48	59.75%	8.94%
服饰	125	1262500	3207857.99	1316984.26	131311.27	41.05%	9.97%
百货	43	240200	453117.39	185762.61	18425.27	41.00%	9.92%
粮食	42	282800	270392.78	184982.38	17966.59	68.41%	9.71%
食品	216	1338500	1447585.99	608766.14	56168.39	42.05%	9.23%
旅馆	27	58000	—	18333.86	1767.20	18.33%	9.64%
交通	2	357800	—	161207.33	15593.75	16.12%	9.67%
五金	8	45000	102975.22	69380.18	6938.01	67.38%	10.00%
木瓷器	10	27900	45385.70	14893.85	1458.86	32.82%	9.80%
电料	3	13500	26421.71	9429.42	883.57	35.68%	9.37%
建筑	9	43400	133497.87	48197.45	4801.96	36.10%	9.96%
矿业	3	6000	18150.95	1713.52	161.87	9.44%	9.45%
油业	20	587700	1120051.12	729612.03	71912.38	65.14%	9.86%
化学品	7	474400	97151.21	47091.75	4694.66	48.47%	9.97%
文化	22	131500	133804.98	77153.92	7642.01	57.66%	9.90%
医药	61	474400	698887.88	387417.12	38552.46	55.43%	9.95%
烟酒	47	253200	452437.10	168702.60	16751.41	37.29%	9.93%
代理	23	58500	—	34568.43	3409.14	—	9.86%
公用	1	12000	—	1191.61	35.75	—	3.00%
一时营业	13	41600	—	17868.64	1387.64	—	7.77%
其他	12	68800	73615.48	32728.62	3155.28	44.46%	9.64%
合计	736	6340200	8469222.02	4222641.71	410810.80	—	—

资料来源：《浙江省金华区二十九年度营利事业统计报告》，《直接税月报》第 1 卷第 8 期，1941 年 8 月 1 日，第 53 页。上表综合报告中纯利资本表、纯毛利额表、资力比较表等而得。所得税一栏原文中为所得额，有误。原表中的比例及合计部分有误，据实际数据修改。

各业所得税额占纯利额的比例，均在10%以内，在9%上下，这一比例与成都相近。再看纯利与毛利之比例，可以发现在战时秩序下，各业获利还是较为可观。大部分行业的纯利比在30%以上，达到60%以上的有粮食、五金、油业，达到50%以上的有医药、文化、银行、纺织等业。按行业数量平均的纯利比是37.71%，所得税额比是8.7%。因缺少利得税的数据，难以判断各业所得税和利得税的综合税负。

再比较湖南省邵阳税区在1941年度的统计数据，各业纯利额合资本额的比值可以反映其盈利情况。高者达到76.71%，低者也有35.54%，经营情况普遍较好。所得税和利得税两税相加，占纯利额的比值在13%至31%之间，按行业数量平均为19.04%，较成都为低。这是受资本及经营环境所限，超额所得的数量相对较少，如表10－41所示。

表10－41　**湖南省邵阳区各业纳税能力（1941年度）**

业别	单位（个）	资本额（元）	纯利额（元）	所得税额（元）	利得税额（元）	所利得税合纯利百分比	纯利额合资本额百分比
绸缎疋头	69	506516.90	290593.77	27431.32	34171.19	21.2%	57.37%
百货	40	178787.66	75123.65	7327.62	3715.46	14.7%	42.02%
布染	51	507346.55	180330.70	16827.55	7926.26	13.73%	35.54%
花纱	17	341459.00	258642.28	24997.47	52136.12	29.82%	75.75%
颜料	7	93198.59	33963.56	3258.08	2336.25	16.47%	36.44%
南货	53	244623.59	130570.40	13011.33	12852.55	19.81%	53.38%
药材	18	158200.00	121351.22	12135.14	22013.19	28.14%	76.71%
书纸印刷	20	111013.15	46311.44	4592.16	2540.97	15%	41.72%
烟酒	13	45277.70	26910.66	2673.94	1996.18	17.35%	59.43%
瓷器	20	74092.00	45689.13	4559.43	3850.24	18.41%	61.67%
豆豉	15	52928.86	24276.10	2374.02	727.61	12.78%	45.87%
袜业	8	19000.00	7970.02	650.22	127.22	9.76%	41.95%
其他	30	403700.00	259973.18	25600.24	54872.69	30.95%	64.40%
共计	361	2736144	1501706.11	145438.52	199265.93	—	—

资料来源：萧谭时：《湖南邵阳区二十九年度营利事业统计报告》，《直接税月报》第1卷第12期，1941年12月1日，第45—51页。

以上情况难以反映全貌，但大体可以探知后方省市和敌后地区的所得税征纳情况。战时成都公司、商号的盈利能力较强，在敌后的商号经营相对困难。统计区域的所得税税负约为10%，而所得税、利得税两税相加，税收占比有大幅提高。如果单从所得税的角度看，30%左右的纯利占比并不算是非常高的负担。美国在1941年将公司税率提高到了31%，到1942年又提升至40%。[①] 英、美对于企业的超额所得部分，征收比例高达九成以上。单纯从所得税的标准而言，中国企业承担的实际税率仍有提高空间。只是受资本额所限，公司、商号普遍规模较小，获得的超额所得能达到最高税率者并不多见。还有一重要问题是，公司、商号所承担的税收并不限于所得税，普遍还需要承担营业税及相应的货物税、消费税。在税收之外，还有大量的地方杂捐和摊派、募捐，这些都会增加企业的经营成本。战时大量商家为获得超额利润，违反货物登记，大量囤积和黑市交易，但此类交易难以纳入税收征管范围之内。营利事业虽然承担了绝大部分的所得税负担，但小规模经营、以商业为主的结构特征，使税收弹性受到极大限制。到1946年后，地方苛杂及摊派的情况更为严重，挤压了中央正税的增收空间。如允许各地自行开征“自卫特捐”，类同厘金。[②]

在个人纳税部分，分类所得包括薪给报酬所得及通过个人劳动、技艺、财产、资本所获得的各类收益。在税收结构上，中国所得税与英、美相比，个人所得税及综合所得税的税收占比过低。在个人所得税内，又过于集中在薪给报酬所得之上，财产所得及非劳动所得方面体现不足。薪给报酬所得在1946年后虽开征综合所得税，但事实上征收成绩惨不忍睹。从所得来源上讲，个人所得受就业职业、行业、阶层结构及经济周期的影响极大。所得税是按设定起征点征收，达到起征点以上的人群特别是中间阶层的人群的多少，直接决定了个人所得税的税基。

自晚清以来，中国的传统社会结构在解体中重构，随着城市、交通和工商业的发展，人口流动和职业分化不断加剧，其所得来源也在发生变化。张

① ［美］斯坦利·L. 恩格尔曼、罗伯特·E. 高尔曼主编：《剑桥美国经济史》第3卷上册，高德步等译，第307页。

② 参见魏文享《抗战胜利后的天津商人与政府摊派（1946—1949）》，《史学月刊》2020年第2期。

仲礼测算中国绅士的收入，按1887年国民生产总值为27.81亿两白银计算，绅士阶层的收入以官俸为主，还包括地租和房租、商业及金融利润、教学服务及其他收入。19世纪末绅士家庭人口占全国人口比例的1.9%，总收入达6.75亿两白银。① 在这种情况下，晚清时期所得税草案设定之时，以官员薪俸作为主要的征收对象是合适的。在社会变动之中，就业结构在发生变化，但是农业人口仍占主要。巫宝三将中国国民所得分农业区和非农业区估算消费额，根据数量分为上、中、下三种。1933年全国人口共计有427819889人，消费总额为20440572000元，非农业区的上户消费额为953971955元，人口为4293310人；非农业区的中户人口数为27759000人；农村、边远城市和东南沿海地区城市的下户总计有4亿余人口。② 巫宝三估计农业人口占75.5%，卜凯估计的比重为74.5%，这都说明了中国仍是农业社会的事实。在非农业中，制造业、工矿业及公用事业占7.4%，商业占5.7%，运输业占4.3%，其他部门占3.6%。③ 这一产业结构意味着中国绝大多数人口仍处于低收入水平，中间收入阶层人口数量占比过少。方显廷的统计显示，在抗战期间，除金融业、自由职业、公共行政服务等少数行业外，从事工农业生产的大部分行业均有减少。其中，营造业、制造业的降幅最为明显，农业也有减少。考虑到大部分国土沦陷，能达到这样的标准也非常不易，如表10－42所示。

表10－42 **中国国民所得战前与战后比较** （单位：%）

	1936年	1946年	增减
农业	64.5	62.7	－11.7
矿冶业	1.1	0.4	－71.1
制造业	9.6	7.2	－32.2
营造业	0.8	0.1	－90.3
交通运输业	4.0	3.7	－16.2
商业	10.1	9.7	－11.5

① 张仲礼：《中国绅士的收入——〈中国绅士〉续篇》，费成康、王寅通译，第359页。

② 巫宝三等：《中国国民所得（1933年）》上册，第11页。

③ 巫宝三等：《中国国民所得（1933年）》上册，第13页。

续表

	1936 年	1946 年	增减
金融业	1. 1	3. 7	2000. 3
住宅服务	3. 6	3. 6	-9. 9
自由职业服务	0. 8	1. 2	28. 4
家庭服务	0. 5	0. 6	—
公共行政服务	3. 9	7. 1	66. 4
总计	100	100	-9. 2

资料来源：方显廷：《远东几个国家的国民所得》，《经济评论》第 4 卷第 10 期，1948 年 12 月 18 日，第 8 页。

中高收入阶层包括官僚集团、买办阶级、资产阶级的中上层及部分地主，其收入来源，包括薪俸、经营及投资收入、地租房租及其他财产性收入。在薪资所得税的设定中，主要是将官员、教师及自由职业者作为征收对象，还有大量工商业从业者、富人的薪资外收入未计入征纳范围。在英、美税制设计中，土地所得、房产及其他财产所得，都需纳税。国民政府初定的所得税法，未将农业及农民所得纳入征税范围，其初衷是减轻农民负担，但对于拥有大量土地及资产的地主也被摒弃在外。到抗战中期，开征财产租赁及出卖所得，方将地主的地租收入等纳入稽征。高秉坊在关于增办财产租赁与出租所得原因的说明中指出，后方地主所得迅猛增加。如以 1937 年指数为 100，云南在 1938 年为 251，1939 年为 2559，到 1940 年达到 2321；四川在 1938 年为 173，1939 年为 386，1940 年为 1929；福建在 1938 年为 106，1939 年为 394，到 1940 年亦达 1568。[①] 巫宝三估计，中国农业所得中地租约占 45%，而 45% 的农业所得有半数以上为占农户人口 10% 的地主及富农所有。[②] 开征财产所得，可以补充现有所得税的结构缺失。可惜的是，这一税种的征收成绩也不尽如人意。

① 高秉坊：《增办财产租赁与出卖所得税之必要》，财政部广东直接税局《广东直接税导报》创刊号，1942 年 12 月，第 2 页。

② 巫宝三等：《中国国民所得（1933 年）》上册，第 15 页。

刘佛丁和王玉茹认为，中国长期以来是一个农业社会，财富和收入分配已不平等，但在工业化进程中，这种不平等会加剧。工业化国家比农业国家更甚、城市比农村更甚。资本主义越发展，财富和收入分配越不均。[①] 诚然，中西都存在贫富分化的情况，但二者情况仍有不同。欧美工业发达国家的民众收入差别在不断拉大，但是整体水平即人均国民收入仍高出很多，且中间收入阶层在不断扩大。近代中国的问题是，贫富差距也在扩大，但处于贫困甚至赤贫状况的低收入者及无产者的数量过于庞大。刘佛丁、王玉茹也比较了 1887 年至 1933 年各阶层收入状况，认为富有阶层的收入在全部国民收入中的份额有所减少，而普通居民收入份额略有扩大。1933 年，占全国人口 1% 的最富有阶层收入占国民收入总额的 4.7%，占全国人口 6.5% 的富有阶层占国民收入的 23.6%。占全国人口 93.5% 的普通居民收入占国民收入比重为 76.4%，富有阶层的人均年收入绝对值有所下降。高收入阶层与中低收入阶层的收入差距有所缩小，1933 年，占全国人口 1% 的富有者人均年收入为 222 元，其余 99% 的中低收入者人均年收入为 46 元左右，占全国人口 93.5% 的中低收入者年收入约为 39 元。[②] 在 1936 年的《所得税暂行条例》中，确定的薪给报酬所得税起征点是月收入 30 元（法币），按年计为 360 元（法币）。按这一标准，绝大部分人口都不具备纳税资格。据巫宝三核算，1933 年私立教员的人均年收入约在 239.6 元。[③] 普通工人的收入更低，1929 年华北纱厂工人的平均实际月工资在 10.59 元左右，铁路工人平均工资在 19.74 元左右。青岛、天津建筑业工人月工资在 1931 年最低为 21.9 元，最高在 26.7 元左右。1936 年，上海印刷工人的月工资为 36.2 元，造船业工人为 40.9 元，机器工人为 26.1 元，面粉业为 16.6 元，造纸业为 16.2 元，卷烟业为 14.7 元，火柴业为 11.7 元，缫丝业为 8.3 元，仅造船业和印刷业工人可达纳税标准。[④] 绝大多数产业工人的收入低于起征点。收入较高

① 刘佛丁、王玉茹：《中国近代化过程中国民收入分配问题考略》，《中国经济史研究》1989 年第 4 期。

② 刘佛丁、王玉茹：《中国近代化过程中国民收入分配问题考略》，《中国经济史研究》1989 年第 4 期。

③ 巫宝三：《中国国民所得（1933 年）》，中华书局 1947 年版。

④ 王玉茹：《近代中国物价、工资和生活水平研究》，上海财经大学出版社 2007 年版，第 60、65、105 页。

的企业主、富人及官员等，因缺少综合统计办法，难以实现征收计划。

观察美国的情况，其中间收入阶层在不断壮大。据美国商务部编制的1937年国民所得估计与分配情况文件，该年收入67.4%为支付雇员之工资、薪给、工作救济及其他所得。劳工所得中，由政府雇佣者之所得较工业方面之所得不断上升。实业组在1929年所得是467.15亿美元，1937年是394.58亿美元。政府组在1929年是47.94亿美元，1937年是72.7亿美元。[①] 因人均收入较高，美国可以通过不断降低所得税起征点来扩展纳税人口。美国个人所得税起征点从战前的2000美元，不断降至1500美元、750美元直至500美元，有效扩大了税源基础。而对超高收入者，则大比例征收超额所得税。库兹涅茨分析，美国5%的高收入阶层的税前收入占国民收入的比例，1929年为30%，1935年为26.5%，1941年为25%，1944—1947年为21%。[②] 在这种情况下，只要能尽力防止逃税发生，征收超额所得税就会取得显著成效。英国作为最早完成工业革命的国家，城市化和工业化水平较高，中高收入阶层人口基数庞大，可以为个人所得税提供丰富税源。

综合比较，在第二次世界大战中，参战各国都运用了积极的税收、公债和货币政策来筹集战费。美国的财政收入结构中，税收既发挥了显著的增量作用，也为政府发行公债提供了信用担保。在中、美、英三国中，美国的税收在财政收入中的占比最高，超过了"一战"时期。战时公债发行也基本是超额完成，且主要是中长期债券，税收与公债筹集了战费的主要部分。再辅以货币调节，美国的战时财政收入结构具有较好的持续性。英国的税收占比稍低，但公债政策同样成功，战时货币发行额扩增，但未引起剧烈的物价变动。两国以税收和公债完成战费筹措，不需过度依赖钞券发行，也为战时经济的运行创造了较好的条件。中国的问题在于，在抗战全面爆发之前，国民政府虽通过关税改革、法币改革维系了借贷财政的信用，但是以往存留的外债压力过于沉重，再加上中国连年战争，军费支出一直高企，严重挤压了建设支出，对经济发展也造成负面影响。在短时间内丧失大片国土，尤其是东南沿海、上海的丰富税源及金融市场的丧失，使国民政府的战时财政遭遇

① 《英美税收与国民所得比较》，《中外经济拔萃》第2卷第9期，1938年9月30日，第66—70页。

② Simon Kuznets, *Modern Economic Growth: Rate, Structure and Speed*, Yale University Press, 1966.

到空前困难。中国作为对日作战的主战场，战争在中国本土进行。国民政府努力在后方重建税收征稽体系，且扩展直接税，但是税收收入仍不足以支持政府的财政信用，导致公债发行不畅。无奈之下，只能借助于法币发行来筹集战费。而在抗战胜利之后，英、美迅速回归平常财政体制，国民党及政府执意发动内战，延续战时财政，结果步入通胀陷阱之中。超量的货币发行，不仅引发物价剧烈上涨，而且给国计民生带来了灾难性的破坏。税收的财政价值不断萎缩，反过来又迫使政府更加依赖通货膨胀，局面因此难以挽回。

如再分析各国税收结构，英、美扩展战时税收的秘诀在于强化所得税及超额所得税的征收。因国民所得及人均收入已达到发达程度，英、美通过降低免征点和提高税率、强征超额所得等方式，迅速提高了所得税收入。在所得税总额中，又以个人所得税占较大比例。在税收总收入中，几占到近半比例。在征稽方式上，英、美经过较长时期的实践，已经形成了较为完善的申报查征制度，能够防止普遍逃税漏税事件的发生。国民政府开征所得税，大多年份完成预算计划，也推动直接税成为战时税收的有效补充环节，成为居于关税、盐税、统税之后的第四大税种。从国家、企业及个人等不同主体层面加以分析，所得税及税收的征收绩效，从根本上也受到国民所得及人均收入水平的制约。中国仍处于农业社会之中，农业人口占就业人口的绝大多数，人均收入与英、美存在极大差距，缺少能够支撑巨量税额的中间收入阶层，这决定了中国的所得税及税收成绩很难取得相近成绩。在比较之中，可能很多客观条件无法改变，但其弊端却仍要有所认知。国民政府推行所得税，在结构上的明显缺陷是个人所得税及财产所得税征收不足。个人所得以薪资为主，对象以公务员和自由职业者为主，大量拥有土地、房产及财产、资本者未纳入征税范畴。由此，既难以实现对个人超额所得征税，而大量贫困人口又无法纳入征收范围之内。政府尝试的遗产税、土地税等，均遭遇这一困难，难以真正实现对战时得利阶层征税。政府推行的简化稽征政策，短期来看效果明显，在制度上却完全破坏了所得税的良税禀性。如杨西孟所评："我们不希望我国税债有如英国那样的成绩，但望能征到我们后方国民收入百分之十，已经为我们目前岁出的三倍。这就足可以使前后方直接效力于国家的人们得到近于合理的待遇了，而无须再发公债。同时，通货膨胀自亦因此免除。"在公众印象之中，富人、权贵及战时利得者逃税严重，严重破坏了税收公平原则。同样借用杨西孟的话，“假如我们这笔税收主要是由富裕者负担，则轻税之利尚为全民所得。假如税收大部是由中下阶层负担，其结果就迥然不同了。我们现行的租税主要是由哪些阶层负担，是大家知道的事实，不必多论了”[①]。经济发展程度不足，所得税纳税人口受限，再加以内部分类结构失衡，都制约了所得税的成长性。在个人层面，富人可以逃避所得税、遗产税甚至可趁战时获利，中下阶层却无法躲开间接税、摊派及通胀的冲击，益发加剧了社会的不公平感，导致官民间的税收关系更趋恶化。

① 杨西孟：《战时财政与国民所得》，《当代评论》第4卷第10期，1944年3月1日，第4—6页。

结 语

无论是从财政主义还是社会政策的角度观察，所得税都是世界税收史上具有“革命”意义的税种之一。如塞里格曼所论，税收的能力标准经历以人丁为标准、以财产为标准、以用费为标准、以产物为标准、以所得为标准等阶段，所得是衡量纳税能力较完全较理想的准则。[①] 发现所得及在更普遍范围内征收所得税，在打破特权阶层免税权及隐形减免权的同时，也为政府寻找到了与国民负担能力相对应的增量税源。所得税在世界范围内的制度扩散与各国谋求建立现代财政国家的进程紧密相关。在激烈的国际竞争及巨大的战争压力下，各国政府倾向于扩充以税收、公债及货币为支柱的借贷体系，而所得税正是推动税收基础由关税、消费税（货物税）转向以直接税为主体的关键支点。在近代中国从以农业税为基础的存量节余型财政向以工商税收为基础的借贷财政转型的过程中，西方所得税、直接税的引入，为近代中国政府寻求可持续性的中央税收来源提供了新的制度选择。严格来说，无论是间接税还是直接税、只要能有充分增量效应，均可为借贷财政提供信用支撑。但在关税、厘金及货物税、土地税等发掘殆尽后，以所得税、财产税为主的直接税就成为政府尝试推进的重点。在政府的规划中，提高直接税的税收比例，一直被列为未来财政的突破目标。中国在晚清民初时期开始所得税的筹议立法，与西方国家相比较晚，但也与“一战”前后所得税的扩散浪潮相应合。英、美等国征停反复的历程说明，在全国范围内征收所得税，涉及极为复杂的利益和权利关系，对于政府和民众都是一大考验。所得税的立法及征收，既是新税制的尝试，也反映了政府对建立现代财政国家的希冀和努力。

① ［美］塞里格曼：《所得税论》，杜俊东译，商务印书馆 1933 年版，第 12 页。

一　近代中国所得税的使命与道路

所得税在引介到中国后，不论官方、学界或舆论所论，多认可其“良税”属性。所得税作为直接税之主干，被认为税负不易转嫁。同时，在发现纯所得的基础上，设计了起征点和累进税率，体现了现代税收的能力、普遍、平等原则。即使认识到中国与西方在发展程度、国民所得、税收观念及账簿管理等方面存在差距，但西方国家的成功实践仍使政府对之抱有高度期待。在不同时期的整理财政计划及税收合理化改革中，以所得税、遗产税为主的直接税，始终被列为具有成长潜力的开征税目。

宏观而言，所得税在制度上负有财政主义和社会政策两大使命。在作为临时税及战争税时期，主要着眼于财政目的。英国、美国早期推行所得税，主要是为战争筹集经费。至拿破仑战争时期，欧洲各国推行所得税，也是以充实战时财政为主。所得税在各国也曾遭遇阻力，英国富裕阶层反对增加税负，美国则有反对直接税的惯习，认为所得税对于个人权利和财产存在侵犯。到19世纪后期，因为劳资矛盾和贫富分化日益严重，所得税在缩小国民收入差别和财政再分配方面的作用倍受重视，方迈入社会政策阶段。在这一脉络上，关注的不只是财政的收入问题，更重视财政支出的民生和建设效应。所得税由此成为普遍常设税种，也成为西方国家的主干税收来源之一。每至大战时期，各国均以增加所得税及超额所得税作为筹款工具，迅速扩张税收总量，支撑战时公债发行。得益于西方各国发达的经济水平和较高的国民所得，所得税在战时均发挥出惊人的筹资能力，这在两次世界大战中均得到有力验证。

近代中国历届政府筹议及推行所得税，解决本土财政困境是其首要目标。所得税虽然在1936年方才成功开征，但在晚清筹议、北京政府试行及南京政府初期等不同阶段，政府都是希望通过所得税来平衡财政收支。因而，是否开征所得税及如何征收的问题，始终与政府的宏观财政大计相关。在政府看来，沉重的战费、赔款及债务支出使财政一直处于严重的赤字状态，在整顿旧税之时，所得税、遗产税、印花税等西方新税也是扩展选项。近代中国历届政府推动所得税的另一动因是战争。但是，内战与对外反侵略战争的影响显然不同。北京政府时期，内战不断，派系掌控下的中央政府试图推行所得税，遭到商民普遍反对。在全面抗战爆发前后，国民政府为扩展战时财政来源，强力推动所得税开征终于获得成功。在战时征收过程中，财政民族主义为税收提供了社会心理上的强力支持。到 1946 年后，国民政府对所得税制进行改革，扩大征收范围，但民意基础已每况愈下了。

值得注意的是，政府推动所得税是为增加财政收入，但核心是优化税收结构。其一，增加中央税收能力。所得税自规划时起就列为中央正税收入，是政府为强化中央税收能力的重要税收方案。这与晚清时期“就地筹饷”及北京政府时期军阀割据而致中央税权旁落有关，在关税被抵押担保、厘金被地方分食的情况下，新增税收可以巩固中央财政。在国地税收体系划分的多个方案中，所得税及遗产税、印花税等直接税均被列为中央税收。在德国，所得税的主导权逐步由地方转到联邦中央，而在美国，所得税的成长也与联邦政府财政能力的扩张步步相随。国民政府在成功开征所得税后，采取建立直征稽征网的方式来实施税政，也是为了避免地方截留及税吏谋私。其二，扩张直接税体系。国民政府的税收以关税、盐税和统税为主，均为间接税。经过晚清以来财政及税收知识的公共化扩散，间接税和直接税的优劣已有共识。孔祥熙、高秉坊等对此均有深刻认知，间接税不仅难以实现税负公平，在战时其税源结构会受到严重冲击。推行以所得税为主的直接税体系，可以提升税收的弹性空间，应对战时财政所需。

所得税的社会政策功用在理论上得到各方认可，但是并没有充分体现在征收实践上。历届政府在税政宣传之中，均大力宣讲所得税的公平、平等性质，所得税的公共属性被放大。北京政府在推行所得税的过程中，还出具文件保证将所得税款用于教育及实业用途，正是从支出角度对这一功用的回应。也是在社会政策的角度，纳税人利益与公共利益产生一定区隔。在理论上，纳税人付出税收成本，也可以获得公共利益回馈，但在免累进税率制下，能力不同，责任不同，平等之中确实存在税负差别。正因如此，在关于所得税的批评意见中，有观点认为过度的所得税成本会阻碍个人和企业的创新活力和市场动力。在所得税的筹议和立法过程中，财经学者、公共舆论普遍对所得税的社会政策功用持支持态度。在孙中山的民生主义学说中，所得税则被纳入增进国家资本的有效途径之中，通过财政再分配来促进社会公平。综而言之，所得税的社会政策功能更多被用来证明其合理性、争取合法性，实际仍是以增进财政收入为第一要义。在战时状态下，政府不断简化稽征方式，在提高效率的同时，也是在不断削弱所得税的“良税”禀性。

从中国近代的税收结构分析，关税、厘金的开征，使传统的以农业税为主的税收体系逐步向工商税收体系转向。这一转向不仅扩展了政府的税收能力，理论上也应可增强政府在发展现代工商经济方面的财政动力。在所得税全面开征之前，税收结构是以间接税为主，主要是流通税、资源税和行为税等，缺少所得税和财产税来源。裁厘改统、裁撤苛杂、开征营业税等税收变革，主要是税目的裁减和并合，并没有改变税收的基本结构特征。国民政府在1936年成功开征所得税，并以之为基础拓展了直接税体系，是推动税收结构从间接税向直接税转向的重要一步。

近代中国所得税的发展道路极为坎坷曲折。按杨昭智在1947年的归纳，中国在抗战前提倡所得税失败的原因包括经济、政治、社会诸方面。在经济上，“所得税是课于国民之所得，故其施行应在生产事业发达，国有经济繁荣”，“中国大多数人无纳税资格，而生产形态滞留于农业与手工业之阶段……更加杂税苛捐，负担过重，无以为生”。在政治上，“须为法治国家”，“须有独立之国家地位”，中国“政局不安，政治设施不完备，外人之掣肘，特殊势力之阻力，地方与中央不能合作”，阻碍重重。在社会上，国家观念和税收观念不足。[①] 在具体的技术条件上，甘末尔税收政策意见书中亦有列举，如政府税务行政能力较弱、商家账簿不全等。相较之下，英、美等国发展所得税的经济基础和社会条件更为坚实，这也是其能够取得显著成绩的重要原因。但在1936年前，开征的主要障碍是政府与民众无法达成共识，作为主要承担者的商人持强烈反对意见。到全面抗战前夕，财政主义与民族主义汇流，官民之间对充实抗战财政初步达成共识，兼有军政统一，建立稽征体系具备了基本的社会和政策条件，只是国民所得基础过于薄弱。

近代中国的所得税立法其实具备相当的国际视野，也充分考虑到了本土

① 杨昭智：《中国所得税》，商务印书馆1947年版，第38—42页。

实际情况。晚清立法重点参考了日本法案经验，到民初及国民政府时期，政府基本搜集到世界各主要国家的税法条文。中国采行了与英国、日本类似的分类所得税制，重点以营利所得、薪给所得、证券存款利息所得作为主要税源。分类所得便于采用课源法加以征收，更具实用性。在免税点及分级税率的设定上，政府根据国民收入及物价情况不断加以调整。到战时，同样效法西方，开征了过分利得税、财产租赁所得税、一时所得税等非常利得税，将税收来源加以扩充。到 1946 年，又从分类所得向综合所得过渡，推动所得税由对“物”税向对“人”税发展。在制度上，这有利于真正从人的纳税主体角度，来全面把握国民所得与税收负担的关系。

在征收方式上，近代中国所得税体现了鲜明的“效率优先”取向。与英、美已经建立了完善的申报核查机制不同，限于行政能力及簿记状况，虽然建立了全国稽征网和公库网，但税务机关无法全面通过法定的申报查征方式来完成稽征任务。在战时财政的巨大压力下，财政部寻求“法外之法”，通过“迳行决定”“跟货寻税”“简化稽征”等方式来征收营利事业所得税，通过机构扣缴等方法来征收薪资报酬所得税，通过代扣方式来征收利息税。从短期来看，这些简化方法可以提升稽征效率，完成预算目标，长期来看却切断了税收负担与税负能力之间的直接制度关联，使所得税形同摊派。所得税形象之扭曲，与简化稽征有重要关联。对于逃税问题，政府动用了行政、司法等方式加大处罚，成效也不显著。

关于所得税的征收绩效，学界已有较多讨论，基本肯定制度创设之功，认为所得税在推进税收及财政现代化方面发挥了积极作用。林美莉认为国民政府通过直接税改革的接续，“把松散的个人结合在政权的统治伞之下，为传统中国开创出现代租税国家的局面”①。这都说明，作为直接税的主干税种，所得税的开征是与近代中国的财政转型紧密联系在一起的。按预算任务衡量，所得税在抗战时期基本完成目标，但所得税评估其成败，不可完全限于税额本身，还需关注到所得税的多重角色。借由所得税的开征，国民政府财政部完善了稽征网、公库网的建设，并开展了税务人员考训，扩展了直接税体系，促进了战时的税政集权，为抗战财政作出重要贡献。但如从财政收

① 林美莉：《西洋税制在近代中国的发展》，第 330 页。

入的宏观结构而言，政府税收能力严重不足，直接税未能发挥更高效能有关。原因在于以下缺失。其一，结构缺失。所得税在战时虽有扩展，但财产、资本所得部分仍较为薄弱，尤其是未将拥有大量土地者的收入纳入征收范围。战时增加了财产租赁出卖所得税，但稽征不力。在各分类所得中，过于偏重于营利事业所得税，在欧美国家更占优势的个人所得税部分较为薄弱。个人所得税重点是对公务人员及自由职业者征收，基本仍属于勤劳所得的范畴，个人的财产、资本等所得来源难以查征。到 1946 年实行了综合所得税，但查征能力未能跟上，所得极为有限。其二，税源缺失。比较可见，中国国民所得及人均所得远低于欧美国家，仍处于以农业为主的经济形态之中，中间收入阶层远未成长起来。大片国土沦陷，丧失了主要的税收来源。初期在战时状况下，社会动荡，经济波动，也增加了征收的难度。在华外侨及外国企业长期抵制中国税政，也影响了税源基础。此外，还有大量不合理的地方苛捐杂税、摊派挤压了主要税收的空间。其三，能力缺失。税务行政是国民政府行政体系中的组成部分，组织体系不全、税务人员怠政谋私等，均足以影响稽征效率。在所得税的人事纠葛中，也可以发现明显的派系权争印迹。税务部门在难以实行账簿查账的情况下，依赖于简化稽征办法，完全放弃查征，是政府难以防止逃漏的重要原因。此类问题的存在，破坏了所得税的普遍、公平、平等原则，也使政府难以达到使纳税人“有钱出钱、有力出力”的目标。

二　税收关系：国家与民众

关于国家与民众间的税收关系有不同角度的界定，在此强调的，是国家通过税收收支及征管行为而与民众建立起来的一种社会关系。基于国家形态、财政体制及税收性质的不同，税收关系也会有不同的呈现形态。

合理的税收，需要恰当平衡国家、纳税人和社会的共同利益。顾銮斋比较了中西方古代税制基础的差异，在英国，其税收决策具有遵循共同需要、共同意愿、共同利益的非家族式特征，在走向近代的过程中，形成了约束和限制王权的宪法性取向。中国古代税制是建立在宗法制、家天下及王土王臣说基础上的。[①] 在帝制时期的中国，民众有缴纳皇粮国税的义务，但缺少与官府讨价还价、交涉博弈的制度渠道。国家与民众间的税收关系完全由官方主导，民众有纳税的义务而缺少纳税人的权利支持。朝廷从儒家仁政理念出发，名义上推崇轻徭薄赋，与民生息，但事实上在不完全财政体系之下，最终都陷入“积重难返之害”。马德斌指出了集权下的财政悖论，专制王权国家（Absolutist regimes）君主握有绝对权力，但和宪政制约的国家（Constrained regimes）相比，财政能力反而较弱。原因在于，强权之下缺少法律与政治保证的可信承诺。[②] 这些讨论都关注到税收背后的权利和利益博弈的问题，体现出财政事务在不同政治体制之中的运行及处理方式。通过政治法律制度对政府和民众在税收中的权利义务关系及税收程序进行界定，将有助于双方协商并形成共同意愿。税收和财政的公共性，也正在这一过程中不断加强。

晚清以来，税收关系的变化其实交融在政治、经济及社会的变迁进程之中。从皇权帝制到民主共和，国家形态的变化与税收法理基础的变化紧密相关。无论是晚清朝廷，还是民国政府，在增加税收解救财政危机的同时，都需要考虑到民间社会的税收心理。加税不是单纯的财政问题，实质上是权利和利益分配问题。西方现代税制是建立在随工业革命而来的现代产业基础上，与之同步的是资产阶级在税收权利基础上的政治地位上升。中国的道路与之不同，中国是以维新、新政、革命来挽救民族危机，寻求富强之路，税收不是触发政治变革的核心议题，反而税收的法理及立法、征管更多受政治进程之影响。这一税收生态的差异，不仅在于政府权威衰落，难以完全通过强制手段推行税制，同时也与财政预算、民主革命之中民权意识的苏醒相关。在税收学说的脉络中，亚当·斯密（Adam Smith）提出的“平等、确定、便利、节约”的现代税收原则在中国广为传播，并成为判断税收良莠的重要标准。新税收原则破除了完全立足于官方财政立场的判断标准，强调尊重及保护纳税人的利益。政府征税，须按需要及法定程序征税，不可随意过

---

① 顾銮斋：《中西中古税制比较研究》，社会科学文献出版社 2016 年版。

② ［美］马德斌：《中国经济史的大分流与现代化——一种跨国比较视野》，徐毅、袁为鹏、乔士容译，浙江大学出版社 2020 年版，第 53 页。

多征税。这契合近代中国民主革命的基本目标，即减小贫富差距，促进社会公平，“国民”之发现则有利于确立个人的纳税主体地位。在政治体制的转型之中，以上两者是汇流的，税收的立法权由此与民意发生关联。晚清资政院对预算的讨论，民初国会对税收的立法，都是政府和民众税收关系重新建构的重要表征。在经济上，新的工商税制的建立及财政占比的提高，推动政府的税源基础逐步由农业向工商业转移，资产阶级或商人群体的纳税人主体地位也在不断上升。在社会层面，与产业结构、税收结构相关联的，是阶层、职业及社会组织的变化。

国家与民众的税收关系，包含有两个层面。一个层面是政府与民众或社会的公共利益关系，社会的公共利益与政府、纳税人有时并非完全一致。或者说，社会的公共利益更完整体现各阶层的共同利益、共同意愿与共同需求，纳税人的公共利益同样包括在内。所不同的是，其直接税收成本主要由相应税收的纳税人负担。另一个层面是政府与纳税人的征纳关系，基于税收的普遍、平等原则，纳税人并非以身份、等级来区分，而是以经营、收益、财产等标准来加以评估。税法会规定政府的征税对象及标准，也会规定纳税人的义务与权利。如此，在讨论国家与民众的税收关系时，需要区分到社会公共利益和纳税人利益的异同。政府在主张兴征税收时，往往有意忽略其财政目标，而强调税收符合公共利益需求，以此来争取法律及社会的合法性支持。

从较为狭义的角度观察，具体税目所涉及的税收关系既受整体税收生态的影响，也具有一定的特性。在近代中国税收史上，相关税捐抗议、交涉事件极多，但所得税仍可以说是观察国家与民众税收关系的“前沿阵地”。原因在于，所得税作为直接税，是针对个人或企业的纯所得征税，在政府与纳税人之间建立了直接的税收关系，纳税人也对之有更为直接的税负感知。作为个人或经营主体，被明确纳入国家税收体系之中，而不同于间接税往往通过价格转嫁税负。所得税的征收，严格来说都需依查账方式进行，这对于个人权利及收入都有直接介入。正是在这个问题上，美国早期比较抵制所得税。国家征税权介入个人或法人的私领域，会强化与纳税人之间的权利与义务关系纽带。此外，所得税系普遍开征，虽设定有免征点，但理论上无论个人还是企业，都有纳税的义务。不过，因近代人均国民所得极低，绝大多数农业人口和低收入者被排除在外，个人纳税者以公务人员和自由职业者为主，营利事业所得税在分类结构中占绝对优势，商人是最为核心的纳税主体。与政府展开交涉的，也是以自由职业者和商人群体为主。

在所得税所体现的税收关系中，政府与纳税人的征纳关系是核心。征纳关系受到政治经济环境、税收法律规定、税务行政能力及纳税人组织程度等多种因素的影响，最终反映在征纳行为上。征纳关系良好时，纳税人纳税意愿高；征纳关系恶化时，纳税人逃税现象严重。在北京政府时期，政府与纳税商民发生激烈冲突，在商会的组织下，各地商人发起全国性的“反对所得税运动”，导致政府征收企图的失败。在国民政府时期，在训政秩序下，商会、自由职业者公会没有组织激烈的直接抵制行动，主要是通过呈请、通电、舆论等方式来进行税权表达。但是，双方围绕征税与逃税的明争暗战从未停止。在税局无力全面查征之时，消极的偷税漏税现象不断增多。到内战时期，纳税人不胜摊派重压，采取关门、歇业、实物交易、黑市交易等方式来进行“弱者的抵抗”。在这个过程中，政府不断强调两大要点：一是所得税符合民生主义和社会公共利益，二是纳税是国民的应尽义务。在 1936 年所得税立法过程中，国民党中央还发布告公民书，号召民众为国捐输。在抗战期间，也以民族主义和爱国主义来激发民众自觉纳税。从纳税人或国民角度而言，缴纳所得税及其他税收，不仅仅只是履行义务，还应有相应的纳税人权利，包括税收开征权、税收监督权、税收使用权等。商会、同业公会对税收合法性的质疑，要求政府实现华洋同税，对于内战军费开支的批评等，都体现了商民对税收法定、税权平等问题的认知。在税收之外，也关系到国家治理与社会发展。在北京政府时期，商会提出了废督裁兵、弭兵休战等要求。在抗战时期，也提出了积极抗战、维护民生的诉愿。在内战时期，则希望休养生息，体恤商民。只是此类诉求，大多为政府所忽视。归纳而言，商民的税收权利意识虽有苏醒，政府也开始注重与商民的信息交流及沟通，但商民缺少税政参与与财政监督的制度化渠道。

颇值得注意的是商人团体在税收关系中的角色。在所得税的立法及征收过程中，以商会、同业公会为代表的商人团体几乎全程参与其中。在商会、同业公会的组织下，区域商人及行业商人得以展开理性契约下的集体行动。根据法律规定及实际行动，商人团体在所得税的税收关系中扮演了三种角色。其一，纳税人团体的角色。商会、同业公会是经过政治、法律认可的商人组织，是商人的合法团体代表。商人团体为减轻税收成本，维护行业利益，既代表商人进行税权表达，实施抗议或提出减免申请，也努力协调商人与社会关系，推进公益事业，争取社会理解与支持。在职业代表制中，商人团体也是重要的参与者。在营利事业所得税的征收中，商人团体发挥着重要的作用。无论从法律或者行动上，都可以称为纳税人团体，只是缺少与民意立法机构的制度连接。在北京政府时期，商会有过较为激烈的抗税行动，到南京国民政府时期，商人组织经过改组与整顿，成为民众团体组织系统的构成要素，国民党也重视以之强化党民关系，商人组织的税权表达更少直接对抗，而以舆论吁请为主。其二，政府税政的协助者角色。在商会法、同业公会法令中，均规定商人团体需执行主管机关委托的财经政令。商人团体的集体决议会直接影响到商人的纳税意愿，也使政府对之给予重视。在立法中，政府会听取商人团体意见，对其修法建议，也会酌情考量。在所得税推行过程中，因税局查征力量不足，对商人团体尤其看重。既要求商人团体协助宣传税法，也要求其劝商纳税。商会、同业公会成立所得税研究会，推动改良簿记等举措，都有助于税令推行。其三，委托—代理式的包征者角色。相较于正常的税政协助及评议行动，政府及税局委托商人团体承担所得税的分摊包缴任务，这实际上已是超越法定义务之外的职责了。在简化稽征的趋势下，政府将本应由税局完成的核查征收职责部分或全权委托给商会、同业公会来实施，以此解决信息不对称及征收效率过低的问题。目前研究中，对于代征、包征、包缴等概念及实务存在讨论，但有一共同特性是认为政府将自身公共权力不同程度地委托由商人团体执行。从抗战时期的简化稽征，到内战时期的同业分摊包缴，商人团体的受托权力在不断扩大。政府虽然努力通过抽查账目、标准计税等方式进行约束，但很难普遍监察。商人团体受托协征，在一定程度上可以缓解税局与商民之间的征纳冲突，提高征收效率，商人团体也会借此与政府讨价还价。在政治压力和法律限定中，商人团体很难拒绝政府委托，但当受托责任与本身利益存在冲突之时，商人团体执行受托责任会更趋于消极应对。政府在查账征税与简化稽征之间时有摇摆，显示对商人团体既依赖又不信任的复杂态度。

所得税的征收进程体现出，当政府利益、纳税人利益和社会公共利益一致之时，税政推行就较为顺利；当政府利益与社会公共利益背离时，税政推行就极为困难，也会遭遇纳税人的直接或消极抵制。最为明显的是在北京政府时期，主政之派系军阀推动征收所得税，遭到全国商人的群起反对，持续的"反对所得税运动"最终使政府的征收企图落空。以上海商会为首的商人群体对开征所得税的合法性、所得税的用途及内战问题、社会秩序问题、苛捐杂税问题等提出全面质疑。政府虽承诺将所得税用于教育、实业，并加大宣教力度，仍无济于事。所得税名为"战争税"，但是否得到民众认同，还要看战争的性质。从欧美各国的经验来看，所得税用于战费筹集，最为主要的用途仍是对外战争。国民政府在全面抗战爆发前夕，能够成功开征所得税，关键在于此时增强中央财政、优化税收结构是符合国家和社会公共利益的。所得税在战时的推行，财政民族主义的社会心理因素发挥了重要作用。而在 1946 年后，国民政府虽不断强化所得税稽征力度，但逃税情况更为严重。严格来说，政府对这三者的关系是有明确认知的。如前所论，政府在准备开征新税时，往往不去强调赤字的因素，而是宣扬其符合社会公共利益。在商民以民生主义为武器来要求政府裁减苛捐杂税时，政府也高举民生主义旗帜，强调所得税的良税秉性及其在税收合理化中的重要地位。值得注意的是，与政府特别关注财政收入不同，纳税人或公众在评估税收负担及价值时，并不是从单一税负来认识，而是会从综合负担及财政支出的回馈来加以感知。当所得税在效率优先原则下逐步走向制度异化之时，所得税已经逐步沦为与摊派无异了。

三　持续战争中的不可持续财政

依欧美国家的经验，现代财政国家（Fiscal State）的本质是以公共税收为基础，建立起了具有"自我持续增长"（Self - Sustained Growth）特性的借贷体系。这使政府可以摆脱过去存量节余型财政的限制，以未来的经济发展和税收收入支付公共债务，从而极大程度地提升财政能力，应对政府职能扩张和激烈国家竞争的财政需求。在这一财政结构中，公共税收、政府借贷、经济增长和财政信用需要形成循环支撑。公共税收是政府借贷的基础，经济增长可以为税收提供持续不断的税源，最终保持政府的债务信用。

近代中国的税收及财政变革道路有自己的特征，产业基础和收入结构也有很大不同，但是在追求财政的“自我持续增长”方面具有共性。晚清以来，政府不断寻求开征所得税、直接税的努力，实际上是嵌合在这一进程之中的。当然，稳定的税源并不限于直接税，也可以是关税、厘金甚至农业税等，但问题的关键是税收属性不同，产业基础不同，其财政价值也自不相同。从传统的以田赋、盐税为主，到关税、厘金及消费税，再到尝试从间接税向直接税过渡，反映了国家对符合现代政府职能扩张需求的税收能力和借贷能力的不懈追求。如贯通近代，以税收和借贷为主轴，来对财政国家的建构进程加以理解，或可对近代中国的财政变革道路有更清晰的认知。考虑到近代中国财政变革之中存在较为明显的制度与实践脱节的问题，也具有长期战时财政的特性，在阶段划分之时需要综合考虑其影响力。

第一阶段是从1843年（道光二十三年）海关税开征到1886年（光绪十二年）前止，为从税收国家向财政国家转向的准备阶段，逐步向军事债务型的收支结构过渡。在这一时期，海关税、厘金开征，促使原来以田赋为主的农业税收体系向工商税收体系过渡。关税和厘金的快速增长，提升了政府的财政能力。在此期间，政府已有小规模借贷，多以外债为主。到1886年，关税和厘金的税额超过田赋，在此后成为常态。这一变化也意味着税收的产业基础由农业转换到工商业，传统的重农抑商政策也变为劝商重商政策了。这一阶段的制度危机是，财政赤字情况不断恶化，奏销体制面临内外冲击，中央的税收及财政管理权遭遇财政地方主义、帝国主义的侵蚀。关税管理主权沦落外人之手，只能采取协议关税，关税税额本身成为政府借取外债的担保品。厘金则主要由地方掌控，地方财政对中央形成离散之势，统一财政与统一军政成为中央政府的重大难题。

第二阶段是从1886年关税、厘金税额超过田赋收入到1911年清朝灭亡，是近代中国进入财政国家的早期阶段。关税、厘金的增长仍难解决严重的财政失衡问题，在甲午战争和庚子事变之后，依靠税收本身已是独木难支。在这一时期，财政收入结构的税收主干已由农业税收转换为工商税收，债务规模急剧扩大，政府也尝试发行内债。但是，内债发行基本失败，不得不以高昂代价借取外债。作为最大的增量税收来源，关税大部分用于外债担保，管理权沦丧；厘金也多用于抵补偿债。地方政府的事权和财权扩充，外销和截留严重削弱中央财政的集权管理能力，奏销体制逐步瓦解，而预算体制尚未完全确立。因此，这一财政国家的早期阶段，只能称为“不完全借贷财政”，军事债务型的收支结构特征不断加重。其不完全，还体现在财政主权缺失、变革系统性缺失、公共性缺失、信贷市场缺失、建设性缺失等方面。西方直接税制的引介，为政府扩展增量税源提供了制度资源。

第三阶段是从1912年民国建立到1929年实现关税自主前为止，为财政国家建构的离散混乱阶段，军事债务型的借贷体系摇摇欲坠。政权更迭频繁，军阀混战不断，军政不统一使政府的财政统一及变革计划难以实施，财政和税收的集权管理未能实现。在这一时期，工商税收进一步增长，强化了关税、盐税及统税税等以工商税收为主的税收结构。但关税主权依然丧失，中央税收遭遇到的最大挑战是地方截留和地方滥征。在此期间，政府筹划征收所得税及多种新税，多归于失败。政府发行大量公债，但主要是由银行承销垫款，并非向社会发行，由此引发了严重的金融风潮。财政国家建构的政治主体和税收体系均不健全，中央政府权威不足，财政信用低下。这一阶段也存在成长性因素，资本主义工商业的发展，为工商税的增长提供了初步的产业基础。北京政府出台诸多税收及财政变革举措，虽然实施乏力，但引发舆论关注和讨论，为此后的变革做了法律及舆论的准备。民众税权意识增长，税收法定观念的普及，商会及职业团体的参与，意味着税收和财政的公共性在不断增强。

第四阶段是从1929年实现关税自主到1937年全面抗战爆发为止，是财政国家建构的整理充实阶段，也是从“不完全的借贷财政”走向“相对完全的借贷财政”的阶段，军事债务型的借贷财政体系得到恢复。在这一时期，国民政府实现军政统一，财政和税收的集权问题得到解决。在此基础上，完成关税自主，并推行裁厘改税，开征统税、营业税，中央的税收能力得到空前增强。与此相应，内债市场明显扩大，公债发行以内债为主。政府成功完成法币改革，建立了以中央银行为核心的国家银行体系。相关改革效应叠加，使国民政府的借贷能力和财政信用得到强化。虽然1932年及1936年的公债整理表明政府存在较为明显的信用危机，但是借贷能力仍然得到维系，形成了相对完全的借贷财政体系。到1937年全面抗战爆发前一年，所得税正式开征，政府也由此启动了直接税系统改革计划，尝试向财政国家更高阶段过渡，所得税在统计上尚未显现出明显增量效应，但仍是国民政府尝试将税收基础由以关税、消费税（货物税）为主的间接税转向以所得税为主干的直接税的重要标志。隐患在于军事及债务支出仍占比过高，公债发行缺少市场及社会支持，税收仍以间接税为主，金融体系受控于财政体系，法币发行存在失控风险。

第五阶段是从1937年全面抗战爆发到1945年抗战胜利，是财政国家建构的顿挫求进阶段。在收支结构上，原有的军事债务型借贷体系开始向通胀财政滑落，但在制度创设上却取得重要突破。抗战全面爆发之后，大片国土沦丧使国民政府失去了主要的中央税收来源，金融市场也遭到严重削弱，原有的借贷体系难以维持。国民政府大力推进直接税征收计划，使直接税成长为关税、盐税、统税之后的第四大税种，但未能发挥如英、美等国同样的增收效果。因缺少充足的新增税收作为担保，政府的债务信用大为削弱，战时公债发行不畅，几乎失去战时募资功能。新征收的所得税在被列为国防公债担保后，再也无力提供更大的信用支持。这迫使政府不得不寻求通过银行借款来筹集战费，法币发行量迅速攀升，引发了严重的通货膨胀。从1937年开始，银行借款就超过税收及公债收入之和，在国库收入中占到59.64%。此后，基本维持在70%至80%左右。因此从收入结构上看，政府希望通过直接税来进入财政国家更高阶段的计划遭遇挫败，战时财政已经具有鲜明的通胀财政特性。与赤字危机相应而行的是，财政及税收的制度创设取得重大突破。抗战时期，直接税的开征及成长，公库制度及公库网的建立，财政和税政的统一管理及合理化改革，财政民族主义的增强等等，这些都是重要进步，也是战后回归平时财政、稳定收支平衡的重要保障。换言之，在税收结构合理化的基础上，战后可能将通胀财政拉回正常轨道。

第六阶段是从抗战胜利到金圆券改革及国民政府统治的崩溃，是国民政府财政建构的失衡崩解阶段，也是军事型的通胀财政彻底落入通胀陷阱的阶段，财政国家的建构之路彻底断绝。在抗战胜利之后，国民政府的财政状况一度好转，如能回归和平，恰当调节税收、公债和货币政策的比重，并非没有稳定财政的可能。但是，内战爆发和军事上的连续溃败，使国民政府完全放弃了财政平衡的准则。在此期间，国民政府再度尝试扩大直接税体系，也完善了所得税制度，不过在严重的通货膨胀的冲击之下，税收改革的价值几被完全消解。这一阶段税收制度上的改革已经与征收脱节，税收多以摊派包征方式行之，地方滥征现象又集中出现。1948 年的金圆券改革意味着通胀财政走到尽头，之后金圆券在极短时间内贬值殆尽，又复以银元券替之。这样的货币改革完全失去财政信用支撑，脱离了经济发展的基础，除了明目张胆地掠夺社会财富，已经没有任何建设性价值。

以税收和借贷为主轴对近代财政收入结构加以解析，可以发现政府推动直接税改革的真实目的。从晚清时期始，中国已经进入财政国家的建构进程，但受战争、外债、政治及经济之影响，始终难以达到均衡状态。即使是在实现关税自主之后，也只是处于“相对完全”阶段。直接税改革，是政府寻求间接税之外的新税源，推动财政收入结构均衡升级的重要举措。这一举措未能达至初衷，近代税收的主干，一直是关税和货物税，其中关税、盐税支撑了绝大部分的债务担保。在税收、公债不足的情况下，政府过度发行货币，破坏了税收、公债与经济增长之间的联系。财政部长孔祥熙对于“一战”时期各国的战费筹措办法及凯恩斯的财政干预主义其实比较了解，他主张战时财政就以增税和发行公债为主，“需有安全持久之税收”，“且须富有弹性，其收入可随战费需要为比例增加”。大规模长期战争，需要以公债为主干，以增税为后盾。他对通胀政策抱有警惕，“增发纸币，更是有伤国计民生。因为纸币发行过多，必致恶性的通货膨胀”。[①] 孔祥熙违背初衷，主观原因是战事紧急，增税和公债无法迅速获得巨额经费。如进一步追查，也有制度原因。在国民政府建立中央银行及国家银行体系后，财政部长兼任中央银行总裁成为常态。在整个政府体系上，则是军政权力控制了财政权力，财政权力又控制了金融体系，其决策缺乏自主性。蒋介石则居于权力最高中枢，在他的计划和观念中，军事始终处于财政保障的首位。五权分立及权能分治的政治架构，难以形成制衡效应。

纵向观察税收及财政收入，整体上是处于不断增长之中的。换言之，近代政府财政能力不足，其罪不在收入，而在于支出。近代中国外债、军费支出的长期性、高占比的特征，导致政府财政长期处于巨额赤字状态。汤象龙

① 刘振东：《孔庸之先生演讲集》，第 182 页。

认为，军费、外债和赔款为中国近代财政史上国家三宗最大的支出，三宗的总数常占国家岁出三分之二以上，“军费膨胀，外债即随之。及对外战争结束，赔款又随之。或因赔款摊偿，外债又随之。此种连带的关系构成中国近代财政史的主要基础之一”。[①] 晚清时期的数次大规模内部和外部战争，使军费远远突破既往额度。鸦片战争、太平军、捻军及西北回民起义等战事，军事开支迅猛增加。此后，中法战争、西征新疆、甲午战争、庚子之役，战事不断，军事支出几近失控。在常规兵饷马粮之外，增军火、物资、兵员等大量消耗。对外战争失败之后的巨额赔款，更使清廷财政雪上加霜。巨额赔款和外债本息，自此成为历届政府的沉重负担，不仅难以从严重赤字及债务陷阱中解脱出来，而且财政主权严重受损。到北京政府时期，反侵略战争虽有减少，但内部军阀及地方实力派的混战却迅速增加，军事及战争经费支出继续高昂。到南京国民政府时期，前十年虽为难得的发展时期，实际上也是战争不断。前一阶段继续北伐，继之以中原大战，此后又镇压中共革命，军事及债务支出长期占到80%左右。到全面抗战时期，国民政府转向战时财政，保障军事支出需要成为财政的首要任务。到抗战胜利后，财政本应由战争财政回归平时财政，内战爆发，导致国民政府财政继续沿战争轨道脱序而行。

与此相应，在走向财政国家的政策目标和实际进程中，近代中国的财政实态可以用军事债务型的借贷财政来加以界定。在抗战之前，军事和债务支出长期居于前两位。自晚清大借外债开始，政府财政就形成了军事型的借贷财政体系。所不同者，在晚清及北京时期重于外债，到南京国民政府时期，因关盐已作担保，政府转向筹划内债。在内债债信低落之后，政府不得已转向通胀财政。军费支出、赔款支出、债务支出叠加，不仅短期支出承受重压，也缺少渠道分期摊平。军费占比过高，严重挤压了公共建设经费支出，损害了产业成长和税源基础。此外，近代中国的财政国家建构还遭遇到不少其他阻碍。在国民政府完成军政统一之前，地方截留和苛捐杂税严重削弱了中央政府的财政能力。关税自主权的丧失，在相当长的时间内制约了政府的

① 汤象龙：《民国以前的赔款是如何偿付的》，《中国近代经济史研究集刊》第3卷第2期，1935年11月。

税收调节能力。在华外侨及企业以不平等条约体系和租界为据，拒绝向中国政府纳税。以上种种因素的聚合，使政府的平常财政状态，亦呈现出较为鲜明的战时财政特征，透支了政府的财政信用，也压缩了政府财政的“自我持续增长”空间，始终未能建立起完全而均衡借贷收支体系。到战时希望有突破性的持续增长，也成为不可能完成的任务。

如皮凯蒂所言，“税收不是一个技术问题，它很大程度上是一个政治和哲学问题，也许是最重要的政治问题。没有税收，社会就没有共同命运，集体行动也就无从谈起。这是常理。每个重要政治巨变的核心都包含着财政革命。”[①] 他分析，欧洲和美国在 19 世纪至“一战”前财富都高度集中，在“一战”至 1945 年受到系列冲击后财富不平等程度有所缩小，这其中有税收的原因。在“一战”后，欧美国家提高了对高收入、利润和财富的税率，降低了资本的收益率。[②] 所得税的革命意义正在于财政主义与社会政策的结合，这两者的关系是相悖又相依的。在普遍发展基础上的收入差距的分化，会增进累进税率的效应；但社会的过度不平等会引发秩序动荡，损害社会活力。因此，通过累进税率来缩小贫富差距，对于财政和经济的持续增长至关重要。近代中国所得税的国民经济基础薄弱，对战时得利阶层的税收稽征不力，都制约着所得税的直接成效。无论税收、公债及货币政策如何调节，财政政策只有与经济增长、社会公共利益相契合，才能真正保持可持续的自我增长。

---

① ［法］皮凯蒂：《21 世纪资本论》，巴曙松译，中信出版社 2014 年版，第 508 页。

② ［法］皮凯蒂：《21 世纪资本论》，巴曙松译，中信出版社 2014 年版，第 358—360 页。

参考文献

一 报刊、档案、史料汇编及文集

1. 报刊

《内阁官报》《河南官报》《北洋官报》《政府公报》《国民政府公报》
《行政院公报》《外交部公报》《浙江公报》《浙光》《江苏省公报》
《北平特别市市政公报》《河北省政府公报》《云南省政府公报》《沪报》
《申报》《大公报》（天津）、《大公报》（重庆）、《时报》《广益丛报》
《益世报》《国闻周报》《民国日报》《教育公报》《国民周刊》
《中央日报》《实业杂志》《外交评论》《中央周报》《中央党务月刊》
《全国商会联合会会报》《汉口商业月刊》《银行周报》《钱业月报》
《商业月报》《工商半月刊》《经济评论》《保险季刊》《工商天地》
《中外经济情报》《中外经济拔萃》《信托季刊》《立信月报》《工业通讯》
《教育杂志》《法政杂志》（上海）、《广肇周报》《东方杂志》《国衡》
《国立劳动大学周刊》《私立岭南大学校报》《厦大校刊》《大夏周报》
《南洋友声》《新闻报》《民报》《国际劳工周刊》《真光杂志》
《首都电厂月刊》《烟业日报》《电声》《经济汇报》《中央银行月报》
《医界春秋》《法令周刊》《法律知识》《金融汇报》《税政月刊》
《闽区直接税通讯》《广西直接税通讯》《海星》《财政学报》
《浙江财政月刊》《财政月刊》《直接税杂志》《广东直接税导报》
《新税政》《直接税月报》《贵州直接税通讯》《财政评论》

《金融周报》《江苏直接税通讯》《财政知识》《税务月报》
《税人》《浙江税务》《中华医学杂志》《河南统计月报》

2. **档案**

《川康直接税局请从速委托万源合作金库或邮局代库以利收纳由》，1942年10月，中国第二历史档案馆藏：2－2390（27）。

《浙江丽水直接税分局呈请由农行龙泉、松阳两办事处代理公库》，1941年12月，中国第二历史档案馆：2－2390（37）。

《公务人员之范围及其薪给报酬所得税额计算方法说明》，1936年10月，中国第二历史档案馆藏：yc1－0416。

《代拟各会员银行印发存户通知书》，1937年2月，中国第二历史档案馆藏，资料号：yc1－0420。

《邮政储金汇业局函所得税事务处》，1937年2月，中国第二历史档案馆藏：yc1－0420。

《军政部部长办公室调查组、重庆市磁器口商业同业公会关于请检赐审理高秉坊贪污案旁听证致重庆实验地方法院的函》，重庆市档案馆藏：0110－0004－00382。

《重庆实验地方法院、中国国民党军政部特别党部宣训科关于中国国民党军政部特别党部索要审理高秉坊贪污案旁听证的函》，重庆市档案馆藏：0110－0004－00382。

《中国国民党中央执行委员会宣传部、重庆实验地方法院关于高秉坊案件拒绝旁听的往来代电》，重庆市档案馆藏：0110－0004－00300。

《市工商局关于请慎重复判高秉坊上最高法院的呈》，重庆市档案馆藏：02730001012880000002。

《平心而论高秉坊生活及工作》，重庆档案馆藏：02730001012880000065。

《关于请代向高秉坊慰问致谭子薪的函》，重庆市档案馆藏：0273－0001－01288。

《关于将各员资助名单抄上请转达及高师原文已递交各员传阅致谭子薪的函》，重庆市档案馆藏：02730001012870000060。

《关于汇上款项请接纳致高秉坊的函》，重庆市档案馆藏：02730001012880000022。

《苏政府对于暂时留俄之外国人免征所得税兹照译报载请查照由》，1925 年 5 月，台北“中研院”近史所档案馆藏北洋政府外交部档案：03 - 19 - 095 - 07 - 001。

《外侨所得税征收》，台北“国史馆”藏外交部档案：020000038105A。

《与英国大使谈话纪录》，台北“国史馆”藏国民政府外交部档案：020000038106A。

《与德国大使陶德曼会谈》，台北“国史馆”藏国民政府外交部档案：020000038106A。

《广州所得税处区委员函报访晤驻粤各国领事情形》，台北“国史馆”藏国民政府外交部档案：020000038106A。

《上海所得税处分访驻沪各无领事裁判权国及无约国领事谈话纪录》，台北“国史馆”藏国民政府外交部档案：020000038106A。

《贵阳电厂补报营利所得及过分利得税案》（1943 年 11 月），台北“国史馆”藏资源委员会档案：003 - 010404 - 0711。

《天原电化厂公司请缓缴所得、利得税案》（1943 年 11 月），台北“国史馆”藏资源委员会档案：003 - 010404 - 0706。

《上海直接税局所利得税查账办法》，1947 年 6 月，台北“国史馆”藏行政院档案：014 - 040205 - 0024。

《各省捐税（一）》（1946 年 5 月—1948 年 12 月），台北“国史馆”藏国民政府档案：001 - 081000 - 00001 - 000。

《何培元电呈国民政府为请令安徽区直接税局豁免三十四年度所利得税》，1946 年 5 月，台北“国史馆”藏国民政府档案：001 - 081000 - 00001 - 027。

《广西省宜山县商会电呈国民政府为请免征营业税及所利得税一年》，1946 年 6 月，台北“国史馆”藏国民政府档案：001 - 081000 - 00001 - 059。

《江苏省商联会电呈国民政府为请豁免三十四年所利得税》，1946 年 8 月，台北“国史馆”藏国民政府档案：001 - 081000 - 00002 - 033。

《四川省商会联合会电呈国民政府为请援例免征三十四年度所利得税》，1946 年 6 月，台北“国史馆”藏国民政府档案：001 - 081000 - 00003 - 016。

《各省捐税（二）》（1946 年 7 月—1948 年 5 月），台北“国史馆”藏国民政府档案：001 - 081000 - 00002 - 000。

《外侨纳税问题》，1922 年 2 月，台北“中研院”近史所档案馆藏，资料号：03 - 12 - 009 - 01 - 027。

《外侨纳税租税权完整问题》，1922 年 2 月，台北“中研院”近史所档案馆藏：03 - 12 - 009 - 01 - 024。

《向旅华外侨推行各项税捐提议案》，1922 年 2 月，台北“中研院”近史所档案馆藏：03 - 24 - 029 - 07 - 001。

《公私合营裕华大华纺织公司裕华公司股务类董事会议案（内部）》，1947 年 6 月，武汉市档案馆藏：LS109 - 1 - 313。

《国立中山大学关于发还所得税及飞机捐各款收据等情的函》，广东省档案馆藏：020 - 007 - 54。

上海档案馆藏上海会计师公会档案：S447 - 2 - 260。

3. 史料汇编及文集

朱寿朋编：《光绪朝东华录》第 4 册，中华书局 1958 年标点本。

《宣统政纪》，台北文海出版社 1989 年版。

《大清光绪新法令》，商务印书馆 1910 年版。

《清文宗实录》，中华书局 1986 年影印本。

《清德宗实录》，中华书局 1987 年影印本。

席裕福、沈师徐辑：《皇朝政典类纂》卷 155，沈云龙主编《近代中国史料丛刊续编》第 89 辑，台北文海出版社 1982 年版。

赵尔巽等：《清史稿》，中华书局 1976 年标点本。

陈忠倚撰：《皇朝经世文三编》，光绪二十四年（1898）上海龙文书局刊本。

树敏、王延熙辑：《皇清道咸同光奏议》第 1 册，台北文海出版社 1969 年版。

李希圣：《光绪会计录》，光绪二十二年（1896）上海时报馆石印本。

故宫博物院明清档案部编：《清末筹备立宪档案史料》，中华书局 1979 年版。

全国经济会议秘书处：《全国经济会议专刊》，财政部驻沪办事处 1928 年 7 月印行。

全国财政会议秘书处：《全国财政会议汇编》，国民政府财政部秘书处 1928

年 7 月发行。
全国财政会议秘书处：《第二次全国财政会议汇编》，财政部总务司 1934 年发行。
财政部财政年鉴编纂处：《财政年鉴》，上海商务印书馆 1935 年版。
财政部财政年鉴编纂处：《财政年鉴续编》，财政年鉴编纂处 1945 年印行。
财政部财政年鉴编纂处：《财政年鉴三编》，财政年鉴编纂处 1948 年印行。
申报年鉴社主编：《申报年鉴》（1933—1936），上海书店出版社 2012 年版。
司法行政部统计室：《司法统计》（1932—1936），京华印书馆 1936 年版。
国民政府内政部统计司：《全国各市县土地人口调查》，南京内政部统计司 1935 年。
国民政府内政部统计处：《户口统计》，重庆内政部统计处 1938 年。
国民政府主计部统计局：《中华民国统计年鉴》，中国文化事业公司 1948 年。
张志樑：《所得税暂行条例详解》，商务印书馆 1937 年版。
国民政府财政部编：《所得税章则汇编》，国民政府财政部 1939 年版。
财政部直接税处编：《八年来之直接税》，中央信托局 1943 年版。
财政部货运管理处编：《一年来之货运》，中央信托局印制处 1943 年版。
中国银行总管理处经济研究室编：《全国银行年鉴》（1936），1936 年印行。
工商部工商访问局编：《商会法、工商同业公会法诠释》，工商部工商访问局 1930 年版。
焦超然编：《现行直接税法令解释汇编》，财政部川康直接税局万县分局 1943 年版。
立信会计师事务所重庆分所编辑：《直接税法令汇编》，立信会计图书用品社 1942 年 5 月印行。
财政部直接税署编：《财政部直接税处各类税法汇编》，京华印书馆（重庆）1943 年 10 月印行。
国民政府主计处统计局编：《中华民国统计提要》（1935），商务印书馆 1936 年印行。
财政评论社编：《战时财政金融法规汇编》，财政评论社 1940 年版。
中国史学会主编：《中国近代史资料丛刊·辛亥革命》第 8 册，上海人民出版社 1957 年版。

中国人民银行金融研究所编：《中国农民银行》，中国财政经济出版社 1980 年版。

上海社会科学院历史研究所编：《辛亥革命在上海史料选辑》，上海人民出版社 1981 年版。

千家驹：《旧中国公债史资料》，中华书局 1984 年版。

荣孟源主编：《中国国民党历次代表大会及中央全会资料》，光明日报出版社 1985 年版。

中国人民银行总行参事室编：《中华民国货币史资料》（第一、二辑），上海人民出版社 1986 年、1991 年版。

中国会计学会会计史料编辑组、中国第二历史档案馆编：《中国会计史料选编——中华民国时期》，江苏古籍出版社 1990 年版。

中国人民银行金融研究所编：《美国花旗银行在华史料》，中国金融出版社 1990 年版。

中国第二历史档案馆：《中国银行行史资料汇编》，档案出版社 1991 年版。

中国第二历史档案馆编：《中华民国史档案资料汇编》第五辑第一编　财政经济（一）、（二），江苏古籍出版社 1994 年版。

中国第二历史档案馆编：《中华民国史档案资料汇编》第五辑第二编　财政经济（三）、（四），江苏古籍出版社 1997 年版。

中国第二历史档案馆编：《中华民国史档案资料汇编》第五辑第三编　财政经济（一）、（四）、（七），江苏古籍出版社 2000 年版。

江苏省中华民国工商税收史编写组、中国第二历史档案馆编：《中华民国工商税收史料选编》（综合类）第 1 辑，南京大学出版社 1996 年版。

江苏省中华民国工商税收史编写组、中国第二历史档案馆编：《中华民国工商税收史料选编》（货物税）第 3 辑，南京大学出版社 1996 年版。

江苏省中华民国工商税收史编写组、中国第二历史档案馆编：《中华民国工商税收史料选编》（直接税·印花税）第 4 辑，南京大学出版社 1996 年版。

财政部财政科学研究所、中国第二历史档案馆编：《国民政府财政金融税收档案史料（1927—1937 年）》，中国财政经济出版社 1997 年版。

全国图书馆文献缩微复制中心：《国家图书馆藏民国税收税务档案史料汇

编》（共 38 册），全国图书馆文献缩微复制中心 2008 年版。
四川联合大学经济研究所、中国第二历史档案馆编：《中国抗日战争时期物价史料汇编》，四川大学出版社 1998 年版。
中国人民银行总行参事室编：《中国清代外债史资料》，中国金融出版社 1991 年版。
财政科学研究所、中国第二历史档案馆编：《民国外债档案史料》（共 12 册），档案出版社 1992 年版。
广东省财政科学研究所、广东省立中山图书馆、广东省档案馆编：《民国时期广东财政史料》，广东教育出版社 2011 年版。
上海市工商联、复旦大学历史系：《上海总商会组织史料汇编》（上下），上海古籍出版社 2004 年版。
吴冈：《旧中国通货膨胀史料》，上海人民出版社 1958 年版。
重庆档案馆、重庆师范大学合编：《中国战时首都档案文献——战时社会》，重庆出版社 2014 年版。
重庆档案馆、重庆师范大学合编：《中国战时首都档案文献——战时金融》，重庆出版社 2014 年版。
中国第二历史档案馆编：《国民党政府政治制度档案史料选编》，安徽教育出版社 1994 年版。
上海经世文社辑：《民国经世文编》第 5 册，北京图书馆出版社 2006 年版。
中国第二历史档案馆编：《中华民国史史料长编》第 61 辑，南京大学出版社 1993 年版。
中国第二历史档案馆编：《中常会会议记录》（十二），广西师范大学出版社 1994 年版。
北京市档案馆编：《民国时期北平市工商税收》，中国档案出版社 1998 年版。
王铁崖：《中外旧约章汇编》，生活・读书・新知三联书店 1957 年版。
中国第二历史档案馆编：《中德外交密档（1927—1947）》，广西师范大学出版社 1997 年版。
傅文龄编：《日本横滨正金银行在华活动史料》，中国金融出版社 1992 年版。
孙毓棠主编：《中国近代工业史资料》第 1 辑，科学出版社 1957 年版。
上海政协文史资料委员会编：《上海文史资料存稿汇编》第 4 辑《经济金

融》，上海古籍出版社 2001 年版。
洪葭管编：《中央银行史料》（上下卷），中国金融出版社 2005 年版。
秦孝仪主编：《中华民国重要史料初编——对日抗战时期》第 3 编第 1 册，中国国民党中央委员会党史委员会 1981 年版。
天津市档案馆等编：《天津商会档案汇编（1928—1937）》，天津人民出版社 1996 年版。
天津市档案馆等编：《天津商会档案汇编（1945—1950）》，天津人民出版社 1997 年版。
章开沅等编：《苏州商会档案丛编》第 1 辑，华中师范大学出版社 1991 年版。
马敏、祖苏主编：《苏州商会档案丛编》第 3 辑，华中师范大学出版社 2009 年版。
《裕大华纺织资本集团史料》编辑组：《裕大华纺织资本集团史料》，湖北人民出版社 1984 年版。
陈锋主编：《晚清财政说明书》（9 卷），湖北人民出版社 2015 年版。
魏文享主编：《民国时期税收资料汇编》第 1 辑，国家图书馆出版社 2018 年版。
国际统计年鉴编委会：《国际统计年鉴》（2019），中国统计出版社 2019 年版。
中国财政年鉴编辑委员会：《中国财政年鉴》（2019 年），中国财政杂志社 2019 年版。
中国人民政治协商会议山东省淄博市博山区委员会编：《中国直接税创始人高秉坊》，中国人民政治协商会议山东省淄博市博山区委员会 1993 年版。
中国人民政治协商会议江苏省委员会文史资料研究委员会编：《中统内幕》，江苏古籍出版社 1987 年版。
李鸿章：《李文忠公奏稿》，光绪三十一年（1905）刻本。
张之洞：《张文襄公奏稿》，1918 年刻本。
包世臣：《包世臣全集》，黄山书店 1991 年版。
郑观应：《盛世危言》，中州古籍出版社 1998 年版。
恽毓鼎：《恽毓鼎澄斋日记》，浙江古籍出版社 2004 年版。

赵德馨主编:《张之洞全集》，武汉出版社 2008 年版。
郭嵩焘:《郭嵩焘日记》，湖南人民出版社 1982 年版。
陈铮编:《黄遵宪全集》，中华书局 2005 年版。
张謇研究中心、南通市图书馆编:《张謇全集》，江苏古籍出版社 1994 年版。
梁启超:《中国财政改革私案》，《饮冰室合集》第 1 册，中华书局 1989 年版。
载泽:《考察政治日记》，钟叔河主编《走向世界丛书》，岳麓书社 1986 年版。
柳和城编著:《叶景葵年谱长编》，上海交通大学出版社 2017 年版。
王韬:《弢园文录外编》，上海书店出版社 2002 年版。
广东省社会科学院历史研究所等编:《孙中山全集》，中华书局 1986 年版。
岑学吕编:《三水梁燕孙（士诒）先生年谱》，沈云龙主编《近代中国史料丛刊》第 1 辑 743，台北文海出版社 1972 年版。
《蒋介石日记》，中国社会科学院近代史研究所抄本。
公安部档案馆编:《在蒋介石身边八年——侍从室高级幕僚唐纵日记》，群众出版社 1991 年版。
刘振东编:《孔庸之先生演讲集》，台北文海出版社 1972 年版。
虞和平、夏良才编:《周学熙集》，华中师范大学出版社 1999 年版。
谢幼田整理:《居正日记书信未刊稿》，广西师范大学出版社 2004 年版。
周秋光编:《熊希龄集》，湖南人民出版社 2008 年版。
崔敬伯:《崔敬伯财政文丛》，中央编译出版社 2015 年版。

二　著作

贾士毅:《民国财政史》，商务印书馆 1917 年版。
金国宝:《英国所得税论》，商务印书馆 1924 年版。
杨汝梅:《民国财政论》，商务印书馆 1928 年版。
刘大钧:《外人在华投资统计》，中国太平洋国际学会 1932 年版。
陈英競:《所得税之理论与实际》，四川长寿新市镇澄园 1933 年版。
何廉、李锐:《财政学》，上海商务印书馆 1935 年版。

杨荫溥：《所得税纳税须知》，1936 年 10 月印行。
王炳勋、鲍成麟编著：《所得税》，天津光华印字馆 1936 年版。
闵天培：《中国战时财政论》，正中书局 1937 年版。
吴广志编：《所得税》，中华书局 1937 年版。
胡毓杰：《我国创办所得税之理论与实施》，财政建设学会 1937 年版。
潘序伦、李文杰：《所得税原理及实务》，商务印书馆 1937 年版。
陈德容、袁际唐：《所得税会计论》，维新印刷公司 1937 年版。
徐永祚、陆善炽：《所得税与会计》，徐永祚会计师事务所 1938 年版。
张森编：《中国现行所得税释疑》，财政部浙江所得税办事处 1938 年版。
朱偰：《所得税发达史》，正中书局 1939 年版。
朱偰：《中国战时税制》，财政评论社 1943 年版。
尹文敬：《战时财政论》，中央政治学校（重庆）1940 年印行。
刘振东、王启华：《中国所得税问题》，中央政治学校研究部 1941 年版。
杨骥：《现行所得税改进论》，重庆独立出版社 1941 年版。
高秉坊：《中国直接税史实》，财政部直接税处经济研究室 1943 年版。
高秉坊编：《中国直接税的生长》，财政部直接税处经济研究室 1943 年版。
张森编：《中国所得税制度》，正中书局 1943 年版。
赵懿翔编：《中国所得税实务》，京华印书馆 1944 年版。
贾德怀：《民国财政简史》上册，商务印书馆 1946 年版。
巫宝三：《中国国民所得（1933 年）》，上海中华书局 1947 年版。
杨昭智：《中国所得税》，商务印书馆 1947 年版。
张保福：《中国所得税论》，正中书局 1947 年版。
费文星：《中国直接税概要》，世界书局 1947 年版。
徐日清：《直接税实务概要》，中国文化服务社 1948 年版。
杨培新：《中国通货膨胀论》，生活书店 1948 年版。
许大龄：《清代捐纳制度》，燕京大学、哈佛燕京学社 1950 年版。
杨荫溥：《民国财政史》，中国财政经济出版社 1985 年版。
孙邦治：《中国所得税查帐学》，财政部直接税处经济研究室 1943 年版。
杜岩双：《中国所得税纲要》，京华印书馆 1944 年版。
包超时：《中国所得税逃税论》，重庆财政部直接税处经济研究室 1943 年版。

吴承明编:《帝国主义在旧中国的投资》，人民出版社1955年版。
刘秉麟:《近代中国外债史稿》，生活·读书·新知三联书店1962年版。
罗玉东:《中国厘金史》，沈云龙主编《近代中国史料丛刊续编》第62辑，台北文海出版社1979年版。
杨荫溥:《民国财政史》，中国财政经济出版社1985年版。
张公权:《中国通货膨胀史（1937—1949)》，文史资料出版社1986年版。
徐沧水编:《上海银行公会事业史》，沈云龙主编《近代中国史料丛刊》三编第24辑，台北文海出版社1988年版。
北京经济学院财政教研室主编:《中国近代税制概述》，首都经济贸易大学出版社1988年版。
胡寄窗、谈敏:《中国财政思想史》，中国财政经济出版社1989年版。
朱英:《辛亥革命时期新式商人社团研究》，中国人民大学出版社1991年版。
朱英、魏文享主编:《近代中国自由职业者群体与社会变迁》，北京大学出版社2009年版。
陈锋:《清代军费研究》，武汉大学出版社1992年版。
陈锋:《清代财政政策与货币研究》，武汉大学出版社2008年版。
郭绪印编:《国民党派系斗争史》，上海人民出版社1992年版。
金鑫等主编:《中华民国工商税收大事记》，中国财政经济出版社1994年版。
金鑫等主编:《中华民国工商税收史：直接税卷》，中国财政经济出版社1996年版。
金鑫等主编:《中华民国工商税收史：税务管理卷》，中国财政经济出版社1998年版。
金鑫等主编:《中华民国工商税收史：货物税卷》，中国财政经济出版社2001年版。
金鑫等主编:《中华民国工商税收史纲》，中国财政经济出版社2001年版。
许涤新、吴承明主编:《中国资本主义发展史》第3卷，人民出版社2003年版。
财政部外事局、财政部税政司编译:《国外个人所得税概况》，东北财经大学出版社1994年版。
葛克昌:《国家学与国家法——社会国、租税国与法治国的理念》，台北月旦出版有限公司 1996 年版。
何平：《清代赋税政策研究（1644—1840）》，中国社会科学出版社 1998 年版。
赵靖主编：《中国经济思想史》第 4 卷，北京大学出版社 1998 年版。
叶世昌：《近代中国经济思想史》，上海人民出版社 1998 年版。
周育民：《晚清财政与社会变迁》，上海人民出版社 2000 年版。
张生：《南京国民政府的税收：1927—1937》，南京出版社 2001 年版。
许涤新、吴承明主编：《中国资本主义发展史》第 3 卷，人民出版社 2003 年版。
王奇生：《党员、党权与党争——1924—1949 年中国国民党的组织形态》，上海书店出版社 2003 年版。
林美莉：《西洋税制在近代中国的发展》，台北"中研院"近代史研究所 2005 年版。
刘佐、靳东升主编：《中国所得税》，企业管理出版社 2005 年版。
项怀诚：《中华民国财政史：中华民国财政》，中国财经出版社 2006 年版。
夏国祥：《近代中国税制改革思想研究》，上海财经大学出版社 2006 年版。
孙文学、刘佐主编：《中国赋税思想史》，中国财政经济出版社 2006 年版。
申学锋：《晚清财政支出政策研究》，中国人民大学出版社 2006 年版。
王玉茹：《近代中国物价、工资与生活水平研究》，上海财经大学出版社 2007 年版。
魏文享：《中间组织——近代工商同业公会研究：1918—1949》，华中师范大学出版社 2007 年版。
段导清、潘寿民编著：《中国印花税史稿》，上海古籍出版社 2007 年版。
徐小群：《民国时期的国家与社会：自由职业团体在上海的兴起（1912—1937）》，新星出版社 2007 年版。
陈同：《近代社会变迁中的上海律师》，上海辞书出版社 2008 年版。
曹英：《晚清中英内地税冲突研究》，湖南师范大学出版社 2008 年版。
孙文学主编：《中国财政思想史》，上海交通大学出版社 2008 年版。
邹进文：《民国财政思想史研究》，武汉大学出版社 2008 年版。
史志宏：《清代户部银库收支与库存统计》，福建人民出版社 2008 年版。

龚祖英：《企业所得税与个人所得税》，中国税务出版社 2008 年版。
付志宇：《中国近代税制流变初探：民国税收问题研究》，中国财政经济出版社 2007 年版。
付志宇：《近代中国税收现代化进程的思想史考察》，西南财经大学出版社 2010 年版。
金以林：《国民党高层的派系政治》，社会科学文献出版社 2009 年版。
马金华：《民国财政研究：中国财政现代化的雏形》，经济科学出版社 2009 年版。
李超民：《中国战时财政思想的形成：1931—1945》，东方出版中心 2011 年版。
张晓辉：《民国时期广东财政政策变迁》，经济科学出版社 2011 年版。
卞琳：《南京国民政府训政前期立法体制研究（1928—1937）》，法律出版社 2012 年版。
王立诚：《近代中外关系史治要》，上海人民出版社 2012 年版。
焦建华：《中华民国财政史》（上下），叶振鹏主编《中国财政通史》第 8 卷，湖南人民出版社 2013 年版。
彭泽益：《十九世纪后半期的中国财政与经济》，中国人民大学出版社 2014 年版。
刘增合：《“财”与“政”：清季财政改制研究》，生活·读书·新知三联书店 2014 年版。
戴丽华：《民国时期印花税制研究》，江西人民出版社 2014 年版。
吴景平等：《抗战时期的上海经济》，上海人民出版社 2015 年版。
吴景平：《近代中国的金融风潮》，东方出版社 2019 年版。
李向东：《清末民初印花税研究（1903—1927）》，河南人民出版社 2015 年版。
顾銮斋：《中西中古税制比较研究》，社会科学文献出版社 2016 年版。
邹进文：《近代中国经济学的发展：以留学生博士论文为中心的考察》，中国人民大学出版社 2016 年版。
黄艳红：《法国旧制度末期的税收、特权和政治》，社会科学文献出版社 2016 年版。
湛贵成：《明治维新期财政研究》，北京大学出版社 2017 年版。

倪玉平：《清代关税：1644—1911 年》，科学出版社 2017 年版。

倪玉平：《从国家财政与到财政国家：清朝咸同年间的财政与社会》，科学出版社 2017 年版。

梁长来：《1920 年北洋政府开征所得税中的官商博弈——兼论财政改革的宏微观研究》，中国财政经济出版社 2019 年版。

柯伟明：《民国时期营业税制度的变迁》，社会科学文献出版社 2020 年版。

三　论文

汤象龙：《民国以前的赔款是如何偿付的》，《中国近代经济史研究集刊》1934 年第 2 卷第 2 期。

汤象龙：《道光朝捐监之统计》，载《中国近代财政经济史论文选》，西南财经大学出版社 1987 年版。

汤象龙：《鸦片战争前夕中国的财政制度》，载《中国近代财政经济史论文选》，西南财经大学出版社 1987 年版。

夏良才：《论孙中山与亨利·乔治》，《近代史研究》1986 年第 6 期。

何本方：《清代商税制度刍议》，《社会科学研究》1987 年第 1 期。

黄汉民：《试析 1927—1936 年上海工人工资水平变动趋势及其原因》，《学术月刊》1987 年第 7 期。

王玉茹：《论两次世界大战之间中国经济的发展》，《中国经济史研究》1987 年第 2 期。

刘佛丁、王玉茹：《中国近代化过程中国民收入问题考略》，《中国经济史研究》1989 年第 4 期。

王学庄：《“重税”、“累进税”辨——关于孙中山地价税研究中的一个问题》，《广东社会科学》1991 年第 3 期。

朱英：《甲午“息借商款”述略》，《贵州社会科学》1993 年第 4 期。

朱英：《晚清的“昭信股票”》，《近代史研究》1993 年第 6 期。

王年咏：《近代中国的战争赔款总值》，《历史研究》1994 年第 5 期。

吴景平：《关于近代中国外债史研究的若干思考》，《历史研究》1997 年第 4 期。

吴景平：《抗战时期中国的外债问题》，《抗日战争研究》1997 年第 1 期。

吴景平：《蒋介石与 1935 年法币政策的决策与实施》，《江海学刊》2011 年第 2 期。

王建朗：《中国废除不平等条约的历史考察》，《历史研究》1997 年第 5 期。

张忠民：《近代上海工人阶层的工资与生活———以 20 世纪 30 年代调查为中心的分析》，《中国经济史研究》2011 年第 2 期。

张剑：《二三十年代上海主要产业职工工资级差与文化水平》，《史林》1997 年第 4 期。

马陵合：《清末民初国民捐概述》，《档案与史学》1998 年第 4 期。

赵新安：《1927—1936 年中国宏观税负的实证分析》，《南开经济研究》1999 年第 6 期。

邓小南：《走向“活”的制度史——以宋代官僚政治制度史研究为例的点滴思考》，《浙江学刊》2003 年第 3 期。

陈锋：《20 世纪的清代财政史研究》，《史学月刊》2004 年第 1 期。

任彩红：《20 世纪初年的女子国民捐运动》，《赣南师范学院学报》2004 年第 1 期。

贾艳丽：《〈京话日报〉与 20 世纪初年国民捐运动》，《清史研究》2006 年第 3 期。

侯坤宏：《抗战时期的税务控案》，载《财政与近代历史论文集》，台北“中研院”近代史研究所 1999 年版。

钱乘旦：《欧洲国家形态的阶段性发展：从封建到现代》，《北京大学学报》2007 年第 2 期。

彭秀良：《〈京话日报〉与国民捐运动》，《文史精华》2009 年第 5 期。

刘刚：《浅析孙中山的财政思想》，《湖北社会科学》2012 年第 10 期。

王昉、熊金武：《孙中山的地价税构想及其当代借鉴意义》，《贵州财经学院学报》2012 年第 1 期。

胡波：《孙中山与廖仲恺的财政思想》，《广东社会科学》2015 年第 5 期。

任智勇：《〈中国近代关税收入和分配统计〉校勘记》，《中国经济史研究》2018 年第 5 期。

李文杰：《“息借商款”与晚清财政》，《历史研究》2018 年第 1 期。

慈鸿飞:《二三十年代公务员、教师工资及生活状况考》,《近代史研究》1994 年第 3 期。

王印焕:《民国政府公教人员生活状况的演变》,《北京科技大学学报》2005 年第 1 期。

尹倩:《中国近代自由职业者研究述评》,《近代史研究》2007 年第 6 期。

何家伟:《南京国民政府个人所得税制度略论》,《武汉大学学报》2008 年第 6 期。

方霞:《抗战时期后方的节约建国储蓄运动》,《抗日战争研究》2009 年第 3 期。

陆连超:《新财政史——解读欧洲历史的新视角》,《天津师范大学学报》2008 年第 4 期。

万立明:《南京国民政府时期国库制度的演进》,《江苏社会科学》2006 年第 3 期。

杨德才:《近代外国在华投资:规模与效应分析》,《经济学》(季刊)2007 年第 3 期。

王利华:《近代外人对华投资的影响因素剖析》,《南开经济研究》1997 年第 2 期。

魏文享:《近代民间会计师与所得税法的推进(1936—1937)》,《人文杂志》2013 年第 2 期。

魏文享:《"自由职业者"的社会生存:近代会计师的职业、收入与生活》,《中国社会经济史》2016 年第 2 期。

魏文享:《国家税政的民间参与——近代中国所得税开征中的官民交涉》,《近代史研究》2015 年第 2 期。

魏文享:《华洋如何同税:近代所得税开征中的外侨纳税问题》,《近代史研究》2017 年第 5 期。

魏文享:《国民政府之遗产税征稽及其逃税困境》,《历史研究》2019 年第 2 期。

魏文享:《民国时期工商税收史研究之回顾与展望》,《中国社会经济史研究》2019 年第 1 期。

魏文享:《近代所得税的制度演变和征收实践》,《光明日报》2018 年 10 月

29 日，理论版。

魏文享：《贪污惩治、税政革新与派系权争：抗战胜利前后直接税署长高秉坊贪污案解析》，《史学月刊》2017 年第 7 期。

魏文享：《抗战胜利后的天津商人与政府摊派（1946—1949）》，《史学月刊》2020 年第 2 期。

刘巍：《1887—1936 年中国总产出的国际地位——与美英日三国的比较分析》，《广东外语外贸大学学报》2013 年第 2 期。

李炜光、任晓兰：《财政社会学源流与我国当代财政学的发展》，《财政研究》2013 年第 7 期。

倪玉平等：《中国历史时期经济总量估值研究——以 GDP 的测算为中心》，《中国社会科学》2015 年第 5 期。

关永强：《1933 年中国国民所得再考察——浅析巫宝三与刘大中估算的差异》，《财经问题研究》2017 年第 3 期。

熊芳芳：《新财政史视域下法兰西近代国家形成问题述评》，《历史研究》2018 年第 3 期。

熊芳芳：《再论法国大革命的财政起源》，《史学月刊》2018 年第 11 期。

邹进文：《民国时期的中国国民收入研究——以刘大中、巫宝三为中心的考察》，《武汉科技大学学报》（社会科学版）2019 年第 1 期。

陈明汉：《美国所得税之发展》，学士学位论文，国立武汉大学，1942 年。

郭慰永：《中英二国所得税之比较研究》，学士学位论文，国立武汉大学，1942 年。

田光裕：《我国所得税制度之研究》，学士学位论文，国立武汉大学，1942 年。

胡惠英：《我国所得税制之研究》，学士学位论文，国立武汉大学，1943 年。

孔祥麟：《我国所得税制度之研究》，学士学位论文，国立武汉大学，1943 年。

伍必文：《所得税之理论的研究》，学士学位论文，国立武汉大学，1944 年。

周荣德：《所得税理论方面之研究》，学士学位论文，国立武汉大学，1947 年。

倪玉生：《中国所得税》，学士学位论文，国立武汉大学，1948 年。

雷家琼：《抗战前中国遗产税开征中的多方推进》，《近代史研究》2016 年第 4 期。

雷家琼：《税法西来：民国遗产税研究》，博士学位论文，复旦大学，2018 年。

栾世文：《抗战时期直接税的实施与影响》，硕士学位论文，华中师范大学，2004 年。

高峰：《抗战时期国民政府直接税征收述论——以西康为中心》，硕士学位论文，四川大学，2008 年。

胡松：《南京国民政府时期所得税之研究》，硕士学位论文，华中师范大学，2009 年。

韩昌盛：《抗战时期四川所得税的征收及影响》，硕士学位论文，四川师范大学，2009 年。

胡芳：《民国时期所得税法制研究》，硕士学位论文，江西财经大学，2010 年。

张琼：《南京国民政府直接税署研究（1936—1948）》，硕士学位论文，华中师范大学，2015 年。

刘赛赛：《战时经济秩序下裕华纺织公司的“暗账”问题研究（1939—1949）》，硕士学位论文，华中师范大学，2021 年。

曾耀辉：《民国时期所得税制研究》，博士学位论文，江西财经大学，2012 年。

张荣苏：《财政革命与英国政治发展研究（1660—1763）》，博士学位论文，南京大学，2014 年。

任同芹：《南京国民政府时期的税务行政研究》，博士学位论文，华中师范大学，2017 年。

张超：《南京国民政府国库制度研究》，博士学位论文，华中师范大学，2020 年。

张莉：《近代天津市财政研究（1928—1937）》，博士学位论文，华中师范大学，2020 年。

四　中译及外文文献

张仲礼：《中国绅士的收入——〈中国绅士〉续编》，费成康、王寅通译，上海社科院出版社 2001 年版。

张嘉璈:《通胀螺旋——中国货币经济全面崩溃的十年(1939—1949)》，于杰译，中信出版社 2018 年版。

和文凯:《通向现代财政国家的路径：英国、日本和中国》，汪精玲译，香港中文大学出版社 2020 年版。

马德斌:《中国经济史的大分流与现代化——一种跨国比较视野》，徐毅、袁为鹏、乔士容译，浙江大学出版社 2020 年版。

[英] 薛尔弗曼:《赋税的归宿与效应》，蒋方正译，商务印书馆 1948 年版。

[英] 康登(H. E. A. Condon):《百年来英国所得税的演进》，陈封雄译，《财政评论》1943 年第 10 卷第 6 期。

[英] 亚当·斯密:《原富》下册，严复译，商务印书馆 1981 年版。

[英] 彼得·马赛厄斯、悉尼·波拉德主编:《剑桥欧洲经济史》第 8 卷，王宏伟、钟和等译，韩毅校订，经济科学出版社 2004 年版。

[英] 玛丽·富布卢克:《剑桥德国史》，高旖嬉译，新星出版社 2017 年版。

[英] 费唐:《费唐法官研究上海公共租界情形报告书》第 2 卷，工部局华文处译，工部局华文处 1932 年版。

[法] 孟德斯鸠:《法意》第 3 册，严复译，商务印书馆 1931 年版。

[法] 费尔兰·布罗代尔:《十五至十八世纪的物质文明、经济与资本主义》第 3 卷，施康强、顾良译，生活·读书·新知三联书店 1993 年版。

[法] 理查德·邦尼主编:《欧洲财政国家的兴起(1200—1815)》，沈国华译，上海财经大学出版社 2016 年版。

[法] 亚力克西·德·托克维尔:《旧制度与大革命》，冯棠译，商务印书馆 1992 年版。

[法] 皮凯蒂(Thomas Piketty):《21 世纪资本论》，巴曙松译，中信出版社 2014 年版。

[法] 居伊·布罗索莱:《上海的法国人：1948—1949》，牟振宁译，上海辞书出版社 2014 年版。

[加] 陈志让:《军绅政权：近代中国的军阀时期》，广西师范大学出版社 2008 年版。

[美] 塞里格曼(Edwin Robert Anderson Seligman):《所得税论》，杜俊东

译，商务印书馆1933年版。

［美］塞里格曼（Edwin Robert Anderson Seligman）：《累进课税论》，岑德彰译，商务印书馆1935年版。

［美］杨格：《一九二七至一九三七年中国财政经济情况》，陈泽宪、陈霞飞译，中国社会科学出版社1981年版。

［美］斯坦利·L. 恩格尔曼、罗伯特·E. 高尔曼主编：《剑桥美国经济史：漫长的19世纪》第2卷，李淑清、王珏译，中国人民大学出版社2008年版。

［美］威罗贝：《外人在华特权和利益》，王绍坊译，生活·读书·新知三联书店1957年版。

［美］斯坦利·L. 恩格尔曼、罗伯特·E. 高尔曼主编：《剑桥美国经济史：20世纪》第3卷，蔡廷、张林、李雅菁译，中国人民大学出版社2008年版。

［美］安德鲁·戈登：《现代日本史：从德川时代到21世纪》，李朝津译，中信出版社2017年版。

［美］查尔斯·亚当斯：《善与恶：税收在文明进程中的影响》，翟继光译，中国政法大学出版社2013年版。

［美］马克·威尔金森：《上海的美国人社团（1937—1949）》，载熊月之、马学强等选编《上海的外国人（1842—1949）》，上海古籍出版社2003年版。

［美］雷麦：《外人在华投资》，蒋学楷、赵康节译，商务印书馆1957年版。

［荷］方德万：《潮来潮去：海关与中国现代性的全球起源》，姚永超、蔡维屏等译，山西人民出版社2017年版。

［德］卡尔·赫弗里希：《经济战争与战争经济——德国财政部长一战回忆录》，王光祈译，台海出版社2018年版。

［德］卡尔·哈达赫：《二十世纪德国经济史》，扬绪译，商务印书馆1984年版。

［日］小川乡太郎：《社会问题与财政》，甘浩泽、史维焕译，商务印书馆1924年版。

［日］汐见三郎：《各国所得税制度论》，宁柏青译，商务印书馆1936年版。

[日] 守屋典郎：《日本经济史》，周锡卿译，生活·读书·新知三联书店 1963 年版。

[日] 石井寛治、原朗、武田晴人編：《日本経済史 1 幕末维新期》，東京：東京大学出版会 2000 年版。

[日] 岩井茂树：《中国近代财政史研究》，付勇译，社会科学文献出版社 2011 年版。

[日] 小滨正子：《近代上海的公共性与国家》，葛涛译，上海古籍出版社 2003 年版。

[日] 日本銀行統計局編：《明治以降本邦主要経済統計》，東京：並木書房 1966 年版。

[日]《所得税法》(1887 年 3 月 19 日)，大藏省印刷局编：《官报》第 1115 号，1887 年 3 月 23 日。

[日]《所得税法施行细则》(1887 年 5 月 5 日)，大藏省印刷局编：《官报》第 1152 号，1887 年 5 月 5 日。

日本内阁官报局编：《法令全书》，明治六年三月三日，太政官，第 82 号。

日本大蔵省編纂：《明治大正財政史》第 200 巻，東京：財政経済学会，1936—1940 年。

"The Growth of the Income Tax", *The North-China Herald*, Vol. 8, No. 366, August 1st, 1857.

"The Income Tax, the Franchise and Redistribution", The North-China Daily News, Vol. 34, No. 6295, November 20th, 1884. *The North-China Herald and Supreme Court & Consular Gazette*, Vol. 33, No. 907, November 26th, 1884.

"The Income Tax", *The North-China Daily News*, Vol. 45, No. 7970, May 10th, 1890.

"British Income Tax", *The North-China Daily News*, Vol. 53, No. 9380, December 20th, 1894.

"The Revenue Act of 1861", 1861, United States Statutes at Large, Office of the Federal Register, 1861.

"The Revenue Act of 1862", United States Statutes at Large, Office of the Federal Register, 1862.

Paauw, Douglas Seymour, *Chinese Public Finance During the Nanking Government Period*, Ph. D. Dissertation, Harvard University, 1950.

Jensen, Merrill, *The Articles of Confederation*: *An Interpretation of the Social-Constitutional History of the American Revolution*, *1774 - 1781*, University of Wisconsin Press, 1959.

Great Britain. Paliament. House of Commons, *Defence Loans. A Bill to Amend the Defence Loans Act*, 1937, *Great Britain. Parliament.* (*Session 1938 - 1939*) . House of Commons, 2007, republish.

Martin Daunton, *Just Taxes*: *The Politics of Taxation in Britain*, *1914 - 1979*, Cambridge University Pess, 2002.

Sir Keith Hancock, *Financial Policy*, *1939 - 1945* (*History of the Second World War*, *United Kingdom Civil Series*), London: H. M. Stationary Office and Longman's, Green and Company, 1956.

Roy G. Blakey, Gladys C. Blakey, "Federal Tax Legislation, 1939", *The American Economic Review*, Vol. 29, No. 4 (Dec. , 1939) .

Arthur H. Kent, The Revenue Act of *1940*, *California Law Review*, Vol. 29, No. 2 (Jan. , 1941) .

Kent G. Deng, "The Continuation and Efficiency of the Chinese Fiscal State, 700BC-AD 1911", Bartolome' Yun-Casalilla, Patrick K. O'Brien, eds. , *The Rise of Fiscal States*: *A Global History*, *1500 - 1914*, Cambridge University Press, 2012.

R. Bin Wong, "Taxation and Good Governance in China, 1500 - 1914", Bartolome' Yun-Casalilla, Patrick K. O' Brien, eds. , *The Rise of Fiscal States*: *A Global History*, *1500 - 1914*, Cambridge University Press, 2012.

Michael. J. Braddick, *The Nerves of State*, *Taxation and the Financing of the English State*, *1588 - 1714*, Manchester University, 1996.

John, Brewer, *The Sinews of Power*: *War*, *Money and the English State*, *1688 - 1788*, Unwin Hyman Ltd, 1989.

R. Robert and D. Kynaston, *The Bank of England*: *Money*, *Power and Influence*, *1649 - 1994*, Oxford: The Clarendon Press, 1995.

Patrick K. O' Brien, "The Political Economy of British Taxation, 1660 - 1815", Economy *History Review*, new series., Vol. 41, No. 1, February 1988.

P. G. M. Dickson, *The Financial Revolution in England-A Study in the Development of Public Credit, 1688 - 1756*, Routledge, 2016. First Published in Great Britain in 1967 by Macmilan and Company Limited.

索 引

F

G

J

K

L

M

N

P

Q

R

S

T

W

W

X

Y

Z

后　记

人人皆是纳税人，也是税收史的当然主角之一。但在进入学术生涯之初，并未想到会集中进行所得税研究。回想起来，税收史兴趣的激发，起步于个人寻找商会史突破点的愿望。在 2004 年完成关于同业公会的博士学位论文后，一直思考未来的研究规划，希望发现新的学术生长点。不得不说，商会、同业公会的档案及报刊史料的确丰富多彩，令人叹为观止，也为进一步的思考提供了足够的纵深空间。在通常的组织、制度及功能主题之外，伴随着商人的集体行动和个性言谈，散落于政治、经济、社会、文化等不同维度的信息、图景得以连接显现。商会处于市场及社会变局之中，同时也包含、容纳、应对着时代之变。这可能正是商会的魅力所在，也是商会史研究的学术生命力之源。顺沿着商会组织及行动的毛细管作用，考虑是从行业经济、账簿改良和税收关系三个方向尝试向前延伸。行业经济涉及范围极广，但本质是将研究重心从组织团体向市场运行转移，将行业作为理解近代经济多线程的透视点。账簿改良是商会、同业公会推动企业会计合理化的重要举措，这也响应了政府的会计革新、职业会计师的业务拓展诉求。在商会、同业公会档案中，都不同程度地包含有改良簿记的内容，正可与职业会计师公会的档案史料相对应。关于税收问题，事关商人切身利益，在商会会刊及档案中，抗税抗捐活动数不胜数。但过去多将之归于政治参与一类，较少关注商会作为纳税人团体的税权表达与税收变革之关系。而在税收史的研究中，又需要加强关于实征进程的研究。从商人团体的视角自下而上观察，恰可对征纳关系有更系统具化的讨论。后来围绕这三个主题陆续撰写了一些文章。记得是在 2009 年 10 月里的一天上午，在研究所去食堂的路上，和业师朱英教授说及自己的研究规划。朱老师并未多言，但极其支持鼓励，并说自己也在不断思考商会史如何创新的问题。兹后更身体力行，新作不断，推动商会史研究进入新的阶段。在后续研究中，个人也转换思维，再由财政、税收的视角来探查商人及商人团体的税收表现，与制度、思想之变互证，循序渐进，略有所得。

选定所得税作为攻关对象，也与一次偶然的“淘书”行动有关。在2004 年前后，孔夫子旧书网和当当网还没有流行起来，大街小巷还有很多书店书摊。淘宝网已经建立了，但网购还没有这么疯狂，“双十一”购物狂欢节的创意尚在酝酿滋长之中。对学历史的人来说，仍有不少新旧书店可逛。逛旧书店尤其有趣，因为没有明确的目标，闲逛乱翻中，不时会淘到感兴趣的书籍。每周至少有一两个下午，困乏倦怠了，就几个人一约，去“巡视”旧书摊。有得则喜，无得忘忧。如果类比，与文物爱好者去盼着捡漏是一样的心理，也类似于现在新兴的消费形式——“盲盒”。这种心理上的期待与愉悦，可能是买旧书的附赠品吧。逛旧书摊，大致相当于彼时的“盲盒”。在大学林立的武昌，彼时每所大学旁边都有一两家公认的好书店、旧书摊。印象之中，旧书摊水准，与店主的读书品味和旁边大学的学科水平都有关系。大家玩笑说，没有好书店、好书摊的大学，未必是一流的大学，至少是校园文化的一个欠缺。应是在 2005 年，在原中南财经大学对面、湖北省图书馆老馆的大门边，有家很不起眼的旧书摊，竟然在里面翻到了一套由江苏中华民国工商税收史编写组与中国第二历史档案馆合编的《中华民国工商税收史料选编》。不是完本，只有第一辑和第四辑。书中所选资料，大多出于第二历史档案馆收藏的国民政府财政部档案，均为原始档案选编，具有极高的史料价值。其中，第四辑直接税和印花税卷对所得税法令及征收情况有系统整理，还有大量内容涉及商会、同业公会参与税政的情况。当时，网上还没有这么丰富的数据资料，这套史料集也不容易在图书馆借到。虽然报价不便宜，仍然毫不犹豫地买了下来。史料是研究的基础，中国第二历史档案馆长期以来整理出版的大量史料汇集，为民国史研究提供了重要的文献支持。再到档案馆中查阅对照，制度之渊源流变就更为清晰。后来阅读林美莉教授所著《西洋税制在近代中国的发展》一书，发现其中提到受富泽芳亚教授赠送此套资料之事。在此也感谢林教授惠赠大作，她的研究对于系统了解近代直接税制的引入及演化具有重要意义。

在历史文献中搜寻所得税，与当代所得税在世界范围内的普遍实施相连接，显示所得税的全球扩散蕴含着深邃的财政和社会逻辑。意识及此，思路也继续延展，不意竟成为个人研究计划中的一项大工程，难以在短期内竣工。到2013年，在前期研究成果的基础上，成功申请了国家社会科学基金一般项目。立题目标是从国家与民间互动的视角下，讨论所得税的制度、实践及其所体现之征纳关系。尔后数年，多次前往中国第二历史档案馆、上海市档案馆、重庆市档案馆、四川省档案馆、台北“国史馆”、“中研院”近史所档案馆、中国国民党党史会等机构查阅史料，再辅以极其丰富的近代报刊，特别是财政、税收方面的专业期刊史料，对近代所得税变革之路的认识逐步清晰。在此，要感谢各档案机构及工作人员的帮助。2016年，又成功申请了国家社科重大项目“近代中国工商税收研究”，希望对工商税收的结构变迁、征收实践及其与财政以及政治与经济之关系进行更为系统的讨论。项目申请和开展得到众多师友支持，安徽师范大学马陵合教授，厦门大学张侃教授、焦建华教授，北京大学管汉晖教授等平时都有繁重的教研任务，他们不仅参加了合作计划，更以其丰富经验和敏锐识见予我以启发。柯伟明博士、马长伟博士、刘杰博士、于广博士、任同芹博士、余治国博士等青年学者思想活跃，富有行动力。他们的参与，使平时的交流讨论总是呈现出勃勃生机。

2017年12月，在武汉大学陈锋教授的倡导和组织下，陈锋教授本人、清华大学倪玉平教授和我个人主持的三个关于财税史的国家社科基金重大项目课题组联合举办了第一届财税史论坛。次年，现任职于华东师大的黄纯艳教授主持的中国古代财政课题组加入，由此形成开放办会、轮流承办、共同研讨的交流机制。到2018年，四校联合课题组在清华大学举办了第二届财税史论坛，2019年在山东泰安学院举办了第三届财税史论坛，2020年在华东师大举办了第四届财税史论坛，以此形成惯例。第五届论坛原拟于2021年，后因疫情推迟。论坛得到中国经济史学会、《中国经济史研究》编辑部及学界同人的大力支持。论坛的意义不在于课题本身，而在于贯通时段，拓宽视野，促进研究的开放与交叉。对个人而言，也获得了难得的学习良机。在此，要特别感谢陈锋教授的关心指导，感谢黄纯艳教授的无私帮助。与倪玉平教授交流尤多，他关于清代财政和商税的观点极具启发性。个人的研究及论坛等相关学术活动的开展也一直得到滨下武志教授、虞和平教授、李伯重教授、吴景平教授、魏明孔教授、王玉茹教授、张利民教授、刘志伟教授、仲伟民教授、王文素教授、邹进文教授、戴建兵教授、何平教授、魏众研究员、李培德教授、刘增合教授、杨国安教授、高超群研究员、申学锋研究员、户华为编审、姜抮亚教授、张卫东编审、袁为鹏教授、任智勇教授、潘晓霞副研究员、张秀丽副教授等师友的鼎力支持，一直铭感于心。也向所有参与历次会议的学者致谢，大家奉献真知灼见，如此方互相激发出更多创见。

随着研究的拓展，深觉开展比较研究的必要。近代中国所得税本为所得税在国际范围内的制度扩散的构成部分，也代表着后发现代化国家加强财政能力应对国际竞争的努力。不明其源，难以真正深入论析中国所得税引入及实践的脉络。在阅读文献的过程中，发现民国时期财政研究实际上已经极具国际化的视野。无论是财政部门，还是财经研究学者，都重视参考西方国家的财政经验，用之解决财政短缺问题。马寅初、朱偰、李权时、金国宝等学者对于西方的所得税都有系统讨论。塞里格曼等人的书籍，在20世纪20年代就已译为中文。在第一次及第二次世界大战之中，所得税在各国的战费筹集方面发挥了重大作用。在英、美等国，所得税成为当之无愧的第一主干税收，在其余国家，所得税的税收占比也位居前列。所得税及战时的超额所得税的开征，使各国获得了强有力的战争税支持。比较不是为了树立西方的标准，也不是单纯批评近代所得税实践的不足，而是从中去发现所得税的本质属性。所谓良税，其实是有边界的。以所得为能力之标准，体现出普遍、平等原则，但又不能损害社会创新的活力。对于公众及公共利益所言的平等，在纳税人看来也存有不平等。所得税在财政上的弹性特征及纳税上的能力原则，最终仍是建立在国民所得及人均收入发达的基础之上。感谢王笛教授、曾小萍（Madeleine Zelin）教授、李·肖-泰勒（Leigh Shaw-Taylor）教授的邀请，在海外访学之时，对税制的全球传播及相互影响有了更多关注。本书努力结合中外史料，尝试对所得税及财政收支的结构问题进行比较讨论。财政学界、世界史学界近年关于“新财政史”的译介及讨论，拓展了个人的研究视野，启发了拙著中的比较研究。山东大学顾銮斋教授关于中西中古税制的比较分析，惠我实多。西南交通大学付志宇教授、中央财经大学马金华教授兼具财政学和史学的学科素养，在交流之中总能提醒如何从跨学科的角度来观察问题。上海财经大学刘守刚教授、上海交通大学魏陆教授主编的“财政政治学译丛”系统翻译了关于欧洲财政史的多部代表著作，推动了个人及学界同人对这一问题的研讨。在专业翻译并不受学术评价体系重视的情况下，主持者和译者能专注此项工作需要极大的定力和热情。随着时间的推移，这一基础工作将会更加显现出它的价值。限于个人学力和时间，拙著关于这方面的讨论还很不充分，但仍希望在比较视野上努力呈现所得税发展的中国道路。

2019 年，拙著经过评审，有幸被列入国家哲学社会科学文库名单。五份匿名评审意见书均肯定了课题的研究价值，同时也从不同角度列出了详细而深刻的修改建议。其中，有些建议确是此前未虑及的，这为拙著的修改确定了方向。全国哲学社会科学工作办公室的项目支持，则使个人不需再顾虑经费问题，可以放手充实补正。需要特别说明的是，本书部分章节及相关议题论文曾在《历史研究》《近代史研究》《中国经济史》《史学月刊》《中国社会经济史研究》《光明日报》《人文杂志》《安徽史学》《兰州学刊》《华中师范大学学报》等刊物发表，在此要特别感谢责任编辑和匿名专家的专业意见及辛勤劳动。本书相关论文或提纲曾提交多场学术会议讨论，在此亦向历次学术会议上担任评议及提出建议的学者致谢。在研究和写作过程中，成文的或是不成文的想法也曾在不同场合与同行学友交流，有时是针锋相对的辩论，有时是听说随心的启发。流年似水，游目骋怀，均已化为学术生活化和生活学术化的记忆刻留下来。

拙著能够入选国家社科基金成果文库，还要归功于中国社会科学出版社卢小生编审和刘芳副编审。2018 年在国家社科项目结项后，书稿提交给卢小生编审并签订出版协议，由此才有了申报文库成果的机会。刘芳副编审具体负责编校事宜，在国家社科基金成果文库征集通告发布后，她征询我是否申报。在了解具体程序后，我整理了书稿材料，经由中国社会科学出版社提出申请，最终获得批准。如果没有刘芳副编审的有心推动，可能会错失良机。更大的挑战来自书稿的修改，因文库限定出版时间，而在 2018 年结题之后又有许多新的学术思考，再加以盲评专家提出了许多建设性的意见。为尽量少留遗憾，只能加班加点修改书稿。与刘芳副编审约定，改完一章编校一章，如此可以提高编校效率。往返之间，无疑增加了编校的难度和压力，但刘芳副编审毫无怨言，以高度责任心和专业精神完成了编校工作，在此要特致谢忱。本院青年教师许龙生博士协助核查了日文资料。在厦门大学博士后流动站工作的张超博士协助搜集并查核了部分史料来源。硕士研究生王若成，从头至尾一直坚持协助进行资料的核对及文稿校对工作。在书稿完成后，在中国地质大学博士后流动站工作的张莉博士，在读博士生张仕佳、林剑雄、全秋红等同学协助进行了全书校对，在此也要向大家表达感谢。当然，全书有任何疏漏舛误之处，均由笔者自负文责。

我所在的华中师范大学为研究工作提供了重要支持。学校人事部、社科处的政策及资源支持至为关键，也尽责协助解决课题申报结项、学术组织中的诸多难题。中国近代史研究所和历史文化学院建立了良好的研究平台，保障了学术研究、资料调研和交流活动的顺利开展。2016 年，曾向章开沅先生报告研究进展，先生还饶有兴趣地回忆起 20 世纪 90 年代初在美国长期访问时填单报税的情形。音容笑貌，历历在目。朱英教授对本项研究一直保持关注和督促。马敏教授在卸任校职回归研究所担任所长后，也一直鼓励有加。彭南生副校长和吴琦院长曾参加首届财税史论坛并代表学校、学院致辞。个人的研究工作和学术发展得到诸多师长、同人的关心，在此一并致谢。研究所的日常午餐会，研究群、工作坊的辨疑问难，均是讨论交流的良机。佳馔良茗，论学闲话，造之以道，自得则安。

书成之时，要向我的家人致以诚挚的谢意。父母一直帮忙操持家务，夫人不仅要完成本职工作，还要承担更多的育儿责任。女儿课业繁重，每晚十点晚自习下课后边走边谈的时候，是父女俩一起讨论学习和学习之外诸多大小事情的片刻欢乐时光。学习考试，游戏潮牌，《中国医生》，《长津湖》，旅游，打球减压，Taylor Swift 的歌曲，气候变化，“第三次分配”，未来的职业和梦想，都是闲谈的主题。虽然在翻了书稿之后说有些难懂，但也说现在所得税既然这么普遍，应该也很重要。这是很简短也很真实的“书评”。志气、努力、梦想和行动，一切都在实践中成长。

历程漫长，回首倏忽，新冠肺炎疫情已经延续两年有余，变局变化已成日常。疫情冲击之下，各国国计民生均深受影响。防御风险，应对变局更加需要可持续财政的支持，而财政的生发之源，又在于经济的增长和国民所得的提高。全球的政治经济体系，比往日更需要互济合作，但关税战、技术战接连而起，冷战思维、气候危机、移民危机、贫富差距、地缘政治等诸多问题在不断削弱着过去数十年维系世界和平与发展的根基。要应对挑战，税收取舍和财政收支之间，需更费思量，更要智慧，也同样更需要历史的镜鉴。

图书在版编目(CIP)数据

战争、税收与财政国家建构：近代中国所得税研究／魏文享著．—北京：中国社会科学出版社，2022.6

(国家哲学社会科学成果文库)

ISBN 978-7-5203-9355-3

Ⅰ.①战… Ⅱ.①魏… Ⅲ.①所得税—研究—中国—近代 Ⅳ.①F812.95

中国版本图书馆 CIP 数据核字(2021)第 238348 号

出 版 人　赵剑英
责任编辑　刘　芳
责任校对　王　龙
责任印制　戴　宽

出　　版　中国社会科学出版社
社　　址　北京鼓楼西大街甲 158 号
邮　　编　100720
网　　址　http://www.csspw.cn
发 行 部　010-84083685
门 市 部　010-84029450
经　　销　新华书店及其他书店

印刷装订　北京君升印刷有限公司
版　　次　2022 年 6 月第 1 版
印　　次　2022 年 6 月第 1 次印刷

开　　本　710×1000　1/16
印　　张　45.5
字　　数　746 千字
定　　价　268.00 元